읽기 교육의 고원들 ❷

생성적 읽기 교육론

읽기 교육의 고원들 ❷

생성적 읽기 교육론

김도남

역락

이 책은 독자의 자기 생성을 위한 읽기를 탐구한 결과이다. 들뢰즈와 과타리의 『천 개의 고원』(김재인 역, 2003) 10장(1730년－강렬하게-되기, 동물-되기, 지각 불가능하게-되기)을 토대로 하였다. 『천 개의 고원』 10장은 제목에서 알 수 있듯이 '되기(devenir)'에 대한 논의이다. '되기'는 주체가 의도를 가지고 자기 변화를 이루는 활동 과정을 지시한다. 주체가 자기의 변화를 이루어 내는 활동이 되기이다. 이 되기는 주체가 자기 내에서 새로운 자기를 생성하는 작용이다. 『천 개의 고원』 10장은 '어느 관객의 회상' 등 전체 13개의 '회상'으로 이루어진 항목과 두 개의 다른 형식 항목으로 구성되어 있다. 이들 항목의 중심이 되는 '회상'은 기억하고 있는 것을 의식에 떠올리는 재인 (recognition)의 행위이다. 재인은 인식(cognition)하여 기억하고 있던 것을 의식에 떠올리는 행위로 새롭고 다른 것을 생성함을 뜻하는 되기와는 거리가 있다. 그런데 되기는 기억과 같이 '이미 있는 것'을 토대로 실행된다. 그래서 들뢰즈와 과타리는 여러 가지 회상의 사례로 되기를 논의한다.

독자의 텍스트 읽기도 되기를 실행하는 활동이다. 독자의 텍스트 읽기는 본질적으로 재인의 행위이다. 텍스트 읽기에서 독자는 누군가의 기억을 회상한다. 텍스트는 다양한 사람들의 기억을 담고 있다. 저자의 기억이 중심이 되겠지만 실제로 다양한 사람의 기억이 담겨 있다. 『성경』, 『불경』, 『논어』, 『대화편』 등에는 여러 사람의 기억이 담겨 있다. 『홍길동전』, 『삼대』, 『강아지똥』 등에도 여러 인물의 기억이 담겨 있다. 독자의 텍스트 읽기는 이들 기억을 재인하는 회상의 활동이다. 독자는 이 회상을 토대로 자기 변화를 이룬다. 이 변화가 있기에 독자는 텍스트를 읽는다. 그래서 독자의 텍스트 읽기에는 자기 생성에 대한 바람이 내재한다. 독자는 텍스트 읽기로 새로운 자기를 생성한다. 텍스트 내용을 재인하고, 이를 토대로 자기를 생성하는 되기를 실행한다.

되기(devenir)는 '무엇'이 새로운 '무엇'으로 변하는 것을 의미한다. '무엇'을 '주체'라고 할 때, 주체가 새로운 주체로 변하는 활동을 지시한다. 이 변화는 자기 생성으로 일어난다. 주체의 자기 생성은 외형보다는 내적인 성분(근섬유, 근육, 동작, 힘, 감각, 감정, 지각, 사고, 판단 등)이나 특성(감성, 지성, 기질, 능력 등)과 관련된다. 우리는 늘 변화한다. 되기를 실행하고 있기 때문이다. 우리의 변화는 인식되는 것도 있고, 그렇지 않은 것도 있다. 들뢰즈와 과타리는 이 되기를 개별 주체에 초점을 두고 논의한다. 개별 주체의 되기는 무에서 일어나지 않는다. 되기를 실행하기 위해서는 '외부 대상'과 '접속(connexion)'을 해야 한다. 외부 대상과 접속이 있을 때 주체는 되기를 실행할 수 있다. 되기의 실행은 주체와 대상 모두의 변화를 전제한다. 독자의 변화는 텍스트를 달리 읽게 만들고, 독자가 달라지면 같은 텍스트도 다른 내용의 텍스트로 변화한다.

들뢰즈와 과타리는 주체의 자기 생성을 '독자-되기'와 같은 '○○-되기'의 형식으로 표현한다. 대상과 접속하여 어떤 특성을 생성하였는지를 분명하게 하기 위해서이다. 여성-되기, 아이-되기, 동물-되기, 분자-되기, 특이자-되기, 강렬하게-되기, 은밀하게-되기, 지각 불가능하게-되기 등이 일반적으로 쓰이는 말이다. 이들 용어에서 보면, 되기는 종(種)이나 유(類)의 특성을 생성할 수도 있지만, 자기 내적인 심리 특성을 생성할 수도 있음을 알 수 있다. 세부적으로 쥐-되기, 개-되기, 고래-되기, 오르키데-되기 등도 있지만 모비 딕-되기 등의 용어도 있다. 이에서 보면, 되기는 주체가 특정 종뿐만 아니라 특정 개체의 특성도 생성하는 것이다. 되기는 주체가 접속하는 대상에 따라 생성하는 것을 달리하게 한다. 주체가 접속하는 대상은 한계가 없다. 종(種)이나 류(類)에 제한되지 않는다. 그렇기에 주체는 접속하는 대상에 따라 어떤 성분이나 특성도 생성할 수 있다. 주체의 되기에는 제한이나 한계도 없다.

읽기는 독자(읽기 주체)가 되기를 실행하는 일이다. 읽기 주체는 텍스트를 대상으로 되기를 실행한다. 읽기 주체는 텍스트와 접속하여 되기를 실행한다. 이 접속은 결연하기와 블록 형성을 내포한다. 결연하기는 이질적인 두 가지 이상의 요인이 관계를 맺는 것이고, 블록 형성은 이들 요인이 하나의 구성체를 생성하는 것이다. 독자가 텍스트의 내용을 의식에 표상하여 인식하는 작용이 결연하기이고, 이에서 독자의 요소와 텍스트의 내용이 독자를 새롭게 하는 성분이나 특성을 생성하는 작용이 블록 형성이다. 독자는 자기의 특정 요소와 텍스트 특정 내용을 결연시키고, 블록을 형성함으로써 자기를 구성할 성분을 생성한다. 독자가 텍스트를 읽는 이유는 새로운 자기를 이룰 성분을 생성하기 위해서이다. 독자는 텍스트를 읽고 새로운 근육, 힘, 감각, 운동, 감성, 지성, 기질, 능력 등을 생성한다. 독자는 텍스트 읽고 자기를 구성할 새로운 성분과 특성을 생성한다.

독자의 되기는 상대적이다. 되기는 필연적이거나 절대적이지 않다. 어떤 대상과 어떤 관계를 어떻게 맺는가에 따라 되기의 실행은 달라진다. 텍스트 읽기로 특정 텍스트를 읽을 수 있는 독자-되기를 실행할 수도 있지만, 특정한 사유를 할 수 있는 사유가-되기, 특정 전문 분야의 일을 위한 안목과 능력을 갖춘 전문가-되기를 실행할 수도 있다. 독자의 되기 실현에는 두 가지 본질적인 요인이 관여한다. 독자 요인과 텍스트 요인이다. 독자 요인은 자기 생성의 성향을 결정한다. 독자가 텍스트 내용과 접속할 어떤 요인을 내세우는가에 따라 자기 생성의 내용이 결정된다. 예를 들면, 『천 개의 고원』을 읽는 독자가 어떤 읽기 주체를 내세우는가에 따라 되기의 실행은 달라진다. 독자의 읽기 주체가 교육학자일 수도 있고, 철학자일 수도 있으며, 심리학자일 수도 있다. 교육학자도 국어교육학자일 수도, 과학교육학자일 수도 있다. 각 읽기 주체는 『천 개의 고원』을 읽고 각기 다른 자기 생성을 이루게 된다. 텍스트의 요인은 되기의 원인을 제공한다. 텍스트에 어떤 내용이 들어 있는가, 즉 독자가 텍스트의 어떤 내용에 접속하는가가 자기 생성을 달리하게 한다. 다시 『천 개의 고원』을 예로 들면, 읽기 주체가 텍스트의 어느 부분, 어떤 내용에 접속하는가에 따라 되기의 실행이 달라진다. 리좀과 접속할 수도 있고, 되기와 접속할 수도 있으며, 얼굴성, 리토르넬로, 몸체 등과 접속할 수 있다. 각 내용은 독자의 자기 생성 내용의 실질을 결정한다.

이 책은 되기를 위한 읽기의 실행과 읽기 주체의 자기 생성의 논의를 주요 내용으로 한다. 이 책의 주요 내용을 다섯 가지 내용으로 범주화할 수 있다. 첫째 범주는 1-3장으로, 독자의 되기에 대하여 개괄적으로 살핀다. 1장은 읽기와 되기의 관계, 2장은 독자의 독자-되기, 3장은 독자의 되기 작용과 닮았지만 되기가 아닌 계열과 구조를 검토한다. 둘째 범주는 4-6장으로, 독자-되기의 실행 방법을 알아본다. 4장은 집단성에 근거한 독자-되기, 5장은 특이자에 기초한 독자-되기, 6장은 개체성에 기초한 독자-되기를 논의한다. 셋째 범주는 7-9장으로, 독자-되기를 이룬 독자의 특개성(heccéité)의 포착을 탐구한다. 7장은 특개성 포착에 필요한 읽기 몸체, 8장은 특개성 자체, 9장은 특개성이 있게 하는 구도자(構圖者)를 밝힌다. 넷째 범주는 10-12장으로, 독자-되기를 실현한 독자의 읽기 실행을 살핀다. 10장은 텍스트의 대상역과 공현존하는 읽기, 11장은 과업 실현을 위한 자기 생성의 읽기, 12장은 생성적 읽기의 실제성을 점검한다. 다섯째 범주는 13장으로 생성적 읽기 교육에 대해 생각해 본다.

이 책은 3권으로 기획되었다. 이 책은 두 번째 권이다. 먼저 출간한 책은 『유목적 읽기 교육론』(2023)이다. 『유목적 읽기 교육론』은 『천 개의 고원』

12장을 토대로, 읽기 교육에 대한 거시적 접근 관점을 논의한 내용이다. 이 『생성적 읽기 교육론』은 읽기 교육에 대한 미시적 접근 관점으로 논의한 내용이다. 읽기 교육에 대한 미시적 접근 관점은 읽기에서의 개별 독자와 텍스트의 관계를 논의한다. 특히 독자가 텍스트 읽기를 통하여 무엇을 해야 하는지에 대한 과제를 다루었다. 『유목적 읽기 교육론』에서는 보편성·일반성·전체성·공통성·동일성 등의 '몰성'에서 탈주해 개체성·고유성·자기성·독특성·특별성 등의 분자성을 지향해야 함을 밝혔다. 이에 반해 『생성적 읽기 교육론』에서는 텍스트 이해의 분자성, 즉 분자적 텍스트 이해를 실천할 수 있게 하는 구체적이고 실제적인 방법을 다루었다. 『생성적 읽기 교육론』의 각 장의 내용은 독자의 개체성을 지키고 키우는 정교한 방법이다.

이 책에도 『유목적 읽기 교육론』과 같이 새롭고 낯선 용어들이 다수 사용된다. '되기', '한패-되기', '특이자-되기', '지각 불가능하게-되기', '몸체', '특개성(이것임)', '구도자' 등 여러 가지이다. 이들 용어는 『천 개의 고원』에 대한 선행 연구와 번역한 이들이 사용한 용어를 준용했다. 특정 개념을 지시할 수 있는 다른 표현을 찾지 못했기 때문이다. 또한 다양한 연구자들의 논의를 참조하지 못한 점도 한몫했다고 할 수 있다. 국어교육 연구자로서 이런 낯선 개념과 용어를 익숙하고 편안한 쉬운 말로 표현하지 못하는 아쉬움이 언제나 있다. 그렇지만 이 책에 쓰인 이들 용어가 『천 개의 고원』을 읽을 수 있게 하는 가교의 역할을 할 수 있지 않을까 하는 가당찮은 생각도 해본다.

이 책을 구성하고 있는 텍스트 읽기와 읽기 교육 관련 내용은 들뢰즈와 과타리의 『천 개의 고원』 10장에 한정된 것이다. 되기에 대한 논의 방식은 다양할 수 있다. 그 다양성을 충분히 검토하지 못한 면이 있다. 10장에서 기억과 관련된 여러 회상을 토대로 논의하고 있지만, 기억을 만들어 회상하게 하는 자의 범주는 훨씬 넓을 수 있다. 이 책의 내용은 들뢰즈와 과타리가 관심을 둔 회상(기억)에 의존하여 논의를 전개하였다. 실제 읽기 연구자가 관심을 둘 기억은 더 있을 것이다. 이에 대한 탐구는 이 책의 독자들에게 미룬다. 이 책의 독자에게 읽기 연구자가 회상해야 할 다양한 기억을 찾아서 독자의 자기 생성에 대한 논의를 전개해 주길 기대한다.

이 책의 주요 독자는 읽기 교육 전공자일 것이다. 읽기 현상을 탐구하는 데 관심이 있는 독자에게도 도움이 될 것이다. 이는 이 책에서 강조하는 읽기에 대한 관점이 기존과는 다른 점이 있기 때문이다. 그동안 읽기에 대한 관점이 필자의 사상 이해하기, 텍스트의 주제 파악하기, 독자의 의미 구성하기 등으로 변화했다. 현재는 의미 구성하기 관점이 지배적인 경향을 띠고 있다. 현재의 지배적인 읽기 관점과 다른 해석학적 관점인 독자의 자기 이해도 관심의 대상이 될 수 있다. 이 책의 내용은 이 관점과도 다른, 독자의 자기 생성을 강조한다. 독자의 자기 생성은 텍스트 이해가 독자를 새롭게 생성하고, 그 생성은 독자의 고유한 개체성을 가지게 하는 일이라는 것이다. 독자는 자기 생성적 텍스트 이해로 자기만의 고유함을 생성하고 지키게 된다.

이 책의 일부 내용은 학술지에 게재한 논문을 보완한 것이다. 또 일부는 학술대회에서 발표한 것이다. 그 나머지는 이 책을 위하여 집필한 것이다. 이 책의 일부 내용은 읽기 교육을 전공하는 분들에게조차 낯선 부분이 있다. 그러다 보니 이 책의 내용 논의를 전개하는 데에 다소 어려움이 있었다. 이 책의 내용을 마련하고, 출판하는 데는 도움을 주신 분들이 많았다. 먼저 이 생성적 읽기 논의에 관심을 보여주신 몇 분의 교수님, 서울교대 석사·박사 과정 선생님들의 도움에 감사를 전한다. 학술 발표에서 토론해 주시고, 각 원고에 고견을 주신 교수님들과 자기 공부로 바쁜 중에도 원고에 대한 여러 의견을 제시해 풍성한 논의의 장을 마련해 준 석사·박사 과정 선생님들께 감사드린다. 특히 이 책의 모든 원고를 검토하고 소중한 의견을 제시해 준 여수현, 박효진, 김예진 박사 과정 선생님께 깊은 감사를 전한다. 끝으로

이 책의 독자가 많지 않을 것임을 알면서도 책의 출판을 허락해 주신 역락출판사 대표님과 그 외 출판에 도움을 주신 모든 분께 감사드린다.

2024년 3월 30일

김도남

차례

제1장 **읽기와 되기**

1. 마수걸이

우리는 텍스트를 읽으려면 독자가 되어야 한다. 독자가 되려면 누구나 텍스트를 읽을 수 있는 자기를 생성해야 한다. 텍스트를 읽을 수 있는 자기 생성이 없으면 독자가 될 수 없다. 유아가 그림으로 된 동화책을 읽으려면, 그림책을 읽을 수 있는 자기를 생성해야 한다. 초등학생이 공룡을 설명하는 책을 읽으려면, 정보를 전달하는 텍스트를 읽을 수 있는 자기 생성을 해야 한다. 예비교사가 교육학 관련 텍스트를 읽으려면, 교육학 관련 텍스트를 읽을 수 있는 자기 생성을 해야 한다. 성인도 특정 분야의 텍스트를 읽으려면, 그 분야의 텍스트를 읽을 수 있는 자기 생성을 해야 한다. 독자가 텍스트를 읽을 수 있는 자기 생성이 있어야 텍스트를 읽을 수 있다. 또한 텍스트를 읽는 독자는 텍스트의 내용에 따른 자기 생성도 해야 한다. 독자가 텍스트를 읽는 궁극의 목적은 자기 변화를 이루기 위한 것이다. 독자가 텍스트를 읽어 대상을 이해하고, 관점을 얻고, 본질을 깨치고, 자기 이해를 하는 것 등은 자기 변화이다. 독자의 이 자기 변화를 통칭하는 말이 '자기 생성'이다. 이 자기 생성을 위한 기제가 '되기(devenir)'라 할 수 있다.

들뢰즈와 과타리는『천 개의 고원』(김재인 역, 2003) 10장(1730년-강렬하게 -되기, 동물-되기, 지각 불가능하게-되기)에서 '되기'를 논의한다. 이 '되기'라는 말을 이해할 수 있는 단서를 영화 속의 권법에서 찾을 수 있다. 중국 무술 영화를 보면 학권(鶴拳), 사권(蛇拳), 전갈권(全蠍拳) 등의 권법을 하는 주인공이 등장한다. 이 권법은 영화의 주인공들이 무술 겨루기를 할 때 상대방을 공격 하는 몸의 부분을 사용하는 기술들이다. 학권은 학이 다른 학과 싸움을 할 때 날개와 다리의 사용 방식을 주인공이 따르는 것이다. 사권은 뱀이 상대를 공격할 때 몸과 머리를 사용하는 방식을, 전갈권은 전갈이 상대를 공격하거 나 방어할 때 다리와 꼬리를 사용하는 방식을 따르는 것이다. 영화 속에서 이들 권법을 사용하는 주인공들의 몸놀림은 학, 뱀, 전갈의 싸움 동작을 닮아 있다. 학권은 양팔을 벌리고 다리 한쪽을 든다. 사권은 몸을 웅크리고 한 손은 뱀의 머리 모양을 만들고, 한 손은 그 손을 떠받친다. 전갈권은 두 손과 한 발을 땅에 짚고, 다리 한쪽을 위로 뻗쳐 올린다. 그러고는 상대방과 싸움을 한다. 이들 권법은 특정 동물이 상대와 싸울 때의 몸놀림에 대한 감응(affect) 을 주인공의 몸놀림으로 변용[1]한 것이다.

되기는 신체적인 것에서만 일어나는 것은 아니다. 삶의 형식이나 의식 활동, 관념의 생성에서도 마찬가지로 일어난다. 들뢰즈와 과타리는『천 개의 고원』10장 첫 부분에서 되기를 설명하기 위하여 영화 <윌라드(Willard,

---

[1] '되기'와 관련하여 '변용(affection)'은 중요하게 쓰이는 말이다. '이처럼 이들(들뢰즈와 과 타리)이 말하는 강밀도와, 스피노자가 말하는 양태(mode) 및 변용(affection), 감응(affect) 등의 개념은 아주 긴밀하게 결부되어 있습니다. 스피노자는 양태를 이미 그 자체로 하나의 촉발(affection)이요 변용이라고 보지요. 하나의 양태로서 존재한다는 것은 관련된 다른 양 태들에 촉발되어 강밀도의 분포를 다르게 만듦으로써 다른 종류의 양태로 만들어 버린다는 점에서 이미 변용(affection)입니다. 역으로 그렇게 변용된 양태와의 관련 속에서만 '그' 양태로서 존재할 수 있는 것이란 점에서 자신을 둘러싼 자신의 모든 양태들의 관계를 스스 로 내부에 함축합니다. 그렇기에 자신을 둘러싼 양태들의 관계가 변하는 순간 그 자신 역시 다른 양태로 변용됩니다.'(이진경, 2003b: 41-42)

1971)>를 예로 든다. <윌라드>에서, 주인공 윌라드는 쥐들과 함께한다. 윌라드는 쥐들과 생활하며 소통하고, 쥐들과 함께 일을 꾸미고, 쥐들에 의해 삶이 지배된다. 윌라드의 삶은 쥐-되기를 이룬다. 들뢰즈와 과타리는 이런 되기를 여성-되기, 아이-되기뿐만 아니라 분자-되기, 입자-되기, 지각 불가능하게-되기로 확장한다.[2] 되기는 특정한 것에서만 일어나는 것이 아니라 무엇에서든 일어날 수 있음을 뜻한다.

독자의 텍스트 이해도 되기를 수반한다. 독자가 텍스트를 읽는 행위는 텍스트의 내용과 독자의 의식이 함께한다. 텍스트와 독자가 어떻게 접속하여 감응하느냐에 따라 독자의 되기 활동은 다양한 형태로 일어난다. 특정한 텍스트에만 감응하여 되기를 실행할 수도 있고, 텍스트로 전달되는 특정한 관념에 감응하여 되기를 실행할 수도 있다. 또는 일시적으로 텍스트와 되기를 실행할 수도 있고, 평생토록 텍스트와 접속하여 되기를 실행할 수도 있다. 학생은 학습을 위해서만 텍스트를 이해(일시적 독자)하지만 연구자들은 연구 분야 텍스트를 평생(평생 독자) 탐구한다. 독자가 텍스트를 통하여 이루어야 할 독자는 학생이나 연구자와 같은 독자는 아닐 수 있다.

독자 되기는 진정한 독자가 되는 것이다. '진정(眞情)'이란 말은 '참되고 애틋한 정이나 마음'(표준국어대사전)을 뜻한다. 진정한 독자는 자신이 독자임을 참되고 애틋하게 받아들이는 독자이다. 독자 되기는 독자가 자기 자신을 진정한 독자로 여기고 이를 실현함을 의미한다. 진정한 독자는 텍스트와의 접속으로 읽기가 궁극적으로 지향하는 바를 이루어 내는 독자이다. 독자가

---

2   기억의 개념 자체가 분자화 되기에 이르고 있음을 시사하는 '어떤 분자의 기억'에서 물적인 다수성에서 벗어나는 분자적인 되기들, 예컨대 여성-되기, 어린이-되기, 동물-되기 등등을 분자 되기나 입자-되기로 파악하고 있습니다. 더불어 이러한 되기에 수반되는 지각 불가능하게-되기를, 그리고 그를 위해 종종 이용되었던 약물의 배치를 다루고 있어요. '비밀의 기억'은 지각 불가능하게-되기와 결부된 비밀의 문제를 다루고 있습니다.(이진경, 2003b: 56)

텍스트를 읽는 이유는 독자마다 다를 수 있지만 교육적으로 텍스트를 읽어야 하는 이유는 독자의 정신적 성장이다. 정신적 성장을 해석학에서는 '초월'이라고 하고(김도남, 2021), 이것은 자기 생성으로 귀결된다. 읽기에서의 자기 생성은 텍스트를 통하여 자기-되기를 이루는 것이다.

독자의 텍스트 읽기나 학교에서의 읽기 교육은 이상적인 독자가 되는 것을 지향하는 면이 있다. 독자는 자신의 진정한 필요로 텍스트를 읽고, 학생은 진정한 독자가 되기 위하여 읽기를 배운다. 읽기 교육은 학생의 진정한 자기-되기와 관련이 있다. 진정한 자기-되기를 논하는 것은 읽기 교육으로 학생이 자기 생성에 이르도록 하는 읽기를 실행하게 하기 위한 것이다. 이는 읽기 활동이 단지 텍스트를 이해하기 위한 것이 아니라 독자의 새로운 삶을 생성하기 위한 것이기 때문이다. 읽기 교육은 학생이 진정한 자기-되기에 이를 수 있도록 해야 한다.

이 장에서는 들뢰즈와 과타리의 『천 개의 고원』 10장에서 논의하는 '되기'의 개념에 기초한 읽기 교육의 접근 가능성을 탐구한다. 들뢰즈와 과타리의 되기에 대한 논의가 다양한 관점에서 이루어지기에 이 논의에서는 개괄적인 되기에 대한 개념을 바탕으로 읽기 교육의 접근 가능성을 알아본다. 되기에 대한 세부적인 논의는 이후의 장에서 구체적으로 다루도록 한다. 이 논의에서는 '어느 분자의 회상'(김재인 역, 2003: 516-542)의 내용을 중심으로 되기를 읽기 및 읽기 교육과 관련지어 논의한다. 이는 들뢰즈와 과타리의 되기(devenir)에 대한 논의에 주목하여 읽기와 읽기 교육 방법을 탐색하는 접근의 일환이다. 되기에 대한 논의에 기초한 읽기의 접근을 '생성적 읽기'라 하고, 이를 위한 읽기 교육을 '생성적 읽기 교육'이라 할 수 있다. 이 논의는 생성적 읽기 또는 생성적 읽기 교육을 위한 논의의 토대를 마련하기 위한 것이다.

2. 되기의 성질

들뢰즈와 과타리는 『천 개의 고원』 10장에서 '되기'에 대하여 회상(기억)[3]의 형식으로 다양한 관점에서 논의한다. 영화 관객, 박물학자, 베르그송주의자, 마법사, 스피노자주의자, <이것임>, 판을 짜는 자, 분자, 비밀 등. 이들 되기에 대한 논의는 되기가 다양한 속성이 있음을 알려준다. 본 논의에서는 이들 각 관점에서의 되기에 대한 논의를 독자와 관련짓기보다는, 되기에 대한 개괄적인 논의를 독자와 관련지어 탐색한다. 각 관점에 기초한 독자의 텍스트 읽기와 관련된 되기에 대한 세부적인 논의는 다음 장들에서 한다.

가. 되기의 개념

'되기'는 불어 'devenir'를 번역한 말이다. 'devenir'는 영어의 'become (becoming)', 독어의 'werden'과 같다. 이들 단어는 '－가 되다'라는 뜻의 동사인데, 부정법(不定法)을 적용하여 '－되기'로 사용된다.(이진경, 2003b: 24) 이 'devenir'는 '무엇이 무엇으로 되다'는 의미인데, '되다(된다)'는 '생성'의 의미를 내포한다. 즉 'devenir'는 무엇으로 되는 것이면서 새롭게 생성되는 것을 함의한다. 들뢰즈와 과타리가 『천 개의 고원』 10장에서 되기를 다양한 관점에서 논의하는 것은 그들의 생각이 '생성'과 깊이 관련 있음을 뜻한다.[4] 되기가 내포하고 있는 생성은 무엇으로 되냐에 따라 그 속성을 달리한다.

---

3   회상은 불어 souvenir을 번역한 말로 영어로는 memories이다. 이를 김재인(2003)은 '회상'으로 번역하고, 이진경(2003b)은 '기억'으로 번역하였다.

4   들뢰즈와 과타리가 생성을 사유하고자 하며, 생성을 핵심적인 화두로 삼고 있다는 점은 굳이 다시 말하지 않아도 좋을 것입니다. 그래서 이들이 사용하는 devenir란 말을 생성이라고 번역해도 좋습니다.(이진경, 2003b: 24)

리좀의 다양한 특징을 요약해 보자. 나무나 나무뿌리와 달리 리좀은 자신의 어떤 지점에서든 다른 지점과 연결접속한다. 하지만 리좀의 특질들 각각이 반드시 자신과 동일한 본성을 가진 특질들과 연결 접속되는 것은 아니다. 리좀은 아주 상이한 기호 체제들 심지어는 비-기호들의 상태를 작동시킨다. 리좀은 <하나>로도 <여럿>으로도 환원될 수 없다. 리좀은 둘이 되는 <하나>도 아니며, 심지어는 곧바로 셋, 넷, 다섯 등이 되는 <하나>도 아니다. 리좀은 <하나>로부터 파생되어 여럿도 아니고 <하나>가 더해지는 여럿(n+1)도 아니다. 리좀은 단위들로 이루어져 있지도 않고, 차원들 또는 차라리 움직이는 방향들로 이루어져 있다. 리좀은 시작도 끝도 갖지 않고 언제나 중간을 가지면 중간을 통해 자라고 넘쳐난다. (김재인 역, 2003: 46-47)

윗글은 들뢰즈와 과타리가 『천 개의 고원』(김재인 역, 2003)의 「서론」에서 리좀의 특성을 설명하는 부분이다. 리좀은 대상의 속성이나 본성들의 연결접속[5]을 가리킨다. 연결접속되는 것이 동일성을 가질 필요는 없다. 대상 본성들의 연결접속은 기호 체제뿐만 아니라 비-기호들의 상태를 작동시켜서 무엇으로든 생성되게 한다. 새로운 생성을 만들어내는 것이다. 이 생성은 특정한 형태로 한정할 수 없다. 연결접속의 조건과 상황에 따라 무엇으로든 생성되어 되기를 실현한다. 이는 고정성을 띠는 단위적인 것이 되는 것이 아니라 다양성을 갖는 차원이나 방향성을 띤다. 그러면서 끊임없이 변화하는 중에 있다.

들뢰즈와 과타리의 논의에서 되기 또는 생성은 중요한 자리를 차지한다.

---

5   '연결접속'은 'connexion(프)'의 번역한 말이다. 이진경(2003)에서는 '접속'이라는 용어로, 김재인 역(2003)에서는 '연결접속'이라는 용어로 표현한다. 이 논의에서는 이 두 용어를 혼용한다. '연결접속'은 직접 관계를 강조할 때 주로 사용하고, '접속'은 일반적인 관계 맺음을 강조할 때 주로 사용한다.

윗글에서 보면, 리좀은 끊임없이 생성하는 작용을 가리킨다. 되기는 이런 생성의 과정 중에서 이루어지고 있다. 그래서 들뢰즈와 과타리의 논의에서 되기는 리좀의 속성인 생성을 내포하고 있다. 이러한 되기에 대한 논의는 전통적인 진리 탐구관에 반한다. 하이데거의 논의에 따르면(엄태동, 2016: 29-38) 전통적 진리 탐구관은 대상(존재자)을 이루는 그 내적 본질을 밝히려고 하였다.[6] 이런 전통적 진리 탐구관을 문제 삼는 사람은 많다. 대표적으로 니체, 하이데거, 데리다 등을 들 수 있다. 들뢰즈와 과타리의 되기 개념 논의에 토대를 놓은 사람은 하이데거라 할 수 있다. 하이데거는 『존재와 시간』(이기상 역, 1998)에서 존재론의 관점에서 문제를 제기한다.[7] 하이데거는 전통 존재론이 존재자와 존재를 동일시하는 문제가 있음에 주목한다. 그러면서 존재는 현존재와 존재자의 관계에서 비롯된 것임을 밝힌다. 즉 존재와 존재자를 분리한다. 그리고 존재가 존재자와 현존재와의 관계 맺음에서 생성되는 것임을 논의한다.

하이데거의 논의에서 볼 때, 들뢰즈와 과타리는 존재와 존재자의 다름(차이)에서 존재 자체에 주목하기보다는 접속에 의하여 생성되는 존재와 존재자의 '차이'에 주목한다. 존재 자체에 주목하는 논의를 '나무(수목적 사유)'에 귀속시키고, 차이에 주목하는 논의를 '리좀(리좀적 사유)'에 귀속시킬 수 있다.(이진경, 2003b: 32) 이에서 보면, 들뢰즈와 과타리의 되기는 하이데거의 존재 논의와 관련이 있지만 논의의 초점을 달리한다. 들뢰즈와 과타리의 논의에서 볼 때, 연결접속에 의한 사물의 상태를 표시하는 것을 '임(être, 이기)'과 '됨(devenir, 되기)'으로 구별할 수 있다. '임'은 존재 자체의 상태를

---

6 하이데거에 따르면, 서양의 전통철학은 '존재자(Seiendes)'의 '존재자성(存在者性, Seiendheit)'에만 주목함으로써 '존재(Sein)'를 망각하는 사유였다.(엄태동 2016: 29)

7 하이데거의 존재론에 대한 설명은 박찬국(2014)의 『하이데거의 「존재와 시간」 강독』을 참조할 수 있다.

이르는 것이고, '됨'은 존재가 생성되는 과정을 이르는 것이다. 하이데거의 논의와 들뢰즈와 과타리의 논의가 관계 맺음에 의한 생성을 이야기하지만 그 초점에는 차이가 있다.[8]

> 이런 의미에서 되기는 자기-동일적인 어떤 상태에서 벗어나 다른 것이 되는 것이고, 어떤 확고한 것에 뿌리박거나 확실한 뿌리를 찾는 것이 아니라 거기에서 벗어나는 것입니다. 즉 근거(Ground)를 찾는 게 아니라 있던, 아니 있다고 생각하던 근거에서 벗어나 탈영토화하는 것입니다. 뿌리가 아니라 리좀을 선호하고, 정착이 아니라 유목을 강조하며, 관성이나 중력에서 벗어나 편위(클리나멘)를 강조하는 것은 이러한 입장과 밀접하게 결부되어 있습니다. 따라서 '되기'의 구도(plan)에서 사유하고 산다는 것은 영속성과 항속성, 불변성, 기초, 근본 등과 같은 서양 철학의 중심적 단어들과 처음부터 이별하는 것이고, 반대로 변이, 창조, 새로운 것의 탐색과 실험을 끊임없이 추구하는 것입니다. (이진경, 2003b: 33-34)

들뢰즈와 과타리의 논의에서 관심의 한 축은 생성, 즉 되기에 있다. 윗글에서 보면, 되기는 자기-동일적인 것이 아닌 다른 것이 되는 것이고, 자기의 근원(뿌리)에서 벗어나는 것이다. 탈영토화로써 리좀적이고, 유목적이며, 편위적인 것을 지향한다. 이는 동일성이 반복되어 지속되는 것이 아니라, 차이를 갖는 변이와 창조로 끊임없이 새롭게 생성되는 것을 추구하는 것이다.

---

8 '되기/생성(devenir)'이 들뢰즈의 철학적 사유에서 중요한 것으로 바로 이러한 사유가 집약되는 개념이라는 점 때문입니다. 존재가 아니라 존재 사이에서 벌어지는, 하나의 존재에서 다른 존재로 '되는' 변화를 주목하고, 그러한 변화의 내재성을 주목하며, 그것을 통해 끊임없이 탈영토화되고 변이하는 삶을 촉발하는 것, 이 모두가 바로 '되기'라는 개념을 둘러싸고 진행되기 때문입니다.(이진경, 2003b: 33)

생성은 다름이고 차이이며 반복이다. 되기는 머무는 것이 아니라 이동하는 것이면서 변이하고 창조하는 것이다. 들뢰즈와 과타리의 되기의 논리로 보면, 나를 포함한 모든 사람은 되기를 하는 존재들이다. 되기를 추구하고, 되기를 실행하고, 되기로 삶을 이루고 있다.

내가 무엇이 된다는 것은 되어야만 하는 대상이 있다. 쥐-되기, 여성-되기, 아이-되기, 분자-되기, 지각 불가능하게-되기 등의 말을 보면, 되기는 되어야 하는 대상을 갖는다. 이는 되기가 특정 대상과의 연결접속 또는 관계 맺음이 있어야 함을 전제한다. 그 관계 맺음을 접속이라고 할 때, 접속의 대상은 특정한 것으로 제한되지 않는다. 예로 든 쥐, 여성, 아이, 분자, 지각 불가능이라는 것의 공통된 속성은 없다. 서두에서 예를 든 권법은 신체의 움직임, 쥐는 생활의 습성, 여성이나 아이는 내재적인 감성, 분자나 지각 불가능은 몰성에서의 벗어남의 정도를 내포한다. 되기는 정해진 대상이 있는 것이 아니라 접속하는 대상에 따라 무엇으로든 변이함을 의미한다.

이로 볼 때, 되기는 신체 능력의 변화만을 지시하지 않는다. 되기는 신체를 이루고 있는 기관과 기관의 작용, 행동과 행동의 양식, 의식과 의식의 활동 등이 변용되는 것을 뜻한다. 들뢰즈와 과타리는 이들 변용의 형태를 관객, 박물학자, 마법사, 신학자 등의 회상(기억)의 형태로 설명하고 있다. 우리가 어떤 되기를 실행하느냐에 따라 변용의 대상과 변용하는 방식, 변용의 내용이 다름을 설명한다. 되기를 이루려는 의지적 노력으로, 대상에 대한 감응으로, 무의식적인 욕망으로, 의식하지 못하는 어떤 순간에도 되기는 실행된다. 우리가 무엇을 할 수 있는 것은 되기의 결과라고 할 수 있다.

되기는 행동 방식이나 능력, 의식 활동이나 수준, 삶의 양식이나 방식이 다른 양태[9](상태)가 됨을 뜻한다. 되기는 우리의 행동, 의식, 삶의 내재적 성질

---

9   '양태'는 스피노자가 사용한 용어이다. '스피노자는 이처럼 이웃한 것이 무엇인가에 따라

이 변용되는 것이다. 다른 것을 할 수 있고, 인식할 수 있고, 삶으로 실행됨을 의미한다. 그렇다고 되기가 반드시 바람직한 것으로 변용됨을 의미하는 것은 아니다. 되기는 변용할 뿐이지 도덕적으로 되거나 바람직한 것으로 되는 것만을 의미하지 않는다. 이는 접속할 대상에 따라 결정된다. 이 말에는 되기는 무엇으로든 될 수 있음을 전제한다. 제한되거나 한정된 되기는 되기가 아니다.

나. 되기의 예

들뢰즈와 과타리의 '되기'는 다양한 형태로 논의할 수 있다. 『천 개의 고원』(김재인 역, 2003) 10장에서 보면, 여러 대상의 회상(기억) 형식을 빌려 되기를 설명한다. 그렇다고 10장에서 다루는 대상의 회상만이 되기인 것은 아니다. 되기의 종류는 한정할 수 없고, 한정되지도 않는다. 여기서는 '어느 분자의 회상'의 항목에서의 논의를 토대로 되기의 예를 '분자-되기'와 '지각 불가능하게-되기'로 나누어 본다.[10] 물론 이 예의 선택은 임의적이고 자의적인 것이다. 다만 이들을 예로 드는 것은 독자의 텍스트 이해의 측면과 관련짓기 위해서이다.

들뢰즈와 과타리의 논의에서 분자라는 말은 몰(mole)[11]과 대비된다. 몰은 원자, 이온, 분자 등의 물질량을 나타내는 단위이다. 1몰은 6.022×10^{23}개의

달라지는 사물을 '양태(mode)'라고 불렀습니다. 이는 무언'인가'조차 이웃한 것들과 관계에 따라, 어떤 이웃과 접속하는가에 따라 다른 게 '되는' 것으로 파악합니다.'(이진경, 2003b: 36)

10   분자-되기와 지각 불가능하게-되기는 『천 개의 고원』(김재인 역, 2003) 10장의 '어느 분자의 회상' 부분의 내용을 중심으로 논의한다.

11   몰(mole)은 이진경(2003a, b)에서 사용하는 용어이고, 김재인 역(2003)의 『천 개의 고원』에서는 몰(mole)을 '그램분자'로 번역하여 사용한다.

입자를 포함한다. 들뢰즈와 과타리의 논의에서 몰은 구성소들이 하나의 속성, 즉 동일성을 띠는 것을 지시한다. 이를 몰성이라고 한다. 이 몰성과 대립적으로 구성소들이 개별성을 지니고 있다는 것을 지시하는 말이 분자이다. 분자는 몰의 동일성, 동질성, 통일성과 대립하여 상이성, 이질성, 변이성을 내적 속성으로 한다. 또한 몰은 다수적이고, 전체적이며, 국가장치의 속성을 함의한다. 이에 반해 분자는 소수적이며 개별적이고 전쟁기계의 속성을 내포한다. 따라서 분자라는 말은 소수자, 탈주자, 외부자를 그 속성으로 한다.

되기에서 동물-되기, 여성-되기, 아이-되기 등이 성립되고, 사람-되기, 남자-되기, 어른-되기와 같은 말은 성립하지 않는다. 사람, 남자, 어른은 몰성을 대표하기 때문이다. 이에서 여자의 여성-되기와 아이의 아이-되기와 같은 말이 성립하는데, 이는 자기의식이 없는 일상적인 의식, 즉 국가장치에 포획된 의식의 흐름에 순응하고 있는 것도 몰성에 속한다는 것을 뜻한다. 분자-되기는 몰성의 의식의 흐름에서 벗어나는 여성이나 아이의 의식의 흐름을 형성하는 일을 의미한다. 동질성을 강조하는 전체주의적 의식에서 벗어나 이질성을 갖는 개별적 의식을 형성할 때 분자-되기가 실행된다.

되기는 블록의 형성이 필요하다. 되기의 주체가 혼자서 되기를 이루는 일은 없다. 언제나 접속하는 대상과 짝을 이루어 실행해야 한다. 주체가 되기를 위해 짝이 되는 대상과 연결접속하여 관계 맺기를 이루는 것이 블록 형성이다. 그 대상은 동종일 수도 있지만 이종일 때도 있다. 동물-되기는 이종인 경우이고, 여성-되기는 동종인 예라고 할 수 있다. 블록은 서로가 되기를 이루어 내는 경우도 있고, 어느 한쪽이 일방적으로 되기를 실행하는 경우도 있다. 말벌과 난초(오르키데) 또는 영화 <윌라드>의 주인공 윌라드와 등장인물 쥐는 서로가 되기를 이루어 낸 예이다. 여성의 여성-되기나 어른의 아이-되기는 사람이 일방적으로 되기를 실행하는 경우이다. 되기는 누가 무엇이 되든 블록을 이루어 실행된다.

분자-되기는 몰성을 띠는 단위 내에서의 변이를 전제한다. 이 말은 분자-되기가 몰의 속성을 완전하게 벗어나는 것이 아님을 의미한다. 다른 말로 하면, 몰의 단위 내에 머물면서 개별성을 드러내는 것을 뜻한다. 동물-되기, 여성-되기, 아이-되기는 사람이 동물 모습으로 변하거나 남자가 여자가 되거나 어른의 몸이 아이의 몸이 되는 것을 의미하지 않는다. 신체의 능력이나 의식의 강도적 흐름이 블록을 이룬 대상과 공속하는 감응을 생성하는 것을 의미한다.[12] 학권법에서 손과 다리의 놀림이 학의 날개와 다리의 감응을, 여성-되기에서 여성의 감성과 의식을, 아이-되기에서 아이의 판단과 표현을 드러나게 하는 것이다. 분자-되기는 사람의 기관이나 의식의 작용이 변용되는 것을 뜻한다. 이런 되기를 실행하여 주체가 갖게 되는 것을 특개성(heccéité)[13]이라 한다.

그렇다. 모든 생성은 분자적이다. 우리가 생성하는 동물이나 꽃이나 돌은 분자적 집합체이며 <이것임>이지, 우리가 우리들의 바깥에서 인식하며, 경험이나 과학이나 습관 덕분에 재인식하는 그램분자적인 형태, 대상 또는 주체들이 아니다. 그리고 이것이 사실이라면 인간적인 것들에 대해서도 똑같은 말을 해야 할 것이다. 가령, 명확하게 구별되는 그램분자적인 존재물로서의 여성이나 아이와는 전혀 유사하지 않은 여성-되기, 아이-되기가 존재하는 것이다. (김재인 역, 2003: 522)

---

12   이제 분자-되기가 어떤 것인지를 이해할 수 있을 겁니다. 그것은 동물, 여성, 흑인 등과 같이 되기의 블록을 구성하는 '짝'의 감응을 갖는 분자를 생성하는 것, 그런 분자적 성분이 되는 것입니다. 이는 분자적인 성분으로 되기를 정의하는 방식이기도 합니다.(이진경, 2003b: 92)
13   특개성(heccéité)은 이진경(2003b)에서 사용하는 용어이고, 김재인 역(2003)에서는 <이것임>으로 번역한다. 영어로는 thisness이고, 이진경·권혜원 외 역(2000)에서는 '헤시어티'라고 음역하여 사용한다.

위의 인용문에서 보면, 분자-되기는 개체이기보다는 유(類, 무리)나 집단적 속성을 띤다. 분자-되기의 예로 쥐-되기, 여성-되기, 아이-되기 등을 들 수 있고, 이것들은 소수자-되기로 대표된다. 쥐(또는 학 등), 여성, 아이를 포함한 소수자는 개체를 지시하지 않는다. 특정 속성을 공유한 집단을 전제한다. 그렇기에 분자-되기로 대표되는 되기는 전체의 통일성보다는 집단을 이루고 있는 유(類)의 공통성이 강조되는 특성이다.

분자-되기는 하나의 기관, 특정 부위, 특정 요소의 변이를 의미하는 것이기도 하다. 몸의 한 기관(팔, 다리, 머리 등), 몸의 한 곳(입, 귀, 눈 등), 특정 심리(감정, 의식, 사고, 관점 등)의 변용을 의미한다. 몸 전체가 변용되는 경우도 있지만, 부분적인 되기를 지시하는 것이 분자-되기이다. 실제로 많은 되기는 이 분자-되기에서 파생된 되기라 할 수 있다. 여성이 되든, 아이가 되든 되기는 부분의 변용으로 이루어진다. 쥐-되기, 여성-되기, 아이-되기 등은 신체적인 변이가 없이 심리적 감응과 감성으로 행동과 의식의 양태가 변용하는 것이다.

　　여기서 좀 더 나아가면 분자적인 질이 사라진, 어떤 질(質)의 항도 될 수 있는 원소-되기 내지 양자-되기(입자-되기 내지 파동-되기)의 개념에 이르게 됩니다. 즉 이런 동물, 저런 동물이 될 수 있는 원소적 성분들을 자유로이 생산할 수 있을 때, 그는 한 동물의 문턱을 넘나들며 다양한 동물-되기 능력을 획득하게 될 것입니다. 분자가 특정한 질을 추상할 수 없듯이, 분자-되기 또한 어떤 항이 갖는 질로부터 자유로울 수 없습니다. 그렇지만 그런 문턱을 넘어서 더 멀리 나가는 경우, 이젠 질이 추상된 되기의 영역으로 진입하게 됩니다. 그것은 하고자 한다면 **어떠한 질, 어떠한 항이라도 될 수 있는 그런 원소적인 되기의 지대**지요. 하지만 특정한 질을 넘어서 그 자체로는 그게 어떤 것인지 알 수 없는 '지각 불가능한' 되기의 지대입니다. '무(無)' 혹은 '공(空)'이라는 명칭으로 불리는 지대, 혹은 '도(道)'라고 불리는 지대가 나타납니다. 이를 들뢰즈와 과타리는

'일관성의 구도'라고 부른다는 말은 여러 번 했지요. (이진경, 2003b: 93)

윗글에서 보면, 되기의 끝은 지각 불가능하게-되기[14]이다. 분자적인 질을 넘어 원소나 양자와 같은 입자의 속성으로 나아가게 되면 무엇으로도 자유롭게 될 수 있는 문턱을 넘게 된다.[15] 이 문턱을 넘어간 되기가 원소-되기이고, 어떤 것으로도 될 수 있는 그래서 그 자체로는 어떤 것인지 알 수 없는 되기가 '지각 불가능하게-되기'이다. 무엇으로도 될 수 있음 즉, 무엇과 연결접속하느냐에 따라 되기를 실행할 수 있는 것을 '일관성의 구도'라고 한다. 이 되기가 원자-되기나 개인만의 속성을 띨 때를 '지각 불가능하게-되기'라고 한다.

지각 불가능하게-되기는 몰적 차원이나 분자적 차원과는 다른 되기를 의미한다. 몰적 차원에서는 전체를 이루는 개별자들이 하나의 통일된 특성을 드러낸다. 분자적 차원은 전체를 이루는 개별자들이 각자 또는 유(類)별로 다른 특성을 드러낸다. 이 분자적 차원에서의 개별자는 각자의 다른 개별자와 구분되는 내적인 속성을 지니고 있다. 그렇기에 블록을 형성하여 되기를 실현할 수 있다. 그래서 지각이 가능하고 각자 구별하여 분류할 수 있다. 그렇지만 지각 불가능하게-되기는 개별자가 내적 속성까지도 바꿀 수 있는 되기(일관성의 구도)를 실현하는 것이다. 이는 개별자가 자기 스스로 이루어야 하는 되기이다. 되기의 최종 지향은 지각 불가능하게-되기이다. 들뢰즈와 과타리가 지각 불가능하게-되기의 특성을 파악할 수 있게 설명하는 부분이

---

14 '지각 불가능하게-되기(devenir-imperceptible)'를 김재인 역(2003: 529)에서는 '지각할 수 없는 것-되기'라고 번역한다.

15 여성-되기가 첫 번째 양자 또는 분자적 절편이며 동물-되기가 이것과 연결되어 있다면, 이 모든 생성들은 도대체 무엇을 향해 돌진하고 있는 것일까? 의문의 여지없이 지각할 수 없는 것-되기이다. 지각할 수 없는 것은 생성의 내재적 끝이며 생성의 우주적 정식이다. (김재인 역, 2003: 529)

좀 길지만 인용하면 다음과 같다.

지각할 수 없는 것 되기는 많은 것을 의미할 수 있다. 지각할 수 없는 것(탈기 관적인 것), 식별 불가능한 것(탈의미적인 것) 그리고 비인칭적인 것(탈주체적인 것)은 어떤 관계에 있을까?

우선 <세상 모든 사람처럼> 있기를 말할 수 있을 것이다. 키에르케고르는 "신앙의 기사", 즉 생성의 인간에 대한 이야기에서 바로 이 말을 하고 있는 것이다. 아무리 이 기사를 관찰해도 무엇 하나 주목을 끄는 것이 없다. (중략) 참으로 세상 모든 사람들처럼 있게 되는 것이다. 주목을 끌지 않는다는 것은 결코 쉬운 일이 아니다. 알려지지 않은 것, 심지어 아파트 관리인이나 이웃집 사람에게도 알려지지 않는 것, 세상 모든 사람"처럼" 있는 것이 그토록 곤란한 까닭은 이것이 생성의 문제이기 때문이다. 세상 모든 사람처럼 되고, 세상 모든 사람으로부터 생성을 만드는 것은 결코 세상 모든 사람이 아니다. 많은 금욕, 절제, 창조적 역행이 필요하기 때문이다. 가령 영국식 우아함, 영국식 직물, 벽과 잘 어울리기, 너무 잘 지각되는 것과 누구나 쉽게 간파할 수 있는 것을 없애버리기, "소진되고 죽고 남아도는 모든 것을 없애버리기". 불평과 불만, 충족되지 않은 욕망, 방어나 변호, 각자(세상 모든 사람)를 자기 자신 속에 자신의 그램분자성 속에 뿌리박게 하는 모든 것을 없애버리기. 왜냐하면 세상 모든 사람이 그램분자적 집합인 반면 **세상 모든 사람 되기**는 이와 전혀 다른 문제, 즉 분자적 성분들을 가지고 우주와 놀이를 하는 것이기 때문이다. 세상 모든 사람 되기는 세계 만들기(faire momde), 하나의 세계 만들기(faire un monde)이다. 없애버림의 과정에서 우리는 하나의 추상적인 선, 그 자체로 추상적인 퍼즐의 한 조각에 지나지 않게 된다. 그리고 다른 선들 다른 조각들과 접합접속하고 연결하면서 하나의 세계가 만들어져서, 투명함 속에서 먼젓번 세계를 완전히 뒤덮을 수 있게 된다. (김재인 역, 2003: 529-530)

위의 인용문에서 보면, 지각 불가능하게-되기는 자신만의 고유한 되기를 이루어 내었을 때 완성된다. 지각 불가능하게-되기는 탈기관적이고 탈의미적이며 탈주체적이다. 이는 시선을 끄는 것이 없는 것, 즉 몰적인 통일성이나 분자적인 각자나 유(類)적 고유성을 없애버리는 것이다. 이를 통하여 '세상 모든 사람 되기'[16]를 이루는 것이다. 세상 모든 사람 되기는 몰적 특성과 분자적 특성을 없애버림으로써 접속하는 것과 '하나의 세계 만들기'를 실행하는 것이다.[17] 그래서 예전과 다른 존재가 되는 것이다.

울프는 이렇게 말한다. "각각의 원자를 흠뻑 적셔야만" 하며, 그것을 없애버리려면 모든 유사성과 유비를 없애버려야 하지만 동시에 "모든 것을 놔둬야만" 한다. 즉 순간을 뛰어넘는 모든 것을 없애버리되 그 순간이 포함하고 있는 모든 것을 놔둘 것─그리고 그 순간은 일순간이 아니라 <이것임>이다. 사람들은 이 안으로 미끄러져 들어가는 것이며, 이것은 투명함을 통해 다른 <이것임>들 안으로 미끄러져 들어간다. 세계의 정각에 있기. 지각할 수 없는 것, 식별할 수 없는 것, 비인칭적인 것─이 세 가지 덕은 이렇게 연결되어 있다. 다른 선들과

---

16 '세상 모든 사람 되기'는 'devenir-tout-le-monde'를 번역한 것으로 김재인 역(2003)에서 사용하는 용어이고, 이진경·권혜원 외 역(2000: 55)은 '모든 사람으로 되는 것'으로 표현하였고, 이진경(2003b: 121)에서는 '모든-사람이-되는-것'으로 표현하고 있다. 이진경(2003b: 120-121)에서는 '어떤 사람이라도 될 수 있는 것'으로 정의하면서, 잠행자-되기(devenir-clandestin)로 설명한다. 잠행자-되기는 현재의 체제에서 벗어난 무엇을 추구하는 활동을 하는 중에 있으면서, 현재를 탈영토화하는 동시에 삶을 통해 미래를 탈영토화하는 것이라고 설명한다.

17 바로 이런 의미에서 세상 모든 사람 되기, 세계를 생성으로 만들기란 곧 세계 만들기, 하나의 세계 또는 여러 세계를 만들기이며, 다시 말해 자신의 근방역(voisinage, 이웃지대)과 식별 불가능성의 지대를 찾기이다. 추상적인 기계의 <우주>, 그리고 이를 실행하는 구체적인 배치물인 각각의 세계. 다른 선들과 연속되고 결합되는 하나나 여러 개의 추상적인 선으로 환원되고, 그리하여 마침내 무매개적으로, 직접 **하나**의 세계를 생산하기. 이 세계에서는 세계 그 자체가 생성되고, 우리는 세상 모든 사람이 된다.(김재인 역, 2003: 530-531, 이진경·권혜원 외 역, 2000: 46 참조)

함께 자신의 식별불가능성의 지대를 찾기 위해 하나의 추상적인 선, 일필(一筆)로 환원되기, 그리고 이렇게 해서 창조자의 비인칭성 속으로 들어가듯 <이것임> 속으로 들어가기. 그때 우리는 풀과 같다. 즉 우리는 세계를, 세상 모든 사람을 하나의 생성으로 만드는 것이다. (김재인 역, 2003: 531)

지각 불가능하게-되기는 원자적인 세부적인 것에 흠뻑 젖어 들어 유사성과 유비적인 것을 모두 없애는 것이면서 모든 것을 그대로 두는 것이다. 존재하고 인식하는 순간을 뛰어넘는 것을 모두 없애버리면서 순간에 존재하는 모든 것을 남기는 것이다. 지각 불가능하게-되는 것, 특개성(<이것임>)을 드러내는 것을 취하는 것이다. 그럼으로써 지각할 수 있고, 식별할 수 있고, 주체적인 존재가 되는 것이다. 이는 이웃항들과의 접속에서 비롯된 자신을 밝혀서 지각 불가능하게-되기를 실현하는 것이다. 이는 새로운 세계를 생성하는 것이고, 세상 모든 사람 되기를 실현하는 것이다.

요컨대, 지각 불가능하게-되기는 세상 모든 사람 되기이면서 세상과 함께 하는 되기이다. 이는 되기를 하는 사람이 접속하는 이웃항에 따라 무엇으로든 될 수 있으면서 자기 자신을 분명하게 지각하는 존재가 됨을 의미한다. 이웃항과 접속으로 무엇으로든 될 수 있고, 되기를 이루었을 때는 특개성(<이것임>)을 지닌 존재가 되는 것이다. 즉 지각 불가능하게-되기는 주체가 스스로 되기를 이루어 자기를 지각하는 존재가 되는 것이다. 이 되기는 '지각할 수 있는 형태 및 지각되고 파악된 주체와 관련해서만 진행할 수 있는'(김재인 역, 2003: 532) 되기를 의미한다. 들뢰즈와 과타리는 지각 불가능하게-되기의 운동에서 주체가 지각할 수 있게 되는 것에는 '아무런 모순도 없다'(김재인 역, 2003: 533)라고 말한다.

다. 이해에서의 되기

독자는 텍스트를 읽으면서 행동과 의식을 변용한다. 텍스트에 몰입하여 읽을 때는 독자는 자신을 잊는다. 특정한 자세로 손과 눈이 기계적으로 움직인다. 그러면서 텍스트의 내용 요소에 의식을 일치시킨다. 이야기를 읽을 때는 주인공에 의식을 일치시키고, 시를 읽을 때는 시적 화자의 심상과 정서에 공감한다. 정보의 글을 읽을 때는 설명되는 대상을 떠올리며 새로운 눈으로 대상을 인식하면서 깨침을 얻어 감탄한다. 설득의 글을 읽으면서 문제에 대한 통찰과 대안으로 제시된 주장의 논리와 근거의 타당성에 설득되면서 동의하고 동감한다. 독자는 텍스트의 내용에 감응하여 자신의 의식 작용이 텍스트의 내용과 블록을 형성하여 되기를 실현한다.

> 홈 패인 공간을 살아갈 때 우리는 사유할 필요가 없다. 선배들의 삶을 그대로 따라가면서 '반복된' 삶을 살면 된다. 그러나 매끄러운 공간을 살아갈 때는 우리는 매 순간 누구도 아직 서본 적이 없는 지점에서 새롭게 사유해야 하고, 누구도 가본 적이 없는 낯선 '노마드적' 삶이 주는 두려움에 맞서야 한다. 미래 세대에게 홈 패인 삶을 살도록 한 것인가, 아니면 매끄러운 삶을 살도록 할 것인가? 미래 세대에게 반복된 삶을 살도록 반복해야 하는가, 아니면 노마드적 삶을 살도록 교육해야 하는가? (김재인·배지현, 2016: vii)

윗글은 『들뢰즈와 교육』(김재춘·배지현, 2016)의 서문의 일부다. 교육의 지향이 학생의 어떤 삶을 위한 것이 되어야 할 것인가에 대한 생각을 담고 있다. 홈 패인 공간에서 사유 없이 예전의 삶을 답습하는, 변화가 없는 반복된 삶을 살도록 교육할 것인지, 매끄러운 공간에서 매 순간 새로운 문제를 해결하기 위한 창의적 사유를 하면서 자신만의 노마드적(nomadic) 삶을 살도록 교육할 것인지를 묻고 있다. 물론 두 삶을 위한 교육적 접근에 대한 선택을 열어 놓고 있지는 않다.

윗글을 쓴 저자들의 생각은 들뢰즈와 과타리의 『차이와 반복』의 내용을 중심으로 노마드적 삶의 교육에 대한 논의를 전개한 교육학자들에 의하여 이루어진 것이다. 윗글을 보면, 저자들의 생각에 학생들이 노마드적 삶을 실행할 수 있게 교육해야 한다는 강한 의식이 반영되어 있다. 이를 되기의 관점에서 보면, 저자들은 들뢰즈와 과타리의 되기, 좀 더 구체적으로는 노마드적 사유를 강조하는 들뢰즈와 과타리의 되기를 실행하고 있다. 저자들은 들뢰즈와 과타리의 책들을 통하여 노마드적 사유 관념과 블록을 형성하여, 교육학자로서의 노마드적 관념을 강조하는 들뢰즈와 과타리 되기를 실행하고 있다.

어떤 독자든 다양한 방식의 되기를 실현한다. 초등학교 1학년 수업에서 이루어진 동화 읽기를 보면, 1학년 학생들도 되기를 실현한다. [자료 1]에서 보면, 학생들은 <종이 봉지 공주>에 나오는 인물들의 행동과 의식에 블록을 이루어 되기를 실현한다.

---

3. <종이 봉지 공주> 이야기를 읽고 나는 어떻게 달라졌나요?
앞으로 가족이나 친구에게 어떻게 말하고 행동할 것인지 적어 보세요.

1. 놀리지 않을 것이다.
2. 문을 세게 안 닫을 것이다.
3. 나쁜 말을 안 한다.

친구랑 사이좋게 놀고, 친구랑 책도 같이 읽고, 나쁜 말을 하지 않고 예의 바르게 할게요.

가족들이나 친구를 용감하게 지킬 것이다.

[자료 1] <종이 봉지 공주>에 대한 1학년생들의 반응
(서울○○초등학교, 2021)

첫 번째 학생은 왕자와 용의 말과 행동에서 비롯된 되기를, 두 번째 학생은 이야기의 결말 부분에서의 되기를, 세 번째 학생은 공주의 행동과 의지에 대한 되기를 실현하고 있다. 주인공이나 사건 속 인물의 행동과 말에 내재된 의식에 대한 감응으로 자신의 의식을 규정하고 있다. 이러한 1학년 독자들의 자기의식은 텍스트의 내용과 블록을 이루어 생성된 것이다. 이야기를 읽는 과정에서 학생들의 의식이 인물이나 사건에 내재된 의식과 접속하여 되기가 실현된다.

독자는 텍스트의 내용과 블록을 형성하여 되기를 실행한다. 그리고 독자가 텍스트 내용의 어떤 요소와 블록을 형성하느냐에 따라 되기의 실현은 다양성을 띤다. 독자가 텍스트 내용과 블록을 형성하는 요소는 독자의 삶, 즉 현재 생활에서 관심이 있는 과제의 문제이다. 독자의 의식의 중점이 어떤 문제에 있느냐에 따라 텍스트 내용과의 접속 지점이 결정되고, 그에 따라 되기를 실행한다. 이 논의의 필자는 읽기 교육에 관심이 있다. 그래서 『천 개의 고원』(김재인 역, 2003)의 내용을 읽기 교육과 접속하고 있다. 그렇게 하여 독자가 이루어야 하는 되기의 과제와 되기를 실행하고 있다.

독자의 텍스트 이해는 되기의 결과로 얻어진다. 독자가 어떤 되기를 실행하느냐에 따라 텍스트의 이해가 결과로 주어진다. 『천 개의 고원』을 철학자 되기로 읽으면 독자는 철학자 들뢰즈와 과타리가 된다. 그렇게 『천 개의 고원』은 이해된다. 『천 개의 고원』을 읽기 교육자로서 읽으면 독자는 읽기 교육자 들뢰즈와 과타리가 된다. 철학자 되기로 『천 개의 고원』을 이해하는 것도 텍스트 이해이고, 읽기 교육자 되기로 『천 개의 고원』을 이해하는 것도 텍스트 이해이다.

3. 독자의 되기

독자의 텍스트 읽기는 되기의 실행이다. 독자는 텍스트를 읽으면서 여러 형태의 되기를 실행한다. 텍스트 읽기를 싫어하는 되기를 실행하기도 하고, 텍스트 읽기를 좋아하는 되기를 실행하기도 한다. 또한 텍스트의 내용과 성공적인 되기를 실행하기도 하고, 그렇지 못한 경우도 있다. 독자의 텍스트 읽기를 교육적인 측면에서 살필 때, 독자는 세 가지의 되기를 실행한다. 세 가지는 각기 다른 내적 속성을 지니지만 한 독자가 이루어야 하는 되기라는 점에서 한 독자에게 수렴된다. 독자가 성취해야 하는 세 가지 되기를 살펴보면 다음과 같다.

가. 텍스트-되기

독자의 텍스트 읽기에서 먼저 생각해 볼 것이 '텍스트-되기'이다. 텍스트-되기는 독자가 텍스트의 요인에 감응하고, 이로써 텍스트와 함께하는 의식의 변용을 이루는 것이다. 독자가 텍스트의 내용을 이해했다고 할 때, 일상적으로 생각하는 되기라 할 수 있다. 텍스트-되기를 했다는 것은 텍스트와 관련된 요인 즉, 저자의 생각이나 텍스트의 내용, 텍스트에 대한 사회적 통념, 전문가의 해석적 의미 등 이들 중 한두 가지를 의식에서 생성한 것을 의미한다. 그래서 독자의 의식이 텍스트에서 주목한 요소와의 접속으로 특정한 양태로 드러나게 된 것을 가리킨다.

> 나는 《천 개의 고원》을 통해서, 아니 들뢰즈와 과타리가 함께 쓴 저작이나 각각이 혼자 쓴 수많은 저작을 통해서 그들과 철학적 우정을 나누었고, 그들과 함께 사유했으며, 그들의 사유를 통해서 이전에 보거나 생각하지 못했던 많은 것들 보고 생각할 수 있었다. 그것은 나의 삶이 펼쳐지는 여정에 아주 중요한 문턱 중 하나가 되었다. 그리고 그들을 통해서 니체나 스피노자 같은 새로운 친구들을 알게 되었고, 그들과 함께 철학적 우정을 나눌 기회를 얻을 수 있었다. 그들은 진실로 스승 같은 친구였고, 동시에 친구 같은 스승이었다. (이진경, 2003b: 서문 일부)

윗글을 보면 저자는 들뢰즈와 과타리가 쓴 글을 이해하는, 즉 텍스트-되기를 실행했음을 알 수 있다. 저자는 들뢰즈와 과타리가 쓴 글에 감응하고, 그들과 같은 방식으로 사유하고, 그들이 본 것을 보게 되었고, 그들이 생각한 것을 생각했다. 이로써 새로운 인식의 세계와 삶의 세계를 여는 문턱을 넘었다. 그러면서 니체나 스피노자의 사유의 세계를 인식할 수 있게 되었다. 저자는 대상 인식의 관점에서 들뢰즈와 과타리의 철학적 관념과 블록을 형성해 되기를 실행했음을 알 수 있다.

윗글에서 저자의 되기는 텍스트-되기 중의 하나이다. 저자가 들뢰즈와 과타리의 텍스트들과 블록을 이룬 이웃항은 사유 방식이다. 들뢰즈와 과타리의 사유 방식에 감응하여 저자의 사유 방식을 새롭게 생성하게 된 것이다. 저자는 들뢰즈와 과타리의 사유의 방식대로 사유하고 대상을 새롭게 인식할 수 있게 된다. 이는 단순한 사유의 모방이 아니라 사유의 방식을 새롭게 생성한 것을 의미한다. 이를 저자는 '문턱을 넘었다'라는 말로 표현한다. 문턱을 넘는다는 말은 사유의 진행이 새롭게 펼쳐지고, 예전과는 다른 사유의 세계를 얻게 됨을 의미한다.

독자의 텍스트-되기는 독자의 의식과 이웃하는 텍스트의 요소에 따라 달라진다. 독자의 텍스트-되기는 텍스트의 어떤 요소를 선택하여 의식의 이웃항으로 접속하느냐에 달려있다. 이 논의를 전개하는 필자는 읽기 교육의 관점에서 들뢰즈와 과타리의 분자-되기와 접속해서 텍스트-되기를 실행하고 있다. 지금 분자-되기를 설명하는 내용과 온전한 텍스트-되기를 실행하는 과정에 있다. 다른 논의를 진행할 때는 다른 이웃항으로 텍스트-되기를 실행한다. 이 논의를 전개하는 필자는 『천 개의 고원』(김재인 역, 2003)의 어느 장을 이웃항으로 선택하느냐에 따라 다른 텍스트-되기를 실행한다. 독자의 텍스트-되기는 텍스트의 구성 요소와의 접속으로 문턱을 넘는 무엇인가를 생성하여 갖게 되는 것이다.

독자의 텍스트-되기는 텍스트의 구성 요소와 블록을 이루는 분자-되기의 한 가지 형태이다. 텍스트-되기는 쥐-되기나 여성-되기, 아이-되기와 같은 방식의 되기이다. 독자가 텍스트의 특정 요소에 감응하고, 이 텍스트 요소에 따른 의식의 변용을 실행하는 것이다. 독자가 의식과 블록을 형성할 텍스트 요소의 결정에는 여러 요인이 작용한다. 사회·문화적 요인, 교육 요인, 개인적 (경험) 요인 등이다. 이들 중 독자의 텍스트-되기에 가장 강하게 작용하는 것은 교육 요인이다. 독자는 교육에서 기대하거나 요구하는 텍스트 요소를 중심으로 블록을 형성하여 되기를 실행한다. 이는 생성적 관점에서 보면, 독자가 가장 경계해야 할 이웃항의 요소가 교육을 통하여 익힌 것이라는 말도 된다.

독자의 텍스트-되기는 새로운 세계와 소통하는 것이다. 텍스트-되기는 텍스트가 요구하고, 전달하고, 알려주고, 바라는 방식의 의식을 독자가 생성하는 것이다. 독자가 읽어야 할 텍스트는 텍스트-되기를 요구하는 텍스트이다. 이들 텍스트를 독자가 읽고 이해하는 것이 텍스트-되기이다. 텍스트-되기는 독자의 의식이 텍스트의 내용과 동일하게 되는 것을 의미하지는 않는다. 텍스트가 그 내용으로 전달하는 세계를 인식할 수 있는 의식의 세계를 생성하는 것을 의미한다. 이는 텍스트가 보여주는 세계를 볼 수 있게 됨으로써 관련된 세계와 소통할 수 있는 문턱을 넘어감이다.

나. 독자-되기

독자-되기는 읽기에서 가장 먼저 실행해야 하지만, 독자는 이를 잊고 있다. 독자가 텍스트를 이해하기 위해서는 독자가 되는 것이 필요하다. 독자가 된다는 것은 신체적, 심리적, 의식적으로 텍스트 읽기를 할 수 있는 상태를 갖추는 것이다. 어떤 텍스트는 독자가 특별히 되기를 이룰 필요가 없는 경우도 있다. 독자에게 익숙한 범주의 텍스트들은 독자에게 되기를 요구하지 않는다. 이미 독자가 텍스트를 읽을 수 있어 되기가 실현된 경우이기 때문이다. 그러나 어떤 텍스트들은 독자에게 특별한 되기를 요구한다. 독자가 특정 텍스트를 읽기 위해 독자의 요소를 새롭게 생성해 내는 것을 '독자-되기'라고 할 수 있다. 독자는 독자-되기를 통하여 텍스트를 읽고 이해할 수 있게 된다.

우리는 어떤 책을 펼쳤을 때, 낯선 언어가 아닌데도 내용의 낯섦에 직면할 때가 있다. 매일 내가 사용하는 언어로 되어 있는 데도 인식 작용이 겉도는 것을 느끼는 것이다. 이런 경우가 한두 번이 아니어서 우리는 쉽게 그 상황을 회피한다. 텍스트의 내용이 나와 다른 의식 세계이거나 나와 관련 없는 세계라고 규정하고는 그 텍스트를 외면한다. 그 텍스트를 읽기 위해서는 무엇인가 독자로서의 새로운 생성이 필요함을 감지하지만, 그 생성을 어떻게 이룰지 몰라 텍스트 읽기를 포기한다. 우리가 읽고 싶지만 읽지 못하고 외면해 버린 텍스트의 수는 한정할 수 없다.

> 우리가 말하고 있는 건 다름 아니라 다양체, 선, 지층과 절편성, 도주선과 강렬함, 기계적 배치물과 그 상이한 유형들, 기관 없는 몸체와 그것의 구성 및 선별, 고름판, 그 각각의 경우에 있어서의 측정 단위들이다. – 이것들은 글을 양화할 뿐 아니라 글을 언제나 어떤 다른 것의 척도로 정의한다. 글은 기표작용 (signifier)과는 아무 상관도 없다. 글은 비록 미래의 나라들일지언정 어떤 곳의 땅을 측량하고 지도를 제작하는 것과 관련되어 있다. (김재인 역, 2003: 14)

윗글은 『천 개의 고원』의 서론의 일부이다. 윗글은 우리말로 되어 있지만 몇 번을 읽어도 그 뜻을 알 수 없다. 번역된 글이어서도 아니고, 주변 문단의 맥락과 관련이 없어서 그런 것도 아니다. 들뢰즈와 과타리의 텍스트에 대한 정보가 없고, 관련된 텍스트를 읽고 이해해 본 경험이 없는 독자는 다른 분야의 학식이 풍부하다고 해도 윗글을 해독하기는 쉽지 않다. 읽기 교육과정에서 강조하는 사실적 읽기 기능, 추론적 읽기 기능, 비판적 읽기 기능, 창의적 읽기 기능[18]을 원활하게 활용할 줄 알아도 이해하기 어렵다. 실제 이런 텍스트들은 도서관에 가면 얼마든지 만날 수 있다. 우수한 독자라고 하여 모든 텍스트를 읽을 수 있어야 하는 것은 아니지만 필요해서 읽어야

---

[18] 2015 읽기 교육과정의 내용 체계표에 제시된 읽기의 기능은 다음과 같다. ① 맥락 이해하기 ② 몰입하기 ③ 내용 확인하기 ④ 추론하기 ⑤ 비판하기 ⑥ 성찰·공감하기 ⑦ 통합·적용하기 ⑧ 독서 경험 공유하기 ⑨ 점검·조정하기. 2022 읽기 교육과정에서는 읽기의 과정·기능으로 ① 읽기의 기초 ② 내용 확인과 추론 ③ 평가와 창의 ④ 점검과 조정을 제시하고 있다.

할 때 읽을 수 있어야 한다.

독자가 읽어야 할 텍스트를 읽을 수 있게 하는 되기가 '독자-되기'인 것이다. 독자-되기는 텍스트를 읽을 마음만 먹으면 당장 되는 것이 아니다. 무술 수련자가 학권을 하겠다고 마음만 먹으면 학권을 쓸 수 있는 게 아니다. 독자-되기를 위한 과정이 필요하다. 텍스트를 읽는 데 필요한 제반 요소들을 익히고 배워 체득해야 독자-되기를 이룰 수 있다. 특정 텍스트를 읽고 이해할 수 있는 내적 조건을 갖추어야 한다. 텍스트를 읽기 위하여 독자가 갖추어야 하는 내적 조건은 일반적이고 공통적인 것도 있지만 특정 텍스트만의 개별적이고 특별한 것일 수도 있다.

독자의 독자-되기에는 여러 요인이 관여한다. 독자-되기는 독자의 요인만으로는 되지 않는다. 독자-되기를 독자 요인만으로 실행하게 되면 독자는 텍스트를 읽지 않을 수 있다. 독자-되기의 독자 요인은 텍스트와 관계없이 우수한 독자의 읽기 요인과 블록을 이룰 수 있다. 그렇게 되면 독자는 우수한 독자의 읽기 요인을 익히기만 하면 다른 것은 안 해도 높은 읽기 능력의 소유자가 될 수 있기 때문이다. 그러나 읽기 능력이 높다고 텍스트 읽기를 실행하여 텍스트를 이해할 수 있지는 않다.[19] 독자-되기는 읽을 텍스트와의 관계 속에서 실행해야 한다. 독자의 독자-되기가 읽을 텍스트와의 관계 속에서 실행될 때, 텍스트를 실제로 읽고 이해할 수 있다. 따라서 독자-되기는 우수한 독자의 텍스트에 대한 감응을 독자가 취하되 이를 텍스트와 관계를 맺도록 해야 한다.

독자의 독자-되기는 한 텍스트를 위해 필요할 때도 있고, 특정한 유(類)의 텍스트를 위해 필요할 때도 있다. 특정한 유의 텍스트를 위한 독자-되기는

---

19 예를 들어 대학수학능력시험의 국어과 읽기 문항을 모두 해결할 수 있다고 하여, 다양한 분야의 책을 읽고 이해할 수 있는 것은 아니다.

특정 작가, 특정 주제, 특정 관점, 특정 경향 등에 초점을 두고 실행할 수도 있다. 독자-되기는 텍스트의 기호, 어휘, 개념, 논리구조, 장르, 담화 관습, 내용 지식, 의미 해석 방법, 읽기 동기, 읽기 목표, 관련 텍스트 읽기 경험 등 텍스트 읽기에 필요한 요건을 체득하는 것이다. 독자-되기를 실행하기 위한 요건은 텍스트에 따라, 읽기를 실행하는 상황에 따라 달라진다. 그러나 모든 텍스트에 통용되는 범 독자-되기는 존재하지 않는다. 모든 텍스트에 두루 통용될 수 있는 독자-되기는 실행할 수 없기에 불필요하다. 독자-되기가 분자-되기의 한 갈래이기에 그렇기도 하다.

독자의 독자-되기는 텍스트 이해의 기본 조건이다. 독자의 텍스트 이해는 독자가 의도하는 대로 텍스트를 읽을 때 실현된다. 독자가 텍스트 읽기를 의도한 대로 읽기 위해서는 독자-되기를 이루어야 한다. 독자-되기를 이루지 못한 독자가 텍스트를 이해한다는 것은 성립하지 않는다. 독자는 기존의 읽기 능력으로 텍스트를 읽을 수는 있다. 그렇지만 독자-되기를 실현하지 않은 독자의 텍스트 읽기는 앵무새가 텍스트 소리를 외우는 것과 크게 다르지 않다. 독자-되기를 이루어 텍스트의 내용을 나누고 묶어서 의미를 해석하고 결정할 때 텍스트 이해에 이를 수 있다.

독자는 독자-되기를 통하여 텍스트를 진정으로 읽을 수 있게 된다. 독자-되기를 이루었을 때 텍스트 이해에 필요한 신체적, 심리적, 의식적 감응을 할 수 있기 때문이다. 독자는 독자-되기를 텍스트 읽기 전, 읽기 중, 읽기 후에도 계속해야 한다. 즉 텍스트를 읽는 내내 독자-되기를 생성해야 한다. 독자의 독자-되기는 어느 순간에 완성되는 것이 아니다. 텍스트를 읽는 동안 텍스트-읽기에 필요한 내적, 외적 요인들을 습득하고 익혀야 한다. 이런 과정을 통하여 독자는 독자-되기를 성취한다.

다. 자기-되기

독자의 텍스트 읽기는 유목민의 삶과 같다. 독자에게 텍스트는 사막이고, 초원이고, 빙원이다. 어떤 책을 읽어야 하는지, 왜 읽어야 하는지, 읽어서 무엇을 이루어야 하는지 분명하지 않다. 읽어도 되고, 읽지 않아도 된다. 텍스트를 읽으면 매끄러운 초원에서 탐구하고 소통하고 사유하는 생성적인 삶을 산다. 텍스트를 읽지 않으면 홈 패인 도시에서 답습하고 단절하고 모방하는 종속된 삶을 산다. 우리는 독자로서 생성적인 텍스트 읽기를 추구한다. 텍스트를 읽을 때, 초원의 매끄러운 공간에서의 삶과 같이 자기답게 생성적이고 창조적인 이해를 추구한다. 이러한 생성적인 이해는 독자의 '자기-되기'를 통하여 실현된다.

독자의 자기-되기는 자기 생성이다. 독자의 텍스트 이해의 궁극적인 목표는 자기 생성을 통한 삶의 변화를 이루어 내는 것이다. 독자는 텍스트를 읽고 자기 삶의 변화를 이루기 위해 자기-되기를 이루어야 한다. 자기-되기는 독자가 자기 삶의 문제를 텍스트 요소와 접속하여 되기를 실행하는 것이다. 텍스트의 구성 요소에 독자의 의식을 접속하는 텍스트-되기와는 반대로 독자의 삶의 문제를 중심으로 텍스트의 요소를 이웃항으로 접속하는 것이다. 자기-되기는 독자의 자기 생성의 문제로 독자의 실존(생활과 삶)과 관련된다.

자기-되기는 독자만이 할 수 있다. 자기 삶의 문제는 본인만 인식할 수 있다. 이는 분자-되기가 아니라 지각 불가능하게-되기이다. 다른 독자들에게 독자의 자기-되기는 지각 불가능의 문제이다. 독자 삶의 내적인 문제는 자신만의 것이다. 다른 독자에게 이야기한다고 그의 문제가 되거나 문제 자체가 해결되지 않는다. 독자 자신만이 지각하고 문제삼을 수 있는 지각-가능하게-되기의 문제이다. 자기-되기는 독자가 텍스트 이해의 특개성(<이것임>)을 확보하는 일이면서 세상 모든 사람 되기를 실현하는 것이다. 또한 자신의 특개성을 바탕으로 다른 사람들과 함께하는 독자가 되는 것이다.

5. 앞으로 나의 생각이나 행동에 어떤 변화가 있으면 좋겠다고 생각합니까? 앞으로 나는 어떤
마음을 가지면 좋을까요? 구체적으로 적어 봅시다. (책을 읽기 전과 비교하여 생각해 봅시다.)

> 책을 읽기 전에는 내가 새로운 환경에 가서 나의 의견을 잘 드러내지 않았고
> 그런 것에 대해 조심스럽게 생각했는데 책을 읽고 의미를 찾으면서
> 다른 사람이 말을 하지 않으면 모르고 오해할 수 있다는 걸 깨달았으니
> 앞으로는 내가 말을 안 해도 선생님은 아시겠지, 이런 마음 말고
> 그냥 눈치 보지 않고 나의 의견을 당당하게 얘기해야겠다고 다짐했다

책을 읽기 전에는 내가 새로운 환경에 가서 나의 의견을 잘 드러내지 않았고 그런
것에 대해 조심스럽게 생각했는데 책을 읽고 의미를 찾으면서 다른 사람이 말을 하지
않으면 모르고 오해할 수도 있다는 걸 깨달았으니 앞으로는 내가 말을 안 해도 선생님
이 아시겠지, 이런 마음 말고 그냥 눈치 보지 않고 나의 의견을 당당하게 이야기해야
겠다고 다짐했다.

> 나는 원래 말로만 말하고 잘 안 지키고 친구의 기분을 안 생각했는데
> 앞으로는 친구의 기분을 좀 많이 생각해야겠다. 나만 많은 생각을
> 가진 것이 아닌 모든 사람이 다 많은 생각을 가지고 있다는걸
> 알았다.

나는 원래 말로만 말하고 잘 안 지키고 친구의 기분을 안 생각하는 데 앞으로는 친구
의 기분을 좀 많이 생각해야겠다. 나만 많은 생각을 가진 것이 아닌 모든 사람이
다 많은 생각을 가지고 있다는 걸 알았다.

> 나는 상대방이 아니기 때문에 상대방의 입장을 내 입장보다 중요하게 여길 필요가
> 없다고 생각했는데, 앞으로 상대방과 오해를 줄이기 위해서 내 입장도 생각하지만
> 상대방도 헤아려서 판단해야 겠다는 다짐을 하게 되었다.

나는 상대방이 아니기 때문에 상대방의 입장을 내 입장보다 중요하게 여길 필요가
없다고 생각했는데, 앞으로는 상대방과 오해를 줄이기 위해서 내 입장도 생각하지만
상대방도 헤아려서 판단해야겠다는 다짐을 하게 되었다.

[자료 2] <알사탕>에 대한 학생들의 반응(서울○○초등학교, 2021)

위 [자료 2]는 초등학교 6학년 학생들이 읽기 수업에서 <알사탕>(백희나)
을 읽고 쓴 글이다. 자기-되기를 위한 수업의 결과물은 아니지만 자기-되기를

이해할 수 있는 단서를 발견할 수 있다. 자료에서 보면, 학생들은 텍스트의 내용을 자신의 생활에서의 문제와 연결하고 있다. 이를 통하여 자기를 발견하고, 자기 생성을 이루어 내고 있다. 이는 독자의 자기-되기의 예시이다. 학생들은 자기의 문제에 텍스트의 내용을 이웃항으로 접속하여 자기를 드러내고 있다. 되기를 완성한 것은 아니지만 되기의 특성이 드러나 있다. 글의 내용을 보면, 다른 독자의 입장에서는 지각 불가능하게-되기지만 독자의 입장에서는 지각 가능하게-되기이다. 학생들은 자기-되기를 실현하고 있는 것이다.

독자의 자기-되기는 현재의 자기에서 탈주하는 것이다. 이를 위해서 독자는 텍스트를 통하여 먼저 자기를 발견해야 한다. [자료 2]를 보면, 학생들은 텍스트를 읽으면서 현재 자기를 발견하고 있다. 그래서 일차적인 자기 이해를 이룬다. 그러고 나서 이웃항으로 선택한 텍스트 요소들과의 접속으로 현재의 자기를 벗어나고 있다. 현재의 자기를 벗어남은 자기에 대한 새로운 생성이고 자기 초월이다. 자기-되기를 이루는 것이다. 독자의 자기-되기는 텍스트와의 접속으로 새로운 '나'를 발견하고, '나'를 새롭게 생성하는 것이다. 독자의 새로운 자기 생성은 낯선 대상을 감각하고, 없던 감성을 갖고, 다른 방식으로 생각하고, 못하던 것을 할 수 있어 생활의 변화가 생기고, 새로운 삶을 살 수 있게 한다.

독자의 자기-되기가 유별남을 뜻하지는 않는다. 들뢰즈와 과타리가 말하는 특개성(<이것임>)은 개별적인 내재적 고유함의 속성이 발현된 것이다. 자기-되기는 독자 개인에게 내재된 고유함을 드러내는 것이다. 이것은 기이(奇異)하거나 유난스러운 것이 아니다. 독자가 일상의 삶에 관심을 가지는 것이다. 관심을 가지는 것이 지속적일 수도 있지만 일시적일 수도 있다. 독자의 관심 대상도 각자의 생활에서 비롯된 이웃항과의 접속으로 생기기에 각기 다르다. 그렇기에 독자의 자기-되기는 독자 자신만의 어떤 것을 생성하는 것이면서, 자기를 밝혀 세상을 살아가는 사람 즉, 세상 모든 사람 되기를 실현하는 것이다.

독자의 자기-되기는 생성적 읽기의 본질이다. 독자는 텍스트 이해의 과정에서 여러 가지 되기를 실현한다. 텍스트-되기를 실현하기도 하고, 독자-되기를 실현하기도 한다. 이들 되기는 독자의 자기-되기를 위한 보조적인 되기에 지나지 않는다. 텍스트-되기를 실현하여 텍스트의 세계를 얻게 되는 것이나 독자-되기를 실현하여 읽어야 할 텍스트를 읽을 수 있게 되는 것은 자기-되기를 위한 것이다. 독자는 자기-되기로 자기 이해를 이루어 새로운 삶을 생성하기 때문이다. 독자의 텍스트 이해가 추구하는 것은 자기 생성으로 새로운 삶을 여는 것이다.

4. 되기의 실천

유목민은 늘 이동하면서 새롭게 만난 초원에서 삶을 꾸린다. 유목민의 삶은 동일성에 기초한 반복이기보다는 차이성에 기초한 생성이다. 독자의 텍스트 읽기도 차이성에 기초한 생성이어야 한다. 동일성을 반복하는 읽기는 종속된 삶을 살게 한다. 종속된 삶은 하이데거가 말하는 존재론적 양심[20]에서 불안(가책)을 느끼게 한다. 우리는 양심의 발로에서 독자 자신을 새롭게 생성하는 읽기를 추구해야 한다. 이러한 읽기를 생성적 읽기라 할 수 있으며, 되기는 생성적 읽기의 실제적인 방법이 될 수 있다.

---

20 양심은 현존재의 고유한 자기를 세상 사람 속으로의 자기 상실로부터 불러낸다. 이 경우 불리는 고유한 자기가 '무엇인가'하는 점은 어디까지나 무규정적이고 공허한 것으로 남아 있다. 그럼에도 그 '고유한 자기'는 다른 것과 혼동되는 일 없이 분명하게 양심에 의해서 불린다.(박찬국, 2014: 358)

독자의 텍스트 이해는 되기의 실현이다. 독자의 되기는 분자-되기이면서 지각 불가능하게-되기이다. 분자-되기는 몰성에서 탈주하는 되기이다. 동일적이고 전체성을 띠는 몰성에서 벗어나 개별적이거나 유(類)적인 대상들의 속성을 드러내는 것이다. 그러면서 개별적, 유적 속성으로 신체적, 심리적, 의식적 작용을 생성하는 것이다. 독자는 텍스트-되기와 독자-되기를 통하여 분자-되기를 실행한다. 텍스트-되기를 통하여 텍스트가 여는 세계를 인식할 수 있게 된다. 그리고 독자-되기를 통하여 읽어야 할 텍스트를 읽을 수 있게 된다. 이들 되기를 통하여 독자는 지각 불가능하게-되기인 자기-되기를 해야 한다. 독자의 자기-되기는 텍스트를 통하여 현재 자기를 발견하고, 텍스트 요소와의 접속으로 자기를 새롭게 생성하는 것이다.

생성적 읽기는 독자가 자기 생성하는 읽기다. 독자의 자기 생성은 달라진 자기를 갖는 것이다. 텍스트와 결연하여 자기를 찾아내고, 예전과는 다른 자기를 생성하는 것이다. 이는 독자의 되기를 통하여 실현된다. 독자의 되기는 독자-되기를 실행하게 하고, 독자-되기를 이룬 독자는 자기 생성을 하는 텍스트 이해를 이룰 수 있다. 독자-되기를 실현한 독자가 텍스트와 연결접속으로 결연하고 텍스트의 특정 특성과 블록을 형성하면 그 특성으로 자기 생성을 실현할 수 있다. 독자의 자기 생성은 제한이나 한계가 없다. 자기 생성을 실현하는 독자는 자기다운 자기를 찾아 자기 세계를 만들어 자기 삶을 창조한다.

제2장 독자-되기

1. 독자-되기의 개념

우리는 일(work)마다 '되기'를 실행한다. 책 읽고, 글 쓰고, 말하는 일은 되기의 실행이다. 책을 읽을 때는 독자-되기의 실행이고, 글을 쓸 때는 필자-되기의 실행이며, 말을 할 때는 화자-되기의 실행이다. 수업에서는 학습자-되기의 실행이고, 친구들과 놀이할 때는 놀이자-되기의 실행이다. 학교에서 학습의 활동은 특정한 되기를 실행하기 위한 예비 활동이다. 국어 수업은 독자-되기, 필자-되기, 화자-되기를 위한 예비 활동이다. 이와 같이 우리의 삶은 되기의 연속이다. 되기는 우리를 어떤 존재로 드러나게 한다.

우리는 일마다 되기를 실행하지만 의식하지 못하는 경우가 많다. 그 일을 하는 되기가 습관화되어 있어 익숙하기 때문이다. 우리가 되기를 의식할 때는 익숙하지 않은 일을 할 때이다. 텍스트가 어렵게 느껴질 때면 독자인 자신이 의식된다. 그러면서 텍스트를 이해하기 위하여 애를 쓴다. 텍스트를 이해할 수 있는 자신을 생성해야 함을 의식하는 것이다. 그래서 텍스트의 이해를 위한 자기 생성을 꾀하게 된다. 텍스트를 읽고 이해할 수 있는 자기를 생성하기 위해 반복하여 읽거나 다른 텍스트를 참조하거나 관련 전문가의 도움을 받는다. 그렇게 하여 텍스트를 이해할 수 있는 자기를 생성한다. 이와 같은 과정을 통해 독자가 자기 생성하는 활동이 '독자-되기'이다.

되기는 들뢰즈와 과타리의 논의에서 비롯된 개념이다. 들뢰즈와 과타리는 되기에 대하여 다각적으로 깊이 있게 탐구한다. 되기는 우리가 자기 자신과 자기 삶을 생성할 수 있게 하는 본질적인 요소이다. 들뢰즈와 과타리가 되기를 중점적으로 논의하는 곳은 『천 개의 고원』(김재인 역, 2003) 10장 '1730년 ─강렬하게-되기, 동물-되기, 지각 불가능하게-되기'이다. 이 장에서는 여러 부류 사람의 회상(기억)[1] 형식으로 되기를 논의한다. 이는 되기의 여러 속성을 규명하기 위한 것이다. 들뢰즈와 과타리는 되기에 내재된 속성을 특정한 몇 가지로 한정할 수 없음을 논의한다. 우리의 신체적, 정신적, 사회(과학)적, 생활적, 문화(학문)적, 실존(삶)적 요소들이 되기와 관련되어 있기 때문이다.

독자-되기는 되기의 형식 중 하나이다. 독자는 독자-되기를 함으로써 텍스트를 읽고 이해한다. 우리가 독자-되기를 이루었을 때, 즉 우리의 신체, 심리, 의식 등의 요인이 독자의 속성을 생성해 갖추었을 때 텍스트 읽기를 할 수 있게 된다. 우리가 독자로서의 일을 수행하기 위해서는 독자-되기를 이루어야 한다. 독자-되기를 이루지 못한 상태에서 독자는 읽기를 제대로 할 수 없다.

독자가 독자-되기를 한번 이루었다고 하여 지속적으로 독자인 것은 아니다. 우리의 생활이 한 가지 일로 이루어지지 않기 때문이다. 독자-되기는 집단적, 무리(類)적으로 필요한 공통적 속성의 생성을 필요로 할 때도 있지만 개별적인 특이적 속성을 생성해야 할 때도 있다. 실제 독자의 텍스트 읽기는 공통적인 요소가 필요한 경우도 있지만 독자마다, 텍스트마다, 읽기 목적이

---

1   '회상'은 불어 'souvenir'을 번역한 말인데, 김재인 역(2003)은 '회상'으로, 이진경(2003b)은 '기억'으로 표현한다.

나 상황마다 특이적 요소를 필요로 한다. 우리가 독자-되기를 의식적으로 실행해야 할 때는 특이적 요소가 필요한 경우이다.

독자는 독자되기를 실행해야 텍스트를 읽고 이해할 수 있다. 읽기는 독자가 자신을 독자로 생성하여 실행하는 활동이다. 그래야 텍스트를 읽고 의미를 이해할 수 있다. 이는 독자가 생성해야 할 독자의 속성이 한두 가지로 정의되거나 제한되지 않음을 함의한다. 또한 독자는 텍스트를 읽을 때마다 독자-되기를 해야 함을 뜻한다. 독자-되기에는 독자의 개인적인 신체적, 심리적 요인도 작용하지만, 텍스트와의 관계 요인, 텍스트를 읽는(읽어야 하는) 상황 맥락 요인, 텍스트의 내용을 인식하는 사회문화적인 요인도 함께 작용한다. 독자가 이들 읽기 관련 요인들을 종합적으로 조정·관리할 수 있을 때 독자-되기를 이룰 수 있다. 즉 독자는 독자-되기로 독자의 속성을 생성해야 텍스트를 읽고 이해할 수 있다.

읽기 교육은 학생의 독자-되기를 돕는 활동이다. 읽기 교육은 독자가 텍스트를 읽을 때의 신체적, 심리적, 정신적, 맥락적, 사회문화적 요인을 익히도록 한다. 그렇지만 현재의 읽기 교육은 독자 중심 읽기 관점으로 독자-되기의 인지적 요인을 강조한다. 독자가 텍스트를 읽는 과정에 필요한 읽기 기능을 강조하여 지도하고, 독자의 자기중심적 의미 구성에 필요한 배경지식(스키마)의 활용을 요구한다. 그러다 보니 독자의 텍스트 이해는 임의적이고 제한적으로 이루어지고 있다. 즉 텍스트 이해가 무엇이어야 하고, 무엇을 위해 텍스트 이해를 해야 하는지 규정하는 데 한계가 있다. 현재의 읽기 교육은 독자-되기를 특정한 방향으로 한정하여 고착화된 독자가 되도록 하는 경향이 있다.

독자-되기는 독자로서의 생활과 삶을 생성하는 것이다. 이는 독자의 삶 전체와도 관련된다. 지금의 독자는 텍스트를 읽을 때, 주로 텍스트 내용이 전달하는 가치(주제 등)를 찾거나 상황과 맥락에 따라 의미를 구성한다. 텍스트가 전달하는 가치나 독자가 구성한 의미는 독자의 생활이나 삶과 관련성이

낮다. 텍스트에 가치가 들어 있으므로 슬쩍 들춰보고, 이렇게 저렇게 따져보고 그럴듯한 의미가 있다고 얼핏 생각해 보는 것으로 읽기는 끝난다. 텍스트 이해가 독자 생활에 토대가 되거나 삶을 생성하는 것과는 거리가 있다. 독자-되기는 삶을 생성하는 텍스트의 이해를 위한 것이다. 독자-되기는 텍스트의 본질을 찾거나 텍스트에서 의미를 구성하는 것보다 독자의 삶을 생성하기 위한 것이다. 이를 위하여 이 장의 논의는 독자-되기로 텍스트 이해를 하는 읽기의 단초를 마련하기 위한 것이다.

2. 독자-되기의 토대

독자가 텍스트를 읽기 위해서는 독자-되기를 실행해야 한다. 독자는 자신 속에 독자의 속성을 생성해야 한다. 우리는 독자-되기를 통해 독자로 거듭날 수 있다. 누구나 독자가 되기 위해서는 독자-되기를 실행해야 한다. 독자가 되기 위한 독자-되기를 실행하기 위해서는 먼저 독자-되기의 토대로 논리와 속성을 살필 필요가 있다. 독자-되기의 논리와 속성을 이해했을 때 독자-되기를 효과적으로 실행할 수 있다. 들뢰즈와 과타리의 되기에 대한 논의를 통해 독자-되기의 논리와 속성을 살피면서, 되기의 구체적인 인식을 위해 몇 편의 영화[2]를 예로 들어 알아본다.

---

2   영화를 자료로 활용하는 것은 영화 속의 인물들이 되기의 속성을 분명하게 보여주기 때문이다. 영화를 볼 때, 우리는 인물의 말과 행동을 통해 마음과 의식의 생성과 작용을 속속들이 인식할 수 있다. 들뢰즈와 과타리도 『천 개의 고원』(김재인 역, 2003) 10장의 되기에 대한 논의를 영화 <Willard(윌라드)>의 관객이 하는 회상으로부터 시작한다.

가. 결연관계와 되기

되기는 어떻게 실현되는가? 되기는 갑자기 순간 일어나는 것은 아니다. 들뢰즈와 과타리는 『천 개의 고원』 10장에서 되기의 예로 영화 <윌라드 (Willard)>[3](1971)를 제시한다. <윌라드>를 보면, 쥐-되기는 일정 시간이 필요하다. 주인공인 윌라드의 쥐-되기 과정을 보면, 윌라드는 죽여야 할 쥐 한 쌍을 살려주고, 이 쥐들과 함께하는 생활을 시작한다. 점차 쥐의 수가 늘어나고 윌라드는 쥐들과 함께하는 일이 많아진다. 윌라드의 쥐-되기가 실행된다. 쥐-되기를 이룬 윌라드는 쥐들과 사람을 해코지하는 일도 꾸미게 된다. 이는 쥐-되기의 극점이다. 그 후 윌라드가 회사에 친한 쥐 한 쌍을 데려갔는데, 한 마리가 동료 직원에게 죽임을 당하는 일이 일어난다. 그 일로 친한 쥐(벤)와 헤어지고 윌라드는 회사 생활에 열중한다. 그러다 윌라드는 쥐를 닮은 여자와 사귀게 되어 그녀를 집으로 초대한다. 여자 친구가 집에 온 날, 예전에 친했던 쥐가 나타났다. 윌라드는 여자 친구를 돌려보내고 쥐를 따라간다. 쥐들은 윌라드를 해치기 위해 지하실에 모여 있었고, 윌라드는 그 지하실로 내려간다. 이 과정에서 보면, 쥐-되기의 과정은 일련의 시간적 과정을 거쳐 점진적으로 일어남을 알 수 있다.

결국 되기는 진화, 적어도 혈통이나 계통에 의한 진화는 아니다. 되기는 계통을 통해서 아무것도 생산하지 않는데, 모든 계통은 상상적인 것이기 때문이다. 되기는 항상 계통과는 다른 질서에 속해 있다. 되기는 결연(alliance)과 관계된다. 만일 진화가 참된 생성들을 포함한다면, 그것(되기)은 어떠한 가능한 계통도

---

3   영화 <윌라드(Willard)>(1971)는 다니엘 만(Daniel Mann) 감독의 공포 영화이다. 이 영화는 2003년 글렌 모건(Glen Morgan) 감독이 리메이크 하였다.

없이, 전혀 다른 생물계와 등급에 있는 존재자들을 이용하는 공생이라는 광활한 영역에서이다. 말벌과 서양란을 취하는 생성의 블록이 있다고 해보자. 하지만 여기서 어떠한 말벌-서양란도 자손을 낳을 수 없다. (중략) 리좀권, 신진화론이 독창성을 주장해 올 수 있었던 것은 부분적으로는 진화가 덜 분화한 것에서 더 분화한 것으로 나아가지 않으며, 오히려 소통되고 전염되기 위해 유전적인 계통적 진화이기를 그치는 이런 현상들과 관련해서이다. 따라서 우리로서는 이처럼 이질적인 것들 간에 나타나는 진화 형태를 '역행(involution)'이라고 부르고 싶은데, 단 이 역행을 퇴행과 혼동해서는 안 된다. 되기는 역행적이며, 이 역행은 창조적이다. 퇴행한다는 것은 덜 분화된 것으로 향해 가는 것이다. 그러나 역행한다는 것은 자신의 고유한 선을 따라, 주어진 여러 항들 '사이에서', 할당 가능한 관계를 맺으면서 전개되는 하나의 블록을 형성하는 일을 가리킨다. (김재인 역, 2003: 453-454)

되기는 진화와는 다른 속성을 갖는다. 진화는 생물이 어떤 것에서 다른 것으로 변화하는 과정이다. 사람은 오랜 시간의 진화를 거쳐 유인원에서 오늘날의 모습을 하고 있다. 새로운 모습과 새로운 능력을 갖추어 유인원과는 다른 생활을 하고 있다. 이 진화는 혈연관계에 의해 계통적으로 이루어지는 수직적 생성이다. 들뢰즈와 과타리는 이를 친자 관계(filiation)라 한다.(이진경, 2003b: 61) 오랜 시간 동안의 변화를 확인해 보면, 친자 관계는 되기와 같은 생성적 속성을 지니고 있다. 그렇지만 혈연관계에 의한 변화의 생성은 되기가 아니다. 친자 관계는 긴 시간을 두고 볼 때 드러나는 개체들 사이에서의 생성적 변화이다.

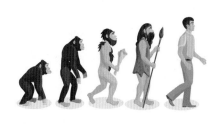

[그림 1] 인류의 진화

들뢰즈와 과타리가 주목하는 되기

는 혈연에 의한 친자 관계가 아니다. 윌라드의 쥐-되기와 같이 사람-쥐와 같은 이종 간에서의 개체 내적인 개별적 생성이다. 영화에서 쥐와 친구가 되고, 함께 일을 꾸미고, 심리적 갈등을 빚는 등 윌라드의 의식과 생활은 쥐와 짝을 이룬다. 들뢰즈와 과타리는 이러한 관계를 '결연'이라 했다. 결연 관계는 혈연이 아니기 때문에 블록으로 묶이는 수평적 관계로 이루어진다. 이는 개체 간 세대를 거쳐 일어나기보다는 개체 내의 생성이다. 물론 서양란과 말벌의 관계처럼 개체 간에 반복되는 경우도 있다. 그렇다고 서양란-말벌 사이에 새로운 생산(자손)이 생기는 것은 아니다. 이 결연관계는 되기를 실행하는 관계를 제한하지 않는다. 되기는 블록을 이루는 대상 간에는 언제나 일어날 수 있다. 이를 진화와 대비하여 '역행(involution)'이라고 하는데,[4] 이 역행(逆行)은 창조성을 띤다.

독자-되기가 가능한 것도 되기가 결연관계의 속성을 갖기 때문이다. 되기에서 독자는 텍스트 읽기와 관계된 사람의 속성이다. 개인이 독자가 되는 것은 독자의 속성과 블록을 이룰 수 있기 때문이다. 개인이 자신에게서 신체적, 심리적, 의식적으로 독자의 속성을 생성하면 독자-되기를 이룰 수 있다. 독자-되기에 중심적으로 작용하는 요인은 몇 가지로 제한할 수 있지만 세부적인 요인은 텍스트와의 관계 및 읽기 상황에 따라 달라질 수 있다. 개인이 독자가 되기 위한 속성을 개인적 측면에서만 보면, 신체적인 요인과 심리적인 요인, 의식적인 요인이 우선한다. 독자-되기와 관련하여 이를 쉽게 이해할 수 있는 영화의 예로 <아바타(Avatar)>(2009)를 들 수 있다.

---

4 이진경·권혜원 역(2000)과 이진경(2003)은 '역행(involution)'을 '함입(含入)'으로 번역한다. '저자들은 진화(evolution) 개념과 대비하여 함입(involution)이란 개념을 사용합니다. 진화가 통상 덜 분화된 것에서 더 분화된 것으로 나가는 것을 말한다면, 이처럼 이질적인 것과 짝하여 새로운 혼성적인 무엇이 되는 것을 '함입'이란 개념으로 표시하고자 하는 거지요. (중략) 함입(含入)이란 이질적인 어떤 짝과의 결연으로 엉뚱한 되기의 블록 속으로 '말려들어가는 것(in-volution)입니다.'(이진경, 2003b: 77-78)

[그림 2] <아바타>

영화 <아바타>는 되기의 속성을 쉽게 이해할 수 있도록 도와준다. <아바타>의 배경은 2150년 나비족이 사는 판도라 행성이다. 지구인들은 이 행성의 지하자원인 언옵타늄을 얻기 위해 이곳 원주민인 나비족과 소통하고 있다. 지구인들은 나비족과의 소통을 위해 나비족 모습을 한 인공 육체를 만든다. 이 인공 육체에 지구인의 의식을 옮겨 아바타를 만든다. 주인공 제이크는 해병대원이었지만 부상으로 하반신 불구였는데, 아바타 일을 하던 쌍둥이 형의 죽음으로 아바타의 일을 자원한다. <아바타>에서 보면, 주인공(제이크)은 아바타가 되게 하는 의식 이송 장치의 도움으로 나비족의 아바타가 된다. 아바타가 된 제이크는 나비족의 행동과 말을 한다. 아바타인 제이크는 나비족과 함께하며, 나비족의 생활을 배우고, 결국 나비족의 일원이 된다. 정신은 지구인이지만 모습과 행동은 나비족, 마음은 인간에서 점차 나비족으로 변해 간다. 나중에는 정신도 나비족이고 싶어 한다. 그렇지만 그의 정신은 그대로 남게 된다.

독자-되기도 <아바타>의 주인공과 닮아있다. 의식을 옮겨주는 기계 장치가 필요한 것은 아니지만, 독자로서의 의식적 전환은 필요하다. 독자-되기는 <아바타>의 제이크와 같이 달라진 신체 활동, 마음 작용, 의식 활동의 생성을 필요로 한다. 개인이 독자-되기를 실행하기 위해서는 정신은 개인의 것으로 남겨두고 행동 요소, 마음 요소, 의식 요소가 독자의 속성을 갖도록 해야 한다. 아바타인 제이크가 나비족의 속성을 갖추듯이, 독자의 속성을 갖추어야 한다. 제이크(아바타)는 처음에는 필요에 의해 흉내를 내는 것에서 시작하지만 결국은 의식과 마음과 행동이 나비족과 같아진다. <아바타>의 주인공이 한두 번 나비족이 되었다고 바로 나비족의 모든 속성을 갖추는 것은 아니다. 반복적으로 나비족을 넘나들면서, 나비족의 일마다 나비족의 마음을 경험한다. 개인이 독자-되기를 한 번 하였다고 완전한 독자가 되는 일은 없다. 개인은 텍스트마다, 텍스트를 읽는 목적마다, 텍스트를 읽는 상황마다 독자-되기를 실행해야 한다. 그러다 어느 시점에서는 진정한 독자가 된다. 그렇다고 모든 사람이 독자-되기를 통하여 진정한 독자가 되는 것은 아니다.

독자-되기를 통하여 개인이 독자가 되면, 독자의 일을 수행한다. 독자-되기를 하는 이유는 텍스트 읽기가 자기의 삶을 생성하는 일이 되도록 하기 위해서이다. 독자-되기를 이루었을 때, 독자는 독자로서의 일을 진정으로 수행할 수 있다. 독자-되기는 텍스트에 따라, 읽기 상황에 따라 독자의 삶을 생성하는 텍스트 이해를 수행하는 것이다. 독자-되기로 독자의 일을 수행하는 예는 <터미네이터 2(Terminator 2)>(1991)에서 찾을 수 있다. 되기를 이룬 개인의 역할의 극적인 예가 <터미네이터 2>의 주인공들이다. <터미네이터 2>의 주인공들은 인간의 기계-되기 또는 기계의 인간-되기의 예이다. <터미네이터 2>에는 두 명의 기계 인간이 등장한다. 이들은 미래 세계에서 현재 세계로 보내진 기계-인간들이다. 이 기계-인간들은 그들의 영토에서 탈영토화된 존재들로, 현재 상황 속에서 무엇을 해야 하는지는 분명하다. 한 기계-인간(T-1000)은 미래의 지도자(존 코너)의 어머니를 죽이는 일이고, 다른 기계-인간(T-800)은 그녀를 죽이지 못하도록 지키는 일이다. 기계-인간들은 자신이 해야 할 일에 최선을 다한다. 한쪽은 죽이기 위하여, 다른 한쪽은 지키기 위하여 능동적으로 일을 수행한다.

[그림 3] <터미네이터 2>

독자-되기로 생성된 독자의 활동은 <터미네이터 2>의 주인공들과 같다. 영화에서 주인공들은 자신들의 목적을 이루기 위해 최선을 다한다. 자신의 모든 것을 동원하여 목적을 이루려고 한다. 독자-

되기를 한 독자도 마찬가지이다. 독자-되기로 독자의 삶을 생성한다는 것은 기계-인간과 같이 텍스트 이해에 집중하고, 텍스트 이해에 필요한 활동을 능동적으로 수행함을 말한다. 독자가 목적하는 일의 수행은 삶 자체이기 때문에 독자는 상황에 맞게 자기를 생성한다. 독자-되기로 독자를 생성한 독자의 모든 활동은 텍스트 이해를 위한 것이다. 다른 말로 하면, 독자로서의 현재 활동은 독자의 모든 것이다. 독자의 모든 문제는 독자 생활과 삶의 문제가 된다. 즉 독자-되기의 독자 생성은 텍스트 읽기로 독자의 삶을 생성하는 일이다.

나. 동물-되기와 분자-되기

되기는 내부적으로 두 가지 단계를 거친다. 되기에는 발현의 단계와 실천의 단계가 있다. 되기의 두 단계는 내부적이기에 구분되면서도 상보적이다. 발현이나 실천은 문턱[5]을 가지고 있다. 되기의 실행은 이 문턱을 넘어야 가능하다. 되기에서 발현은 관계 맺는 대상의 속성을 갖추는 문턱을 넘어야 한다. 되기의 실천은 관계 맺은 대상의 속성으로 해야 하는 일을 하는 문턱을 넘는 것이다. 발현은 관계 맺는 대상의 속성과 블록을 이루는 것이고, 실천은 관계 맺은 대상의 속성으로 해야 할 일과 블록을 이루는 것이다. 독자-되기도 독자가 자기를 독자로의 발현과 텍스트 이해를 실행하는 실천의 단계를 넘어야

---

5   되기와 다양체는 하나이고, 동일한 것이기 때문이다. 다양체는 그것의 요소들에 의해 규정되지 않으며 통일이나 이해의 중심에 의해 규정되지도 않는다. 다양체는 그것의 차원수에 의해 규정되는 것이다. 다양체는 본성이 변화하지 않고서는 나누어지지도 않고, 차원을 잃거나 얻지도 않는다. 그리고 다양체의 차원들의 변화는 다양체에 내재하기 때문에, 이것은 결국 각각의 다양체는 이미 공생하고 있는 다질적인 항들로 조성되어 있으며, 또는 각각의 다양체는 그것의 문턱들과 문들을 따라 일렬로 늘어선 다른 다양체들로 끊임없이 변형된다는 이야기와 마찬가지이다.(김재인 역, 2003: 473-474)

한다.

　발현과 실천의 두 단계는 탈영토화와 생성의 특성을 내포한다. 발현은 현재 영토에서 다른 영토로 탈영토화하는 것으로, 동물-되기가 대표적[6]이다. 동물-되기는 여성-되기, 아이-되기, 소수자-되기 등으로 세분할 수 있다. 발현의 단계는 현재 자기를 이루고 있는 몰(그램분자)적 영토에서 벗어나는 것이다. 여성-되기는 남성적(현재적)인 자신의 영토에서 벗어나는 것이고, 아이-되기는 성인적인 자신의 영토에서 벗어나는 것이다. 소수자-되기는 다수자적인 자신의 영토에서 벗어나는 것이다. 이 탈영토화는 생성을 내포한다. 현재 자신이 포함된 영토에서 탈영토화하는 것은 자신을 새롭게 생성하는 것에서 비롯된다. 자신을 새롭게 생성함으로써 다른 자기를 발현하여 가질 수 있게 된다. 우리가 독자가 되려면 일상의 일에서 탈영토화하여 독자로서의 자기를 발현해야 한다.

　되기에서 발현의 예를 영화 <알리타: 베틀 엔젤(Alita: Battle Angel)>(2019)(이하 알리타)에서 찾을 수 있다. 영화 <알리타>에서 주인공 알리타는 탈영토화와 발현을 구체적으로 보여준다. 알리타는 공중 도시 '잘렘'에서 고철 도시의 쓰레기장에 버려진 머리 부분(뇌)만 살아있는 생체 사이보그였다. 이도 박사는 이 사이보그를 집으로 가져와 죽은 딸의 것이었던 로봇 몸체를 연결해 살려낸다. 그리고 기억이 없는 사이보그에게 죽은 딸의 이름인 '알리타'를 붙여준다. 이 사이보그가 이도에 의해 로봇의 몸체를 갖는 것은 탈영토화이고, 이 탈영토화는 무언가로 되기를 이루게 하는 발현을 요구한다.

6　동물-되기는 수많은 되기의 한 가지 사례에 지나지 않는다. 우리는 되기의 여러 절편들 안에 자리하고 있으니, 이 절편들 사이에 일종의 순서나 외관상의 진보와 같은 것을 설정할 수 있을 것이다. 우선 여자-되기와 아이-되기, 그 다음은 동물-되기와 식물-되기, 광물-되기, 끝으로 온갖 종류의 분자-되기, 입자-되기. 섬유들은 문들과 문턱들을 가로지르면서 이것을 서로 데려가고 서로 변형시킨다. 노래하기, 작곡하기, 그리기, 글쓰기는 아마도 이 생성들을 풀어 놓은 것 이외의 다른 목적은 갖고 있지 않을 것이다.(김재인 역, 2003: 516)

[그림 4] <알리타>

알리타의 몸체는 그 후에 한 번 더 새로운 몸체로 바뀐다. 알리타는 이 과정에서 세 번의 발현 문턱을 넘는다. 첫 번째 발현은 이도의 딸-되기이다. 로봇 몸체를 이식받고 살아난 알리타는 이도의 딸로서 자기를 발현하여 생활한다. 이때 남자 친구 휴고를 만나고, 친구들과의 놀이에서 알리타는 자신의 싸움 능력을 깨닫게 된다. 두 번째 발현은 헌터 워리어-되기이다. 이도가 범죄자 사이보그를 잡아 현상금을 받는 헌터 워리어인 이유를 알게 되고, 알리타도 헌터 워리어로 자신을 발현한다. 그러다 친구 휴고의 도움으로 고철 도시의 물속에 추락해 있던 잘렘 전투기에서 사이보그 전투사의 광전사 몸체를 얻는다. 알리타는 이도에게 자기 몸체를 광전사의 몸체로 교체해 달라고 하지만 거절당한다. 그 후 고철 도시의 갱인 글루위시카와 싸우다 알리타는 로봇 몸체를 잃게 된다. 세 번째 발현은 광전사-되기이다. 알리타는 이도의 도움으로 광전사의 몸체를 갖게 된다. 몸체가 바뀐 알리타는 다시 탈영토화하여 광전사로 자신을 발현함으로써 광전사-되기를 실행한다.

<알리타>에서 알리타는 딸-되기를 통하여 이도의 딸이 된다. 그러다 헌터 워리어-되기를 실행하여 사냥꾼이 된다. 그 후엔 광전사 몸체를 얻어 광전사-되기를 실행한다. 이 영화에서 알리타는 여러 번의 탈영토화와 발현의 문턱을 넘는다. 자의로 또는 타의로 자신을 발현하여 문턱을 넘는다. 이도의 딸-되기의 발현은 타의로 이루어진다. 헌터 워리어-되기와 광전사-되기의 발현은 자의이다. 알리타가 각 되기를 실행할 때의 발현은 타의로도 자의로도 이루어진다. 이는 되기의 과정이 반드시 의식적이거나 의지적이 아님을 의미한다. 독자-되기도 마찬가지이다. 독자가 독자로서의 자신을 발현할 때 의지적으로 할 수도 있지만 그렇지 않은 경우도 있다.

실천의 단계는 발현된 자기로 과제를 실행하는 것과 관련된다. 이 실천은 기존의 지배적 상황(조건)에서 하는 과제와는 다른 과제의 실행이다. 탈영토화된 상황에서 자기를 발현하여 과제를 하는 것은 들뢰즈와 과타리의 용어로는 '분자-되기'이다. 분자-되기는 지배적인 몰적(그램분자적) 상황에 벗어나는 것을 의미한다. 그러면서 발현된 자기가 과제를 할 수 있게 생성하는 것이다. 이 분자-되기는 더 세분되어 원자-되기, 지각 불가능하게-되기로 구체화 된다.[7] 동물-되기가 형식적인 탈영토화라면 분자-되기는 내용적인 자기 생성의 속성이다. 실천은 분자-되기의 생성으로 과제를 실행하는 자기 생성이다. 이는 동물-되기의 외연과 함께 이루어지는 내포의 내용이다. 실천은 과제 실행의 내포적 속성을 살필 때 분명하게 드러난다. 실천의 예로 영화 <마션(martian)>(2015)을 들 수 있다.

<마션>은 우주 비행사들이 화성 탐사를 하던 중에서 발생한 사고로 주인공 '마크 와트니'가 화성에서 혼자 561일을 생존하다 구조되는 내용이다. 사고로 화성에 혼자 남게 된 와트니는 31일용 거주 장치 속에 있고, 지구와 연락이 안 되는 상황이며, 구조되기 위해서는 4년이 걸린다는 것을 알고 있다. 그래서 살기 위해 거주용 장치의 수명을 늘리고, 식량, 공기, 물을 얻어야 하며, 지구에 연락하여 구조대를 오게 해야 하는 절실한 문제에 직면한다. 우주 비행사이던 와트니는 졸지에 새로운 세계에 탈영토화된 존재로 내던져

---

7   이처럼 되기란 무어라 명명할 수 없고 무언지 명확하게 지각할 수 없는 분자적인 것을, 특개적인 것을 만들어 내는 것입니다. 즉 모든 되기는 심지어 지각하기 힘든 새로운 분자적인 것을 만들어 내기에 그것은 일차적으로 지배적인 것, 다수적인 것, 익숙하고 통념적인 것에서 벗어나는 것일 수밖에 없습니다. 모든 되기가 '지각 불가능하게-되기를 향하여'간다는 말, '지각 불가능한 것은 되기의 극한이다'라는 말(이진경, 권혜영 외 역, 2000: 54)은 이런 의미지요. 따라서 모든 되기는 재배적인 몰적 구성체에서 빠져나오는 창조와 생성의 선을 그리며, 다수적인 척도로 선택하거나 잘라버릴 수 없는 지대를 만들어 냅니다.(이진경, 2003b: 117-118)

[그림 5] <마션>

졌다. 우주 비행사에서 화성의 미아로 탈영토화된 것이다. 와트니는 화성에서 구조될 때까지 살아남기 위해 탈영토화된 현재 상황에서 자기를 새롭게 생성해야 한다. 화성의 미아가 생존자-되기로 자기 발현을 해야 하고, 생존자-되기의 실천을 해야 한다. 와트니의 생존자-되기의 발현이 필연적이라면, 생존자로의 실천은 의지적이고 상황적이다.

화성에서 생존자-되기에 필요한 것은 생존자로서의 실천이다. 와트니가 생존자-되기의 실천으로 가장 먼저 해야 할 과제는 식량을 확보할 수 있는 자기 생성이다. 우주 비행사에서 탈주해 식량 생산자로 분자-되기를 실행해야 한다. 이를 통해 식량 생산 재료인 감자를 찾고, 감자 심을 밭을 만들고, 감자가 자라게 할 물과 환경을 만드는 과제를 실행하는 와트니가 된다. 식량 생산자로서의 여러 일을 수행하는 와트니의 의식과 행동들은 분자-되기에서도 탈영토화하는 원자-되기와 지각 불가능하게-되기[8]의 예들이다. 이 과제는 와트니가 각각의 일을 해낼 수 있게 신체, 정신, 지식 등을 새롭게 생성하게 하고, 시행착오를 겪으면서 그 일을 이루게 한다. 그래서 마침내 감자의 싹을 틔울 수 있게 한다. 그리고

---

8   이 모든 생성들은 도대체 무엇을 향해 돌진하고 있는 것일까? 의문의 여지없이 지각할 수 없는 것-되기이다. 지각할 수 없는 것은 생성의 내재적 끝이며 생성의 우주적 정식이다. (중략) 여성-되기에서 시작하여 모든 분자-되기의 끝에 있는 지각할 수 없는 것 되기는 과연 무엇을 의미할까? 지각할 수 없는 것 되기는 많은 것을 의미할 수 있다. 지각할 수 없는 것(탈기관적인 것), 식별 불가능한 것(탈의미적인 것), 그리고 비인칭적인 것(탈주체적인 것)은 어떤 관계에 있을까? 우선 <세상 모든 사람처럼 있기>를 말할 수 있을 것이다.(김재인 역, 2003: 529) 이런 의미에서 세상 모든 사람 되기, 세계를 생성으로 만들기란, 하나의 세계 또는 여러 세계를 만들기이며, 다시 말해 자신의 근방역과 식별 불가능성의 지대를 찾기이다. (중략) 이 세계에서는 세계 그 자체가 생성되고, 우리는 세상 모든 사람이 된다. (중략) 즉 우리는 세계를, 세상 모든 사람을 하나의 생성으로 만드는 것이다.(김재인 역, 2003: 530-531)

와트니는 20여 년 전에 화성에 보내졌던 패스파인더(화성 사진 전송 장치)를 화성의 사막에서 찾아내게 된다. 그리고 이 장치를 이용하여 지구(나사)와 통신을 시도하고, 노력 끝에 소통할 수 있게 된다. 이는 와트니가 또 다른 분자-되기를 실천한 것이다. 그리고 지구에서의 구조 계획에 맞추어 화성의 특정 지점에 있는 탈출 우주선을 찾아가는 여행자가 된다. 결국 탈출 우주선에 도착하고 운 좋게 구조된다. 그 과정에서 먹고, 쉬고, 에너지를 얻고, 방향을 찾고, 이동하는 분자-되기 또는 원자-되기를 실행하고, 자기만이 보고 알고 해야 하는 것(세계의 생성)을 하는 지각 불가능하게-되기(화성 생존자)도 실행한다. 구조될 때까지 분자-되기와 원자-되기, 지각 불가능하게-되기를 반복한다. 와트니의 화성에서 지구로 되돌아오기까지의 여러 가지 되기는 실천의 단계를 실행하는 예이다.

> 우주 비행사 양성 프로그램에 잘 왔다. 우주에선 뜻대로 되는 게 아무것도 없어. 어느 순간 모든 게 틀어지고, '이제 끝이구나' 하는 순간이 올 거야. '이렇게 끝나는구나.' 포기하고 죽을 게 아니라면 살려고 노력해야 하지. 그게 전부다. 무작정 시작하는 거지. 하나의 문제를 해결하고, 다음 문제를 해결하고, 그 다음 문제도…… 그러다 보면 살아서 돌아오게 된다. 좋아, 질문 있나? (영화 <마션> 와트니의 강의에서)

위 내용은 <마션>의 와트니가 지구로 귀환해 강의실에서 우주인의 꿈을 키우는 학생들에게 한 말이다. 독자가 텍스트를 만나는 일은 <마션>의 와트니가 혼자서 화성에서의 삶과 마주하는 일과 닮아있다. 독자는 텍스트를 읽을 때 와트니와 같이 다양한 문제에 직면한다. 텍스트와 관련된 자기의 실제적인 현실과 마주하는 것이다. 그럴 때 무엇부터 어떻게 해야 할지를 결정해야 한다. 그러면서 만나는 문제를 하나씩 해결해야 한다. 이는 독자가 현실에서 탈영토화하여 독자가 되고, 텍스트를 읽으면서 분자-되기를 실행하는 실천이 있어야 함을 뜻한다. 또한 각각의 문제를 해결할 때 분자-되기에서 탈영토화한 원자-되기와 지각 불가능하게-되기로 자신을 생성해야 함을 의미한다. 독자는 텍스트를 읽으면서 저자와도 대화하고, 인물과도 대화하며, 분명하지 않은 의식과도 대화해야 한다. 이 대화의 과정은 분자-되기를 넘어 원자-되기와 지각 불가능하게-되기에서의 실천 단계를 수행하는 과정이다.

다. 욕망과 강도

우리가 되기를 실행하는 심리의 밑바탕에는 욕망과 강도(강밀도, 강렬도)가 작용한다. 욕망은 되기를 일으키는 내재 동기의 요인이고, 강도는 되기를 실행하는 내재 기능의 요인이다. 우리는 이들 요인의 작용으로 되기를 실행할 수 있다. 되기를 실행하기 위한 외부의 요인도 작용할 수도 있지만 본질적인 것은 내재 요인이다. 영화 <알리타>와 <마션>의 주인공을 보면, 되기의 조건은 외부적으로 주어진다. 특정한 환경과 상황으로 들어감(탈영토화)으로써 되기가 시작된다. 그렇지만 그 상황에서 개인이 곧바로 벗어날 수 없다. 그 상황 안에서 무엇인가를 이루어 내야 한다. 우리의 삶의 문제는 늘 그렇게 주어진다고 할 수 있다. 독자가 텍스트를 읽어야 하는 상황도 마찬가지이다. 읽기 상황에서 독자는 읽기 실행에 필요한 욕망과 강밀도(강도)를 필요로 한다. 이때 삶의 과제는 선택하거나 피할 수 없기에 내재 요인이 작동하게 마련이다.

동물원에 갇혀 눈이 풀려버린 이 호랑이와, 눈에서 섬광을 품으며 숲속을 달리는 저 호랑이의 차이도 우리는 포착할 수 있고 또 실제로 포착한다는 겁니다. 동일한 유기체적 형식을 갖는 것이 상이한 배치에 따라 이처럼 다른 감응을 주는 동물이 되는 겁니다. 이는 그 동물이 무엇을 하고자 함과, 혹은 그 동물로 하여금 무엇을 하고자 하게 함과 결부되어 있다는 점에서 '욕망'이나 '의지'라는 성분에 의해 결정되는 외연입니다. 반면 동일한 종 안에서도 우리는 하나의 동물이 주는 상이한 감응의 차이를 구별할 수 있습니다. 하나의 외연적 감응 안에서 만들어지고 포착되는 이 차이, 그것이 바로 강밀도의 차이지요. 이는 그 동물이 무엇을 하고자 하는가, 그 동물로 하여금 무엇을 하고자 하게 하는가 보다는, 하고자 하는 것을 얼마나 잘할 수 있는지를, 즉 그 능력의 '양적인' 정도를 의미합니다. (이진경, 2003b: 40-41)

위의 인용문을 보면, 배치에 따라 같은 호랑이도 다르게 감응(변용태)된다. 동물원의 호랑이와 숲속의 호랑이가 다른 감응을 주는 것은 이들 호랑이가 '무엇을 하고자 함' 또는 '무엇을 하고자 하게 함'에서 비롯된 것이다. 이는 호랑이의 욕망이나 의지의 성분에 의하여 결정되는 외연(外延)을 이룬다. 호랑이에 대한 감응의 차이를 만드는 내면 요인은 강도(강밀도)이다. 강도는 '하고자 함'이나 '하고자 하게 함'을 얼마나 잘할 수 있는지를 알려주는 능력의 양적 요인이다. 되기는 욕망의 요인과 강도의 요인 작용으로 실현된다.

되기를 이루는 것은 욕망과 강도이다. 외연으로 드러나는 차이를 만드는 욕망과 그 욕망을 내재적으로 실행하는 강도의 작용으로 되기가 실현된다. <마션>에서 와트니는 식량의 문제를 해결하기 위한 '하고자 함'을 가지고, 감자를 심어 키우는 농부의 능력을 만들어 낸다. 와트니가 식량 생산의 욕망만 가지고는 감자를 키워낼 수 없다. 농부로서의 신체적 활동의 힘과 물을 얻기 위한 시행착오를 견뎌내는 노력이 있어야 한다. 또한 심리적, 정신적으로도 감자 기르기에 집중해야 한다. 이는 손과 발과 몸의 움직임이 감자 기르기 활동에 적합하게 이루어지게 하고, 감자가 잘 자랄 수 있게 하는 환경과 여건을 만들어 내게 한다. 와트니는 '하고자 함'의 욕망과 함께 신체적, 심리적, 정신적 요인이 상보적으로 작용하여 만들어 내는 능력인 강도가 와트니의 농부-되기를 실현하게 한 것이다.

> 달은 밝고 당신이 하도 그리웠습니다/자던 옷 고쳐 입고 뜰에 나와 퍼지르고 앉아서 달을 한참 보았습니다// 달은 차차차 당신의 얼굴이 되더니 넓은 이마, 둥근 코, 아름다운 수염이 역력히 보입니다/ 간 해에는 당신의 얼굴이 달로 보이더니 오늘 밤에는 달이 당신의 얼굴로 됩니다// 당신의 얼굴이 달이기에 나의 얼굴도 달이 되었습니다/ 나의 얼굴은 그믐달이 된 줄을 당신이 아십니까/ 아아 당신의 얼굴이 달이기에 나의 얼굴도 달이 되었습니다 (한용운, <달을 보며> 전문)

위의 인용문은 한용운의 시다. 위의 시에서 저자는 여성-되기를 실현하고 있다. 여성-되기에 필요한 욕망과 강도로 사랑하는 임을 그리는 여인을 생성했다. 시인이 만들어 낸 여인은 시적 화자로 윗 시의 외연으로 존재한다. 시적 화자는 '하고자 함'으로 멀리 있는 임에 대한 그리움을 달로 채우는 것이다. 그래서 한밤중에 뜰에 나와 앉아서 달을 쳐다보고 있다. 그리고 달의 모습 속에서 그리운 임의 모습을 그려내는 능력을 발휘한다. 떠날 때의 달 같던 임의 모습을 떠올리며, 현재의 달 속에서 임의 얼굴 각 부분을 떠올린다. 그러고 나서는 달을 통해 임의 얼굴과 자기 얼굴을 하나로 겹쳐 그려낸다. 그렇게 하여 그리운 마음을 달래는 강도가 작용한다. 임에 대한 그리움의 욕망을 달의 모습 속에서 임과 하나 되게 하는 상상의 강도로 여성-되기를 실현하고 있다.

요컨대 들뢰즈가 말하는 배움, 곧 기호와의 마주침이란 학습자가 어떤 대상의 현상학적 특성을 분명하게 느끼고 의식하는 것이기보다는 배움의 대상을 통해 어떤 모호한 감각들, 즉 미세 지각들을 느끼는 것이다. 대상을 직접 만남으로써 형성되는 강도적 흐름, 모호한 감각들에 학습자가 민감하게 반응하고 여기에 이끌려가면서 자신의 신체에 새로운 미세지각과 다양한 운동을 창시하는 것이 기호와 마주치는 배움의 행위라 할 수 있다. 학습자는 미세지각적 흐름인 기호를 감지하며 다질적인 운동들을 자신의 신체에 창조해 감으로써 세계를 감각하고 세계와 소통하는 존재론적 역량을 향상시켜 나간다. (김재춘·배지현, 2016: 119)

위의 인용문의 내용은 들뢰즈의 『프루스트와 기호들』(서동욱·이충민 역, 2004)의 일부 내용을 교육학자의 관점에서 설명하는 내용이다. 윗글에서는 한용운이 시적 화자를 통한 여성-되기와는 다른 독자-되기를 실현하고 있다. 독자-되기도 외연적 욕망과 내재적 강도가 존재해야 가능하다. 윗글의 저자들은 먼저 독자로서 '하고자 함'을 가졌음을 알 수 있다. 들뢰즈의 기호에 대한 논의로 교육을 인식하고자 함이다. 책을 읽고자 함과 같은 표면적인 욕망도 있다고 볼 수 있지만, 현재의 교육에 대한 관점과 다른 시각에서 교육을 규정하고자 한 심층적 욕망이 있음을 알 수 있다. 이 욕망은 내부적으로 들뢰즈가 말하는 대상의 기호가 지닌 속성과 학생의 학습이 지닌 속성을 연결하는 사고 능력을 발휘한다. 저자는 내적 강도를 통하여 학습의 의미를 기존과는 다른 것으로 생성해 내고 있다. 교육학자로서 들뢰즈의 기호론을 읽는 독자-되기를 실현하였다. 이처럼 독자-되기는 외연인 욕망과 내연인 강도의 작용이 필요하다.

3. 독자-되기의 구조

독자-되기는 독자가 독자로 자기를 생성하는 일이다. 현재 자기의 신체적, 의식적 상태에서 텍스트를 읽는 독자로 탈영토화하는 일이다. 독자로의 탈영토화는 표면적으로는 쉽게 일어나는 듯하지만, 심층적으로 보면 잘 일어나지 않는다. 독자-되기를 쉽게 실행하지 못하는 것이다. 독자가 된다는 것은 지구에 온 터미네이터(T-800, T-1000)나 화성에서 미아가 된 와트니(우주인)와 같이 텍스트 읽기의 과제를 능동적으로 수행할 수 있음을 뜻한다. 우리가 텍스트 읽기라는 과제를 만났을 때, 터미네이터나 와트니와 같이 자기의 과제를 능동적으로 수행하는 독자-되기의 실행이 어떻게 이루어지는지 살펴보자.

가. 독자의 외연(경도)과 내포(위도)

텍스트를 만난 독자는 독자-되기를 실행해야 읽기를 수행할 수 있다. 독자-되기를 실행하지 않은 독자의 텍스트 읽기는 흉내 내기에 지나지 않는다. 진정으로 텍스트 읽기를 실행하지 않는 것이다. 흉내 내기의 읽기를 하는 독자는 텍스트 이해를 해낼 수 없다. 텍스트 이해도 흉내 내기 이해에 머물게 되기 때문이다. 독자의 텍스트 이해는 남을 따라 하는 흉내 내기를 넘어 자기만의 텍스트 이해를 이루어야 한다. 들뢰즈와 과타리의 관점을 빌리면, 생성적 읽기로 자기만의 특개성(<이것임>)의 의미를 생성해야 한다. 이를 위해서 독자는 자기 심신을 독자로 생성해 내야 한다. 이를 위하여 독자는 자기의 외연과 내포[9]를 새롭게 만들어야 한다.

---

9 신체의 경도가 그것의 '외연'을 규정하는 '외연적인' 것이라면, 신체의 위도는 것의 능력을 규정하는 '내포적인' 아니, '내공적인(intensive)' 것입니다. 즉 경도가 할당된 요구에 부합하는 강밀도의 분포를 만들어 내는 능력이 바로 신체의 능력이지요. 따라서 강밀도(intensity)

무한히 많은 부분들을 한데 모으는 운동과 정지, 빠름과 느림의 관계 각각에는 역량의 정도가 대응한다. 하나의 개체를 조성하고 분해하고 변양시키는 관계들에는 개체를 변용시키는 강렬함들이 대응한다. 이 강렬함들은 개체의 행위 역량을 증대시키거나 감소시키고 외부의 부분들이나 개체 자신의 부분들로부터 온다. 이러한 강렬함들은 개체의 겉 부분에서 그리고 개체 자체의 부분에서 올 수 있다. 변용태는 생성이다. 스피노자는 몸체는 무엇을 할 수 있는지를 묻는다. 몸체의 **위도(latitude)**라고 불리는 것은 역량의 특정한 정도에 따라, 또는 차라리 이 정도의 한계들에 따라 몸체가 취할 수 있는 변용태들이다. **경도가 특정한 관계 아래에서 외연적 부분들로 이루어져 있듯이, 위도는 특정한 능력 아래에서 내포적(강력함) 부분들로 이루어져 있다.** 우리들이 몸체를 기관과 기능에 따라 규정하는 것을 피해야 한다. 대신 몸체의 변용태들을 고려해야 한다. (김재인 역, 2003: 486-487)

독자-되기는 두 가지 속성을 필요로 한다. 한 가지 속성은 독자의 외연을 이루는 것이고, 다른 한 가지는 내포를 갖는 것이다. 외연은 독자가 심신, 텍스트, 읽기 활동 관련 요인들을 한데 모아 읽기를 할 수 있는 역량을 생성하는 것이다. 내포는 텍스트 읽기 활동으로 의미를 생성할 수 있게 하는 강렬함(강도)을 생성하는 것이다. 강렬함은 독자의 읽기 역량을 증대시키거나 감소시킬 수 있는 것으로 외부와의 관계로 내부에서 생성된다. 독자-되기의 외부는 내부와 독립적으로 존재하는 것이 아니라 관계 속에 존재한다. 독자의

라는 말은 일차적으로 경도보다는 위도를 표현하는 것이라 할 수 있습니다. 얼마나 강한 능력을 갖는가는 얼마나 빨리, 얼마나 강밀하게, 그리고 얼마나 '부드럽게' 힘을 집중하고 이동시키며 변환시킬 수 있는가, 얼마나 강밀한 '내공'을 갖는가 하는 것에 의해 규정된다는 것입니다. 따라서 신체의 위도란 일차적으로 이 '강밀도' 내지 '내공'을, 그리고 하나의 분포에서 다른 분포로 강밀도를 변형시키는 속도와 정도(강밀도의 탈영토화 정도)를 표시한다고 할 수 있습니다.(이진경, 2003b: 193-194)

텍스트 읽기 역량은 텍스트 이해의 강렬함에 따라 다르게 드러나는 것이다. 이 독자의 강렬함은 독자의 내부적 요인뿐만 아니라 텍스트 요인이나 상황 맥락에 의한 외부적 요인에서 비롯될 수도 있다. 이들 외연과 내포 요인은 변용태 즉 독자의 감응과 깊은 관련이 있다.

독자 외연의 역량을 이루는 속성은 경도[10]로 표현된다. 경도는 독자에게서 외연적으로 드러나는 독자의 역량이다. 이는 독자가 독자로서의 발휘할 수 있는 역량이면서 감응의 조건이다. 독자의 역량은 어떤 텍스트를 읽을 수 있는지, 텍스트의 내용에 대한 감응을 가질 수 있는지를 결정한다. 외연적 역량을 갖추고 있는 독자라면 특정 텍스트를 읽을 수 있지만 그렇지 않다면 텍스트를 읽을 수 없다. 예를 들어, 다음의 텍스트는 읽을 수 있는 역량의 독자와 그렇지 않은 역량의 독자가 구별된다.

사리자여, 색(물질)은 공과 다르지 않고, 공은 색과 다르지 않다. 느낌(受)도 생각(想)도 행동(行)도 의식(識)도 다 마찬가지다. 사리자여, 이처럼 온갖 존재는 공이라는 모습으로 있으니 나지도 않고 없어지지도 않으며 깨끗하지도 않고 더럽지도 않으며 늘지도 않고 줄지도 않는다.(舍利子 色不異空 空不異色 色卽是 空 空卽是色 受想行識 亦復如是. 舍利子 是諸法空相 不生不滅 不垢不淨 不增不減.) (<반야심경(般若心經)> 일부)

독자 내포의 강도(강렬함)를 이루는 감응은 위도[11]로 표현된다. 위도는 독자

---

10 몸의 경도라 불리는 것은 특정한 관계 속에서 몸체의 입자들의 집합이며, 이 집합들 자체는 이 몸체의 개체화된 배치물을 규정하는 관계의 조성에 따라 서로 상대의 일부분을 이룬다. (김재인 역, 2003: 486) 경도란 어떤 신체가 어떤 욕망의 배치 속에서, 다시 말해 다른 어떤 것들과의 관계 속에서 어떤 '기계'로 기능하고 있는가 하는 것을 표시합니다.(이진경, 2003b: 190)

11 어떤 경도를 갖는 신체가 그에 필요한 능력의 정도에 따라 감당하고 수행할 수 있는 정도가

가 텍스트의 내용에 대해 감응하는 강도이다. 위도는 독자가 텍스트의 내용에 대한 어떠한 감응을 갖는가와 관련된다. 윗글 <반야심경>에 대한 독자의 감응은 어떤 독자인가에 따라 다르다. 처음 <반야심경>을 접한 독자는 이해하기 어렵다. 강도가 낮은 것이다. <반야심경>의 공(空)의 의미[無自性]를 알고 있는 독자는 윗글에 대한 인식이 남다르다. 인식이 진정한 본질을 꿰뚫고 있을 때, 글귀의 내용을 읽을 때마다 감탄한다. 독자의 내포적 강도(강렬함)가 크게 작용하는 것이다.

독자-되기를 실행함은 심신의 경도와 위도를 새롭게 생성하는 일이다. 독자-되기에서는 먼저 독자의 외연을 이루는 역량(경도)을 생성해야 한다. 외연의 생성은 신체적, 심리적, 의식적 요소들과 텍스트 요인, 읽기 상황 및 맥락요인, 환경 요인 등의 작용과 관련된다. 외연으로 드러나는 독자의 역량은 독자의 심신 요인이 중심이 되는 것이지만 독자와 관련된 외적 요인들도 관여한다. 독자의 심신과 함께 텍스트의 조건과 어떤 시간과 장소, 분위기와 정서적인 상황에 따라 역량의 크기는 달라진다. 텍스트를 읽을 수 있는 심신의 상태뿐만 아니라 어떤 텍스트를 어떤 환경에서 읽는가에 따라 읽기 역량이 달라지는 것이다. 독자의 위도는 텍스트를 읽어야 하는 상황이나 텍스트를 읽는 맥락에서 감응의 강도(강밀함, 강렬함)로 결정된다. 독자-되기를 위해서는 독자의 위도 관련 요인도 갖추어야 한다.

독자-되기는 텍스트 이해를 위한 독자의 내포를 이루는 강도를 생성하는 일이다. 외연과 내포의 생성은 시간적인 문제이기보다는 논리적인 문제이다. 이들은 상보적이기에 동시적이거나 회귀적으로 실현된다. 내포의 생성은 인지적, 태도적, 정의적 요소들과 텍스트 요인과의 접속 및 경험 요인 등의

달라집니다. 그리고 그 신체가 감당할 수 있는(담을 수 있는) 수용 능력(capacité)은 그 신체의 일반적인 탈영토화 계수에 따라 규정됩니다. 이처럼 어떤 신체가 갖는 능력들을, 그리고 이 능력들이 갖는 감응을 '위도'라고 합니다.(이진경, 2003b: 193)

작용과 관련된다. 내포적으로 존재하는 강도에는 독자의 인지적 요인을 중심으로 그 주변적 관계 요인들도 관여한다. 독자의 인지가 텍스트의 내용과 어떤 질(質)로 관계를 맺고 심정으로 수용하느냐에 따라 강도의 질은 달라진다. 강도는 독자가 텍스트와의 관계에서 어떤 의미를 생성하는가와 관련된다. 텍스트 내용에 대한 독자의 강도가 높으면 생성 의미가 창의적이고 고유함을 가지지만, 낮으면 표면적 내용만을 인식하게 된다.

나. 독자-되기의 블록

독자-되기의 외연과 내포는 독자가 독자의 속성들과 블록을 이루었을 때 실현된다. 블록은 다른 대상들이 달라붙거나 연결 또는 결합하는 성질을 가리키는 말이다. 이는 두 가지 이상의 대상을 함께 묶음을 뜻한다. 하나로는 블록을 만들 수 없다. 되기에서의 블록은 두 가지 이상의 대상이 특정한 조건 속에서 관계적 속성을 가지는 것을 가리킨다. 한용운의 <달을 보며>에서 시인은 사랑하는 임을 그리는 여성의 감성과 관계적 속성을 가진다. 이로써 시인은 시적 화자를 여성으로 내세워 임에 대한 마음을 그려낼 수 있게 된다.

되기는 완전히 실재적이다. 그러나 어떤 실재성이 문제가 되고 있는가? 왜냐하면 동물 되기라는 것이 동물을 흉내 내거나 모방하는 것이 아니라 하더라도, 인간이 '실제로' 동물이 될 수 없으며, 동물 또한 '실제로' 다른 무엇이 될 수 없다는 것 또한 분명하기 때문이다. 이 되기는 자기 자신 외에 아무것도 생산하지 않는다. 무엇인가를 모방하든지 아니면 그저 그대로 있든지 중에서 어느 한쪽을 선택하라는 것은 잘못된 양자택일이다. 실제적인 것은 생성 그 자체, 생성의 블록이지 생성하는 자(celuique devint)가 이행해 가는, 고정된 것으로 상정된 몇 개의 항이 아니다. 되기는 되어진 동물에 해당하는 항이 없더라도 동물 되기는 규정될 수 있고 또 그렇게 규정되어야 한다. 인간의 동물 되기는 인간이 변해서 되는 동물이 실재하지 않더라도 실제적이다. 이와 마찬가지로 <다른 무엇 되기>는 이 다른 무엇이 실재하지 않더라도 실제적이다. 따라서 아래와 같은 사실을 설명할 필요가 있다. 즉 되기에는 자기 자신과 구별되는 주체가 없는 것은 어째서일까? 그리고 되기는 왜 항을 갖지 않을까? 왜냐하면 이 항은 나름대로는 그것의 주체이고 그것과 공존하며 그것과 블록을 이루는 다르게 되기 속에서만 포착되기 때문이다. 바로 이것이 되기에 고유한 현실원칙이다. (김재인 역, 2003: 452-453)

독자-되기는 독자와 독자의 속성이 블록을 이룬다. 윗글에서 보면, 독자되기는 독자의 속성이 실제로 존재하지 않더라도 실제적이다. 독자-되기는 자기 자신을 독자로 생성하는 일이다. 독자-되기는 독자의 속성과 블록을 이루는 것, 블록을 형성하는 일, 생성적 블록을 이루는 것이다. 독자-되기가 독자의 속성을 갖추는 것, 고정된(이상적) 독자의 속성을 이루는 것이 아니다. 독자-되기는 텍스트를 읽고 이해하는 실제적인 독자의 속성과 블록을 이루는 것이다. 텍스트를 읽고 이해하는 실제적인 독자는 읽기를 실행하는 과정에만 존재하고, 다른 곳에서는 어디에서도 찾을 수 없다. 따라서 독자의 속성은 실재하지 않더라도 독자-되기는 실제적일 수 있다. 이 말은 독자-되기에는 독자와 구별되는 주체가 없고, 되어야 할 대상으로서 독자의 속성이 따로 존재하지 않는다. 독자-되기에서 독자의 주체와 독자의 속성은 공존하며 블록을 이루어 독자가 독자로 존재할 때 포착된다. 이것이 독자-되기의 고유한 현실 원칙이다.

독자-되기의 블록은 단일하지 않다. 읽기를 실행할 때의 독자-되기의 블록은 독자의 자기 생성만으로 성립되지 않는다. 텍스트를 읽는 행위 과정에 작용하는 여러 요인과의 블록을 필요로 한다. 읽기 과정에서 독자-되기가 생성하는 블록은 분자-되기나 원자-되기 또는 지각 불가능하게-되기와 관련되는 것이기도 하다. 읽기의 과정에는 독자의 능력 요인, 텍스트의 요인, 독자 자아(주체)의 요인, 의미 생성의 요인, 독자 경험(생활, 삶)의 요인 등이 블록을 필요로 하기 때문이다. 독자의 능력 요인에서 보면 읽기 교육은 독자의 읽기 능력 향상을 요구한다. 독자는 텍스트를 읽으면서 독자-되기의 한 요인으로 읽기 능력과 블록을 형성해야 하는 것이다. 독자가 텍스트를 읽는 과정에서 독자-되기를 실행하기 위해 블록을 이루어야 할 것을 몇 가지 보면 다음과 같다.

독자는 텍스트와도 블록을 형성한다. 텍스트는 다른 것과 관계없이 독립적으로 존재하지 않는다. 저자나 독자와의 관계는 물론 관습적인 사회적 의미나 문화적 해석의 방식들과 관련되어 있다. 더 나아가서는 읽기의 이론이나 읽기의 방법과도 관련이 있다. 독자가 텍스트에 대한 모든 것을 배제하고 오직 텍스트만을 읽을 수 있는 일은 없다. 독자가 특정 텍스트를 전제하고 독자-되기를 실행하기 위해서는 텍스트와 관련된 요인을 통틀어 블록을 이루어야 한다.

> 도라고 할 수 있는 도는 영원한 도가 아니고, 이름을 부를 수 있는 이름은 불변의 이름이 아니니, 천지의 시원에는 이름이 없고, 만물이 생겨나서 이름을 갖게 되었다. 그러므로 이름이 없을 적엔 무욕(無欲)으로 그 신묘함을 바라보고, 이름이 생겨난 뒤에 유욕(有欲)으로 그 들어감을 본다. 이 둘을 같이 나왔으되 이름이 다를 뿐 같이 현묘하다고 일컬으니, 현묘하고 또 현묘해서 모든 신묘함이 나오는 문이 된다.(道可道, 非常道, 名可名, 非常名. 無, 名天地之始, 有, 名萬物之母, 故常無, 欲以觀其妙, 常有, 欲以觀其교, 此兩者, 同出而異名, 同謂之玄, 玄之又玄, 衆妙之門.) (노자(老子) 『도덕경(道德經)』 1장, 임채우 역, 2008: 49)

노자(老子)의 『도덕경(道德經)』을 읽는다고 할 때, 독자는 먼저 독자-되기로서 『도덕경』과 블록을 이루어야 한다. 『도덕경』의 각 장을 이해하기 이전에 『도덕경』을 읽을 수 있는 자기를 생성해야 하는 것이다. 독자가 『도덕경』과 블록을 생성하지 못한다면 『도덕경』을 읽는 일을 일어나지 않는다. 독자 주변에 많은 텍스트가 존재하지만, 독자는 이들 중 몇 가지 텍스트만 읽는다. 독자가 텍스트를 읽는다는 것은 '텍스트'와 블록을 생성했기 때문이다.

　독자는 본질적으로 텍스트의 내용과도 블록을 형성한다. 텍스트와의 블록 형성이 읽기 전 또는 텍스트를 이해하기 전(부분적인 이해)에 이루어지는 것이라면, 텍스트 내용과의 블록 형성은 텍스트를 이해하는 상황에서의 일이다. 『도덕경』을 이해하는 독자, 『도덕경』의 내용과 독자-되기를 실행하는 독자는 텍스트 내용과 블록을 형성한다. 이는 『도덕경』 각 장이 드러내는 의미와 『도덕경』 전체가 드러내는 의미의 인식과 관련된다. 『도덕경』을 성인의 행동 지침으로도 의미화할 수 있고, 철학적 사유의 한 형식으로 의미화할 수도 있으며, 종교적(도교) 경전으로서 따라야 할 성인의 가르침으로 의미화할 수도 있다. 물론 텍스트 이해의 원리로서 의미화(김도남, 2011)할 수도 있다. 모두 『도덕경』을 읽는 독자의 독자-되기 블록의 형성 문제라 할 수 있다.

　독자는 자아와도 블록을 형성한다. 독자는 텍스트 이해의 과정에서 자아를 만난다. 도덕경을 읽으면서 텍스트의 내용만 생각하는 독자는 없다. 도덕경의 각 장을 읽을 때마다 독자는 자아를 의식한다. 어떤 텍스트를 읽더라도 마찬가지다. 독자가 텍스트 읽기에서 자아를 의식하고 자기 이해를 이루는 것을 강조하는 읽기론이 해석학이다. 해석학의 관점에서 보면, 독자의 텍스트 읽기는 자아와의 관계에서 자기 이해를 이루는 것이다. 독자-되기에서 블록을 이루어야 할 대상이 독자 자아인 것이다. 독자가 텍스트 읽기에서 자아와 블록을 형성할 때, 독자-되기는 독자 생활의 문제이고 삶의 문제로 실현된다. 이 독자-되기의 블록 형성의 문제는 텍스트 읽기에 내재되어 있는 근원적인 것이라 할 수 있다.

독자-되기의 블록 형성은 고정적이지 않다. 독자가 독자-되기로 블록을 이루어야 할 대상을 특정한 것으로 한정하는 것은 타당하지 않다. 독자는 텍스트를 읽는 과정에서 필요로 하는 독자-되기를 실행해야 하고, 이에 따른 블록 형성도 마찬가지이다. 이런 점에서 보면, 독자-되기의 블록 형성은 복잡하여 실행할 수 없다고 여겨질 수 있다. 그렇지만 독자는 블록을 형성하여 독자-되기를 성공적으로 이루어 낸다. 들뢰즈와 과타리는 이를 일관성의 구도라는 개념으로 정리한다. 일관성의 구도는 독자-되기의 블록 형성에서 독자가 특정 읽기 입장을 선택하면 관련 요인들이 체계적으로 조직화를 이루는 것이다. 예를 들어, 학습 독자가 읽기 학습의 입장을 선택하면 독자-되기의 블록 형성은 읽기 능력 향상과 관련된 체계적 조직화를 이루게 된다.

다. 텍스트 이해에서의 감응과 배치

독자는 독자-되기로 텍스트를 이해한다. 텍스트 이해의 문제는 독자-되기에서 비롯된 인식 활동과 관련이 있다. 독자가 독자-되기를 어떻게 실행하느냐에 따라 텍스트 이해가 결정되는 것이다. 독자-되기의 관점에서 텍스트 인식은 내용 이해와 관계없이 읽기 능력을 높이는 데 효과적인 것 또는 효과적이지 않은 것으로 일어날 수 있다. 텍스트 이해를 의미 생성으로 볼 때, 독자-되기로 실행한 텍스트 이해는 고정된 의미를 찾아 수용하는 방식으로 한정되지 않는다. 독자-되기를 통한 텍스트 이해를 들뢰즈와 과타리의 도움을 받아 살펴보면 다음과 같다.

아이들이 동물에 대하여 어떻게 말하고 또 동요되는지 주목해 보자. 아이들은 변용태들을 목록으로 작성한다. 꼬마 한스의 말은 재현적인 것이 아니라 변용태적인 것이다. 그 말은 종의 성원이 아니라 <수레를 끄는 말-승합마차-거리>라는 기계적 배치물 속에 있는 하나의 요소 또는 하나의 개체이다. 말은 그가 한 부분을 이루는 개체화된 배치물과 관련해서 능동과 수동 양면에 걸친 변용태들의 목록에 의해 규정된다. 눈가리개로 가려진 두 눈을 갖고 있음, 재갈과 고삐가 물려져 있음, 자부심이 높음, 큰 고추를 갖고 있음, 무거운 짐을 끎, 채찍질을 당함, 쓰러짐, 네 다리로 소란한 소리를 냄, 깨묾 등이 그것이다. 이 변용태들은 <말이 '할 수 있는' 것>이라는 배치물의 중심에서 순환하고 변형된다. (김재인 역, 2003: 488)

위의 인용문에서 '감응(변용태)'은 아이(꼬마 한스)가 말을 직접 목격하고 갖게 된 것이다. 아이들은 대상에 대하여 정립된 지식을 갖고 있지 않다. 그래서 아이의 대상에 대한 인식은 독특한 방식으로 이루어진다. 먼저 지각한 대상의 감응 내용 목록을 마음속에 만든다. 대상에 대한 감응의 내용은 대상과 관련된 배치물들도 함께 이루어진다. 거리에서 말을 본 한스의 경우를 보면, <수레를 끄는 말-승합마차-거리>라는 배치에서 비롯된 감응의 내용을 목록으로 만든다. 한스의 말에 대한 이해는 배치와 감응에서 비롯된다. 즉 한스가 말에 대하여 어떤 감응의 내용 목록을 만들었는가에 따라 말에 대한 이해가 이루어진다. 말은 초원을 마음대로 질주하는 동물로 이해될 수도 있지만 사람의 일을 돕는 가축의 한 종류로 인식될 수도 있다. 한스의 말에 대한 감응은 길거리라는 배치에서 이루어진다. 말에 대한 감응의 목록은 이것에 의하여 결정된다. 그리고 이 목록들은 말이 '할 수 있는 것'의 배치에서 순환되고 변형되어 말에 대한 인식을 갖게 한다.

독자의 텍스트 이해도 아이들의 대상 이해와 닮아있다. 독자는 텍스트를 읽으면서 감응한 내용의 목록을 만든다. 감응 내용의 목록은 어떤 배치에서 텍스트를 읽는가와 관련된다. 독자의 텍스트에 대한 감응 내용의 목록은 텍스트를 읽는 동안 만들어진다. 목록은 다시 어떤 배치적 요소에 따라 순환되면서 변형된다. 독자는 그렇게 배치에 따른 감응의 내용 목록으로부터 텍스트의 의미를 생성하게 된다. 독자의 의미 생성은 감응의 내용의 목록과 배치의 요건에 따라 결정된다.

> 동행과 이행은 서로 함께하면서 교육의 고유함을 형성한다. 그동안의 교육학적 사유는 이 가운데 동행을 중심으로 하면서, 스승과 제자의 수렴과 일치라는 사고의 틀을 통해 교육을 드러내려고 시도해 온 듯하다. 이 점에서 우리가 드러낸 이숙과 이해의 양상은 교육에 대한 사유에 새로운 과제를 던져준다. 교육을 통해 스승과 제자 사이의 불일치와 차이가 생성되는 현상은 충분히 교육학적 탐구의 대상이 된다. 우리의 이러한 통찰은 하이데거의 존재 사유에도 시사하는 바가 있다. 그는 언제나 현존재의 유일무이함과 각자성을 강조한다. 그런데 그러한 현존재의 유일무이함과 각자성은 존재의 진리를 향해 학시습하면서도 자기 나름으로 고유하게 이숙하고 이해하는 현존재의 교육적 존재 양식을 통해서 제대로 설명될 수 있다. (엄태동, 2016: 247)

위의 인용문은 『하이데거와 교육』(엄태동, 2016)에서 하이데거의 현존재의 개념을 바탕으로 스승과 제자의 학문적 지향의 문제를 동행과 이행을 중심으로 논의하는 내용이다. 위의 내용을 바탕으로 짐작해 보면, 『하이데거와 교육』의 저자는 하이데거의 텍스트를 교육학적 배치에서 감응하고, 그 감응의 내용을 목록화하였다. 그리고 현존재와 관련된 목록을 '스승과 제자의 학문 수행'의 배치에서 순환하고 변용하였다. 현존재는 그만의 존재의 고유함을 지닌 존재이다. 스승도 현존재이고, 제자도 현존재이다. 그렇다면 이들의 학문 수행은 각자가 존재의 고유함을 이루어 가는 활동이어야 한다. 그런 점에서 스승과 제자는 학문 수행의 동행을 추구하기보다는 이행을 추구해야 한다는 것이다. 그래서 스승과 제자는 이행을 통한 이숙으로 유일무이의 각자성을 지향하는 학시습을 하는 존재여야 함을 강조한다.

독자-되기의 실행으로서의 텍스트 이해에는 배치와 감응이 깊게 작용한다. 배치나 감응이 곧바로 의미를 생성하고 텍스트 이해에 이르게 하는 것은 아니지만 중요한 수단이다. 배치의 문제는 텍스트 내용의 인식과도 관련되지만, 감응 내용의 정리(일관성(고름)-순환과 변형)에도 관여한다. 그런 점에서 독자-되기의 실행으로서의 의미 생성은 배치에 따라 달라지는 점이 있다. 독자가 텍스트 내용에 감응하여 감응 내용의 목록을 만드는 문제도, 감응 내용 목록의 고름(일관성)의 문제에도 배치가 관여하기 때문이다. 이를 적극적으로 보면, 텍스트에 대한 독자의 의미 생성은 배치에 의하여 결정된다고 할 수 있다. 다른 말로 바꾸면, 배치에 따라 독자가 생성하는 의미가 달라진다고 할 수 있다. 독자가 독자-되기에서 텍스트와 어떤 배치의 관계를 이루는가에 따라 감응 내용이 달라지고, 감응 내용을 어떤 배치에서 정리하는가에 따라 생성 의미가 달라진다.

독자의 텍스트 이해는 독자-되기의 실행 과정에서 이루어진다. 텍스트의 의미 생성과 텍스트 이해가 독자-되기의 실행 과정인 것이다. 텍스트 이해가 독자-되기의 실행 과정이라는 의미는 단순히 의미를 배치에 따라 생성한다는 것을 함의하는 것이 아니다. 독자-되기는 독자를 생성하는 일이다. 독자를 생성하는 일은 독자-되기가 독자의 삶을 생성하는 일임을 의미한다. 텍스트 읽기를 텍스트에 내재된 의미(가치)를 찾아내거나 독자의 관점에서 의미를 구성하는 것으로 보는 것이 아니다. 독자-되기는 텍스트 읽기로 독자의 생각과 의식을 생성하는 활동이면서, 독자의 생활에서 중요한 과제와 문제로 그의 삶을 생성하는 일이다. 독자-되기는 독자의 자기 생성으로서 텍스트 읽기 방법이다.

4. 독자-되기의 실행

읽기 교육은 독자를 생성하는 일이다. 독자의 생성은 독자-되기를 통하여 이루어진다. 읽기 교육은 그동안의 읽기 교육에서 지향한 독자가 어떤 독자였는지 검토할 필요가 있다. 그리고 그 독자의 교육을 계속해서 유지할 것인지, 아니며 새로운 접근을 해야 할 것인지에 대한 검토도 필요하다. 더 나아가 새롭게 지향할 독자는 어떤 독자여야 하는지도 검토해야 한다. 읽기 교육을 텍스트 중심과 독자 중심으로 구분할 때, 텍스트에서 주제를 찾는 독자나 의미를 구성하는 독자를 지향한다. 이들 독자는 텍스트를 분석하거나 텍스트를 자기 방식대로 규정하는 독자이다. 이들 독자는 특정한 국가장치에 매여 있다는 점에서 정착적 읽기를 하는 독자라 할 수 있다.

이 장에서 검토한 독자는 독자-되기를 통하여 자기 삶을 생성하는 독자이다. 이 독자는 유목적 읽기 관점에서의 생성적 읽기를 하는 독자이다. 유목적 읽기 관점은 정착적 읽기 관점과 대비된다. 텍스트만을 위한 읽기나 독자만을 위한 읽기가 아니라 텍스트로 자기를 새롭게 생성하는 생성적 읽기 관점이다. 독자가 자기를 새롭게 생성한다는 것은 텍스트를 통하여 자기 이해를 이루고 자기 삶을 새롭게 하는 것을 의미한다. 이 개념을 표현하는 말이 독자-되기이다. 독자는 개인마다 고유한 삶의 과제가 있고, 이 과제를 텍스트 이해를 통하여 해결하는 것이다. 이를 통하여 독자는 자기 삶을 새롭게 생성할 수 있다. 이 논의에서는 독자-되기의 토대를 검토하고, 독자-되기의 실행을 살폈다. 독자-되기는 결연관계로 이루어지며, 독자의 속성을 발현하고 실천하기 위한 내적 조건이 욕망과 강도임을 살폈다. 독자-되기의 실행과 관련하여 독자-되기는 외연(경도)과 내포(위도)의 상보적인 작용으로 이루어지고, 읽기의 과정에서 텍스트 이해에 관여하는 여러 요인과 블록 형성이 필요하며, 텍스트 이해는 배치와 감응에 의한 의미 생성으로 독자 삶을 생성하는 것이어야 함을 살폈다.

텍스트 읽기는 독자의 독자 생성으로 시작되지만, 그 끝에서는 독자의 자기 생성으로 마무리된다. 독자가 텍스트를 읽기 위해서는 텍스트를 읽을 수 있는 자기를 생성하는 것이 필요하다. 텍스트 이해를 이루었을 때 독자는 자기(자아)를 새롭게 생성하는 것이 필요하다. 이는 읽기를 하는 사람의 본질적 기대이다. 텍스트 읽기를 위한 자기 생성과 텍스트 이해를 통한 자기 생성을 지시하는 말이 독자-되기이다. 이 독자-되기는 읽기 교육의 주요 과제이고, 탐구가 필요하다. 이 논의는 독자-되기의 화두를 읽기 교육에 던지는 것에 의의를 둔다.

제3장 계열과 구조

1. 읽기와 인지 양식

독자의 텍스트 이해에는 인지 양식이 작용한다. 이 인지 양식은 독자의 의식 활동에 내재 되어 있는 인식 형식이다. 텍스트 이해에 작용하는 인지 양식은 독자의 의식 활동이나 사고 작용의 자체 형식이다. 독자는 텍스트 이해에 이 인지 양식을 활용한다. 이 인지 양식은 독자의 텍스트 이해를 형식화하고 정형화된 형태로 이끈다는 한계가 있다. 독자는 텍스트 이해에서 이 인지 양식을 따르지만, 그 작용을 의식하지는 못한다. 독자가 의지적으로 점검했을 때만 확인할 수 있다. 독자는 이 인지 양식에 대한 이해가 필요하다. 이 인식의 내적 양식을 이해했을 때, 텍스트 이해에서의 의식 활동이나 사고 작용을 관리할 수 있기 때문이다. 즉 동일성을 반복하는 습관적인 텍스트 이해를 벗어나 창의적이고 생성적인 이해를 실행할 수 있다.

박물학은 무엇보다도 차이들의 합과 가치를 집중적으로 다루기 때문에 진보나 퇴행, 연속성과 대규모적인 단절은 생각해 낼 수 있지만 본래적인 의미의 진화, 즉 변양의 정도들이 외부 조건에 좌우되는 혈통의 가능성은 생각해 낼 수 없다. 박물학은 <A와 B 사이>처럼 관계들의 견지에서만 사고할 수 있을 뿐 <A에서 x로>처럼 생성의 견지에서는 사고할 수 없는 것이다. 그러나 매우 중요한 어떤 일이 일어나는 것이 바로 이 관계들의 층위에서이다. 왜냐하면 박물학은 동물들 상호 간의 관계를 두 가지 방식으로, 즉 계열 아니면 구조로 파악하기 때문이다. (김재인 역, 2003: 445)

박물학은 동물학, 식물학, 광물학, 지질학 등의 총칭이다. 들뢰즈와 과타리는 『천 개의 고원』 10장[1]에서 '어느 박물학자의 회상'이라는 항목으로 '되기(devenir)'와 관련하여 박물학의 인지 양식(사유 형식)에 대해 논의한다. 위의 인용문에서 보면, 박물학에서는 차이들의 합과 가치를 다루면서 진보, 퇴행, 연속성, 단절 등은 생각해 낼 수 있다. 그러나 변양의 정도들이 외부 조건에 따라 달라지는 진화의 가능성은 생각해 낼 수 없다. 즉 박물학은 확인되고 밝혀진 결과론적 방식의 인지 양식을 사용하여 대상을 인식할 수 있지만, 외부 조건의 배치에 따라 가능적이고 가정적인 과정론적 방식의 인지 양식으로는 대상을 인식할 수 없다. 그래서 생각해 낼 수 있는 것도 있지만, 그렇지 못한 것도 있다. 박물학에서의 인식 활동은 <A와 B 사이>처럼 관계를 전제한 사고는 할 수 있지만, <A에서 X로>의 생성에 대해서는 사고할 수 없다. 대상을 인식하는 내적 양식에 제한이 있는 것이다. 이는 박물학이지만 동물 상호 간의 관계를 '계열'과 '구조'로 파악하게 한다는 점에서 중요한 의미가 있다. 우리가 대상을 인식할 때의 의식 활동이나 사고 작용의 내적 양식을 알 수 있게 한다. 즉 우리가 대상을 인식하고 이해하는 내적 인지 양식에 계열성과 구조성이 있음을 알게 한다.

---

1   『천 개의 고원』(김재인 역, 2003) 10장의 제목은 '1730년 – 강렬하게-되기, 동물-되기, 지각 불가능하게-되기'이다.

이제, 서로 대립되면서도 서로 전제하는 용어들을 가지고 지금 여기에서 문제되는 세 개념들을 지칭하게 된다면 모호성은 사라질 수 있을 것이다. 그래서 우리는 그 전체를 지칭하는 데 기호(signe)라는 낱말을 그대로 사용하고, 개념과 청각영상에는 각각 기의(signifié)와 기표(signifiant)를 대체 사용할 것을 제안한다. 후자의 두 용어는, 때로는 양자를 구분하고 때로는 전체와 이들을 구분하는 대립성을 나타내 주는 이점이 있다. (최승언 역, 1997: 85)

소쉬르의 '기호'에 대한 이 규정은 널리 알려져 있다. 위의 인용문을 보면, 소쉬르는 기호를 '개념'에 해당하는 '기의'와 '청각영상'에 해당하는 '기표'로 이분했다. 즉 기호를 기의와 기표의 이분 구조로 설명했다. 이 이분 구조의 아이디어는 이후 기호에 대한 여러 논의의 토대가 된다. 이 아이디어는 언어를 인식하고 규정하는 데도 필수적으로 활용된다. 이 아이디어를 활용(의존)한 여러 논의는 내적으로 체계가 있는 통일된 조직의 계통을 형성한다. 그래서 기표와 기의의 구분 아이디어를 공유하는 계열을 이룬다. 계열을 이룬 논의들은 기표와 기의의 구분 아이디어를 근원적 인지 양식으로 받아들인다. 이와 같이 계열을 이루게 하는 인지 양식으로 대상을 인식하는 특성이 계열성이다.

이 기표와 기의를 구분하는 아이디어는 언어 이외의 대상을 인식하는 인지 양식으로도 활용된다. 라캉의 정신분석학, 레비-스트로스의 문화인류학, 데리다의 해체 철학 등은 기표와 기의의 구분 아이디어를 활용하여 탐구 대상을 규정한다. 라캉은 정신(무의식)의 작용 구조를, 레비-스트로스는 문화적 가족 체계를, 데리다는 텍스트의 의미 해석 원리를 탐구한다. 기호의 이분 아이디어가 인간의 정신분석, 문화 탐구, 해석학 등에 활용된 것이다. 이와 같이 A(기호)와 B(기표·기의)의 관계가 C(정신·문화·해석)와 D(주체 욕망·친족 관계·차연)의 관계를 탐구하여 밝히는 내적 양식으로 작용하는 것을 '구조'라고 한다. 이처럼 구조를 이루게 하는 인지 양식으로 대상을 인식하는 특성이 구조성이다.

들뢰즈와 과타리는 계열과 구조를 '되기(devenir)'와 관련하여 논의한다. 우리의 대상 인식과 관련해, 되기는 어떤 대상을 인식할 수 있는 능력을 생성해 가지는 것이다. 박물학에서 동물을 계열과 구조로 인식하는 것은 생성과 관련되어 있다. 박물학자가 동물을 분류하는 계열과 구조의 형식은 되기(생성)적 인지 양식의 형식을 닮아있다. 그렇지만 이 둘은 되기는 아니다.[2] 되기는 자기 생성으로 이루어지는 것이지만 계열과 구조는 모방이나 유비의 형식을 취하기 때문이다. 독자의 텍스트 이해도 박물학자와 같은 인지 양식을 활용한다. 독자의 텍스트 이해도 계열과 구조의 인지 양식을 따르는 속성이 있다. 독자가 계열이나 구조의 형식으로 텍스트 이해를 하는 것이다. 이를 조금 확장하면, 독자의 텍스트 이해를 위한 인지 양식은 다양하게 존재한다. 이 장에서는 박물학이 동물을 규정할 때와 같이 텍스트 이해도 계열성과 구조성에 토대를 둔다는 점에 주목한다. 따라서 독자의 텍스트 이해에 관여하는 인식의 계열성과 구조성을 살핌으로써 독자의 텍스트 이해의 속성을 밝히고, 텍스트 이해 교육에의 시사점을 알아보고자 한다.

2. 계열과 구조의 유비

이해는 대상의 속성이나 본질을 분별하여 해석하고 깨쳐 앎에 이르는 것이다. 우리는 주위 대상의 본질을 분별하고 해석하여 앎에 이른다. 독자는 텍스트의 내용을 분별하고 의미를 규정하여 앎에 이른다. 이해는 직관적이기보다

---

2   텍스트 이해에서의 '되기'에 대한 논의는 다음 장부터의 내용을 참조할 수 있다.

는 논증적이거나 해석적이다. 즉 사유를 통한 논리적 논증의 과정을 요구한다. 박물학도 그렇지만 독자의 텍스트 이해도 마찬가지이다. 논증적이고 해석적인 접근의 방식은 다양할 수 있지만, 들뢰즈와 과타리가 『천 개의 고원』 10장의 '어느 박물학자의 회상'에서 논의한 '유비'[3](類比, analogie, 비교 또는 유추)의 방법을 중심으로 살펴본다.

가. 유비의 인지 양식

우리는 표상을 통하여 대상을 인식한다. 표상은 우리가 의식 밖의 대상을 감각하여 의식에 떠올리는 것이다. 우리는 의식에 표상된 내용으로 감각한 대상을 인식하게 된다. 현상학적으로 우리는 대상을 있는 그 자체로 인식하고 규정하지 않는다. 예를 들어, 우리가 길을 가다 돌멩이를 보았다. 이때 돌멩이는 우리의 의식에 먼저 표상된다. 이 표상에는 돌멩이의 모양, 크기, 색깔, 재질, 위치, 주변, 질감, 느낌 등의 요소가 관여한다. 돌멩이에 대한 인식은 표상한 요소 중에 몇 가지로 이루어진다. 대상을 인식하기 위해 표상된 요소 중에서 몇 가지를 선택하는 것이다. 이 요소의 선택에는 의식의 다른 요소가 다시 관여한다. 표상한 것을 규정하는 데 관여하는 요소들을 조직화한 것이 인지 양식이다.

우리가 의식에 표상된 것을 무엇으로 규정하기 위해서는 인지 양식이 있어야 한다. 표상된 대상이 바로 규정되는 경우는 익숙하고 습관화된 인지 양식이 작용하기 때문이다. 표상된 대상이 규정되지 않는 경우는 활용할 인지 양식이 작용하지 않기 때문이다. 인지 양식이 작용하지 않는 것은 알맞은

---

3   두 개의 사물이 여러 면에서 비슷하다는 것을 근거로 다른 속성도 유사할 것이라고 추론하는 일. 서로 비슷한 점을 비교하여 하나의 사물에서 다른 사물로 추리한다.(표준국어대사전)

인지 양식이 있지 않거나, 있지만 적절한 작용이 일어나지 않은 것이다. 이 인지 양식은 기호의 기표와 기의처럼 내용과 형식으로 이루어져 있다. 표상한 대상을 인식할 때 인지 양식의 내용과 형식이 구분되어 작용하기도 하고 함께 작용하기도 한다. 이 인지 양식으로 표상한 대상의 동일성이나 동형성을 찾아 규정하는 의식 활동이 유비이다. 독자가 텍스트를 읽고 이해하는 의식 활동에도 인지 양식이 유비의 형태로 작용한다고 할 수 있다. 독자는 텍스트 내용을 표상하고, 표상한 내용을 인지 양식을 사용해 의미를 규정하여 이해하기 때문이다.

관념들은 죽지 않는다. 그렇다고 단순히 의고주의라는 이름으로 살아남는 것도 아니다. 오히려 관념들은 어느 시점에 과학의 지위를 획득하다가도 다시 그것을 잃어버리거나 아니면 다른 학문들의 영역으로 옮겨갈 수 있었다. 따라서 관념들은 적용과 지위를 바꿀 수 있고, 심지어 형식과 내용을 바꿀 수도 있지만 행보, 자리바꿈, 새로운 영역 배분에 있어서 본질적인 것은 보전한다. 관념들은 항상 다시 사용된다. 그것들은 항상 사용되어 왔지만 극히 다른 현재적(actuels) 양태로 사용되었기 때문이다. 왜냐하면 한편으로 동물들 상호 간의 관계는 과학의 대상일 뿐만 아니라 꿈의 대상, 상징(symbolisme)의 대상, 예술이나 시의 대상, 실천과 실천적 활용의 대상이기도 하기 때문이다. 다른 한편으로 동물 상호 간의 관계는 인간과 동물, 남성과 여성, 어른과 아이, 인간과 원소들, 인간과 물리적 우주 등 여러 관계들 속에 놓여 있다. (김재인 역, 2003: 447)

들뢰즈와 과타리의 용어로는 표상한 것을 인식하게 하는 것은 '관념(ideas)'이다. 우리는 표상한 것을 관념을 이용하여 인식하게 된다. 관념은 대상을 규정하는데 작용한다는 점에서 인지 양식과 관계된다. 이 관념은 과학적 지위를 얻기도 하고, 잃기도 하며, 학문의 영역을 옮겨 다니기도 한다. 그러면서 적용과 지위, 형식과 내용 등이 바뀌면서 활용되지만, 그 본질적인 것은 보전하게 된다. 이 관념을 인지 양식으로 대치할 때, 인지 양식의 내용에 의한 유비는 동일성(동질성)을 강조한다. 소쉬르가 기호를 기표와 기의로 구분하는 아이디어는 언어를 설명하는 여러 논의뿐만 아니라 여러 학문 분야에서 활용된다. 그렇지만 기호를 기표와 기의로 구분하는 원형 아이디어는 보전된다. 한편, 이 관념들은 반복적으로 사용되고, 현재적 양태를 갖는다. 이때의 관념은 인지 양식의 내용이기보다는 형식이다. 동물 간의 관계와 관련된 관념은 과학적인 대상일 뿐 아니라 꿈, 상징, 예술, 실천의 대상이기도 하고, 사람의 여러 관계를 규정하는 데 활용된다. 이 형식적 관계의 유비는 동형성을 강조한다.

독자의 텍스트 이해도 마찬가지이다. 텍스트 내용을 표상하면, 그 내용이 무엇인지를 규정하는 인지 양식(관념)이 있어야 한다. 표상 내용을 그 자체로 이해하는 것이 아니라 인지 양식을 활용하여 규정하여 이해한다. 표상 내용을 규정할 인지 양식(관념)을 갖고 있지 않으면 그 내용은 의식에서 규정되지 않아 이해되지 않는다. 독자가 텍스트를 이해하게 되는 것은 표상한 내용을 규정하는 인지 양식이 작용하고 있기 때문이다. 독자가 낯선 텍스트 내용을 만나게 되면 텍스트 내용을 표상해도 이해할 수 없다. 표상한 내용을 규정할 수 있는 인지 양식이 있지 않기 때문이다. 독자는 텍스트를 읽을 때, 표상한 내용을 규정하지 못하는 경우를 경험한다.

어느 분자의 회상 ― 동물-되기는 수많은 되기의 한 가지 사례에 지나지 않는다. 우리는 되기의 여러 절편들 안에 자리하고 있으니, 이 절편들 사이에 일종의 순서나 외관상의 진보 같은 것을 설정할 수 있을 것이다. 우선 여자-되기와 아이-되기, 그 다음 동물-되기, 식물-되기, 광물-되기, 끝으로 온갖 종류의 분자-되기, 입자-되기. 섬유들은 문들과 문턱들을 가로지르면서 이것들을 서로 데려

가고 서로 변형시킨다. (김재인 역, 2003: 516)

위의 인용문은 『천 개의 고원』의 한 부분이다. 독자가 윗글을 읽을 때, 내용이 곧바로 이해되지는 않는다. 각 문장의 내용을 부분적으로 표상할 수 있지만 인용된 부분의 전체 내용이 규정되지 않는 것이다. 어떤 독자는 내용의 표상도 어려울 수 있지만, 표상 내용의 규정은 더 어렵다. 이는 표상한 내용을 규정할 인지 양식을 활용하지 못하기 때문이다. 독자가 표상한 내용을 규정할 인지 양식(관념)의 내용이나 형식을 결정하지 못할 경우, 텍스트 이해는 일어나지 않는다. 이런 경우 독자는 텍스트의 이해를 위해 표상된 내용을 규정할 인지 양식을 찾아 선택하거나 생성할 수 있어야 한다.

표상한 내용을 규정할 때, 대응되는 인지 양식을 활용하는 것이 '유비(類比)'이다. 유비는 표상한 내용에 대응하는 인지 양식을 선택하여 둘 사이의 동일성이나 동형성을 찾아 표상 내용을 규정하는 것이다. 구체화하면, 선택하거나 생성한 인지 양식을 이용하여 표상 내용에서 닮은 점을 찾고, 그 닮은 점을 근거로 다른 속성도 유사할 것으로 추론하는 의식 활동이다. 이는 인지 양식과 표상 내용 간의 동일성이나 동형성을 찾아내 대응시키는 의식(사유) 활동이다. 독자의 텍스트 이해도 이 유비의 작용에 의존하는 경우가 있다. 유비가 이루어지지 않으면 텍스트 내용을 표상하더라도 그 내용을 인식할 수 없고, 이해할 수 없게 된다. 독자가 텍스트를 읽고 이해하지 못하는 경우, 대응시킬 동일성이나 동형성을 지닌 인지 양식을 활용하지 못한 것이다.

까마득한 날에/ 하늘이 처음 열리고/ 어데 닭 우는 소리 들렸으랴// 모든 산맥들이/ 바다를 연모해 휘달릴 때도/ 차마 이곳을 범하던 못하였으리라// 끊임없는 광음을/ 부지런한 계절이 피어선 지고/ 큰 강물이 비로소 길을 열었다// 지금 눈 내리고/ 매화 향기 홀로 아득하니/ 내 여기 가난한 노래의 씨를 뿌려라//

다시 천고의 뒤에/ 백마 타고 오는 초인이 있어/ 이 광야에서 목놓아 부르게 하리라. (이육사, <광야> 전문)

위의 시를 독자가 이해하기 위해서는 유비가 필요하다. '까마득한 날에 하늘이 처음 열림'(과거), '지금 눈 내리고 매화 향기 홀로 아득함'(현재), '천고의 뒤에 백마 타고 오는 초인'(미래)은 개별적으로는 의미를 규정하기 어렵다. 이들에 유비를 일으키는 인지 양식이 작용하게 되면, 각 구절의 의미가 규정되어 드러나게 된다. 이 시인의 시와 관련하여, 유비를 일으키는 인지 양식의 내용(관념)은 '독립투사의 의지'이다. 이로 보면, <광야>는 유구한 역사를 가진 조국이 외세의 침탈로 역경에 처해있는 지금, 화자는 조국 독립을 위한 노력을 다짐하고, 미래의 해방된 조국을 고대하는 의미로 이해된다. 위의 시에 대한 이해의 형식은 이 시인의 다른 시를 읽을 때도 작용한다. 인지 양식의 형식을 반복적으로 활용하여 시의 내용을 인식하고 이해할 수 있다. 유비는 표상된 내용을 인식할 수 있게 하는 중요 수단이다. 독자는 이 유비를 통하여 텍스트 이해를 할 수 있게 된다.

나. 상상을 활용한 계열

우리는 대상을 인지 양식을 활용한 유비로 규정한다. 한 예로, 명절에 외지에서 낯선 어린이가 마을에 오면, 마을 사람들은 그 어린이가 누구를 닮았는지 살핀다. 마을의 어른과 닮은 점을 찾게 되면, 그 어린이가 어느 집의 가족인지를 규정한다. 이는 할아버지의 얼굴을 활용한 유비로 손자(어린이)를 그 가족의 일원임으로 판단하게 한다. 이 유비는 직관적으로 이루어지는 판단일 수도 있지만 객관적이기 위해서는 분명한 근거를 필요로 한다. 유비의 근거가 할아버지의 얼굴과 같이 원형적이고 근원적인 것일 경우가 있다. 할아버지의 얼굴은 가족 구성원의 동일성을 판단하는 근거가 된다. 할아버지 가족의 구성원들은 다른 점도 있지만 공통의 요인도 지니고 있다. 그래서 가족유사성을 형성한다. 이러한 유사성은 그 원형의 시작점에 있다. 시작점은 가족 내부에서 원형적으로 존재하는 한 사람이다. 이 가족 유사성은 원형적인 사람과의 닮음을 비율로 정할 수 있다.

> 어떤 계열에 따라 나는 a는 b를 닮았고, b는 c를 닮았고……라고 말하는데, 이 모든 항들 자체는 그 계열의 근거인 완전성이나 질이라는 단 하나의 탁월한 항과 다양한 정도로 관계를 맺고 있다. 신학자들이 <비율에 기반한 유비 (analogie de proportion)>라고 부르는 것이 정확히 그것이다. (김재인 역, 2003: 445)

대상의 계열을 이루는 유비는 <비율에 기반한 유비>[4]이다. <비율에 기반한 유비>는 한 대상이 원형적 대상(하나의 탁월한 항)과 얼마만큼 동일성을 갖는지의 비율로 인식하는 것이다. 그래서 <비율에 기반한 유비>라는 용어를 사용한다. 이 유비는 대상 간의 닮음을 근거로 대상을 규정한다. 닮음은 하나의 탁월한 항인 원형적 관념 또는 근원적 관념과의 동일성을 이루는 비율에 의하여 결정된다. 즉 닮음의 비율에 의한 유비로 대상을 규정한다. 이 닮음의 비율에 의한 유비로 규정되는 대상들은 계열을 이룬다. 계열을 이루는 대상들은 하나의 탁월한 항인 원형적 관념으로 규정이 이루어지고 인식되게 된다.

첫 번째 경우에서 나는 하나의 계열 전체를 따라 또는 하나의 계열에서 다른

---

4   <비율에 기반한 유비>를 이진경(2003b: 62)은 <비율의 유비>라고 번역한다.

계열에 걸쳐서 차이를 나타내는 유사성들을 가진다. (김재인 역, 2003: 446)

계열은 일직선으로 이루어지는 것은 아니다. 계열은 대상 간의 차이점에서 비롯되는 여러 갈래를 형성한다. 그렇기에 원형적 관념은 하나일 수 있지만 대상 간의 차이점에서 비롯된 하위 계열은 여럿 존재한다. 계열이 차이점에 따라 여러 갈래로 나누어지더라도 원형적 관념은 보전하기 때문에 유사성이 모든 계열에 존재하게 된다. 계열의 갈래가 다르더라도 대상에 관한 규정은 원형적 관념을 따라 이루어지는 특성이 있다. 즉 이 계열에 의한 대상의 규정은 차이점보다는 유사성에 의하여 이루어지게 된다. 대상의 규정은 유사성을 만들어 내는 원형적 관념을 활용하여 이루어진다고 할 수 있다.

유비의 첫 번째 형식은 더 감각적이고 대중적이라고 간주되며, 상상력을 필요로 한다. 하지만 중요한 것은 근면한 상상력이다. 근면한 상상력을 통해 우리는 계열의 곁가지들을 고려하고, 외관성의 단절을 보충하고, 가짜 유사성들을 들어내고 진짜 유사성들을 점증시키며, 진보와 퇴행 또는 퇴보를 동시에 고려해야 한다. (김재인 역, 2003: 446)

계열에 의하여 대상의 유사성을 찾는 닮음의 비율에 의한 유비의 방식은 감각적이고 대중적인 특성이 있다. 감각적이라는 것은 직관적으로 판단하여 규정하는 것이 가능하다는 것이고, 대중적이라는 것은 널리 사용되고 있고, 대상의 규정이 당연한 것으로 받아들여질 수 있음을 뜻한다. 이러한 감각과 대중적인 것은 상상력에 의존하는 경우가 많다. 상상력에 의존한다는 것은 엄밀한 논리나 근거로 인식한다기보다는 직관적이거나 관습적으로 인식함을 뜻한다. 들뢰즈와 과타리는 이 상상력에 의존하여 계열의 속성(원형성)으로 대상을 규정하기 위해서는 '근면한 상상력'이 필요하다고 말한다. 근면한 상상력은 원형적 관념을 임의로 결정하는 것이 아니라 그것을 담보할 수 있는 근거를 밝힐 수 있어야 함을 의미한다. 근면한 상상력은 원형적 관념에 의한 유비가 타당성 있는 근거를 활용하기에 곁가지들, 단절들, 가짜들을 걸러내고, 진짜 유사성을 밝혀 대상을 규정하게 한다.

【가】 질문: 태극은 천지가 생기기 이전에 뒤섞인 어떤 것이 아니라, 천지 만물의 리를 총괄한 명칭이 아닙니까?

대답: 태극은 다만 천지만물의 리일 뿐이다. 천지로 말하면 천지 가운데 태극 이 있고, 만물로 말하면 만물 가운데 태극이 있다. 천지가 생기기 전에 틀림없이 리가 먼저 있었다. 움직여서 양의 기를 낳는 것도 이일 뿐이며, 고요하여 음의 기를 낳는 것도 리일 뿐이다.[5] (이주행 외 역, 『주자어류(朱子語類)』의 일부)

【나】 무극(無極)이면서 태극(太極)이다. 태극이 움직이면 양(陽)이 생기고, 움직임이 다하면 고요해지고, 고요해지면 음(陰)이 생긴다. 고요함이 다하면 다시 움직인다. 한번 움직이고, 한번 고요함이 서로 그 뿌리가 되어 음으로 갈리고, 양으로 갈리니, 양의(兩儀)가 이루어진다. 양이 변화하고 음이 더하여져 서 수(水), 화(火), 목(木), 금(金), 토(土)가 생기고, 오기(五氣)가 차례대로 펴지어 사시(四時)가 돌아가게 된다. 오행(五行)은 하나의 음양이요, 음양 하나의 태극 이요, 태극은 본래 무극이다. 오행의 생겨남에는 각각 그 성(性)을 하나씩 나누 어 가지니, 무극의 진리(眞理)와 이오(二五)의 정(精)이 묘하게 합하여져서 한데 뭉친다.

건(乾)의 이치에서 남자가 되고, 곤(坤)의 이치에서 여자가 되며, 두 기(氣)가 서로 영향을 받아 반응하여 만물을 낳게 된다. 만물은 낳고 낳아서 이러한 변화

---

5   問: "太極不是未有天地之先有箇渾成之物, 是天地萬物之理總名否?"
日: "太極只是天地萬物之理. 在天地言, 則天地中有太極; 在萬物言, 則萬物中各有太極. 未有天 地之先, 畢竟是先有此理. 動而生陽, 亦只是理; 靜而生陰, 亦只是理."

는 끝이 없다. 오직 사람만이 그 빼어남을 얻어서 가장 신령(神靈)스럽고, 기묘(奇妙)하다. 이미 모양이 생기니 신(神)이 의식(意識)을 갖게 되고, 오성(五性)이 반응하여 움직이니, 선과 악이 갈리면서 많은 일이 생겨난다. 성인은 이것을 치우치지 않고, 바르고, 어질고, 의로움으로 정하고,(聖人의 道는 仁, 義, 中, 正 일 따름이다) 정하되 마음의 고요함을 으뜸으로 하여(무욕(無欲)함으로 정(精)하다) 사람의 지극한 원리를 세우는 것이다. 그러므로 성인은 하늘과 땅은 그 덕이 합하고, 해와 달은 그 밝음을 합하며, 사계절은 그 순서가 합하고, 귀신은 그 길(吉) 하고 흉(凶)함을 합한다.[6] (조남국 역, 『성학십도(聖學十圖)』의 '태극도설(太極圖說)' 일부)

글【가】는 여정덕(黎靖德)이 편찬한(1270년) 『주자어류(朱子語類)』의 시작 부분이고, 글【나】는 이황(李滉, 1502~1571)이 작성한(1568년) 『성학십도(聖學十圖)』의 <태극도설(太極圖說)>의 시작 부분이다. 이 두 글의 저자는 생존 시대와 나라가 다르다. 그런데 글【가】와 글【나】는 내용은 서로 깊은 관련이 있다. 즉 태극(太極)의 개념을 공유함으로써, 하나의 관념적 뿌리(원형 관념 또는 원형적 관념)를 갖는다. 이처럼 발생적으로 하나의 관념적 뿌리를 공유함으로써 글【가】와 글【나】는 계열을 이루고 있다. 원형적 관념이 같다는 것은 텍스트를 구성하고 있는 내용이 밀접한 관계 속에 있음을 뜻한다. 글【나】의 내용은 글【가】에 관념의 뿌리를 두고 갈라져 나온 내용이다. 동일 계열의 텍스트는 공통의 관념적 뿌리에서 비롯된 인식 방식이나 사유 형식도 공유한다.

---

6 無極而太極。太極動而生陽。動極而靜。靜而生陰。靜極復動。一動一靜。互爲其根。分陰分陽。兩儀立焉。陽變陰合。而生水火木金土。五氣順布。四時行焉。五行一陰陽也。陰陽一太極也。太極本無極也。五行之生也各一其性。無極之眞。二五之精。妙合而凝。
乾道成男。坤道成女。二氣交感。化生萬物。萬物生生。而變化無窮焉。惟人也得其秀而最靈。形旣生矣。神發知矣。五性感動。而善惡分。萬事出矣。聖人定之以中正仁義而主靜。立人極焉。故聖人與天地合其德。日月合其明。四時合其序。鬼神合其吉凶。

계열을 이루는 텍스트는 원형적 관념을 중심으로 인식 방식, 사유 형식 등을 공유한다. 이들 텍스트를 읽는 독자는 원형적 관념을 밝히는 동일성의 관념을 생성하게 된다. 이는 독자가 원형적 관념에 집중된 이해를 하게 한다. 즉 독자의 이해가 계열에 종속되게 한다. 이렇게 계열에 종속되는 독자의 텍스트 이해의 특성을 '계열성'이라 할 수 있다. 텍스트 이해의 계열성은 독자가 텍스트 이해로 생성한 의식 내용이 원형적 관념과 동일성이나 유사성을 지니게 되는 특성이다. 이는 독자의 텍스트 읽기가 원형적 관념과의 동일성을 지향함을 뜻한다. 텍스트 이해의 계열성은 독자가 의도하지 않았지만 원형적 관념을 이해하는 결과로 된 것일 수도 있지만 본질적으로는 원형적 관념에 대한 지향이 있었기에 가능한 것이다. 글【가】와 글【나】는 계열 관계에 있는 텍스트이다. 이들 텍스트의 저자들은 관념적 뿌리(원형적 관념), 인식 방식, 사유 형식 등을 공유하고, 이들 텍스트를 읽는 독자도 관념적 뿌리, 인식 방식, 사유 형식을 공유함으로써 같은 계열에 소속된다.

읽기 교육에서는 텍스트 이해의 계열성을 학습 독자에게 강조하는 경우가 있다. 이때는 학습 독자에게 원형적 관념에 충실하게 텍스트를 이해하도록 요구한다. 그래서 학습 독자들은 원형적 관념을 찾고, 원형적 관념을 유비의 근거로 사용함으로써 계열성을 갖는 텍스트 이해를 하게 된다. 『성학십도(聖學十圖)』의 태극도설(太極圖說)의 내용은 『주자어류(朱子語類)』에서 말하는 태극(太極)의 개념에 충실하다. 『주자어류』에서 제시한 태극의 개념에 충실하지 않게 되면, 태극도설의 설명은 정당성을 잃게 된다. 성학십도의 내용이 정당성을 확보하는 방법은 주자어류에서 제시하고 있는 태극의 개념에 충실성을 갖는 것이다. 독자의 텍스트 이해도 이와 같은 방식으로 이루어진다. 태극도설의 설명이 주자어류의 태극의 개념에 충실한 것과 같이, 독자의 태극도설의 이해도 태극의 개념에 충실하게 하는 것이다. 이런 텍스트 이해가 이해의 계열성을 이룬다.

다. 지성을 활용한 구조

유비는 근면한 상상력을 활용한 계열과 다른 것도 있다. 그것은 구조이다. 계열이 관념의 '내용'을 활용하는 인지 양식이라면, 구조는 관념의 '형식'을 활용하는 인지 양식인 것이다. 관념의 내용을 활용하는 인지 양식의 작용은 원형적 관념을 밝히기 위한 근면한 상상력을 필요로 했다. 반면, 관념의 형식을 활용하는 인지 양식의 작용은 동형(동등)성을 유추해야 하는 것이기에 논리적 사고 작용을 필요로 한다. 즉 지적 능력인 지성이 필요한 것이다. 서로 다른 대상을 동형적인 것으로 규정하기 위해서는 합리성을 담보하는 지성이 요구된다. 구조는 지성을 사용해 관념(ideas)의 형식을 활용하는 유비로 표상한 내용을 규정하는 인지 양식이다. 즉 구조는 관념의 형식과 표상한 내용 간의 논리적 연관을 밝혀 대상을 규정하는 것이다.

실제 우리는 지성을 사용해 논리적 연관으로 대상을 규정한다. 새의 날개를 사람의 팔과 연관 지어 날개는 팔과 같다고 인식한다. 소쉬르가 '언어 가치'를 설명하기 위해 제시한 기호 체계의 아이디어는 레비-스트로스가 문화 인류를 설명하기 위해 제시한 친족 체계의 아이디어와 논리적 연관을 이루고 있다. 이러한 구조를 위한 유비로 대상을 규정하는 인지 양식도 일상적으로 활용된다. 구조는 우리가 표상한 내용을 인지 양식(관념)의 형식에 대응시켜 논리적 연관으로 추론하여 규정하는 일이다. 이 인식 방법은 두 대상(표상과 관념)의 형식을 대응시켜서 동형성을 합리적이고 논리적으로 밝혀야 성립된다. 독자의 텍스트 이해도 표상 내용을 인지 양식의 형식 관계를 사용하여 규정해야 하기에 지적 능력을 활용하게 된다. 이러한 대상 규정의 형식이 구조이다.

구조에 따라 나는 a와 b의 관계는 c와 d의 관계와 같다고 말하는데, 이 관계를 각각은 각자의 방식으로 나름의 완전성을 실현하고 있다. 예컨대 아기미와 수중 호흡 간의 관계는 폐와 대기 중 호흡의 관계와 같으며, 심장과 아기미의 관계는 심장의 부재와 기관(氣管)의 관계와 같다……. 이것이 <비율관계에 기반한 유비(analogie de proportionnalité)>이다. (김재인 역, 2003: 445-446)

대상 간의 대응 관계로 구조를 밝히는 유비는 <비율관계에 기반한 유비>[7]이다. <비율관계에 기반한 유비>는 관념(ideas)의 구성 형식과 표상한 내용이 형식적으로 어떤 점에서 동형성을 갖는지를 찾아 밝힘으로써 대상을 규정하는 것이다. 그래서 <비율관계에 기반한 유비>는 관념의 형식과 표상한 내용의 상응 요인(상응 형식)을 찾아 관계를 짓는 것이 중요하다. 이 비율관계에 의한 유비는 인지 양식(관념)의 형식과 표상 내용 간의 상응 요인을 근거로 대상을 규정한다. 상응은 관념과 표상 내용이 일치하는 속성을 공유하고 있어 내적으로 연계됨을 의미한다. 이 상응의 양식으로 표상 내용을 규정하는 것이 구조이다. 그러므로 구조는 관념과 비율관계나 비례로 표상 내용을 규정하는 것이다. 이를 들뢰즈와 과타리는 'a와 b의 관계는 c와 d의 관계와 같고', '아가미와 수중 호흡의 관계는 폐와 대기 호흡의 관계와 같다'라는 말로 설명한다.

두 번째 경우에서 나는 하나의 구조 내부에서 또는 하나의 구조에서 또 하나의 구조에 걸쳐 서로 유사하게 나타나는 차이들을 가진다. (김재인 역, 2003: 446)

구조는 외현적인 것으로 대상을 규정하는 인식 양식이 아니다. 구조는

---

7   <비율관계에 기반한 유비>를 이진경(2003b: 62)에서는 <비례관계의 유비>라고 번역한다.

대상 간의 대응 요소에서 비롯되는 내적 연계를 활용한 인식 양식이다. 그렇기에 구조적 관계에 있는 대상은 상응 요인(형식)과 내적으로, 그 자체에서, 관계있는 것에 걸쳐서 유사하게 나타나는 차이들을 가진다. 이는 유사성에 근거하여 표상 내용을 규정하지만, 규정하는 대상은 본질적으로 다른 것임을 의미한다. 서로 다른 것이지만 상응 요인이 같은 것이기에 같은 인식 양식의 적용을 받아 동형의 것으로 인식한다. 구조의 인식 양식은 규정할 대상의 차이를 전제하지만, 상응 요인의 공유에 기초하여 대상을 규정한다. 이 구조는 상응 요인을 공유하는 대상들의 집단성이 전제되지만, 개별적이거나 소수 대상을 규정하는 인식 양식이다. 이는 구조도 동일(원형) 관념에 기초할 수 있지만, 상응 요인이나 표상 내용에 따라 대상의 규정이 달라질 수 있음을 함의한다. 즉 구조에 의한 대상의 규정은 유사(동형)성을 내포한 차이를 이루는 것에 대한 인지 양식이다. 대상의 규정은 차이성이 내재되어 있는 대상을 상응 요인을 활용하여 규정하는 것이다.

> 유비의 두 번째 형식은 왕도로 간주될 수 있다. 왜냐하면 하나의 구조 안에서 조합 가능한 독립변수들을 발견하기도 하고, 각각의 구조 안에서 서로 연관되어 있는 상관항들을 발견하기도 함으로써 유비의 두 번째 형식은 등가관계를 장려하는 지성(entendement)의 모든 원천을 필요로 하기 때문이다. (김재인 역, 2003: 446)

구조는 관념의 형식에 의한 상응 요인을 찾는 비례의 유비 방식이다. 이 비례의 유비는 비교나 추론 방법이 분명하기에 쉽게 여겨질 수 있다. 구조에 의한 규정은 다른 것들에서 유사성을 찾아 관계지어야 하기에 근본적으로 어려움이 내재한다. 그렇지만 대상들을 관계 짓는 방법을 알고 있다면 <비율 관계에 기반한 유비>는 쉬운 것으로 여길 수 있다는 것이다. 상응 요인이 독립변수와 같이 독립된 요인으로 존재할 수도 있고, 관계 지으려는 대상 사이에 상응 요인이 분명하게 드러나 인식될 수 있기 때문이다. 그렇기에 <비율관계에 기반한 유비>인 구조는 대상들의 동형(등가) 관계를 밝힐 수 있는 지적 능력(지성)을 필요로 한다. 서로 다른 대상에서 상응 요인을 찾아내어 동형성을 밝히는 인식 양식은 감각이나 직관을 통해서는 실행하기 어렵다. 그렇기에 구조에 의한 대상을 규정하기 위해서는 지성이 요구된다.

앞에서 인용한, 글 【나】의 내용의 구성을 분석해 보면, 대상의 인식 방식이나 사유 형식의 내적 양식을 찾을 수 있다. 글 【나】의 첫 문단에 드러난 우주의 인식 방식을 보면, 무극이면서 태극인 리(理)가 있고, 음과 양인 양의(兩儀)가 있고, 수·화·목·금·토의 오기(五氣)가 있으며, 춘하추동(春夏秋冬)의 사시(四時)가 있다. 이들은 대상을 인식하게 하는 원형적 아이디어이다. 내용을 보면, 세계가 존재하는 그 자체는 무극이고, 이 무극을 작용 면에서 보면 태극이 된다. 태극의 동적 작용은 양을, 정적 작용은 음을 만드는데 그 작용은 반복된다. 이 음양 양의(兩儀)의 작용으로 오기(五氣)가 생기고, 이 오기가 순리대로 작용하면서 사계절이 작동한다. 이들 사시, 오기, 양의는 각기 고유의 성질을 가지고 있으면서 작용적으로는 태극을 이루고, 존재적으로는 무극의 형태를 지닌다.

우주에 대한 인식 방식은 그 자체로 끝나는 것이 아니다. 우주의 인식 방식은 사람의 세계를 설명하는 인식 방식, 즉 사유 형식의 내적 양식으로 작용한다. 하늘과 땅의 이(理)에 따라 남성과 여성의 기(氣)가 있고, 이 두 가지 기가 반응하여 만물을 생기게 하고, 그 변화는 끝이 없다. 이 중에서 사람은 가장 빼어난 존재로 신령한 의식을 가지고 있고, 오성(五性: 기쁨·노여움·욕심·두려움·근심)이 있다. 오성이 동(動)하여 선과 악이 갈라져 생겨나고, 성인(聖人)은 도(道: 인(仁)·의(義)·중(中)·정(正))를 정하여 마음이 정(靜)할 수 있게 하는 원리를 세웠다. 이로써 성인은 하늘과 땅의 덕, 해와 달의 밝음,

사계절의 순서, 귀신의 길흉(吉凶)과 하나가 된다. 이 내용을 보면, 우주 세계의 체계와 인간 세계의 체계가 동형의 인지 양식에 의하여 규정된다. 이같이 하나의 대상을 규정하는 인지 양식의 형식을 다른 대상을 규정하는 데 사용하는 것이 '구조'이다. 글 【나】의 첫 문단의 내용(관념) 구성 형식과 둘째 문단의 내용(관념) 구성 형식이 동형성을 지닌 인지 양식의 형식으로 되어 있다. 우주 세계를 규정하는 인지 양식을 인간 세계를 규정하는 인지 양식으로 사용한 것이다. 구조는 인지 양식의 형식을 활용한 의식 활동이나 사유 형식으로 대상을 인식하는 것이다. 이런 구조에 의한 인식의 특성이 구조성이다.

읽기 교육에서 텍스트 이해의 구조성도 학습 독자에게 강조한다. 이는 학습 독자에게 텍스트 이해를 특정 관념의 구성 형식에 상응하는 요인에 충실한 인식을 하게 한다. 그래서 학습 독자들은 상응 요인을 정하고, 상응 요인을 비례의 유비 근거로 활용하여 구조성을 밝혀 텍스트 이해를 하게 된다. 『성학십도(聖學十圖)』의 태극도설(太極圖說)에서 우주를 인식하는 인지 양식의 형식에 상응하게 인간 사회를 인식하는 인지 양식의 형식을 동형화한다. 우주에 대한 관념 구성 형식을 인간에 대한 관념 구성 형식으로 활용하는 것과 같은 방식이다. 독자의 텍스트 이해도 이와 같은 방식으로 비율관계에 기반한 유비로 이루어지는 때가 있다. 태극도설에서와 같이 특정 대상을 인식하는 인지 양식의 형식을 전제로, 텍스트 내용의 동형성을 밝혀 텍스트의 의미를 규정하는 것이다. 이런 텍스트 이해는 구조성을 갖게 한다.

3. 계열적 이해와 구조적 이해

독자의 텍스트 이해에는 여러 인지 양식이 내재한다. 독자가 텍스트의 내용에 대해 어떤 인지 양식을 적용하느냐에 따라 텍스트 이해는 달라진다. 독자는 자기만의 고유한 인지 양식을 활용할 수도 있지만 교육에 의하여 학습된 인지 양식을 활용한다. 독자는 학습을 통하여 습득한 인지 양식을 활용하여 텍스트를 이해하는 경향성이 있다. 학습된 인지 양식을 활용한 텍스트 이해의 특성이 계열성과 구조성이다. 이 계열성과 구조성은 박물학에서의 동물을 구분하여 인식하는 방법과 닮아있다. 독자의 텍스트 이해에 작용하는 계열성과 구조성의 인식 양식을 살펴본다.

가. 계열적 이해: 원형적 동일화

독자는 텍스트의 이해를 내용의 암기라고 생각하지 않는다. 텍스트의 내용이 전달하고 있는 무언가를 깨쳐 안 것을 이해라고 생각한다. 그래서 독자는 텍스트의 내용에 관심이 있는 것이 아니라 내용이 전달하는 그 무엇에 관심이 있다. 이는 텍스트 내용이 전달하는 그 무엇은 텍스트 내용을 표상한 것과 다름을 뜻한다. 『천 개의 고원』을 읽는 독자는 이 텍스트를 처음부터 끝까지 읽었다고 이해했다고 생각하지 않는다. 『천 개의 고원』의 내용을 표상했지만 표상한 내용을 무엇이라고 규정하지 못한 것이다. 텍스트를 이해한다는 것은 독자가 표상한 텍스트 내용을 인지 양식을 활용하여 규정하는 일이다. 독자가 인지 양식을 활용할 때 인지 양식의 내용과 동일성을 지향하는 이해의 방식이 '계열적 이해'이다.

> 이틀째 앓아누워/ 학교에 못 갔는데, 누가 벌써/ 학교 갔다 돌아왔는지/ 골목에서 공 튀는 소리가 들린다.// 탕탕-/ 땅바닥을 두들기고/ 탕탕탕-/ 꼭 닫힌 창문을 두들기며/ 골목 가득 울리는 소리// 내 방 안까지 들어와/ 이리 튕기고 저리 튕겨 다닌다.// 까무룩 또 잠들려는 나를/ 뒤흔들어 깨우고는, 내 몸속까지/

뛰어 들어와 탕탕탕-/ 내 맥박을 두들긴다. (신형건, <공 튀는 소리> 전문)

위의 시는 초등학교 3학년 국어 교과서에 실려있다. 위의 시를 읽는 학습 독자는 시를 읽고 내용을 마음속에 표상한다. 학습 독자는 윗 시의 장면이나 상황을 마음속에서는 떠올릴 수 있다. 그리고 위의 시가 전달하는 의미를 규정하려 한다. 이에서 보면, 시 내용의 표상과 시를 이해하기 위한 의미의 규정은 동시적이지 않다. 즉 시의 내용 표상이 의미 이해는 아니다. 윗 시의 독자가 시의 의미를 규정하기 위해서는 비율에 기반한 유비의 활동이 있어야 한다. 다른 것과 관계를 지어 시의 내용을 규정해야 하는 것이다. 윗 시의 의미를 규정하기 위해 인지 양식을 활용해야 한다. 독자가 윗 시의 의미를 규정하기 위해 활용하는 것은 인지 양식의 내용인 원형적 관념이다. 시적 화자의 마음(원형적 관념)을 유비로 활용할 때 시의 의미는 '밖에 나가 놀고 싶음'으로 규정할 수 있다.

계열적 텍스트 이해는 원형적 관념에의 충실성을 지향한다. 원형적 관념에 충실하기 위해서는 독자가 활용한 관념의 원형을 확정할 수 있어야 한다. 텍스트 이해에 활용할 원형 관념은 비밀스럽거나 감추어져 있는 것은 아니다. 이 원형 관념도 이해가 필요하기에 독자는 이를 습득해야 한다. 원형 관념은 계통과 관련 있기에 사회적인 것이고, 주어져 있다. 그렇지만 독자의 인지 양식에 내재해 있는지는 독자가 판단할 수 있다. 예로, 이육사의 시 <광야>나 <청포도> 등을 읽는 독자는 이 원형 관념을 알고서 활용할 수 있는지를 판단할 수 있다. 그리고 독자는 텍스트의 내용을 표상하고 의미를 규정하려고 하면 원형 관념이 무엇이어야 하는지 인식할 수도 있다.

글을 읽는 까닭은 자신의 삶을 풍부하게 만들기 위해 적극적으로 언어를 사용하고 더 높은 사고를 하는 것이라 할 수 있다. 읽기 교육의 목표를 논의할 때 주의할 것은 글의 내용을 학습 대상으로 하는 읽기(Reading to Learn)와 읽는 방법을 학습 대상으로 하는 읽기(Learning to Read)를 구별하는 일이다. 전자는 학습하기 위해 내용을 배우는 것이므로 내용학습이라 할 수 있고, 후자는 읽기를 배우는 것으로 방법학습이라 할 수 있다. 읽기 교육에서 다루는 글의 내용은 그 차제가 읽기 교육의 목표가 아니라 읽는 방법이 읽기 교육의 목표라는 점을 분명하게 인식해야 한다. 다시 말하면 국어과에서 읽기 교육을 할 때 독해 방법이 목표가 되어야 하며, 내용 이해는 읽기 방법 학습을 위해 필요한 것임을 분명히 알아야 한다. (최현섭 외, 2002: 316-317)

위의 인용문은 읽기 교육의 목표를 규정하는 내용이다. 읽기 교육의 목표를 규정하고 설명하는 방식은 여러 가지일 수 있다. 위의 인용문에서는 읽기 교육의 목표는 읽는 방법 또는 독해 방법이 되어야 한다고 강조하고 있다. 그렇다면 윗글의 독자는 어떻게 내용을 표상하고, 어떻게 의미를 규정하게 되는가? 윗글에 주의를 기울이는 읽기 교육을 전공하는 독자는 윗 인용문의 의미를 '인지적 관점에서 본 읽기 교육의 목표에 대한 규정'이라고 여긴다. 위의 인용문에 대한 의미 규정을 인지심리학의 '능력' 개념을 원형 관념으로 삼은 것이다. 인지적 관점을 이해하지 못하는 독자는 왜 읽기 교육의 목표가 읽기 방법이 되어야 하는지 납득되지 않는다. 윗글의 내용을 깨쳐 알 수가 없는 것이다.

용은 집단적 무의식으로서의 <원형>이론을 만들어 냈는데, 이 이론에서 동물은 꿈, 신화, 인간 집단에서 특히 중요한 역할을 하고 있다. 정확히 말해, 동물은 진보와 퇴행이라는 이중의 측면을 포괄하고 있는 계열로부터 떼어놓을 수 없으며, 이 계열에서는 각각의 항이 리비도를 변형시키는 역할을 한다(변신 또는 변형[metamorphose]). 꿈을 다루는 모든 방식이 여기로부터 나오는데, 왜냐하면 어지러운 이미지가 주어지면 그것을 그것의 원형적인 계열로 통합하는 것이 문제이기 때문이다. 이러한 계열에는 여성이나 남성, 또는 아이의 시퀀스뿐만 아니라 동물과 식물, 나아가 원소나 분자 상태의 시퀀스까지도 포함될 수 있다. 박물학에서와는 달리, 여기에서 계열의 우월한 항은 더 이상 인간이 아니다. 사자, 게, 맹금류, 이 등 하나의 동물이 특정한 행위나 기능과 관련해서, 무의식의 특정한 요구에 따라 인간에 대해 우월항이 될 수도 있는 것이다. (김재인역, 2003: 448)

위의 설명에서 보면, 계열은 원형과 밀접하게 관련되어 있다. 들뢰즈와 과타리는 융이 집단적 무의식의 원형을 잘 규정하고 있다고 본다. 계열을 이루게 하는 원형적인 특정 동물은 꿈, 신화, 인간 집단의 의식에 중요한 역할을 한다. 계열로 보면, 동물은 진보와 퇴행의 이중의 속성을 포괄하는 계열을 이루고 있으면서, 진보나 퇴행과 관련된 리비도의 변형이 일어나게 하는 역할을 한다. 꿈의 해석도 이들 계열과 관련되고, 여성, 남성, 아이, 동물, 식물, 원소, 분자 등이 원형 관념과 관련된다. 진보나 퇴행의 속성을 지닌 계열에 따른 인식에서는 원형 관념의 속성을 지닌 우월항이 존재한다. 이 계열을 이루게 하는 원형 관념의 우월항은 무엇이든 될 수 있다. 독자가 텍스트의 내용에 대한 인식이나 규정을 하게 하는 우월항인 원형 관념에 의존하면 계열적 이해를 지향하게 된다.

하늘이 명하신 것을 성(性)이라 이르고, 성을 따름을 도(道)라고 이르고, 도를 품절(品節)해 놓음을 교(敎)라 이른다. 도라고 하는 것은 須臾(잠시)도 떠날 수 없는 것이니, 떠날 수 있으면 도가 아니다. 이러므로 군자는 그 보지 않는 바에도 계신(戒愼)하며, 그 듣지 않는 바에도 공구(恐懼)하는 것이다. 은(隱)보다 드러남이 없으며 미(微)보다 나타남이 없으니, 그러므로 군자는 홀로 삼가는 것이다.

기뻐하고 노하고 슬퍼하고 즐거워하는 정(情)이 발하지 않는 것을 중(中)이라 이르고, 발(發)하여 모두 절도(節度)에 맞는 것을 화(和)라 이르니, 중이란 것은 천하의 큰 근본이요, 화란 것은 천하의 공통된 도이다. 중(中)과 화(和)를 지극히 하면 천지가 제자리를 편안히 하고, 만물이 잘 생육(生育)될 것이다.(天命之謂性 率性之謂道 修道之謂教. 道也者 不可須臾離也 可離 非道也. 是故 君子 戒慎乎其所 不睹 恐懼乎其所不聞. 莫見乎隱 莫顯乎微故 君子 慎其獨也. 喜怒哀樂之未發 謂之 中 發而皆中節 謂之和. 中也者. 天下之大本也 和也者 天下之達道也. 致中和 天地位 焉 萬物育焉.) (성백효 역, 2004: 59-61, 中庸(중용) 章句(장구))

위의 인용문은『중용(中庸)』의 시작 부분으로『중용』의 핵심 내용을 담고 있다.『중용』을 읽는 독자는 내용을 표상하면서 본질적 의미를 규정하고 싶어 한다. 독자는『중용』의 내용을 표상(파악)했다고 하여 본질적 의미를 규정했다고 생각하지 않는다.『중용』의 의미를 규정하기 위해서 계열을 이루고 있는 텍스트를 더 읽어야겠다고 생각한다. 실제『중용』의 의미를 규정하는 독자는『중용』과 계열을 이루고 있는 텍스트들을 읽는다. 계열을 이루고 있는 텍스트를 읽는 이유는 원형적 관념을 찾기 위해서이다.『논어』,『맹자』,『대학』등을 읽고, 이들 텍스트와 관련된 다른 텍스트도 찾아 읽는다. 이들 텍스트를 읽으면서 독자가 찾고 싶어 하는 것은 원형성을 지닌 관념이라 할 수 있다. 독자가 이들 텍스트 읽기로 원형성을 지닌 관념을 습득하게 되면,『중용』뿐만 아니라 관련된 텍스트에 대한 의미도 깨쳐 알게 된다. 독자는 이들 계열을 이루고 있는 텍스트의 의미를 규정할 수 있는 인지 양식을 갖게 된다. 이와 같은 방식으로 얻게 되는 것은 인지 양식의 내용을 이룬다. 이로 보면, 독자의 텍스트 이해는 원형적 관념의 습득이라 할 수 있다.

비율에 기반한 유비를 활용한 텍스트 이해에서 원형적 관념은 이해의 계열성을 이루게 한다. 독자의 텍스트 이해가 계열성을 이룬다는 것은 원형적 관념을 지향하는 이해를 함을 뜻한다. 독자는 텍스트를 읽으면서 원형적 관념을 찾고, 원형적 관념의 이해에 모든 역량을 집중한다. 이해의 계열성의 관점에서 보면 텍스트 이해는 원형적 관념을 깨쳤는가에 달려있다. 계열을 이루는 텍스트 간에는 차이가 존재하지만, 독자는 그 차이에는 주목하지 않고 원형적 관념에 집중한다. 따라서 이해의 계열성을 이루는 텍스트 이해는 원형적 관념에 의한 동일성을 지닌다.

나. 구조적 이해: 내적 상동성

구조의 관점에서의 텍스트 이해는 내적 관계가 밝혀졌을 때 일어난다. 내적 관계는 독자가 텍스트를 읽고 표상한 내용과 인지 양식을 구성하는 관념과의 관계이다. 독자가 표상한 내용과 관념의 내적 형식이 동형성을 이룰 때 이해가 이루어지는 것이다. 이는 텍스트 내용이 전달하는 그 무엇을 관계적 동형성으로 규정하는 것이다. 노자(老子)의 『도덕경(道德經)』에서 무상(無常: 항상 그러한 것은 없음―변화만이 항상 그러함)의 개념을 습득한 독자가 『천 개의 고원』을 10장을 읽고, '되기는 이웃 항의 배치에 따라 달라지는 것'으로 이해할 수 있다. 이는 『도덕경』의 내용을 인식했던 인지 양식을 활용하여 『천 개의 고원』 10장의 내용을 규정한 것이다. 구조성에 토대를 둔 텍스트 이해는 인지 양식의 형식을 활용한 이해이다. 독자의 인지 양식의 형식을 활용하는 이해의 방식이 '구조적 이해'이다.

겨울 끝자락/ 봄의 길목// 가거라! 가거라!/ 안 된다! 안 된다!/ 봄바람이 겨울 바람과/ 밀고 당기기를 합니다.// 그러는 사이/ 풀밭에 떨어진// 민/ 들/ 레/ 꽃 (우남희, <봄의 길목에서> 전문)

위의 시도 초등학교 3학년 국어 교과서에 실려 있다. 위의 시를 읽는 학습 독자도 시를 읽고 내용을 마음속에 표상한다. 이 학습 독자도 이 시의 장면이나 상황을 마음속에서는 떠올릴 수 있다. 그리고 위의 시가 전달하는 의미를 규정하려 한다. 위의 시를 읽고 표상된 내용에서 의미를 규정하기 위해서는 시적 화자의 마음을 떠올려 볼 수도 있지만, 이보다는 시간의 흐름에 따른 계절의 변화에 대한 인지 양식을 유비로 활용할 수 있다. 위의 시는 계절 변화에 대한 관념의 형식을 인지 양식의 형식으로 활용했을 때, 그 의미를 규정할 수 있다. 계절 변화의 형식을 유비로 활용하면 윗 시의 의미는 '겨울이 지나가고 봄이 왔다'로 규정할 수 있다.

구조적 텍스트 이해는 상응 요인의 적용에 논리성을 지향한다. 상응 요인 간의 논리성은 독자가 대상 간의 대응 요소를 타당화하는 것이다. 독자가 활용할 수 있는 대응 요인은 여러 가지여서 선택이 필요한데, 선택한 대응 요소가 대상 인식에 합당하도록 하는 것이 타당화이다. 이는 상응 요인의 타당성만 있으면 의미 규정이 여러 가지일 수 있음을 내포한다. 위의 시에서 보면, 계절 변화 외에 신구시대의 언쟁이나 자연의 순리 등 상응 요인이 여럿 존재할 수 있다. 상응 요인도 이해와 습득을 필요로 하기 때문에 독자는 이를 갖추는 것이 필요하다. 상응 요인은 구조와 관련 있기에 논리적이고, 객관적이어야 한다. 그렇기에 독자는 상응 요인이 합당성을 가진 것인지를 점검해야 한다.

교육은 회화하는 스승과 그로부터 학시습하는 제자들이 '서로 닮아가면서 같은 길을 동행함'과 함께 '서로 달라지면서 다른 길로 헤어져 이행함'을 그 속에 모두 담고 있다. 교육이 이러한 고유한 생리를 지니고 있기 때문에 인류사에 있어서 우리는 하나의 세계가 단절되지 않고 한 세대에서 다음 세대로 이어져 지속적으로 발전할 뿐만 아니라, 다양한 세계들로 끊임없이 분화되어 가면서 발전하는 가운데 문명의 다채로움을 빚는 장면을 목격할 수 있는 것이다. 제자가 스승의 회화를 받아 학시습하면서 스승과는 다른 길을 걷게 되는 자로 무르익어 가는 것을 우리는 '이숙(異熟)'이라는 말로 부르고자 한다. 이숙이란 어떠한 것을 원인으로 하는 결과가 그 원인과는 다른 것으로 생겨난다는 뜻으로 '다르게 익는다'는 의미를 지닌다. (엄태동, 2016: 198)

위의 인용문은 교육에서의 스승과 제자 사이에서의 회화(誨化)와 학시습(學時習)의 지향을 논의한다. 위의 내용에서 보면, 저자는 교육에서 교사와 학생의 교수-학습을 하이데거의 현존재의 존재 공속의 형식을 활용하여 인식하고 있다. 현존재(교사)와 동료 현존재(학생)는 닮아가며 같은 길을 동행하면서도 달라지면서 다른 길로 이행해야 함을 강조하고 있다. 이는 저자가 현존재의 존재자와 존재 공속이 개별적이고 고유하게 이루어진다는 하이데거의 관념(인지 양식)의 형식을 활용하여, 교육에서의 교사와 학생의 학습(존재의 공속)을 규정한 것이다. 저자는 전공인 교육학에서 교사와 학생의 관계 인식을 현존재의 존재 공속의 형식으로 규정하고 있다. 윗글에서 저자는 교육에서 교사와 학생에 대한 인식에 대해 현존재의 존재 공속을 비례의 유비로 활용하는 인지 양식을 사용하고 있음을 알 수 있다.

상상력, 계열에 따라 유사성들을 설정하는 것, 모든 계열을 가로지르며 그것을 [마지막]항으로까지 데려가는 모방, 이 마지막 항과 동일화하는 것 등이 갖는 명성을 구조주의가 그토록 강하게 규탄했던 것은 우연일까? 이 점과 관련해 토테미즘에 관한 레비-스트로스의 유명한 텍스트들만큼 명료한 것은 없다. 외적 유사성을 넘어서 **내적 상동성**으로 향하기, 상상적인 것이 계열적 조직화 아니라, 지성의 상징적·구조적 질서를 세우는 것이 중요하다. 유사성들을 점증시키고, 궁극적으로는 신비스러운 참여의 한가운데서 <인간>과 <동물>의 동일화에 도달하는 것은 중요하지 않다. 차이들을 정돈해서 관계들의 일치에 이를 수 있도록 하는 것이 중요한 것이다. 왜냐하면 동물은 나름대로 변별적 관계나 종차의 대립에 따라 분배되며, 마찬가지로 인간은 해당 집단에 따라 분배되기 때문이다. 토템 제도하에서는 특정한 인간 집단이 특정한 동물 종과 동일화된다고는 말할 수 없으나 집단 A와 집단 B의 관계는 종 'A와 B'의 관계와 동일하다고 말할 수 있다. 이러한 방법은 앞의 방법과는 근본적으로 다르다. (김재인 역, 2003: 449)

위의 설명에서 보면, 구조는 계열과는 다른 형식의 인지 양식이다. 들뢰즈와 과타리는 레비-스트로스의 논의를 내세워 계열과 구조의 차이를 밝힌다. 구조주의 학자인 레비-스트로스는 계열이 원형적 관념(마지막 항)과 동일화하는 것을 비판했다. 레비-스트로스는 외적 유사성을 넘어 내적 상동성을 밝혀서 상징적·구조적 질서 세우기를 중요하게 여겼다. 대상 간의 차이들을 정돈해서 일치 관계를 밝힘으로써, 동물을 변별적 관계나 종차에 따라 분배하고, 사람도 집단에 따라 분배할 수 있다. 그렇게 함으로써 인지 양식의 형식에 따라 집단 A와 집단 B의 관계는 '종 A와 종 B'의 관계와 동일(동형)하다로 규정한다. 이 구조의 인지 양식은 계열의 인지 양식과는 근본적으로 다르다. 계열은 인지 양식의 내용을, 구조는 인지 양식의 형식을 유비로 사용하기 때문이다. 텍스트의 내용에 대한 인식이나 규정을 이루게 하는 구조는 내적 형식의 동형적 관계를 지향한다.

비례의 유비를 활용한 텍스트 이해에서 상응 요인은 구조성을 이루게 한다. 독자의 텍스트 이해가 구조성을 이룬다는 것은 대응적 관계로 의미 규정을 지향하는 이해를 하게 함을 뜻한다. 독자는 텍스트를 읽으면서 상응 요인을 선택하고, 상응 요인과 대응 관계로 논리성과 타당성 있는 대상 규정으로 이해하는 것에 모든 역량을 집중한다. 이해의 구조성의 관점에서 보면, 텍스트 이해는 대응적 관계에 객관적 합당함이 있는가가 중요하다. 구조의 관계에 있는 텍스트들은 서로 상이한 내용을 담고 있지만 구성 내용의 형식적 동형성을 이용하여 의미를 규정하게 된다. 따라서 이해의 구조성을 이루는 텍스트 이해는 형식적 동형성을 지닌다.

다. 계열성과 구조성의 상보

독자의 텍스트 이해에서 계열과 구조는 각기 따로 작용하기도 하고 함께하기도 한다. 인지 양식의 내용과 형식의 관계 속에서 이루어지는 특성도 있지만 대상에 관한 규정에서 함께 요구하는 점이 있기 때문이다. 그렇지만 이런 이해의 계열과 구조에 작용하는 인지 양식은 의식되지 않는다. 앞에서 인용된 글【가】와 글【나】를 읽는 독자는 두 텍스트의 내용을 관계 속에서 이해하지만, 내적으로 동시에 작용하는 계열과 구조는 의식하지 못한다. 자신이 표상한 텍스트 내용을 규정하는 인지 양식에는 의식의 초점을 두지 않기 때문이다. 그렇지만 텍스트 이해에 작용하는 인지 양식에 관심을 두면, 이의 작용이 드러나게 된다. 독자가 텍스트 이해에 작용하는 인지 양식을 의식하게 되면 이의 작용을 새롭게 하기 위한 의지를 가질 수 있게 된다.

계열과 구조라는 두 가지 주제는 서로 아무리 다르더라도 박물학에서는 항상 공존해 왔으며, 외견상 모순되어 보여도 실제로는 어느 정도 안정적인 타협을 이루어 왔다. 마찬가지로 유비의 두 가지 형태는 신학자들의 정신 속에서 다양한 평형상태를 유지하며 공존해왔다. 왜냐하면 이렇게 보나 저렇게 보나 <자연>은 거대한 미메시스로 여겨졌기 때문이다. 한편으로 <자연>은 단계적인 닮음에 의해 계열의 모델과 근거로서 존재자들 모두가 모방의 대상으로 삼는 신이라는 최고항을 향해 나아가면서 진보적이거나 퇴행적으로 끊임없이 서로

를 모방하는 존재자들의 사슬이라는 형식으로 고려된다. 다른 한편으로 <자연>
은 이번엔 질서 잡힌 차이에 의해, 모든 것이 모방하는 모델 자체가 되기 때문에
더 이상 모방해야 할 그 무엇도 갖고 있지 않은 거울 속의 <모방>이라는 형식으
로 고려된다. (김재인 역, 2003: 446-447)

들뢰즈와 과타리의 논의에 따르면, 계열과 구조는 박물학에서 공존해 왔
고, 안정적인 타협을 이루어 왔다. 더 나아가서는 다른 영역에서도 상보적으
로 공존해 왔다. 이들은 자연은 거대한 미메시스라는 생각을 공유함으로써
공존할 수 있었다고 말한다.[8] 계열은 단계적 유사성을 가지는 모델과 원형(최
고항)을 향해 모든 항이 진보나 퇴행에서 서로를 끊임없이 모방하는 존재자들
의 사슬이라는 형식이다. 구조는 질서 잡힌 차이, 즉 동형성에 의해 모든
항이 모방하는 모델 자체이기 때문에 더 이상 모방할 것이 없는 거울 모방의
형식이다. 계열과 구조는 모델을 모방하는 인지 양식의 속성을 지니고 있다.
원형의 모방이든 동형의 모방이든 같은 모방이기에 계열과 구조는 공존한다.

동굴의 비유를 통해 플라톤이 말하고자 하는 것은 동일성의 구현, 즉 닮음
또는 모방이 바로 배움이라는 것이다. 어떤 조그마한 흐트러짐이나 변함도 없는
완벽한 존재(개물)들이 모여 있는 이데아의 세계를 닮는 가장 확실한 방법은
이데아의 세계 자체를 상기(想起)하는 것이다. 그래서 플라톤은 소크라테스의

---

8 '계열-구조'라는 이중 관념은 어떤 시점에서는 과학의 문턱을 넘어가지만 그것은 과학에서
유래하는 것이 아니고 또 과학의 영역에만 머무는 것도 아니며, 또는 다른 학문들의 영역으
로 옮겨가서 가령 꿈, 신화, 조직 등의 연구에 기여하기 위해 인간과학들을 고무시키기도
한다. 관념들의 역사는 결코 연속적이어서는 안 되며, 유사성뿐만 아니라 혈통이나 계통에
주의해야 하며, 그리하여 하나의 관념을 가로지르는 문턱들, 관념의 본성과 대상을 바꾸어
버리는 관념의 여행들을 표시하는 것에 만족해야 한다. 이리하여 집단적 상상력이라는 관
점, 또는 사회적 지성이라는 관점에서 동물들 상호 간의 객체적 관계는 인간과 동물 간의
특정한 주체적 관계 속에 다시 놓이게 되었던 것이다.(김재인 역, 2003: 447-448)

입을 빌려 배움을 '상기' 활동이라고 주장하기도 한다. 피안의 세계에서 보았던 이데아를 있는 그대로 상기하는 과정이 배움이라는 것이다. (중략)

　들뢰즈는 플라톤의 세계를 정반대로 뒤집어 동일성이 아니라 차이 생성과 변이를 중심으로 세계와 배움을 설명하고자 했다. 즉, 닮음의 역량이 아니라 차이 생성의 역량에 의미와 가치를 부여하면서 세계를 이해하고 배움을 설명하려는 것이다. 동굴 속 어두운 곳에서 동굴 밖 밝은 곳으로 나가는 과정을 배움으로 보는 플라톤과는 달리, 들뢰즈는 모든 것이 명석판명하게 드러나는 동굴 밖의 밝은 곳에서 아직 드러나지 않은 차이를 찾아 동굴 속으로 들어가 어두운 지대를 탐사하는 활동을 배움으로 개념화한다. (김재춘·배지현, 2016: 23-25)

위의 인용문에서 보면, 저자들은 배움을 플라톤의 동굴의 비유를 활용하여 설명한다. 저자들은 '동굴의 비유'라는 원형 관념을 유비로 하는 배움에 대한 인식의 계열을 이루고 있다. 그러면서 교육학자로서 동굴 비유를 활용한 배움에 관한 규정에서는 플라톤의 사유 형식과 들뢰즈의 사유 형식을 활용하고 있다. 그래서 플라톤의 배움은 이데아를 상기하는 어둠에서 밝음으로 나가는 과정인 반면, 들뢰즈의 배움은 차이 생성의 역량을 기르는 것으로 밝음에서 어둠으로 들어가는 과정이라고 말한다. 이는 교육에서의 배움에 대한 계열과 구조가 함께 작용하는 인지 양식을 보여준다.

들뢰즈와 과타리는 이 계열과 구조를 '되기'와 관련하여 논의한다. 들뢰즈와 과타리 논의의 결론부터 말하면 계열과 구조는 모방에 의지하기에 되기가 아니라는 것이다. 텍스트 이해와 관련하여 볼 때, 계열과 구조를 외현적으로 보면 원형 관념을 지향하고, 동형을 반복하여 텍스트의 의미를 규정하는 형식이다. 이는 독자가 텍스트 이해를 위한 원형 관념과 상응 요인을 생성해 내는 것처럼 보인다. 그렇지만 구체적으로 보면, 앞에서 살핀 것과 같이 이는 생성이기보다는 모방에 의한 것이라 할 수 있다. 독자의 텍스트 이해가 계열과 구조에만 의지하게 되면 독자만의 생성적 텍스트 이해는 일어나지 않는다.

4. 계열적·구조적 이해의 한계

독자의 텍스트 이해는 반복이나 모방이 아닌 자기 생성이어야 한다. 독자는 텍스트를 위하여 읽기를 하거나 대상의 진리를 위하여 읽지 않는다. 자기 생성으로 자기를 새롭게 하고, 자기 삶을 생성하기 위하여 텍스트를 읽는다. 물론 텍스트 내용을 파악하고 대상의 진리를 이해해야 자기 생성(되기)을 할 수 있다. 독자가 자기 생성을 위한 텍스트 읽기를 하기 위해서는 자기가 실행하고 있는 읽기가 어떤 인지 양식의 것인지를 알아야 한다. 동일성이나 동형성의 반복으로 모방적인 텍스트 이해를 하는 읽기를 하고 있다면 그런 읽기를 하고 있음을 자각해야 한다. 그러면서 자기 생성을 위한 읽기를 해야 함을 깨쳐야 한다. 독자가 텍스트 이해를 하는 자기의 읽기를 점검할 수 있을 때, 자기 생성의 읽기를 할 수 있다. 자기 읽기가 어떤 것인지 알지 못하는 독자는 새로운 다른 읽기를 실행하지 못한다.

이 논의에서는 들뢰즈와 과타리의 『천 개의 고원』 10장의 일부인 '어느 박물학자의 회상' 내용을 토대로 텍스트 이해의 계열성과 구조성에 대하여 살폈다. 텍스트 이해의 계열성과 구조성은 독자의 인지 양식의 내용과 형식의 유비로 이루어진다. 계열성은 인지 양식의 내용과 관련된 것으로 원형 관념을 찾아 계열 속에서 텍스트의 의미를 규정하는 것이다. 이는 비율에 기반한 유비의 방식이다. 구조성은 인지 양식의 형식과 관련된 것으로 상응 요인을 활용하여 동형성을 밝혀 텍스트의 의미를 규정하는 것이다. 이는 비율 관계에 기반한 유비의 방식이다. 이들 계열성과 구조성은 독립적으로 작용하기도 하지만 함께 작용하기도 한다. 이들 유비에 의한 텍스트 이해는 모방을 전제로 이루어지는 이해 작용이기에 자기 생성적 읽기 방식은 아니다.

　독자는 자신의 텍스트 이해의 인지 양식에 대한 이해가 필요하다. 자신이 어떤 인지 양식으로 텍스트 이해를 하고 있는지를 알 때, 새로운 이해를 위한 읽기를 시도할 수 있다. 독자가 자기의 읽기에서 활용하는 인지 양식을 알지 못하면 늘 같은 읽기를 반복할 수밖에 없다. 독자는 상황에 따라, 필요에 따라, 지향에 따라 다른 읽기를 실행할 수 있어야 한다. 독자는 자기에게 필요한 텍스트 읽기를 실행해야 한다. 무엇을 위하여 읽는지 알지 못하는 텍스트 읽기는 모방하는 가짜 읽기이다. 진정한 참된 읽기는 왜 읽는지를 알고, 본질적으로 자기 생성을 위한 읽기여야 한다.

제4장 한패-되기

1. 한패의 의미

독자의 의식에는 집단성이 내재한다. 독자의 텍스트 이해는 집단의식에 근거한다. 독자 혼자 텍스트를 읽고 이해하는 일은 쉽지 않다. 독자는 읽기 규정, 읽기 관점, 읽기 방식 등을 공유하는 잠재적 또는 현재적 집단에 속해 있다. 독자는 소속 집단의 텍스트 이해 방식으로 텍스트의 내용을 인식하고 의미를 생성한다. 그런 점에서 독자는 텍스트 내용의 인식 방식과 해석의 방법을 소속 집단의 독자들과 공유한다. 이들의 공유는 다른 독자에게서 물려받거나 나누어 가져서 된 것은 아니다. 독자가 집단의 일원이 되면서 집단의 읽기 특성을 토대로 생성한 것이다. 그 결과 독자는 자기가 속한 집단의 텍스트 이해 방식으로 텍스트를 인식하고 해석한다. 독자의 텍스트 이해는 이 집단성을 벗어나기 어렵다.[1] 독자는 집단성이 내재된 인지 양식으로 텍스트 이해를 했을 때 성공적인 읽기를 했다고 여긴다.

들뢰즈와 과타리는 되기(devenir)의 한 종류인 동물-되기를 '어느 마법사의

---

[1] 독자의 텍스트 이해가 집단의식에서 벗어나 일어나는 일도 있다. 이에 대한 논의는 『천 개의 고원』 10장의 '어느 마법사의 회상 2와 3'을 토대로 다음 5-6장에서 진행한다.

회상 1'을 통해 논의하면서, 이 집단성에 대해 살핀다. 이들은 '동물-되기에
는 언제나 무리가, 패거리가, 개체군이, 서식이, 한마디로 말해 다양체가 관련
된다'[2](김재인 역, 2003: 454)고 말한다. 이에서 보면, 들뢰즈와 과타리는 집단
을 '무리(pack)', '패거리(band)', '개체군(population)' '떼(peopling, 서식)' 등으로
부른다. 동물-되기는 이들 명칭에서와 같이 '집단성'과 '다양체(multiplicity)'[3]
가 관련되어 있다. '무리, 패거리, 개체군, 떼'라는 말은 동일 종(種)의 여러
개체가 형성하는 집단을 가리킨다. 무리, 패거리, 개체군, 떼 등의 용어에는
각 개체의 개별성보다는 집단성이 전제되어 있다. 이 집단성은 동일 종(種)이
라도 집단이 다르면 다른 특성이 내재함을 함의한다. 각 집단이 특성을 드러
낼 때, 이들 집단을 가리키는 우리말 표현이 '한패'이다. '한패'는 무리, 패거
리, 개체군, 떼 등의 통칭이다. 한패라는 말은 '사람의 집단'을 지시할 때
주로 사용된다. '패'가 '어울려 다니는 무리'를 의미하고, '한패'는 '동질의
특성을 공유하는 한 단위의 패'라고 할 수 있다.

동물-되기는 개인이 동물의 특성을 갖는 것과 관련된다. 동물-되기가 개별
적인 동물과의 결연관계를 이룰 때도 있지만[4] 대개는 집단이 공유하는 특성
과 관련된다. 예로, 중국 무술 영화를 보면, 당랑(螳螂) 권법, 전갈(全蠍) 권법,
학(鶴) 권법 등의 권법으로 싸움을 하는 주인공이 등장한다. 각 주인공은
사마귀, 전갈, 학이 먹잇감을 잡을 때나 싸움을 할 때의 몸의 움직임을 익혀,

---

2   A becoming-animal always involves a pack, a band, a population, a peopling, in short,
    a multiplicity(Massumi trans, 1987: 239)

3   차이가 어떤 하나의 중심, '일자'로 포섭되거나 동일화되지 않는 다양성.(이진경, 2003: 95)
    소쉬르의 이 책(일반언어학 강의)*은 상이한 속도를 갖고 흘러가는 언어학적 사유의 흐름들
    의 복합체이고, 어느 하나의 명제나 척도로 환원될 수 없는 이질적 명제들의 혼합이라는
    점에서 하나의 다양체라 할 수 있습니다.(이진경, 2003b: 73) ( )* 필자 추가.

4   이에 대한 들뢰즈와 과타리의 논의는 『천 개의 고원』 10장 '어느 마법사의 회상 2'에서
    이루어진다.

이들 권법을 갖게 된다. 그리고 싸움을 할 때 사마귀, 전갈, 학 등이 지닌 특정한 몸놀림 만들어 낸다. 주인공의 동작은 각 권법의 동물 행동 특성과 동질성을 갖는다. 이런 신체적 변용은 동물의 집단성에 기초한다. 개별 동물의 특성이 아니라 그 동물 종의 특성이다.

같은 종의 동물이라도 사는 곳이나 계절에 따라 행동의 형태가 다르다. 예로, 멧돼지와 집돼지의 행동 형태는 다르다. 멧돼지라도 산이 위치한 곳에 따라 다르다. 어느 지역의 산에 사는가에 따라 멧돼지의 삶은 다르다. 각기 다른 방식으로 산다. 각 곳의 멧돼지들은 그들만의 특성으로 무리를 이루고 있다. 그래서 다른 무리를 만나면 경계하고 다툰다. 독자의 텍스트 이해도 동물의 집단성과 닮은 점이 있다. 한 텍스트를 읽고 이해하더라도 한패의 특성을 드러내는 경우가 있다. 『천 개의 고원』(김재인 역, 2003)을 읽는 독자도 한패의 특성을 드러낸다. 철학 전공자로서 읽는 독자도 있지만 미학(예술) 전공자로서 읽는 독자도 있다. 이 논의의 필자는 국어교육(읽기) 전공자로서 읽는다. 또한 읽기 교육 전공자들도 『천 개의 고원』의 어느 부분에 관심들 두고 있는가에 따라 이루는 패가 다를 수 있다.

동물은 본능적으로 무리를 이룬다. 먹고, 살고, 번식을 위해 무리를 이루어야 한다. 동물이 무리를 형성하고 유지하기 위해서는 각 개체가 그 무리의 일원이 되는 데 필요한 특성을 생성해야 한다. 개별 개체가 무리의 일원이 되려면, 일원으로서의 필요한 특성을 갖추어야 한다. 그렇지 못한 개체는 무리의 일원이 될 수 없다. 사람도 마찬가지이다. 사람이 한패를 이루는 예로, 대학원생을 들 수 있다. 대학원에서 전공 공부를 하는 석사나 박사는 한패가 되어야 한다. 각 대학원생은 전공학과에 맞게 공부하는 학도로서의 자기를 생성해 내야 한다. 전공별 공부는 한패를 이루는 과정이다. 실제로 한패(전공자)는 이미 존재하고 있고, 공부를 시작하는 대학원생은 자기 생성으로 그 전공의 구성원이 되어야 한다. 실제로는 지도교수별로 한패를 이루는 것이 현실이다. 지도교수별 전공에 대한 집단의 특정 의식을 내적으로 생성한 대학원생은 스스로 자신을 그 집단의 구성원으로 규정한다.

독자의 텍스트 이해도 한패가 되는 것(한패-되기)과 관계된다. 한패를 이루려는 개별 독자는 대학원생처럼 이미 존재하는 독자 한패의 텍스트 읽기 특성을 자기 내에서 생성해야 한다. 그렇게 해서 한패의 일원이 된 독자는 그 한패 구성원들과 동형의 인지 양식으로 텍스트 이해를 한다. 한패가 된 개별 독자의 텍스트 읽기는 한패 내에서 따르는 읽기 방식을 준용한다. 이로써 개별 독자의 텍스트 읽기는 독자 한패 내에서 인정되고 수용된다. 『천 개의 고원』 읽기도 그렇고, 『존재와 시간』 읽기도 그렇다. 『들뢰즈와 교육』 읽기도, 『읽기 교육의 프라임』 읽기도 그렇다. 다른 텍스트들도 마찬가지이다. <종이 봉지 공주>나 <강아지 똥>도 그렇다. 이들 텍스트를 읽는 독자는 한패에 속하여 텍스트를 읽고 이해한다. 사실 독자의 한패-되기는 텍스트 읽기를 처음 시작하는 유아(幼兒) 때부터 진행한다. 독자는 개별적으로 읽고 이해하기보다는 한패를 이루어 텍스트를 이해한다. 그렇기에 독자의 텍스트 이해는 한패의 읽기 방식을 반영하여 이루어진다.

이 장에서는 텍스트를 읽는 독자의 한패-되기를 논의한다. 들뢰즈와 과타리의 『천 개의 고원』 10장 '어느 마법사의 회상 1'에 토대를 둔다. '마법사의 회상 1'에서는 동물-되기에 대하여 논의한다. 동물-되기 논의는 독자-되기의 한 유형인 한패-되기의 토대를 제공한다. 그리고 독자의 한패-되기는 여러 가지 독자-되기의 기초가 된다. 독자는 여러 되기를 실행하는데, 한패-되기가 기초로 작용하게 된다. 여기서 기초는, 독자-되기를 이해하는데 가장 기본이 된다는 의미이기도 하고, 독자-되기의 흔한 예라는 의미이다. 이 논의에서 동물-되기를 토대로 독자-되기의 한 유형인 한패-되기를 검토한다. 독자의 한패-되기의 내적 속성을 살피고, 독자 한패-되기의 구조를 알아본다.

2. 한패-되기의 성격

한패의 구성원들은 행동, 인식, 사고, 판단, 이해 등의 특성과 활동의 과제, 목표, 지향 등을 공유한다. 이 공유로 인해 구성원들은 유대 관계를 맺는다. 한패의 특성이나 지향의 공유는 개인의 내적 생성을 통해 이루어진다. 개인이 한패의 구성원이 되려면, 한패의 여러 특성을 자기 안에서 생성해 갖추어야 한다. 그렇기에 한패-되기를 실현하는 일은 개인이 자기를 생성하는 일이다. 독자도 한패-되기를 위해서는 독자 한패의 특성과 지향을 자기 안에서 생성해 내야 한다. 한패-되기의 개념과 실행 특성에 대하여 검토한다.

가. 되기의 개념역

한패-되기에서 '되기'를 먼저 살필 필요가 있다. 들뢰즈와 과타리는 '되기'의 개념을 '어느 베르그송주의자의 회상'에서 논의한다.[5] 들뢰즈와 과타리의 '되기'는 간명한 정의나 형태로 규정하기 어렵다. '되기'는 우리 말에서도 알 수 있지만 누군가 무엇으로 변화하거나 바뀌는 행위나 과정[6]을 의미한다. 처음과 끝이 있는 것도 아니고 변화하는 그 자체를 지시한다. 그러면서 다른 것이나 남에게 중점이 있기보다는 되기를 실행하는 개인 자신과 관련되어

---

5 '어느 베르그송주의자의 회상'은 『천 개의 고원』(김재인 역, 2003) 10장의 세 번째 논의 주제이다. 첫째는 '어느 관객의 회상'이고, 둘째는 '어느 박물학자의 회상'이다. 세 번째가 '어느 베르그송주의자의 회상'이고, 네 번째가 '어느 마법사의 회상 1'이다.

6 되기는 리좀이지 결코 분류용 수형도나 계통수가 아니다. 되기는 결코 모방하기도, 동일화하기도 아니다. 그것은 또한 퇴행하기-진보하기도 아니다. 또한 그것은 대응하기도 아니고 대응 관계를 설립하기도 아니다. 또한 그것은 생산하기, 즉 계통 생산하기, 계통을 통해 생산하기도 아니다. 되기는 자기 나름의 고름을 갖고 있는 하나의 동사이다. 그것은 '…처럼 보인다', '… 이다', '…마찬가지이다', '생산하다' 등으로 귀착되지 않으며 우리를 그리고 귀착시키지도 않는다.(김재인 역, 2003: 454)

있음을 강조한다. 다른 것이나 남을 전제는 하지만, 그것보다는 자기 생성을 지시한다. 여기서 생성은 외적 것보다는 내적인 것을 전제한다.[7] 그러다 보니, 되기를 실행하는 사람은 되어야 할 무엇인가를 자기 내부에서 생성해 갖추어야 한다. 그렇기에 되기는 '생성'을 내적 속성으로 한다. 들뢰즈와 과타리의 '어느 베르그송주의자의 회상'에서의 논의를 토대로, 되기의 특성을 몇 가지로 정리하면 다음과 같다.

첫째, 모방이 아니다. 모방은 모델(원형)을 흉내 내거나 따라 하는 것이다. 되기는 흉내 내거나 따라 하는 것이 아니다. 되기는 그 주체가 되어야 할 것의 특성을 자기 내에서 생성해 내는 일이다. 되기를 위한 자기 생성은 저절로 이루어지는 것은 아니다. 자기 생성을 하게 만드는 것이 주체 외부에 존재한다. 주체는 외부의 대상과 자기 생성을 위해 결합하기를 해야 한다. 이 결합하기를 '블록'이라 한다. 되기의 주체는 외부의 것과 블록을 형성해야 한다. 블록 형성은 되기 주체의 요인과 되기의 대상의 특성이 결합되어 하나로 묶어짐을 뜻한다.[8] 되기에서 블록의 형성은 주체가 생성해야 할 특성을 규정한다. 예를 들어, 영화 <윌라드>[9]에서 주인공 윌라드는 쥐와 블록을 형성

---

7   동물 되기라는 것이 동물을 흉내 내거나 모방하는 것이 아니라 하더라도, 인간이 '실제로' 동물이 될 수는 없으며 동물 또한 '실제로' 다른 무엇이 될 수 없다는 것 또한 분명하기 때문이다.(김재인 역, 2003: 452)

8   들뢰즈/과타리는 어린 시절의 기억과 대립하여 '어린 시절의 블록'이란 개념을 사용하고 있어요. 어린이-되기란 '어떤 사람'이 어린이가 되는 것(클레의 어린이-되기, 칸딘스키의 어린이-되기 등등)이면서 동시에 어린시절 자체가 다른 것이 되는 어떤 변형을 수반하는 것이란 점에서, '어떤 사람'과 '어린 시절(어린이)'이 어떤 것이 되는, 그래서 양자가 모두 변하는 이중적 과정이 됩니다. 이 두 항은 마치 말벌의 오르키데-되기와 오르키데의 말벌-되기의 짝이 보여주듯이, 되기가 이루어지는 일종의 '단위'(사실 이는 통일성도 척도도 갖지 않기에 단위가 될 수 없지만)로서 블록을 형성하지요. 이렇게 짝을 이루는 블록을 되기의 '이웃지대'라고 합니다.(이진경, 2003b: 51-52)

9   영화 <윌라드>는 『천 개의 고원』 10장의 시작 부분의 '어느 관객의 회상'에서 되기를 설명하기 위한 예시로 활용되었다.

해 쥐-되기를 실행한다. 이때, 블록을 형성하게 하는 특성은 쥐의 습성이다. 그래서 되기는 주체가 블록을 이루는 대상의 특성을 내적으로 생성해 갖추는 것으로 실행된다. 되기의 블록은 주체와 대상의 상호 변화를 전제한다.[10] <윌라드>에서 보면, 윌라드의 변화는 쥐들도 변화하게 만든다. 이 논의의 필자의『천 개의 고원』독자-되기는 필자 내부에서『천 개의 고원』을 읽을 수 있는 능력을 생성하는 일이다. 이는 이 논의를 하는 필자의 변화이면서,『천 개의 고원』의 의미를 필자의 탐구 과제인 읽기 해명 양식에 맞게 변화시킨다. 따라서 되기는 모방과는 다른 것으로, 주체와 블록을 형성하는 대상이 함께 변화하게 하는 생성이다.

> 우리는 인간을 가로지르면서 인간을 포함하는, 그리고 동물뿐만 아니라 인간도 변용시키는 아주 특수한 '동물-되기'가 존재한다고 믿는다. '1730년부터 1735년까지 세상은 온통 흡혈귀 이야기로 가득차 있었다……'하지만 구조주의는 이러한 생성들을 해명하고 있지 않다. 왜냐하면 구조주의는 생성을 부정하거나 적어도 생성이 존재한다는 것을 평가절하하기 위해 만들어졌기 때문이다. 관계들의 대응은 생성을 만들어내지 않는 것이다. 그래서 한 사회를 모든 방향으로 관통하는 그런 생성들과 마주칠 때 구조주의는 그것에의 참된 질서에 등을 돌리고 통시성의 모험들을 다시 세우는 퇴락의 현상을 보는 것이다. (김재인 역, 2003: 451)

되기(=생성)는 결코 관계 상호 간의 대응이 아니다. 그렇다고 해서 유사성도, 모방도, 더욱이 동일화도 아니다. 계열에 대한 구조주의의 모든 비판은 피할

---

10 사람의 곰-되기는 곰의 다른-것-되기를 포함하며, 화가의 어린이-되기는 어린이의 다른-것-되기를 포함합니다. 되기란 이처럼 되기의 두 항이 모두 변한다는 점에서 되기의 블록이란 개념을 사용할 수 있습니다.(이진경, 2003b: 52)

수 없을 것 같다. 그러나 생성한다는 것은 계열을 따라 진보하는 것도 아니고 퇴행하는 것도 아니다. 그리고 특히 되기는 상상 속에서 일어나는 것도 아니다. 예컨대 융이나 바슐라르에서처럼 이 상상력이 최고도의 우주적인 또는 역학적인 수준에 도달하더라도 마찬가지이다. 동물-되기는 꿈이 아니며 환상도 아니다. 되기는 완전히 실재적이다. 그러나 어떤 실재성이 문제가 되고 있는가? 왜냐하면 동물 되기라는 것이 동물을 흉내 내거나 모방하는 것이 아니라 하더라도, 인간이 '실제로' 동물이 될 수는 없으며 동물 또한 '실제로' 다른 무엇이될 수 없다는 것 또한 분명하기 때문이다. 이 되기는 자기 자신 외에 아무것도 생성하지 않는다. (김재인 역, 2003: 452)

위 두 인용문에서 보면, 되기는 구조(구조주의)와 같이 대응적 관계에서 이루어지는 것이 아니다. 또한 계열적인 유사성을 가지거나 모방하는 것도 동일화하는 것도 아니다. 되기는 구조나 계열의 인지 양식을 따르는 것이 아니다. 그렇기에 되기(생성)는 박물학에서 말하는 계열에 따른 진보나 퇴행이 아니다. 그렇다고 되기가 상상 속에서 일어나는 것도 아니다. 되기는 실제적이다. 전갈 권법을 사용하는 주인공은 전갈-되기로 전갈이 싸움할 때와 같은 신체의 동작을 생성한다. <윌라드>에서 윌라드는 쥐-되기로 쥐들과 함께할 수 있는 쥐의 습성을 생성한다. 이러한 능력은 융이 밝힌 집단의 문화적 무의식이나 바슐라르가 밝힌 원형적·물질적 상상력과 같은 것이 아니다. 되기는 이러한 심상(心象)적인 것이 아니라 실제로 존재하는 것이다. 신체의 움직임으로, 자극에 대한 감성으로, 인지에 대한 지각으로 존재한다.

둘째, 실제적이다. 여기서 '실제적'은 사실이어서, 직접 겪는 일임을 뜻한다. 되기는 주체가 직접 해야 하는 실제의 일이다. 『천 개의 고원』을 읽는 개별 독자의 독자-되기는 이 텍스트를 읽을 수 있는 자기를 직접 생성해야 한다. 이는 독자가 『천 개의 고원』을 읽을 수 있는 능력을 스스로 생성해

가지는 것이다. 그래서 독자로서의 자기 생성이 이루어졌을 때, 이 텍스트를 읽을 수 있다. 『천 개의 고원』의 독자-되기와 같이 되기는 독자에게 실제적이다. 되기의 개념을 아는 문제가 아니라 자기가 특정 속성을 생성해 가지는 일이다. 그래서 실제적이다.

되기는 완전히 실제적이다. 그러나 어떤 실재성이 문제가 되고 있는가? 왜냐하면 동물 되기라는 것이 동물을 흉내 내거나 모방하는 것이 아니라 하더라도, 인간이 '실제로' 동물이 될 수는 없으며 동물 또한 '실제로' 다른 무엇이 될 수 없다는 것 또한 분명하기 때문이다. (김재인 역, 2003: 452)

인간의 동물-되기는 인간이 변해서 되는 동물이 실재하지 않더라도 실제적이다. 이와 마찬가지로 동물의 <다른 무엇 되기>는 이 다른 무엇이 실재하지 않더라도 실제적이다. (김재인 역, 2003: 452-453)

되기를 위해서는 생성의 블록이 있어야 하지만 블록의 항이 꼭 실재적인 것이 있어야 하는 것은 아니다. 건강 체조법인 태극권을 실행하는 신체의 생성에서 '태극'이라는 블록은 개념적인 것으로 실재하지는 않지만 실제적이다. 우리의 동물-되기에서 동물의 힘, 동작, 숨기, 빠르기, 용기 등 <다른 무엇 되기>는 실재하지 않더라도 실제적이다. 개인은 되기로 블록을 이룬 대상의 특성을 무엇이든 생성할 수 있다. 이 생성은 개인 내에서 실제로 일어나고 이루어진다.

셋째, 자기 생성이다. 되기는 개인이 자기를 생성하는 일이다. 되기는 본인이 아니면 실행할 수 없다. 되기는 본인이 아닌 다른 누구를 무엇이 되도록 하는 것이 아니다. 주체가 블록을 이루는 것의 특성을 직접 생성하는 것이다. 되기는 개인이 자기 내에 블록을 이루는 대상의 특성을 생성해 가짐을 지시한다. 무술을 하는 사람의 당랑권(螳螂拳, 사마귀 권법) 수련은 자기의 몸에 당랑권이 내재하게 하는 것이다. 이는 당랑권을 하는 자기 생성으로 당랑권을 지닌 자기 되기를 이루게 한다. 이와 같이 되기는 블록을 이루는 대상의 특성을 자기 내에서 생성해 가지는 것이다. 이 자기 생성의 요인은 블록을 형성하는 대상의 특성에 따라 달라진다.

> 이 되기는 자기 자신 외에는 아무것도 생산하지 않는다. 무엇인가를 모방하든지 아니면 그저 그대로 있든지 중에서 어느 한쪽을 선택하라는 것은 잘못된 양자택일이다. 실제적인 것은 생성 그 자체, 생성의 블록이지 생성하는 자(celui qui devient)가 이행해 가는, 고정된 것으로 상정된 몇 개의 항이 아니다. 되기는 되어진 동물에 해당하는 항이 없더라도 동물 되기로 규정될 수 있고 또 그렇게 규정되어야 한다. (김재인 역, 2003: 452)

이 되기는 자기 생성의 문제이다. 다른 것이 무엇이 되게 하는 것이 아니라 자기가 블록을 이루고 있는 대상의 특성을 생성하는 것이다. 되기는 특정한 자기를 생성하는 것이지 다른 것을 생산하지 않는다. 모방하거나 그대로 있는 것이 아니라 자기의 무엇인가를 변화시키고 만들어 가는 일이다.

넷째, 다른 주체를 갖지 않는다. 되기는 블록을 이루는 대상 특성을 자기 내에서 생성하는 것이다. 되기는 다른 주체나 외부적인 항을 가질 필요가 없다. 『천 개의 고원』을 읽을 수 있는 독자-되기는 독자 자신 외의 다른 어떤 주체도 필요로 하지 않는다. 거기에는 외부적인 항도 필요로 하지 않는다. 독자는 『천 개의 고원』을 읽을 수 있는 '자기'를 항으로 하고, 『천 개의 고원』을 읽을 수 있는 '자기'를 생성하는 것이다. 되기는 다른 주체나 외부의 항이 필요한 것이 아니라 자기 내에서 생성할 대상의 특성과의 블록이 필요하다. 되기는 이 블록을 형성함으로써 실행된다.

되기에는 자기 자신과 구별되는 주체가 없는 것은 어째서일까? 그리고 되기는 왜 항을 갖지 않을까? 왜냐하면 이 항은 나름대로는 그것의 주체이고 그것과 공존하며 그것과 블록을 이루는 다르게 되기 속에서만 포착되기 때문이다. 바로 이것이 되기에 고유한 현실 원칙이다.('우리들의 지속'보다 우월하거나 열등한, 서로 소통하는 온갖 상이한 '지속들'의 공존이라는 베르그송의 생각) (김재인 역, 2003: 453)

들뢰즈와 과타리는 되기가 자기 내에서 일어나는 일이기에 자신과 구별되는 다른 주체가 없다고 본다. 또한 대응되는 항(term)을 갖지 않는다는 것이다. 외부 항이 있다는 것은 항 자체에 주체가 존재하며 공존하고, 항이 가진 블록으로 되기를 실행하는 다른 존재이기 때문이다. 즉 되기에는 자신과 구별되는 주체가 없다. 되기는 자기 생성의 일이고 과정이다.

다섯째, 결연(alliance)이다. 결연은 관계 맺음이다. 되기를 위한 관계 맺음은 이질적 대상들이 내적 연관을 이루는 것이다. 결연은 주체가 대상의 특성을 자기 내에서 생성함으로써 이루어진다. 결연은 구체적인 대상이든 관념적인 대상이든 대상을 필요로 한다. 당랑권의 '사마귀'는 실제로 존재하는 구체적 대상이고, 태극권의 '태극'은 실제로 존재하지 않은 관념적인 대상이다. 되기에는 블록을 이룬 대상과의 결연이 내재한다. 되기가 이루어지도록 하는 결연은 물질적이고 구체적인 관련성이 아니라 호수에 산의 모습이 비치는 것과 같은 반영(反影)적이고 내적인 관계 맺음이다.『천 개의 고원』을 읽을 수 있는 독자의 자기 생성은『천 개의 고원』읽기와 결연을 이루고 있다. 이 독자와『천 개의 고원』읽기의 결연은 독자에게 내재적이고 반영적인 관계 맺음이다.

되기는 항상 계통과는 다른 질서에 속해 있다. 되기는 결연(alliance)과 관계된다. 만일 진화가 참된 생성을 포함한다면 그것은 어떠한 가능한 계통도 없이, 전혀 다른 생물계와 등급에 있는 존재자들을 이용하는 공생이라는 광활한 영역에서이다. (김재인 역, 2003: 453)

신-진화론은 우리에게 두 가지 이유에서 중요하게 보인다. 우선 동물은 (종, 속 등과 같은) 특징에 의해 규정되는 것이 아니라 이 환경 저 환경마다, 또는 동일한 환경 내에서 가변적인 개체군들에 의해 규정된다. 또한 운동은 오직 또는 주로 계통적 생산을 통해 일어나는 것이 아니라 서로 이질적인 개체군들 사이를 가로지르는 소통을 통해 일어난다. (김재인 역, 2003: 454)

위의 인용문에서 보면, 결연은 혈연적이거나 종족적인 관계와는 다른 것이다. 결연은 계통을 따른 생성이 아니다. 전혀 다른 생물이나 존재자들과의 관계 맺음이다. 계통을 따르지 않기에 공생의 속성을 반영한다. 당랑권을 사용하는 무술인과 사마귀는 전혀 다른 종(種)의 존재자들이다. 동물-되기 자체는 다른 생물계와의 결연을 바탕으로 하는 것이다. 이런 점에서 보면 되기는 공생의 광활한 영역에서의 벌어지는 일이라 할 수 있다.

여섯째, 역행(involution)이다. 역행은 혈통적 진화와 같은 형질의 유전은 아니지만, 개체들 사이에 무언가의 교류로 이루어지는 생성을 뜻하는 말이다. 되기를 실행하는 개체들 사이에 행위적이거나 정신적, 심성적 교류가 있어야 한다. 이 되기를 위한 역행은 무언가 전달의 매개가 있다는 점에서 진화와 닮았지만, 계열(계통)과 대립적이라는 점에서 다르다. 강렬하게-되기, 동물-되기, 지각 불가능하게-되기 등의 말에서도 알 수 있듯이 되기는 진화와는 다른 생성의 속성을 지닌다. 되기는 계통적인 관계 맺음이 없는 교류로 이루어지는 개체 내적 생성이다. 되기는 주체가 블록을 이룬 대상의 특성을 스스로 생성하는 것을 지시한다. 역행이라는 말에는 전해지는 무엇이 있기는 하지만 무언가를 직접 주고받는 교류는 아님을 내포한다. 전달받는 자가 전달자의 그 무엇을 자기 내에서 생성해 가지는 것이다.

> 리좀권. 신-진화론이 독창성을 주장해 올 수 있던 것은 부분적으로는 진화가 덜 분화된 것에서 더 분화된 것으로 나아가지 않으며, 오히려 소통되고 전염되기 위해 유전적인 계통적인 진화이기를 그치는 이런 현상들과 관련해서이다. 따라서 우리로서는 이처럼 이질적인 것들 간에 나타나는 진화 형태를 '역행(involution)'이라고 부르고 싶은데, 단 이 역행을 퇴행과 혼동해서는 안 된다. 되기는 역행적이며, 이 역행은 창조적이다. 퇴행한다는 것은 덜 분화된 것으로 향해 가는 것이다. 그러나 역행한다는 것은 자신의 고유한 선을 따라, 주어진 여러 항들 '사이에서', 할당 가능한 관계를 맺으면서 전개되는 하나의 블록을 형성하는 일을 가리킨다. (김재인 역, 2003: 453-454)

역행은 블록을 이룬 존재자들 사이에 일어난다. 이 역행의 실행이 되기이다. 우리는 실제 다양한 되기를 실행하는데, 그 되기에 내재된 본질이 역행이다. 되기는 역행의 실제이다. 요리하기, 독서하기, 테니스 치기, 운전하기, 논문 쓰기 등은 우리에게 없던 능력을 생성해 가지게 된 것이다. 대상과 블록을 이루어 나를 생성함으로써 할 수 있게 된 것이다. 우리 몸의 감각, 움직임, 신체 기관의 협응, 대상의 인지(인식), 사물의 속성 지각(판단), 논리적 사유 등은 어떤 대상과 블록을 이루느냐에 따라 새롭게 생성된다. 우리는 되기의 실행을 통하여 새로운 자기를 생성한다.

나. 한패-되기의 조건

동물이라는 말에는 개체보다는 집단이 의미가 내재한다. 우리가 한 동물을 보더라도 개별적 특성보다는 집단적 특성으로 그 동물을 인식하는 경우가 많다. 주변에서 다람쥐나 새를 발견했을 때, 우리는 어떤 개체를 보아도 모두 동일한 다람쥐나 새다. 우리가 사람을 볼 때, 개인의 특성에 주목하는 것과는 대조적이다. 물론 의식적으로 개별 동물의 특성에 주목할 수는 있다. 그렇지만 동물을 볼 때면, 대개 그 군체(群體)의 특성에 먼저 주목한다. 동물-되기에서도 마찬가지로 개별 동물보다 동물 군체의 특성과 블록을 이루는 경우가 많다. 호(虎)권, 학권, 사권 등은 특정 개체의 특성보다는 호랑이, 학, 뱀이 공통으로 지닌 특성으로 블록을 형성한다. 동물-되기의 일반적인 형태는 이 군체의 특성과 블록을 형성하는 것이다.

한패-되기는 이 동물-되기와 관련된다. 우리가 특정 집단의 특성을 블록의 대상으로 하여 자기 생성하는 것이 한패-되기이다. 한패는 둘 이상의 사람이 뜻이 맞아 어울리게 되면서 형성되기도 하지만 이미 한패로 존재하는 집단에 가입하면서 되기도 한다. 한패는 둘 이상의 개인이 뜻을 맞추어 어울려 집단을 이룬 것이지만, 한패-되기는 개인이 패에 들어갈 수 있는 특성을 생성해 지니는 것이다. 한패-되기는 사람의 집단을 전제한 되기이다. 동물-되기의 한 유형이지만 사람들이 이루고 있는 집단의 특성을 생성하여 그 구성원이 되는 것이다. 한패-되기의 일반적 속성은 동물-되기이고, 패에 따른 고유한 특성이 존재한다. 독자의 한패-되기는 이 일반적 속성과 독자 집단의 고유한 특성을 함께 생성해 지니는 것이다.

우리가 말하는 것은, 모든 동물은 일차적으로 패거리이며 무리라는 점이다. 모든 동물은 특성들보다는 무리의 양태를 갖고 있다. 이 양태들 내부에 구별이 존재하기는 하지만 말이다. 그런데 바로 이 지점에서 인간은 동물들과 관계를 맺는다. (김재인 역, 2003: 455)

들뢰즈와 과타리는 동물이 무리를 이루는 양태에 초점을 둔다. 무리의 양태는 세 가지로 구분할 수 있다. 첫째는 집단성이다. 동물의 양태는 개체적이기보다는 군체적이라는 것이다. 즉 여러 개체가 모여서 조직적으로 연결 관계를 이루어 생활한다. 집단성은 개체를 지각하더라도 군체로 인식하게 만든다. 둘째는 동형성이다. 군체를 이루고 있는 동물은 성질, 모양, 행동 형식 등이 같다는 것이다. 개체가 구별되기는 하지만 개체의 특성을 중심으로 인식하지는 않는다. 예로, 우리가 병아리 다섯 마리를 보았을 때, 그 병아리들은 모두 똑같은 다섯 개체일 뿐이지 그들 사이에 다름은 파악되지 않는다. 우리에겐 다섯 마리 모두가 똑같은 내외적 속성을 지니고 있다고 인식된다. 셋째, 균등성이다. 균등은 평가적 인식이다. 균등성은 군체를 이루고 있는 각 개체의 가치가 똑같다고 판단하는 속성이다. 이는 군체의 각 개체를 동질의 대상으로 여겨지게 한다. 동물-되기의 특성은 무리의 양태에 토대를 둔 한패-되기이다.[11]

우리가 한패-되기를 실행하기 위해서는 한패가 되는 조건이 필요하다. 누구든 조건을 충족해야 한패가 될 수 있다. 예로, 대학 신입생이 특정 동아리의 구성원이 될 때와 같다. 특정 동아리 구성원이 되기 위해서는 가입지원을 하고, 허락을 받아야 한다. 그리고 무엇보다도 활동 속에서 스스로 구성원의 역할을 해내야 한다. 그래서 스스로 동아리 구성원으로서의 자기 존재감을 드러내야 한다. 한패-되기는 한 신입생이 특정 동아리의 구성원이 되는 것과 같다. 동아리의 조건에 맞는 자기를 생성해야만 구성원이 된다. 들뢰즈와 과타리의 논의에서 한패-되기의 조건을 찾아보면 두 가지가 있다.

---

11   들뢰즈와 과타리는 『천 개의 고원』(김재인 역, 2003) 10장에서 '어느 마법사의 회상 1-3'을 제시한다. 이 논의는 그 첫 번째인 '어느 마법사의 회상 1'를 토대로 한다. '어느 마법사의 회상 2-3'은 다음 5-6장에서 논의한다.

따라서 무리에 대한, 다양체에 대한 매혹이 없다면 우리는 동물이 되지 못한다. 바깥의 매혹일까? 아니면 우리를 매혹시키는 다양체가 우리 안쪽에 머물고 있는 하나의 다양체와 이미 관련을 맺고 있는 것일까? <은빛 열쇠의 문을 넘어서>라는 걸작에서 러브크래프트는 랜돌프 카터의 이야기를 들려주는데, 이 자는 자기의 '자아'가 요동친다고 생각하며 소멸의 공포보다도 더 큰 공포를 인식한다. "인간 형태와 비인간적 형태, 척추동물 형태와 무척추동물 형태, 의식이 있는 것과 의식이 없는 것, 동물의 형태와 식물 형태를 지닌 여러 명의 카터. 나아가 이 지구상이 생명과는 전혀 공통된 부분이 없는 다른 행성들, 태양계, 은하계, 우주적 연속체 등을 배경으로 난폭하게 움직이는 카터들이 있었다. (……) 무와 병합되는 것은 평화로운 망각이다. 하지만 실존을 의식하는 것 그러면서 우리 자신이 다른 존재들과 구별되고" 우리를 가로질러 달려가는 모든 생성들과 구별되는 "명확한 존재가 아님을 아는 것은 고통과 공포의 이름 붙일 수 없는 정점이다." (김재인 역, 2003: 455-456)

첫째 조건은 매혹(fascination)이다. 동물에 대한 매혹이 있어야 동물-되기를 실현할 수 있다. 신입생이 동아리에 대한 매혹이 있어야 한패-되기를 이룰 수 있다. 그런데 매혹은 어디에서 일어나는 것일까? 동물, 동아리가 우리를 매혹하기 때문일 수 있다. 그렇지만 더 근본적으로 보면, 되기 주체의 마음속에 매혹의 다양체가 들어있기 때문이다. 위의 인용문에서 '랜돌프 카터'의 예를 보면, 카터는 무엇에나 매혹을 일으키는 다양체를 자기 안에 품고 있다. 다른 말로 하면, 우리는 무엇에 대해서든 매혹을 일으킬 수 있는 다양체를 우리 안에 품고 있다. 한패-되기는 각자 자기 안에서 블록을 이루는 대상에 대한 매혹으로 이루어진다. 한패-되기는 한패가 되려는 자가 그 패에 대한 매혹이 있어야 한다. 매혹은 개인이 한패-되기를 실행하기 위한 내재 조건이다.

독일의 전-낭만주의 작가 모리츠는 죽어가는 송아지들에 대해서가 아니라 죽어가는 송아지들 앞에서, 자신에게 미지의 <자연>에 대한 믿을 수 없는 느낌 -즉 변용태-을 주는 송아지들 앞에서 책임감을 느낀다. 왜냐하면 변용태란 개인적인 느낌(=정감)도 아니고 어떤 특성도 아니며, 오히려 자아를 고무하고 동요시키는 무리의 역량의 실행이기 때문이다. 한 순간이긴 하지만 자아를 인류로부터 분리시키고, 설치류처럼 빵 조각을 긁어대도록 만들고, 고양이의 노란 눈깔을 갖게 만드는 그런 동물적 시퀀스의 폭력을 모를 사람이 누가 있겠는가? 전대미문의 생성으로 우리를 내모는 저 놀라운 '역행'. 하지만 이것은 결코 퇴행이 아니다. (김재인 역, 2003: 457)

둘째 조건은 감응(affect, 변용태)이다. 감응은 대상의 지각에 따른 감성적 마음의 작용이다. 이 감응은 그 마음 작용 자체로만 머물러 있지 않는다. 감응은 감응한 자가 심리적, 행동적, 신체적으로 무엇인가를 하게 만든다. 대상에 대해 어떤 감응을 했느냐에 따라 우리는 다양한 반응을 보인다. 예로, 운동 경기에 감응한 관람자는 마음에 드는 편은 온몸으로 응원을 하고, 그 상대편은 폄하한다. 또한 관련 운동을 하고, 운동 능력을 높이기 위한 노력을 한다. 이러한 속성 때문에 감응은 정서, 정동, 변용태 등의 용어로 표현된다. 위의 인용문에서 보면, 감응은 미지의 대상(자연)에 대한 믿을 수 없는 느낌이다. 이 감응은 자아를 고무하고, 요동하게 하고, 한패의 역량을 실행시킨다. 한순간일 수는 있지만 자아를 우리에게서 분리시켜 동물-되기를 실현할 수 있게 한다. 감응은 한패-되기를 이룰 수 있게 한패의 속성을 생성하게 하고 그 역량을 가질 수 있도록 한다. 감응은 개인이 한패-되기를 이루게 하는 실행 조건인 것이다.

이들 조건으로 개인은 한패-되기를 이룬다. 이 한패-되기도 한 가지 형태만 있는 것은 아니다. 들뢰즈와 과타리의 논의를 토대로 보면, 세 가지 형태가 있다. 이들 세 가지 형태는 모두 독자의 한패-되기와 관련이 있다. 첫째, 오이디푸스적 한패-되기이다. 물론 오이디푸스적 한패-되기는 오이디푸스적 동물-되기를 토대로 한다. 오이디푸스적 한패-되기는 아버지, 어머니, 아들 간의 애증 관계를 상징하는 오이디푸스라는 말에서 알 수 있듯이 친밀한 관계를 기반으로 한다. '개체화되고, 가족처럼 친숙하고 감상적인 동물. "우리" 고양이, "우리" 개 등 작은 이야기를 갖고 있는 오이디푸스적인 동물'(김재인 역, 2003: 457)과 관련된 되기이다. 오이디푸스적 한패-되기에서는 구성원과의 직접적인 관계 속에서 상호작용을 실행할 수 있다. 대학에서의 동아리나 학과 학생들, 대학원에서의 한 지도교수에게서 공부하는 대학원생들이 이에 해당한다. 이 한패-되기의 속성으로 상호성, 구체성, 직접성 등을 들 수 있다.

둘째, 토템적 한패-되기이다. 토템은 부족이나 씨족에서 특별한 혈연관계가 있다고 믿어 신성시하는 동식물을 의미한다. 토템적 한패-되기는 혈연적인 관계가 없지만 관계가 있다고 여기는 동물-되기를 토대로 한다. 토템이라는 말에서 알 수 있듯이 자신과 특정한 관계가 있다고 여기는 신념을 기반으로 한다. '특성 또는 속성을 가진 동물, 유(類), 분류, 국가에 속하는 동물이 있다. 주로 위대한 신들의 신화에 등장하는 이들 동물로부터 계열이나 구조, 원형이나 모델이 추출되기도 한다'(김재인 역, 2003: 457)와 관련된 되기이다. 예로 '단군신화'를 들 수 있다. 우리의 토템적 한패-되기에서는 구성원과의 직접적인 관계가 있을 수도 있지만 그렇지 않은 경우도 많다. 퇴계 이황(李滉)의 선비정신을 배우고 따르는 사람들, 선거에 특정 후보를 직접 지원하는 사람들, 특정 학자나 텍스트를 탐구하는 독서클럽 회원들이 이에 해당한다. 이 한패-되기의 속성은 신성성, 국가성, 간접성 등을 들 수 있다.

셋째, 감응적 한패-되기이다. 감응은 운동 경기장에 모인 군중이 응원군이 되는 것과 같은 마음 작용이다. 특정 사람에 대한 팬카페의 활동, 특정 동물이나 식물을 기르는 사람들의 동호회 등은 감응의 마음 작용에서 비롯되었다. 특정한 텍스트에 대한 감응의 마음 작용도 마찬가지이다. 감응적 한패-되기는 감응적 동물-되기를 토대로 한다. 감응적 한패-되기는 특정한 대상에 대한 감응에서 비롯된 마음 작용을 공유하는 관계를 기반으로 한다. '악마적이고 무리들과 변용태들을 지닌 동물들이 있는데, 이들은 다양체, 생성, 개체군, 콩트 등을 만든다'(김재인 역, 2003: 457-458)와 관련된 되기이다. 다양체는 무엇으로든 실행될 수 있고, 생성은 감응으로 자기 생성을 이루며, 개체군은 둘 이상이 한패를 이루는 것이고, 콩트는 스토리가 내재함을 함의한다. 감응적 한패-되기에서는 구성원과의 직·간접적인 관계 속에서 상호작용을 실행할 수 있다. 감응적 한패-되기는 다양하게 존재할 수 있으며 조직체 결성에 시공간의 제약이 적다.

다. 한패-되기의 속성

한패-되기를 이루는 방법을 담아내기 좋은 말이 '물들기'이다. 우리말 '물들다'는 '어떤 환경이나 사상 따위를 닮아 가다'의 뜻으로, '악에 물들다, 자본주의에 물들다, 친구는 나쁜 사상을 가진 선배에게 물들었다'(표준국어대사전) 등에서 그 구체적 의미를 파악할 수 있다. '물들다'라는 말은 의식이나 활동이 블록을 이루고 있는 대상의 특성에 영향을 받아, 대상의 특성과 같은 형태로 이루어짐을 의미한다. '물들다'의 함의는 생물학적(유전자)으로 관계없는 사람과 함께 하는 특성을 자기에게서 생성함이다. '물들다'는 상대방이 요구하거나 강요한 것이 아니라 개인이 스스로 블록을 이룬 대상의 속성을 생성해 가진 것이다. '물들다'는 자발적인 자기 생성을 지시하는 말이다. 이 '물들다'의 명사형이 '물들기'이다. 이 물들기는 개인이 한패-되기로, 한패의 구성원으로서 자기 생성을 하는 일이다.

개인이 한패-되기를 실현하는 실제적 방법이 물들기이다. 들뢰즈와 과타리는 이와 관련된 용어로 '팽창, 전파, 점유, 전염'(김재인 역, 2003: 455) 등을 사용한다.[12] 이들 용어는 동물-되기의 방법을 지시하는 말이다. 이들 용어의 의미를 쉽게 이해할 수 있게 하는 말이 '전염'이다. 전염은 '병이 남에게 옮음', '다른 사람의 습관, 분위기, 기분 따위에 영향을 받아 물이 듦'(표준국어대사전)을 뜻한다. 병이 옮는 일은 병원체가 옮겨가는 것으로, 보이지 않고 지각할 수 없지만 일어나는 일이다. 병원체는 전달자의 고유한 것도 아니고, 원래부터 가지고 있던 것도 아니다. 그래서 그 전달은 은연중에 일어난다. 병원체의 전달은 의학적 분석기법(현미경)을 이용하면 증명할 수 있지만 일상적으로는 확인할 수 없다. 전염은 감정, 분위기, 기분 등이 다른 사람에게 영향을 받아 생겨나는 것과 같다. 즉 영향을 받아서 개인 내적으로 생성한 것이다. 전염의 형태가 특정한 의식과 행동으로 드러날 때, '물들었다'고 표현한다.

패거리는 특정한 성격들을 재생산으로 우리들을 이끄는 계통 관계를 함축하고 있지 않은가? 계통 관계나 유전적 생산이 없는 서식, 전파, 생성을 어떻게 착상해 볼 수 있을까? 단일한 조상이 없는 다양체는? 그것은 아주 단순하며 누구나 다 알고 있지만, 사람들은 비밀리에 말할 뿐이다. 우리들은 계통 관계와 전염병을, 유전과 전염을, 유성 생식이나 성적 생산과 전염을 통한 서식을 대립시킨다. 인간 패거리이건 동물 패거리이건 하여간 패거리들은 모두, 전염, 전염병, 전쟁터, 파국과 더불어 증식한다. 이들은 스스로를 재생산하지 않지만 그러나 매번 다시 시작하면서 영토를 얻어가는 성적 결합에서 태어난 그 자체로는

---

12 동물의 특성들은 신화적인 것일 수도 있고, 과학적인 것일 수도 있다. 그러나 우리는 그러한 특성들에는 흥미가 없으며, 오히려 팽창, 전파, 점유, 전염, 서식의 형태에 흥미가 있다. (김재인 역, 2003: 455)

생식능력이 없는 잡종들과 같다. (김재인 역, 2003: 459)

    한패-되기는 생물학적인 유전자에 의한 계통적인 관계로 이루어지는 것은 아니다. 유전적인 것과는 관계없는 전염(서식(번식), 전파(증식), 생성)에 의하여 이루어진다. 그렇기에 전염은 유전적인 것과는 전혀 상관이 없다. 위의 인용문에서 보면, 패거리는 유전자에 의한 계통적 생성과는 대립적인 전염병, 전염, 서식(번식)과 관련된다. 패거리는 모든 것을 파괴하고 새롭게 생성하는 전쟁터나 어떤 일이 잘못되어 결단이 나는 파국 속에서 일어난다. 그래서 계통이 있는 개체가 아니라 계통을 밝힐 수 없는 잡종이 된다. 다른 말로 하면, 패거리(한패)는 생물학적인 유전에 의한 생산과는 전혀 다른 방식의 생성이라는 것이다. 이에 내재하는 속성이 전염이다. 전염의 특성을 한패-되기와 관련된 용어로 표현하면 '물들기'라 할 수 있다.

    한패-되기의 속성인 '물들기'를 유전적 계열에 의한 것이 아니라 '전쟁이나 파국에 의한 생성'으로 표현한 것은 강력한 은유이다. 물들기는 원형적 토대가 존재하지 않음을 의미한다. 물들기는 근거 없는, 다시 말하면 생물학적인 유전자를 물려받거나 이어받는 것이 없는 생성이다. 한패-되기는 이런 근거(유전자)가 없이 이루어지는 생성인 것이다. 들뢰즈와 과타리는 이러한 한패-되기의 방법인 물들기를 몇 가지의 서로 다른 용어로 표현한다. 이들 용어는 물들기의 특성이 한 가지로 정의할 수 없음을 뜻한다. 한 개인이 물들기에 의하여 한패가 되는 내적 속성이 여러 가지인 것이다. 이와 관련된 들뢰즈와 과타리의 표현을 보면 다음과 같다.

    반자연적 관여들, 반자연적 결혼들은 모든 왕국을 가로지르는 참된 <자연>이다. 전염병이나 전염에 의한 전파는 유전에 의한 계통 관계와는 아무런 관련이 없다. (김재인 역, 2003: 459)

발생적이지도 구조적이지도 않은 조합들, 계들 간의 교류(inter-règnes), 반자연적 관여들. 하지만 <자연>은 이런 식으로만, 자기 자신에 반해서만 진행한다. 우리는 계통적 생산이나 유전적 생산과는 멀리 떨어져 있다. (김재인 역, 2003: 459-460)

이와 반대로 우리들의 입장에서는, 공생하고 있는 항들만큼이나 많은 성들이 있으며, 전염 과정에 개입하는 요소들만큼이나 많은 차이들이 존재한다. 우리는 수많은 것들이 남성과 여성 사이를 지나간다는 것을 알고 있다. 이것들은 바람을 타고 다른 세계에서 오며, 뿌리들 주변에서 리좀을 형성하고, 생산이 아닌 오직 생성의 견지에서만 자신을 이해하게 한다. 우주는 계통에 따라 기능하지 않는다. (김재인 역, 2003: 460)

이질적인 항들을 갖고 있으며 전염에 의해 공동-기능하는 이 다양체들은 일정한 배치물들 속으로 들어간다. 그리고 바로 여기서 인간의 동물-되기가 이루어지는 것이다. (김재인 역, 2003: 460)

위의 인용문에서 보면, '반자연성', '계(界: 동물계, 식물계 등)의 교류', '공생하고 있는 항들만큼이나 많은 성(性)', '전염에 의해 공동-기능하는 다양체들' 등의 표현이 있다. '반자연성'은 생물학적이고 자연적인 것을 따르지 않는 것을 의미한다. '계의 교류'는 서로 소통이 불가능한 것들 사이에서 교류가 일어남을 가리킨다. '공생하고 있는 항들만큼이나 많은 성(性)'은 공생하는 것들 사이에서 다양한 생성(되기)이 존재함을 뜻한다. '전염에 의해 공동-기능하는 다양체들'은 영향을 받은 것들이 여러 다양한 형태로 되기를 실행함을 말한다. 이들 표현은 한패-되기를 위한 물들기가 생물학적인 관계 맺음이 아닌 그 무엇으로의 관계 맺음을 통한 생성 작용임을 나타낸다.

3. 독자의 한패-되기

독자는 '독자 한패'의 일원으로 텍스트와 관계를 맺는다. 독자는 한패의 일원으로 텍스트 내용을 인식하고, 의미를 생성한다. 텍스트가 독자에게 의미를 전달하는 것이 아니라 독자가 한패의 일원으로 의미를 생성하는 것이다. 예로, 『천 개의 고원』(김재인 역, 2003) 읽기는 텍스트에 내재하는 고유한 내용을 밝히는 일이 아니다. 독자 한패의 일원인 독자가 한패에 내속된 읽기 방식으로 의미를 생성하는 일이다. 『천 개의 고원』의 의미는 독자가 속한 한패의 읽기 방식이 결정한다. 텍스트 의미는 독자 한패에서 비롯된다. 『천 개의 고원』의 의미는 독자가 속해 있는 독자 한패에 따라 달라진다. 독자는 한패-되기의 실행으로 독자 한패의 일원이 되어 텍스트를 읽는다. 이 독자의 한패-되기의 특성과 실행 구조를 살펴본다.

가. 독자의 한패-되기 특성

독자는 다른 독자들과 한패를 이룬다. 독자의 텍스트 이해는 한패에 토대를 둔다. 텍스트 이해가 지닌 본질 속성이 독자의 한패를 요구한다. 텍스트는 필자에 의해 만들어졌지만 독자를 위한 것이다. 즉 텍스트는 다중(多衆)의 독자를 전제하여 존재한다. 단독 독자만 전제한 텍스트는 존재 의미가 없다. 독법(讀法)이 필요 없기 때문이다. 텍스트는 시공간을 초월하지만 독자는 시공간에 속박된다. 그렇기에 독자의 텍스트와의 만남에는 언제나 상황성(狀況性)이 내재한다. 이 상황성은 시간과 장소에 제한받는 다중의 독자에 의하여 발생한다. 시간과 공간에 의하여 나누어지는 다중 독자는 집단별로 한패를 이룬다. 각 한패는 텍스트와 만나는 특정 형식을 갖는다. 독자와 텍스트의 만남에는 한패 독자와의 만남이 내재한다. 즉 독자의 텍스트 이해에는 집단성이 내속(內屬)한다. 독자는 어떤 텍스트도 단독으로 만나지 않는다. 독자는 독자 한패의 일원이 되어, 한패의 일원으로서 텍스트를 만난다.

텍스트를 읽는 방법이 독법이다. 독법은 독자가 텍스트와 관계를 맺는 방식이다. 독법에는 한패가 내속한다. 내속은 대상의 본질을 결정하는 분리될 수 없는 고유한 특성이 내재함을 뜻한다. 그래서 독법은 독자와 텍스트의 존재 근거이다. 모든 텍스트는 독자를 전제한다. 일기도, 편지도, 비밀문서도 독자를 전제한다. 텍스트에는 다중의 독자가 내속한다. 다중의 독자는 상황(시공간)에 따라 한패를 이룬다. 독자 한패에는 독법이 내속한다. 이 독법에는 독자 한패만의 고유하고 특성 있는 텍스트와의 관계 방식이 들어있다. 독자 한패가 보편적인 읽기 방법을 토대로 한패만의 읽기 조건과 필요에 맞게 실제화한 읽기 방법인 것이다. 이 독법을 공유한 독자는 독자 한패가 된다. 독법의 차이는 독자 한패를 구분 짓게 한다. 즉 독법이 다르면 다른 독자 한패가 된다. 같은 텍스트를 어떤 독법으로 읽는가에 따라 독자 한패가 구분된다.

독자의 한패-되기는 상황을 따른다. 시간의 차이에 따라 한패를 이룰 수도 있고, 장소의 차이에 따라 한패를 이룰 수도 있다. 시간과 공간을 함께하는 한패가 있고, 시간과 공간을 달리하는 한패가 있다. 독자 한패는 여럿 존재한다. 독자 한패를 구분하는 기준은 독법이다. 동형의 독법을 공유한 독자들은 한패가 된다. 독자 한패의 특성은 독법이 결정한다. 독자 한패는 결연관계 속에 존재할 수 있음을 함의한다. 외현적으로 다른 독자 한패지만 내적으로는 같은 한패일 수 있다. 그 반대도 있을 수 있다. 독법이 독자 한패를 구분 짓게 한다. 이는 독자 한패의 존재는 시간과 공간을 초월함으로 의미한다. 반대로 같은 시간과 공간에서도 다른 독자 한패가 존재함을 의미한다. 독자 한패는 언제나 다중적이다. 현실적으로 보면, 주도적 지위를 지닌 독자 한패가 존재한다.

무리는 [가족이나 국가와는] 전혀 다른 내용의 형식과 표현의 형식으로 끊임없이 가족이나 국가를 아래쪽에서 작동시키고 바깥쪽에서 교란시킨다. 무리는 동물의 실재인 동시에 인간의 동물-되기의 실재이다. 전염은 동물의 서식인 동시에 인간의 동물적 서식의 전파이다. 수렵 기계, 전쟁 기계, 범죄 기계는 결코 신화, 나아가 토테미즘 속에서는 언급되지 않는 온갖 종류의 동물-되기를 초래한다. (김재인 역, 2003: 461)

독자 한패는 동물 무리적 특성을 지닌다. 위의 인용문에서 보면, 무리를 이루는 동물들의 관계는 혈연적 가족 관계나 국가 형식의 제도에 의한 관계와는 다르다. 다른 내용의 형식과 표현의 형식을 갖고 있다. 동물의 무리는 가족이나 국가 구성원들의 관계와는 다른 관계 형식을 지닌다. 그래서 여러 형태로 실재한다. 독자 한패도 동물-되기의 한 종류이기에 마찬가지이다. 독자 한패도 실제 여러 형태로 존재한다. 우리 자신도 텍스트를 읽을 때는 언제나 독자 한패로 존재한다. 특정한 독법을 사용하기 때문이다. 우리는 어떤 방식으로 텍스트를 이해하든 독법을 사용한다. 텍스트의 특정 요소에 관심을 쏟고, 특정한 형태로 반응을 하며, 특정한 의미로 이해를 한다. 또한 이 텍스트 이해에서 나름대로 만족감을 얻는다. 이는 독법을 이용한 독자 한패로 텍스트를 읽었기 때문이다. 독법이 없이는 이해나 만족감이 있을 수 없다.

독자가 한패를 이룰 수 있게 하는 기제를 가리키는 말이 '전염(contagion)'이다. 들뢰즈와 과타리는 동물-되기는 무엇인가의 전염으로 무리(한패)를 이룬다고 말한다. 독자의 한패-되기도 무엇인가의 전염으로 한패가 된다. 독자의 한패-되기의 '무엇인가'는 '독법'이다. 개별 독자에게 독법이 전염되면 독자 한패가 된다. 독자의 한패-되기에서의 전염에는 특성이 내재한다. 개별 독자가 이미 한패로 존재하고 있는 독자 집단의 독법을 전염의 형식으로 지니게 되는 것이다. 위의 인용문에서 보면, 전염의 속성을 지시하는 말은 '전파'이다. 전파(propagation)는 ① (동물 따위의) 번식·증식, ② 보급·전파·전달 ③ (틈·금 등의) 확대(영한엣센스)의 의미를 담고 있다. 또한 전파(傳播)는 '전하여 널리 퍼뜨림'(표준국어대사전)의 의미로 쓰인다. 독자의 한패-되기를 이와 관련하여 보면, 전염은 독법이 독자 사이에 퍼뜨려지는 것이다. 독자는 전파되는 독법에 전염(감염)되어 독자 한패-되기를 이루게 된다. 앞에서는 전염의 특성을 '물들기'로 규정했다.

독법에 전염되어 독자가 한패-되기를 이룰 때, 독법의 전염은 물들기를 그 내적 속성으로 한다. 독법의 물들기는, 사람이 수렵 기계, 전쟁 기계, 범죄 기계 등과 '되기'를 실행한다는 점에서는 공통점이 있지만, 매개체가 독법이라는 점에서 다르다. 앞에서 '되기'에 대하여 논의하였지만, 독법으로 독자의 한패-되기의 특성을 몇 가지로 구분하여 살펴본다. 첫째는 독법의 공속(共屬)이다. 공속이라는 말은 '함께 속한다'라는 의미로 하이데거가 사용한 말이다.[13] 독법의 공속은 두 가지 의미를 포함한다. 한패의 구성원 모두가 가지고 있다는 의미와 구성원 간 차이가 존재한다는 것이다. 이는 독법을 공속한 독자 한패는 집단성을 지니고 있지만 개별 독자의 차이성이 있음을 뜻한다. 독자의 한패-되기는 독법 활용의 전체성을 전제하지만, 개별성도 수용한다. 개별성은 독법을 활용하는 개별 독자의 고유성이나 독특성이다. 이 개별성은 독자와 텍스트 모두에서 비롯된다.

둘째는 구성원의 결연(結緣)이다. 결연의 '인연을 맺는다'라는 의미이다. 이는 개별 독자가 한패를 이루고 있는 독자들과 독법으로 관계 맺음을 뜻한다. 결연에는 개별성과 선택성이 존재한다. 개별성은 독자의 한패-되기가 개별적으로 이루어짐을 의미하고, 선택성은 골라서 가질 수 있음을 의미한

---

13 독자의 텍스트 이해와 관련된 공속에 대한 논의는 김도남(2021)을 참조할 수 있다.

다. 물론 선택성에는 무의지성과 강제성도 일부분으로 내재한다. 일반적으로 개별 독자가 독자 한패의 일원이 되는 것은 선택이다. 그렇지만 가정이나 학교에서 이루어지는 독자 한패-되기는 부지불식간에 강제적으로 이루어진다. 이는 독자 한패-되기가 고정이나 고착의 형태가 아니라 유동적이고, 가변적임을 의미한다. 개별 독자는 자신의 필요로 독자 한패를 선택한다. 한패-되기의 필요는 독법에 매혹될 때 느낀다.

셋째는 집단의 연대(連帶)이다. 연대라는 말은 연결되어 있음을 뜻한다. 한패-되기를 이룬 독자들은 연결되어 있다. 독자의 연결은 독법의 공유 외에 심리적인 요인으로 연결되어 있다. 독자 한패 내에서는 개별 독자는 서로를 해석공동체의 일원으로 인정하며 존중한다. 서로의 존중은 독립적 주체성을 소중하게 여기는 것이다. 즉 개별 독자를 한패의 일부분이 아닌 그 자체가 완전성을 갖춘 개별적 존재로 여기는 것이다. 이 연대는 이 개체성을 전제로 심리적 연결 관계를 이루는 것이다. 그렇기에 독자 한패는 선호하는 텍스트에 대한 동의는 물론 텍스트와의 관계 설정, 관계 방식, 관계 과정, 관계 결과를 상호 수용한다. 이를 통하여 공동체 의식을 가짐으로써 서로 의존하고, 함께 하기를 즐기게 된다. 한패 구성원 간의 연대는 독서 모임을 지속적으로 실행할 수 있게 한다.

넷째는 동형 성향이다. 한패를 이루고 있는 독자들은 텍스트를 읽고 이해하는 행위에 특정한 경향성을 갖는다. 관심 과제, 텍스트 선택, 읽기 방식, 읽기 태도에서 드러나는 경향성은 물론 텍스트 내용에서의 지각 요소, 민감 요소, 집중 요소뿐만 아니라 반응 방식, 사유 방식, 이해 방식 등이 닮아있다. 그렇기에 서로 관심, 생각, 반응 등이 유사하여 소통에서 인지적 즐거움을 느낀다. 이로 인해 독자 한패 내에서는 심리적 동질성을 쉽게 이룰 수 있다. 그렇기에 구성원들은 만남을 고대하고, 만남에서 의견 소통이 원활하게 이루어진다. 이는 정기적인 만남이나 지속적인 관계를 유지하게 한다. 이는 독자 한패의 구성원들이 서로 의지하게 하고 협력하게 한다. 독자 한패를 유지하게 하는 것이 구성원의 동형 성향이다.

다섯째는 동일 지향이다. 독자의 지향은 텍스트 이해이다. 독자의 텍스트 이해의 형태는 단일하지 않다. 대강 구분하면, 저자의 사상 공유, 텍스트 주제의 밝힘, 독자의 의미 구성, 독자의 자기 이해, 독자의 자기 생성 등을 들 수 있다. 이 텍스트 이해의 형태는 읽기 개념, 읽기 목적, 읽기 성격, 읽기 특성, 읽기 능력, 읽기 실행, 읽기 과정, 읽기 기능, 읽기 전략, 읽기 방식, 사유 방식, 의미 해석, 해석 특성 등을 달리한다. 독자가 어떤 이해를 지향하는가에 따라 독법이 달라진다. 즉 독자의 한패-되기는 특정한 텍스트 이해에 대한 지향을 가진다. 이 지향은 독자의 텍스트 읽기 활동의 형태를 결정한다. 독자의 텍스트 이해는 읽기 활동 형태에 따라 달라지는데 이를 지향이 결정한다. 독자 한패는 동일 지향을 갖는다.

나. 독자의 한패-되기 절차

독자의 한패-되기는 개별적으로 이루어진다. 텍스트와 관계 맺는 개인이 독자 한패와 결연될 때 독자가 된다. 개인이 독자 한패와 결연이 이루어지지 않으면 독자가 될 수 없다. 독자는 독법을 지니고 있으면서 텍스트를 읽을 때 독자가 된다. 독자의 독법은 독자 한패와의 관계 속에서 생성하여 공속하는 것이다. 개인이 이 독법을 생성하여 활용할 수 있을 때 한패-되기를 이룰 수 있다. 독자 한패-되기를 이룬 개인만이 독자이다. 개인의 독자 한패-되기 실행은 내적 논리에 따른 절차를 갖는다. 독자의 한패-되기의 절차를 살펴보면 다음과 같다.

1) 독법에 이끌리기

동물-되기는 되어야 할 동물에게 마음이 끌려야 한다. 들뢰즈와 과타리는 이를 '매혹(魅惑)'이라는 말로 표현했다. 독자의 한패-되기도 마찬가지이다. 독자도 한패-되기를 이루기 위해서는 한패가 되려는 독자 집단에 마음이 끌려야 한다. 마음 끌림은 대상에 주의를 기울이게 한다. 마음 끌림으로 관심이 쏠리는 것은 의지적으로 마음 작용을 조절함에 어려움이 있음을 뜻한다. 한패-되기를 이루기 위해서는 마음 끌림이 있어야 한다. 독자의 마음 끌림에는 마음을 끄는 무엇인가가 있어야 한다. 이는 독자 한패에 내재하고 있는 것으로 함께 나누어 가질 수 있는 것이다. 나누어 가질 수 있는 것이 있을 때, 독자는 한패-되기를 할 수 있다. 독자 한패가 독자의 마음을 끄는 것은 정해져 있다. 그것은 독자 한패의 독법이다.

마음 끌림은 블록을 이루는 대상의 특성과 관련된다. 개별 독자가 독자 한패와 한패-되기를 위해 블록을 형성할 때, 블록 대상의 특성이 독법이다. 독자는 다른 독자나 독자 한패의 특정한 독법을 지각했을 때, 마음 끌림이 있게 된다. 독법에 독자의 마음이 끌릴 때, 독자는 독자 한패와 블록을 형성할 수 있다. 블록의 형성은 하나의 단위로 묶이는 것이다. 서로 다른 대상이 하나로 묶여 블록을 이루는 것에는 매개가 필요하다. 꿀벌과 꽃의 블록은 꿀(또는 꽃가루)이 매개이다. 꿀벌은 먹이로 꿀이 필요하고, 꽃은 가루받이를 위해 벌을 위한 꿀을 만들어 블록을 이룬다. 개별 독자가 독자 한패와 블록을 형성하기 위한 매개는 독법이다. 즉 독자의 독자 한패와의 블록 형성은 독법을 매개로 이루어진다. 독자는 블록을 이룬 독자 한패의 독법을 생성함으로써 독자 한패-되기를 실행하게 된다.

독자 한패의 독법에 독자의 마음 끌림은 의지적이기보다는 추종적이다. '추종'은 판단 없이 무조건 믿고 따름을 뜻한다. 다른 말로 하면, 마음 끌림은 의지적으로 선택하는 것이 아니라 의지와 관계없이 따르는 피동성을 띤다.

독자 한패의 독법에 독자의 마음 끌림은 의지로 하는 것이 아니라 이끌려 하는 것이다. 실제로 독자가 독자 한패의 독법을 지각하게 되는 것은 이끌려 하게 된다. 취학 전 어린이의 텍스트 읽기는 부모 등에게 이끌려 일어난다. 학생이 되어도 텍스트 읽기는 교사에게 이끌려 일어난다. 대학교, 대학원에서도 마찬가지이다. 이때 학습 독자는 독법을 인식하고 생성해 가지게 된다. 한패-되기의 관점에서 보면, 독자의 독법은 독자 집단(한패)에게 이끌려 생성하고, 이로 한패-되기가 실행된다. 요컨대 독자는 독자 한패의 독법에 이끌려 한패-되기를 실행한다.

【가】 문자가 말의 기호로써 읽혀지는 것은 약속에 의해 사상(事象), 사상(思想), 감정(感情) 등이 문자로써 표현된 것을 읽는 것으로, 독서란 이러한 문자를 통해서 상대자와 의사소통(communication)하는 것이다. 그런데, 바른 의사소통이란 작자(作者)의 마음에 생긴 생각이나 느낌이 문자에 의해 표출된 심상(心像)을 전달자와 가장 가깝게 감수(感受), 재생(再生)하는 것이다. (정동화·이현복·최현섭(1987: 264-265))

【나】 스키마 이론은 읽기에 대한 우리의 전통적인 관점과 상충되는 새로운 문제를 제기하여 준다. 전통적으로 읽기는 글에 진술되어 있는 내용을 학습하고 기억하는 것으로 이해되어 왔다. 그러나 스키마 이론에서 의미는 글 속에 명시적으로 내재되어 있지 않다고 본다. 글의 독해 과정에 하나의 자극체이며, 독해의 소산인 의미는 독자가 구성해 내는 것이다. 그러므로 어떤 글이라도 독자가 의미를 부여하지 않는 한 그 글은 무의미한 언어 기호의 집합체에 불과하다. (노명완·박영목·권경안, 1988: 216)

【다】 이해란 인식론적 현상임과 동시에 존재론적인 현상이다. 문학에 대한 이해는 보다 근원적이고 포괄적인 이해 방식들에 근거를 두고 있으며, 이러한 근원적이고 포괄적인 이해 방식들은 바로 우리 인간의 세계-내-존재(being-in-the-world)와

연결된다. 따라서 문학 작품을 이해한다는 것은 실존으로부터 벗어나 개념의 세계로 도피하는 과학적인 방식이 아니라, 바로 이 세계 속에 있다고 하는 개인의 내밀한 체험을 설명해 주는 역사적 만남이다. (이한우 역, 2014: 34)

글 【가】-【다】를 보면, 텍스트 이해에는 여러 독법이 존재한다. 글 【가】-【다】의 각 관점은 서로 다른 독법을 전제한다. 글 【가】와 글 【나】의 읽기 관점의 독법은 시간차를 두고 학교 교육에 적용되었다. 이들 두 관점을 접한 학습 독자는 자의(自意) 반 타의(他意) 반으로 각 관점의 독법을 생성했다. 그리고 자기가 생성한 독법으로 텍스트 읽기를 실행하였다. 7-80년대의 학습 독자는 글 【가】의 읽기 관점에서 비롯된 독법으로 자기 생성을 하고 읽기를 실행했다. 학습 독자는 저자의 사상으로 텍스트의 의미를 해석하여 텍스트를 이해했다. 달리 말하면, 학습 독자는 저자의 의도나 사상으로 텍스트를 해석하는 독법을 가진 독자 한패와 한패-되기를 실행했다. 그래서 저자 사상으로 텍스트를 해석하는 독법을 사용하는 독자 한패-되기를 이루었다. 이때는 이 독자 한패와 한패-되기를 이루지 못한 학습 독자의 텍스트 이해는 인정받지 못했다. 일반 독자도 저자의 사상으로 텍스트를 해석하는 독자 한패와의 결연으로 한패-되기를 하고, 텍스트 읽기를 실천했다.

한편, 글 【나】의 관점은 90년대 이후 학교에서 강조되고 있다. 학습 독자는 글 【나】의 읽기 관점에 내재된 독법으로 글을 읽는 자기를 생성했다. 그래서 학습 독자는 배경지식(스키마)을 활용하여 텍스트에서 의미를 구성하는 독법으로 읽기 활동을 수행했다. 다시 말하면, 학습 독자들은 자기의 배경지식으로 텍스트의 의미를 구성하는 독법을 사용하는 독자 한패-되기를 실행했다. 이 독자 한패-되기는 저자의 사상으로 텍스트를 해석하는 독법을 사용하는 독자 한패와는 거리를 두었다. 또한 텍스트의 자율성을 인정하여 텍스트 내용을 구조적으로 분석하는 독법을 사용하는 독자 한패와도 거리를 두었다.

이들 관점으로 텍스트 읽기를 수행하는 학습 독자는 독자 한패의 독법에 스스로 매혹을 갖기는 어렵다. 즉 교사나 동료에게 이끌려 독법을 생성하게 된다. 그리고 그 독법으로 텍스트 읽기를 실행한다.

글 【다】의 독법은 해석학적 관점으로, 학습 독자에게 제시되지 않았다. 이 해석학적 관점 독법의 주요 지향은 '자기 이해'이다. 독자의 자기 이해는 하이데거의 현존재에 대한 현상학적 해석학이나 가다머의 철학적 해석학에 근거한다.[14] 이 해석학의 독자는 텍스트와의 대화를 통해 자기 이해를 이루는 독법으로 텍스트 읽기를 실행한다. 이 독법은 글 【가】의 '필자의 의도나 사상 확인' 독법과 글 【나】의 '독자의 의미 구성' 독법과 대비된다. 물론 텍스트 중심 독법인 '객관적 주제 찾기' 독법과도 대비된다. 이 논의에서 강조하는 '자기 생성' 독법과도 대비된다. 자기 이해 독법이나 자기 생성 독법은 아직 국어(읽기)교육에 수용되지 않았다. 학습 독자들은 이들 독법에 매혹되거나 이끌릴 기회를 얻지 못했다. 결국 학습 독자가 한패-되기를 위한 독법에 매혹되고 이끌리게 되는 것은 학교 교육에 의해서이다. 일반 성인 독자의 이 독법의 이해와 생성은 해석학 전공자들에 한정되어 이루어졌다.

텍스트를 읽기 위한 독법을 개별 독자가 창안하는 일은 쉽지 않다. 독법은 텍스트 읽기를 탐구하는 전문가들에게서 비롯된다. 창안된 독법은 학교나 독서 모임(클럽)을 통해 전파된다. 주 전파의 대상이 학습 독자이다. 학습 독자는 독자 집단(한패)의 독법과 블록을 형성해 자기 생성으로 개별 독자가 된다. 이를 독자의 한패-되기 시각에서 보면, 독자는 기존 독자 한패의 독법에 매혹되어 자기 생성으로 독자 한패-되기를 실행한 사람이다. 독자 한패-되기는 개별 독자가 독자 한패의 일원이 되는 사건이다. 개별 독자의 독자 한패-되기는 독법을 내적으로 생성해 지니게 되는 일로, 텍스트를 읽는 방법

---

14 이에 대한 논의로 김도남(2021, 2022)을 참조할 수 있다.

을 갖는 일이다.

2) 독자 한패로 결연하기

독자 한패-되기는 개별 독자의 독자 한패와의 결연(alliance)으로 이루어진다. 결연은 관계 맺음이다. 개별 독자는 독자 한패와 관계 맺음으로 한패-되기를 실현한다. 관계 맺음의 시작은 독자 한패와 어울림이다. 유아 독자는 가족 독자들과 어울린다. 학습 독자는 동료 독자나 교사 독자와 어울린다. 일반 성인 독자는 직장(직업)이나 관심(취미) 등으로 독서 모임을 통해 어울린다. 독자의 결연에는 가족, 동료, 선후배, 교사, 모임 리더 등의 독자 한패가 선행한다. 독자의 결연은 기존의 독자 한패와 한다. 동료 독자끼리 한패를 새로 만든다 해도, 선행하거나 전제하는 독자 한패가 존재한다. 결연은 개별 독자에 선행하는 독자 한패와 한다. 이에서 보면, 결연은 개별 독자가 독자 한패와 어울리는 활동에서 시작된다.

독자 한패와의 어울림은 개별 독자가 독자 한패와 관계를 맺는 일이다. 어울림은 여럿의 구성원이 있고, 구성원 간 유기적 관계가 존재하고, 특정한 집단성이 내재함을 함의한다. '어울림'이라는 말에는 한패가 전제되어 있다. 한패와 관련지어 '어울림'은 몇 가지 함의를 갖는다. 첫째, 개인의 행동에 초점이 있다. 둘째, 집단성이 전제된다. 셋째, 비혈연적 관계 맺음이다. 넷째, 마음을 끄는(매혹) 요인이 있다. 다섯째, 공유의 지향이 있다. 여섯째, 심적 의존성이 내재한다. 일곱째, 간헐적 모임(활동)을 형성한다. 어울린다는 것은 여럿이 특정 활동을 하는데, 그 활동에 참여하는 것이다. 독자와 관련해 보면, 이미 이루어지고 있는 독자 한패의 활동에 참여하는 것이 어울리는 것이다. 이는 독자 한패와 관계를 맺고, 한패-되기를 위한 조건을 마련하게 한다. 개별 독자가 독자 한패와 결연을 한다고 해서 곧바로 독자 한패-되기를 이룰 수 없다. 한패-되기를 위해서는 적극성이 있어야 한다.

결연을 매혹과 관련지어 보면, 어울림의 적극적 행동을 지시하는 말이 '빠지다'이다. 여기서 '빠지다'의 의미는 '무엇에 정신이 아주 쏠리어 헤어나지 못하다'(표준국어대사전)의 뜻이다. 매혹에 의한 결연의 속성은 빠짐이고, 이 빠짐은 실행을 위한 강한 의지와 지향을 품게 한다. 즉 빠짐은 마음이나 정신적인 어울림으로 자기 생성을 이루는 실행의 속성이다. 독자가 독자한패에의 독법에 매혹되어 빠짐은 계획과 의도로 이루어지기보다는 부지불식간 마음이 쏠려 집착하게 되는 것이다. 이를 '빠져들기'라고 할 수 있다. 결연에서 빠져들기는 독자 한패의 독법에 마음이 쏠려 한패가 되게 하는 것이다. 독자의 한패-되기의 선행 조건이 독자 한패의 독법에 빠져드는 것이다. 독자가 독자 한패-되기를 실행하기 위해서는 독자 한패의 독법에 빠져들어야 한다. 독자가 독법에 빠져들게 될 때, 독법을 생성할 수 있는 조건이 형성된다.

> 독자마다 글 내용에 대한 배경지식이 다르기 때문에 같은 글이라도 이로부터 구성되는 의미는 독자마다 다를 수밖에 없다. 글에서 다루는 내용에 대한 배경지식(스키마)이 충분하지 못한 독자나, 비록 배경지식은 갖고 있으나 글을 읽을 때 이를 적극적으로 활용하지 못하는 독자들은 글의 내용을 충실히 이해하지 못한다. 또한 같은 내용에 대하여 독자가 갖고 있는 지식이 필자가 갖고 있는 지식과 다를 경우에도 독자의 해석은 필자가 의도한 것과 다르게 될 수 있다. 요약하면, 읽기란 글에 나와 있는 여러 정보들을 관련지어 의미를 구성하는 인지 과정이다. 그리고 이 과정에서 글은 청사진과 같은 역할을 하고, 독자는 그의 배경지식이나 상황 요인에 의해 이 청사진을 해석하여 의미를 구성하는 역할을 담당한다. (노명완·박영목·권경안, 1988: 201)

윗글은 인지적 독법 또는 독자 중심 독법의 특성의 일면을 보여준다. 읽기 교육에 관심이 있거나 전공할 학도인 독자에게 위의 내용은 매혹적으로 다가온다. 독자의 텍스트 이해의 한 측면의 특성을 설득력 있게 제공하기 때문이다. 교원양성대학의 국어교육과 학부생이나 대학원생, 특히 국어(읽기)교육 전공학과의 신입 대학원생(이하 신입생)은 위의 인용문의 내용에 매혹되어 빠져들게 된다. 위의 내용은 신입생이 학과의 선배들과 결연관계를 형성하게 만든다. 대학이나 대학원에 입학 전에는 서로 모르던 학생들이 결연을 이루게 된다. 위 인용문의 내용이 전달하는 독법은 신입생이 매혹하여 이끌리게 하고, 빠져들게 만들어 한패-되기의 토대를 만든다. 신입생들은 이 독법에 마음과 정신이 쏠리게 된다. 이 독법을 갖추어 실행하려는 강한 의지와 지향을 품게 된다.

스키마(schema)는 우리의 기억 속에 저장되어 있는 경험의 총체이다. 다른 의미로 스키마는 우리가 알고 있는 세상 모든 일에 대한 우리의 기억 내용이며 우리의 지식이다. 모든 독자는 글을 자기의 목적에 맞추어 읽는다. 그는 독해 과정에서 글과 자신의 스키마를 연결시키며, 때로는 글의 내용을 변형하기도 하고, 때로는 자기의 스키마를 수정하기도 한다. 그러므로 글의 내용에 적절히 대응할 수 있는 스키마의 적용이 없이는 글(글자가 아님)을 읽고 그 내용을 이해, 학습, 기억하기란 불가능하다. 스키마 이론으로부터 우리는 다음과 같은 교육적 지식을 얻을 수 있다. 첫째, 스키마는 읽기 자료에 담긴 정보를 받아들이기 위한 이상적인 지식의 구조를 형성하여 준다. (중략) 둘째, 만일 학생들이 글 내용에 적합한 스키마를 갖고 있지 못하다고 생각될 때에는, 교사는 글의 이해에 필요한 배경지식을 갖도록 도와주어야 한다. (중략) 셋째, 스키마는 수많은 정보를 일관성 있는 형태로 재구성하여 준다. (중략) 넷째, 스키마는 많은 정보 중에서 필요한 정보를 선택적으로 받아들이며, 그 내용을 편집하고 요약하는 역할을 한다. (중략) 다섯째, 스키마는 정보 탐색에서 순서와 절차를 제공해

준다. 그리고 추론 과정을 통해 글에 제시되지 않은 정보도 찾아준다. 즉, 스키마는 글에 언급되지 않은 많은 내용을 추론하여 행간을 읽을 수 있는 기반을 제공하여 준다. (중략) 마지막으로, 스키마 이론은 읽기 부진을 읽기 능력의 부족으로만 생각해 왔던 종래의 평가관이 올바르지 못함을 지적해 준다. (노명완·권경안·박영목, 1988: 217-219)

스키마에 대한 이러한 설명은 신입생들이 관련 독법을 구체적으로 이해하게 돕는다. 또한 스키마가 독자의 텍스트 내용 파악에 어떻게 관여하는지 이해하게 한다. 독자가 텍스트의 내용을 이해하는 과정에 대한 논리적 설명은 신입생에게 설득력이 있다. 이에 설득된 신입생은 텍스트 이해에 대한 매혹을 느끼고 빠져들게 된다. 이는 신입생이 한패를 이루고 있는 선배 전공생들과 한패-되기를 실행할 조건을 마련해 준다. 그러면서 자신의 읽기 활동을 독자 한패의 스키마를 활용한 의미 구성 독법에 의한 읽기로 바라보게한다. 스키마에 기초한 텍스트 이해에 대한 실험적 근거에 토대를 두고 있는 주장은 타당하게 받아들여진다. 이는 신입생이 인지적 관점의 독자 한패와 결연하는 직접적인 요인이 된다. 이로써 신입 전공생은 스키마가 중심이 된 독법으로 독자 한패와 결연하게 된다.

독자 한패-되기에서 결연은 독법에 매혹되고, 빠져듦으로써 이루어진다. 독자 한패-되기에서의 결연은 독법에 대한 인식이 있기 전에도, 후에도 이루어진다. 인식이 있기 전에는 가정이나 초등학교급에서 주로 이루어지고, 후는 초등학교급 이후에 이루어진다고 할 수 있다. 다른 독자의 독법을 당연한 것으로 인식할 때는 선택의 여지가 없다. 특정 독법을 당연한 것으로 여기고 따른다. 결연은 부지불식간에 이루어지게 된다. 한편 독법에 대한 인식을 한 후에는 독법의 타당성에 대한 독자의 판단이 작용하게 된다. 이때에는 선택적이고 의도적으로 독자 한패를 선택할 수 있고, 독자 한패-되기를 실행할 수 있다.

3) 독자 한패로 자기 생성하기

독자가 독자 한패로 자기를 생성하는 일은 역행(involution)과 관련된다. 역행은 진화(evolution)와 관련된다. 역행이라는 말은 퇴화나 쇠퇴의 의미도 포함하고 있지만, 이보다는 창조적 생성을 의미한다. 역행은 유전자에 의한 생물학적 진화와 다른 생성을 강조하기 위한 용어이다. 독자의 한패-되기는 유전자에 의한 생물학적 진화와는 관계가 없다. 전염병이 사람들 사이에 전파되는 것과 같이, 독법이 독자들 사이에 전파되는 것과 관련된다. 그렇기에 역행은 복제나 유전이 아닌 전염의 방식에 의한 전파이다. 전파는 사방으로 퍼져나감을 뜻한다. 독법의 전파는 전염병의 병원체처럼 전파되어 퍼지는 것이지만 내적 속성은 차이점이 있다.

전염병의 병원체는 사람의 몸속에 침투하여 증식을 통해 병을 일으킨다. 사람의 몸속에서 일어난다는 점에서는 독법과 유사한 점이 있다. 병원체는 사람의 몸속에서 증식하여 병을 일으키지만, 독법은 독자가 의식 속에서 의지적으로 생성해야 한다. 독법은 병원체와 같은 물질적인 것이 아니다. 독법은 독자의 의식 활동과 관련된다. 텍스트의 내용을 특정한 방식으로 인식하고 의미를 해석하여 이해하는 방법이다. 이 독법의 전파는 다른 독자가 하는 독법에 매혹되어 그 독법을 독자 의식 내에서 생성함으로써 일어난다. 독법의 전파는 독자의 의식 작용으로 독자 한패가 활용하는 것과 같은 독법을 독자가 자기 내부에서 생성하는 것이다. 독자가 독자 한패의 독법을 생성하여 지니게 됨으로써 독자 한패-되기를 실현하게 된다.

진화가 유전적인 생산이라면 역행은 개체 간의 비유전적 생성이다. 역행의 관점에서 보면, 독자 한패-되기는 독자가 독자를 낳는 것이다. 독자가 다음 세대의 독자에게 물려주는 것은 유전자가 아니라 독법이다. 독법은 진화처럼 유전을 통한 생산이 아니라 독자 내부에서 생성하는 것이다. 진화적 관점에서 역행은 세대를 거듭한다는 면에서 퇴화나 쇠퇴의 특성도 지닐 수 있다. 다음 세대로 이어지는 독법이 달라지거나 단절될 수도 있다. 또한 진화와 같이 변이하고 분화하기도 한다. 독자의 한패-되기에서의 역행은 독법의 전달 과정에서의 개별 독자의 독법 생성을 가리킨다. 독자 한패-되기를 거시적으로 보면 역행은 독법이 전달되며 일어나는 진화이지만 미시적으로 보면 개별적 생성이다.

역행은 개체 간에 일어나는 창조적 생성이다. 창조적 생성은 없던 것을 있게 하는 일과 관련된다. 독법의 생성은 독자가 가지고 있지 않던 것을 갖게 되는 것이다. 독법은 독자에게 없던 것을 생겨나게 하기에 창조적 생성이다. 독자의 한패-되기는 독자가 자기에게 없던 독자 한패의 독법을 내적으로 생성해 가지게 되는 것이다. 독자 한패-되기를 실행하는 독자는 독법을 내적으로 갖추게 되기에 생성인 것이다. 독자 한패-되기는 독자가 독법 생성을 통하여 자기를 새롭게 만든 것이다. 독자는 독자 한패-되기를 함으로써 새로운 독자가 된다. 이 새로운 독자는 생성한 독법으로 텍스트 이해의 과정을 실행하게 된다.

【라】 참된 교사는 수업의 관리자나 내용의 소개 및 해설에서 벗어나 '진정으로 가르치는 교사'가 되어야 한다. 이때 수업의 내용은 글 속에 담긴 글의 내용이 아니라 글을 이해하는 방법이다. 그리고 학생들은 소극적인 수용자에서 벗어나 적극적인 해석자로 바뀌어야 한다. 이를 위해 교사는 내용 그 자체보다는 학생의 수용 과정에 더 섬세한 주의를 기울일 필요가 있다. 학생들이 '독자적인 학습자'로 되기 위해서는 학생들의 기존의 스키마는 끊임없이 자극되고 활용되어야 할 것이다. 이러한 것이 바로 진정한 수업의 의미이며, 스키마 이론은 우리에게 바로 이 점을 일깨워 준다. (노명완·박영목·권경안, 1988: 219-220)

【마】거의 대부분의 경우, 자기만의 독해는 오독으로 처리되며 그것은 결국 시험을 통해서 '처벌'될 가능성이 크기 때문이다. 하지만 우리가 구성주의나 해체주의의 언어관을 따른다면 모든 독해는 곧 오독이라 할 수 있다. 단일한 해석이 우리 바깥으로부터 객관적으로 존재하는 것이 아니라 단지 여러 오독이 있을 뿐이기 때문이다. '통제된' 혹은 '정확한' 해석을 성취하려 하는 어떠한 비평이나 교육, 책 읽기 이론은 정작 독해가 갖는 의미 창출적 행위를 심각하게 훼손하는 것이 되고 만다. 따라서 무엇보다도 읽기의 개방이 전제되지 않으면 안 된다. 유일한 독법은 없다. 수용미학이나 독자 반응 비평을 생각해보라. 그럼에도, 이제껏 교육은 텍스트가 아무리 복잡하고 다층적인 의미를 지니고 있다고 할지언정, 한 텍스트의 해석이 모든 독자에게 동일한 것이라고 가정하고 하였다. (이삼형 외, 2007: 126)

【바】연극적 환상이란 과거의 사건이 현재에서, 즉 역사적 과거가 아니라 체험적인 현재에서 일어나고 있는 듯이 느끼는 것을 말한다. 이러한 현상은 역사적 이해에서 적용(application)이 갖는 의의를 잘 해명해 준다. 즉 연극적 환상은 현재의 외면성에 과거를 연결해주는 것이 아니다. 오히려 그것은 과거에 있어서의 본질적인 것을 현재 우리의 자기 이해, 좀 더 정확히 말해서 우리의 존재 체험과 연결시켜 준다. 우리는 스스로를 기만해서는 안 된다. 연극에 대한 우리의 이해―즉 그 연극이 '의미하는' 바를 우리가 '알게' 될 때, 우리는 연극을 이해했다고 할 수 있다―는 자기 완결적이고 자기폐쇄적인 문제가 아니라 자기 완결적인 놀이―연극도 일종의 놀이이기 때문에―를 우리 자신의 현재와 미래에 관련짓는 문제이다. 그래서 가다머는 '이해는 언제나 현재에 대한 적용을 포함한다'고 말하는 것이다. (이한우 역, 2014, 312-313)

윗글 【라】-【바】는 서로 다른 독법 관련 내용이다. 글 【라】와 글 【마】는 교육적 접근이면서 독법 간의 내적 연관성이 있다. 글 【바】는 연극을 예로

'적용'을 강조하는 독법을 옹호하고 있다. 텍스트 이해 교육과 관련된 대학이나 대학원 전공자는 이들 글에 내재된 관점의 독법에 매혹되어 각기 다른 한패-되기를 실현하게 된다. 글 【라】의 독법에 매혹을 느껴 독자 한패-되기를 실현하는 독자는 인지적 읽기 방법을 중시하는 교사로서의 자기 생성을 하게 된다. 글 【마】의 독법에 매혹을 느낀 독자는 의미 구성의 개별성을 중시하는 교사로서의 자기 생성을 하게 된다. 또한 글 【바】의 독법에 매혹을 느낀 독자는 자기 이해를 중시하는 독자로서의 자기 생성을 하게 된다. 물론 교사로서의 자기 생성도 가능하다. 이들 텍스트의 독자는 각 텍스트에 내속되어 있는 독자 한패와 결연하여 한패-되기를 실현하게 된다. 이들 전공자가 독자 한패-되기를 실행하여 독자 한패를 이루는 것은 각 독법을 자기 생성으로 지니게 되었기 때문이다. 독자 한패-되기의 실행은 독자 한패의 독법을 자기 생성으로 지니게 됨으로써 이루어진다.

4) 독자 한패로 활동하기

독자 한패-되기를 실행한 독자는 독자 한패로 활동한다. 독자 한패-되기의 본질은 텍스트 읽기에 독법을 적용하는 것이다. 그래서 텍스트에 대한 이해가 독자 한패 내에서는 동일성을 이루어 내야 한다. 그런데 독자 한패의 활동은 실제 텍스트 읽기에서는 일치하지 않을 수 있다. 현실적으로 한패의 독자들이 텍스트 이해의 동일성을 이루지는 않는다. 특히 인지적 관점의 읽기에서는 이해의 동일성을 인정하지 않는다. 텍스트 중심 읽기 관점과는 대조적이다. 독자 한패의 구성원이 공유한 독법을 활용하여 생성한 의미가 독자마다 달라야 함을 강조하기 때문이다. 생성한 의미에 차이가 있지만 독자 한패가 유지되는 이유는 무엇일까?

독자 한패-되기는 독법의 공유에 집중된다. 동일 독법을 사용하는 것으로 독자 한패가 되는 것이다. 독자 한패 내에서도 개별 텍스트에 대한 이해의 차이가 존재할 수 있다. 독자 간의 이해의 차이는 한패 내에서 허용된다. 하지만 독자 간 차이가 허용되지 않는 것은 독법이다. 독자 한패의 활동은 독법을 중심으로 이루어진다. 독자 한패의 독법에 대한 비판이나 다른 독법에 대한 관심은 용인되지 않는다. 이는 독자 한패를 이루게 하는 것이 독법임을 의미한다. 사실 독법은 독자 한패의 근원이기 때문에, 이에 대한 차이나 이견은 한패의 탈퇴를 의미한다. 따라서 독법의 공유가 한패-되기의 본질이다. 이는 독자 한패의 활동이 독법의 공유와 활용에 달려 있음을 의미한다.

독자 한패는 독법의 공속으로 집단성을 갖는다. 집단성은 구성원 상호 간에 함께한다는 의식으로 서로 결속하는 속성이다. 독자가 다른 독자와 결속 관계를 느끼게 하는 것이 집단성이다. 개별 독자가 이 집단성을 외현화할 때, 한패 독자가 이를 인정하고 존중할 때, 독자 한패로서의 읽기 활동을 할 수 있게 된다. 독자 한패가 집단성을 갖는 근거는 독법이다. 개별 독자가 독자 한패의 독법을 사용함에 능숙하여 원활한 텍스트 이해를 실행할 수 있을 때 한패-되기를 이룬 것이다. 독자의 독법 공속은 텍스트 이해 활동에서 진정한 독자로서 존재할 수 있게 한다. 이로 독자는 텍스트 이해에 대한 타당성과 한패의 신뢰성을 확보했다고 여기게 된다.

독자 한패의 활동은 한패의 일부로 이루어진다. 독법에 이미 독자 한패가 내속되어 있다. 독자가 한패가 되어 독법을 활용하는 일은 내속되어 있는 독자 한패의 활동이 된다. 그런데 개별 독자나 독자 모임이 한패-되기를 실행하여 텍스트를 읽는 활동은 독자 한패의 부분 한패의 활동이다. 개별 독자의 입장에서 보면, 소속된 독자 한패의 활동이 한패 전체의 활동일 수 있다. 하지만 실제 독자 한패로서의 활동은 부분 한패의 활동이다. 이는 개별 독자가 속한 한패 외에 더 큰 한패가 존재함을 뜻한다. 실제 독자 한패의 규모를 규정하는 일은 불가능하다. 하지만 독자 한패-되기를 실행한 독자에게 독자 한패는 보이지 않지만, 그 그림자로 어디에나 존재한다.

독자 한패의 텍스트 읽기 활동에는 경계가 작용한다. 동물 무리도 소속과 활동에는 경계가 존재한다. 독자가 행하는 독자 한패의 경계 내에서의 활동은 존중받지만, 경계를 벗어나면 배척된다. 독자 한패의 텍스트 읽기 활동에는 텍스트 선정이나 텍스트의 내용, 독자의 관심 대상 등도 경계에 관여한다. 독자 한패 내에서 수용할 수 없는 텍스트가 있다. 텍스트의 내용 특성이 독자 한패와 맞지 않는 것이다. 대표적인 것으로 종교 관련 텍스트를 예로 들 수 있다. 세부적으로 보면, 『천 개의 고원』을 읽는 독자 한패와 『순수이성의 비판』을 읽는 독자 한패 사이에는 경계가 존재한다. 인지적 관점의 읽기 교육을 강조하는 독자 한패와 해석학 관점의 읽기 교육을 강조하는 독자 한패 사이에도 경계가 존재한다. 독자가 독자 한패의 경계를 넘으면 다른 독자 한패가 된다.

독자 한패들 사이에는 배타성이 있다. 한패를 이룬 독자들은 다른 독자 한패를 심리적으로 배척하고 대립한다. 이는 독법에 대한 신념에서 비롯된다. 독자가 속한 한패의 독법의 타당성에서 비롯된 신념이다. 이는 독법이 다양하게 존재할 수 있는 조건이 된다. 또한 독법의 다양한 변화를 위한 조건이기도 하다. 독자 한패 내에서는 타당한 독법을 확립하기 위한 노력을 경주(傾注)하기 때문이다. 또한 배타성은 독자 한패 간의 소통과 협력의 필요성도 제기한다. 이 때문에 독자 한패 간에는 다양한 소통을 시도한다. 이는 독법의 변화와 새로는 독자 한패가 탄생하게 한다.

현실적으로 지배적 독자 한패가 존재한다. 텍스트 이해에는 독자 한패를 이루게 하는 상황성이 내재한다. 교육적으로 보면, 저자 중심 텍스트 읽기가 강조된 시기, 텍스트 중심 읽기가 강조된 시기, 독자 중심 읽기가 강조된 시기가 구분된다. 저자 중심 읽기 시기에도 텍스트 중심과 독자 중심의 읽기는 있었다. 특정 독법을 내속한 독자 한패가 상황 조건에 의해 지배성을 획득한 것이다. 지배성이 존재하는 것은 특정한 독자 한패의 독법이 텍스트 이해에 절대적인 우위를 갖지 않기 때문이다. 지배적 독자 한패는 상황 조건의 변화에 따라 바뀐다.

4. 한패-되기의 실행

텍스트 읽기는 독자별로 이루어진다. 그렇지만 독자의 텍스트 이해는 집단성에 기초한다. 독자에게는 독자 한패가 내속되어 있다. 독자가 독자 한패를 떠나면 독자일 수 없다. 텍스트를 이해할 수 없기 때문이다. 독자는 텍스트와의 관계만으로 존재할 수 없다. 독자는 독자 한패와 결연해야 한다. 텍스트와 독자 한패는 둘 다 독자에게 절대적이다. 텍스트가 없으면 독자일 수 없고, 독자 한패가 없으면 독자일 수 없다. 독자는 독법으로 텍스트를 읽고, 독법은 독자 한패가 있어야만 존재한다. 그러므로 독자의 존재 근거는 텍스트와 독자 한패이다. 독자가 텍스트를 읽는 일은 독자 한패의 독법으로 텍스트와 소통하는 일이다. 독자의 텍스트와의 소통 결과는 독법에 따라 다르다.

독자는 독자 한패-되기를 실행해야 한다. 독자는 한패-되기의 실현으로 실제적 독자가 된다. 실제적 독자는 독법을 지닌 독자이다. 독법을 지닌 독자는 텍스트를 독법에 따라 읽을 수 있다. 독자가 어떤 독법으로 어떤 읽기를 하는가는 중요하지 않다. 독법으로 텍스트를 읽을 수 있는 것이 중요하다. 독법으로 텍스트를 읽을 수 있는 독자는 결국 자기에게 필요하고, 맞는 독법을 생성하여 갖출 것이기 때문이다. 독자는 특정 독자 한패에 고착되지 않는다. 텍스트를 읽으면서, 독자 한패로 활동하면서, 새로운 독법과 마주치면서, 독자 한패-되기를 반복한다. 독자의 한패-되기는 독자-되기의 일부일 뿐이다. 독자는 한패-되기 너머에 존재하는 다양한 독자-되기를 실행할 수 있는 다양체이다.

이 장에서는 독자-되기를 동물의 집단성에 기초한 동물-되기의 일부로 살폈다. 들뢰즈와 과타리의 『천 개의 고원』 10장 '어느 마법사의 회상 1'의 내용에 토대를 두고 있다. 이 논의는 들뢰즈와 과타리의 '되기'에 대한 논의의 일부분에 속한다. 그래서 '되기'의 개념은 '어느 베르그송주의자의 회상'에 내용을 토대로 논하였다. '되기'는 우리가 대상과 블록을 형성해 자기를 생성하는 활동 과정을 지시한다. 독자-되기는 독자가 독자 한패와 블록을 형성하고, 그 특성을 자기 내부에서 생성하여 가지는 활동이고, 독자 한패-되기는 독자 한패의 독법을 자기 내부에서 생성하여 갖추는 일이다. 한패-되기는 집단성을 우리 내부에서 생성하는 일이다. 독자 한패-되기는 독자-되기의 일부이고, 새로운 독자-되기의 토대를 만드는 일이다.

독자의 한패-되기는 텍스트를 독법에 따라 읽는 독자가 되는 일이다. 독자는 독자 한패-되기를 실행해야 실제적 독자가 될 수 있다. 실제적 독자는 독법으로 텍스트를 읽고 이해하는 독자이다. 이를 위해 독자는 한패-되기를 실행해야 한다. 독자의 한패-되기는 먼저 독자 한패의 독법에 매혹되어야 한다. 그다음, 그 독법을 가진 독자 한패와 결연을 이루어야 한다. 그런 후, 그 독자 한패의 독법을 자기 내부에서 생성해 내야 한다. 마지막으로 독자 한패로서의 활동을 실행해야 한다. 독자는 한패-되기의 실행으로 독법을 지닌 실제적 독자가 되어 텍스트를 읽고 이해하게 된다.

독자 한패는 다양하게 존재한다. 개별 독자는 어떤 독자 한패와도 결연할 수 있다. 독자-되기는 한 번으로 완결되지 않는다. 낯선 독자 한패의 존재를 의식할 수만 있으면 언제나 독자-되기를 새롭게 실행할 수 있다. 새로운 독자-되기를 위해서는 자기 마음속에 존재하는 독법에 매혹을 일으키는 다양체를 발현시켜야 한다. 그러기 위해서는 다른 독자 한패나 그 한패의 독법에 대하여 호기심과 관심을 가져야 한다. 물론 학습 독자에게는 이를 위한 교육적 노력이 필요하다. 독자는 독자-되기의 실행으로 늘 새롭게 탄생한다.

제5장 특이자-되기

1. 특이자와 독자

공자께서 말씀하셨다. '어진 이의 훌륭한 행실을 보고는 그와 같기를 생각하며, 어질지 못한 이의 나쁜 행실을 보고는 안으로 스스로 반성해야 한다'(子曰 見賢思齊焉 見不賢而內自省也) (『논어(論語)』, 이인편(里仁篇))

독자의 텍스트 이해는 자기 생성이다. 독자가 자기를 만들어 내는 일이다. 위 『논어(論語)』의 구절을 읽는 독자는, 구절의 의미대로 할 수 있는 자기를 생성해야 한다. 위의 문장을 외우거나 내용을 말할 수 있다고 이해한 것이 아니다. 독자의 텍스트 이해는 텍스트의 의미와 공명하는 자기를 생성하는 일이다. 공명은 '소리를 낼 수 있는 물체가 외부의 음파(주파수)에 영향을 받아 동일한 진동수의 소리를 내는 현상'(표준국어대사전)이다. 다른 말로 하면, 어떤 사람이 다른 사람의 감정, 관념, 행동 등과 같은 진동수의 감정, 관념, 행동을 생성하는 것이다. 텍스트 이해와 관련지으면, 공명은 독자가 텍스트의 내용을 이루고 있는 관점, 논리, 인식, 사유 등과 동질의 관점, 논리, 인식, 사유 등을 자기 안에서 생성하는 것이다.

독자가 텍스트를 읽고 자기 생성을 하는 일은 다양한 형태를 취한다. 보편성에 토대를 둔 자기를 생성하기도 하지만 독특성을 지닌 자기를 생성하기도 한다. 독자의 보편적인 자기 생성은 텍스트의 보편적 의미에 공명하면 된다. 한편, 독자가 독특한 자기를 생성하기 위해서는 독특한 의미에 공명해야 한다. 독특한 자기 생성을 위해서는 두 가지 접근을 떠올릴 수 있다. 첫째는 독자가 텍스트에서 독특한 의미를 찾아내는 것이다. 둘째는 독특한 의미를 담고 있는 텍스트를 읽는 것이다. 이 둘은 다르게 보일 수 있지만, 공명은 독자와 텍스트가 함께 이루어 내는 일이다. 결국은 독특한 의미를 담고 있는 텍스트에서 독자가 그 의미를 찾아내야 한다. 텍스트가 독특하고 특이한 의미를 담고 있지만 독자가 찾아내지 못하거나, 독자가 독특하고 특이한 의미를 찾을 역량이 있지만 텍스트에 그 의미가 내재하지 않으면 그 의미는 존재하지 않는다. 그렇기에 독자가 독특하고 특이한 의미를 담고 있는 텍스트를 찾아 이해할 때, 독특한 자기를 생성할 수 있다. 독자의 이 특별한 자기 생성을 '특이자-되기'라 할 수 있다. 되기(devenir)의 논리[1]에 따르면, 독자가 특이자-되기를 하기 위해서는 특이자 텍스트와 블록을 이루어야 한다. 그래서 특이자를 자기 안에서 생성해 내야 한다.

들뢰즈와 과타리는 『천 개의 고원』(김재인 역, 2003) 10장 중의 <어느 마법사의 회상 2>에서 '모든 <동물>은 자신의 <특이자(Anomal)>를 갖고 있다'(김재인 역, 2003: 463)고 말한다. 그러면서 바로 이어서, '그러면 무리나 다양체 속에서 취해진 동물은 반드시 특이자를 갖는다는 말을 어떻게 이해해야 할까'라고 자문한다. 이 말에는 두 가지 의미가 있다. 첫째는 특이자-되기는 전후 맥락상 '동물-되기'의 일종[2]이라는 것이다. 둘째는 무리나 다양체를

---

1   동물-되기가 <유혹>의 형태를 띠고, 악마에 의해 상상 속에서 야기된 괴물들의 형태를 띠는 이유는, 동물-되기가 진행 과정은 물론 기원에서도 확립되었거나 확립되길 원하는 중앙 제도들과의 단절을 동반하기 때문이다.(김재인 역, 2003: 469)

가진 동물을 선택하게 되면, 그 동물에는 반드시 특이자가 존재한다는 것이다. 들뢰즈와 과타리의 말을 그대로 좀 더 풀이해 보면, 동물의 종에는 특이한 또는 특별한 동물이 있다는 것이다. 즉 우리가 특정한 동물을 취하면 그 동물은 반드시 특이자를 갖고 있다는 것이다.

독자의 텍스트 이해와 관련지어 보면, 독자가 읽는 텍스트에는 특이자 텍스트가 반드시 존재한다는 말이다. 실제 텍스트에는 여러 특이자 텍스트가 존재한다고 할 수 있다. 물론 특이자 텍스트는 독자의 주관적인 판단에 의한 것일 수도 있고, 객관적인 것일 수도 있다. 그래서 독자의 주관에 따른 특이자 텍스트는 독자의 지향이나 과제, 역량에 따라 다를 수 있다. 객관적인 특이자 텍스트는 누구나 알고 있는 특별한 텍스트이다. 그리고 독자의 텍스트 이해의 역량이 높아질수록 특이자 텍스트는 객관적인 것이다. 이는 특이자 텍스트에 대한 일반적 합의가 있을 수 있음을 뜻한다.

> 문을 나서지 않고도 세상을 알고, 창문을 통하지 않고도 세상을 본다. 나간 것이 점점 멀어질수록 아는 것이 점점 줄어든다. 이런 이치로 성인은 행하지 않고도 알고, 보지 않고도 명철해지며, 하지 않고도 이룬다.(不出戶, 知天下; 不闚牖, 見天道. 其出彌遠, 其知彌少. 是以聖人不行而知, 佛見而明, 不爲而成.)(老子, 『道德經』 47장) (최진석 역, 2002: 365)

---

2   결연이나 계약이 표현의 형식이라면 내용의 형식은 감염증이나 전염병이다. 마법에서 피는 전염과 결연의 성질을 갖는다. 따라서 아래와 같은 이유에서 동물-되기는 마법의 문제라고 할 수 있다. 1) 동물-되기는 악마와의 결연이라는 첫 번째 관계를 내포한다. 2) 악마는 동물 무리의 가장자리로 기능하는데, 인간은 전염을 통해 이 안으로 이행하거나 생성한다. 3) 이 되기 자체는 다른 인간 집단과의 결연이라는, 두 번째 결연을 내포한다. 4) 이 두 집단 간의 이 새로운 가장자리는 무리 안에서 동물과 인간의 전염을 인도한다.(김재인 역, 2003: 469)

위의 노자(老子)의 『도덕경(道德經)』 47장을 보면, 세상의 도를 깨치는데 탁월한 사람을 성인(聖人)이라 한다. 성인은 지혜와 덕이 뛰어나 모든 사람이 존경하고 본받아야 할 사람이다. 이런 성인은 특이자라 할 수 있다. 사람들이 인정하는 공자, 석가모니, 소크라테스, 예수, 마호메트 등이다. 이들 성인은 많은 사람이 따르는 사상을 가지고 있다. 성인에 비추어 볼 때, 특이자는 성인과 같이 많은 사람을 따르게 하는 특별한 무언가를 가지고 있는 사람이다. 이를 좀 더 확대하면 많은 사람이 따르는 특별함을 가진 사람은 모두 특이자라 할 수 있다. 이를 텍스트와 관계지어 보면, 특이자 텍스트는 많은 독자가 따르는 특별한 내용(의미)을 담고 있는 텍스트이다.

독자의 특이자-되기는 독자가 특이자 텍스트를 이해하여 자기 생성을 하는 것이다. 독자의 특이자-되기는 특이자 텍스트에서 비롯된다. 즉 독자가 특이자 텍스트와 블록을 형성해야 특이자-되기를 이룰 수 있다. 이때 특이자 텍스트가 어떤 내용(의미) 특성을 지녔는가에 따라, 또는 독자가 특이자 텍스트에서 어떤 의미를 포착하는가에 따라 특이자-되기의 내용은 달라진다. 독자는 특이자 텍스트와의 접속으로 특이자-되기를 실행할 수 있다. 독자의 특이자-되기는 독자가 특이자의 속성을 지닌 자기 생성을 이루는 것이다. 이는 독자의 특이자-되기가 동물-되기의 특성을 따르는 것이면서 자기-되기의 일환임을 의미한다. 자기-되기가 자기다움을 위한 고유한 자기 생성을 하는 것이기에 독자의 특이자-되기도 자기다움의 고유함을 생성하는 것이다.

이 장에서 논의하는 독자의 특이자-되기는 들뢰즈와 과타리의 『천 개의 고원』 10장의 '어느 마법사의 회상 2'를 토대로 한다. '어느 마법사의 회상 2'는 특이자에 대하여 논의한다. 즉 『천 개의 고원』 10장은 '되기'에 대한 논의이고, '어느 마법사의 회상 2'는 '특이자'에 대한 것이다. 그러기에 이 둘을 결합은 '특이자-되기'에 대한 논의임을 알 수 있다. 동물-되기의 한 유형으로 이루어지는 특이자-되기의 논리를 살펴, 독자의 특이자-되기의 논리를 구체화한다. 이는 독자의 자기 생성을 위한 텍스트 이해의 관점을 구체화하는 것이면서, 텍스트 이해의 현상을 설명하기 위한 것이다. 이 논의는 독자의 텍스트 이해 교육을 다른 관점에서 볼 수 있게 하며 텍스트 이해 교육의 개선을 위한 단서를 제공하기 위한 것이다.

2. 특이자의 개념과 특성

특이자는 보통의 것과 특별히 다르면서 뛰어난 대상을 가리킨다. 멜빌(Herman Melville, 1819~1891)의 소설 『모비 딕(Moby Dick)』에 나오는 흰 고래(白鯨) '모비 딕(Moby Dick)'이나, 카프카(Franz Kafka, 1883~1924)의 『가수 요제피네 혹은 쥐의 족속』에 나오는 생쥐 여가수인 '요제피네'와 같은 대상이다. 모비 딕이나 요제피네는 보통의 고래나 쥐와는 다른 뛰어난 특별함을 지니고 있다. 텍스트 중에도 특별히 다르면서 뛰어난 내용을 담고 있는 것이 있다. 들뢰즈와 과타리는 이 특별한 대상을 '특이자'라고 하고, 이들과 결연으로 자기 생성을 하는 것을 '특이자-되기'라 한다. 이 특이자와 특이자-되기를 살펴본다.

가. 특이자의 개념

특이자는 어디에나 존재하는 것은 아니지만 여러 곳에 존재한다. 특이자는 특별한 종에만 존재하는 것도 아니고 모든 종에 존재한다. 특별히 큰 개도 있고, 특별히 작은 강아지도 있다. 또한 큰 고래가 실제로 존재하기도 하지만 『모비 딕』의 '모비 딕'처럼 작품 속에서도 존재한다. 들뢰즈와 과타리는 모비 딕을 그 대표적인 예로 제시한다.[3] 특이자는 환웅과 결혼한 웅녀처럼 특정한 장소나 특정 나라에만 존재하기도 하지만 상상의 동물인 용처럼 세계가 공유하는 것도 있다. 특이자는 우리 주변에 또는 우리 의식 속에 다양한 형태로 존재한다. 우리가 특이자에게 관심을 가질 때 그 존재를 인식하고 확인할 수 있다.

> 어느 마법사의 회상 2－우리의 첫 번째 원리는 이러했다. 즉 무리와 전염, 무리의 전염, 바로 그것을 통해 동물-되기가 일어난다. 그러나 두 번째 원리는 이와 정반대의 이야기를 하는 것처럼 보인다. 즉 다양체가 있는 곳에는 반드시 예외적인 개체가 있기 마련이며, 동물-되기를 위해서는 반드시 그와 결연을 맺어야만 한다. 한 마리만의 늑대 따위는 있을 수 없으며, 패거리의 우두머리, 무리의 장(長), 아니면 지금은 혼자 살고 있는 쫓겨난 옛 우두머리가 존재하며, <은자> 또는 <악마>가 존재한다. (김재인 역, 2003: 462).

특이자는 동물-되기의 두 번째 원리와 관련된다. 동물-되기의 첫 번째 원리는 무리(집단)의 전염에 의한 동물-되기(한패-되기)이다. 동물-되기의 첫 번째 원리는 동물 집단(類, 種)의 공통성이다. 한편 동물-되기의 두 번째 원리는 예외적인 개체의 특성이다. 동물의 집단(다양체)에는 예외적인 개체가 있다. 이 예외적인 개체는 우두머리, 무리의 장, 쫓겨난 우두머리, <은자>, <악마> 등이다. 이들 예외적인 개체는 보통의 개체와는 다른 독특함이 있다. 그래서 이들은 특이자로 존재한다. 이들 특이자와의 결연은 특이자-되기를 이루게 한다. 이 특이자-되기는 동물-되기의 일종이다. 다만 특이자-되기는 한패-되기와는 다른 형태를 띤다. 한패-되기가 집단성에 토대를 두고 있다면 특이자-되기는 예외적인 특정한 하나의 개체에 토대를 두고 있다.

---

3   『모비 딕』 전체는 되기에 대한 최고 걸작의 하나이다.(김재인 역, 2003: 463)

위의 인용문의 두 번째 원리에서 보면, 특이자는 다양체와 관계된다. 다양체는 한 대상이 무엇으로든 변화할 수 있는 내재적 특성이다. 접속하는 대상에 따라 드러내는 본질이 달라지는 속성이 다양체이다. 본질 속성이 고정되어 있어 변화할 수 없는 것은 다양체가 아니다. 다양체는 관계 맺는 대상에 따라 다양한 양태로 드러날 수 있다. 우리 주변에 있는 것은 모두 다양체이다. 관계에 따라 변화할 수 있기 때문이다. 이들 중 특이자는 특별한 능력을 내재적으로 생성해 가진 개체이다. 그래서 다른 개체의 변화와는 남다른 변화를 이루어 낸 예외적인 개체가 된다. 이 예외적인 개체에는 관계에 따라 변화할 수 있는 또 다른 차원의 다양체가 내재한다. 두 번째 동물-되기는 이들 특이자와의 결연으로 이루어진다.

> 이 특이자의 본성은 정확히 무엇인가? 패거리나 무리와 관계에서 특이자는 어떤 기능을 하는가? 특이자가 단순히 예외적인 개체가 아닌 것은 분명하다. 단순히 예외적 개체는 정신분석식으로 오이디푸스화된 가족적인 또는 친근한 동물, 아버지의 이미지 등으로 특이자를 돌려보낼 것이다. 에이허브에게 모비 딕은 노부인이 특별히 대하면서 소중히 여기는 것은 작은 고양이나 작은 강아지와 같은 것이 아니다. 로렌스에게 그가 행한 거북이-되기는 감정적인 또는 가족적 관계와는 전혀 무관하다. 무리의 선택적 요소인 특이자는 가정적이며 정신분석적인 선호된 개체와는 무관하다. 하지만 특이자가 가장 순수한 상태로 속과 유의 특성들을 나타내는 종의 운반자인 것도 아니다. 즉 특이자는 모델이나 유일한 전범. 구현된 전형적 완성. 어떤 계열의 탁월한 항. 또는 절대적으로 조화로운 대응의 받침대가 아닌 것이다. (김재인 역, 2003: 464)

특이자는 무리 중에서 특별히 뛰어난 개체이다. 윗글에서 보면, 이 특이자의 특성이 아닌 것을 밝혀볼 수 있다. 특이자는 단순히 예외적인 개체가 아니다. 오이디푸스적인 가족적 친근성을 가진 개체가 아니다. 소중해서 특별하게 대하는 개체도 아니다. 감성적이거나 가족적인 관계와도 무관하다. 가정적이고 정신분석적으로 선호된 개체도 아니다. 그렇다고 순수하게 같은 유(類)나 종(種)의 특성이 개체도 아니다. 또한 종의 유일한 전범이나 전형성, 계통적 원형이거나, 구조적 표준성을 지닌 것도 아니다. 한 마디로 특이자는 특정 종을 대표하여 일반적 또는 보편적 속성을 충실하게 갖춘 개체는 아니라는 것이다. 그렇다면 특이자는 어떤 개체일까?

> 실제적 동물-되기의 위대한 작가인 카프카는 생쥐 군상을 노래한다. 생쥐 여가수인 요제피네는 때로는 패거리에서 특권적 위치를 차지하는가 하면 때로는 패거리의 바깥에 있기도 하고 또 때로는 패거리의 집단적 언표들 속으로 미끄러져 들어가 익명으로 사라지기도 한다. 요컨대 모든 <동물>은 <특이자 Anomal>를 갖고 있다. (김재인 역, 2003: 463)

위의 인용문은 들뢰즈와 과타리가 카프카의 소설 『가수 요제피네 혹은 쥐의 족속』[4]에 나오는 쥐인 '요제피네'를 언급하며 특이자의 특성을 밝히고 있다. 요제피네를 보면, 패거리에서 특권적 위치를 차지하고 있다. 요제피네는 다른 쥐들과 비교했을 때 노래하는 가수라는 특별한 위치를 차지하고 있다. 그러면서 패거리의 바깥에 있기도 하다. 즉 쥐의 패거리와 함께 어울리지 않고, 혼자 있거나 다른 종(種)인 사람과 함께 어울린다. 또한 때로는 쥐의 집단과 함께하면서 자신을 드러내지 않기도 한다. 이를 통해서 보면, 특이자는 특별한 능력에서 비롯된 특권을 드러낼 때도 있고, 종의 집단을 벗어나 다른 종들과 어울리기도 하고, 종의 집단 속으로 사라지기도 한다. 요컨대,

---

4   국내 번역본은 김해생 역(2019)을 참조할 수 있다.

특이자는 다양하게 변화하는 존재적 특성을 가졌다.

> 특이자는 개체도 종도 아니며, 그저 변용태들만을 운반할 뿐이며, 친숙하거나 주체화된 감정들도 특수하거나 기표 작용적인 특성들도 포함하고 있지 않다. 인간적인 분류는 물론이고 인간적인 다정함도 특이자에게는 낯설다. 러브크래프트는 이러한 것 또는 이러한 존재를 아웃사이더라고 부른다. 선형적이지만 다양체적인 가장자리에서 와서 가장자리를 넘어가는 <어떤 것>, "충만하고, 끓어오르고, 부풀어 오르고, 거품을 일으키며, 전염병처럼 번져가는 이름 없는 공포"를. (김재인 역, 2003: 465)

특이자는 감응(변용태)을 운반한다. 특이자는 습관화되어 있거나 정해진 일반의 반복적인 감정을 불러일으키거나, 암호와 같이 특수한 의미나 관계 속에서 규정된 의미를 인식하게 하는 개체가 아니다. 우리가 익숙한 방식으로 분류할 수 있거나 친숙함에 의해 구분되는 개체가 아니다. 특이자는 기성의 인식 틀에서 벗어나 있는 것이면서 독자성을 지닌 개체이다. 그렇기에 한 가지 종(種)에 속하지만, 그 종을 결정짓는 기준이나 조건으로는 규정할 수 없는 개체이다. 러브크래프트의 소설 『아웃사이더』에 나오는 괴물(구을: 신화에 나오는 묘지에서 인간 육체를 먹는 괴물)이 된 주인공인 '아웃사이더'에 해당하는 개체이다. 선형적인 인식이기는 하지만 다양체(집단)의 가장자리를 이루거나 가장자리를 벗어나는 개체이다. 그러면서 충만한 감응, 끓어오르는 감응, 부풀어 오르는 감응, 거품처럼 커지는 감응, 전염병처럼 번져가면서 공포를 일으키는 감응이 일게 하는 개체이다.

특이자는 특별한 감응을 갖게 하는 대상이다. 어떤 감응과도 견줄 수 없는 감응을 갖게 하는 대상이다. 그 감응의 종류는 제한하거나 한정할 수 없다. 에이허브 선장이 모비 딕에게서 받은 감응과 같은 특별한 감응을 갖게 하는 대상이 특이자이다. 특이자는 감응을 가진 이를 그대로 내버려 두지 않는다. 특이자-되기를 실행하게 만든다. 『모비 딕』의 에이허브 선장은 모비 딕에게 모든 마음을 빼앗겨 있다. 자신의 모든 것을 모비 딕과 함께 한다. 그것은 무엇과도 바꿀 수 없는 절대적인 것이다. 특이자-되기는 에이허브 선장의 모비 딕-되기와 같은 것이다. 예외적인 개체에 대한 감응에서 그 개체의 모든 것을 함께하는 것이다. 절대적인 감응에서 비롯된 감정과 의식을 온통 함께 하는 것이다. 특이자는 특이자-되기를 실행하게 만드는 개체이다.

나. 특이자의 특성

특이자는 집단과 관련되어 있다. 특이자는 집단 내에서 개체성을 갖는다. 집단 내의 다른 개체와는 다른 특성을 갖는다. 특이자는 집단이 지닌 공통성을 지녔지만, 그만의 독특성을 지닌다. 그렇기에 특이자는 그만의 독특한 특성이 관심의 대상이 된다. 텍스트도 내용적으로 집단을 형성하기에 특이자 텍스트가 있다. 특이자 텍스트는 텍스트의 모든 공통성을 토대로 그 텍스트만의 독특성을 지니고 있다. 들뢰즈와 과타리의 『천 개의 고원』, 하이데거의 『존재와 시간』, 노자(老子)의 『도덕경(道德經)』 등이 그 예이다. 이 특이자 텍스트의 수를 한정하기는 어렵다. 특이자-되기는 이들 특이자 개체의 독특성과 블록을 형성하여 실현된다. 특이자의 특성을 몇 가지로 구분하면 다음과 같다.

1) 개체성

개체성은 특이자의 내적 특성이다. 특이자는 개체이다. 개체는 집단을 전제한다. 집단 속에 개체가 있다. 개체를 인식할 때는 집단성보다는 개별성에 집중한다. 그렇기에 특이자는 개체를 개별성에 초점을 두고 인식한 것이다.

특이자는 개체로서 독립적이고 유일하며, 뛰어나고 나름 완전하다. 특이자는 집단에 포함은 되지만 집단의 다른 개체와 함께하지 않는다. 집단에 속하지만, 집단의 일원으로 활동하지 않는다. 집단과 거리를 두고 독립적으로 존재한다. 그렇기에 외톨이고 은자이며 악마이다. 집단의 누구와도 소통하지 않는다. 홀로 있지만 부족하지 않다. 개체이지만 집단 전체를 아우를 수 있다. 그렇기에 특이자는 독특성을 지닌 개체이다.

특이자는 특별성을 지녔다. 특별성은 보통이나 평균을 넘어서는 특성이다. 특이자는 평균에 머물지 않기 때문에 종의 개체들과는 남다르다. 이 다름은 희귀함과 특이함을 내포한다. 희귀함은 수가 많지 않지만 귀중하게 여겨지는 것이고, 특이함은 보통의 것과는 달리 특별하게 뛰어남이 있는 것이다. 그렇기에 특이자는 진귀하고 특별하며 보배와 같이 귀중하다. 그 진귀함은 상대적이거나 외부에서 주어진 것이 아니다. 자체적으로 지닌 것이기에 특유하다. '모비 딕'이나 '요제피네'의 예에서 보면, 특이자는 종(種)의 다른 개체는 갖지 못한 특별하고 뛰어난 특유성을 가지고 있다. 모비 딕은 크고 세고 지혜롭다. 그렇기에 고래잡이 전문가들이 당해낼 수 없다. 요제피네의 휘파람 소리의 노래는 감명스럽고 매혹적이어서 청중을 사로잡는다. 그래서 모든 청중에게 감동을 선사한다.

특이자에게는 독특성이 있다. 보통의 개체는 따를 수 없는 뛰어난 능력을 갖추고 있다. 종(種)의 무리가 가진 능력뿐만 아니라 다른 능력도 갖는다. 모비 딕은 다른 고래보다 덩치가 큰 것은 물론이고 고래잡이 창으로 잡을 수 없는 몸과 힘을 지녔다. 또한 고래잡이배를 공격하여 부수어 버리는 능력도 지녔다. 요제피네는 매혹적인 노랫소리와 상황에 맞게 대처하는 뛰어난 연기력을 지녔다. <윌라드>에 나오는 쥐 '벤'도 다른 쥐들과는 달리 친화력과 통솔력을 발휘한다. 특이자들은 특별하게 뛰어난 능력으로 같은 종들이 할 수 없는 일을 해낸다. 모비 딕은 고래잡이 어부들에게 잡히지 않고, 요제피네는 사람들을 매료시키며, 벤은 사람들과 맞선다.

요컨대 모든 <동물>은 자신의 <특이자(Anomal)>를 갖고 있다. 그러면 무리
나 다양체 속에서 취해진 동물은 반드시 특이자를 갖는다는 말을 어떻게 이해해
야 할까. 이제는 불어에서 통용되지 않는 형용사인 'anomal(특이한)'이라는 단
어는 'anormal(비정상적인)'과는 어원이 매우 다르다는 것이 이전부터 지적되
어 왔다. 실사(實辭)를 갖고 있지 않은 라틴어 형용사인 'a-normal(비-정상적
인)'은 규칙을 갖지 않는 것 또는 규칙에 반하는 것을 형언하고 있는 반면,
an-omalie(특이함)은 형용사형을 잃어버린 그리스어 실사로서, 불균등한 것,
꺼칠꺼칠한 것, 우툴두툴한 것, 탈영토화의 첨점을 가리킨다. 비정상적인 것은
종이나 속과 관련된 특성들과 관련해서만 규정될 수 있다. 그러나 특이함은
하나의 다양체와 관련해서 하나의 위치 또는 위치들의 집합이다. 따라서 마법사
들은 무리에서 예외적 개체의 위치를 정하기 위해 '특이한'이라는 오래된 형용
사를 이용하는 것이다. 동물-되기를 위해서는 언제나 모비 딕이나 요제피네와
같은 <특이자>와 결연해야 하는 것이다. (김재인 역, 2003: 463-464)

특이자는 종(種)이나 속(屬)과 관련된 특성들로 규정될 수 있다. 모비 딕은
고래로, 요제피네와 벤은 쥐로 규정될 수 있다. 그렇지만 이들 특이자는 종이
나 속의 특성으로만 규정되지 않는 특이함을 드러낸다. 그렇다고 특이자는
'비정상적인 것'이 아니다. 윗글에서 보면, 특이자는 '특이함'을 지닌 개체이
다. 특이함은 '불균등한 것, 꺼칠꺼칠한 것, 우툴두툴한 것, 탈영토화의 첨점'
등을 함의한다. 비정상적이라는 것은 종이나 속과 관련해서만 드러나는 것이
지만, 특이자의 특이함은 다양체의 발현과 관련하여 특정한 위치나 위치들의
집합이다. 즉 특이자의 특이함의 발현은 특정 조건이나 조건들이 성립될
때 드러나는 정상적이지만 특별한 것이다. 특이자는 정상적이지만 무리에서

예외적인 위치에 있는 특이한 개체이다.

> 윌라드는 애완동물-벤이라는 쥐-을 갖고 있어, 사랑에서 증오로 바뀐 일종
> 의 결연 속에서 이 쥐와 관계를 맺음으로써만 쥐-되기를 한다. 『모비 딕』 전체는
> 되기에 대한 최고의 걸작의 하나이다. 에이허브 선장은 저항하기 어려운 고래-
> 되기를 갖고 있지만 이 고래-되기는 무리나 떼를 피해 <유일자>, <리바이어던>
> 인 모비 딕과의 괴물 같은 결연으로 직접 나아간다. 언제나 악마와 같은 계약이
> 존재하며, 악마는 때로는 패거리의 우두머리로서 때로는 패거리의 구석에 있는
> <은자>로서 또 때로는 무리의 지고한 <역량>으로서 나타난다. 이처럼 예외적
> 인 개체는 실로 다양한 위치에 있을 수 있다. (김재인 역, 2003: 463)

특이자는 특이자-되기를 가능하게 한다. 들뢰즈와 과타리는 동물-되기의
예로 영화 <윌라드>의 윌라드의 쥐-되기를 든다. 그리고 특이자-되기의 대표
적인 예로 『모비 딕』을 든다. 『모비 딕』의 에이허브 선장은 특이자인 모비
딕과의 결연으로 모비 딕-되기를 실현한다. 에이허브 선장은 모비 딕에 대한
그만의 특별한 감응을 지니고 있다. 이 감응으로 에이허브 선장은 모비 딕의
삶과 행동 특성을 이해하고, 그의 이동 경로를 추적하여 마주치기를 거듭한
다. 모비 딕-되기를 이룬 것이다. 모비 딕은 일반적인 무리의 고래와 다른
특이한 '유일자'이고, 『성경』의 <욥기> 41장에 나오는 바다에 사는 거대한
짐승인 '리이바어던(leviathan)'⁵과 같다. 모비 딕은 악마와 계약을 맺은 존재
로, 고래 무리의 우두머리로 지고한 역량을 지닌 개체 고래이다. 이 모비
딕은 예외적인 개체로 전 세계의 바다를 누빈다. 에이허브 선장은 이 모비

---

5   'leviathan'은 현재도 쓰는 말로 '거대한 바다짐승'을 뜻한다. 성경(이국진 편, 2004: 801)에
　 서는 '악어'로 번역되어 있다.

딕과의 결연으로 모비 딕-되기를 실행한다.

2) 가장자리

특이자의 외현적 특성은 가장자리 현상이다. 가장자리는 특정 물건의 끝에 가까운 부분이나 범위를 갖는 지역의 경계 부분을 일컫는다. 호수의 가장자리, 논이나 밭의 가장자리가 그것이다. 집단과 관련해서도 경계가 되는 부분을 가리킨다. 특정 식물이 밀집해 있을 때 다른 식물과 경계를 이루는 부분이 가장자리이다. 동물의 생활과 관련해서도 한 동물 개체의 활동 범위가 다른 개체의 활동 범위와 맞닿아 있는 경계 부분이 가장자리이다. 이 가장자리를 집단적 동물과 관련지어 생각해 볼 수 있다. 특히 특이자와 관련지어 볼 수 있다. 특이자는 집단에서 예외적인 개체로 여겨지기에 가장자리에 위치한다. 가장 보편성을 가진 것이 중심에 위치한다면 특이자는 가장 바깥, 가장자리에 위치한다.

다양체인 동물 종의 집단에서 보면 특이자는 그 특성상 가장자리에 위치한다. 가장자리는 중심과 가장 멀리 떨어져 있어 종의 보편성을 점차 잃어 가는 부분일 수 있다. 그렇지만 가장자리에 위치한 특이자는 일반적 가장자리와는 다른 특성을 갖는다. 특이자는 가장자리에 위치하지만, 종의 보편성을 잃지 않은 개체이다. 특이자는 종의 특성을 모두 갖는다. 가장자리에 위치해 있지만 중심의 보편성을 어느 개체보다는 충실히 갖추고 있다는 것이다. 그러면서 특별함을 갖추고 있는 개체이다. 모비 딕은 고래 종의 모든 것을 갖추고 가장자리에 위치한다. 그렇기에 고래 종의 보편성을 충실하게 갖추고 있다. 그러면서 독특한 능력을 지녔다. 특이자는 보편성에 충실한 예외적인 개체이다.

개체도 종도 아니라면 이 특이자란 무엇일까? 그것은 하나의 현상이지만,

가장자리 현상이다. 우리의 가설은 이렇다. 하나의 다양체는 그것을 외연 속에서 조성하는 요소들에 의하여 규정되지도 않고, 또 그것을 이해(comprehension) 속에서 조성하는 특성들에 의해 규정되지도 않으며, 오히려 그것이 '내포(intension)' 속에서 포함하는 선들과 차원들에 의해 규정된다. 만약 당신이 차원들을 모두 바꾸고, 차원들을 더하거나 빼면, 그것으로 다양체를 바꾸는 것이다. 따라서 각각의 다양체마다 하나의 가장자리가 존재하게 된다. 하지만 가장자리는 결코 중심이 아니라 포위선 또는 극단의 차원으로, 특정한 순간에 무리를 구성하는 모든 다른 선들이나 차원들을 고려할 수 있도록 해준다. (김재인 역, 2003: 466)

특이자는 하나의 다양체로서 가장자리 현상을 가졌다. 다양체인 특이자는 외연(extension)[6]에 속하는 구성 요소나 내포(comprehension)[7]에 속하는 특성들에 의해서도 규정되지 않는다. 강도(intension)[8] 속에 포함되는 선들과 차원들에 의하여 드러난다. 다시 말해 특이자는 그 자체를 이루고 있는 외적 요소(외연)나 내적 특성(내포)에 의하여 규정되는 것이 아니라 다른 것과의 접속으로 특이자가 드러내는 독특함을 이루는 선들과 차원들(강도)에 의하여 규정된다. 차원을 바꾸거나 변화시키면 특이자가 바뀌게 된다. 즉 특이자는 다양체의 특성을 작동시켜 다른 차원의 특성을 드러내게 된다. 특이자가 차원을 달리하여 드러내게 되는 각각의 다양체에는 각기 하나씩의 가장자리가 있다.

---

6 외연(extension, 外延)은 일정한 개념이 적용되는 사물의 전 범위. 이를테면 금속이라고 하는 개념에 대해서는 금, 은, 구리, 쇠 따위이고 동물이라고 하는 개념에 대해서는 원숭이, 호랑이, 개, 고양이 따위이다.(표준국어대사전)

7 compréhension은 '이해'의 의미로 주로 사용되지만 '포함', '함축'의 의미와 함께 '논리학'에서는 '내포(內包)'로도 사용된다.(한컴사전) 이 논의에서는 문맥을 고려하고, 이진경·권해원 역(2000: 18)을 참조해 '내포'로 표현한다.

8 intension은 '의도'나 '내포(內包)'의 의미로 주로는 사용되지만 '강렬도'나 '강도'의 의미로도 사용된다. 이 용어도 이진경·권해원 역(2000: 18)을 참조해 '강도'로 표현한다.

이 가장자리는 집단이나 종(種)의 최극단 경계선에 있으며 집단이나 종의 모든 특성을 포함한다.[9]

> 또 특정 동물의 가장자리를 그리거나 이를 점유하여 무리의 지도자로서 행동하는 경우. 나아가 다른 본성을 가진 존재가 가장자리를 규정하거나 중복하는 경우. 여기서 그 존재는 더 이상 무리에 속하지 않거나 일찍이 한 번도 무리에 속한 적이 없으며, 때에 따라 선도자나 아웃사이더 등으로서만이 아니라 위협으로서도 작용하면서 다른 질서의 역량을 표상한다. 어떤 경우이건 이 가장자리나 특이자 현상이 없는 패거리는 존재하지 않는다. (김재인 역, 2003: 467)

이런 특이자는 가장자리를 만들거나 가장자리에 있음으로써 무리의 지도자로 행동할 수 있다. 또는 다양체의 실현으로 원래의 본성과 다른 본성을 중복하여 드러내는 존재가 될 수도 있다. 이럴 때의 특이자는 더 이상 무리에 속하지 않거나 아주 다른 존재가 될 수도 있다. 때에 따라서는 선도자나 아웃사이더 등으로만 있는 것이 아니라 무리를 위협하거나 전혀 다른 특성을 드러내기도 한다. 이런 가장자리 현상을 일으키는 특이자는 어떤 무리(집단)에나 존재한다. 텍스트도 종(種)적인 특성으로 무리(집단)를 이루고 있기에 어떤 텍스트 유(類)이든 특이자 텍스트가 존재한다.

---

9 이처럼 특이자가 가장자리라면, 이 특이자가 가장자리를 이루는 무리나 다양체와 관련해서 이 특이자의 다양한 위치들, 그리고 매혹된 <자아>의 다양한 위치들을 훨씬 더 잘 이해할 수 있을 것이다. 나아가 이제 무리들에서 열등한 집단적 단계만을 보는 진화론의 덫에 빠지지 않고서도 무리들의 분류를 행할 수 있게 되었다(무리들이 만드는 특수한 배치들을 고려하는 대신에). 어쨌든 어떤 공간에서 한 마리의 동물이 선 위에 자리 잡거나 선을 그리고 있어서 이 선에 따라 무리의 성원 전체가 좌측이나 우측 어느 한쪽에 위치할 때마다 거기에는 무리의 가장자리, 특이자가 위치하게 된다.(김재인 역, 2003: 464)

3) 벽

특이자의 작용적 특성은 벽이다. 특이자는 예외적 개체이면서 가장자리에 위치한다. 이 가장자리는 경계의 끝인 '벽'의 의미를 내포한다. 이 특이자는 범위의 한계를 나타내는 벽의 속성을 갖는다. 벽은 넘거나 지나갈 수 없는 경계선이다. 넘거나 지나가면 새로운 세계를 얻게 한다. 벽은 끝, 마지막, 경계, 한계의 의미와 극복이 불가능함 또는 장애물의 의미도 포함한다. 그래서 벽의 깨뜨림은 새로움, 벗어남, 신세계, 초월, 희망 등의 의미를 내포한다. 특이자가 내포하는 벽은 특이자가 만드는 것이기도 하지만, 특이자를 의식하는 주체가 만드는 것이기도 하다. 실제로 특이자는 가장자리에 있기에 경계를 넘나들지만, 특이자를 의식하는 주체에게는 특이자는 넘어서기 어려운 벽이 된다. 특이자-되기와 관련지어 보면, 되기의 주체에게 특이자는 벽으로 존재한다.

에이허브 선장에게 모비 딕은 벽이다. 모비 딕은 에이허브 선장에게 한계를 느끼게 한다. 모비 딕을 오래도록 쫓아다니고, 잡으려고 하지만 잡을 수 없는, 가질 수 없는 대상이다. 모비 딕은 어떤 날의 대양도 문제없이 자유롭게 돌아다니며 살아간다. 이런 모비 딕을 에이허브 선장은 여러 가지 어려움을 겪으며 쫓아다니지만 잡기가 쉽지 않다. 에이허브 선장은 모비 딕을 자기 세계로 끌어들여 차지하려고 하지만 실패한다. 에이허브 선장에게 모비 딕은 넘을 수 없는 벽이기 때문이다. 에이허브 선장이 모비 딕과 함께하는 방법은 자기 세계를 버리고 모비 딕의 세계로 들어가는 것이다.

특이자는 벽이다. 특이자에게서 비롯되었거나 특이자 자체가 벽이다. 특이자가 생성한 벽이기도 하고, 특이자가 있어서 생겨난 벽이기도 하다. 허물어질 수도 있지만 특이자가 있는 한 존재하는 벽이다. 특이자의 벽은 주체가 스스로 만든 벽이다. 이 벽은 주체에게 한계와 경계로 존재한다. 주체에는 절대적 한계로 인식한다. 그렇기에 벽을 마주한 주체는 스스로 그 한계를 인식하게 된다. 에이허브 선장은 모비 딕과의 관계에서 자신의 한계를 인정한다.

> 에이허브 선장이 부관에게 말하는 것이 바로 그것이다. 내게는 모비 딕과의 개인적인 사연 같은 것은 없으며, 이렇다 할 복수심도 없고, 장황하게 늘어놓을 신화도 없다. 단지 내게는 생성이 있다! 모비 딕은 개체도 아니고, 유(類)도 아니며, 오히려 가장자리이다. 무리 전체를 붙잡고 무리 전체에 이르러 가로질러 가기 위해서, 난 그 놈을 때려눕혀야만 하는 거야. 무리의 요소들은 단지 상상적인 '모조품들'일 뿐이며, 무리의 특성들은 단지 상징적 존재들일 뿐이고, 중요한 것은 오직 가장자리, 즉 특이자뿐이다. "내게 흰 고래는 저 벽이다, 내 곁에 우뚝 솟아 있는." 흰 벽. "저 너머에는 아무것도 없다고 생각하는 경우도 있다. 그러나 그것으로 충분하다." (김재인 역, 2003: 466)

벽은 한계이고 넘을 수 없는 경계선이다. 그렇지만 주체는 그 벽을 넘고자 한다. 에이허브 선장이 모비 딕에서 벽을 느낀다. 모비 딕은 가장자리로서 고래의 모든 것과 그 이상의 힘과 능력을 지니고 있다. 그렇기에 고래잡이배의 선장인 에이허브는 모비 딕을 넘고자 한다. 모비 딕에게 사적 감정이나 복수심, 원한이 있어 그러는 것이 아니다. 모비 딕은 고래 중의 고래이고, 고래의 가장자리에서 벽으로 존재하기 때문이다. 에이허브 선장이 모비 딕을 잡게 되면 자기의 한계를 넘을 수 있기 때문이다. 그렇기에 모비 딕은 에이허브 선장에게 자기의 한계를, 경계를 알려주는 벽이다. 벽을 넘지 못한 에이허브는 벽 너머의 것을 얻을 수 없다. 그래서 에이허브 선장은 모비 딕을 잡고 싶어 한다. 자기의 한계를 알리는 벽을 넘어서고자 한다.

벽은 안과 밖을 나눈다. 벽 안쪽의 세계와 바깥쪽의 세계는 전혀 다른 공간이다. 벽 안쪽은 실내로서 주체의 세계이지만 바깥은 실외로서 낯선 세계이다. 벽 안쪽은 주체가 모든 것을 지배할 수 있지만 바깥쪽은 지배를 벗어나 있는 세계이다. 특이자는 주체를 벽 안쪽에 머물게 한다. 그렇기에 주체는 특이자에게서 벽을 느낀다. 주체가 특이자와 함께하려면 특이자가 만들어 놓은 벽을 넘어야 한다. 벽을 넘으면 특이자만 갈 수 있는 바깥의 세계를 만날 수 있게 된다. 에이허브 선장의 세계는 모비 딕이 만든 안쪽의 세계이다. 에이허브 선장은 모비 딕의 전체의 세계, 즉 에이허브 선장으로서는 갖지 못한 바깥의 세계를 얻고 싶어 한다.

벽은 안에 갇혔음을 알게 한다. 벽은 한계에 대한 의식, 한계를 넘으려는 바깥에 대한 의식 속에서 인식된다. 벽의 안쪽이 편안감도 주지만 속박감도 준다. 편안감은 바깥에 대한 인식이 없을 때 느낀다.[10] 속박감은 바깥에 대한 인식이 있을 때 느낀다. 편안감은 자기 세계에 갇혀 있을 때 느낀다. 속박감은 자기 세계와 다른 세계가 있음을 인식했을 때 느낀다. 이는 바깥에 대한 의식이 안쪽에 있음을 알게 한다. 바깥에 대한 의식이 없으면 안쪽에 있음도 의식할 수 없다. 안쪽 세계만 있으면 벽이 존재는 하지만 의식은 괘념치 않는다. 에이허브 선장은 모비 딕을 통하여 자기가 속한 세계의 한계를 의식한다. 안쪽 세계에 머무는 자기를 의식한다. 모비 딕이 벽이고, 바깥이 있음을 의식하게 하고 있기 때문이다.

벽은 주체가 벗어남을 추구하게 한다. 주체가 벽에서 속박감을 느낄 때이

10 　우선 예컨대, 모기 무리에서처럼 각각의 동물이 이 선에 도달하거나 역학적인 위치를 점유하는 경우. 이 경우 '집단 내의 각 개체는 모든 동족이 동일한 반(半)-공간에 들어올 때까지 제멋대로 움직인다. 그런 다음에는 서둘러 자신의 움직임을 바꿔 다시 집단을 만든다. 장벽에 의해 파국 속에서 안정성이 확보되는 것이다.' 또 특정 동물이 가장자리를 그리거나 이를 점유하며 무리의 지도자로서 행동하는 경우. 나아가 다른 본성을 가진 존재가 가장자리를 규정하거나 중복하는 경우. 여기서 그 존재는 더 이상 무리에 속하지 않거나 일찍이 한 번도 무리에 속한 적이 없으며, 때에 따라 선도자나 아웃사이더 등으로서만이 아니라 위협으로서도 작용하면서 다른 질서의 역량을 표상한다. 어떤 경우에건 이 가장자리나 특이자 현상이 없는 패거리는 존재하지 않는다.(김재인 역, 2003: 467)

다. 속박감은 주체가 잊고 있던 권리나 자유를 의식하게 하지만 자기의 한계도 의식하게 한다. 권리와 자유, 자기 한계에 대한 인식은 속박감을 갖게 한다. 특이자에게서 비롯된 주체의 벽의 인식이 벽 안쪽에 갇힌 자기를 자각하게 한다. 이 속박된 자기에 대한 자각은 벽을 벗어나 바깥을 동경하게 한다. 자기 한계를 벗어남이 권리와 자유를 누릴 수 있게 하기 때문이다. 에이허브 선장은 모비 딕의 벽을 넘고 싶어 한다. 그래서 모비 딕은 쫓아다니고, 찾아내 공격하고, 잡기 위해 애를 쓴다. 에이허브 선장에게 모비 딕은 벽이고, 자기 한계를 알게 하는 벽이다. 모비 딕이 만든 벽은 속박감을 준다. 이에 에이허브 선장은 모비 딕의 벽을 넘어야 한다.

3. 독자의 특이자-되기

독자의 특이자-되기는 독자가 특이자 텍스트와 결연으로 자기를 생성하는 일이다. 결연은 이종 간의 관계 맺음으로 생성을 이루는 것이다. 독자가 특이자-되기를 이루는 텍스트의 내용은 독자의 의식 내용과는 이질적이다. 독자는 자기의식 내용과 이질적인 특이자 텍스트 내용과의 결연으로 특이자-되기를 실현한다. 독자는 특이자-되기를 실현함으로써 현재와는 다른 의식 내용을 가진 자기 생성을 하게 된다. 텍스트를 읽고 특이자-되기를 이룬 독자는 특이자 텍스트와 공명하는 자기 생성을 함으로써 다른 자기를 갖게 된다. 독자의 특이자-되기를 통한 텍스트 이해를 살펴본다.

가. 이탈하기

독자의 특이자-되기는 특이자 텍스트와의 결연을 이루어야 하고, 블록을 형성해야 한다. 에이허브 선장이 고래와 관계를 맺듯, 독자는 자기가 가진 의식 내용과는 다른 내용을 담고 있는 특이자 텍스트와 결연을 이루어야 한다. 그 결연으로 독자는 특이자 텍스트의 내용 특성과 블록을 이루어야 한다. 블록의 형성은 독자의 의식 내용과 텍스트의 내용이 연결접속을 이루는 것이다. 두 내용이 하나의 내용으로 조직적 체계를 갖추는 것이다. 두 내용이 하나의 체계가 됨은 새로운 내용이 생성됨을 지시한다. 독자의 의식 내용이 중심이 되거나 텍스트 내용이 중심이 되어 하나의 내용 조직 체계를 이루는 것이 아니라 예전과는 다른 내용을 가지게 된 조직 체계를 이루는 것이다. 이 내용의 조직 체계를 독자가 생성하여 가지게 됨으로써 독자는 특이자-되기를 실현하게 된다.

> 교육이란 무엇인가? 교육을 대략적으로 커다랗게 규정해 보자. 그것은 둘 이상의 개인이나 집단이 교류하면서 한쪽이 다른 쪽에게 그의 성장에 필요한 것을 회화(誨化)하고 상대는 이를 학시습(學時習) 함으로써 애초에는 서로 달랐던 사람들이 종국에는 같거나 유사한 사람들로 변모되는 일이다. 이 점에서 교육은 '다르던 것에서 같아지는 것', '불일치하던 것이 합치되는 것', 또는 '이질적인 것이 하나로 수렴되는 것'을 의미한다. 이렇게 생각하면, 교육은 다르던 것이 하나로 합체되었다가 다시 떨어져 나가면서 각기 독자적인 나무로 성장해 가는 연리지(連理枝)의 이미지와는 도대체 관련이 없는 것처럼 보인다. 교육은 스승과 제자 두 사람이 같아지는 일이라면, 연리지는 두 나무의 가지가 합체된다고 하더라도 결국에는 제각기 성장하며 떨어져 나가지 않는가? (엄태동, 2016: 305-306)

윗글에서 저자는 하이데거의 '현존재'에 대한 논의를 토대로 교육을 규정하고자 한다. 윗글의 저자는 『하이데거와 교육』(엄태동, 2016)의 앞부분에서 하이데거의 『존재와 시간』 외 여러 텍스트를 통해 '현존재', '존재자', '존재', '공속' 등을 살핀다. 그래서 현존재는 존재자와 존재를 공속한다고 설명한다. 그러면서 현존재가 존재자와 공속하는 존재는, 현존재마다 고유한 것이라고 밝힌다. 윗글에서는 이를 통해 교육이란 무엇이어야 하는지를 규명하고자 한다. 윗글에서 기존의 교육은 스승과 제자가 서로 '다른 생각', '불일치하는 생각', '이질적인 생각'을 가지고 있다가 회화(誨化)와 학시습(學時習)을 통하여 '같은 생각', '일치하는 생각', '하나로 수렴되는 생각'을 가지게 하는 것이었다. 교육에 대한 이러한 생각은 윗글의 저자나 다른 교육학자도 다 함께하는 것이었다고 할 수 있다. 그런데 하이데거의 현존재의 존재 공속의 관점에서 보면, 교육에 대한 이러한 생각은 수정되어야 한다.

윗글의 저자는 교육학자로서 하이데거의 텍스트를 특이자 텍스트로 하여 결연을 이루었다. 그래서 저자는 교육에 대한 자기의 의식과 하이데거의 현존재의 존재 공속 논리를 연결접속하여 블록을 형성했다. 이 블록의 형성으로 기존의 교육에 대한 의식에 의문을 품게 되고, 새로운 인식을 생성하게 된다. 윗글에서 스승과 제자가 함께 하지만 서로 각자의 생각을 지키면서 키우는 관계를 연리지(連理枝)에 비유함으로써 새로운 교육을 정의할 방향을 찾는다.[11] 연리지는 서로 다른 두 그루의 나무가 가지 하나를 자기 조직의 한 부분으로 가지고 있음을 가리킨다. 두 나무가 연리지를 이루었다고 한

---

11   연리(連理)하는 나무들은 어느 하나가 다른 하나를 자신의 성장을 위한 수단으로 삼지 않으며, 상대 나무의 고유한 성장을 방해하거나 훼손하지 않는다. 그렇게 했다가는 상대 나무는 물론이고 그것과 연리하고 있는 자신의 성장도 위태롭게 된다. 두 나무는 서로가 서로에게 속해 있다. 연리지는 가지가 연결되어 서로 자양분을 주고받는 하나의 나무로 존재한다. 따라서 그것들은 단순한 물리적 접촉이나 접속이 아니라 유기적이며 구조적인 합체를 이루어 서로가 서로에게 맞춰 성장하는 가운데 상대에게 자신의 영향과 흔적을 남긴다. 연리하는 나무들은 서로가 서로를 만들며 성장시켜준다. 하이데거의 용어로 표현하면 연리는 서로 다른 나무들이면서도 떼려야 뗄 수 없는 하나가 되어 공속한다. 연리하여 공속하는 나무들은 서로가 서로의 존재에 본질적으로 속해 있다.(엄태동, 2015: 306)

나무가 되지는 않는다. 연리지를 이룬 가지로 영양을 주고받기는 하지만 각기 다른 나무로 성장한다. 저자가 이 연리지를 이야기하는 것은, 하이데거가 말한 '현존재의 존재자와의 존재 공속이 각기 고유함'을 수용하여, 교육에서 스승과 제자를 규정하려는 것이다.

윗글의 저자는 하이데거의 텍스트와 특이자-되기를 실현하고 있다. 하이데거의 텍스트와의 결연으로 교육에 대한 현재의 의식을 벗어난 새로운 의식을 생성하고 있다. 철학적 논의를 교육학적 논의와 결연하고, 현존재의 '존재 공속의 원리'를 '교사의 회화 및 학생의 학시습의 원리'와 블록을 형성하였다. 이로써 저자는 현재의 교육적 의식이 벽 안쪽에 갇혀 있음을 의식하고, 이를 이탈할 단서를 갖게 되었다. 독자의 현재 의식에서의 이탈은 특이자 텍스트에 대한 이해가 있어야 가능하다.[12] 독자의 사유나 동일한 사유를 이끄는 텍스트에서는 의식의 벽을 느끼거나 의식의 속박감을 갖는 일은 일어나지 않는다. 독자가 자기가 가진 의식의 한계와 속박감을 느끼게 하는 특이자 텍스트가 있어야 한다. 윗글의 저자에게는 하이데거의 『존재와 시간』 외 여러 텍스트는 특이자 텍스트이다.

　　스승과 제자가 동일한 하나의 길을 동행하면서 회화하고 학시습하는 교육의 장면에서도 제자가 스승의 회화를 받으며 스승과 다르게 이숙하며 이행하는 현상은 살아 숨 쉬고 있다. 누구나 다 고유하고 유일무이한 현존재들이다. 그렇

12　사람들은 이렇게 말할 것이다. 무리와 은자 사이, 군중의 전염과 선택적 연결 사이, 순수한 다양체와 예외적 개체 사이에, 우연적 집합과 예정된 개체 사이에 모순이 있다고. 그리고 모순은 실재적이다. 에이허브는 자신을 넘어서며 다른 곳에서 도래하는 이 선택에서 모비 딕을 선택하면서 우선 무리를 쫓아가야 한다는 포경선의 법칙과 결별하는 것이다. 선호된 적(敵)으로 아킬레우스를 선택할 때, 펜테실레이아는 무리의 법칙, 여자 무리, 암캐 무리의 법칙을 깨게 된다. 하지만 이 특이한 선택을 통해서만 각자는 자신의 동물-되기에, 즉 펜테실레이아의 개-되기, 에이허브 선장의 고래-되기에 들어가는 것이다.(김재인 역, 2003: 464)

기 때문에 그들은 교육적 관계를 맺어 회화하고 학시습하면서 분명 서로를 닮아가며 같은 길을 동행하게 되지만, 동시에 그 못지않게 서로 달라지면서 이행한다. (엄태동, 2016: 328)

윗글에서 하이데거의 텍스트와의 결연으로 특이자-되기를 실행한 저자의 텍스트 이해를 엿볼 수 있다. 윗글의 저자는 교육을 '스승과 제자가 동행을 하면서 회화하고 학시습하지만, 제자는 스승과는 다른 자기의 세계를 밝혀 다르게 이숙(異熟)하면서 이행하는 것'으로 규정한다. 윗글에서 '스승과 제자가 배움의 과정에서는 동행은 하지만 스승은 스승대로의 길이 있고, 제자는 제자대로의 길이 있다', '스승과 제자가 회화와 학시습의 과정에서는 동행을 하지만 각자의 길로 이행해 가는 존재들이다'라는 것을 알 수 있다. 윗글에서 저자의 교육에 관한 규정은 특이자-되기를 통하여 이루어 낸 것이다. 이로써 저자는 교육을 스승과 제자의 동행을 통한 이행으로 규정하고 있다.

윗글의 저자가 교육을 '스승과 제자의 동행을 통한 이행'이라고 규정한 것은 두 가지를 이탈하고 있다. 첫째는 교육에 대한 자기의식의 이탈이다. 윗글의 저자는 하이데거의 텍스트를 이해하기 전에는 교육을 '스승과 제자의 생각 일치'로 여겼음을 짐작할 수 있다. 물론 교육을 '스승과 제자의 생각 일치'라고 규정할 수 있게 한 것도 하이데거의 텍스트 이해에서 비롯되었다. 저자가 갇혀 있는 의식이 무엇인지도 분명하게 알 수 있게 하는 것이 벽일 수 있기 때문이다. 둘째는 교육에 대한 보편적 의식의 이탈이다. 윗글의 저자는 하이데거의 텍스트를 이해하기 전에는 교육에 대한 보편적 의식에 충실했다고 할 수 있다. 그런데 하이데거의 텍스트를 이해하면서 교육에 대한 보편적 의식에서 이탈하게 된 것이다.

나. 초월하기

독자의 특이자-되기는 특이자 텍스트의 내용 특성을 독자가 의식에서 생성해 가지는 것이다. 독자가 특이자 텍스트의 내용 특성을 생성해 가지는 것은 특이자 텍스트의 내용을 외우거나 자기 것으로 내면화하는 것이 아니다. 독자가 특이자 텍스트의 내용 특성과 공명하는 의식 활동을 할 수 있는 자기를 생성하는 것이다. 이는 독자의 의식 활동이 특이자 텍스트의 내용과 동질의 감각, 감성, 지각, 인식, 사유, 판단 등을 할 수 있게 됨을 뜻한다. 독자의 특이자-되기는 특이자 텍스트의 내용에 내재된 감각적, 감성적, 인지적, 몸체적 특성을 독자가 생성해 가지는 것이다. 독자가 생성해 가지게 되는 특이자 텍스트의 이들 내용 특성은 독자에게 없었거나 할 수 없던 것이다. 텍스트 이해를 통하여 이들을 생성함으로써 가지게 된 것이다.

독자의 특이자-되기는 자기 초월을 이루게 한다. 독자의 초월은 자기의 현재 인식 활동의 수준을 넘어섬이다. 독자의 특이자-되기는 특이자 텍스트의 내용 특성과 블록을 형성함으로써 현재 수준과는 다른 새로운 수준의 인식 활동을 할 수 있게 한다. 특이자 텍스트의 내용 특성과 공명하는 인식 활동을 할 수 있게 되는 것이다. 이것이 자기의식의 초월이다. 독자가 기존의 인식 활동 형식과는 다른 형식의 인식 활동을 하거나 더 높은 수준의 인식 활동을 할 수 있게 되는 것이다. 특이자 텍스트 내용과 결연을 하고, 내용 특성과 블록을 이룸으로써 독자의 인식 활동의 초월하기가 이루어진다. 독자의 이 인식 활동의 초월은 현재의 인식 수준을 벗어남이고, 새로운 인식 수준을 얻게 됨이다. 즉 특이자-되기를 실현한 것이다.

독자가 특이자-되기로 하게 되는 초월은 이탈을 전제하고 있다. 이탈은 현재의 상태에서 벗어나는 것이다. 독자의 현재 인식 활동 수준에서 이탈해야 초월할 수 있다. 이탈이라는 말은 소속되어 있었거나 포함되어 있었음을 함의한다. 독자로 보면, 독자는 특이자 텍스트를 이해하기 이전에 특정 의식을 따르거나 그 의식의 범주에 속한 의식 활동을 하고 있었다. 그러다가 특이자 텍스트를 이해하여 특이자-되기를 실행하게 되면서, 그 인식 활동 수준에서 벗어나게 된다. 독자의 초월하기는 특이자 텍스트의 이해로 기존에는 인식하지 못했던 것을 인식할 수 있게 되었음을 의미한다. 이탈은 벗어남이기 때문에 기존의 인식 방식이나 인식 내용을 버리고, 다른 새로운 인식 방식이나 인식 활동으로 내용을 인식함을 가리킨다. 그리고 새로운 의식 활동 수준은 인식하지 못하던 것, 인식할 수 없었던 것을 인식할 수 있게 됨을 의미한다.

> 들뢰즈는 나에게 삶의 자세, 사유 방식, 개인적 취향 등에까지 큰 변화를 가져다주었다. 자연스럽게 나의 전공 분야인 교육과 교육학에 대한 생각에도 많은 변화가 생겼다. 교육학자로서 들뢰즈의 아이디어를 교육에 적용하려는 것은 너무나도 당연한 시도였다. 그동안 교육과정 정책에 많은 관심을 가져왔기 때문에 들뢰즈와의 만남 후에 일어난 나의 이러한 변화를 주변 사람들은 교육과정 전공자의 철학적 전회(轉回)라고 생각할지도 모른다. (김재춘·배지현, 2016: 283)

윗글에서 저자들의 초월하기에 대한 고백을 들을 수 있다. 들뢰즈의 텍스트에 대한 이해가 저자들의 의식에 초월을 가져다주었음을 밝히고 있다. 삶의 자세, 사유 방식, 개인적 취향까지도 변화시켰다고 이야기한다. 그러면서 무엇보다도 저자들은 전공인 교육학에 대한 인식의 전환을 이루었음을 밝힌다.[13] 초월하기에 대한 저자 자신들의 실제적인 증언이다. 들뢰즈의 텍스

---

13 들뢰즈에 의하여 배움은 기호와의 우연한 마주침을 통해 발생한다. 우리는 주변의 대상이

트를 통하여 교육에 대한 기존의 의식을 버리고, 새로운 의식을 가지게 되었다는 것이다. 이를 전회(轉回)라고 표현하고 있다.

들뢰즈와 만남 후 교육에 대한 나의 생각은 이전과 판이하게 달라졌다. '의도된 활동'으로부터 '우연한 마주침을 통한 활동'으로, '정신적·의식적 활동'으로부터 '신체적·감각적 활동'으로, '재인식·재생적 활동'으로부터 '차이 생성과 창조적 활동'으로 교육을 새롭게 이해하기 시작했다. 교육에 대한 이러한 관점 변화는 인간 삶의 의미와 사유에 대한 관점의 변화에 따른 것이다. 사유하는 존재로서 인간은 근본적으로 감각하는 존재로서 인간이라는 토대 위에서만 의미를 지닌다. (김재춘·배지현, 2016: 283)

윗글은 저자들의 교육에 대한 초월된 의식 내용이다. 들뢰즈의 텍스트를 읽기 전에는 교육을 '의도된 활동', '정신적·의식적 활동', '재인식·재생적 활동'으로 보았다. 그러던 것이 들뢰즈의 텍스트를 이해하고 나서는 '우연한 마주침을 통한 활동', '신체적·감각적 활동', '차이 생성과 창조의 활동'으로 보게 되었다는 것이다. 이에는 인간 삶의 의미와 사유에 대한 관점의 변화가 내속되어 있다. 그래서 인간은 감각하는 존재이고, 이 감각을 토대로 사유할 수 있게 된다는 것이다. 이는 특이자-되기로서 자기 초월을 이룬 결과를 단적으로 보여준다.

발신하는 기호와 우연히 맞닥뜨리면서 낯섦을 감각하게 되고, 비로소 사유하기 시작한다. 매일 아침에 직장에는 출근하면서 우리는 사유의 필요성을 전혀 느끼지 못한다. 그러나 매일 출근길에 습관처럼 타던 지하철이 한참이 지나도 오지 않을 경우, 우리는 비로소 사유하기 시작한다. 무슨 일이 발생한 것일까? 지하철이 고장난 것일까 아니면 화재가 난 것일까? 이처럼 사유는 습관에서 벗어난 상황에 직면할 때 비로소 가능하다.(김재춘·배지현, 2016: 284)

다. 진입하기

독자는 특이자-되기로 자기 생성을 한다. 이 독자의 자기 생성은 새로운 자기를 가지는 것이다. 독자에게 새로움이란 기존과 다른 인식 활동을 하는 것이다. 독자의 인식 활동이 특이자 텍스트의 내용 특성과 공명하는 것이다. 이는 독자의 인식 활동이 특이자 텍스트 내용에 들어 있는 인식 세계와 함께 할 수 있게 됨을 의미한다. 이것은 독자의 인식 활동이 특이자 텍스트를 이해하기 전과는 다른 양태를 갖는 것이다. 독자의 인식 활동이 기존과 달라짐은 다른 인식 세계로 진입함을 가리킨다. 독자가 진입하는 인식 세계는 특이자 텍스트의 내용에 내재된 인식 세계가 아니다. 또한 독자와 전혀 관계 없는 인식 세계도 아니다. 독자가 특이자-되기로 갖게 된 인식 세계는 텍스트 내용에 내재된 인식 세계와 독자의 기존 인식 세계가 연결된 새로운 인식 세계이다. 독자가 진입한 인식 세계가 기존의 인식 세계와 연관되어 있지만 그 내용이 다른 인식 세계이다.

독자가 달라진 인식 세계를 가지게 되는 것은 다른 인식 세계로 진입했음을 의미한다. 독자가 진입한 인식 세계는 이탈한 의식 세계와 관계가 있지만 달라진 세계이다. 이는 초월을 통해야만 진입할 수 있는 인식 세계이다. 기존에 인식 세계에 머물며 벗어나지 않거나, 벗어났더라도 초월하지 않으면 진입할 수 없다. 그렇기에 독자가 특이자-되기로 진입한 인식 세계는 기존의 인식 세계와는 다른 세계이다. 이 다른 인식 세계로 진입하는 것이 새로운 자기 생성이다. 독자가 특이자-되기로 갖게 된 인식 세계는 기존의 인식 세계와 차별된 세계이다. 수준이나 범위가 차이가 나고 분명하게 구별된다.

교육은 타자가 미리 정한 목적지를 향해 곧장 나아가야 하는 그런 활동이 아니다. 주변의 대상들이 발신하는 수많은 기호 중 배움의 주체/신체가 특별하게 감각하는 기호, 낯선 기호에 사로잡힐 때 진정한 배움이 시작된다. 따라서 배움은 도달해야 하는 목적지도, 목적지에 이르는 경로도 미리 계획하거나 예측할 수 없다. 기호에 이끌려 시작되는 배움은 기호와의 우연한 마주침을 통해 시작된다는 점에서 '우연성'을, 기호와 맞닥뜨릴 때 이것에 이끌려 배우지 않을 수 없는 상황에 놓인다는 점에서 '필연성'을 지닌다. 배움의 우연성과 필연성 사이에는 '배움의 의도성'이 자리할 공간이 없다. (김재춘·배지현, 2016: 284-285)

윗글에서 저자들의 교육에 대한 인식 세계는 보편적이지 않다. 교육에 대한 보편적 인식은 교육전문가가 미리 정해 놓은 교육의 목적을 이루기 위해 학습자가 곧장 나아가야 하는 배움 활동이다. 그런데 윗글의 저자들이 갖게 된 교육에 대한 인식 세계는 전혀 다르다. 학습자의 몸체가 주변 대상들이 발산하는 낯선 기호를 감각하여 사로잡힐 때 배움이 시작된다고 인식한다. 그렇기에 배움은 목적지에 이르기 위해 계획되거나 예측될 수 없다. 배움은 대상이 발산하는 기호와의 우연한 마주침에서 필연적으로 시작된다고 인식한다. 그렇기에 교육에는 '배움의 의도성'이 내재하지 않는다. 교육에 대한 이 인식의 세계는 기존에 보편적으로 받아들여지는 인식 세계와는 다른 인식 세계를 보여준다.

윗글에 나타난 저자들의 교육에 대한 인식 세계는 들뢰즈의 기호론에서 비롯된 것이다. 교육학을 전공한 저자들은 철학자인 들뢰즈가 기호에 대하여 논의한 텍스트와 결연을 이루어 특이자-되기를 실현했다. 그 결과 저자들의 교육에 대한 인식 세계는 기존과는 다른 형태를 갖추고 있다. 기존의 교육에 대한 보편적 인식 세계를 벗어나 교육을 새롭게 인식하여 규정하는 초월을 이루었다. 그 결과 교육에 대한 저자들이 인식은 대상들이 발산하는 기호와의 우연한 마주침으로 교육의 본질인 배움이 이루어진다는 것이다. 저자들은 들뢰즈의 텍스트를 이해하여 특이자-되기를 실현함으로써 전공인 교육에 대한 새로운 인식 세계로 진입한다.

> 학시습은 현존재의 고유한 존재 양식이다. 학시습은 현존재가 해도 되고 안 해도 되는 단순한 선택지가 아니라, 현존재가 현존재로 살아가는 이상에는 반드시 수행하면서 존재해야만 하는 현존재의 고유한 본질에 해당한다. 현존재는 자신의 존재가능성을 기획투사하면서 자신이 존재와 연관을 맺을 수 있는 존재자들 곁으로 나아가 이들을 각기 어떠한 존재자들로 드러내는 가운데 스스로를 정립해 나간다. 여기에 바로 현존재가 수행하는 학시습이 깃들어 있다. 자신의 존재가능성에 빛을 던져 줄 수 있는 새로운 것들을 접하고 마땅히 시간을 내어 이를 익힘으로써 그것들과 하나가 되는 학시습이 있기에 현존재는 새로운 깨달음의 세계로 나아가 거기에 머무를 수 있다. 학시습을 통하여 이전과는 다른 세계를 자신의 존재의 터전으로 삼아 깨달은 현존재가 되어가는 것, 또는 새로운 세계-내-존재로 무르익어가는 것이 바로 학숙이다. 학숙이 있기에 하이데거가 말하는 시간이 시간답게 시간화되는 시숙이나 시간의 지평 위에서 현존재가 현존재답게 무르익는 것이 가능하다. (엄태동, 2016: 314)

윗글에서 저자는 바로 앞에서 인용한 저자들과는 또 다른 방식으로 교육에 대한 새로운 인식 세계를 보여준다. 윗글에서 저자는 학시습을 현존재의 고유한 존재 양식으로 규정한다. 윗글에서 현존재가 존재자와 존재를 공속하여 자신의 존재가능성을 밝히고 기획투사하여 자신을 정립하고 존재자를 어떤 존재자로 드러나게 하는 데 학시습이 내재해 있다고 규정한다. 한마디로 학시습은 현존재가 존재자와의 존재 공속으로 새로운 깨달음의 세계로 나아가게 한다. 학시습은 현존재가 이전과는 다른 인식 세계를 가질 수 있게 하고, 새로운 세계-내-존재로 무르익는 학숙을 하게 한다. 이로써 현존재는 시간 속에서 현존재답게 시숙하게 된다. 여기서 현존재는 학습자이다. 학습자가 학습 내용을 학시습으로 깨쳐 아는 것은 새로운 세계-내-존재가 되는 학숙이고, 시간 속에서 무르익어 현존재답게 되는 것이 시숙이다.

윗글에서 교육학자인 저자는 철학자 하이데거의 텍스트와 결연으로 특이자-되기를 실현하고 있다. 이 특이자-되기로 교육, 특히 학습을 새롭게 규정하고 있다. 학습자의 학습 활동의 지향을 현존재답게 무르익어가는 것으로 보고 있다. 이는 저자가 교육의 인식 세계를 새롭게 열고, 이 세계로 진입하고 있음을 알 수 있다. 학습은 학시습이 되어 시간을 내어 존재를 밝히는 활동이 되고, 이 활동은 학습자의 존재가능성을 밝혀 기획투사할 수 있게 함으로써 자기를 정립하게 한다. 이 정립의 과정에서 학습자는 학시습으로 자기를 새로운 세계-내-존재로 거듭나게 하는 학숙과 시간을 통해 무르익는 시숙으로 현존재다운 자기 생성을 이룬다.

독자의 특이자-되기는 현재의 인식 활동 수준을 이탈하고 초월하여 다르거나 새로운 인식 활동 수준을 생성해 내는 것이다. 이로써 특이자 텍스트와 공명하는 인식 활동 수준을 가지게 되는 것이다. 독자의 특이자-되기의 텍스트 이해는 텍스트의 내용과 공명하는 자기 생성을 이루는 것이다. 특히 특이자 텍스트를 이해함으로써 현재와는 다르거나 높은 인식 활동 수준을 생성해 가지는 것이다. 독자는 특이자 텍스트를 이해하여 특이자-되기를 실행함으로써 자기 초월과 다른 인식 세계로 들어가게 된다. 이는 독자가 자기만의 고유한 삶의 세계를 가질 수 있게 하는 자기 생성을 가능하게 한다.

4. 특이자-되기의 실행

매운 계절의 채찍에 갈겨/ 마침내 북방으로 휩쓸려 오다// 하늘도 그만 지쳐

끝난 고원/ 서릿발 칼날진 그 위에 서다// 어데다 무릎을 꿇어야 하나?/ 한 발 재겨 디딜 곳조차 없다// 이러매 눈 감아 생각해 볼밖에/ 겨울은 강철로 된 무지갠가 보다 (이육사, <절정> 전문)

위의 시에서 보면, 화자에게 독립된 조국은 에이허브 선장의 모비 딕과 같다. 독립된 조국은 특이자이고 현실에서 넘어서기 어려운 존재이다. 그러나 넘고 싶은 벽이고 깨뜨려야 하는 실재이다. 독립투사로서 독립된 조국은 현실에서는 한계를 알리는 벽이지만 마음속에서는 벽을 넘어서고 있다. 벽은 주체에게 한계를 알려줌으로써 주체가 그 한계를 넘을 수 있게 한다. 특이자-되기는 주체의 한계를 넘는 자기 생성이다. 벽 안에 갇힌 자기를 벗어버리고, 벽 너머에 있는 다른 인식 세계를 가질 수 있게 하는 자기 생성이다.

특이자-되기는 들뢰즈와 과타리의 동물-되기를 토대로 한다. 특이자의 특성과 공명하는 자기를 생성하는 활동이다. 특이자는 무리, 집단, 한패에 속해 있다. 무리, 집단, 한패의 구성원 중에서 독특한 개체가 특이자이다. 특이자는 비정상적인 개체가 아니라 무리, 집단, 한패의 구성원들이 가진 보편적 특성을 모두 갖추고 있는 정상적인 개체이다. 그런데 특이자는 무리의 보편적 특성 외에 독특하고 특별한 특성을 가진 개체이다. 그렇기에 특이자는 탁월함과 진귀함을 가지고 있다. 이런 특이자는 일반적이지 않고, 예외적인 개체이지만 무리를 대표할 수 있는 독특성을 지녔다.

독자의 특이자-되기는 특이자 텍스트와의 결연으로 이루어진다. 특이자 텍스트는 철학, 과학, 사회학, 심리학과 같은 일반적 학문 분야에도 존재하고, 교육학, 국어 교육학, 읽기 교육학, 쓰기 교육학 등의 세부 학문 분야나 시, 소설, 수필, 희곡 등의 장르에도 존재한다. 여러 관련 텍스트의 내용으로 특정한 텍스트의 범주가 이루어지면 그 텍스트 범주에는 특이자 텍스트가 내재한다. 특이자 텍스트는 특정 독자에게만 한정되는 것도 있지만 『논어(論

語)』,『성경』,『금강경(金剛經)』,『순수이성비판』,『존재와 시간』등 일반적인 것도 있다. 그런 면에서 개별 독자의 특이자 텍스트는 독자마다 다를 수 있다. 독자에게 인식 활동 수준을 초월하게 하는 텍스트가 특이자 텍스트라 할 수 있다.

독자는 특이자 텍스트의 특성과의 블록 형성으로 특이자-되기를 실현한다. 독자의 특이자 텍스트와의 블록 형성은 텍스트 전체와 이루어지는 것이기보다는 텍스트의 특정한 특성과 이루어진다. 독자는 특이자 텍스트를 구성하고 있는 특정 요소와 블록을 이루게 되는 것이다. 앞에서 인용한 『하이데거와 교육』이나 『들뢰즈와 교육』을 보면, 저자들이 특이자 텍스트와 블록을 형성한 지점을 알 수 있다. 블록 형성 지점은 특정 개념, 표현, 논리, 관점 등 다양하다. 실제로 독자는 특정 텍스트와 특이자-되기를 실행하면서, 텍스트의 특정 요소와 블록을 형성함으로써 자기 생성을 한다. 블록은 서로 다른 내용의 요소들이 접속하고 결속하여 새로운 하나를 이루는 것이다. 시멘트와 모래, 물이 결합하여 하나의 벽돌 블록을 만든다. 이 벽돌 블록에는 시멘트, 모래, 물의 요소는 드러나지 않고 하나의 벽돌로만 존재한다. 독자의 텍스트 이해도 특이자-되기로 블록을 형성하면 벽돌 블록과 같이 하나의 인식 세계를 생성한다.

독자의 텍스트 이해에는 특이자-되기가 필요하다. 물론 모든 텍스트 이해가 특이자-되기를 실행해야 하는 것은 아니다. 독자의 텍스트 읽기는 자기 변화와 자기 생성을 본질적으로 지향한다. 이 텍스트 읽기의 본질적 지향에 충실한 읽기를 위해서는 특이자-되기를 실행해야 한다. 이 특이자-되기를 통하여 현재 인식 세계나 인식 활동 수준에서 벗어날 필요가 있다. 이를 통하여 독자는 인식 활동 수준을 초월함으로써 새로운 인식 세계를 생성할 수 있다. 읽기 교육에서는 특이자-되기를 통한 독자의 자기 생성에 관심을 가질 필요가 있다. 이로써 특이자-되기를 실행하는 독자를 길러내야 한다.

제6장 지각 불가능하게-되기

1. 지각 불가능의 개념

그리움과 만남이 다만 꿈길뿐이니/ 내 임을 찾아갈 때 임도 날 찾는다오/
바라건대 언젠가 다른 밤 꿈속에선/ 한때에 길을 떠나 도중에서 만나요(想思相
見只憑夢, 儂訪歡時歡訪儂, 願使遙遙他夜夢, 一時同作路中逢) (황진이, <상사몽
(相思夢)> 전문, 이화영, 2016: 14)

위의 <상사몽(相思夢)>에는 화자가 정인(情人)을 그리는 마음이 가득하다.
이는 시인의 독특한 신분에서 비롯된 것일 수 있다. 독자는 시적 화자의
마음 표현에 공감한다. 정인을 그리는 화자의 애틋한 마음이 독자의 마음에
그대로 전해진다. 시인은 사람들이 정인을 그리워하는 간절하고 솔직한 마음
을 만족스럽게 포착해 냈다. 그리고 그 마음을 몇 개의 시어로 개성있게
표현해 구체화했다. 위의 시를 읽는 독자는 시인의 '정인이 있는 사람의 마음
을 꿰뚫어 포착하는 능력'과 '그 마음을 담아내는 시적 표현 능력'을 지각하
고 인정한다. 그렇다고 독자가 윗 시의 저자와 같이 사람들의 마음을 포착하
여 표현할 수 있는 능력은 가질 수 없다.

들뢰즈와 과타리는 윗 시의 저자와 같이, '남들이 알 수는 있지만 할 수는 없는 주체만의 능력을 생성하는 것'을 가리켜 '지각 불가능하게-되기'라 한다. 지각 불가능하게-되기는 남들이 알 수는 있지만 할 수는 없는 주체만의 고유한 능력의 생성과 관련된다. '되기'에 초점을 놓고 이 말을 보면, 이 고유한 능력을 주체가 '자기 안에서 생성하는 것'이다. 지각 불가능하게-되기는 주체의 측에서는 자기 생성을 의미하지만, 다른 사람의 측에서는 '지각 불가능성'을 의미한다. 여기서 지각 불가능성이란 주체의 지각 불가능하게-되기의 실행 활동을 '알 수는 있지만 할 수 없음'을 가리킨다. 주체의 지각 불가능하게-되기는 타인에겐 지각 불가능성인 것이다.

주체의 지각 불가능하게-되기는 다양한 분야에서 다양한 양태로 나타난다. <상사몽(相思夢)>과 같이 글을 쓰는 일에도, 요리하는 일에도, 과학 탐구나 학문을 탐구하는 일에도 있다. 사람들이 관심을 가지고 하는 일에는 어떤 일에든 일어난다. 남과 다른, 자기만의 고유함을 생성할 수 있는 것에는 어디에든 있다. 자기의 과업을 수행할 때, 남을 따라 하거나 똑같이 하지 않고 남과 다르게 자기만의 고유함이 있게 할 때 드러난다. 지각 불가능하게-되기의 내용적 특성은 '특개성(<이것임>)'이다.[1] 이 말은 주체의 고유함을 만드는 일이 '나름대로 완전하고, 무엇 하나 결핍된 것이 없는 개체적인 것'이어야 함을 내포한다. 윗 시의 저자와 같이 다른 사람이 인정하고 공감할 수 있어야 하고, 독특하지만 완전한 것이어야 한다.

독자의 텍스트 이해에도 지각 불가능하게-되기가 있다. 이 읽기는 독자가 텍스트의 특개성을 포착하는 일이다. 그렇기에 독자는 남을 따르지 않고, 남과 다르게 자기만의 고유한 의미를 생성할 수 있다. 독자가 고유한 자기만

---

1   독자의 특개성 포착은 개별 텍스트의 이해에서 일어나고, 독자의 지각 불가능하게-되기는 텍스트 읽기에서 이 특개성을 포착하는 경향성이나 특성이다.

의 특개성을 포착할 수 있는 능력을 생성하는 것을 '지각 불가능하게-독자 되기'[2]라 할 수 있다. 독자는 각자의 방식으로 텍스트를 읽고 의미를 생성할 수 있다. 실제 많은 독자는 텍스트를 자기만의 방식으로 자기만의 의미를 생성해 왔다. 다만 독자가 그런 텍스트 이해를 예외적인 것으로 여겼을 뿐이다. 그런 텍스트 이해를 예외적인 것으로 본 이유는 텍스트 이해의 일반성이나 보편성을 추구했기 때문이다. 즉 텍스트에는 본질적 의미가 들어 있는데 그 의미를 찾거나 밝히기 위해서 읽어야 한다고 여겼기 때문이다. 그렇지만 텍스트에는 본질적 의미도 있지만 우발적 의미도 있다.

들뢰즈와 과타리의 『모비 딕』 읽기를 보면, 그들만의 방식으로 그들만의 의미를 생성한다.[3] 고래 '모비 딕'을 특이자로 규정하고, 에이허브 선장의 행동을 고래-되기, 즉 특이자-되기로 설명해 낸다. 이러한 읽기는 『모비 딕』에 대한 기존의 읽기 방식이나 해석 의미를 모르고 하는 것이 아니다. 기존의 읽기 방식과 해석 의미를 알고 있지만 들뢰즈와 과타리는 특이자-되기의 개념을 구체화하여 드러내기 위하여 새로운 방식으로 읽고 해석한 것이다. 이는 지각 불가능하게-독자 되기의 한 예가 될 수 있다. 사실 많은 독자는 들뢰즈와 과타리와 같은 방식으로 텍스트를 읽는다.

이 장의 논의도 마찬가지이다. 이 장의 논의는 들뢰즈와 과타리의 『천 개의 고원』 10장 중에 '어느 마법사의 회상 3'을 토대로 한다. 『천 개의 고원』 10장을 읽는 방법과 내용은 일반적인 '되기'에 대한 논의이다. '어느 마법사의 회상 3'은 '동물-되기'를 종합적으로 정리하는 논의의 내용이다. 그런데

2　'지각 불가능하게-독자 되기'는 '지각 불가능하게 독자-되기'나 '지각 불가능한-독자 되기'로 표현할 수도 있으나, 이들 두 표현은 어감상 지각 불가능하게 되는 변화성보다는 결정성이 강조된다.

3　『모비 딕』 전체는 되기에 대한 최고 걸작의 하나이다. 에이허브 선장은 저항하기 어려운 고래-되기를 갖고 있지만 이 고래-되기는 무리나 떼를 피해 <유일자>, <리바이어던>인 모비 딕과의 괴물 같은 결연으로 직접 나아간다.(김재인 역, 2003; 463)

이 논의에서는 독자의 텍스트 읽기의 관점에서 지각 불가능하게-되기에 초점을 맞추어 논의하려고 한다. 이는 『천 개의 고원』의 내용을 이해하기 위한 읽기를 하는 것이 아니라 읽기 현상을 이해하기 위한 논의의 관점에서 『천 개의 고원』을 읽고 의미를 생성하는 것이다. 이는 다른 독자들과는 다른 방식으로 『천 개의 고원』을 읽고 의미를 생성하는 읽기이다. 이 논의의 필자만의 방식과 의미 생성을 하는 지각 불가능하게-독자 되기를 실현하는 것이다.

독자는 텍스트 읽기를 지각 불가능하게-되기를 위하여 할 필요가 있다. 텍스트를 위한 읽기나 읽기를 위한 읽기가 아니라 자기 자신을 위한 읽기가 필요하다. 자기 자신을 위한 읽기는 고유한 자기를 생성하는 읽기이다. 이 읽기가 지각 불가능하게-독자 되기를 실현하게 한다. 독자는 지각 불가능하게-독자 되기를 실행할 수 있는 읽기를 할 수 있어야 한다. 이를 위해서는 텍스트를 위한 읽기나 읽기를 위한 읽기도 필요하다. 이들 읽기는 독자가 자기를 위한 읽기를 하는 토대가 되어준다. 독자의 자기 생성을 위한 읽기를 위해서는, 텍스트에 대하여 알아야 하고 텍스트를 읽고 이해할 줄 알아야 한다. 이 읽기를 할 수 있어야 자기 생성을 위한 읽기가 가능하다. 그리고 독자가 지각 불가능하게-독자 되기를 할 수 있을 때 진정한 독자가 된다. 진정한 독자의 텍스트 읽기는 텍스트를 위한 읽기, 읽기를 위한 읽기, 다른 무엇을 위한 읽기 아니라 독자 자신을 위한 읽기, 즉 자기를 찾는 읽기, 자기를 생성하는 읽기, 자기 삶을 생성하는 읽기이다. 이 읽기가 지각 불가능하게-독자 되기를 가능하게 한다.

이 장에서는 독자의 텍스트 이해로 지각 불가능하게-독자 되기에 대하여 살핀다. 이에 대한 논의는 『천 개의 고원』 10장의 '어느 마법사의 회상 3'에 토대를 둔다. 주체가 '되기'의 실현으로 무엇인가를 할 수 있게 되는 것도 '마법'이지만, 독자가 텍스트를 읽고 무언가를 할 수 있는 자기 생성을 하는 것도 마법이다. 온전히 자기 고유성을 가진 자기 생성을 위한 지각 불가능하게-독자 되기가 마법에 의한 것이다. 마법은 과학적, 합리적 방법으로는 설명이 되지 않는 것이다. 그것이 과학적인 방법으로 설명되지 않고, 마법적인 것임을 밝히기 위한 것에도 설명이 필요하다. 마법에 의하여 이루어지는 지각 불가능하게-독자 되기를 검토한다. 이는 읽기 교육의 접근 방법을 다양화하고, 독자가 텍스트 읽기에서 자기 생성을 위한 읽기 지도가 필요함을 밝히기 위한 것이다.

2. 지각 불가능하게-되기의 체계

되기는 변화의 원동력이다. 이 변화는 몸체, 근력, 감성, 이성, 공간, 세계 등의 생성으로 일어난다. 이 생성에는 체계(system, organization)가 내재한다. 몸체의 생성, 감성의 생성, 이성의 생성, 공간의 생성, 세계의 생성 등은 체계의 변화이다. 이 변화는 주체의 몸체, 근력, 감성, 이성, 공간, 세계 등을 달라지게 한다. 그 달라짐은 무(無, void(영), néant(프))를 속성으로 한다. 무(無)는 한계나 경계가 없는 것, 정해진 것이 없는 빈 것[空]이다. 이 무(無)는 들뢰즈와 과타리의 '다양체의 차원들의 변화'(김재인 역, 2003: 473)와 관련된다. 되기는 주체의 몸체, 근력, 감성, 이성, 공간, 세계 등의 체계가 변이하여 일어나게 한다. 이 되기의 작용적 범주와 실행적 속성과 함께 지향적 특성을 검토해 본다.

가. 되기 범주

되기에는 한계나 제약이 없다. 수적, 시간적, 공간적, 대상적, 차원적, 반복적으로. 되기는 주체가 무엇과 결연하고 블록을 형성하는가의 문제이다. 되기를 위한 결연은 생성을 위한 것이지만 종(種)에는 제한되지 않는다. 주체가 여성, 아이와 결연할 수 있지만 동물, 식물, 광물과도 결연할 수 있다. 또한 분자, 원자, 양자는 물론 강렬함, 무(無), 지각 불가능함과도 결연할 수 있다. 결연 대상의 어떤 특성과 블록을 형성하는가에 따라 생성의 양태가 결정된다. 여성의 특성을 제한할 수 없기에 여성-되기의 양상은 한정되지 않는다. 이 되기를 인식하기 위해서는 인위적으로 구분하고 분류할 수 있다.

> 어느 마법사의 회상 3 - 동물-되기만을 배타적으로 중요시하지 말아야 한다. 오히려 동물-되기는 중앙 지역을 점유하고 있는 절편들이다. [중앙 지역의] 이쪽에서는 여성-되기, 아이-되기를 만날 수 있다.(아마도 여성-되기는 다른 모든 생성들에 대해 특히 서론적인 힘을 소유하고 있으리라. 마법사가 여성이기 때문이 아니라 여성-되기를 통과하는 것이 바로 마법이기 때문이다.) 또한 [중앙 지역의] 저쪽에서는 원소-되기, 세포-되기, 분자-되기가 있고, 심지어는 지각 불가능하게-되기가 존재한다. (김재인 역, 2003: 472)

되기의 실현 양상은 무한하다. 이 되기의 양상은 그 특성에 따라 몇 가지 범주로 구분할 수 있다. 물론 되기의 범주 구분 방식은 다양할 수 있다. 중심과 주변의 연속적인 변화를 나타내는 동심원의 형태나, 시작 지점과 중앙 지점, 끝 지점이 있는 일직선의 형태로 구분할 수 있다. 또는 이 두 방식을 섞어 구분할 수도 있다. 되기의 실현 양상은 한정할 수 없이 다양하다. 분류 기준이나 구분 방식에 따라 되기의 실현 범주는 여러 형태가 있을 수 있다. 윗글에서 보면, 들뢰즈와 과타리는 되기의 실행 범주를 폭이 있는 선적인 방식으로 구분한다. 중앙 지점에 속하는 것이 있고, 이쪽 지점과 저쪽 지점에 속하는 되기가 있다는 것이다.

윗글에서 보면, 되기의 실행 양상에서 동물-되기가 중앙 지역에 있다. 들뢰즈와 과타리는 동물-되기가 중앙 지역에 있다고 동물-되기만 중요시하지 말라고 말한다. 되기는 어떤 되기이든 중요할 수 있음을 함의한다. 되기의 이쪽 지점에는 여성-되기와 아이-되기가 있다. 이 범주에서 여성-되기는 모든 되기의 발단적 특성을 가진다. 이 여성-되기가 다른 모든 되기를 설명할 수 있는 단초가 된다. 들뢰즈와 과타리는 이를 마법으로 규정한다. 여성-되기가 마법인 이유는 과학적 합리성으로 설명이 되지 않기 때문이다. 김소월의 <진달래꽃>, 김영랑의 <돌담에 속삭이는 햇발>, 한용운의 <님의 침묵> 등에 나타난 시적 감성은 여성-되기를 보여준다. 이 여성-되기는 생물학적으로나 진화론적으로는 설명되지 않는다. 그렇기에 마법이다. 그렇다면 동물-되기도 마법이다. 종(種)을 넘나들며 생성이 일어나기 때문이다. 그러면 모든 되기는 마법이다. 식물-되기, 분자-되기, 무(無)-되기, 그 어떤 되기도 마법이다.

동물-되기는 중앙에 위치한다. 중앙은 여러 특성을 내포한다. 대표성, 보편성, 편재(遍在)성, 풍부성, 반복성 등이 그것이다. 대표성은 관련된 모든 것의 상태나 특성, 성질을 단독으로 잘 드러냄을 뜻한다. 이는 동물-되기가 모든 종류, 범주의 되기의 공통 특성을 잘 드러냄을 뜻한다. 보편성은 관계된 모든 것에 두루 통하는 특성이다. 모든 되기는 동물-되기의 방식으로 이루어짐을 뜻한다. 편재성은 널리 두루 퍼져 있는 특성이다. 풍부성은 수적, 양적으로 많음이다. 그리고 반복성은 되풀이하여 계속 일어나는 특성이다. 동물-되기는 널리 퍼져 있고, 많이 일어나며 계속되는 특성을 지녔다. 그러기에 되기 범주의 중앙에 위치하고 있다고 본다.

이 동물-되기의 저쪽 지점에 부분적, 요소적, 성분적, 속성적인 것-되기, 미세하게, 무한하게, 강렬하게, 지각 불가능하게-되기가 위치한다. 일부인 것, 무한한 것, 형태가 없는 것-되기는 전체적인 것과 대비되어 상대성을 지닌다. 이는 작은 것, 적은 것, 없는 것, 빈(空) 것, 강렬한 것, 지각 불가능한 것으로 나아간다. 이 범주의 되기는 형태나 특성을 인식할 수 있는 것도 있지만 그렇지 않은 것도 있다. 마법적인 것이기에 객관적 증명이 불가능하거나 확인할 수 없는 것도 존재한다. 그렇기에 '이적(異蹟)'이 존재한다. 선승(禪僧)의 등신불, 우주 물리학의 스티븐 호킹, 해전의 이순신, 무술의 이소룡, 소설의 버지니아 울프 등 많은 사람이 이적을 보여주었다.

> 마녀의 빗자루는 이 생성들을 어떠한 무(無)로 이끌어가는 것일까? 또한 모비 딕은 에이허브를 조용하게 어디로 이끌고 가는 것일까? 러브크래프트의 주인공들은 이상한 동물들을 가로지르고, 결국 이름 없는 파동들과 보이지 않는 입자들이 거주하는 <연속체>의 궁극적 지역으로 뚫고 들어간다. SF가 진화함에 따라 그것은 동물 되기, 식물 되기, 광물 되기에서 박테리아 되기, 바이러스 되기, 분자 되기, 지각 불가능하게 되기 등으로 이행해 간다. (김재인 역, 2003: 472)

이 되기에서 생성의 한계는 있는가? 되기의 극한은 무(無)이다. 무는 없음이 아니라 무한(無限)이다. 여기서 무한은 수적 무한 또는 형상적 무한이다. 수적 무한은 헤아릴 수 없음이고, 형상적 무한은 무엇으로든 어떤 것으로든 생성됨이다. 즉 무는 불교 용어로 자성(自性: 변하지 않는 본래의 성질)이 없는 무자성(無自性)의 공(空)의 성질인 연기(緣起)를 가리킨다. 즉, 연결접속 또는 관계 맺음으로 인해 모든 것이 생성된다. 모비 딕은 조용히 에이허브가 열망하는 자기의 세계로 데려다주었다. 에이허브는 그 세계를 예상했었고, 알고 있었다.[4] 러브크래프트의 공포 이야기에 등장하는 인물들[5]은 종(種)을 가로지

---

4 "내 영혼의 배는 세 번째로 항해를 떠난다네, 스타벅"
   "예, 선장님은 그걸 원하시겠지요."
   "어떤 배는 항구를 떠난 뒤 영영 행방불명이 된다네. 스타벅."
   "그것 사실입니다, 선장님. 참으로 슬픈 사실이지요."

르고, 종(種) 간의 다양한 되기를 이루는 생성의 연속체(Continuum)를 보여준다. 또한 공상과학소설(SF)의 등장은 다양한 범주의 되기의 세계를 포함한다. 동물, 실물, 광물-되기에서 박테리아, 바이러스, 분자, 지각 불가능하게-되기 등으로 한계가 없는 생성으로 이행한다.

되기의 실행은 제한이 없고, 되기의 결과도 한정되지 않는다. 되기의 외현적 형태와 내용적 특성은 모두 무(無)다. 어떤 형태이든 무슨 내용이든 생성될 수 있다. 제한이 있고 정해진 것이 있다면 되기라 할 수 없다. 되기는 접속을 통해 무엇으로든 어떤 것으로든 생성됨이다. 이 되기의 내적 속성은 마법이다. 과학적으로 생물학적으로는 논증 불가능한 생성이다. 고래-되기, 쥐-되기, 분자-되기 등은 과학의 원리나 진화론의 논리로 설명되지 않는다. 사람이 고래나 쥐, 분자의 속성을 생성해 가지는 것은 비과학이고 비진화론이다. 그렇기에 마법이다. 이런 마법을 '역행(involution)'(김재인 역, 2003: 453)이라 한다.

카스타네다의 책들은 이러한 진화 또는 오히려 '역행'을 잘 보여준다. 거기서 예컨대 개-되기의 변용태들은 분자-되기의 변용태들, 물, 공기 등의 미시-지각

"어떤 자는 썰물에도 죽는다. 어떤 자는 얕은 물에도 빠져 죽고, 어떤 자는 홍수에 죽는다. 나는 지금 가장 높은 물마루에 도달한 파도와 같은 기분일세. 스타벅. 나는 이제 늙었네. 자, 악수하세."
그들은 손을 맞잡고 서로를 뚫어지게 바라보았다. 스타벅의 눈물은 끈적끈적한 아교 같았다.(김석희 역, 2010: 770)

5   인간, 유인원, 파충류, 양서류, 포유류, 조류를 비롯하여 촉수 달린 문어 얼굴까지 다양한 종들의 결합체인 크툴루의 기괴한 형상은 러브크래프트에게는 혐오하는 인종과 위험한 자연을 상징하는 배타적 존재였지만, 종의 경계를 무너뜨리는 결합은 다양한 종들이 하나의 생명체로서 함께 할 수 있음을 예시한다. 그것은 비록 끔찍하고 괴기스럽고 소름 끼치더라도 서로 다른 존재들이 얽히고설키며 살아가는 삶의 대부분이 그러하듯이 다른 것들과 부딪히기도 하면서 상호 작용하고, 함께 발전 혹은 소멸하면서 연대하며 살아가는 것이다. (박창숙 2021: 51)

들에 의해 교대된다. 한 남자가 비틀거리며 문에서 문으로 나아가다가 대기 중으로 사라진다. "내가 당신에게 말할 수 있는 전부는, 우리는 액체이며, 섬유들로 만들어진 발광체라는 것이다." 이른바 모든 통과제의 여행은 자신이 생성되는, 그리고 등급들, 형식들, 외침들을 변주시키는 세계의 "시간들", 지옥의 원들 또는 여행의 단계들을 따라 사람들이 생성을 바꾸는 이런 문턱들과 이런 문들을 포함하고 있다. 동물의 커다란 울부짖음에서부터 요소들과 입자들의 가냘픈 울음 소리까지. (김재인 역, 2003: 473)

들뢰즈와 과타리는 '역행'을 알려주는 예시로 카스타네다[6]의 텍스트를 제시한다. 카스타네다는 UCLA에서 인류학 박사학위를 받았다. 그는 인디언 주술사(sorcerer)인 돈 후앙 마투스(Don Juan Matus)의 제자가 되어, 미국의 애리조나주와 멕시코의 샤먼들의 오컬트(occult)[7]적 지식을 탐구하였다. 카스타네다는 돈 후앙의 '모든 물질은 에너지'라는 주장에 토대를 두고 현상을 설명하였다. 그의 관점에서 보면, 개-되기의 감응은 분자-되기의 감응이나 물-되기, 공기-되기의 감응들로 교체된다. 그래서 남자가 문에서 문으로 나아가다 대기 중으로 사라지는 되기의 감응이 존재하게 된다. 이것을 카스타네다는 '우리는 액체이고 섬유들로 된 발광체'라는 말로 정의한다. 이러한 정의에서 되기(통과제의 여행)는 생성 그 자체가 되고, 세계의 '시간', 지옥의 원들,

---

6   카를로스 카스타네다(Carlos Castaneda, 1925~1998)는 페루 출신의 미국인 문화인류학자로, 고대 중남미의 톨텍 문명에 기원을 둔 마법의 전통을 이어받았다고 주장하는 야키 인디언 샤먼 돈 후앙 마투스(Don Juan Matus)와의 도제 수행 과정을 기록한 10여 권의 책을 썼다.(https://namu.wiki/w/카를로스%20카스타네다) 국내 번역서로 『돈 후앙의 가르침』, 『초인 수업』, 『익스틀란으로 가는 길』, 『자각몽, 또 다른 현실의 문』 등이 있고, 논문은 확인되지 않고 있다.

7   'occult'는 과학적으로 해명할 수 없는 신비적·초자연적 현상 또는 그런 현상을 일으키는 기술(표준국어대사전)을 뜻한다.

또는 등급들, 형식들, 외침들을 변주시키는 여정에 따라 문턱과 문을 포함한다. 그것은 커다란 동물의 소리로부터 원소나 입자의 소리까지 모두가 그렇다.

나. 다양체 차원

주체의 되기(devenir)는 다양체(multiplicity)와 관계된다. 다양체는 주체를 구성하고 있는 내적 요소로 주제가 접속하는 대상에 따라 되기를 실현할 수 있게 한다. 다양체는 몸과 마음 모두에 있다. 다양체는 접속하는 대상에 따라 무엇으로든 발현할 수 있는 성질을 지녔다. 그렇기에 되기는 다양체에 의하여 실행된다. 주체는 여성-되기, 아이-되기, 동물-되기, 식물-되기, 광물-되기, 바이러스-되기, 분자-되기, 원자-되기, 무(無)-되기, 지각 불가능하게-되기 등을 할 수 있다. 되기의 실행에는 경계나 한계가 없다. 주체는 무슨 되기이든 실행할 수 있다. 이들 되기는 다양체 때문에 가능하다. 주체가 다양체를 내속해 가지고 있기에 가능하다. 다른 말로, 주체는 다양체로 구성되어 있고, 다양체가 주체를 이루고 있다. 다양체를 품고 있기에 주체이고, 주체이기 위해서는 다양체를 지니고 있어야 한다.

되기에는 다양체의 발현 작용이 내재한다. 여성-되기는 주체의 다양체가 여성성을 발현하는 작용으로 이루어진다. 동물-되기는 주체에 내속한 다양체가 동물성을 발현하는 작용으로 이루어진다. 식물-되기, 광물-되기, 바이러스-되기 등도 마찬가지이다. 주체의 다양체가 발현 작용을 한 결과이다. 다양체의 발현 작용에는 한계가 없다. 한계가 있다면 다양체가 아니다. 발현 작용의 수준과 정도에 차이가 있을 수는 있지만 한계가 없다. 수준과 정도의 차이 자체도 다양체의 속성일 수 있다. 그렇기에 주체의 되기에는 경계와 한계가 없다.

다양체의 발현 작용에는 외부 대상과의 접속이 필요하다. 다양체는 혼자서 또는 스스로 발현하지 못한다. 다양체의 발현 작용에는 접속 대상이 있어야 한다. 접속 대상은 한 종(種)이 될 수도 있고, 한 개체가 될 수도 있다. 또는 물질일 수도 비물질일 수도 있다. 의식일 수도 무의식일 수도 있다. 다양체의 접속 대상에도 경계가 없다. 이종적이고, 이질적이고, 차이적이고, 무관(無關) 적인 대상과도 접속한다. 접속 대상에 따라 다양체는 주체가 무엇으로도 되기를 실행할 수 있게 한다. 그렇기에 되기는 마법이다. 역행이고, 결연이고, 블록 형성이다. 마법이기에 무엇으로든 생성이 가능하다.

> 따라서 무리들, 다양체들은 끊임없이 상대방 속으로 변형되어 들어가며, 서
> 로 상대방 속으로 이행한다. 한 번 죽은 늑대 인간은 흡혈귀로 변형된다. 이것은
> 전혀 놀라운 일이 아니다. 되기와 다양체는 하나이고, 동일한 것이기 때문이다.
> 다양체는 그것의 요소들에 의해 규정되지 않으며, 통일이나 이해의 중심에 의해
> 규정되지 않는다. 다양체는 그것의 차원수에 의하여 규정되는 것이다. (김재인
> 역, 2003: 473)

주체에게는 다양한 다양체가 있다. 이들 다양체는 서로 상대 다양체로 변형되어 들어갈 수 있고, 그 속에서 다른 형태로 이행할 수도 있다.[8] 이야기를 속에서 보면, 죽은 늑대 인간이 흡혈귀로 변형된다. 이 흡혈귀는 몽달귀나 손말명 또는 또 다른 무엇으로도 변형될 수 있다. 되기와 다양체는 하나이고

---

8 마법의 전통에 충실한 소설로서 알렉상드르 뒤마(Alexandre Duma)의 『늑대 인도자』(Meneur de loups)를 보자. 첫 번째 계약에서, 변방에 사는 남자가 악마로부터 소원을 들어주겠다는 약속을 받아낸다. 다만 소원이 이루어질 때마다 머리털이 붉은색으로 변한다는 조건이 붙는다. 이것은 가장자리를 지닌 머리털-다양체의 단계다. 남자 자신은 무리의 우두머리로서 늑대들의 가장자리에 자리 잡는다. 그리고 나서 인간의 머리털이 하나도 남지 않게 되면, 이번에 두 번째 계약이 그 남자를 늑대로 생성시킨다. 이것은 적어도 원리상 끝이 없는 생성이다.(김재인 역, 2003: 475)

동일한 것이기 때문이다. 주체의 되기와 다양체도 마찬가지이다. 주체는 다양체를 내속하고 있기에 접속하는 대상에 따라 무엇으로든 연속적으로 되기를 실행할 수 있다. 들뢰즈와 과타리는 이런 다양체가 그 요소(elements)뿐만 아니라 통일(unification, 단일)이나 내포(comprehension)의 중심에 의해 규정되지 않는다고 말한다. 그러면서 다양체는 차원수(the number of dimensions)에 의하여 규정된다고 말한다. 차원수[9]를 이해하기 위해 다음 내용을 보자.

마법의 이러한 마지막 말을 러브크래프트는 장대하며 단순화된 언어로 이렇게 표현하려 한다. "드디어 파도는 더욱 힘이 강해지고 그(=카터)의 지성을 증진시켜, 그를 다중 형태를 가진 존재자와 화해시켰다. 그의 현재의 조각은 단지 그 존재자의 극미한 부분에 지니지 않았다. 파도는 그에게 말해주었다. 공간 내의 모든 형상은 그에 상응하는 한 차원 더 높은 어떤 형상의 일면(a plane)에 의해 교차된 결과물일 뿐이라고. 사각형은 입방체에서 잘려 나온 것이고, 원은 구에서 잘려 나온 것이듯이. 이렇듯 삼차원인 입방체는 구는 이에 상응하는 사차원 형태에서 잘려 나왔는데, 인간은 이것을 추측이나 꿈을 통해서만 알 수 있을 뿐이다. 그리고 사차원의 형태는 오차원의 형태로부터 잘려 나온 것이며, 이런 식으로 원형(原型)의 무한이라는 아찔한 불가능한 높이에까지 이르게 된다."[10] (김재인 역, 2003: 477)

차원수는 차원을 구분하는 수이다. 차원수는 다양체를 범주화하는 한 방식이다. 차원수를 사용하면 차원의 수에 따라 무한의 다양체 범주 중 일부를

---

9 『수학』 기하학적 도형, 물체, 공간 따위의 한 점의 위치를 말하는 데에 필요한 실수의 최소 개수. 직선은 1차원, 평면은 2차원, 입체는 3차원이지만 n차원이나 무한 차원의 공간도 생각할 수 있다.(표준국어대사전)

10 [Lovecraft, "Through the Gate of the Silver Key", p.197. 독역본: s. 182]

논리적으로 위계화할 수 있다. 먼저 차원을 구분하는 우리말은 수학에 기초해 '사차원'까지 개념을 규정하고 있다.[11] 위의 인용문에서 보면, 2차원의 사각형과 원 등은 3차원의 입방체나 구에서 잘려 나왔고, 입방체나 구는 이에 상응하는 4차원에서 잘려 나온 것이다. 사람은 4차원에서 3차원이 나오는 것부터는 추측이나 추론을 통해서만 짐작할 수 있다. 즉 4차원 이상의 차원은 사람의 일상적 인식으로는 파악하기 어렵다. 위의 인용문의 내용으로 볼 때, 다양체가 차원수에 의하여 규정된다고 함은, 구분되는 다양체 차원 간에는 단절적 차이나 변형이 있음을 가리킨다. 즉 한 차원의 다양체도 무한할 수 있지만, 다양체의 섬유의 조성에 따라 범주화가 가능함을 함의한다.

다양체의 수적 차원의 구분을, 이 논의의 관심인 텍스트 내용과 관련지으면, 1차원은 문장 수준, 2차원은 문단 및 텍스트 수준, 3차원은 상호텍스트성이 내재한 내용 수준, 4차원은 텍스트 내용을 이루게 하는 관점 또는 원리 수준, 5차원은 내용이 있게 하는 이념 또는 원형 아이디어 수준이라 할 수 있다. 텍스트 이해와 관련지으면, 1차원은 **선적 이해**로 개념이나 개별 개체 또는 대상을 인식한 수준이고, 2차원은 **평면적 이해**로 글 구조를 이용하거나 도식조직자를 이용하여 내용을 파악한 수준이라 할 수 있다. 3차원은 **공간적 이해**로 공감각적 또는 입체 공간적으로 일이나 사건의 전개를 사실적으로 이해하는 수준이고, 4차원은 **추상적 이해**로 비판적, 주제적, 논리적, 가치적, 이론적, 기호적(추상화)으로 의미를 해석한 수준이라 할 수 있다. 이런 차원은 5차원이나 6차원으로도 규정할 수 있다.[12]

---

11 일차원:『수학』직선은 하나의 실수로 나타낼 수 있음을 이르는 말. 이차원:『수학』평면은 두 개의 실수로 나타낼 수 있음을 이르는 말. 평면은 상하, 좌우의 두 방향으로 이루어져 있다. 삼차원:『수학』공간을 세 개의 실수로 나타낼 수 있음을 이르는 말. 공간은 상하, 좌우, 전후의 세 방향으로 이루어져 있다. 사차원:『수학』공간과 시간은 네 개의 실수로 나타낼 수 있음을 이르는 말. 공간의 삼차원에 시간이 더해진 것이다.(표준국어대사전)

12 5차원은 **원형적 이해**로 텍스트 내용이나 의미의 아이디어나 개념, 관념, 사상 등의 본형이

이 다양체를 규정하는 차원수를 수적 정의가 아닌, 일반적 상식의 정의로 생각해 볼 수 있다. 들뢰즈와 과타리가 말하는 차원수는 수적 차원수에 한정되지 않는다. 국어사전에서 보면, '차원'은 '사물을 보거나 생각하는 처지. 또는 어떤 생각이나 의견 따위를 이루는 사상이나 학식의 수준'(표준국어대사전)으로 정의되어 있다. 차원이라는 것은 대상을 보는 관점이나 시각 또는 의식의 수준 등으로 구분할 수 있다. 들뢰즈와 과타리가 되기와 관련하여 예로 드는 여성, 아이, 동물, 식물, 광물, 바이러스, 분자, 원자, 무, 강렬함, 지각 불가능 등도 차원수와 관련된다. 다양체의 차원수 구분과 변화는 다양체를 이루는 섬유의 내적 조성에 따라 무한히 이루어질 수 있다.

다양체는 **본성이 변하지 않고서는** 나누어지지도 않고, 차원을 잃거나 얻지도 않는다. 그리고 다양체의 차원의 변화는 다양체에 내재하기 때문에, 이것은 결국 각각의 다양체는 이미 공생하고 있는 다질적인 항들로 조성되어 있으며, 또는 각각의 다양체는 그것의 문턱들과 문들을 따라 일렬로 늘어선 다른 다양체들로 끊임없이 변형되는 이야기와 마찬가지이다. (김재인 역, 2003: 473)

나, 본질을 밝혀 아는 수준이다. 5차원의 원형의 예로는 성리학의 이기론(理氣論), 구조주의의 구조, 변형생성문법의 변형과 생성, 음악의 소나타형식, 보편적 해석학의 자기 이해, 물리학의 상대성이론, 정신분석학의 집단무의식 등을 들 수 있다. 이들은 관련된 텍스트 내용을 가로지르는 원리나 본질을 이루는 것으로, 독자가 이 원형적 아이디어를 이해하면 관련된 텍스트들의 이해가 수월해진다. 6차원은 **원질적 이해**로 텍스트 이해에 근원적 바탕이 되는 아이디어의 원질이나 힉스 보손(higgs boson)이나 자기 홀극(magnetic monopole)과 같은 원천적인 것을 깨쳐 이해하는 수준이라 할 수 있다. 6차원의 원질의 예로는 노자의 무위, 용수(나가르주나)의 공(空), 주희의 태극(太極), 소쉬르의 기호, 니체의 힘에의 의지, 하이데거의 존재, 들뢰즈의 되기 등을 들 수 있다. 이들 원질 요인은 관련된 텍스트의 내용의 토대이면서 생성의 근원적인 요인이다. 독자가 이들을 터득하여 깨치게 되면 관련된 텍스트 내용의 본질을 쉽게 밝힐 수 있다. 이들 다양체의 차원수는 독자의 텍스트 이해의 수준, 차원을 구분할 수 있게 한다.

윗글에서 보면, 다양체의 차원 변화는 그 본성이 바뀌는 일이다. 그 변화는 다양체 내에서 일어나야 하는 일이다. 다양체 차원의 변화는 공생(symbiosis, 共生, 상조(相助))하는 다질적인 항(term)들을 새롭게 조성함으로써, 그리고 각 차원의 문턱과 문을 통과함으로써 일어난다. 위의 텍스트 이해를 다시 예로 들면, 텍스트 내용 이해의 수준을 구분하는 각 차원의 다양체는 내적으로 상조하는 다질적인 내용 항목들로 조성되어 있다. 텍스트 이해에 관계된 각 차원의 다양체는 내재적 관련성으로 인해 차원수에 따라 일렬로 늘어서 있다. 늘어선 각 다양체의 차원은 구분되어 있지만 서로 넘나들 수 있는 관계에 있다. 다양체가 차원을 바꾸어 변형하는 일은 공생하는 다질적인 항목들의 조성을 바꾸어 차원의 문턱이나 문을 넘어가는 일이다. 다양체의 차원의 문턱과 문은 차원수에 따른 변형이 필요함을 함의한다. 즉 차원수의 변화는 수준이 바뀜을 의미한다. 다양체 차원의 변화는 공생하는 다질적인 항목들의 조성을 새롭게 해 일렬로 늘어선 문턱과 문을 지나는 일로 되기의 수준을 바꾼다.

다양체의 차원은 되기의 수준과 관련된다. 되기의 수준은 생성 수준과 관련된다. 다양체의 차원은 주체의 자기 생성 수준을 결정한다. 어느 차원수의 다양체가 발현 작용을 했는가에 따라 주체의 자기 생성 수준이 달라진다. 여성-되기, 동물-되기, 분자-되기, 입자-되기, 무-되기, 지각 불가능하게-되기 등은 다양체의 차원수에 의한 것이다. 형태적 특성으로 보면, 여성-되기, 동물-되기, 분자-되기, 입자-되기, 무-되기, 지각 불가능하게-되기 등은 수로 규정하긴 어렵지만 각기 다른 차원수를 갖는다. 내재적으로 보면, 각각의 되기는 모든 수준의 실행 가능성을 내포한다. 다양체의 차원은 주체의 자기 생성의 수준을 결정한다. 주체가 되기의 수준을 변화시키려면 다양체의 차원을 바꾸어야 한다.

다. 탈주선

되기에는 수준이 있다. 동일 수준에서 반복되는 되기를 실행할 수도 있고, 다른 수준으로 변형되는 되기를 실행할 수도 있다. 이 논의는 다른 수준으로 변형되는 되기에 관심이 있다. 그 변형의 수준은 제한하기 어렵지만, 여기서는 지각 불가능하게-되기가 관심의 중심에 있다. 다른 수준의 되기를 실행할 수 있게 하는 것이 탈주이다. 즉 현재 수준의 되기를 벗어나는 일이기에 탈주이다. 탈주에는 탈주하는 데 필요한 힘(역량)과 실행이 있어야 한다. 역량을 갖추지 못하거나 실행하지 않으면 탈주는 일어나지 않는다. 다른 수준으로 탈주하기 위한 되기의 역량은 주체의 다양체 차원과 관련되어 있다. 그리고 실행은 외적 대상과의 접속과 관련되어 있다.

탈주는 문턱과 문을 지나는 일이다. 문턱과 문을 지남은 탈주나 탈영토화를 의미한다. 앞에서 인용한 러브크래프트의 차원수에 관한 내용을 다시 보면, 하위 차원은 상위 차원에서 잘려 나온 것이다. 그렇기에 차원들은 서로 단절되고 분리되어 있다. 그렇지만 하나의 차원은 상위 차원에서 잘려 나온 것이기에 본질적으로 관련되어 있다. 상위 차원은 하위 차원이 있게 만드는 근원이다. 이는 차원 간에 내적 관계가 존재함을 의미한다. 각 차원을 연결하는 내적 요인이 섬유(fiber, 纖維, 기질(氣質))이다. 차원을 바꾸려면 섬유가 만든 선을 따라가야 한다. 텍스트의 구성 차원에서 섬유의 선(line, 線)은 낱말(의미)에서 개념으로, 개념에서 내용으로, 내용에서 관념으로, 관념에서 관점으로, 관점에서 사상으로 등 변화에 관여한다. 섬유의 선은 하위 차원이나 상위 차원을 연결하고, 다양체의 차원을 바꾸게 한다. 차원 사이에 존재하는 섬유의 선을 따라서 문턱과 문을 지나야 다른 차원으로 나아갈 수 있다. 그렇기에 차원의 문턱이나 문을 지나는 일은 탈주가 된다.

각각의 다양체는 '특이자'로 기능하는 가장자리에 의해 규정된다. 일렬로 늘어선 가장자리들이, 다양체를 변하게 하는 가장자리들의 연속된 선(섬유 [fibre])이 존재한다. 각각의 문턱과 문에서 새로운 계약이 있는가? 섬유는 인간에서 동물로, 동물에서 분자로, 분자에서 입자로, 끝내는 지각 불가능한 것으로 나아간다. 모든 섬유는 <우주>의 섬유이다. 일렬로 늘어선 가장자리들의 섬유는 도주선 또는 탈영토화의 선을 구성한다. <특이자>, <아웃사이더>가 여러 가지 기능을 갖고 있다는 것은 분명하다. (김재인 역, 2003: 473-174)

각 차원의 다양체는 가장자리를 이루는 특이자에 의해 규정된다. 각 차원의 다양체는 서로의 경계 부분에 가장자리를 가지고 있다. 가장자리에는 특이자가 있다. 다양체는 가장자리의 특이자에 의하여 규정될 수 있다. 가장자리는 다질적인 항들의 조성에 의한 섬유가 내재한다. 이 섬유들에 의하여 다양체가 규정되고 차원이 달라진다. 또한 이 섬유들은 연속되어 선을 형성한다. 섬유들의 선들에 의해 각 차원의 다양체에 문턱과 문이 연결된다. 섬유(기질)는 인간에서 동물로, 동물에서 분자로, 분자에서 입자로, 입자에서 무로, 무에서 지각 불가능한 것으로 나아가게 한다. 다양체의 차원을 바꾸며 다른 그 무엇으로의 되기를 실현하게 한다. 다양체에 내재하는 섬유는 무엇으로든 되기를 실행할 수 있게 하는 <우주>의 섬유이다. 그렇기에 다양체의 가장자리에 내재하는 섬유는 탈주선이나 탈영토화의 선이 된다. 이로써 다양체의 가장자리들은 다양체의 차원을 바꾸게 하는 기능을 갖는다.

탈주를 가능하게 하는 섬유(기질), 다양체의 차원을 바꾸게 하는 섬유는 한 요소나 한 가닥이기보다는 여러 요소나 가닥이 뭉쳐져 있다. 각 요소나 가닥은 각기 다른 성질을 지닌다. 서로 다른 요소나 가닥이 뭉쳐져 섬유를 이루고 있다. 이 섬유가 다양체의 차원수의 탈주에 관여한다. 이는 다양체 차원의 탈주에서 한 가지 이상의 요소가 달라져야 함을 의미한다. 예로 여성-

되기와 동물-되기는 수준이 다른 되기이다. 주체의 여성-되기의 경우에는 여성적 감성의 생성만으로 가능한 경우가 있다. 한편 동물-되기에서는 주체의 몸, 기관, 근육, 감각, 자세, 행동, 속도 등의 요소가 달라져야 한다. 탈주를 위한 다양체 차원의 변화는 각 차원에서 요구되는 섬유의 조성이 필요하다. 주체는 각 다양체의 가장자리에 내속한 다질적인 항이 이루는 섬유로 이루어진 선을 따라 차원의 문턱과 문을 지나갈 수 있다.[13]

> 이러한 일렬로 늘어섬, 이러한 변전 또는 변형에 일종의 논리적 질서가 있다고 믿는 오류를 피해야만 한다. 동물에서 식물로, 나아가 분자로, 그다음엔 입자들로 가능 질서를 상정하는 것도 이미 너무한 것이다. 각각의 다양체는 공생적이며, 그것의 동물-되기, 식물-되기, 미생물-되기, 미친 입자-되기 등을 온통 하나의 은하수로 통합한다. 그렇지만 이렇게 서로 이질적인 것들 사이에, 가령 <늑대 인간>의 늑대들, 꿀벌들, 항문들, 작은 상처들 사이에 미리 정해진 논리적인 질서가 있는 것은 아니다. 물론 마법은 언제나 몇몇 생성의 변형들을 끊임없이 코드화한다. (김재인 역, 2003: 474-475)

다양체 차원의 탈주에는 논리적 질서가 없다. 각 차원의 다양체는 가장자리에 다른 차원의 다양체 가장자리들과 경계를 이루며 일렬로 늘어서 있다. 각 차원의 다양체는 섬유를 새롭게 조성함으로써 다른 차원의 다양체의 문턱

---

13 '특이자'는 각각의 다양체의 가장자리를 두르고, 잠정적인 최대의 차원으로 다양체의 일시적 또는 국지적인 안정을 결정한다. 또한 그것은 생성에 필수적인 결연의 조건이기도 하다. 뿐만 아니라 그것을 생성의 변형이나 다양체들이 변전을 항상 더 멀리 도주선으로 끌고 나간다. 모비 딕은 가장자리를 두르는 흰 성벽이다. 또한 모비 딕은 악마적인 **결연의 항**이기도 하다. 끝으로 모비 딕은 극단적으로 자유로운 무시무시한 고기잡이의 선(線) 그 자체이며, 벽을 가로지르고 선장을 계속 끌고 가는 선인 것이다. 어디로? 무로……(김재인, 2003: 474-475)

이나 문을 지나 탈주한다. 동물에서 식물로, 분자로, 입자로, 무로, 지각 불가능한 것으로 탈주한다. 이 탈주에는 합리적 질서가 존재하지 않는다. 다양체의 차원들은 서로 가장자리를 맞대고 늘어서 있으며 공생(symbiosis, 상조)한다. 그렇기에 되기를 실행하게 하는 다양체 차원은 은하수와 같다. 이 다양체차원들은 섬유의 조성에 따라 어떤 다양체로든 변전하고 변형된다. 이 다양체 차원의 변전은 논리적 질서를 따르지 않는다.[14] 그렇기에 마법에 의한코드화(질서)가 이루어진다.

라. 일관성의 구도

공자께서 말씀하셨다. '명을 알지 못하면 군자가 될 수 없고, 예를 알지 못하면 설 수 없고, 말을 알 수 없으면 사람을 알 수 없다.'(子曰, 不知命 無以爲君子也, 不知禮 無以立也, 不知言 無以知人也.) (『논어』, 요왈(堯曰) 편)

---

14 (뒤마의 『늑대 인도자』에서) 사실상, 첫 번째 머리카락-다양체는 붉은 털-되기 속에서 취해진 것이고, 두 번째 늑대-다양체는 인간의 동물-되기를 위하는 것이다. 이들 둘 사이에는 문턱과 섬유가 있고, 이질적인 것들의 공생 또는 이행이 있다. 우리 마법사들은 바로 이런 식을 논리적 질서가 아니라 탈논리적인 적합성이나 일관성에 따라 작업한다. 그 이유는 간단하다. 누구도 미리 말할 수 없는, 신도 미리 말할 수 없는 것이 있기 때문이다. 가령 두 가장자리는 한 줄로 되거나 섬유를 만드는가? 어떤 특정한 다양체가 다른 특정한 다양체로 이행하는가 아닌가? 특정한 이질적인 요소들이 공생 상태에 들어가며, 변형에 적합한 고름의 다양체나 공동 기능의 다양체를 이루는 것일까? 도주선이 어디를 통해 갈지 누구도 말할 수 없다. 그것은 난관에 빠져 가족의 오이디푸스적 동물, <평범한 복슬강아지>가될까? 아니면 이와 다른 위험에, 가령 에이허브처럼 폐기, 소멸, 자기-파괴의 선……에 빠져들게 될까? 우리는 도주선의 위험과 도주선의 애매성을 너무나도 잘 알고 있다. 위험은 항상 제기되지만 거기서 빠져나오는 것을 항상 가능하다. 그 선이 고름을 갖는지, 다시 말해 이질적인 요소들이 공생의 다양체 속에서 실제로 기능하는지, 또 다양체들이 실제로 이행의 생성으로 변형되는지는 각각의 구체적인 경우에 따라 이야기해야 할 것이다.(김재인 역, 2003: 475-476)

위의 인용문은 『논어(論語)』의 마지막 부분이다. 윗글을 읽는 독자의 마음 속에는, 독자마다 다를 수 있지만, 여러 가지 생각이 일어난다. 인용문의 각 낱말(命, 禮, 言 등)이나 내용 차체와도 관련하여 많은 생각 내용이 일어나고, 『논어』, 공자(孔子), 요왈편(堯曰篇), 독자 자신, 자기 삶, 다른 사람, 사회 문제 등 헤아리기 어려운 생각 내용의 다양체들이 마음속에 발현된다. 이들 다양 체는 독자의 마음속에 만들어진 '의식 활동의 판(plane)'[15] 위에 펼쳐진다. 의식 활동의 판 위에 펼쳐지는 생각 하나하나가 다양체다. 독자는 이들 다양 체 생각을 추슬러 의미를 생성한다. 그렇기에 독자가 어떻게 다양체를 추스 르느냐에 따라 생성 의미가 다르고, 수준과 깊이도 달라진다. 이때 생성된 의미가 특개성이다. 이 특개성을 생성하는 활동이 지각 불가능하게-되기의 실행이다.

말은 쉽다고? 그러나 생성들 또는 다양체들에는 미리 정해진 논리적 질서는 없지만, **기준들**이 존재한다. 그리고 중요한 것은, 이 기준들이 사후에 오는 것이 아니라 해당 순간마다 족족 실행되어 위험 속에서도 우리를 인도할 수 있다는 점이다. 만약 다양체들이 매번 그것들의 차원수를 정하는 가장자리에 의해 규정 되고, 또 변형된다면, 어떤 하나의 판 위에 다양체들이 펼쳐지고 그 판에서 가장자리들이 파선을 그리면서 늘어설 가능성을 떠올려 볼 수 있을 것이다. 따라서 이러한 판이 차원들을 '축소(réduire)'시키는 것은 단지 겉보기에만 그런 것이다. 왜냐하면 판판한, 그렇지만 증가하거나 감소하는 차원들을 가진 다양체 들을 자기 자신에게 기입하는 한에서 이 판은 차원들을 모두 받아들이는 것이기 때문이다. (김재인 역, 2003: 476-477)

주체의 되기는 의식 활동의 판 위의 다양체에 의해 이루어진다. 주체의 되기는 판 위의 다양체들이 정렬(조성, 조직화, 체계화)하는 작용으로 실행된다. 주체의 되기는 다양체를 어떻게 정렬하는가에 따라 양상이 달라진다. 주체가 대상과 접속할 때, 의식 활동의 판 위에는 다양한 차원의 무한 다양체가 발현되어 늘어선다. 이때 주체는 이 다양체들을 정렬 작용으로 조절(조성)해야 한다. 정렬할 다양체들 사이에 순서가 정해져 있는 것도 아니고, 규칙이나 원칙도, 논리도 없다. 그렇지만 주체는 다양체들을 정렬 작용으로 조절(조성)해야만 되기를 실행할 수 있다. 사실 주체가 되기를 실행할 때 다양체의 정렬 작용에 혼란이 있거나 문제가 발생하지 않는다. 어떤 다양체의 발현 작용을 앞세웠는가에 따라 되기의 결과가 달라질 뿐이다. 주체가 어떤 대상과 접속하더라도 다양체의 정렬 작용은 되기를 실행한다. 일관성의 구도가 작용하여 다양체들이 하나의 조직체가 되도록 하기 때문이다.

들뢰즈와 과타리는 다양체의 발현 작용뿐만 아니라 정렬 작용에는 논리적 질서는 없지만, 기준들이 존재한다고 말한다. 그리고 이 기준들은 사후에 밝혀지는 것이 아니라 발현 작용이나 정렬 작용이 일어나는 순간에 족족 실행되어 주체의 되기를 인도한다고 말한다. 그러면서 매번 발현 작용과 정렬 작용으로 다양체나 다양체 차원을 결정하고 변형한다고 하면, 의식 활동의 판 위의 다양체들은 가장자리들이 흐트러진 선을 가진 형태라는 것이다. 가장자리들이 흐트러진 선으로 되어 있어야 다양체들의 새로운 정렬이 이루어질 수 있다. 그렇게 되면 판 위의 다양체의 차원들이 외현적으로 축소되는 것 같지만 실제로는 증가하거나 감소하는 차원들을 가진 모든 다양체를 받아들일 수 있게 된다고 말한다. 그러면서 앞에서 인용한, 러브크래크트가 한 다음의 말을 이어 제시한다. "이렇듯 삼차원인 입방체나 구는 이에 상응하는 사차원 형태에서 잘려 나왔는데, (중략) 사차원 형태는 오차원 형태로부터 잘려 나온 것이며, 이런 식으로 원형의 무한이라는 아찔하고 도달 불가능한 높이에까지 이르게 된다."(김재인 역, 2003: 477) 이 말은 판 위의 다양체를 정렬할 때, 중심이 되는 다양체 차원의 선택을 주체가 할 수 있는 최고 수준의 것으로 함을 의미한다.

> 고른판은 다양체의 차원수를 둘로(=이차원적으로) 축소시키기는커녕 판판
> 한 다양체들을—이들이 몇 차원을 지녔건—을 공존시키기 위해 그것들 모두를
> 재단하고 교차시킨다. 고른판은 모든 구체적인 형태들의 교차이다. 따라서 모든
> 생성은 마법사의 그림처럼 이 고른판 위에 기록된다. 이 고른판은 모든 생성이
> 자신의 출구를 찾게 되는 <궁극적인 문>인 것이다. 이것이야말로 모든 생성이
> 난관에 봉착하고 무로 빠져드는 것을 막아주는 유일한 기준인 것이다. (김재인
> 역, 2003: 477)

이 주체의 다양체 차원의 선택으로 판 위의 다양체의 조성이 안정적일 수 있는 것은 '일관성의 구도'(고른판) 때문이다. 일관성의 구도는 이질적인 요소들이 하나의 조직적 체계를 이루도록 하는 기제이다. 주체가 대상과의 접속으로 의식 활동의 판이 펼쳐지고, 그 위에 차원이 다른 다양체들이 배열된다. 이때 일관성의 구도는 판 위의 다양체들은 재단하고 교차시킨다. 즉 여러 차원의 다양체들이 하나의 조직 체계를 이루게 정렬한다. 일관성의 구도는 의식 활동의 판 위의 모든 다양체가 하나의 조직체를 이룰 수 있게 한다. 이로 특개성을 생성함으로써 주체는 지각 불가능하게-되기를 실행한다. 그래서 모든 되기는 마법사가 그린 그림처럼 일관성의 구도의 작용에 귀속된다. 그렇기에 일관성의 구도는 다양체의 정렬 작용으로 구성되는 모든 되기들이 이루어지도록 하는 <궁극적인 문>으로 작용한다. 일관성의 구도는 주체가 다양체의 차원을 정하여 되기를 무리 없이 실현하게 하는 기준이다. 일관성의 구도가 절대적인 기준이기보다는 주체가 도달 가능한 수준의 선택

할 수 있는 차원에서 비롯되기에, 되기는 결국 주체의 선택으로 마무리된다.

고른판에서는 모든 것은 지각 불가능하게 되며, 모든 것은 지각-불가능하게-되기이다. 그러나 바로 거기에서, 지각 불가능한 것이 보이고 들린다. 고른판은 <평면태> 또는 <리좀권>, <기준>이다(또한 차원들이 증가하면 다른 이름들이 있을 것이다). n차원에서는 이것은 <초권역(Hypersphére)>, <기계권>이라고 불린다. 그것을 <추상적인 형상> 또는 차라리 형태를 갖고 있지 않기 때문에 <추상적인 기계>이다. 추상적인 기계의 각각의 구체적 배치물은 하나의 다양체이며, 하나의 생성, 하나의 절편, 하나의 진동이다. 또한 추상적인 기계는 전체의 절단면이다. (김재인 역, 2003: 478)

일관성의 구도에서는 그렇기에 모든 것이 지각 불가능하게 되며, 모든 것은 지각 불가능하게-되기이다. 이 지각 불가능하게-되기에서 지각 불가능한 것을 보고 들을 수 있다.[16] 이 일관성의 구도는 변이와 변화의 성분으로 추상화하는 플라노메논(planomène, 평면태)[17]이나 <리좀권>이거나 <기준>이

---

16   유일한 물음은 다음과 같다. 하나의 생성이 거기까지 가는가? 다양체는 마르더라도 자신의 모든 삶을 유지하는 꽃처럼 이런 식으로 자신에게 보존된 모든 차원을 판판하게 할 수 있는가? 거북이-되기 속에서 로렌스는 가장 완고한 동물적 역동성으로부터 비늘들과 '절단면들'의 추상적인 순수 기하학으로 이행해 가지만, 원래의 역동성을 전혀 잃어버리지 않는다. 로렌스는 거북이-되기를 고른판까지 밀어붙이는 것이다.(김재인 역, 2003: 477-478)

17   요컨대 형식적 공통성을 추상하는 추상기계가 지층의 구성단위에 의한 통일성을 형성하는 추상기계라면, 탈형식화하는 방식으로 작동하는 추상기계는 지층을 넘나들고 어떤 지층의 최소한의 구성단위에 대해서조차 변이의 선을 그리면 탈지층화하는, 그리하여 결국 극한에서는 순수한 질료적 흐름 자체에 도달하는 그런 추상기계라고 할 수 있습니다. 전자가 지층 안에서 불변성과 보편성을 찾아낸 것으로써 통일성을 구성하는 추상기계라면, 후자는 불변성이 아니라 변이와 변환의 성분으로서의 추상화의 선, 플라노메논(planomène)에 접근하는 추상기계라고 합니다. 이런 맥락에서 저자들은 전자에 대해 이렇게 요약하고 있습니다. "우리는 한 지층의 중심 층 내지 중심 고리가 구성단위에 따른 집합이라고 말할 수 있다. 그것은 외적인 분자적 소재, 내적인 실체적 원소, 그리고 형식적 관계를 실어나르는 경계

다. 판 위의 다양체들이 교차함으로써 주체가 되기를 실현하게 할 때, 일관성의 구도의 플라노메논이 작용하는 것이다. 이러한 일관성의 구도의 작용은 차원에 따라 <초권역>이나 <기계권>이라고 불릴 수 있는 <추상적 형상>이다. 일관성의 구도의 작용은 형상을 갖지 않기 때문에 <추상적 기계>라고 할 수 있다. 이 일관성의 구도의 작용인 추상적 기계에 의한 판 위의 배치물은 그것 자체가 하나의 다양체이고, 하나의 생성이고, 하나의 절편이며, 하나의 진동이다. 즉 일관성의 구도의 작용으로 주체가 선택한 하나의 다양체 차원을 중심으로 모든 다양체가 정렬됨으로써 되기를 실행할 수 있게 된다. 그렇기에 일관성의 구도의 작동인 추상적인 기계는 다양체 차원들을 교차시켜 주체가 되기를 실행하게 하는 기준이다.

3. 지각 불가능하게-독자 되기

읽기에서 독자는 텍스트와 접속하는 주체이다. 독자에겐 언제나 텍스트가 접속 대상이다. 독자는 어떤 텍스트와 접속하느냐에 따라 되기의 실행이 달라진다. 이 독자의 되기는 다양체와 관련되어 있다. 독자가 텍스트와 접속하여 어떤 다양체를 어느 차원에서 발현하느냐가 되기의 관건이 된다. 독자가 텍스트와 접속하면, 의식 활동의 판 위에는 무한 차원의 무한 다양체가 발현되어 펼쳐진다. 독자는 이들 다양체 중 최고 수준의 다양체를 정하여 정렬 작용을 실행한다. 여기서 일관성의 구도의 플라노메논의 관여와 다양체의 변이 또는 변화로 여러 되기를 실행하게 된다. 이 되기의 최종 지향은

또는 막이다. 지층에 의해 감싸여 있으며 그것의 통일성을 구성하는 단일한 추상기계가 있다. 이것이 에쿠메논(l'Œcumène)이며, 일관성의 구도의 플라노메논에 대립한다."(이진경, 2003a: 210)

지각 불가능하게-독자 되기이다. 독자는 최고의 다양체 수준으로 되기를 실행함으로 지각 불가능하게-독자 되기를 실행할 수 있게 된다.

가. 이행하기

독자가 텍스트와 접속하면 의식 활동이 일어난다. 이 의식 활동은 단일한 형태가 아니다. 텍스트를 읽는 내내 작용하면서 이리저리 옮겨 다니고, 변화한다. 여러 가지 양상과 국면, 상황과 상태, 형편과 형상, 현상 등이 수시로 바뀐다. 이러한 변화는 정해진 논리나 순서를 갖지 않고 일어난다. 여러 가지의 의식 활동들이 함께 일어나고, 바뀌고, 달라진다. 이에 대한 들뢰즈와 과타리의 표현은 '공생(symbiosis, 共生)' 또는 '이행(passage, 移行)'이다.[18] '공생'은 여러 이질적인 개체가 서로 도우면서(상조(相助)) 공동생활을 하는 것이다. '이행'은 이리저리 자유롭게 옮겨 다니며 이것저것으로 변화하는 것이다. 독자의 의식 활동은 공생이면서 이행이다.

> 가령 <늑대 인간>의 경우, 늑대 무리는 벌떼가 되는가 하면, 항문의 들판, 작은 구멍들과 미세한 궤양들의 집합이 되기도 하는 것이다.(전염이라는 주제) 또한 이 모든 다질적인 요소들이 공생과 생성의 '그' 다양체('la' multiplicité)를 조성하는 것이다. 우리들이 매혹된 <자아>의 위치를 상상했다면, 이는 그 자아가 파괴에 이를 정도로까지 마음을 쏟은 그 다양체가 내부에서 그 자아를 작동시키고 팽창시키는 다른 다양체의 연속이기 때문이다. 그러므로 자아란 두 다양

---

18 사실상, 첫 번째 머리카락-다양체는 붉은 털-되기 속에서 취해진 것이고, 두 번째 늑대-다양체는 인간의 동물-되기를 취하는 것이다. 이 둘 사이에는 문턱과 섬유가 있고, 이질적인 것들의 공생 또는 이행이 있다. 우리 마법사들은 바로 이런 식으로 논리적 질서가 아니라 탈논리적 적합성이나 일관성에 따라 작업한다.(김재인 역, 2003: 475)

체 사이에 있는 문턱, 문, 생성일 따름이다. (김재인 역, 2003: 474)

이행은 다양한 형태로 이루어진다. 윗글에서 보면, <늑대 인간>의 내용을 전염이라는 주제로 보면, 늑대 무리는 벌떼, 공극(틈)이 있는 들판, 작은 구멍들, 미세한 궤양들의 집합 등이 된다. 여기서 보면, 늑대, 벌, 공극, 구멍, 궤양 등은 서로 이질적인 다양체이다. 이야기 속에서는 이들 이질적 다양체의 항은 공생하고 이행한다. 즉 이들 이질적인 항(element)은 공생과 되기로 '그것' 다양체를 조성한다. 윗글에서 보면, 들뢰즈와 과타리는 <자아>도 다양체 중 하나로 규정한다. '만약 우리가 매혹적인 <자아>의 위치를 상상한다면, 그것은 자아가 기대고 있는 다양체를 작동시키고 그들 내부에서 다양체를 긴장시키는 또 다른 다양체의 연속일 뿐이다. 그렇기에 자아는 두 다양체 사이에 있는 하나의 문턱, 하나의 문, 하나의 되기일 뿐'이라는 것이다. 공생과 이행의 면에서 보면, 자아도 하나의 다양체로서 기능한다. 독자의 텍스트 읽기 과정에서도 여러 가지 이질적인 의식 활동의 항들이 공생 또는 이행한다. 여러 의식 활동의 항들은 함께 발현되어 이리저리 옮겨 다니며 변형된다.

공자께서 말씀하셨다. "배우고 그것을 때때로 익히면 기쁘지 않겠는가. 동지 (同志)가 먼 지방으로부터 찾아온다면 즐겁지 않겠는가. 사람들이 알아주지 않더라도 서운해 하지 않는다면 군자가 아니겠는가."(子曰. 學而時習之 不亦說乎. 有朋 自遠方來 不亦樂乎. 人不知而不慍 不亦君子乎.) (성백효 역, 2004: 17-17)

위 『논어(論語)』의 첫 구절은 누구나 잘 알고 있다. 위의 구절을 읽는 독자의 의식 활동을 떠올려 볼 수 있다. 각 독자가 자기의 의식 활동을 떠올려 보아도 된다. 위의 구절 내용에 독자가 의식을 접속하게 되면, 독자는 마음속에 의식 활동을 위한 판을 펼친다. 그리고 그 의식 활동의 판 위에 여러 가지 생각 내용(다양체)을 늘어놓게 된다. 위의 구절에서 보면, 독자의 의식이 접속하는 대상은 '배움, 익힘, 기쁨, 동지, 찾아옴, 즐거움, 남이 알아주지 않음, 서운함, 군자' 등이다. 이들 대상과 접속한 독자는 펼친 의식 활동의 판 위에 여러 가지 생각(다양체)을 늘어놓는다. '배움' 하나만 해도, 독자의 의식 활동 판 위에는 '누구에게', '무엇을', '어떻게', '얼마나' 배웠는가와 관련된 여러 가지 생각들이 쏟아져 나온다. 마찬가지로 '누구에게'만 의식을 집중해도 가르침을 준 많은 사람이 떠오를 수 있다. 독자가 텍스트와 접속하면 의식 활동의 판 위에 많은 생각의 다양체들이 늘어선다. 이들 다양체는 공생 관계를 이룬다. 독자의 의식은 이들 공생하는 생각의 다양체 사이를 이리저리 옮겨 다니며 정렬한다. 독자의 의식 활동의 이행은 한정하기 어렵다. 독자의 텍스트 이해는 이들 생각의 다양체와 공생하고 이행하는 과정에서 일어난다.

독자의 텍스트 이해에서의 이행은 텍스트와의 접속으로 이루어진다. 독자가 텍스트와 접속한다고 하여 텍스트가 독자의 의식을 이행시키는 것은 아니다. 텍스트가 독자의 의식을 이행시키거나 생성하거나 변화시키는 일은 일어나지 않는다. 독자 의식의 이행은 독자가 하는 일이다. 텍스트의 도움이 필요한 것은 분명하지만 텍스트가 독자의 의식을 이행시키지는 않는다. 만약 텍스트가 독자의 의식을 이행시킨다면 텍스트를 읽은 독자는 누구나 이행을 해야 하고, 이행의 결과는 같아야만 한다. 그러나 독자 중에는 텍스트를 읽었더라도 이행하지 못하거나 이행하지 않는 이도 있다. 이에 더해 텍스트 이해의 결과가 같은 일은 없다. 『천 개의 고원』을 읽은 독자가 같은 이행으로 같은 자기 생성을 하는 경우는 없다.

다양체들에 대한 이행은 독자의 주체가 주도한다. 판 위의 다양체들에 대한 이행은 독자 주체의 정렬 작용에 의하여 일어난다. 이 이행은 독자의 되기이고, 독자의 자기 생성이다. 그렇다고 텍스트 없이 한다는 말은 아니다.

독자는 텍스트가 있어야 독자이다. 독자가 텍스트와 접속하면, 의식 활동의 판 위에 이행할 다양체들이 발현된다. 다양체들은 독자의 몸체에서 쏟아져 나와 펼쳐진 판 위에 흐트러진다. 판 위에 쏟아져 나온 다양체들은 독자의 몸과 마음을 이루고 있던 것들이다. 텍스트의 내용에 따라 다를 수 있지만 쏟아진 다양체는 독자의 몸체에 내재해 있던 것들이다. 신체 요소, 감각 요소, 감정 요소, 의식 요소, 사유 요소, 관념 요소, 관점 요소, 논리 요소 등 그 한계를 정하기 어렵다. 또한 각 요소를 이루고 있는 성분과 기질 요소도 한정할 수 없다. 예로 신체 요소는 정수리부터 발끝까지 무한으로 나눌 수 있고, 무한의 되기와 생성이 가능하다. 텍스트와 접속한 독자는 의식 활동의 판 위에 무한의 다양체를 늘어놓는다.

독자는 다양체들에 대한 이행으로 의미를 생성한다. 독자의 의식 활동의 판 위에 쏟아져 나오는 다양체의 수는 한정할 수 없다. 접속하는 텍스트에 따라, 텍스트의 요소에 따라, 독자가 발현하는 다양체가 달라진다. 이들 다양체의 변이 또한 한정되지 않는다. 감정 요소를 예를 들면, 접속하는 텍스트의 내용에 따라 독자의 의식 활동의 판 위로 발현되어 나오는 감정 다양체의 수를 한정하기 어렵다. 또한 감정 자체가 다양체이기 때문에 그 변이 작용도 한정할 수 없다. 그렇기에 텍스트를 읽는 독자의 의식 활동의 판 위에는 무한의 다양체가 배열되어 독자가 무엇으로의 이행이든 할 수 있게 한다. 독자도 다양체인 것이다.

이행은 다양체 차원에도 일어나야 한다. 다양체 차원의 이행은 수(數) 차원의 이행과 종(種) 차원의 이행을 포함한다. 수 차원의 이행은 같은 계열(섬유)의 다양체 속에서 일어난다. 다양체를 이루고 있는 섬유의 선을 따라 차원의 이행이 일어난다. 독자는 높은 수의 차원으로 이행할 수도 있지만 낮은 수의 차원으로 이행하는 것도 가능하다. 독자의 되기는 다양체에 의하여 일어나기에 차원 수가 클수록 높은 수준의 되기를 실행할 수 있다. 또한 종 차원의 이행은 다른 종으로의 이행이다. 동물, 식물, 광물, 분자, 무, 지각 불가능 등으로의 이행이다. 종의 차가 클수록 다른 되기를 실행할 수 있다. 독자의 수준과 다른 것으로의 되기를 위해서는 다양체 차원 간의 이행이 있어야 한다. 다양체 차원 간의 이행은 다양체 섬유의 새로운 조성으로 이루어진다.

이행은 되기의 본질 요소이다. 독자는 되기를 통하여 자기를 생성한다. 수준이 높아진 자기 생성, 종차가 달라진 자기 생성을 위해서는 이행이 있어야 한다. 다양체 차원 내에서의 이행도 있어야 하지만, 되기의 수준이나 종차에서도 이행이 있어야 한다. 독자의 되기가 다양체에 의하여 이루어진다는 점을 고려하면 다양체의 차원수에 따른 되기의 이행이 필요하다. 독자의 되기의 실행이 이행을 위한 것이라면, 이행은 다양체의 차원 사이에서 일어나야 한다. 높은 다양체 차원으로의 이행을 통한 되기는 독자의 되기 수준을 변화시키고, 종 간 다양체 차원의 이행을 통한 되기는 독자의 되기 형태를 변화시킨다.

이행을 통해 독자가 의미를 생성할 수 있게 하는 것은 일관성의 구도이다. 일관성의 구도는 독자가 펼칠 의식 활동의 판이 펼쳐지면 언제나 작용한다. 이 일관성의 구도가 작용함으로 의식 활동의 판 위에 생각의 다양체들은 하나의 조직체를 이룬다. 일관성의 구도에 의해 다양체의 공생과 이행이 이루어진다. 일관성의 구도로 인해, 독자의 의식 활동의 판 위에 펼쳐진 다양체들은 언제나 하나의 조직체를 이룬다. 그 조직체는 질서 정연할 수도 있지만 그렇지 않을 수도 있다. 일관성의 구도로 질서가 분명한 조직체를 이루었을 때는 명료한 의미를 생성한다. 그렇지 않은 경우는 생성한 의미가 분명하지 않게 된다. 독자는 의식 활동의 판 위에 생각의 다양체들은 하나의 분명한 조직체가 되기를 원한다. 이는 텍스트 이해를 깊이 있게 하는 것, 수준 높은 자기 생성을 하는 것과 관련된다.

나. 차원 넘기

다양체는 차원을 갖는다. 다양체의 차원은 수(數)의 차원과 종(種)의 차원을 생각할 수 있지만 실제적으로는 다양한 구분이 가능하다. 수의 차원은 1차원, 2차원, 3차원 등으로 구분하는 것이다. 이는 다양체의 차원을 수의 차원으로 구분하는 것이다. 차원수가 높을수록 높은 수준의 되기를 실행할 수 있게 한다. 종의 차원은 여성, 동물, 분자 등으로 구분하는 것이다. 이는 다양체의 차원을 대상적 차원으로 구분하는 것이다. 종의 차원은 대상의 특성에 따른 되기를 실행할 수 있게 한다. 수와 종의 상보에 의한 다양체 차원의 구분도 생각해 볼 수 있다. 상보에 의한 다양체의 차원은 실제적이고 그 수를 한정하는 것은 어려운 일이다. 즉 다양체의 차원은 무한하다. 이는 주체의 되기의 실행도 무한함을 의미한다. 이 무한의 다양체 차원을 상정하는 것은 지각 불가능하게-되기와 관련되어 있다.

독자의 이행 작용은 다양체 차원에 따라 달라진다. 일관성의 구도가 작용하여 독자의 의식 활동의 판 위에 펼쳐진 생각의 다양체들이 하나의 조직체를 이룬다. 이때 조직체는 다양체의 차원에 따라 여러 가지 형태를 갖게 된다. 수적 차원이 중심이 될 수도 있고, 종적 차원이 중심이 될 수도 있다. 물론 수적 차원과 종적 차원의 상보적 관계에 따른 특정 차원이 중심이 될 수도 있다. 이에 따라 독자는 차원수에 의한 텍스트 이해나 되기를 실행할 수도 있고, 종차나 상보에 따른 이해나 되기를 실행할 수도 있다. 이때 독자는 다양체의 차원을 변경하면서 '차원 넘기'를 한다. 다양체의 차원 넘기는 다른 차원의 다양체를 선택하거나 다양체의 섬유 조성을 바꿈으로써 가능하다. 이를 가능하게 하는 것은 텍스트의 요인이다. 텍스트에서 비롯된 생각의 다양체는 다른 차원을 포함하고 있다. 그렇기에 독자가 차원을 넘으려는 의지가 있으면 차원 넘기를 실행할 수 있다. 실제 독자의 텍스트 읽기에는 이 의지가 언제나 내재한다.

차원 넘기는 독자가 의식 활동의 판 위에 펼쳐진 생각 다양체의 조직 방식이나 형태를 바꾸는 일이다. 즉 기존과는 다른 일관성의 구도를 활용하여 다양체들의 관계를 맺는 일이다. 독자의 의식 활동의 판 위에서 공생하는 다양체들의 배열이나 조성이 바뀌게 됨으로써 탈영토화를 이루는 일이다. '차원 넘기'는 한 번으로 끝나는 것이 아니라 반복해서 이루어진다. 수의 차원을 넘을 수도 있고, 종의 차원을 넘을 수도 있다. 다양체의 차원을 바꾸는 일의 종점은 지각 불가능하게-독자 되기이다. 그렇다고 지각 불가능하게-독자 되기를 이루면서는 차원 넘기가 끝난다는 말은 아니다. 지각 불가능하게-독자 되기를 했더라고 차원 넘기는 독자가 텍스트를 읽을 때마다 반복될 수 있다.

> 스승을 찾아 도를 익힘(은) 별다름이 아니다.(尋師學道別無他)
> 소를 탔으면 집으로 가게 되고(只在騎牛自到家)
> 백척(百尺)의 낚싯대 위에 활보할 수 있고(百尺竿頭能闊步)
> 항하사(恒河沙) 같은 부처가 눈 앞에 피는 꽃(恒沙諸佛眼前花)
>
> > (부휴선사(浮休禪師), <눈 앞의 꽃이 부처다> 전문)

기우(騎牛)는 소를 탄다는 뜻이다. 소를 타고 소를 찾는다는 것은 자기에게 이미 있는 불성을 다른 데서 찾으려 하는 어리석음을 말한다. 참선에는 두 가지 병이 있는데, 하나는 소를 타고 소를 찾는 것이고, 하나는 한 번 타고서 내려올 줄 모르는 것이다. 여기서 소는 본래면목(本來面目)이기도 하고 심성(心性), 불성(佛性)이기도 함. 百尺竿頭-극히 높은 곳. 공부가 점점 향상하는 비유. 초현대사(招賢大師)의 게송에 '백척의 낚싯대 위에 움직이지 않는 몸이 비록 되었다 해도 참은 못 된다. 백척의 낚싯대 위에서 한 걸음 더 나아가야 시방세계가 바로 온전한 몸이다'(百尺竿頭不動身, 雖然得入未爲眞 百尺竿頭須進步 十方世界 是全身)하였다. (김종찬 편, 1983: 153-155)

첫 번째 인용문은 부휴선사(浮休禪師, 1543~1615, 조선)의 시이다. 두 번째 인용문은 첫 번째 인용문의 시를 해하는 데 필요한 두 시어 '기우(騎牛)'와 '백척간두(百尺竿頭)'에 대한 해설과 함께 시 창작의 단서를 알려준다. 시의 내용을 종합하면 '먼 곳에서 진리를 찾을 것이 아니라 자기에게서 진리를 찾으라는 것이다.'(김종찬 편, 1983: 156) 자기에게서 진리를 찾게 되면 백척간 두 낚싯대 꼭대기에서 활보할 수 있고, 수많은 진리를 대면할 수 있다는 것이다. 자기 안에 있는 진리를 탐구해 이행하면 무엇이든 할 수 있고 알게 된다는 것이다. 즉 이행을 통해 자기를 새롭게 할 수 있음을 뜻한다.

위의 시에서는 선승(禪僧) 간의 차원 넘기를 보여준다. 초현대사(招賢大師, 788(?)~868(?) 당나라)는 진리의 깨침을 백척간두 위에서 움직이지 않는 몸을 갖는 것이라 아니라 한 걸음을 더 나아가는 것이라 했다. 이 말을 이해한 부휴선사는 참선을 통해 백척간두에서 활보할 수 있고, 눈앞에 있는 것이 모두 부처라는 것을 깨쳤다는 것이다. 위의 시의 내용에서 인식의 차원이 다름을 알 수 있다. 부휴선사의 불법 깨침에 대한 의식 활동의 판에 펼쳐진 생각의 다양체에서 '걸음(步)' 관련 다양체의 섬유(기질)의 조성이 바뀌었다. '진보(進步, 한 걸음)'가 '활보(闊步, 큰 걸음으로 힘차고 당당하고 걸음)'로 변화하 였다. 이는 걸음의 의미 다양체의 차원을 바꾼 것이다. '걸음(步)' 다양체의 차원이 바뀜으로써 불법의 진리 깨침을 통한 자기 생성이 달라졌음을 알 수 있다.

'동동아, 잘 지내지?'
할머니 목소리다.

'할머니, 내 목소리 들려?' 나는 풍선을 커다랗게 불어 보냈다. 풍선이 되돌아왔다. 펑!

'아주 잘 들려. 할머니는 재미있게 잘 지내고 있어. 여학교 때 친구들을 모두 만났거든. 옛날처럼 막 뛰어다니면서 논단다. 동동이도 친구들이랑 많이 많이 뛰어놀아라.'

풍선껌을 잘 뭉쳐서 식탁 밑에 붙여 두었다. 이제 할머니와 언제든 이야기할 수 있다.

이 사탕은

'안녕, 안녕, 안녕……'

밖에서 소리가 들렸다.

'안녕, 안녕, 안녕……'

마지막 남은 투명한 사탕은 아무리 빨아도 그냥 조용했다. 그래서… 내가 먼저 말해 버리기로 했다.

"나랑 같이 놀래?"

(백희나, <알사탕> 일부)

윗글은 유아 그림 동화의 일부분이다. 이 동화의 내용은 동동이가 알사탕을 먹고 주변 사물(소파, 개), 사람(아버지), 죽은 사람(할머니)과 이야기를 나눈다는 내용이다. 그리고 마지막에는 동동이가 친구들에게 먼저 말을 건넨다는 내용이다. 이 이야기 속에서 보면, 동동이는 사탕을 통하여 '소파의 말을 알아듣는 아이-되기', '개와 말하는 아이-되기', '아버지의 마음을 아는 아이-되기', '돌아가신 할머니와 대화하는 아이-되기', '친구들에게 말을 거는 아이-되기'를 실행한다. 동동이의 여러 가지 차원 넘기를 보여준다. 이 동화의 독자는 동동이의 차원 넘기를 인식한다. 그러면서 독자는 사탕, 인물, 인물들의 말, 동동이 마음, 동동이 의지, 동동이 행동 등에 대한 자신의 생각 다양체를 의식 활동의 판 위에 펼친다. 판 위의 다양체의 차원이나 다양체들의 조성 바꿈을 통해 독자도 차원 넘기를 하게 된다. 즉 독자는 동동이의 의지에 따른 행동 변화를 이해할 수 있게 되고, 이에 따른 자기의 과업과 관련된 의지와 행동 변화를 시도한다. 독자는 텍스트의 내용과 접속하여 의식 활동의 판 위에 펼쳐놓은 다양체의 조성을 새롭게 함으로써 자기 생성의 차원 넘기를 한다.

독자의 차원 넘기는 의식 활동의 판에 펼쳐진 다양체의 차원에서의 이행을 통해 이루어진다. 독자의 의식 활동의 판 위에는 다양한 차원의 다양체가 펼쳐진다. 차원 넘기는 이들 다양체 차원을 선택하고, 이를 중심으로 하나의 다양체 조직체를 조성하는 것이다. 이는 동동이가 특정 색의 사탕으로 특정한 아이-되기를 실행하는 것과 같다. 동동이가 사탕을 먹으면 일관성의 구도가 작용하여 관련 다양체들이 다른 형태의 공생 상태로 이행한다. 이로써 동동이만의 특개성을 포착하는 여러 대상과 대화하는 동동이-되기를 실행한다. 독자의 차원 넘기는 텍스트와의 접속으로 의식 활동의 판 위에 펼쳐진 다양체 중에서 차원이 높거나 다른 다양체를 정하여 다양체의 조성을 바꾸는 것이다. 이것이 플라노메논(planomène)이다. 독자의 차원 넘기는 의식 활동의 판 위의 다양체들의 조성을 변경하거나 변형하여 되기를 실행하는 일이다. 즉 다른 자기를 생성하는 일이다.

다. 탈주하기

탈주는 현재의 상태나 수준에서 벗어나 다른 상태나 수준으로 나아가는 것이다. 이 탈주 속에는 이행하기와 차원 넘기가 내재한 되기가 포함되어 있다. 탈주는 되기를 이루기 위한 것이고, 되기는 탈주를 통하여 실현된다. 되기는 생성하는 것으로 변이하거나 변화하는 것이다. 변이나 변화는 있던 그대로가 아니라 다른 것으로 바뀌거나 달라지는 것이다. 변이나 변화는 기존의 것이 있어야 일어날 수 있다. 즉 현재 존재하고 있는 상태나 수준이 있음이 전제된다. 이 현재의 있음이나 수준이 유지되거나 반복되고 있음도 함의한다. 변이나 변형은 현재의 상태나 수준에서 벗어나거나 달라짐을 의미한다. 탈주는 이 현재의 상태나 수준에서 다른 상태나 수준으로 달아나는 것이다. 앞의 논의와 연결할 때, 탈주는 다양체의 차원을 바꾸거나 다양체들의 공생 상태를 변경하여 조성하는 것이다.

다양체의 차원을 바꾸거나 조성의 상태를 변경하는 일에는 문턱이나 문이 관련된다. 문턱이나 문은 다양체 섬유의 조성이나 다양체들의 공생 관계와 관련된다. 다양체는 여러 요소가 얽혀 있는 섬유(fiber, 기질)들로 이루어져 있다. 이 다양체는 접속 대상에 따라 섬유의 조성을 바꿀 수 있다. 섬유의 조성이 바뀌면 다양체의 차원이 변한다. 다양체 섬유의 조성이 바뀌어 다른 차원으로 들어갈 때 문턱이나 문이 있다. 이는 섬유의 조성을 바꾸는 요소가 차원을 바꿀 수 있는 것이 있고 그렇지 않은 것이 있음을 가리킨다. 다양체의 차원을 바꿀 수 있는 섬유나 요소의 조성이 문턱이나 문인 것이다.

앞의 부휴선사(浮休禪師)의 시에서 다양체의 차원은 깨침의 비유인 걸음(步)과 관련되어 있다. 조심스러운 한 걸음(進步)에서 힘차고 당당한 걸음(闊步)으로 걸음의 다양체가 차원 넘기를 했다. 여기서는 걸음의 성질이 차원을 넘게하는 문턱이나 문의 역할을 한다. 조심해서 내딛은 한 걸음이 당당하고 자신감 있는 걸음으로 걸음 다양체의 섬유 조성이 바뀐 것이다. <알사탕>에서 보면, 동동이는 적극성과 관련된 다양체의 차원 넘기를 한다. '소파 → 개 → 아버지'와의 대화는 동동이가 수동적으로 소리를 듣는 종의 차원 넘기이다. 그러다 할머니와의 반복적인 대화를 위해 풍선껌을 보관하는 동동이와 친구들에게 먼저 말을 거는 동동이는 능동적으로 듣고 말하는 수의 차원 넘기를 한다. 대화 태도의 다양체 섬유 중 능동성의 요소가 조성을 바꾼 것이다. 동동이의 능동적 태도가 대화의 다양체 차원을 넘는 문턱과 문으로 작용한다. 다양체의 섬유 조성을 바꿈으로써 다양체 차원의 탈주가 발생한다.

의식 활동의 판 위에서 공생하는 다양체의 조성을 바꾸는 것도 문턱과 문을 넘어 탈주할 수 있게 한다. 다양체들의 조성을 바꾸는 일에는 독자의 선택에 따라 다양체의 조성을 바꾸는 일관성의 구도가 작용한다. 부휴선사(浮休禪師)의 시와 관련해 볼 때, 초현대사(招賢大師)는 깨달음을 진리(眞, 佛法)를 몸에 갖추는 것으로 보고, 불법 깨침 다양체들의 공생 체계를 조성한다. 부휴선사는 이와 달리 진리(佛法)를 세상 모든 것이라고 여기는 다양체들의 공생 체계를 조성한다. 앞의 시는 같은 불법(佛法)의 깨침에 대한 것이지만 다양체들의 공생 체계의 조성을 바꿈으로써 다른 차원의 깨침 세계로 나가는 문턱을 지나간다. <알사탕>에서도 동동이는 대상과 소극적으로 소통하는 방식의 다양체 공생 체계가 할머니와의 만남부터는 적극적으로 소통하는 다양체의 공생 체계로 조성이 바뀌게 된다. 이로써 동동이는 적극적 대화의 세계, 친구들과 함께 놀이하는 세계로 탈주가 일어나게 된다.

탈주하기는 현재의 의식 활동의 판에 제시된 다양체의 섬유 조성이나 다양체들의 공생 체계를 바꾸는 일이다. 이들 섬유의 조성을 바꾸거나 공생 체계를 바꾸는 일은 독자의 지각 불가능하게-되기와 관련되어 있다. 다양체 섬유의 조성을 바꾸는 일도 독자의 필요에 의해 일어나고 공생 체계를 바꾸는 활동도 독자의 필요에 의해 일어난다. '부휴선사'도 '동동이'도 자기 삶의 과업에서 비롯된 필요에 의해 다양체의 섬유도, 공생 체계도 바꾸게 된다. 다양체 차원의 문턱과 문을 넘거나 지나는 일은 독자의 자기 생성의 문제인 것이다. 이 독자의 자기 생성은 지각 불가능하게-독자 되기의 문제이다.

독자가 텍스트 이해는 지각 불가능하게-되기를 실행하는 일이다. 독자가 되기를 실행하여 탈주하는 일인 것이다. 독자의 텍스트 이해는 새로운 자기 생성으로 탈주하게 한다. 독자의 텍스트 이해는 독자의 현재 상태나 수준에서 탈주해 다른 상태나 수준으로 자기를 생성하는 일인 것이다. 독자의 탈주는 언제나 자기 생성을 지향하고, 자기 생성은 언제나 지각 불가능하게-되기를 지향한다. 독자가 텍스트 이해로 지각 불가능하게-되기를 실행하기 위해서는 탈주해야 한다. 탈주하기를 통하여 독자는 지각 불가능하게-독자 되기를 이루게 된다. 지각 불가능하게 독자-되기는 독자만의 텍스트 이해를 이룰수 있는, 다른 말로 특개성을 포착할 수 있는 독자-되기를 이루는 것이다.

라. 진동하기

독자는 텍스트 이해로 지각 불가능하게-독자 되기를 이룬다. 지각 불가능하게-독자 되기는 텍스트 이해에서 특개성을 포착함으로써 이루어진다. 독자가 특개성을 포착할 수 있는 자기를 생성했을 때 지각 불가능하게-독자 되기를 실행한 것이다. 지각 불가능하게-독자 되기는 텍스트와의 접속에서 다양체 차원의 문턱과 문을 넘어 탈주하는 일에서 비롯된다. 자기 과업이 반영된 다양체의 차원과 다양체들의 공생 체계로의 독자의 탈주는 지각 불가능하게-독자 되기를 실행하게 한다.

파도들은 진동들이며, 언제나 그만큼의 추상들처럼 고른판에 기입되는 움직이는 가장자리들이다. 파도들도 추상적인 기계. 자신의 삶 전체와 작품 전체를 하나의 이행으로, 하나의 생성으로, 나이들, 성들, 원소들, 왕국들 간의 온갖 종류의 생성들로 만들었던 버지니아 울프는 『파도』에서 버나드, 네빌, 루이스, 지니, 로다, 수잔 그리고 퍼시벌이라는 일곱 명의 인물들을 혼합시킨다. 그러나 자기 이름과 개성을 갖고 있는 이 인물들은 각기 하나의 다양체를 가리킨다.(가령 버나드와 물고기 떼) 각각의 인물은 이 다양체 안에 그리고 가장자리에 동시에 존재하면 다른 인물로 변전한다. (중략) 각 인물들은 파도처럼 걷는다. 하지만 고른판 위에서 판 전체를 관통하는 것은 도주선, 탈영토화의 선에 따라 진동을 전파시키는 하나의 동일한 <추상적인 파도>이다. (김재인 역, 2003: 478-479)

들뢰즈와 과타리는 지각 불가능하게-되기를 보여준 대표적인 인물의 예로 버지니아 울프를 제시한다. 그러면서 울프의 대표적인 작품으로 『파도』를 든다. 이 『파도』에 나오는 인물들이 지각 불가능하게-되기를 실행한 결과로 드러내는 것을 '진동'으로 표현한다. 『파도』에 나오는 각 인물은 파도를 닮았고 다양체들이며, 그들의 행위가 진동이라는 것이다. 물론 인물들은 작가인 울프와 동일시되고 있다. 그래서 지각 불가능하게-되기를 실행한 울프의 창작 활동도 진동이라는 것이다. 진동은 흔들리며 움직이는 것이다. 주체가 자기를 표현하는 활동이 진동이다. 객체에게 주체가 무엇인가를 하고 있음을 알 수 있게 하는 것이다. 객체는 그 진동을 느끼지만, 주체처럼 진동할 수는 없다. 지각 불가능하게-되기는 진동을 만들어 낸다. 이 진동을 객체가 감지하고 공명할 수는 있지만 만들 수는 없는 것이다.

지각 불가능하게-독자 되기를 한 독자는 특개성을 포착하고, 그 특개성을 진동으로 표현한다. 버지니아 울프의 소설은 진동이다. 다양체의 가장자리에 있는 많은 텍스트는 진동이다. 저자들의 특개성을 진동으로 표현해 놓은 것이다. 『논어』, 『순수이성 비판』, 『존재와 시간』, 『님의 침묵』, 『강아지똥』 등은 모두 진동이다. 지각 불가능하게-되기를 실행한 저자들이 진동하고 있는 것이다. 이들 텍스트의 독자는 저자의 진동을 알 수는 있지만 할 수는 없다. 사실 이 텍스트의 저자들은 독자들이었다. 텍스트 읽기를 통하여 지각 불가능하게-독자 되기를 이루고, 그 진동의 결과가 이들 텍스트라 할 수 있다.

진동하기는 지각 불가능하게-독자 되기를 이룬 독자가 자기를 드러내는 활동이다. 이들 독자는 여러 가지 방식으로 진동한다. 다양한 표현의 형식들로 자기를 드러낸다. 이 진동을 다른 사람이 바로 알 수도 있고 그렇지 못할 수도 있다. 역사 속에서 보면, 갈릴레오의 천동설이 그랬고, 니체의 텍스트들이 그랬다. 아인슈타인의 상대성이론보다는 뉴턴의 만유인력 법칙이 현대에도 보편적이다. 노자(老子)의 『도덕경(道德經)』이나 나가르주나(용수(龍樹))의 『중론(中論)』, 주(周) 문왕(文王)의 『주역(周易)』도 진동이다. 실제 많은 텍스트는 진동이다. 독자가 지각 불가능하게-되기를 이루고, 그 결과로 자기를 드러내는 활동은 모두 진동이다. 독자는 지각 불가능하게-되기를 실행하고, 그 결과로 진동하기를 한다. 이 글도 독자로서의 진동이고, 이 논의 속의 <눈앞의 꽃이 부처다>나 <알사탕>에 대한 설명도 독자로서의 진동이다. 사실 지각 불가능하게-독자 되기를 한 독자의 텍스트 이해와 관련된 모든 활동은 진동이다.

진동은 기호를 방출하는 일이다. 진동은 독자가 내는 기호이다. 지각 불가능하게-독자 되기를 한 독자가 내는 기호이다. 모든 독자가 내는 동일한 기호가 아니라 독자만의 독특한 기호이다. 독특한 기호는 독자가 누구인지를 알려준다. 어떤 몸체로 텍스트와 접속하고, 어떤 특개성을 생성했는지를 알려준다. 독자가 무엇을 과업으로 삼고 있고, 무엇을 지향하고, 무엇을 하고 있는지 알려준다. 이 기호로 진동을 만드는 독자는 진정한 독자이다. 텍스트 이해로 자기를 만들고, 자기를 가꾸고, '나'인 자기로 나아가기 때문이다. 자기를 잃지 않고, 자기를 찾아내기 때문이다. 자기다움을 만들기 때문이다. 그리고 진동으로 자기의 기호를 방출하기 때문이다.

지각 불가능하게-독자 되기는 세상 모든 사람 되기(김재인 역, 2003: 530)이다. 세상에 자기가 존재하고 있음을 알리는 것이다. 다른 독자와 구별되는 자기가 될 때 세상 모든 사람이 된다. 다른 독자와 같은 자기는 다른 독자와 구별되지 않기에 세상 모든 사람이 아니다. 다른 독자의 일부분인 사람이다. 지각 불가능하게-독자 되기는 독자의 새로운 자기 만들기이고, 새로운 자기 드러내기이며, 새로운 자기대로 하기이다. 이는 새로운 자기대로 살기이다. 새로운 자기대로 살기는 자기 기호를 방출하는 일이고, 세상 모든 사람 되기이며, 세상 모든 사람과 함께하기이다. 함께하는 것은 내가 나로 존재함을 인정받고 존중받는 일이다. 이는 다른 사람의 다름(지각 불가능하게-되기)을 인정하고 존중하는 일이다. 지각 불가능하게-독자 되기는 세상 모든 사람이 되어 함께 하는 자기를 생성하는 일이다.

4. 지각 불가능하게-되기의 실행

독자의 텍스트 이해에는 지각 불가능하게-독자 되기가 내재한다. 지각 불가능하게-독자 되기는 독자의 자기 생성이다. 지각 불가능하게-독자 되기를 한 독자의 텍스트 이해는 독자만의 개체성이 있는 고유성을 지닌다. 텍스트 이해로 지각 불가능하게-독자 되기는 마법이다. 사실 모든 되기는 마법이다. 마법은 과학적 논리나 객관적 합리성으로 설명되지 않지만 일어나는 일이다. 되기가 역행이기 때문이다. 역행은 이종 간의 결연으로 생성이 일어남을 내포한다. 지각 불가능하게-독자 되기는 텍스트와 독자가 가진 이종 관념의 결연으로 일어난다. 이 결연으로 독자는 지각 불가능하게-독자 되기를 실행한다. 독자는 자기와는 다른 점을 포함하고 있는 텍스트와의 결연으로 자기를 생성한다. 독자의 텍스트 이해는 결연으로 자기 생성을 하는 역행이다. 이 지각 불가능하게-독자 되기는 마법이다.

들뢰즈와 과타리는 되기의 최종 지향을 지각 불가능하게-되기라고 한다. '고른판의 모든 것은 지각 불가능하게 되며, 모든 것은 지각 불가능하게-되기이다.'(김재인 역, 2003: 478) 이 지향을 독자의 텍스트 읽기와 관련지으면 지각 불가능하게-독자 되기이다. 독자의 텍스트 이해는 지각 불가능하게-독자 되기에 있다. 지각 불가능하게-독자 되기의 논의의 토대는 『천 개의 고원』 10장의 '어느 마법사의 회상 3'이다. 이 항목의 주요 내용은 되기의 본질 속성을 밝히는 것이다. 되기의 본질 속성이 '지각 불가능하게-되기'라면, 독자의 텍스트 이해의 본질 속성은 지각 불가능하게-독자 되기이다. 어떤 독자이든 텍스트 이해는 자기 생성을 지향한다. 이 독자 지향이 도달할 목표가 지각 불가능하게-독자 되기인 것이다.

독자는 자기 생성을 위해 텍스트를 읽는다. 자기 생성을 위한 것이 아니라면 독자가 텍스트 읽기에 전념할 이유가 없다. 텍스트는 독자의 무한한 자기 생성을 가능하게 한다. 여성-되기, 아이-되기는 물론 동물-되기, 분자-되기, 원자-되기, 무-되기, 강렬하게-되기 등 독자의 되기에는 한계가 없다. 독자가 텍스트 이해로 이들 되기를 하는 궁극의 지향에 지각 불가능하게-독자 되기가 있는 것이다. 텍스트 이해로 행하는 모든 되기가 독자의 자기 생성이지만, 독자의 자기다움을 생성하게 하는 되기가 지각 불가능하게-독자 되기이다. 모든 독자는 모든 텍스트 이해에서 지각 불가능하게-독자 되기를 실행할 수 있다. 독자가 텍스트 이해를 자기를 찾고 자기를 밝히는 것으로 실행하면 된다. 자기를 잊고 버리는 텍스트 이해가 아니라 자기를 생성하는 텍스트 이해를 하는 것이다.

지각 불가능하게-독자 되기는 단발로 그치는 것이 아니다. 독자가 텍스트를 읽고 이해할 때마다 일어난다. 수의 차원으로도 일어나고, 종의 차원으로도 일어난다. 수의 차원으로든 종의 차원으로든 끊임없는 반복이 가능하다. 그렇기에 독자의 자기 생성에는 멈춤이 없다. 텍스트 읽기를 통한 독자의 자기 생성에는 한계가 없다. 이를 위해 세상에는 무한의 텍스트가 존재한다. 독자가 어떤 텍스트를 선택하느냐에 따라 독자의 자기 생성은 달라진다. 독자가 자기 생성을 이루는 일은 독자에게 달려 있다. 이를 알게 하는 것이 읽기 교육이다.

제7장 읽기 몸체

1. 주체와 몸체

독자는 텍스트 이해를 온몸으로 한다. 온몸은 몸 전체를 뜻하기도 하지만 몸의 각 부분을 뜻하기도 한다. 어떤 텍스트는 몸 전체로, 어떤 텍스트는 몸의 특정 부분으로 한다. 손끝이나 발끝으로 텍스트 입자나 성분을 감각하기도 하지만 감성이나 이성으로 사유하고 판단한다. 이로 텍스트의 입자를 독자의 것으로 수용하기도 하고, 새로운 무엇인가를 생성하기도 한다. 이 수용이나 생성은 독자가 텍스트의 입자를 어디로 어떻게 감각하고 지각하는 가에 달려있다. 독자가 텍스트의 입자나 성분을 어느 부분으로 어떻게 지각하고 인식하는가는 정해져 있지 않다. 텍스트에 따라, 독자에 따라, 상황에 따라 접속하는 부분이 달라진다. 독자가 감응하는 텍스트의 입자나 성분도 상황에 따라 다르다.

산그늘 내린 밭 귀퉁이에서 할머니와 참깨를 턴다/ 보아하니 할머니는 슬슬 막대기질을 하지만/ 어두워지기 전에 집으로 돌아가고 싶은 젊은 나는/ 한번을 내리치는 데도 힘을 더한다/ 세상사에는 흔히 맛보기 어려운 쾌감이/ 참깨를 털어내는 일엔 희한하게 있는 것 같다/ 한번을 내리쳐도 셀 수 없이/ 솨아솨아 쏟아지는 무수한 흰 알맹이들/ 도시에서 십 년을 가차이 살아본 나로선/ 기가 막히게 신나는 일인지라/ 휘파람을 불어가며 몇 다발이고 연이어 털어낸다/ 사람도 아무 곳에나 한 번만 기분좋게 내리치면/ 참깨처럼 솨아솨아 쏟아지는 것들이/ 얼마든지 있을 거라고 생각하며 정신없이 털다가/ "아가, 모가지까지 털어져선 안 되느니라"/ 할머니의 가엾어하는 꾸중을 듣기도 했다 (김준태, <참깨를 털면서> 전문)

위의 시는 할머니와 청년인 '나'가 밭에서 참깨를 터는 상황을 표현하고 있다. 윗 시의 독자가 의식을 연결접속하는 시의 입자나 성분은 각자 다르다. 그래서 시의 입자나 성분에 대한 독자의 감응도 다르다. 여러 감각을 동원할 수도 있고, 장면만 떠올려 시를 해석할 수도 있다. 위의 시에 대한 독자의 인식은 한정되거나 제한되기 어렵다. 어떤 독자는 참깨를 털 때의 손 감각에 집중할 수도 있고, 참깨를 터는 바른 방법과 요령에 집중할 수도 있다. 신세대와 구세대, 도시 생활과 시골 생활을 대비하는 것에 관심을 집중할 수도 있고, 할머니와 화자의 행동이나 의식의 차이에 관심을 둘 수도 있다. 독자가 어떤 입자와 성분에 감응하는가에 따라 위의 시에 대한 의미 생성은 달라진다.

독자가 텍스트를 읽고 생성하는 의미에는 고유성이 내재한다. 물론 독자가 고유한 의미를 생성하기 위해서는 텍스트를 읽을 수 있는 기본 능력이 있어야 한다.[1] 텍스트를 읽는 기본 능력을 갖춘 독자라야 자기만의 개체성을 갖는 의미를 생성할 수 있다. 독자가 자기만의 의미를 생성하기 위해서는 자기만의 읽기 방식이 있어야 한다. 자기만의 의미 생성을 위해 독자는, 텍스트의

---

1   여기서의 기본 능력은 읽기 국가장치에서 강조하는 읽기 능력을 의미한다. 읽기 국가장치에 대한 논의는 『유목적 읽기 교육론』(김도남, 2023)을 참조할 수 있다.

입자와 성분에 대한 감응을 자기만의 방식으로 해야 한다. 다른 사람을 따라 하거나 그와 같은 방식을 반복하는 읽기로는 자기만의 의미 생성은 어렵다. 자기만의 의미를 생성하는 독자는 텍스트에 따라, 텍스트의 입자나 성분에 따라, 읽기 상황이나 조건에 따라 감응을 달리해야 한다. 감응을 달리하기 위해서는 온몸을 사용해야 한다. 텍스트의 입자나 성분에 따라 감응하는 몸의 부분을 달리해야 한다. 위의 시를 읽는 독자는 자기만의 방식으로 텍스트의 입자나 성분에 온몸으로 감응해야 한다. 독자가 자기만의 의미 생성을 하기 위해서는 몸의 특정 부위에서의 감각적인 감응도 필요하고, 감성과 이성을 활용한 감응도 필요하다. 이와 같이 독자의 텍스트에 대한 감응은 육체적, 감성적, 인지적, 이성적으로 이루어져야 한다. 이 육체적, 감성적, 인지적, 이성적인 감응은 온몸의 부분이 필요한데, 이 온몸의 부분을 '몸체'라 할 수 있다.

들뢰즈와 과타리의 '몸체(body)'[2]는 '주체(subject)'[3]와 대비된다.[4] 주체는 하나의 기호(기표)와 같다. 기호가 기호체계 내에서 그 기능을 하는 것과 같이 주체도 사회적 관계 체계 내에서 그 역할(기능)을 한다.[5] 주체에게는 사회적 관계 속에서 주어진(정해진) 역할과 기능이 있다. 그래서 주체는 주어진 또는

---

2 body는 corps(프)로 '몸'을 뜻한다. 『천 개의 고원』에 쓰인 corps(body)를 김재인(2003)은 '몸체'로 번역하고, 이진경(2003)은 '신체'로 번역한다. 이 논의에서는 여러 가지 의미를 담을 수 있는 용어로 '몸체'를 사용한다.

3 주체는 일반적으로 의식 활동의 주관자라 할 수 있다. 여기서 몸체와 대비되는 주체는 정신분석적으로 사회화 과정(상징계)에서 다른 기호와의 관계 속에서 정립되는 하나의 기호와 같은 주체를 지시한다.

4 이에 대한 논의는 『천 개의 고원』(김재인 역, 2003) 10장의 '어느 신학자의 회상'과 '어느 스피노자주의자의 회상 1'을 참조할 수 있다.

5 들뢰즈와 과타리는 이 주체를 '한정된 주체(determined subject)'라고 한다. '본질적 형상이나 **한정된 주체**와는 전혀 다른 우발적 형상의 문제가 바로 그것이다.'(김재인 역, 2003: 480)

정해진 역할과 기능만 할 수 있다. 즉 주체는 몸체와 같이 온몸의 입자나 성분으로 감응할 수 없다. 이에 반해 몸체는 주어진 또는 정해진 역할과 기능이 없다. 대상의 입자나 성분에 따라 몸체의 각 부분이 육체적, 감성적, 이성적 감응을 한다. 감응할 부분이 정해져 있지 않기에 육체와 정신이 텍스트의 입자나 성분에 따라 반응한다. 육체, 감각, 감정, 감성, 의식, 인지, 이성 등도 정해진 것이 없기에 텍스트의 입자와 성분에 따라 감응한다. 들뢰즈와 과타리는 몸체의 이러한 특성을 『천 개의 고원』 10장[6]에서 '되기(devenir)'의 일부로 논의한다.

독자의 텍스트 이해도 마찬가지이다. 들뢰즈와 과타리의 관점에서, 독자의 읽기 주체는 주어진 또는 정해진 역할과 기능으로 텍스트와 접속한다. 그렇기에 읽기 주체는 독자만의 고유한 텍스트 이해를 하기 어렵다. 정해진, 규정된 텍스트 부분과 접속으로 기대되는 감응을 해야 하기 때문이다. 읽기 주체는 정해진 또는 기대되는 의미 구성을 해야 하고, 역할과 기능에 맞는 텍스트 이해를 해야 한다. 이에 비해 독자의 읽기 몸체는 독자만의 고유한 이해를 가능하게 한다. 텍스트의 입자나 성분과 접속하는 부분이나 방식이 정해져 있지 않다. 온몸 즉 몸체의 특정 부분이 텍스트의 입자나 성분에 연결접속하고 감응한다. 이로써 독자는 텍스트에서 자기만의 고유성이 있는 의미(특개성)[7]를 생성한다.[8] 독자가 몸체로 텍스트와 접속하여 감응할 수 있으면, 텍스

---

6 『천 개의 고원』(김재인 역, 2003)의 제목은 '1730년—강렬하게-되기, 동물-되기, 지각 불가능하게-되기'이다.

7 특개성은 heccéité의 번역어(이진경, 2003b)로 <이것임>(김재인 역, 2003), '이-것'(이정우, 2016)으로도 번역된다. 영어로는 haecceity(Massumi, 1987) 또는 thisness(이진경, 2003b)로 번역된다. '특개성이란 지속성을 갖는 특정한 성질들의 집합을 의미하는 통상적인 '개별성(individualité)'과 달리, 어떤(un!) 개체에 고유한 것이지만 시간과 공간은 물론 이웃관계의 조건, 배치와 강밀도 등에 따라 그때마다 달라지는 것을 뜻하며, 그렇기 때문에 정의될 수 없고, 그때마다 직관으로 포착할 수밖에 없는 어떤 감응입니다.'(이진경, 2003b: 196)

8 텍스트 이해와 특개성에 대한 논의는 다음 장에서 구체적으로 논의한다.

트 읽기는 특개성(haecceity)을 생성하는 활동이 된다.

이 논의에서는 독자의 읽기 몸체를 검토한다. 읽기 몸체에 대한 논의는 들뢰즈와 과타리의『천 개의 고원』10장에서 '어느 신학자의 회상', '어느 스피노자주의자의 회상 1·2'를 토대로 한다. '어느 신학자의 회상'에서 몸체의 특성을 검토하고, '어느 스피노자주의자의 회상 1·2'에서 몸체의 구조와 작용을 살펴본다. 이를 토대로 독자의 읽기 몸체에 대하여 논의한다. 읽기 몸체가 독자의 텍스트 이해에 작용하는 논리를 살피고, 읽기 몸체에 의하여 이루어지는 텍스트 이해의 실제를 검토한다. 이를 통하여 읽기 몸체가 독자의 텍스트 이해에 어떤 역할을 하는지 밝힌다. 이는 읽기 교육에서도 독자의 읽기 몸체와 텍스트 이해의 특개성에 관심을 가지게 하기 위해서이다.

2. 몸체의 성질

'되기(devenir)'는 자기 생성의 문제이다. 우리 각자는 자기만의 고유한 삶을 위해 자기 생성을 한다. 자기 생성의 본질은 특개성(heccétié) 포착에 있다. 특개성은 특정 대상과의 연결접속으로 생성한 자기만의 고유하고 개체성이 있는 특별한 의미와 그 내적 특성이다. 이 특개성을 포착하기 위해 필요한 것이 몸체이다. 몸체가 특정한 역량을 발휘할 때 우리 각자는 특개성을 생성할 수 있다. 이 특개성 생성에 관여하는 몸체에 대하여 들뢰즈와 과타리의 논의를 점검한다.

가. 몸체의 지도

몸체는 몸 전체나 몸의 모든 부분을 지시한다. 따라서 몸체는 몸의 모든 부분과 관계된다. 몸체는 육체의 부분과 정신의 부분을 포함한다. 사람이 대상을 감각하고 지각하는 일에는 몸체가 관여한다. 육체와 정신이 함께한다. 몸체의 육체와 정신은 긴밀하게 협응한다. 다만, 육체가 중심이 되는 일이 있고, 정신이 중심이 되는 일이 있다. 육체가 중심이 되어도 정신이 필요하고, 정신이 중심이 되어도 육체는 필요하다. 그래서 육체가 정신을 대표하기도 하고, 정신이 육체를 대표하기도 한다. 결국 몸체는 육체와 정신의 협응으로 작동하고, 일을 수행한다.

들뢰즈와 과타리는 『천 개의 고원』 10장 '어느 신학자의 회상'에서 몸체와 관련된 논의를 전개하며, 몸체에 대한 관습적 규정을 검토한다. 몸체는 육체와 정신을 모두 포함하기에 그 작용은 단일하지 않다. 그렇지만 그동안의 우리는 몸체의 작용을 단일한 형태로 규정하려 했다. 즉 육체와 정신의 협응으로 이루어지는 몸체의 완벽성을 상정하려 한 것이다. 그렇게 함으로써 이상적인 몸체를 설정하고, 그런 몸체의 작용을 지향한 것이다. 그래서 이상적으로 규정된 육체의 작용만 용인하고 그 외의 작용은 통제하고 제재했다.

어느 신학자의 회상－신학은 다음과 같은 점에 대해서는 아주 엄격하다. 즉 늑대 인간은 존재하지 않으며, 인간은 동물이 될 수 없다. 본질적 형상의 변형이란 존재하지 않으며, 본질적 형상은 침해할 수 없고 단지 유비 관계만을 갖기 때문이다. 하지만 그 때문에 악마와 마녀 그리고 이들 간의 계약이 실재하지 않을 리는 없다. 왜냐하면 고유하게 악마적인 **국지적 운동**이라는 현실이 있기 때문이다. 신학은 종교재판의 모델이 되는 두 가지 경우를 구별한다. 하나는 오뒤세우스의 동료들의 경우이고 다른 하나는 디오메데스의 동료들의 경우로, 전자는 상상적 환영이고 후자는 마법이다. 한편에서는 주체가 자신이 돼지, 소, 늑대 등 짐승으로 변형됐다고 믿고, 관찰하는 자들도 그렇게 믿는다. 그러나 거기에 존재하는 것은 감각적 이미지들을 상상 속으로 가져가 그것들을 외부 감각 위에 튀어 오르게 하는 내적인 국지적 운동뿐이다. 다른 한편에서는 악마가 실재하는 동물들의 몸체를 "받아들여" 이들에게 이른 우발적 사고들과 변용태들을 다른 몸체들에게로 옮기기도 한다. (중략) 그러나 이러한 운송은 본질적 형상의 장벽을 넘지 못하며, 실체나 주체의 장벽도 넘지 못한다. (김재인 역, 2003: 479-480)

몸체에 대한 신학적 인식의 전통에서 보면, 우리의 몸체는 이상적인 작용만 허용된다. 몸체가 되기(devenir)를 실행하여 규정된 작용에서 벗어나면 제지된다. 몸체의 작용은 엄격한 규정에 충실한 '본질적 형상'을 지향해야 했다. 이를 벗어나는 것은 용납되지 않았다. 이에서 보면, 본질적 형상에 대한 인식은 비본질적 형상의 존재를 인정하고 있음을 뜻한다. 또한 유비적 관계 속에서 규정되기는 했지만 비본질적 형상이 있고, 이를 제한하려는 의식이 존재했다. 몸체의 이 비본질적 형상을 악마나 마녀 등과의 계약으로 보았다. 그래서 이 몸체의 비본질적 형상으로 드러나는 작용을 '국지적 운동'으로 여겼다. 이는 몸체의 비본질적 형상의 실현을 상상적인 환영과 마법의 작용으로 구분한 인식에서 비롯되었다. 상상적인 환영은 주체가 돼지나 소와 같은 특정한 동물이 되었다는 신념을 생성하는 '되기'의 실행이다. 마법은 어떤 특성(악마)이 육체를 옮겨 다니는 운송 기능을 하는 일시적인 '되기'의 실행이다. 이들 상상적 환영이나 마법은 국지적 운동으로서의 몸체가 '되기'를 실현한다는 의식을 반영한다.

다음으로 자연법칙의 관점에서 그것과는 전혀 다른 문제가 존재하는데. 이 문제는 악마학과는 관계가 없으며 오히려 연금술 그리고 특히 물리학과 관계된다. 본질적 형상이나 한정된 주체와는 전혀 다른 우발적 형상의 문제가 바로 그것이다. 왜냐하면 우발적 형상은 더와 덜을 허락하기 때문이다. 가령 더 자비

롭거나 덜 자비롭다, 더 희거나 덜 희다, 더 뜨겁거나 덜 뜨겁다 등. 열의 정도는 그것을 받아들이는 실제나 주체와 혼동되지 않는 완벽하게 개체화된 열이다. 열의 정도는 휨의 정도나 다른 열의 정도와 합성되어 주체의 개체성과 혼동되지 않은 제3의 개체성을 형성할 수 있다. 어느 날, 어느 계절, 어느 사건의 개성이란 무엇일까? 더 짧은 날과 더 긴 날은 엄밀하게 말하면 연장(extensions)이 아니라 연장에 고유한 정도(degres)이다. 열, 색 등에 고유한 정도가 존재하듯이. 따라서 우발적 형상은 합성될 수 있는 얼마간의 개체화들로 구성된 '위도'를 갖는다. 하나의 정도, 하나의 강도는 다른 정도들, 다른 강도들과 합성되어 또 다른 개체를 형성하는 하나의 개체 즉 <이것임>이다. (김재인 역, 2003: 480-481)

몸체의 작용에 대한 신학자들의 다른 인식도 있었다. 자연법칙을 따르는 관점으로 연금술이나 물리학과 관계된 인식이다. 이는 몸체를 '우발적 형상'으로 규정하는 것이다. 우발(우연)적 형상은 몸체의 이상적인 작용 형태인 '본질적 형상'이나 자기가 특정한 무엇이라고 규정한 '한정된 주체'와는 다른 인식이다. 본질적 형상이 국지적 운동을 하고, 장벽에 갇혀 있는 작용이라면, 우발적 형상은 전국(전체)적 운동을 하고, 장벽을 벗어나 있다. 우발적 형상은 이상적 기준이 있기보다는 '더'와 '덜'이 허락된 작용을 한다. 우발적 형상으로 작용하는 몸체는 '더와 덜'의 사이에 존재하는 무한의 스펙트럼 감각과 지각의 세계를 갖는다. 이상적인 감각이나 지각이 있는 것이 아니라 무한의 스펙트럼 속에서 감각하고 지각하는 실체인 것이다. 감각과 지각은 '연장에 고유한 정도'를 가지며, 그 감각과 지각의 내용은 개체성을 갖는다. 우발적 형상으로 개체성을 갖게 되는 것은 몸체의 '위도'가 작용한 것이고, 그 내용은 몸체가 생성한 특개성(<이것임>)이다. 우발적 형상의 작용으로 대상을 감각하고 지각하는 '위도'가 위치하는 곳이 몸체인 것이다.

주체가 우발적 형상에 얼마간 참여한다는 사실만으로 이 위도가 설명된다고 말할 수 있을까? 그러나 이러한 참여 정도들은 형상 자체 안에, 주체의 성질들로 환원되지 않는 흔들림이나 떨림이 있음을 함축하는 것이 아닐까? 게다가 열의 강도들이 첨가에 의해 합성되지 않는 까닭은, 그러려면 이 강도들 각각의 주체들을 더해야만 하기 때문인데, 사실 이 주체들은 전체의 열이 증가하게 되는 것을 가로막을 뿐이다. 또한 그럴 때야 비로소 강도의 배분을 행하고, "기형적으로 왜곡된" 위도들, 빠름과 느림들, 그리고 경도로서 취해진 하나의 몸체나 몸체들의 집합에 대응하는 온갖 종류의 정도들을 수립할 수 있는 것이다. 이것이 지도 제작이다. (김재인 역, 2003: 481)

들뢰즈와 과타리의 논의에서 보면, 주체는 우발적 형상의 활동에 국지적으로 참여한다. 그렇지만 우발적 형상에는 한정된 주체의 성질로 환원될 수 없는 미세함이 존재한다. 예를 들어 열의 강도는 '연장에 고유한 정도'를 갖기에 첨가의 형태로는 합성되지 않는다. 즉 1℃가 100개 모인 100℃는 1m를 100개 모아 놓은 100m와 전혀 다른 속성을 갖는다. 한정된 주체들의 첨가는 1m가 100개 모여 100m가 된 것과 같다. 그래서 1℃가 100개 모여 100℃로의 열의 증가를 막는 것이 된다. 우발적 형상은 주체들의 작용과는 다른 강도들을 배분하여 본질적 형상이나 한정된 주체와는 다른 작용을 만들어 낸다. 본질적 형상과 비교했을 때 '기형적으로 왜곡된' 위도들, 빠름과 느림이 있게 되고, 경도로 드러나는 몸체와 대응함으로써 감각과 지각의 스펙트럼에서 온갖 종류의 '정도'를 갖게 된다. 그렇기에 우발적 형상의 작용은 위도와 경도로 드러나는 몸체의 활동이고, 이 활동에는 '지도 제작'의 속성이 내포된다.

'지도 제작'이라는 표현은 지침[9]을 만든다는 의미이다. 이를 몸체와 관련 지으면, 몸체의 작용 지침을 제작한다는 뜻이다. 다른 말로 바꾸면, 몸체가 작동할 수 있게 만듦을 뜻한다. 몸체는 지도를 만드는 지구와 같은 질료이다. 이 질료인 몸체를 바탕으로 지도 제작이 이루어진다. 몸체는 경도와 위도를 갖는 지구와 같다. 몸체에는 경도와 위도가 있고, 상황과 조건, 필요에 따라 몸체의 경도와 위도가 직교하는 위치가 선택된다. 몸체는 우발적 형상으로 작동하기에 국지적 운동을 하는 본질적 형상이나 한정된 주체와는 다르다. 전국적 운동을 하기에 우발적이고, '더와 덜'이 존재하고, 운동과 정지, 빠름과 느림으로 작동한다. 어떤 대상과 어떻게 만나는가에 따라 몸체의 경도와 위도가 결정되어 좌표를 만든다. 몸체는 본질적 좌표나 한정된 좌표에 의하여 작동하는 것이 아니라 우발적 좌표에 의하여 유동적으로 작동한다. 몸체는 연결접속하는 대상에 따라 경도와 위도가 달라져 다른 좌표를 갖는다.

나. 몸체의 조성

지도 제작의 질료인 몸체에는 경도와 위도가 있다. 몸체의 경도와 위도는 좌표를 이루어 몸을 구획 짓거나 작은 한 부분을 지정할 수 있다. 몸체의 위도와 경도는 몸 전체부터 바늘 끝과 같은 부분을 지정할 수 있다. 더 나아가서는 물질성이 없는 감각이나 감정, 지각이나 사유도 부분으로 지정할 수 있다. 그렇기에 몸체의 위도와 경도는 육체의 각 부분은 물론 감각, 감성, 의식, 사유의 미세 부분까지 지정할 수 있다. 경도와 위도에 의하여 지정된 몸체의 부분은 각기 다른 성질을 갖는다. 상황과 조건에 따라 서로 다른 작용을 한다. 몸체는 경도와 위도의 관계에 의하여 조성(組成)된다. 경도와

---

9 지도란 우리가 행동의 경로와 진행, 분기 등을 표시하여 행동의 지침으로 삼는 일종의 다이어그램입니다. (중략) 사유의 경로를 표시한 다이어그램이나 힘의 분포 상태를 표시한 그림, 기(氣)가 흐르는 경로와 경혈(經穴) 등을 표시한 인체의 그림 등이 모두 지도입니다.(이진경, 2003a: 105-105)

위도에 의하여 몸체의 특정 부분이 일정한 작용을 하도록 맞추어진다. 들뢰즈와 과타리는 이를 스피노자의 아이디어를 활용하여 설명한다.

본질적 형상 또는 실체적 형상에 대해서는 아주 다양한 방식으로 비판이 가해져 왔다. 그러나 스피노자는 매우 급진적으로 나아간다. 즉 그는 어떤 형상도 갖지 않는, 따라서 이러한 의미에서는 추상적이지만 완벽하게 실재적인 요소들에 도달하려고 한다. 그것들은 오직 운동과 정지, 느림과 빠름에 의해서만 서로 구별된다. 이것들은 원자, 즉 여전히 형상을 지닌 유한한 요소가 아니다. 이것들은 무한히 분할되는 것도 아니다. 이것들은 현실적 무한(un infini actual)의 무한히 작은 궁극적인 부분들로, 고른판이나 조성의 판과 같은 동일한 판 위에 펼쳐져 있다. 이 궁극적 부분들은 수에 의하여 규정되지 않는다. 그것들은 항상 무한성에 의해 나아가기 때문이다. 오히려 그것들이 <개체>에 귀속되는데, 이 <개체> 자신은 더 복잡한 또 다른 관계 속에서 다른 <개체>의 부분이 될 수 있으며, 이러한 일이 무한대로 계속된다. 따라서 크고 작은 무한들의 여러 부분이 존재하게 되지만 이들의 차이는 수에 따라 결정되는 것이 아니라 무한들의 여러 부분이 겪게 되는 관계의 조성에 따라 결정된다. (김재인 역, 2003: 481-482)

윗글에서 보면, 그동안 우리는 몸을 특정한 형태의 것으로 인식했다. 이데아, 신, 이성 등 궁극적이고 절대적이며, 정해져 있고, 불변적인 것을 위한 본질적, 실체적 형상이라고 여겼다. 몸에 대한 이러한 인식에 반대하여 스피노자는 급진적인 인식을 했다. 스피노자는 몸을 어떤 형상도 갖지 않는 몸체를 상정했다. 절대적이거나 정해진 본성을 가진 것이 아니라 무엇으로도 될 수 있는 추상적이지만 완벽하게 실재적인 요소들로 구성되어 있다고 인식한 것이다. 이 실재적인 요소는 원자와 같은 형상을 지닌 요소가 아니라 운동과 정지, 느림과 빠름에 의해 구별되는 작은 부분이다. 몸체의 부분은 무한히 작은 부분들로 나누어지고, 무엇으로도 될 수 있는 일관성의 구도(고른판)의 속성을 지니고 있다. 그러하기에 몸체의 부분은 규정된 본성을 지닌 것이 아니라 무엇으로도 될 수 있는 무한성을 갖는다. 이 부분은 운동과 정지, 빠름과 느림의 정도에 따라 특정한 <개체>에 귀속되는데, <개체>는 다른 <개체>의 부분이 될 수 있다. 이러한 일은 무한히 반복되기에 몸체에는 크고 작은 무한성을 가진 여러 <개체>의 부분이 존재한다. 몸체를 이루는 이들 부분의 차이는 무엇과 어떤 관계를 조성하는가가 결정한다. 요컨대 몸체는 본질적 형상이 아니라 우발적 형상으로, 무한히 작은 부분들로 이루어져 있다.

몸체는 경도와 위도에 의하여 조성되고 조절된다. 몸체가 무엇을 할지는 미리 정해진 바가 없다. 같은 기관이라도 경도가 어떻게 조성되고, 위도가 어떻게 조절되는가에 따라 그 작용은 무한히 변화한다. 예로, 손가락은 무엇과 관계를 맺는가에 따라 달리 작용한다. 연필과 관계를 맺을 때, 붓과 관계를 맺을 때, 피아노와 관계를 맺을 때 그 작용은 달라진다. 손가락은 경도의 측면에서 입자들과의 관계의 조성을 어떻게 이루는가에 따라 역량이 달라진다.[10] 몸체를 이루고 있는 각 부분 어디나 마찬가지이다. 정해져 있는 역량이 있는 것이 아니라 관계의 조성에 의하여 그 역량과 기능이 달라진다. 독자가 텍스트를 읽을 때도 마찬가지이다. 독자가 텍스트의 요소에 대하여 어떤 관계의 조성을 이루는가에 따라 몸체의 부분이 달라지고, 인식의 역량과 기능이 달라진다. 미리 정해져 있는 부분이 있거나 정해진 역량과 기능이 있는 것이 아니다. 텍스트의 요소에 따라 몸체의 부분이 선택되고, 선택된 부분의 역량과 기능이 결정된다. 몸체는 미리 정해져 있거나 규정된 기관을

---

10   위도와 관련해서는 다음 항에서 논의한다.

갖지 않는다.

각 개체는 하나의 무한한 다양체이며, 전체 <자연>은 다양체들의 완전히
개체화된 다양체이다. <자연>이라는 고른판은 하나의 거대한 <추상적인 기계>
와도 같은데, 추상적이긴 해도 어디까지나 실재적이고 개체적이다. 이 기계의
부품은 다양한 배치물들 또는 개체들이다. 이것들 각각은 크고 작게 조성된
무한히 많은 관계들 속에서 무한히 많은 입자들을 한데 묶어 취합한다. 따라서
자연의 판의 통일성이 존재하며, 생물이나 무생물, 인공물이나 자연물의 경우에
도 통일성이 존재한다. 이 판은 형상이나 형태와는 무관하며 구성(dessein)이나
기능과도 전혀 무관하다. 그것의 통일성은 사물들의 깊은 곳에 숨겨져 있는
근거의 통일성과도 전혀 무관하다. 그것은 진열판(plan d'étaldment)으로서, 차
라리 온갖 형태들의 단면도 또는 모든 기능을 갖춘 기계와 같다. (김재인 역,
2003: 482-483)

몸체의 각 부분은 <개체>이다. 형상(에이도스)을 갖는 기관이나 정해진
역량과 기능을 갖지 않는 <개체>이다. <개체>는 따라야 할 기준이나 정해진
규칙을 갖지 않는다. <개체>의 무한 반복으로 몸체가 만들어진다. 그래서
무한 <개체>로 이루어진 몸체는 무한한 다양체다. 그리고 <자연>은 다양체
의 몸체들이 무한 반복의 귀속으로 이루어진 완전히 개체화된 다양체이다.[11]
<자연>의 일관성의 구도(고른판)는 거대한 추상기계와도 같지만, 실재적이고

---

[11] 그런데 우리는 이러한 강밀도가 결국은 상이한 문턱을 넘나들면서 상이한 양태들, 상이한
속성들을 하나의 연속체로 만든다는 것을 잘 알고 있습니다. 대문자 <자연>, 혹은 대문자
<기관 없는 신체>란 바로 강밀도의 연속체라는 것을 말입니다. 되기란 사람과 늑대, 새와
소리처럼 상이한 '종' 사이에서 그 각각을 구별해 주는 문턱을 넘나들면서 이루어질 수
있었던 것은 그 모두가 바로 하나의 강밀도의 연속체를 이루고 있었기 때문임을 이미 말한
바 있지요?(이진경, 2003b: 181)

개체적이다. 즉 <자연>은 형식적이든 탈형식적이든 다른 것, 새로운 것인 개체적인 것을 무한히 생성하는 실재적인 기계이다. 무한한 생성을 이루는 기계의 부품은 개체들의 배치물이다. 다양체인 크고 작은 개체들이 무한히 많은 관계의 조성으로 배치를 이루고 있는 자연은 무한의 입자와 성분을 일관성의 구도로 통일성이 있는 하나로 묶어 낸다. 그렇기에 자연의 일관성의 구도는 생물과 무생물, 인공물과 자연물이 통일성을 이루게 한다. 이 자연이나 몸체의 구도는 정해진 형상이나 형태와는 무관하고, 계획된 설계도(dessein)나 정해진 역량이나 기능과도 무관하다. 자연이나 몸체의 통일성도 사물들의 심층에 존재하는 이데아나 신의 계획 등과도 무관하다. 자연이나 몸체의 구도는 모든 형태를 보여주는 단면도나 무엇이든 할 수 있는 기계와 같다.

몸체는 무엇이든 실현 가능한 다양체이다. 무엇을 해야만 하거나 할 수 있는 것이 정해져 있지 않다. 몸체는 크고 작은 수많은 다양체의 부분들을 가지고 있고, 더와 덜의 정도가 다양한 요소들과 성분들을 포함하고 있다. 그렇기에 몸체는 입자(요소, 성분) 간 관계의 조성에 의하여 다양체를 실현하는 실체이다. 몸체가 다양체로 실현되는 데는 준칙이나 규정이 관여하지 않는다. 관계의 조성에 따른 배치에 의하여 무엇으로든 실현된다. 이는 몸체가 몸을 이루는 기관은 물론 역량과 기능의 생성에 제한이 없음을 의미한다. 몸체는 몸의 부분이나 요소들의 운동과 정지, 빠름과 느림, 그리고 배치에 의하여 특정한 기관을 형성하고 역량과 기능을 가질 수 있다.[12] 이는 몸체의

---

12 조프루아의 관점은 이것과 완전히 다르다. 왜냐하면 그는 기관들과 기능들을 넘어 그가 '해부학적 요소'라고 부르는 추상적 요소들 쪽으로, 심지어는 다양한 조합을 이루며 자신의 빠름과 느림의 정도에 따라 특정한 기관을 형성하고, 특정한 기능을 수행하는 순수한 재료인 미립자들 쪽으로 나아가기 때문이다. 여기서는 빠름과 느림, 운동과 정지, 지체와 신속함이 구조의 형태들뿐만 아니라 발전의 유형들까지 휘하에 두는 것이다.(김재인 역, 2003: 483)

조성에 고정되거나 고착된 원칙이 없음을 뜻한다. 그러므로 몸체는 따라야
하거나 지켜야 할 준칙을 갖지 않는다. 그렇다고 무의미로 나가는 것은 아니
다. 정해진 것을 따르지 않는다고 무가치한 것이 아니다. 몸체는 개체성을
가진 특개성을 생성하게 한다. 이를 위해 몸체가 작동한다.[13]

　　문제는 기관이나 기능이 결코 아니며, 또한 다양한 유비적 관계의 발전 유형
하에서만 이것들의 조직화를 주재할 수 있는 <초월적인 판>도 아니다. 문제가
되는 것은 조직화가 아니라 조성인 것이다. 발전이나 분화의 문제가 아니라
운동과 정지, 빠름과 느림의 문제. 문제가 되는 것은 요소들과 미립자들로, 이것
들은 하나의 동일한 순수 내재성의 판 위에서 이행, 생성, 또는 도약을 일으킬
수 있을 만큼 빠르게 도착하거나 도착하지 않는다. 결국 배치물들 사이에 도약
과 단층이 있는 것은 배치물이 본성상 환원 불가능해서가 아니며, 오히려 때맞
춰 도착하지 않거나 모든 것이 끝나고 나서야 도착하는 요소들이 항상 존재하기
때문이다. 그래서 그 자체가 내재성의 판의 일부를 이루는 안개나 공백, 앞섬과
뒤처짐을 통과해야 하는 것이다. 실패조차도 이 판의 일부분이다. 절대적 부동
성 또는 절대적 운동의 판이라고 불리는 동일한 고정판이 상대적인 속도를
가진 무형의 요소들에 의해 횡단되고 다시 이 요소들이 빠름과 느림의 정도에
따라 특정한 개체화된 배치물로 들어가는 그런 세계를 생각하려고 해야만 한다.
익명의 물질, 즉 다양한 연결접속을 행하는 미세한 물질의 무한 미세 조각들이
서식하는 고른판. (김재인 역, 2003: 484-485)

13　어쨌든, 순수한 내재성의 판, 일의성의 판, 조성의 판. 여기서는 모든 것이 주어진다. 여기서
　　는 속도에 의해서만 구별되며 서로의 연결접속과 운동 관계에 따라 개체화된 특정한 배치
　　물들로 들어오는, 형식을 부여받지 않은 요소들과 재료들이 춤을 춘다. 삶이라는 고정판.
　　여기서는 더 늦어지거나 빨라지거나 간에 모든 것은 움직인다.(김재인 역, 2003: 454)

몸체는 우발적 형상이다. 운동과 정지, 빠름과 느림, 더와 덜의 문제이다. 몸체의 부분들이 변화의 다양성을 가지는 것은 부분을 구성하는 요소들과 미립자에 의해서이다. 요소나 미립자들이 하나의 동일한 내재성의 판 위에서 이행, 생성, 도약을 할 수 있는 것은 배치에 따른 것이다. 내재성의 판 위에 도착하여 배치에 참여하거나 하지 않음으로써 도약이 생길 수도 있고, 다른 층이 되는 단층이 일어날 수도 있다. 몸체의 부분이 무엇인가를 하는 것은 부분을 구성하는 요소들과 미립자들의 배치에 따른 것이다. 그렇기에 몸체의 부분은 배치에서 비롯된 내재성의 구도(판)의 일부로 내재해 있는 안개나 공백, 앞섬과 뒤처짐뿐만 아니라 실패도 갖고 있다. 몸체의 각 부분은 절대적 부동성이나 절대적 운동의 판(구도)인 고정판이라고 해도,[14] 언제나 상대적인 속도를 가진 무형의 요소들이 횡단하는 판이다. 그렇기에 이 판은 요소들의 빠름과 느림의 정도에 따라 특정하게 개체화된 배치물을 이룬다. 몸체의 각 구분은 연결접속되는 대상에 따라 무한 미세 부분으로 나누어지고, 그 무한 미세 부분도 대상에 따라 달라지는 무한 다양체이다.

다. 몸체의 조절

몸체는 외부 대상과 연결접속될 때 다양체로 발현된다. 몸체는 연결접속되는 외부 대상에 따라 미세 부분이 정해지고, 그 미세 부분의 작용이 실체화된다. 연결접속되는 대상이 있으면 몸체는 그 대상에 맞게 몸체의 부분(경도)을

---

14 고정판, 여기서 사물들은 빠름과 느림에 의해서만 서로 구별된다. 유비와 대립되는 내재성 또는 일의성의 판. <일자>는 모든 <다자>와 유일하고 동일한 의미로 이야기되며, <존재> 는 <차이 나는 것>과 유일하고 동일한 의미로 이야기된다. 우리는 여기서 실체의 통일성에 대해 말하고 있는 것이 아니라 삶이라는 이 유일하고 동일한 판 위에서 서로 부분이 되는 변양들의 무한성에 대해 말하고 있는 것이다.(김재인 역, 2003: 483)

결정한다. 대상과 연결접속할 때 몸체의 미세 부분이 한 곳만이 작용하는 경우도 있지만 여러 부분이 함께 작용하기도 한다. 몸체의 요소들은 <개체>에 귀속되고, 다른 <개체>에 연결되거나 포함되기도 한다. 몸체의 부분은 대상에 따라 <개체>들의 관계 형성을 달리한다. 그러므로 몸체의 작용은 부분의 요소들이 이루는 <개체>들의 관계에 따라 다른 형태로 드러나게 된다. 또한 <개체>가 대상과 접속하여 어떤 감응을 일으키느냐에 따라 대상은 다르게 감각되고 지각된다.

몸체와 접속하는 대상도 그 자체가 하는 것은 아니다. 어떤 대상도 하나의 요소나 하나의 속성만 갖는 것은 없다. 몸체와 마찬가지로 추상적이지만 완벽하게 실제적인 요소들로 이루어져 있다. 현실적 무한의 무한히 작은 궁극적인 부분들이 일관성의 구도나 조성의 구도에 의해 몸체와 동일한 구도 위에 펼쳐져 있다. 대상의 요소들도 운동과 정지의 관계에 따라 특정한 <개체>에 귀속되고, 작은 <개체>는 더 큰 <개체>에 귀속된다. 외부 대상도 몸체와 같은 다양체이다. 몸체는 이런 외부 대상과 접속으로 작용을 한다. 몸체와 대상의 접속도 추상적이지만 무한성을 지닌다. 그렇기에 몸체가 외부 대상의 어떤 입자나 성분과 접속을 이루게 되는가에 따라 그 작용은 달라진다. 단적인 예로 『천 개의 고원』과 독자가 접속될 때, 독자와 『천 개의 고원』의 관계 작용은 특정한 형태로 한정되지 않는다.

기관차는 고추가 있을까? 있다. 물론 전혀 다른 기계적 배치물 속에. 의자는 그것이 없다. 그러나 이는 의자의 요소들이 자신의 관계들 속에서 이 재료를 취할 수 없었기 때문이다. 또는 이 요소들이 이 재료와의 관계를 충분히 분해해서 재료가 예컨대 의자의 막대기처럼 전혀 다른 물건을 만들어냈기 때문이다. 아이들에게 하나의 기관은 '천 가지 변전'을 겪으며, '위치를 정하기도 어려우며, 때에 따라 뼈, 엔진, 배설물, 애기, 손, 아빠의 심장 등'이 된다는 점을 지적할 수 있었다. 그러나 이는 기관이 부분 대상으로 체험되기 때문이 결코 아니다. 기관이란 운동과 정지의 관계에 따라 또 이 관계가 이웃 요소들의 관계와 합성되거나 분해되는 방식에 따라 기관의 요소가 만들어지기 때문이다. 이것은 애니미즘이 아니며, 메커니즘은 더더군다나 아니고, 오히려 보편적 기계주의(machinisme)이다. 무한한 배치물들을 지닌 거대한 추상적인 기계에 의해 점유된 하나의 고른판. (중략) 스피노자주의는 철학자의 아이-되기이다. 몸체의 경도라고 불리는 것은 특정한 관계 속에서 몸체에 속하는 입자들의 집합들이며, 이 집합들 자체는 이 몸체의 개체화된 배치물을 규정하는 관계의 조성에 따라 서로 상대의 일부분을 이룬다. (김재인 역, 2003: 485-486)

윗글은 프로이트가 꼬마 한스와 상담한 내용을 토대로,[15] 들뢰즈와 과타리가 스피노자가 밝힌 몸체가 하는 작용을 설명한 내용이다. 몸체 작용의 예로, 아이들의 '고추'에 대한 인식 활동 제시하고 있다. 아이는 기관차도 고추가 있다고 인식한다. 기관차가 파이프로 물을 뿜어내는 모습을 본 경우이다. 그러나 의자가 물을 뿜어내는 것을 본 일이 없기에, 의자는 고추가 없다고 인식한다. 아이들에게 하나의 기관은 '천 가지 변전'을 한다. 특정한 위치를 정하기도 어렵고, 특정 부분으로 한정하기도 어렵다. 기차의 고추와 같이 운동과 정지의 관계, 이웃 요소들과 관계 방식에 따라 기관의 요소가 만들어진다. 이러한 대상에 대한 인식은 배치에 의하여 대상의 특성이 결정된다는 보편적 기계주의이다. 파이프가 물을 뿜어내는 배치에 들어감으로써 고추로 인식되는 것이다. 이는 물을 뿜어내는 것은 무엇이든 고추로 인식될 수 있음을 뜻한다. 배치를 이루고 있는 대상(파이프)은 일관성의 구도(고른판)에 의하

---

15   이와 관련된 내용은 지그문드 프로이트 전집 10 『꼬마 한스와 도라』(김재혁·권세훈 역, 1998)를 참고할 수 있다.

여 그 고유의 본질 속성을 버리고 하나로 조직화된 대상(고추)에 기여하게 된다. 이는 스피노자가 말하는 몸체의 작용 방식을 보여준다. 이 몸체와 관련하여 경도는 대상과의 관계 속에서 몸체에 속하는 입자들의 집합이다. 이 입자들의 집합은 몸체의 <개체>를 이루고, 각 <개체>들은 관계의 조성에 의한 배치에 따라 서로 상대 <개체>의 한 부분이 된다.

> 스피노자에게는 또 다른 측면이 있다. 무한히 많은 부분들을 한데 모으는 운동과 정지, 빠름과 느림의 관계 각각에는 역량의 정도가 대응한다. 하나의 개체를 조성하고 분해하고 한정시키는 관계들에는 개체를 변용시키는 강렬함들이 대응한다. 이 강렬함은 개체 행위 역량을 증대시키거나 감소시키고 외부의 부분들이나 개체 자신의 부분들로부터 온다. 이러한 강렬함들은 개체의 겉 부분에서 그리고 개체 자체의 부분에서 올 수 있다. 변용태는 생성이다. (김재인 역, 2003: 486-487)

몸체는 다양체인 입자나 그 <개체>만 가지는 것은 아니다. 몸체는 입자와 <개체>들의 관계의 조성인 경도 외에 또 다른 것을 필요로 한다. 그것은 몸체가 대상과 접속을 함으로써 생성되는 감응(변용태)이다. 감응은 몸체의 경도가 대상의 입자나 개체와 접속함으로써 생겨나는 감성 작용이다. 스피노자의 몸체를 이루는 또 다른 측면은 감응과 관련된 '위도'이다. 몸체의 경도가 입자나 부분의 운동과 정지, 빠름과 느림으로 갖는 '역량의 정도'라면, 몸체의 위도는 입자나 부분들이 관계의 조성으로 대상과 접속하면서 갖는 '감응의 강도(강렬함)'와 관련된다. 감응의 강렬함은 개체의 행위 역량을 증가시키거나 감소시키는 것과 관련된다. 이 감응의 강렬함은 외부 대상의 부분들이나 개체 자신의 부분에서 온다. 또한 개체의 겉 부분이나 개체 내부에서 올 수 있다. 감응의 강렬함은 개체의 행위 역량의 크기로 위도의 속성을 이룬다. 감응의 강도는 역량의 크기로 입자나 개체의 감성 생성 작용과 관련된다.

> 스피노자는 몸체는 무엇을 할 수 있는지 묻는다. 몸체의 경도라고 불리는 것은 역량의 특정한 정도에 따라, 또는 차라리 이 정도의 한계에 따라 몸체가 취할 수 있는 변용태들이다. 경도가 특정한 관계 아래에서 외연적 부분들로 이루어져 있듯이, 위도는 특정한 능력 아래에서 내포적(=강렬한) 부분들로 이루어져 있다. 우리들이 몸체를 기관과 기능에 따라 규정하는 것을 피하듯이 여기서는 몸체를 <종>이나 <유>라는 특성에 따라 규정하는 것을 피해야 한다. 대신 몸체의 변용태들을 고려해야 한다. (김재인 역, 2003: 487)

우발적 형상인 몸체는 경도와 위도에 의하여 대상과 접속한다. 몸체와 대상의 접속은 특정한 것으로 한정되거나 제한되지 않는다. 추상적이긴 하지만 몸체가 대상과 접속하는 형태는 무한적이다. 절대적, 이상적, 제한적인 접속이 아니라 상대적이고 실제적이고 무한적이다. 몸체의 경도는 역량의 정도에 따라, 정도의 한계에 따라 감응(변용태)의 크기가 달라진다. 경도가 다양체의 입자나 개체로 이루어져 있듯이, 위도는 강도의 능력에 토대를 두고 감응의 강도로 이루어져 있다. 감응의 강도는 강렬함의 크기와 깊이, 더와 덜, 세기와 정밀 등이다. 몸체는 이들 경도와 위도에 조성과 조절 작용에 의하여 무엇을 하는 것이다. 규정된 것, 정해진 것을 따른 것이 아니라 대상과의 관계에 의하여 작용한다. 이는 생물학적인 <종(種)>이나 <유(類)>의 특성을 따르는 것이 아니다. 그렇기에 동물-되기가 실현된다. 몸체에 관해 규정할 때는 경도와 위도의 조절에 의하여 일어나는 감응(변용태)을 고려할 필요가 있다.

3. 읽기 몸체의 체계

독자는 텍스트와 접속하는 몸체를 갖고 있다. 이 몸체를 읽기 몸체라 할 수 있다. 읽기 몸체는 텍스트와 접속하여 독자의 자기 생성을 가능하게 한다. 독자의 자기 생성은 특개성의 포착으로 이루어지고, 이는 되기(devenir)와 관련되어 있다. 독자가 텍스트와 접속하는 몸체를 가진다는 것은 독자-되기의 한 형식이다. 독자는 독자-되기를 이룸으로써 읽기 몸체를 갖게 된다. 또는 독자가 읽기 몸체를 갖게 됨으로써 독자-되기를 이루게 된다. 독자는 텍스트와의 접속할 때 독자-되기를 실행함으로써 특개성을 포착하고, 자기 생성을 이루게 된다. 독자가 텍스트와의 접속으로 읽기 몸체를 조성하고, 읽기 몸체로 자기 생성을 이루는 독자-되기를 검토한다.

가. 읽기의 형상 비판

독자는 텍스트를 읽을 때 읽기에 대한 형상을 갖는다. 읽기의 형상은 이상적인 텍스트 읽기 행위를 하게 한다. 다시 말해, 읽기의 형상은 독자의 텍스트 읽기에 대한 이상적 규정으로 독자가 이상적 읽기 활동을 하도록 하는 것이다. 독자는 읽기의 형상을 지니고 있고, 그 형상에 충실한 읽기를 하려고 한다. 그렇지만 읽기의 형상은 이데아적인 속성을 가지고 있기에 완전한 실행은 이룰 수 없다. 그렇기에 독자는 자신의 텍스트 읽기에 대해 만족하기 어렵다. 읽기의 형상이 지닌 이데아적 본질은 실현되지 않기 때문이다. 독자가 가진 이상적인 읽기의 형상은 대개 독자 외부에서 주어진 것이다. 독자의 읽기의 형상은 스스로 만든 것이 아니다. 독자에게 읽기의 형상을 제시하는 대표적인 외부가 읽기 교육이다. 독자가 어떤 읽기의 형상을 가지느냐는 어떤 읽기 교육을 받았는가에 달린 것이다.

독자가 가진 읽기의 형상은 읽기 교육의 지향 속에 들어 있다. 읽기 교육은 읽기의 이상적인 형상을 가지고 있고, 이를 규정하고 있다. 읽기 교육이 실행되기 위해서는 이 읽기의 형상이 있어야 한다. 읽기 교육이 가진 읽기의 형상은 학습 독자의 읽기 학습과 읽기 활동을 통해 드러나지만 읽기 규정 속에 내재한다. 읽기 교육에서 지향하는 읽기의 형상은 학습 독자에게 교육되고 공유된다. 학습 독자는 읽기 교육에서 강조하는 읽기의 형상을 절대적인 것으로 인식한다. 학습 독자는 읽기 교육을 통하여 알게 된 읽기의 형상을 본질적 형상으로 받아들인다. 그래서 학습 독자는 학습한 읽기의 형상을 절대시하게 된다. 그렇기에 텍스트를 읽을 때는 읽기의 형상에 충실한 읽기를 하려고 한다. 또한 읽기의 형상에서 벗어난 읽기는 바르지 못한 읽기로 여기고 바로 잡아야 하는 것으로 여긴다. 본질적 읽기 형상에 충실한 읽기의 행위는 실체적 읽기 형상이라 할 수 있다. 독자의 텍스트에 대한 실체적 읽기 형상은 본질적 읽기 형상이 관여하여 독자의 읽기 활동을 관리한다. 독자는 이를 정당한 것으로 여긴다.

읽기의 본질적 형상은 읽기 주체를 길러낸다. 읽기 주체는 제한되고 한정된 방식으로 읽기를 수행하는 의식이다. 들뢰즈와 과타리는 이를 '한정된 주체'(김재인 역, 2003: 480)라고 명명한다. 이를 읽기와 관련지으면 '한정된 읽기 주체'가 된다. 한정된 읽기 주체는 독자로서 어떻게 텍스트를 읽어야 하는지를 알고, 그 앎에 충실한 읽기를 하는 독자의 의식이다. 주체는 자신이 누구인지, 무엇을 해야 하는지, 해야 할 일을 어떻게 하는지, 그 일로 무엇을 이루어야 하는지를 알고, 일을 수행하는 의식이다. 읽기 주체는 텍스트를 어떻게 읽고 어떤 의미를 생성해야 하는지를 알고 수행하는 의식이다. 본질적 읽기 형상을 가진 독자의 읽기 주체는 한정된 읽기 주체가 된다. 본질적 읽기 형상에 충실한 읽기만 하는 읽기 주체이기 때문이다. 이 읽기 주체는 본질적 읽기 형상으로 여겨지지 않는 읽기 활동은 읽기가 아닌 것으로 인식한다.

> <2022 읽기 교육과정의 <내용 체계표>의 핵심 아이디어>
> · 읽기는 독자가 자신의 배경지식이나 경험을 활용하여 언어를 비롯한 다양한 기호나 매체로 표현된 글의 의미를 능동적으로 구성하는 행위이다.
> · 독자는 다양한 상황 맥락과 사회·문화적 맥락 속에서 자신의 읽기 목적을 달성하기 위하여 다양한 유형의 글을 읽는다.
> · 독자는 읽기 과정을 점검·조정하며 읽기 과정에서 부딪히는 문제를 해결하기 위해 적절한 읽기 전략을 사용하여 글을 읽는다.
> · 독자는 읽기 경험을 통해 읽기에 대한 긍정적 정서를 형성하고 삶과 공동체의 문제 해결을 위해 공동체 구성원과 함께 독서를 통해 소통함으로써 사회적 독서 문화를 만들어 간다. (국가 교육과정 정보센터)[16]

윗글은 2022 국어과 교육과정의 읽기 영역 <내용 체계표>의 핵심 아이디어 내용이다. 위의 내용에서 읽기의 형상을 짐작할 수 있다. 읽기 교육에 대한 논의[17]를 보면, 좀 더 분명하게 읽기의 형상을 확인할 수 있다. 위의 핵심 아이디어와 교육과정의 내용을 살펴보면, 읽기의 형상이 분명하게 드러난다. 위의 핵심 아이디어로 보면, 읽기는 독자가 배경지식을 활용해 의미

---

16 https://ncic.re.kr/mobile.index2.do

17 읽기란 글에 나와 있는 여러 정보를 관련지어 의미를 구성하는 인지 과정이다. 그리고 그 과정에서 글은 청사진과 같은 역할을 하고, 독자는 그의 배경지식이나 상황 요인에 의해 이 청사진을 해석하여 의미를 구성하는 역할을 담당한다.(노명완·박영목·권경안, 1988: 215) 독서는 흔히 '독자가 표기된 문자언어를 통해 필자의 의미를 재구성하는 복합적인 과정'이라 정의된다. 이 정의에서도 분명히 드러나듯이, 독서는 어떤 지식이나 내용 그 자체를 말하는 것이 아니라, 이 지식이나 내용을 파악해 내는 사고 과정을 말한다.(노명완, 1989: 89-90) 독서교육의 목적은 독서과정을 기능화하기 위한 독서력의 개발에 있으며, 독서력의 개발은 여러 가지의 독서기능을 습득함으로써 가능하다.(노명완, 1989: 93)

구성을 목적으로 하는 행위이며, 전략적으로 인지적 문제를 해결하는 활동이다. 이 읽기의 규정은 학습 독자에게 교육활동으로 전달되고, 학습 독자에게 읽기의 형상으로 받아들여진다. 학습 독자는 이 읽기의 형상을 절대시하여 본질적 읽기 형상으로 가지게 된다. 그동안 이루어진 필자 의도(사상) 중심의 텍스트 이해 관점의 교육이나 텍스트 주제 중심의 텍스트 이해 관점의 교육도 마찬가지 방식으로 본질적 읽기 형상을 학습 독자들이 가지도록 했다. 또한 이에 따른 읽기 주체의 형성을 강조했다고 할 수 있다.

> 요컨대, 실체적 형상들과 한정된 주체들 사이에는, **그 둘 사이에는**, 악마적인 국지적 운송의 수행뿐만 아니라 <이것임>들, 정도들, 강도들, 사건들, 우발적 사고들의 자연적인 놀이도 존재하며, 이들은 이들을 받아들이는 잘 형상화된 주체들의 개체화와는 전적으로 다른 개체화를 조성해 낸다. (김재인 역, 2003: 481)

들뢰즈와 과타리는 본질적 형상을 실현하는 실체적 형상들과 한정된 주체 사이에 우발적 형상이 존재한다고 본다. 본질적 형상에 의한 실체적 읽기 형상의 행위와 이를 위한 읽기 주체의 읽기 활동의 사이에는 우발적 읽기 형상이 존재한다. 규정되고 정해진 주제를 찾거나 의미를 구성하는 것뿐만 아니라 독자만의 고유하고 개체성이 있는 특개성(<이것임>)들이 존재하고, 정해진 기준에 충실한 이해만이 아닌 '연장에 고유한 정도'들이 있는 이해들, 감응의 강렬함의 크기, 세기, 깊이, 정교함이 다른 이해들에 관여하는 우발적 해석이 일어나기도 한다. 또한 텍스트를 구성하고 있는 입자들과 독자를 이루고 있는 입자들, 읽기 상황과 맥락의 입자들, 사회문화적 입자들의 배치에 의하여 이루어지는 읽기 사건들, 정해진 요소나 읽기 절차와 방법이 아니라 우발적으로 관여하는 요소들, 읽기 절차들, 해석의 방법들이 관여하는 우발적 해석이 일어나기도 한다. 또한 반자연적 관여로 일어나는 동물-되기, 아이-되기, 소수자-되기, 강렬하게-되기, 지각 불가능하게-되기 등의 자연적인 놀이도 존재한다. 이들은 본질적 읽기 형상에 의한 실체적 읽기와 한정된 읽기 주체의 읽기와는 전적으로 다른 읽기를 실행하는 우발적 형상을 지닌 독자의 개체화를 조성해 낸다.

독자가 본질적 읽기 형상을 지향하는 일은 필요하다. 그렇다고 본질적 읽기 형상만이 읽기 활동의 모든 것이 되어서는 안 된다. 독자의 자기 생성과 자기 삶의 생성을 위한 개체성을 지닌 특개성(<이것임>)을 포착할 수 없기 때문이다. 본질적 읽기 형상을 지향하는 읽기에는 독자가 자기를 찾고, 자기를 생성하고, 자기를 지키고, 자기를 가꾸는 이해가 내재하지 않기 때문이다. 본질적 읽기 형상을 위한 실제적 읽기 형상에는 객관적이고 보편적인 진리를 밝히고, 세상의 원리와 규칙을 이해하고, 사회 현상과 다른 사람의 삶을 이해할 수는 있지만 자기를 이해하고 자기를 생성하는 이해는 할 수 없다. 독자는 하이데거가 말하는 자기의 존재를 이해하고, 자기의 실존을 이루어 내야 한다. 이를 통하여 교육과정의 핵심 아이디어에서 언급하고 있는 '공동체'를 이루어야 한다. 독자가 자기를 찾고, 생성하고, 지키고, 가꿀 수 있어야 공동체가 존재할 수 있다. 그 공동체가 가치를 지닐 수 있다.

나. 읽기 몸체의 구조

독자는 본질적 읽기 형상이나 한정된 읽기 주체를 벗어나야 한다. 여기서 벗어난다는 말은 이들을 발판으로 우발적 읽기 형상이나 자율적 읽기 주체를 생성해야 함을 의미한다. 이를 위해 필요한 것이 읽기 몸체이다. 읽기 몸체는 우발적 읽기 형상과 자율적 읽기 주체의 토대이기 때문이다. 읽기 몸체는 이데아, 신, 이성 등의 외재적 대상이 아니다. 독자가 내재적으로 가진 모든 것이다. 그렇기에 절대적이거나 본질적인 것과는 거리가 있다. 독자의 읽기 몸체는 현재적이고 구체적이며 실제적이고 현실적인 것이다. 그래서 상황적이고 사건적이며 뜻밖의 것이 관여한다. 이것에서 '더'와 '덜'이 있게 되고, 연장이 아니라 '연장에 고유한 정도'가 개입하게 된다. 몸체에 속도, 정도, 강도, 사건, 우발적 사고들의 자연적 놀이가 존재하고, 주체와는 다른 개체화가 조성된다. 읽기 몸체도 텍스트 이해와 관련하여 이것들이 존재하고 조성된다.

읽기 몸체는 텍스트와의 접속으로 존재한다. 독자가 텍스트의 입자들을 감각하고 지각하면서 읽기 몸체가 발현되고 작용한다. 그렇기에 독자의 읽기 몸체는 텍스트를 읽기 전에 규정된 규칙을 가지지 않을 뿐 아니라, 정해진 원칙도 갖지 않는다. 그것보다는 텍스트의 입자나 성분의 속성에 따라 접속할 읽기 몸체의 입자와 <개체>의 성질이 결정된다. 텍스트의 입자나 성분이 같다고 하여 접속할 몸체의 입자와 <개체>의 성질이 같은 것도 아니다. 텍스트의 입자와 성분이 다양체이기 때문에 접속할 몸체의 입자나 <개체>의 성질이 그에 맞게 달라지는 것이다. 읽기 몸체가 텍스트의 입자나 성분과 접속하는 방식은 상대적이고 상황적이다. 미리 정해져 있는 것이 아니라 접속되는 상황과 조건에 따라 달라지는 것이다. 몸체가 대상과 접속하는 것에 대한 들뢰즈와 과타리의 설명을 통해, 읽기 몸체의 텍스트와의 접속을 추론해 보자.

아이들은 스피노자주의자이다. 꼬마 한스가 '고추'에 대해 말할 때, 그것은 하나의 기관 또는 기관의 기능이 아니라 일차적으로 하나의 재료, 즉 연결접속들, 운동과 정지의 관계들, 재료가 이루는 개체화된 잡다한 배치물들에 따라 변화하는 요소들의 집합을 가리킨다. 계집애도 고추가 있을까? 사내아이는 있다고 말한다. 하지만 이 말은 유비에 의한 것도 아니고, 거세의 공포를 쫓아내기 위함도 아니다. 계집애들도 명백히 고추가 있다. 실제로 계집애들도 쉬 하기 때문에. 즉 기관적 기능(fonction)보다 기계적 작동 형태(fonctionnement)를 주목하라. (김재인 역, 2003: 485)

꼬마 한스는 프로이트의 아동 정신분석에 등장하는 어린 소년이다. 프로이트의 분석에서 보면, 꼬마 한스의 '고추'에 대한 인식을 이해할 수 있다. 한스는 여자애도 고추가 있다고 인식한다. 그 이유는 여자애도 쉬를 하기 때문이다. 고추는 하나의 기관이나 기관의 기능의 문제가 아니라 일차적으로 쉬를 하는 재료이다. 이 재료는 소변과 연결접속을 이루고 있고, 소변을 보는 운동과 관계를 이루고 있다. 또한 쉬 하는 재료는 쉬 하는 것과 관계하고 변화하는 여러 요소의 배치물들(옷, 변기, 몸 등)의 집합을 가리킨다. 이를 통해 한스는 여자애도 고추가 있다고 인식한다. 한스의 이 인식은 구조나 계통을 따져 추론하는 유비적 사유에 의한 것이거나 아버지가 자기의 고추를 떼려 한다는 불안 심리를 떨치기 위한 것도 아니다. 여자애들도 쉬를 하기 때문에 고추가 있고 인식하는 것이다. 몸체의 작용은 논리나 진리의 문제가 아니다. 현재적이고 상황적으로 대상에 대해 인식하는 문제이다. 한스에게는 여자애도 고추가 있다.

한스의 이런 인식은 일차적으로 '몸체의 경도'와 관련된다. 몸체의 경도는 몸체가 대상과 연결접속하여 어떤 '기계'로 기능하는가와 관련된다.[18] 몸체의 경도라고 불리는 것은 특정한 관계 속에서 몸체에 속하는 입자들의 집합들이며, 이 집합들 자체는 몸체의 개체화된 배치물을 규정하는 관계의 조성에 따라 서로 상대의 일부분을 이룬다.(김재인 역, 2003: 486) 꼬마 한스의

---

18 경도란 어떤 신체가 어떠한 욕망의 배치 속에서, 다시 말해 다른 어떤 것들과의 관계 속에서 어떤 '기계'로 기능하고 있는가 하는 것을 표시합니다.(이진경, 2003b: 190)

몸체는 고추와 연결접속하여 고추를 인식하는 입자들을 집합시키고, 입자들의 관계를 조성한다. 이 입자들의 관계의 조성에 의하여 고추에 대한 인식이 일어난다. 독자가 텍스트의 입자나 성분을 인식하는 방식도 마찬가지이다. 읽기 몸체는 텍스트의 입자나 성분과 연결접속할 입자들을 집합시켜 그 입자들의 관계의 조성으로 텍스트의 내용을 지각하는 것이다. 이 지각에는 지켜야 할 규칙이나 따라야 할 규정이 없다. 독자는 읽기 몸체의 입자나 개체들의 관계의 조성으로 생성된 몸체의 부분으로 지각한다. 텍스트 입자나 성분은 읽기 몸체를 이루고 있는 경도와 연결접속을 하게 된다.

읽기 몸체의 경도는 역량의 정도와 관련된다. 몸체의 경도는 몸체의 부분이나 입자들의 집합체이다. 이 몸체의 부분이나 입자들은 운동과 정지, 느림과 빠름에 따라 구분되고, 그 성질에 따라 한데 모이게 된다. 그래서 몸체의 <개체>를 이룬다. 이런 몸체의 <개체>들이 모여서 기관의 요소를 만들고, 기관의 요소들이 모여 기관을 만든다.[19] 그렇기에 몸체의 부분이나 입자들의 운동과 정지, 느림과 빠름은 역량의 정도를 만들어 낸다.[20] 한스의 '고추'에 대한 인식을 보면, 고추의 기관적 특성이나 모양은 관여하지 않는다. 소변을 봄, 소변의 모양, 소변을 보는 일, 소변 현상, 소변 관련 요소 등을 인식하는 몸체의 입자들이 관계를 조성한다. 관계의 조성을 이룬 입자들은 개별적 특성을 버리고, 관계의 조성 속에서 필요한 특성을 지닌다. 즉 몸체의 요소들은 운동과 정지, 빠름과 느림의 속성을 갖는다. 이들의 집합이 기관과 같은 경도를 이루어 역량의 정도를 만들어 낸다. 그 결과, 한스가 한 것과 같은

---

[19] 기관이란 운동과 정지의 관계에 따라 또 이 관계가 이웃 요소들의 관계와 합성되거나 분해되는 방식에 따라 기관의 요소들이 만들어 내는 바로 그것이기 때문이다.(김재인 역, 2003: 486)

[20] 무수히 많은 부분들을 한데 모으는 운동과 정지, 빠름과 느림의 관계 각각에는 역량의 정도가 대응한다.(김재인 역, 2003: 486)

고추에 대한 특정한 인식을 하게 한다. 즉 경도는 역량의 정도를 가짐으로써 대상과 연결접속을 하고, 대상을 무엇으로 지각하게 만든다. 역량의 정도란 진리나 본질을 밝히는 것의 문제가 아니라 실제나 경험, 체득의 문제이다.

다시 한번 아이들의 도움을 빌려보자. 그리고 아이들이 동물에 대해 어떻게 말하고 또 동요되는지 주목해 보자. 꼬마 한스의 말은 재현적인 것이 아니라 변용태적인 것이다. 그 말은 종의 성원이 아니라 <수레를 끄는 말-승합마차-거리>라는 기계적 배치물 속에 있는 하나의 요소 또는 하나의 개체이다. 말은 그가 한 부분을 이루는 이 개체화된 배치물과 관련해서 능동과 수동 양면에 걸친 변용태의 목록에 의해 규정된다. 눈가리개로 가려진 두 눈을 갖고 있음, 재갈과 고삐가 물려져 있음, 자부심이 높음, 큰 고추를 갖고 있음, 무거운 짐을 끎, 채찍질을 당함, 쓰러짐, 네 다리로 소란한 소리를 냄, 깨묾 등이 그것이다. 이 변용태들은 <말이 '할 수 있는' 것>이라는 배치물의 중심에서 순환되고 변형된다. (김재인 역, 2003: 488)

윗글에서 보면, 말(馬)에 대한 한스의 감성 작용은 일반적인 사람들과 다르다. 특정 말의 행동이나 모습, 말과 관련된 상황과 일어난 일에 대한 개별적 감성 작용이다. 이 감성 작용을 통하여 말에 대한 구체적이고 개별적인 지각 내용을 가진다. 동물 종(種)으로서의 말이 아니라 거리에서 승합마차를 끄는 상황 속에 있는 말에 주목한다. 이 말에는 종으로서의 말에 대한 의식은 관여하지 않는다. 한스는 말을 지각할 수 있는 기계적인 배치물 속에서 '그' 말에 대한 감응 작용을 한다. 눈은 가려져 있고, 재갈이 물려 있고, 자부심이 있고, 큰 고추가 있고, 무거운 짐을 끌고, 채찍질을 당한다. 쓰러지고, 네 발로 요란한 소리를 내고, 깨문다. 말에 대한 이들 지각은 한스의 말에 대한 감응(변용태)의 목록이고, 능동형과 수동형을 모두 포함이다. 한스가 말의 무엇을 보았는가에 따라 말에 대한 감응의 정도가 다르다. 이 감응의 정도를 '감응의 강도(강렬도)'라 한다. 이 감응의 강도가 몸체의 위도이다. 한스가 말의 어떤 부분, 어떤 모습, 어떤 동작, 어떤 상태, 어떤 요소에 대하여 어떤 세기, 크기, 깊이, 밀도로 감응했는가가 감응의 강도이다. 이 감응의 강도에 의하여 한스는 말에 대한 특정한 의식 내용을 가지게 된다.

어떤 것이 지선(至善)입니까? (중략) 지금까지 말한 지선(至善)은 자성(自性) 이 본래 선도 없고, 악도 없는 진실한 자체로서 다만 하나의 광명뿐이요, 안과 바깥도 없으며 옛과 지금도 없고, 나와 남도 없으며 옳고 그름도 없는 것을 크게 깨달아 밝힘이니, 이른바 '독립하여 변동이 없는 것'이다. 여기에는 한 점의 무엇도 붙을 수 없고, 말끔히 소탕되어서 미세한 티끌도 없다. 만약에 선으로서 악을 쳐부수어 악이 제거되고 선이 남아 있으면 그것은 오히려 한 층(層)이 막혀 있나니 이 하나 선자(善字)는 원래 이 객(客)인 진(塵)이고 본래의 주인이 아니다. 그러므로 그는 지극한 자리이거나 그칠만한 땅이 아니다. 다만 모름지기 선악(善惡)을 둘 다 잊어버리고 '물(物)과 나'라는 흔적까지 다 끊어져 서, 의지함과 기댐도 없고 밝음과 어둠도 없으며 가고 오는 것도 없고, 요동하거 나 흔들리지 아니하여야 비로소 본래의 집에 도달하는 시절이니 거기에 이르러 서는 자기에게서 밝힌 덕이 있다고 보거나 백성에게도 새롭게 된 백성이 있다고 보는 것이 없어서 혼연(渾然)히 일체(一體)이며 이 대인의 경계(境界)이고 선(善) 이라 이름할 수도 없기에 그를 지선(至善)이라 이름한다. 그것을 알면 비로소 그칠 줄을 안다고 말한다. (원조각성 역, 2002: 50-56)

독자의 읽기 몸체도 한스가 대상을 인식하는 방식과 마찬가지로 작용한다. 읽기 몸체는 경도인 역량의 정도와 위도인 감응의 강도를 갖는다. 위의 인용 문은 감산대사의 『대학(大學)』의 첫 구절 '大學之道 在明明德 在親民, 在止於至

善'의 至善을 풀이하는 내용의 일부이다. 위의 인용문에서 감산대사는 '至善'이라는 말에 감응하여 그 의미를 구체적으로 생성해 낸다. '至善'을 유학(儒學)에서 가지는 의미보다는 불학(佛學)에서 가질 수 있는 의미에 중점을 두고 해석하고 있다. 감산은 지선(至善)에 감응한 후, 그 의미를 구체화하기 위한 사유의 과정에서 여러 가지 의미 해석을 위한 정보들을 연결한다. 그래서 지선은 '혼연히 일체를 이룬 것이고 대인(大人)이 되는 경계여서 선(善)이라 할 수 없는 것'이라고 정의한다. 여기서 보면, 독자의 몸체는 지선(至善)을 인식할 수 있는 불학과 관련된 역량의 정도와 함께, 지선에 대한 깊이 있는 사유를 할 수 있는 감응의 강도가 관여한다. 이를 통하여 감산대사는 지선(至善)에 대한 특개성을 생성하고 있다.

다. 읽기 몸체의 작용

독자의 읽기 몸체는 텍스트의 입자나 성분과 접속하면서 작용한다. 텍스트의 요소와 접속된 몸체는 특정 입자나 성분들의 관계 조성으로 경도를 정하고, 텍스트 요소에 감응의 강도로 위도를 결정한다. 읽기 몸체의 경도와 위도의 결정은 독자가 텍스트의 요소에 특정하게 감응할 수 있는 독자-되기의 실행이다. 독자-되기는 읽기 몸체의 부분으로 텍스트의 특정 요소에 대하여 감응을 하고, 의미 생성을 할 수 있게 되었음을 가리킨다. 여기에서 독자-되기는 첫째, 읽기 몸체가 텍스트의 요소와 접속하여 텍스트 요소-되기를 실행하는 것이다. 둘째, 읽기 몸체의 특정 부분(경도)이 텍스트 요소와 접속할 역량의 정도를 조성했음을 가리킨다. 셋째, 읽기 몸체의 특정 부분(경도)이 텍스트 요소에 감응할 강도를 지녔음(위도)을 지시한다. 넷째, 읽기 몸체의 특정 부분(개체)이 감응한 내용을 바탕으로 관계 요소의 배치를 이루어 의미를 해석할 수 있음을 뜻한다. 다섯째, 읽기 몸체의 특정 부분(기관)이 텍스트의 요소에 대한 독자만의 의미를 생성할 수 있음을 뜻한다. 여섯째, 읽기 몸체의 특정 부분(의식)이 특개성(<이것임>)을 포착함을 뜻한다. 이 독자-되기는 개별 텍스트를 읽을 때마다 실행된다. 요컨대 독자-되기는 독자가 텍스트와 접속이 이루어질 때마다 읽기 몸체가 작용하면서 이루어진다. 독자-되기를 실행하는 주관자는 읽기 몸체이다.

읽기 몸체의 작용은 우발적 형상의 특성을 반영한다. 읽기 몸체의 작용에는 규정성이나 제한성이 없다. 읽기 몸체의 부분도 다양체이고, 텍스트의 부분도 다양체이다. 읽기 몸체의 다양체 부분과 텍스트의 다양체 요소의 연결접속은 추상적이긴 하지만 준칙이 없다. 독자가 텍스트를 읽는 상황이나 조건에 따라 읽기 몸체의 작용이 결정된다. 읽기 몸체와 텍스트 요소와의 연결접속은 실제적이고 구체적이다. 우발적 형상은 '더'와 '덜'과 관련된 '연장에 고유한 정도'의 문제이다. 1m와 100m와 관계가 아니라 1℃와 100℃나 1km/h와 100km/h와의 관계이다. 읽기 몸체의 특정 부분과 텍스트의 특정 요소의 연결접속은 100℃나 100km/h와 같은 특별함을 갖는다. 읽기 몸체는 텍스트 속의 특정한 낱말 하나, 개념 하나를 백 가지, 천 가지의 의미로 떠올리고 생각할 수 있게 한다. 독자에게 텍스트 속의 특정한 낱말 하나는 사전적 의미만으로는 포착할 수 없는 의미를 담고 있는 경우도 있다.

그러면 꼬마 한스의 말-되기는 무엇인가? 한스도 엄마의 침대, 부계적 요소, 집, 건너편 카페, 이웃한 창고, 거리, 거리로 갈 수 있는 권리, 이 권리의 획득, 금지, 그러나 이와 동시에 이 획득에 따르는 위험들, 떨어짐, 창피 등의 배치물 속에 잡혀 있다. 이것은 환상이나 주관적 몽상이 아니다. 문제는 말을 모방하기, 말을 '흉내 내기', 말과 동일시되기 따위가 아니며 연민이나 동정의 감정을 느끼는 것조차도 아니다. 배치물들의 간의 객관적 유비도 중요하지 않다. 문제는 꼬마 한스가 형태나 주체와 무관하게, 자신을 말이 되게 해주는 운동과 정지의 관계들, 변용태들을 자기 자신의 요소들에 부여할 수 있는지 여부를 아는 것이다. 아직 알려지지 않은 배치물, 즉 한스의 배치물도 그렇다고 말의 배치물도 아닌 한스의 말-되기의 배치물이 있는 것일까? (김재인 역, 2003: 488-489)

윗글은 프로이트가 분석한 꼬마 한스가 거리에서 본 말(馬)에 대한 인식을 들뢰즈와 과타리가 몸체의 작용인 말-되기의 측면에서 다시 분석한 내용이다. 한스가 거리에서 본 말은 종(種)으로서의 말이 아니다. 한스가 체험한 실제적인 말로 특정한 모습, 행동, 부분에 감응을 일으키는 말이다. 이 말에 대한 한스의 감응은 가족, 생활, 기억, 의식, 무의식과 연결되어 한스의 말-되기를 이룬다. 한스가 거리에서 본 말은 일반적인 한 마리의 말이 아니라 한스 몸체의 특정한 부분에 연결접속되어 한스만이 가지는 개체적 감응과 의식을 생성해 낸다. 이로써 한스는 말-되기를 실현한다. 독자의 텍스트 이해도 한스의 말-되기와 같을 수 있다. 독자는 텍스트의 특정 요소에 대한 개체적 감응과 의식 내용을 생성하는 독자-되기를 실행할 수 있다.

그것을 호프만슈탈도 분명히 이야기하고 있듯이 연민의 감정이 아니다. 동일시는 더더욱 아니다. 그것은 전혀 다른 개체들 사이에 속도들과 변용태들을 조성하는 일이며, 일종의 공생이다. 그렇게 해서 쥐는 인간 안에서 하나의 사유가, 열광적인 사유가 되며, 이와 동시에 인간은 쥐가, 이빨을 갈며 죽어가는 쥐가 된다. 쥐와 인간은 결코 같지 않지만 단어들의 언어가 아닌 언어 속에서, 형식들의 질료가 아닌 질료 속에서, 주체들의 변용 능력이 아닌 하나의 변용 능력 속에서 쥐와 인간 양자에 대해 유일하고 동일한 의미로 <존재>가 이야기된다. 반자연적 관여. 그러나 바로 구성의 판, <자연>의 판은 온갖 책략을 이용해 자신의 배치물들을 끊임없이 만들고 해체하는 이러한 관여를 위해 존재하는 것이다. (김재인 역, 2003: 489)

위의 인용문은 호프만슈탈을 인용하여 들뢰즈와 과타리가 쥐-되기를 설명한 내용이다. 위의 내용에서 중요한 것은 몸체의 작용으로 되기를 실행하는 것의 속성이다. 되기는 연민의 감정이나 동일시가 아니라는 것이다. 되기는 전혀 다른 개체들 사이에 그들만이 지닌 고유한 힘인 속도를 만들고, 감응(변용태)들을 조성한다. 이는 이질적인 종들이 새로운 것을 함께 생성하며 어울리는 공생이다. 한스의 말-되기나 호프만슈탈의 쥐-되기는 인간 안에서의 사유를 일으키고, 무엇으로든 되기를 실행하게 한다. 쥐와 전혀 다르지만 언어 속에서, 질료 속에서, 감응 능력 속에서 동일한 존재 의미가 사유된다. 이는 종(種)이 개체 간의 교류와 생성이기에 반자연적인 것이다. 그렇지만 구성의 구도, <자연>의 구도는 이러한 생성을 일어나게 한다. 독자-되기는 인간 간의 자연적 관여도 인간과 다른 종 간의 반자연적 관여도 모두 가능하게 한다. 독자-되기는 읽기 몸체로 무엇으로든 되기를 실행할 수 있게 한다.

【가】 이는 무한한 재현이 자신을 가능케 하는 어떤 법칙으로부터 분리될 수 없기 때문이다. 이 법칙은 동일성의 형식인 개념의 형식에 있다. 이 형식은 때로는 재현되는 것의 즉자 존재(A는 A이다)를 구성하고, 때로는 재현하는 것의 대자 존재(자아=자아)를 구성한다. 재현이라는 말에서 접두사(再, RE-)는 차이들을 잡아먹는 이 동일자의 개념적 형식을 뜻한다. 따라서 재현과 관점들을 중복한다고 해서 '재현 이하'의 것으로 정의되는 직접적이고 무매개적인 사태에 도달할 수 없다. 반면 부분을 이루는 각각의 재현은 벌써부터 자신의 중심에서 기형화되고 이탈되고 강탈되어야 할 처지에 있다. 각각의 관점 자체가 사물화되거나 사물이 관점화되어야 하다. 따라서 **사물은 결코 동일자일 수 없다.** 오히려 보고 있는 주체의 동일성과 마찬가지로 보이고 있는 대상의 동일성이 모두 소멸해버리는 어떤 차이 안에서 사분오열되어야 한다. 차이는 요소, 궁극적 단위가 되어야 하며, 따라서 배후에 있는 다른 차이들과 관계해야 한다.

이 배후의 다른 차이들에 의해서 차이는 결코 동일한 정체성 안에 빠지지 않으며 다만 분화의 길로 들어선다. (김상환 역, 2004: 144)

【나】 배움의 과정에서 주체와 대상은 차이 생성의 차원과 분화의 차원 간의 부단한 자리바꿈 속에 놓인다. 주체는 차이 생성의 차원에서는 배움의 운동을, 분화의 차원에서는 앎의 상태를 경험한다. 이렇게 배움의 과정에서는 '변화' 운동인 차이 생성의 차원과 어떤 '동일성'이 유지되는 분화의 차원이 상호 교섭하기 때문에 배움에 임하는 학습자는 성장할 수 있다. '성장(成長)'이라는 용어의 한자적 의미가 보여주듯, 성장이라는 말에는 '무언가를 구체적으로 완성한다(成)'의 의미와 '자라난다(長)'라는 의미가 공존한다. 만일 배움의 과정에서 동일성(분화의 과정)에만 집착한다면 학습자는 어떤 특정 수준을 완성해 그 상태에 머물러 있을 뿐 '자라남'으로서의 '생성'은 경험할 수 없다. 또한 배움의 과정에서 변화(차이 생성 차원)에만 집착한다면 학습자는 의식할 수 없는 변이만 지속하면서 분열의 상태에 빠질 뿐 그 어떤 앎도 이룰 수 없다. 달리 말하면 배움의 과정에 개입되어 있는 분화의 차원이 주체로 하여금 어떤 능력·운동·관점 등을 구체적으로 '이루게(成)' 한다면, 차이 생성의 차원은 주체의 능력·운동·관점이 고착되지 않고 언제나 새롭게 차이적인 것으로 '자라나도록(長)' 한다. 배움에서 주체와 대상은 잠정적인 동일성을 지닌 분화의 차원을 끊임없이 배태하면서 차이를 생성하기 때문에 학습자-주체는 비로소 성장한다. (김재춘·배지현, 2016: 228-229)

글 【나】는 글 【가】를 읽은 교육학자가 쓴 글이다. 글 【가】가 교육학자가 읽은 글의 전체는 아니지만 관련되어 있다. 글 【가】는 들뢰즈가 '재현'의 사유의 이미지에 대하여 비판적으로 논의하는 내용이다. 글 【가】에서 진한 글자로 된 부분은 글 【나】의 앞부분에서 직접 인용된 구절로, 저자들이 글 【나】의 내용을 이끄는 데 중요하게 감응한 부분이다. 글 【나】의 저자들은 글 【가】의 부분을 읽고 감응한 후, 배움의 과정에서의 '차이 생성의 차원'과 '분화의 차원'을 떠올린다. 그러면서 교육에서의 '성장(成長)'이 지닌 의미를 끌어와 연결한다. 그래서 배움의 과정은 '동일성'과 관련된 분화의 과정과 '변화'와 관련된 차이 생성의 과정이 함께하는 과정임을 사유한다. 글 【나】의 내용을 보면, 저자들이 읽기 몸체를 발현하여 텍스트와 연결접속하여 감응하고 사유하는 활동 특성을 엿볼 수 있다. 읽기 몸체는 텍스트의 요소와 개체적인 관계의 조성으로 감응하여 의미를 생성한다. 읽기 몸체의 부분이 텍스트 요소와 연결접속하여 재현하기도 하지만 그 재현은 변화를 포함한 재현이다. 읽기 몸체가 텍스트 요소의 재현과 변화를 주도한다. 읽기 몸체의 이런 재현과 변화는 독자에 따라 달라진다.

4. 읽기 몸체의 실행

어져 내 일이야 그릴 줄을 모로다냐/ 이시랴 하더면 가랴마는 제 구태여/ 보내고 그리는 정은 나도 몰라 하노라 (황진이)

독자는 읽기 몸체로 텍스트와 접속한다. '접속'의 사전적 의미는 '서로 맞대어 이음'이다. 또는 '(정보·통신) 컴퓨터에서, 여러 개의 프로세서와 기억장치 모듈 사이를 물리적으로 또는 전자 회로적으로 연결하는 일'(표준국어대사전)이다. 독자의 텍스트 읽기는 읽기 몸체의 여러 개의 프로세서와 텍스트 기억장치의 모듈 사이를 연결하는 일이다. 이들 사이에서 어떤 일이 분명하게 벌어진다. 그렇지만 그 벌어지는 일이 무엇이 되어야 한다고 규정하거나 제한할 수 없다. 이들 사이에서 벌어지는 일은 컴퓨터 사용자에 따라 달라진다. 황진이의 시는 그리는 임과 접속된 마음을 시조로 표현하고 있다. 의도와 한 일, 감정과 이성, 이상과 현실의 관계는 단일하지 않다. 하나의 답이 있는 것도 아니고, 답이 있다고 해도 반드시 옳은 것인지 분명하지 않다. 독자의 텍스트 읽기도 이와 마찬가지이다.

독자는 읽기 몸체로 텍스트를 읽는다. 몸체는 몸 전체를 뜻하기도 하지만 몸의 모든 부분을 뜻하기도 한다. 독자의 몸체는 육체, 감각, 감성, 의식, 정신, 이성 등을 모두 포함한다. 육체를 구성하고 있는 각 부분을 포함하면서 감각, 의식, 무의식, 전체를 지시하는 말이다. 몸체의 각 부분은 서로 다르고, 그 각각은 다양체이다. 그렇기에 몸체의 부분은 내재적 역량의 정도를 가지고 있으며, 접속 대상에 따라 감응의 강도를 갖는다. 몸체 부분의 역량의 정도를 경도라 하고, 감응의 강도를 위도라 한다. 몸체의 부분은 이 경도와 위도로 이루어져 있고, 접속 대상에 따라 다양체의 특성을 발현하게 된다. 읽기 몸체는 텍스트와 접속한다는 특성이 있다. 텍스트와 접속한다는 점에서 읽기 몸체는 특수성을 갖지만, 몸체의 일반적 특성도 내포하고 있다. 읽기 몸체가 텍스트와 접속할 때도 경도인 역량의 정도와 위도인 감응의 강도가 작용한다. 읽기 몸체는 이 접속에서 독자-되기를 실현한다.

독자의 읽기는 읽기 몸체의 '역량의 정도'와 '감응의 강도'가 연합한 작용으로 이루어진다. 읽기 몸체의 역량의 정도는 몸체를 이루고 있는 부분의 운동과 정지, 빠름과 느림에 의하여 만들어진다. 운동과 정지, 빠름과 느림은 입자나 부분이 정해져 있는 성질이 아닌, 관계의 조성에서 비롯된 성질을 지시한다. 예로 손가락은 하나의 기관이지만, 그 기능을 제한하거나 규정할 수 없다. 접속하는 대상에 따라 손가락의 역량의 정도를 달라진다. 연필과 접속된 손가락, 키보드와 접속된 손가락, 핸드폰과 접속된 손가락은 같은 손가락이지만 역량이 다르다. 손가락은 본질적 형상을 갖는 것이 아니라 운동과 정지, 빠름과 느림에 의하여 무엇을 할 수 있는 역량의 정도를 갖는다. 감응의 강도는 크기, 세기, 깊이, 넓이, 조밀, 정확 등의 더와 덜의 스펙트럼과 관련된다. 연필 잡는 손가락, 실을 잡는 손가락, 책을 잡는 손가락, 망치 잡는 손가락은 더와 덜의 스펙트럼을 갖는다. 읽기 몸체의 부분이 텍스트의 무엇과 접속하여 감응하느냐에 따라 감응의 강도가 달라진다.

읽기 몸체는 텍스트 읽기에서 특개성을 포착할 독자-되기를 이루게 한다. 특개성은 '나름대로 완전하고 무엇 하나 결핍이 없는 개체성이 있는 독자가 생성한 의미'라고 할 수 있다. 독자는 텍스트와의 접속에서 읽기 몸체로 독자-되기를 실행하고, 독자-되기로 특개성을 포착함으로써 자기 생성을 한다. 자기의 생성은 다른 독자를 따라 하거나 흉내 내서는 이룰 수 없는 일이다. 자기만의 고유하고 개체성이 있으며 나름대로 완전한 의미를 생성해야만 이룰 수 있다. 이를 위해 읽기는 본질적 형상을 위한 것이 아니라 우발적 형상을 실현하는 것이어야 한다. 정해진 의미, 규정된 읽기 방식을 따른 것이 아니라 자기를 생성하는 특개성을 생성하는 방식의 읽기를 실행해야 한다. 읽기 교육에서는 이에 대한 안내를 학생들에게 해야 한다.

1. 특개성의 성질

　　오래된 연못 개구리 뛰어드는 물소리(古池や蛙飛こむ水の音) (마쓰오바쇼
　　(松尾芭蕉)의 하이쿠)

　위의 하이쿠는 마쓰오바쇼(松尾芭蕉, 1644~1694)가 1686년에 쓴 것이다. 하
이쿠를 대표할 만큼 널리 알려져 있다. 적막을 깨는 소리에 감응한 내용이다.[1]
연못에 개구리가 뛰어들어 '퐁' 하는 소리가 났다는 것이다. 구체적으로, 예
전부터 아무런 일 없이 고요한 연못에 개구리가 뛰어들자 '퐁'하는 소리가
났고, 시인은 그 소리를 듣는 순간 적막이 깨짐에 감응했다는 것이다. 이로
보면, 주변의 사건은 누구나 알 수 있지만 그 사건에 대한 지각은 사람마다

---

[1]　개구리 울음소리에만 주목한 과거의 시들과는 달리 '물에 뛰어드는 소리'를 쓴 것이 독창적
이다. 바쇼풍의 시 세계를 확립한 작품으로, 당시에 이미 하이쿠의 대명사로 알려졌다. 오래
된 연못에 개구리 한 마리가 뛰어들면서 일순간 적막이 깨진다. 그 파문이 마음속까지 번진
다. 시간, 공간, 사물, 그리고 계절의 흐름이 17자 안에 존재하면서 읽는 이로 하여금 상상에
빠져들게 한다.(류시화 역, 2022: 57)

다르다. 기온으로, 소리로, 향기로, 햇살로, 색깔로, 분위기로, 새싹 등으로 감지한다. 우리가 주변의 사건을 지각했을 때, 마음에 파문이 일면서 나를 자각한다. 누구나 그런 일을 느끼고 확인하고 싶어 한다. 위의 하이쿠는 그 적막을 깨는 순간의 본질을 지각하여 시간, 공간, 사물, 계절의 흐름을 포착하고 있다.

들뢰즈와 과타리는 위의 하이쿠가 연못 물소리에 대한 구체적인 감응을 포착해 표현한 것과 같은 지각을 'heccéité'라고 했다. 이 말은 '이것임'(김재인, 2003) 또는 '특개성'(이진경, 2003), 이-것(이정우, 2016: 200)으로 번역된다. 'heccéité'는 'thisness'(이진경, 2003) 또는 'haecceity'(Massumim, 1987)로 영역(英譯)된다. 위의 하이쿠로 'heccéité'의 모든 것을 담아내기는 어렵지만, 그 특성을 알 수 있다. '적막을 깸' 또는 '계절(봄)에 대한 시인의 감응'을 '연못, 개구리, 물소리'의 관계로 포착하여 구체화하고 있다. 이와 같이 특정 사건에 내재하는 구체적이고 본질적인 것을 감응하여 지각한 것이 'heccéité'이다. 이 'heccéité'는 지각자가 특정 사건의 본질을 지각한 실제적인 지각체이다. 이를 번역한 우리말이 '이-것', '이것임', '특개성' 등이다. '이-것'과 '이것임'은 지각한 결과로서의 특정 지각체를 지시한다. '특개성'은 지각한 결과로서의 지각체를 특정 대상으로 규정하면서 그 성격에 주목하게 한다. 'heccéité'를 독자의 텍스트 이해와 관련지어 보면, 독자가 텍스트를 읽다가 감응하여 내용의 본질을 지각한 지각체를 가리킬 때는 '이것임'이 타당하다. 그렇지만 독자가 지각하는 지각체의 성격이나 특성을 가리킬 때는 '특개성'이 타당하다. 그래서 이 논의에서는 독자가 지각해야 할 지각체의 특성에 초점을 둔 '특개성'이라는 용어를 주로 사용한다.[2] 다만 이 '특개성'에는 <이것임>(지각체)의 의미도 포함된다.

---

[2] 인용문에서나 필요한 부분에서는 '이것임'의 용어도 사용한다.

특개성은 우리의 몸체(corps)가 특정 사건 속에서 그 본질에 감응하는 것과 관련된다.[3] 우리는 특정 사건 속에서 그 사건의 본질을 지각한다. 그러면서 그 사건과의 특별한 관계를 맺게 된다. 시인은 특정한 사건(대상)에서 지각한 특별하고 강렬한 정감을 구체적인 시어로 포착한다. 또는 스님이 선방에서 화두에 몰두하다 문득 공(空)의 이치를 깨쳤을 때 불법(佛法)의 진리를 마주한다. 독자는 텍스트를 읽다가 특정 내용에서 난제(難題)의 해답을 찾아낸다. 시인이 정감을 표현한 시나 스님이 깨친 불법의 진리, 독자가 포착한 난제의 해답은 각자에게 특개성이다. 한 편의 시, 불법의 진리, 난제의 해답은 지각체로서 각자에게 특별하고 고유한 것이다. 이들 지각체를 포착한 개인은 시인으로, 깨달음을 이룬 선승으로, 텍스트를 이해한 독자로 변화한다. 이 변화는 각자의 자기 내부에서 자기 생성과 연결된다.

특개성은 아무 때나 누구나 갖는 것은 아니다. 시인은 대상에 대한 정감을 시어로 구체화한 결과이고, 선승은 화두를 가지고 참선하며 사유한 결과이다. 독자는 난제를 가지고 텍스트를 탐구한 결과이다. 이 특개성을 얻기 위해서는 우리의 심신이 특정 사건과 관계를 맺어야 한다. 모든 시인이 정감을 시로 표현하는 것은 아니며, 모든 스님이 불법의 진리를 깨치는 것도 아니다. 모든 독자가 난제의 해답을 찾는 것도 아니다. 지각자가 지각할 수 있는 지각 능력을 가지고 있어야 하고, 특정 사건 속에서 그 본질을 포착할 수 있어야 한다. 그렇다고 정감을 시로 표현한 시인이 한 사람만 있는 것이 아니고, 불법의 진리를 깨친 선승이 한 명만 있는 것도 아니다. 난제의 해답을

---

3   특개성이란 특정한 순간의 이 개체를 특별하게 만드는 감응이며, 그런 감응을 구성하는 요소들의 강도와 속도, 그리고 그것을 특정하게 만드는 이웃 관계들을 통해서 구성됩니다. 신체의 위도와 경도를 통하여 포착한다는 것은, 지금 이 신체를 통과하는 힘과 욕망의 흐름, 그것의 속도와 강도, 그로 인해 만들어지는 감응, 그리고 그 신체를 둘러싼 다른 것들과의 관계를 통해 그 신체의 특개성을 포착하는 것입니다.(이진경, 2003b: 198)

찾은 독자도 마찬가지이다. 특개성의 포착은 포착자의 특정한 능력 조건으로 특정 사건에서 자기만의 감응으로 그 본질을 찾아 구체화함으로써 이루어진다. 이 특개성 포착은 자기 생성을 하는 일이다.

독자의 텍스트 읽기에도 특개성이 존재한다. 독자는 텍스트를 읽고 독자만의 감응으로 내용의 본질을 포착하여 자기 생성을 할 수 있다. 예로, 『천 개의 고원』을 읽는 어떤 독자는 철학적 사유의 본질과 마주치고, 어떤 독자는 예술의 본질을 발견하며, 어떤 독자는 텍스트 이해의 본질을 깨친다. 이들 독자는 특정한 읽기 능력을 바탕으로 『천 개의 고원』의 특정 내용에 감응하여 지각체를 포착함으로써 자기 생성을 이룬 것이다. 이 특개성은 독자만의 독특하고 특별한 감응으로 내용의 본질과 마주하여 자기를 특정하게 생성하게 한다. 이들 독자는 『천 개의 고원』을 읽고 특개성으로 자기를 생성한 것이다. 텍스트를 읽는 모든 독자는 자기만의 감응으로 고유하고 특별한 본질을 얻을 수 있다. 독자는 특개성을 포착하여 자기를 생성하고 자기만의 세계를 열어간다.

이 장에서는 독자의 텍스트 이해에 내재하는 특개성에 대해 다룬다. 이 논의의 토대는 들뢰즈와 과타리의 『천 개의 고원』 10장의 '어느 <이것임>의 회상'이다. '어느 <이것임>의 회상'에서는 개인이 사건과 접속하여 개체성을 지닌 특개성을 포착하는 것에 대하여 논의한다. 우리는 사건을 몸체와의 접속으로 관계를 맺고, 그 사건의 본질을 포착하는 감응을 하면 특개성을 가질 수 있다. 이는 텍스트와 몸체의 접속으로 사건을 형성하면 특개성을 포착한 텍스트 이해를 할 수 있음을 함의한다. 이 논의에서는 개인이 특개성을 포착하는 논리를 토대로 독자가 텍스트 읽기에서 특개성을 포착하는 원리를 탐구한다. 이를 통하여 독자의 텍스트 이해의 특성을 밝히고, 읽기 교육의 과제를 알아본다.

2. 특개성의 포착 구조

우리는 일상에서 무엇인가를 지각한다. 그 지각에는 동일한 것을 반복하는 것도 있고, 새롭고 다른 것도 있다. 새롭고 다른 것을 지각할 때는 순간 자기를 의식한다. 우리는 매일 여러 사건과 마주한다. 다양한 사물을 만지고, 일을 하고, 사람을 만나고, 책을 읽고, 글을 쓴다. 이들 사건 속에서 문득 그 본질을 감응할 때가 있다. 이때가 특개성을 포착할 수 있는 순간이다. 이는 고유한 자기를 생성하는 순간이기도 하다. 지각한 본질이 의의가 있고, 가치 있는 것일 때 '나'는 변혁되고 변화한다. 특개성의 포착 구조를 살펴본다.

가. 특개성의 개념역

특개성은 우리가 일이나 사건에의 '참여'로 '그 본질'을 지각한 것이다. 일이나 사건은 우리의 모든 일상 활동과 관련되어 있다. 우리가 의식적 또는 무의식적으로 하는 모든 활동은 일이나 사건이다. 우리는 이 일이나 사건을 늘 같은 것으로 인식한다. 아침에 일어나서 필요한 것을 챙겨 일터로 간다. 할 일을 확인하고, 일을 처리하고, 마무리한다. 퇴근하여 휴식을 취한다. 이 일상의 지각은 내가 하지만 나의 참여를 의식하지 않는다. 즉 그 일이나 사건의 일부로 자신을 자각(自覺)하지 않는다. 내가 주체로서 벌이는 일이지만, 한 객체로서 관계하는 일이지, 내가 그 일의 일부라고 지각하는 경우는 없다. 사건을 이루고 있는 일부로 배치된 나에 대한 자각이 없다. 그렇기에 '본질'에 대한 감응이 없다. 어쩌다 사건의 한 부분으로 자기를 자각할 때가 있다.[4] 그때는 다른 '나'가 된다. 사건의 참여자가 되어 그 사건의 본질에

---

4 특개성은 하나의 요인으로 환원될 수 없지만 대개는 특정한 감응을 만드는 어떤 두드러진

감응한다. 이때의 사건 본질에 대한 지각은 일상적이지 않다. 본질에 대한 감응은 지각자를 일깨우고, 다른 감정이 들게 하고, 충격을 받거나 감동하게 한다. 이로써 본질의 지각자는 '자기'를 새롭게 생성한다.[5] '본질'을 지각한다는 것은 늘 하던 일(사건)이 아닌 것을 의미한다. 지각의 변화가 없는 일상의 방식이 아니라 그 사건에의 참여로 변화를 이룬 것이다. 특개성은 일상의 지각과는 다른 특별한 지각에서 비롯된 것이다.

(노먼의 독백) 이제 젊은 시절 내가 사랑했던 사람들, 내가 이해하지 못했던 이(동생 폴), 그리고 아내 제시도 다 떠났다. 그러나 지금도 나는 그들과 교감한다. 물론 낚시하기에는 너무 늙었지만, 친구들의 만류에도 불구하고 나는 혼자 낚시를 한다. 어슴푸레한 계곡에 홀로 있을 때면, 모든 존재들도 나의 영혼과 나의 기억과 함께 어슴푸레해지는 것 같다. 그리고 빅 블랙풋 강과 4박자의 캐스팅 리듬, 그리고 고기가 뛰어오를 것이라는 희망……. 마침내 모든 것들이 하나가 되어 흐르고, 그리고 하나 된 그 흐름 사이를 또 다른 한 강이 흐른다. 그 강은 세상의 커다란 홍수에 잘리면서 태고적 바위 위를 흐른다. 그리고 어떤 바위에는 영겁의 빗방울이 머물고, 그 바위 밑에는 신의 말씀이 있고, 그 말씀의 일부는 그들의 것이다. 강은 항상 나를 일깨운다. (영화 <흐르는 강물처럼(A River Runs Thruogh It, 1992)> 마지막 부분)[6]

요인에 의해 표현되고 포착됩니다.(이진경, 2003b: 197)

5   윤리와 정치의 가장 핵심적인 문제는 어떻게 배치를 바꾸어갈 것인가, 나아가 어떻게 새로운 배치를 창조해 나갈 것인가이다. 이것은 곧 이-것의 문제이다. 기존의 존재론에 부합하는 존재들을 넘어 새로운 존재들을, 이-것들을, 새로운 배치들을 만들어 내는 것이 핵심이다. 기존의 배치를 바꾸어 나가는 것, 나아가 하나의 새로운 배치를 창조해 내는 것은 그 자체가 하나의 사건이다. 그리고 이 사건 속에서 과거는, 나아가 그 행위의 주인공조차도 극복된다. 주체는 사건과 합일하게 되며 자신의 사건을 살게 된다. 배치를 바꾸는 것, 창조해 낸다는 것은 결국 선들의 문제이고, 속도들의 문제이다.(이정우, 2016: 207)

6   https://www.youtube.com/watch?v=qe4TKc6XVX8

위의 인용문은 영화 <흐르는 강물처럼>(1992)의 마지막 부분의 내용이다. 주인공 노먼이 노년의 어느 날 고향의 강에서 낚시를 하다, 강물을 통해 인생에 대한 감응을 얻게 된다. 노년의 노먼은 옛일들을 추억하며 떠난 이들을 회상한다. 그러면서 강을 통해 고향과 교감하면서 문득 인생의 본질과 마주한다. 강물에 들어 있는 모든 것이 하나 되어 흐르지만, 그 속엔 우리 각자의 삶과 같이 개별적인 흐름이 있음을 지각한다. 강물이 홍수에 잘리지만 태고적 바위 위를 흘러가고, 강과 하나인 어떤 바위에는 지워지지 않는 빗방울이 새겨져 있다. 그 바위 밑에는 깨침을 주는 그 무엇이 있다. 사람의 삶은 흐르는 강물을 닮아있다. 삶 속에서 큰일들이 일어나지만 삶을 멈추게 하지는 못한다. 그 삶 속에는 잊히지 않는·일들도 있다. 그 일들은 삶을 되돌아보게 하고 의미를 찾게 만든다. 노먼은 강물과 같이 흐르는 삶에 감응하여 인생의 본질을 특개성으로 포착한다.

위의 인용문의 내용을 보면, 노먼만이 할 수 있는 고향의 강에 대한 감응이 있다. 이 영화 관객도 위의 감응에 공감하지만 노먼과 같은 감응은 가질 수는 없다. 이 고향 강에 대한 노먼만의 고유하고 깊이 있는 감응의 내용은 개체성을 지닌다. 우리는 누구나 고향이 있다. 그 고향에는 가족, 친구, 이웃이 있고, 산이나 들, 강, 냇물, 바위, 숲이 있고, 추억이 깃든 장소가 있다. 여러 가지 이야기를 풀어낼 일과 사건도 있다. 고향은 각자의 것이고, 고유한 것이다. 이 고향에 대한 감응으로 자기만의 본질적 가치를 찾아내 구체화할 수 있으면 그것은 특개성이 된다. 백석의 <고향>, 정지용의 <향수>, 김용택의 <그 여자네 집> 등도 각 시적 화자의 고향에 대한 특개성을 드러낸다. 실제 모든 글에는 저자의 특개성이 들어 있고, 그 글을 읽는 독자는 저자와는 다른 그만의 특개성을 포착한다.

인물, 주체, 사물 또는 실체의 양태와는 전혀 상이한 개체화의 양태가 있다.

우리는 그것에 <이것임>이라는 이름을 마련해 놓았다. 어느 계절, 어느 겨울, 어느 여름, 어느 시각, 어느 날짜 등은 사물이나 주체가 갖는 개체성과는 다르지만 나름대로 완전한, 무엇 하나 결핍된 것이 없는 개체성을 갖고 있다. 이것들이 <이것임>이다. 여기에서 모든 것은 분자들이나 입자들 간에 운동과 정지의 관계이며, 모든 것은 변용시키고 변용되는 권력이라는 의미에서 말이다. (김재인 역, 2003: 494)

들뢰즈와 과타리는 특개성(<이것임>)을 위와 같이 정의한다. 일상적인 인물, 주체, 사물, 실체의 양태와는 상이한 개체화의 양태가 특개성이다. 고향에 대한 보편적인 기억이나 그리움이 아닌 개인에게 고유하여 개체화된 지각체가 특개성이라는 것이다. 사물이나 주체적인 개인이 일상적으로 인식하여 자기와는 관련성이 분명하지 않은 대상에 대한 인식이 아니라 **'나름대로 완전하고 무엇 하나 결핍된 것이 없는 개체성을 갖고 있는 것'**이 특개성인 것이다. 고향에 대한 일상적인 기억은 누구나 비슷하기에 나만의 것인지 분명하지 않다. 그렇지만 <흐르는 강물처럼>에서 노년 노면의 생각이나 <향수>(정지용)와 같은 작품에는 화자만의 개체성이 있다. 이 개체성은 몰(mole)적인 공통적이고 보편적인 것이 아니라 분자적인 것으로 고유하고 특별한 것이다. 지각자만의 지각 방식과 지각의 깊이가 내재한다. 이 지각은 분자나 입자들의 운동과 정지의 관계 속에서 이루어진다. 노면은 강물을 고유하게 지각할 수 있는 지각 능력으로 고향 강의 고유한 본질을 깊이 있게 지각하는 활동을 했다. 이로 강물과 인생 본질에 대한 합일된 특개성을 포착했다. 이는 노면의 삶에 관한 생각을 변용시키고 변용되게 하는 권력으로 작용한다.

콩트들을 단순한 장소 설정뿐만 아니라 그 자체로 타당하며 사물들과 주체들의 변신을 실행하는 구체적인 개체화인 <이것임>을 포함하고 있어야 한다. 여러 유형의 문명 중에서, 동양은 주체성이나 실체성에 근거한 개체화보다는 <이것임>에 의한 개체화를 더 많이 가지고 있다. 예컨대, 하이구(俳句)는 복합적인 개체를 구성하는 유동적인 선들만큼이나 많은 표지들을 포함하고 있어야만 한다. (김재인 역, 2003: 494)

들리즈와 과타리는 문학의 한 갈래인 콩트(conte)가 특개성을 잘 드러낸다고 말한다. 콩트는 단순한 장소를 설정하여 사물과 주체의 변신이 타당성을 갖추고 구체적인 개체화를 포함하는 특징이 있다. 관련하여 동양의 문명은 주체성이나 실체성에 근거한 객체적인 개체화보다는 참여로 포착하는 특개성의 개체화를 많이 한다고 본다. 특개성은 인식 주체의 주관적인 지각이나 대상 실체에 제한되고 한정된 지각이 아니라, 콩트와 같이 구체적 장소와 사물과 주체의 변신을 타당하게 실행하는 참여의 지각이다. 그 구체적인 예가 하이쿠라는 것이다. 하이쿠는 주체성이나 실체성에 제한되지 않은 복합적인 개체를 구성하는 유동적인 계열의 선들의 표지를 담고 있기 때문이다. 앞에 제시된 '오래된 연못 개구리 뛰어드는 물소리'에는 '연못-개구리-물소리' 계열의 선, '수면-파문-소란-주의' 계열의 선, '적막함-물소리-환기-계절감' 계열의 선 등의 표지가 내재한다.

한편에는 사물과 사람의 유형을 한 형상화된 주체가 있고, 다른 한편에는 <이것임> 유형을 한 시공간적인 좌표가 있는 것처럼 생각하는 매우 단순한 타협은 피해야 한다. 왜냐하면 당신이 <이것임>의 존재를 인정하면, 당신은 자신이 <이것임>이고 그 외의 어떤 것도 아니라는 것을 알아채기 때문이다. 얼굴이 <이것임>이 될 때, '이것은 기묘한 혼합물이었으며, 현재 순간, 그때의 날씨, 거기 있는 사람들과 타협하기 위한 수단을 발견한 누군가의 얼굴이었다.' 당신들은 경도와 위도이며, 형식을 부여받지 않은 입자들 간의 빠름과 느림의

집합이며, 주체화되지 않은 변용태들의 집합이다. (김재인 역, 2003: 496-497)

특개성은 자각자와 지각체의 일체화로 생성된다. 특개성은 객체인 사물과 주체인 사람을 분리하여 주체인 사람이 객체인 사물을 인식하는 형식의 것이 아니다. 이는 특개성이 지각자 그 자신의 특개성(<이것임>)이고, 다른 외적인 무엇이 따로 존재하는 것이 아님을 의미한다. <흐르는 강물처럼>에서 강물의 본질이 삶의 본질임을 지각하는 것은 노먼 그 자신이다. 관객은 노먼의 지각체에 동감하지만 노먼과 동일한 지각체를 생성하는 것은 불가능하다. 물론 관객은 영화를 보면서, 자기 고향에 대한 기억으로 자기 삶의 본질을 지각체로 지각할 수 있다. 이것은 관객의 특개성이다. 이에서 보면, 특개성은 결코 지각자와 분리되어 존재하지 않는다.

이 특개성을 지시하는 몇 가지 표현들이 있다. 괴물, 일의성, 특이성, 특수성, 특이 존재 등이다(이정우, 2016). 괴물은 보편성이나 일상성에서 벗어난 특별한 지각이기에 붙여진 명칭이다. 일의성은 여러 개가 있는 것이 아니라 하나밖에 없는 것을 의미한다. 특개성(<이것임>)의 내포적 의미와 관련되어 있다. 특이성, 특수성, 특이 존재는 유사한 의미를 드러내는데 '개별적인 특별함'의 의미를 담고 있다. 특개성이 지닌 의미의 내포는 규정하기 어려운 것은 아니다. 우리가 대상을 지각할 때, 몰적이 아닌 분자적인 운동과 강도로 그 본질을 밝혀 지각한 지각체의 특성이 특개성이다. 우리는 특개성으로 인하여 자기만의 세계를 갖게 되고 자기를 생성하게 된다.

나. 몸체: 경도와 위도

특개성에는 개체성이 내재한다. 특개성을 포착하는 감응에는 지각자 개인의 특별함인 개체성이 들어있다. 특개성은 누구나 느끼고 생각하고 규정할 수 있는 것이 아니라 지각자만의 특별한 감응이 있어야 한다. <흐르는 강물처럼>에서 강물과 합일된 인생 본질에 대한 통찰은 노년의 노먼만이 할 수 있다. '넓은 벌 동쪽 끝으로 실개천이 흐르고…….'로 고향에 대한 그리움을 구체화할 수 있는 것은 시적 화자뿐이다. 특개성은 지각자의 개체성에 근거한다. 특개성이 개체성을 지니게 하는 것은 지각자만의 지각력이다. 지각력은 특개성을 포착할 수 있는 잠재적 능력과 함께 지각체를 실제적으로 완전하게 포착할 수 있는 현재적 능력이다.

> 하나의 몸체는 이 몸체를 한정하는 형식에 의해 규정되는 것도 아니고, 규정된 실체와 주체로서 규정되는 것도 아니며, 또 이 몸체가 소유하고 있는 기관이나 몸체가 수행하는 기능에 따라 규정되는 것도 아니다. 고른판 위에서 하나의 몸체는 오직 경도와 위도에 의해서만 규정된다. 말하자면, 특정한 운동과 정지, 빠름과 느림의 관계 아래서 몸체에 속하는 물질적 요소들의 집합(경도)과 특정한 권력, 또는 역량의 정도 아래에서 몸체가 행사할 수 있는 강렬한 변용태들의 집합(위도)에 의해. 오직 변용태들과 국지적 운동들, 그리고 미분적인 속도들만 있을 뿐. <몸체>의 이런 두 차원을 뽑아내고 <자연>의 판을 순수한 위도와 경도로 규정한 것은 바로 스피노자였다. 경도와 위도는 지도 제작의 두 요소인 것이다. (김재인 역, 2003: 493-494)

들뢰즈와 과타리는 특개성의 포착은 '몸체'를 통하여 이루어진다고 말한다. 특개성을 포착하는 몸체는 몸(신체)을 한정하는 형식, 실체, 주체뿐만 아니라 기관이나 기능 등에 의해 규정되지 않는다고 말한다. 몸체는 고른판(일관성의 구도)[7] 위에서 경도와 위도에 의하여 규정된다.[8] 일관성의 구도는 여러

---

7   고른판은 'plan de consistance'에 대한 김재인(2003)의 번역어이다. 이 plan de consistance

이질적인 항들을 하나의 조직화된 대상이 되도록 하는 것이다. 정지용의 <향수>에서 벌판, 실개천, 얼룩배기 황소, 햇빛, 별, 늙으신 아버지 등의 항들이 고향에 대한 그리움을 만든다. 이와 같은 여러 이질적인 항들이 조직화된 하나가 되도록 묶어내는 것이 일관성의 구도(고른판)이다. 이 일관성의 구도의 작용은 몸체에서 비롯되고, 몸체는 경도와 위도가 만나는 좌표를 갖는다. 몸체의 좌표에 의하여 일관성의 구도는 개체성을 갖는 특개성을 포착할 수 있게 한다.

들뢰즈와 과타리가 말하는 몸체의 경도와 위도는 지도에서 위치를 지정하기 위한 좌표들에서 비롯된 말이다. 경도는 영국 그리니치 천문대를 통과하는 선을 0도로 하여 동경(東經)과 서경(西經)으로 펼쳐진다. 위도는 적도를 0도로 하여 남위(南緯)와 북위(北緯)로 전개된다. 들뢰즈와 과타리는 몸체를 경도와 위도로 규정하려고 한다. 우리가 무엇인가를 지각하고 감응하는 것은 몸체의 특정 부분, 특정 감각, 특정 지각, 특정 사유 등에 의해서라는 것이다. 경도와 위도는 지각의 통일성이 강조되는 '주체'를 해체한다. '경도'는 운동과 정지, 빠름과 느림에 관련된 물질적 요소들의 집합이라고 본다. 운동과 정지, 빠름과 느림은 몸체가 작동할 수 있는 외연적 활동 속성이다. 운동과 정지는 특정 행위의 숙련도와 관련되고, 빠름과 느림은 특별함과 고유성과 관련된다. 경도는 몸체의 실행 능력과 실행 특성을 지시한다. '위도'는 권력이나 역량(몸체 경도의 욕망)을 지닌 몸체가 행사할 수 있는 강렬한 감응(변용

는 일관성의 구도(이진경, 2003b), 혼효면(이정우, 2016) 등으로도 번역된다. 이 논의에서는 다른 논의에서 사용할 용어와 관련 용서(초월성의 구도)와의 관계를 고려하여 '일관성의 구도'를 주로 사용한다.

8 신체란 위도와 경도를 달리할 때마다 다른 것이 되기 때문입니다. 그렇다면 역으로 신체의 위도와 경도를 통해 이제 어떤 개별적인 신체가 그때마다 상이한 것이 되는 양상을 포착할 수 있습니다. 이를 들뢰즈와 과타리는 둔스 스코투스(J. Duns Scotus)의 개념인 '특개성 (heccéité)과 연결합니다.(이진경, 2003b: 196)

태)들의 집합이라고 규정한다. 몸체는 감응할 때의 강렬함 즉 '강도(강밀도)'가 관여한다.[9] 강도(강밀도)는 세기, 크기, 깊이, 정밀, 세련 등의 정도의 차이를 말한다. 즉 감응으로 대상(사건)의 속성이나 본질을 얼마만큼 심도 있게 포착하는지를 지시한다. 요컨대, 경도는 몸체의 활동 능력[10](욕망)[11]을, 위도는 몸체의 감응 강도를 지시한다.

이 몸체는 주체[12]와 다르다. 주체는 객체와 대립적 관계에 있다. 그렇기에 주체가 특개성을 포착하는 것은 어렵다.[13] 주체는 객체와 구분 지어 분리하

---

9   신체의 경도가 그것의 '외연'을 규정하는 '외연적인' 것이라면, 신체의 위도는 그것의 능력을 규정하는 '내포적인', 아니 '내공적인(intensive)' 것입니다. 즉 경도에 할당된 요구에 부합하는 강밀도의 분포를 만들어 내는 능력이 바로 신체의 능력이지요. 따라서 강밀도(intensity)라는 말은 일차적으로 경도보다는 위도를 표현하는 것이라 할 수 있습니다. 얼마나 강한 능력을 갖는가는 얼마나 빨리, 얼마나 강밀하게, 그리고 얼마나 '부드럽게' 힘을 집중하고, 동시에 이동시키고 변환시킬 수 있는가, 얼마나 강밀한 '내공'을 갖는가 하는 것에 의해 규정된다는 것입니다.(이진경, 2003b: 193-194)

10   신체의 경도란 어떤 신체 내지 어떤 신체적 부위가 활동/작용을 하는 기계인가 하는 규정성을 의미하고, 그 신체의 '외연(extention)'을 의미합니다. 간단히 말해 이건 뭐 하는 '기관'인가, 저건 뭐 하는 '신체'인가 하는 것이 신체의 경도를 규정합니다.(이진경, 2003b: 191)

11   경도란 어떤 신체가 어떠한 욕망의 배치 속에서, 다시 말해 다른 어떤 것들과의 관계 속에서 어떤 '기계'로 기능하고 있는가 하는 것을 표시합니다.(이진경, 2003b: 190)

12   들뢰즈와 과타리의 논의에서 '주체'는 입법자와 동일성의 사유를 하는 자이다. 라캉이 말하는 '주체', 즉 대타자의 상징계 속에 편입되어 들어간 주체의 개념과 닮아있다. "소위 근대 철학과 근대 국가 또는 이성적 국가에서는 모든 것이 입법자와 주체(=신민)를 중심으로 운용된다. 따라서 국가가 입법자와 주체(=신민)를 구별할 때는 사유가 이 양자의 동일성을 사유할 수 있도록 해주는 형식적 조건을 충족시켜야 한다. 항상 복종하라. 복종하면 할수록 너희들을 주인이 될 수 있다. 왜냐하면 너희들은 오직 순수 이성, 즉 너희 자신에게만 복종하고 있기 때문이다.(김재인 역, 2003: 721)

13   라캉의 상징계에 편입된 주체는 기표와 닮아있다. 기표는 다른 기표들과의 관계에서만 기표이다.(김형효, 2014: 301-310) 즉 기표는 기표체계에서 규정한 또는 정해진 역할과 기능을 실행한다. 객체는 기표체계와 관계가 없기에 주체와는 분리되어 있다. 상징계의 주체도 마찬가지로 관계 체계로 규정된 또는 정해진 역할과 기능이 있다. 예로 '나'(아들 또는 딸)는 아버지, 어머니, 누나, 언니, 동생, 고모, 삼촌 등과의 관계 체계에서 나의 역할을 자각했을 때 주체이다. 이 관계 체계에서 '주체(나)'는 아들이나 딸로서 규정된, 정해진 역할을 자각하고 실천할 때 주체이다. 그렇기에 주체는 규정된 또는 정해진 역할과 기능이 있고,

고, 이 분리에 기초한 지각으로 객체를 규정하기 때문이다. 몸체는 이 주체가 내재하지 않거나 드러나지 않은 우리 자신이다. 객체와 분리되어 있지 않고 일관성의 구도 위에서 하나의 항(요소)으로 존재한다. 몸체는 사건을 이루는 여러 항 중의 하나인 것이다. 그 항들과 하나의 계열적 선을 이룸으로써 특개성을 포착할 수 있다. 몸체가 특개성을 이루는 하나의 성분이 되는 것이다. 개구리가 연못에 뛰어들어 '퐁' 소리에 감응하여 적막의 깨침을 알아채는 것은 몸체이다. 그 '퐁' 소리 나는 그 사건 속에, 일관성의 구도로 몸체가 존재하는 것이다. 주체는 개구리가 연못으로 뛰어들자 '퐁'하는 소리를 들을 뿐이다. 그러나 몸체는 그 소리 나는 사건에 내재하여 적막의 깨침에 감응한다.

특개성의 포착은 일차적으로는 몸체가 한다. 몸체의 작용이 정밀하게 이루어지지 않는다면 지각체를 가질 수 없다. 몸체는 우리가 사건(대상)과 관계를 맺는 배치 속에 내재한다. 몸체가 사건 속에 포함되어 있지 않다면 지각체는 특개성으로 존재할 수 없다. <흐르는 강물처럼>의 노먼 몸체, <향수>, <그 여자네 집>, <고향>에서의 시적 화자의 몸체는 특개성을 구성하는 계열의 선을 이루는 하나의 항이다. 노먼의 몸체가 고향 강물, 물고기, 바위 밑의 신의 말씀과 계열의 선을 이루어 삶의 본질을 포착하고 있다. 이 특개성을 포착한 몸체는 새로운 경도와 위도를 갖게 된다.

다. 배치: 사건과 본질

특개성은 일상에서 지각할 수 없다. '괴물'이기 때문이다.[14] 괴물은 일상적

이에 따라 대상(사건)과의 관계를 맺는다. 주제는 대상의 지각도 규정된 대로 또는 정해진 대로 하기에 특개성은 포착할 수 없다.

14 들뢰즈의 특이존재-보편성은 개별자와 보편성의 관계가 아니라 특이성과 보편성=일의성의 관계이다. 예컨대 양자역학과 베르그송 철학과 버지니아 울프를 가로지르면서 시도되는

인 것과 다른 것을 일컫는다. 보편성을 벗어난 것이 괴물이다. 특개성은 괴물이다. 우리의 일상적이고, 보편적인 지각에서 벗어나 있는 것이다. 그렇다고 일상이 아닌 것에 있는 것도 아니다. 일상이면서 그 일상에서 벗어난 것에 있다. 일상에서 보편적으로 지각하는 중에 일상을 벗어남이 있을 때 특개성이 포착된다. 일상과 일상을 벗어남의 차이는 관련 요소의 변화로 일어난다. 일상이지만 일상이 아닌 것으로 바뀌게 되면서 괴물(특개성)이 포착된다. <흐르는 강물처럼>에서 노년의 노먼이 고향의 강에서 낚시하는 일은 일상이다. 일상에서는 강물-송어-낚시-노먼 계열의 선으로 진행이 이루어졌다. 그러다 문득 '강물-송어-낚시-인생-노먼' 계열의 선으로 진행이 바뀌었다. 그러면서 괴물(인생 본질의 통찰)이 나타났다.

들뢰즈와 과타리는 이질적인 요소들이 일관성의 구도에 의해 새로운 무엇인가로 생성된다고 본다. '강물-송어-낚시대-사람'이 일관성의 구도에 의하여 계열을 이루면 '낚시'가 된다. '강의실-강의자-학습자-교육'이 일관성의 구도에 의하여 계열을 이루면 '강의'가 된다. 또 '강의실-강의자-학습자-교육-종료 시간'이 계열을 이루면 '강의 끝남'이 된다. 이처럼 이질적 요소들이 일관성의 구도에 의하여 무엇이 되는 것을 '배치'라 한다. 배치는 사건이 일어나게 하고, 변화하게 하고, 다시 반복하게도 한다. 배치에서 일관성의 구도가 작동하게 하는 것은 코드이다. 이질적인 요소들이 코드에 의하여 일관성의 구도를 이루게 되면 사건이 된다. 특개성은 사건에 내재한다. 배치가 바뀌면 사건이 달라지고, 특개성도 달라진다. 배치에 의해 이질적인 요소들이 일관성의 구도의 작용으로 특정한 것이 되어 외현적으로 드러남이 '사건'이고, 내적으로 존재하는 것이 본질이다. 이 본질을 지각하고 감응한 것이

시간론, 이것은 대학 내 체계, 수목형 체계에서 볼 때, 하나의 '괴물' 특이존재, 이-것이다. (이정우, 2016: 50)

특개성이다. <흐르는 강물처럼>에서 '강물-송어-낚시-인생-성찰-노먼'은 사유하는 낚시 사건을 표면적으로 가지면서, 내적으로는 인생의 진리를 깨치게 하는 본질이 존재한다. 노먼은 그 본질을 특개성으로 포착하고 있다.

> <이것임>이 단순히 주체들을 위치시키는 장식이나 배경에 있다고 믿든지 사물들과 사람들을 땅과 맺어주는 부속물들이 있다고 믿어서는 안 된다. <이것임>이라는 것은 개체화된 배치물 전체인 것이다. 다른 [초월성의] 판에 속하는 것일 뿐인 형식들이나 주체들과는 무관하게 경도와 위도, 속도들과 변용태들에 의해 규정되는 것이 바로 <이것임>이기 때문이다. 어느 시각, 어느 계절, 어느 분위기, 어느 공기, 어느 삶과 분리되지 않은 배치물들 속에서 주체이기를 그치고 사건이 되는 것은 바로 늑대 자신, 또는 말 또는 아이이다. 거리는 말과 합성되고, 죽어가는 쥐는 공기와 합성되고, 짐승과 보름달은 둘이 서로 합성된다. 여기서 기껏해야 배치들이 <이것임>들(경도와 위도로만 고려된 몸체)과 각각의 배치물 안에서 생성의 잠재력들(potentialités)을 표시해주는 상호 배치물들의 <이것임>들(경도들과 위도들이 교차하는 환경)을 구분할 수 있을 따름이다. 그러나 이 둘은 완전히 분리 불가능하다. (김재인 역, 2003: 497-498)

특개성(<이것임>)도 배치의 결과이다. 특개성은 배치에서 비롯된다. 배치가 이루어졌을 때, 다시 말해 일상의 배치가 다른 배치로 바뀌었을 때, 특개성이 존재한다. 배치 자체가 특개성은 아니지만 특개성이 존재할 수 있게 한다. 그래서 들뢰즈와 과타리는 특개성(<이것임>)이 개체화된 배치물 전체라고 말한다. 배치는 이질적인 요소들이 계열을 이루어 특정한 것이 드러나게 한다. 특개성도 배치에 의하여 드러나는 것이다. 일상적인 배치가 새로운 배치로 바뀌면서 특개성이 포착된다.

특개성이 드러나는 배치에는 반드시 몸체가 관여한다. 몸체의 경도와 위도, 속도(고유한 지각)와 변용태(감응)가 사건의 일부로 배치를 이루어 특개성을 규정한다. <흐르는 강물처럼>에서 노먼의 몸체는 '강-물-바위-흐름-노먼-인생(삶)'에 배치되어, 노먼만의 '인생의 본질'을 특개성으로 포착한다. 노먼의 몸체는 강물에서 인생의 진리를 탐구할 수 있는 능력이 있고, 이로써 노먼은 인생 여정의 본질을 강물에서 찾아내 규정한다. 노먼의 몸체는 강물의 흐름에서 인생살이의 속성을 포착하여 노먼만의 삶의 본질을 규정한다. 특개성을 존재하게 하는 배치에는 그 개체성을 갖게 하는 몸체가 내속한다. 이때의 몸체는 주체이기를 그치고 배치로 인한 하나의 사건의 구성 요소가 된다.

라. 포착: 감응과 생성

특개성은 몸체의 능력(욕망)과 감응으로 포착된다. 몸체가 특개성을 포착하는 것은 배치가 바뀔 때마다 일어난다고 할 수 있다. 그렇기에 특개성은 일상에서 배치의 변화가 있을 때마다, 즉 사건이 발생할 때마다 있다고 할 수 있다. 이 특개성의 가치는 지각자의 몸체가 얼마만큼의 강도로 사건의 본질에 감응했는가의 문제와 관련된다. 정도가 낮은 강도의 감응은 얼핏 낯선 특개성을 느끼고 지나간다. 가치가 없는 특개성이다. 반면 정도가 높은 강도의 감응은 본질을 지각하게 하는 특개성을 포착하게 한다. 가치가 있는 특개성이다. 우리는 가끔 흐르는 물을 본다. 그 물에 대한 다양한 감응을 갖는다. 그 감응은 낯선 놀람일 때도 있다. 그렇지만 노먼이 고향의 강가에서 인생의 본질을 깨치는 것과 같은 큰 감응은 갖지 못한다. 강물의 본질에 대한 감응의 강도가 높지 않기 때문이다. 그렇다고 우리가 모든 것에 그런 것은 아니다. 누구나 특정 배치에서 마주한 사건에서 특개성을 포착한다.

<굉장한 이야기로군!>, <웬 무더위람!>, <사는 게 원!>이라고 말할 때, 아주 특별하게 개체화를 가리키는 것이다. 로렌스나 포크너가 그리는 하루의 어느 시간대, 열의 정도, 흰색의 강도는 완벽한 개체성이다. 열의 정도가 다른 정도와 합성되어 위도를 이루어 새로운 개체를 형성하는 경우도 있다. 어떤 물체가 경도에 따라 이곳은 차갑고 저곳은 뜨거운 것처럼 말이다. 노르웨이 오믈렛. 열의 정도가 흰색의 강도와 합성될 수도 있다. 뜨거운 여름의 흰 대기처럼. 순간의 개체성이 항상성과 지속성을 가진 개체성과 대립하는 것은 결코 아니다. 하루살이가 만세력보다 더 적은 시간을 가진 것은 아니다. 물론 여기서 문제가 되는 것은 동일한 시간은 아니지만 어떤 동물은 기껏해야 하루나 한 시간 이상은 살지 못한다. 이와 반대로 몇 년의 세월이 가장 오래 지속할 수 있는 주체나 객체보다 길 수도 있다. <이것임>들 사이에서, 또 주체들이나 사물들 사이에서 균등한 추상적인 시간을 착상해 볼 수도 있을 것이다. 지질학이나 천문학의 극단적인 느림과 현기증 나는 빠름 사이에서 미셸 투르니에는 기상학을 뽑아내는데, 거기에서는 별똥별들이 우리의 속도로 살고 있는 것이다. (김재인 역, 2003: 494-495)

우리는 이야기를 읽다가 진실을 알게 될 때, 높은 기온을 느낄 때, 원하는 일이 잘(안)될 때 개체화된 특개성을 포착한다. 하루 중 특정한 때, 특정한 기온, 색의 밝기에 감응할 때 특개성을 얻을 수 있다. 겉은 오븐에 구워 뜨겁고 속은 차가운 아이스크림이 든 노르웨이 오믈렛은 새로운 감응을 준다. 여름날의 흰 대기, 특정한 생물의 짧은 생의 시간이나 우주의 영겁의 시간을 지각할 때 감응이 일어난다. 우리는 삶의 곳곳에서 다양한 특개성을 포착할 수 있다. 우리가 달라진 배치로 사건 속에 놓이게 될 때는 어디에서나 특개성은 포착된다. 독자로서 텍스트를 읽을 때도 포착된다. 다만 우리 몸체의 지각 능력과 감응의 강도에 따라 특개성은 달라진다. 우리는 배치에서 비롯된

사건 속에서 '나름대로 완전하고 무엇 하나 결핍이 없는 개체성을 갖고 있는'(김재인 역, 2003: 494) 특개성을 포착할 때, 자기 생성을 이룰 수 있다.

특개성의 포착은 자기 생성과 연결된다. 자기 생성은 새로운 자기를 만들어 내는 일이다. 자기 생성은 신체적, 심리적, 정신적인 생성에서 활동, 생활, 삶의 생성을 포함한다. 자기 생성은 자기 내부의 변화를 통하여 자기와 관계를 이루고 있는 외부도 변화를 이루게 한다. 자기 생성은 지각자가 어떤 사건의 본질에 감응하여 특개성을 포착했는가에 따라 달라진다. 지각자의 자기 생성의 종류나 양, 질, 크기, 범위, 한계 등을 한정하기 어렵다. 어떤 몸체로 어떤 대상과 접속하여 특개성을 포착했는가에 따라 달라진다. 특개성에 의한 자기 생성은 리좀적이다. 독자는 텍스트와의 접속에서 특개성을 포착하고, 자기 생성을 이룬다.

3. 특개성과 텍스트 이해

독자의 텍스트 이해는 괴물을 필요로 한다. 남들과 같은 텍스트 이해, 일상의 텍스트 이해는 독자의 자기 생성을 이끌지 못한다. 텍스트 이해의 일상성과 보편성 속에는 독자 자신은 없다. 남들과 같은 이해, 자신이 누구인지를 잊게 하는 텍스트 이해만 있다. 독자가 텍스트를 읽는 본질은 자기를 새롭게 생성하는 데 있다. 다른 사람과 똑같은 사람이 되어 자기를 잃는 데 있지 않다. 텍스트 이해의 특개성은 독자가 자기를 찾는 데 필요하다. 독자의 텍스트 읽기에서 특개성의 작용 원리와 텍스트 이해의 속성을 살펴본다.

가. 읽기 몸체 갖기

독자의 특개성은 텍스트와의 관계 맺기에 달려 있다. 독자는 텍스트를 수목적 사유에 근거해 일상적이고 보편적으로 이해할 수 있다. 이 읽기에서 독자는 다른 독자들과 같은 방식으로 읽고, 이미 밝혀져 있는 주제를 찾으며, 다른 텍스트를 읽을 때와 비슷한 의미를 구성한다. 수목적 사유로 읽는 독자의 텍스트 이해는 개체성보다는 개별성을 강조한다. 텍스트 이해의 개체성은 독자 몸체와 배치에 따라 일의적이고 그때그때 달라지는 의미 생성을 하는 특성이다.[15] 반면, 텍스트 이해의 개별성은 지속성을 갖는 읽기 주체 특성들의 집합에 의해 반복적으로 유사한 의미를 구성하는 특성이다. 즉 수목적 사유에 의한 텍스트 이해는 보편성이나 개별성이 내재한 의미 구성을 강조한다. 수목적 사유와 대비되는 리좀적 사유에 의한 텍스트 이해는 고유성이나 개체성이 내재한 의미 생성을 강조한다. 특개성을 강조하는 텍스트 이해는 리좀적 사유 방식에 기초한다.

다양체의 원리－이미 말했듯이, 들뢰즈의 사유는 오랫동안 '다양체' 개념을 다듬어 왔으며 이 개념이 들뢰즈 사유의 심장부를 관류하고 있다. 다양체는 '一者'에 의해 통일된 복수성도 아니며 또 외적 복수성도 아니다. 외적 복수성은 공간적으로 펼쳐져 있는 현실적 복수성이다. 복수적 존재들이 장을 형성해야만 배치/다양체가 성립한다(이때 이 장으로서의 배치/다양체는 '실사'가 된다). 그

---

15 특개성이란 지속성을 갖는 특정한 성질들의 집합을 의미하는 통상적인 '개별성(individualité)' 과 달리, 어떤(un!) 개체에 고유한 것이지만 시간과 공간은 물론 이웃관계의 조건, 배치와 강밀도 등에 따라 그때마다 달라지는 것을 뜻하며, 그렇기 때문에 정의될 수 없고, 그때마다 직관으로 포착할 수밖에 없는 어떤 감응입니다. 이는 다른 것과의 비교에 의해 만들어지는 것이 아니기에, 어떤 특개성도 다른 어떤 특개성과 비교할 수 없으며, 이런 점에서 종차적인 개체성과 다릅니다.(이진경, 2003b: 196)

러나 이 장이 일자에 의해 초코드화될 때, 그것은 다양체의 성격을 상실한다. 그것은 가짜 복수성이다. 초월적 존재에 의해서든 내재적 중심에 의해서든 아니면 주체에 의해서든 외부적 통일성이 부여되어 복수성이 통일될 때 다양체는 사라진다. 다양체는 내적 복수성, 달리 말해 초월적 코드가 부여하는 통일성을 거부하는 복수성일 때에만 성립한다. 초월적 코드를 와해시키는 리좀이 작동할 때, 그러면서도 내적 복수성의 장이 성립할 때 다양체가 성립한다. (이정우, 2016: 61)

위의 인용문은 들뢰즈의 '리좀' 개념 중 '다양체의 원리'에 대한 첫 부분의 설명이다. 들뢰즈의 리좀에 대하여 알고 있는 독자는 이 '다양체'와 관련된 내용에서 '리좀'에 대한 개체성 있는 감응을 갖는다. 다양체의 속성을 밝혀 알게 됨으로써 리좀의 본질을 포착한다. 즉 리좀에 대한 독자만의 특개성을 가지게 된다. 그렇지만 모든 독자가 위의 인용문을 읽고 리좀에 대한 개체성이 내재한 감응을 가질 수는 없다. 독자가 위의 인용문에서 특개성을 포착하기 위해서는 필요한 읽기 몸체를 갖추어야 한다. 다시 말해, 위의 인용문을 읽을 수 있는 읽기 몸체의 경도와 위도를 갖추어야 한다.

독자가 텍스트에서 특개성을 찾아내거나 포착하기 위해 필요한 것이 읽기 몸체이다. 읽기 몸체를 갖지 않는다면 독자는 텍스트에서 특개성을 포착할 수 없다. 읽기 몸체는 읽기 주체를 넘어설 때 가질 수 있다. 읽기 주체는 텍스트를 객체화하여 이해할 수 있는 능력을 갖추고 있다. 읽기 몸체는 이 읽기 주체의 능력의 토대 위에 있다. <흐르는 강물처럼>의 노먼이 강물에서 인생의 본질을 특개성으로 포착할 때, 강물에 대해서는 누구보다 많은 이해를 하고 있었다. 노먼은 어린 시절부터 노년 시절까지 늘 강물과 함께했다. 강물에 대한 주체적 이해를 토대로 몸체가 배치되어 강물과 인생을 연결하는 사건을 만든다. 이 사건 속에서 노먼은 자신만의 인생에 대한 본질을 특개성으로 포착한다. 마찬가지로 읽기 몸체는 읽기 주체의 활동 위나 그 너머에 있다.

그렇다면 독자가 읽기 몸체를 갖는 방법은 무엇인가? 그것은 읽기 주체를 벗어나는 일이다. 읽기 주체를 벗어나는 일은 읽기 주체를 버리거나 없애는 일이 아니다. 읽기 과정에서 그 역할을 다하게 한 후, 읽기 주체를 뒤로 물리거나 배제하는 일이다. 읽기 주체를 내세우지 않게 되면 독자는 읽기 몸체를 가지게 된다. 읽기 몸체는 텍스트 읽기와 관계된 운동과 정지, 빠름과 느림이 있는 읽기를 할 수 있는 물질적 요소들의 집합인 '경도'와 텍스트의 특정 요소에 대한 강렬한 감응(변용태)들의 집합인 '위도'가 교차하면서 드러난다. 이 읽기 몸체는 오직 감응(변용태)들과 국지적 운동들, 그리고 미분적인 속도들로 이루어진다. 읽기 몸체는 텍스트의 국지적 요소인 낱말, 개념, 표현, 대상, 장면 등과 접속하고, 낱말 하나, 개념 하나, 표현 하나에도 미분된 감응을 한다.

독자의 읽기 몸체는 텍스트의 국지적 요인에 민감하게 반응(감응)하는 감각체이다. 읽기 몸체는 텍스트의 국지적 요소에 대하여 감각, 지각, 느낌, 상상, 인식, 사고, 평가, 판단 등을 실행한다. 읽기 몸체는 텍스트의 국지적 요소가 무엇인가에 따라 경도와 위도에 의한 좌표가 변경된다. 텍스트 읽기에서 독자의 읽기 몸체의 작용이 제한받는 일은 없다. 어느 위치, 어떤 작용, 어떤 기능, 어떤 능력이든 텍스트의 요소에 따라, 사건에 따라, 배치에 따라 미분적으로 작용한다. 독자는 읽기 주체를 활용한 후 읽기 몸체를 내세우게 되면, 특개성을 포착할 수 있는 조건을 갖추게 된다.

나. 배치 바꾸기

특개성은 일상의 지각을 벗어나야 포착할 수 있다. 독자가 늘 하던 읽기 방식이나 다른 독자가 하는 방식으로 텍스트의 내용과 관계를 맺는다면 특개성은 포착할 수 없다. 독자는 일상의 방식을 벗어난 방식으로 텍스트의 내용을 지각해야 특개성을 포착할 수 있다. 독자가 일상의 방식을 벗어나는 읽기 방식은 읽기 활동에서 배치를 바꾸는 것이다. 읽기 활동에서 배치는 텍스트 이해에 관여하는 여러 이질적인 요소와 관련된다. 이들 요소를 다르게 하여 새로운 일관성의 구도를 이루는 배치로 바꾸면 읽기 사건이 달라진다. 즉 독자와 텍스트가 새로운 관계를 이루는 읽기 사건이 일어난다. 이 읽기 사건 속에는 일상의 지각을 벗어난 특개성이 내재한다. 독자는 이 읽기 사건 속에서 특개성을 포착할 수 있다.

чит기는 모방 행동이다. 다른 독자의 읽기를 따라 하는 행동이다. 독자가 모방을 통해 새로운 읽기를 할 수 있게 됨으로써 이해 능력이 높아진다. 거울 뉴런 이론에서 보면 독자는 다른 독자의 읽기 행동을 반영하여 모방하면서 읽기 의도와 목적, 방법, 행동을 공유할 수 있고, 정서적 반응까지 공감할 수 있다. 독자가 텍스트를 읽을 때 하는 행동은 다른 독자의 행동을 모방함에서 비롯된다. 가정에서 부모가 어린아이에게 텍스트를 읽어 주면 아이는 글자를 모르지만 읽는 행위를 재연한다. 텍스트의 장면에서 텍스트를 읽어 준 사람의 반응을 재연하며 읽는다. 이 재연을 통하여 아이는 텍스트를 이해하게 된다. 학교에서의 읽기도 마찬가지이다. 교사가 어떻게 텍스트를 읽는가를 학생들은 보고 재연한다. 물론 취학 전 아동과 같이 재연하는 것은 아니다. 성인 독자도 다른 독자의 읽기를 모방해야 새로운 영역의 텍스트를 읽을 수 있다. 성인 독자라고 하여 모든 텍스트를 읽고 이해할 수 있는 게 아니다. (김도남·여수현·김예진, 2022: 474)

위의 인용문은 거울 뉴런 이론의 관점에서 읽기 활동을 설명하는 내용이다. 거울 뉴런을 설명하는 배치에다 읽기 활동 항을 추가함으로써, 글의 내용 전개가 읽기를 해명하는 배치로 바뀌었다. 이 배치의 바뀜은 거울 뉴런 이해의 사건이 읽기 이해의 사건으로 전환되게 한다. 이 사건의 전환은 사건에서 찾거나 포착해야 할 본질을 전환한다. 위의 인용문은 읽기 활동이 거울 뉴런의 모방에 의해 일어난다는 것을 포착하게 한다. 이와 같이 독자가 텍스트를 읽으면서 특개성을 포착하기 위해서는 배치를 바꾸는 일이 필요하다. 배치의 바뀜은 읽기 사건을 바꾸고, 읽기 사건은 특개성을 포착할 수 있게 한다.

읽기에서 특개성의 포착을 위한 배치의 바뀜은 관계 요소의 교체, 추가, 삭제 등에 의하여 이루어진다. 텍스트 이해는 텍스트, 독자, 맥락, 관점, 이론 등 요인들이 일관성의 구도로 계열의 선을 이루어 일어난다. 이들 요인의 구성 요소를 필요에 맞게 선택하고, 관계를 지어 묶으면 배치가 바뀌게 된다. 배치의 바뀜은 바뀌는 요소가 정해져 있지 않다. 독자의 필요한 상황에 따라 요소가 바뀐다. 요소의 바뀜으로 배치의 바뀜이 일어난다. 이는 읽기 사건을 바꾸게 한다. 이 사건 속에 특개성이 내재한다.

다. 특개성 포착하기

독자의 특개성 포착은 배치가 바뀐 읽기 사건 속에서 읽기 몸체가 한다. 읽기 몸체도 경도와 위도에 의한 작용의 좌표를 갖는다. 경도는 물질적 요소들의 집합으로 운동과 정지, 빠름과 느림의 작용과 관련된 능력의 요인이다. 독자가 텍스트를 읽을 때 작용하는 읽기 몸체의 물질적 요소들의 집합이다. 텍스트 내용을 표상하고 해석하며, 기호적 의미와 본질적 의미를 파악하고 이해할 수 있는 읽기 실행 능력이다. 독자가 이 경도를 지니고 있을 때, 위도의 요인이 작용할 수 있다. 위도는 경도의 실제 작동과 관련된 강렬한 감응(변용태)들의 집합이다. 위도는 감응의 세기, 크기, 깊이, 정밀, 타당의 정도인 강도, 즉 감응 실행 강도이다. 이 경도의 요인과 위도의 요인이 읽기 몸체를 이룬다. 읽기 몸체의 경도와 위도는 텍스트 내용과의 접속에 의하여 결정된다. 텍스트의 특정 부분에서 외현적으로 작용하는 몸체의 좌표가 설정되고, 특정한 부분에서는 심층적으로 작용하는 몸체의 좌표가 설정된다. 특개성은 읽기 몸체에 설정된 특정 좌표에서 포착한다.

【가】종이 할머니는 아이가 폐지 위에 놓고 간 스케치북을 찬찬히 넘겼어. 첫 장에는 아이가 뽀그르르 비누 거품 속에서 노는 모습이 그려져 있었어. 다음 장을 넘기자 알록달록 꽃밭에서 아기가 친구랑 노는 모습이 그려져 있었지. 또 다음 장을 넘겼어. 그런데 이번에는 친구와 싸운 모양이야. 친구와 따로 떨어져서 고개를 숙이고 있는데, 시커먼 먹구름이 화난 표정으로 비를 퍼붓고 있었어. '메이가 화가 많이 난 모양이네.' 종이 할머니는 조용히 웃었단다.

【나】그러고는 마지막 장을 넘겼어. "아!" 종이 할머니는 자신도 모르게 탄성을 질렀어. 지금까지 한 번도 보지 못한 세상이 그려져 있었기 때문이야. 약간 찌그러진 똥그스름한 파란 지구, 아름다운 테를 두른 토성, 몸빛이 황갈색으로 빛나는 울퉁불퉁한 목성, 붉은빛이 뿜어져 나오는 태양…… 그리고 그 주위를 돌고 있는 버섯 모양의 우주선까지. '그러고 보니 하늘을 본 지 꽤 오래됐구먼.' 하늘을 본 게 언제였더라? 별을 본 건 언제였지? 달을 본 건……. 아주 어릴 적에 달을 올려다보면서 '꼭 한 번 달에 가고 싶다'고 꿈꿨던 기억이 아슴아슴 떠올랐어. 하지만 도무지 이루지 못한 꿈이라 아주 금세 버렸던 기억도 함께 났지. 종이 할머니는 하늘을 품은 듯한, 별을 품은 듯한 기분이었단다. "다 늙어 빠졌는데 품고 싶은 게 생기다니…….' (유순희, <우주 호텔>의 일부)

<우주 호텔>은 초등학교 6학년 1학기 국어 교과서에 실려 있다. 위의 인용된 내용에는, 종이 할머니가 아이(메이)가 놓고 간 스케치북을 보는 사건이

묘사되어 있다. 글【가】를 보면, 종이 할머니가 아이(메이)의 스케치북에 있는 그림을 스치듯 보면서 그림에 감응하는 내용이 제시되어 있다. 종이 할머니의 몸체가 스케치북의 그림에 전반적으로 작용하는 좌표를 설정하여 감응하고 있다. 그림에 대한 인식 작용이 각 그림을 일별(一瞥)로 파악하여 반응한다. 반면 글【나】를 보면, 그림에 대해 감응하는 방식과 내용이 다르다. 그림 속에 그려져 있는 대상 하나하나에 의식의 초점을 맞춘다. 이 그림과 관계하는 종이 할머니의 몸체의 좌표는 국지적이고 심층적으로 작용한다. 글【나】에서 그림에 대한 몸체 좌표의 작용 방식은 글【가】의 개괄적인 것과 달리 부분적이고, 초점화되어 있다.

【다】 종이 할머니는 우주 그림을 자세히 보다가 아까는 보지 못했던 것을 보게 되었어. 바로 찌그러진 파란 지구 맞은편 위에 떠 있는 포도 모양의 성이야. 포도 알갱이들은 하나하나가 작은 방 같았지. 그리고 그 알갱이들은 투명하고 푸른 빛을 띠며 빛나고 있었어. 꼭 유리로 만든 바다처럼 보였어. 포도 모양의 성 꼭대기에는 두 아이가 앉아서 차를 마시고 있었어. 그런데 참 이상하지 뭐야. 두 아이 중 하나는 눈이 불룩하게 튀어나오고 입은 개구리처럼 커다랬어. 게다가 팔다리는 길고 머리부터 발끝까지 초록빛이었지. 이런 사람은 한 번도 본적이 없었어. 할머니는 그게 뭔지 무척 궁금했어. '희한하다. 다 늙어 빠졌는데 이제 와서 뭐가 궁금하단 말이여.' (유순희, <우주 호텔>의 일부)

글【다】를 보면, 종이 할머니의 몸체는 글【나】에 제시된 그림의 일부인 특정 대상에 좌표를 맞춘다. 그러면서 작은 그림을 속속들이 분석하고 지각한다. 그림의 각 부분을 세밀하게 지각하면서 감응을 갖는다. 그림의 작은 한 부분에 종이 할머니의 몸체가 온통 붙잡혀 있다. 포도 모양 그림의 부분부분을 감각하고 지각하고 상상하고 규정한다. 각 부분에 대한 표상과 규정

작용은 세밀하고 깊고 분명하다. 종이 할머니의 몸체의 좌표가 그렇게 하도록 이끌고 있다. 이 몸체의 작용 결과로 종이 할머니는 초록빛 사람에 대한 궁금증을 갖는다. 그러면서 그 궁금증을 가진 자기를 발견한다. 종이 할머니의 몸체의 좌표가 이를 만들어 내고 있다.

【라】종이 할머니는 작은 마당으로 나갔어. 그리고 힘겹게 허리를 펴고 천천히 고개를 들었단다. 그러고는 하늘을 올려다보았지. 하늘엔 먹구름이 물러가고 환한 빛이 눈부시게 쏟아지고 있었어.

"눈은 아직 늙지 않았구면. 아주 멀리 있는 것도 볼 수 있지."

종이 할머니는 환한 빛 너머, 하늘 너머, 별 너머, 우주 호텔 너머 유리 바다에 둘러싸인 성을 보았지. 종이 할머니는 결심했어. 쉽게 허리를 구부리지 않기로 말이야. 쉽게 허리를 구부리면 다시는 저 우주 호텔을 보지 못할 것 같았거든. (유순희, <우주 호텔>의 일부)

글 【라】는 종이 할머니가 포도 모양 그림은 우주 호텔이고, 녹색 사람은 외계인이라는 아이(메이)의 설명을 듣고 난 후의 사건 내용이다. 종이 할머니는 그림의 내용을 하늘을 보고 확인한다. 그림에서 지각한 우주 호텔과 그 너머에 있는 유리 바다에 둘러싸인 성을 하늘 속에서 찾아낸다. 종이 할머니의 몸체가 그림과 하늘과 자기를 하나의 사건 속에 배치하여 일관성의 구도로 특개성을 포착한다. 하늘 깊은 곳에 있는 자기만의 우주 호텔을 지각하고, 우주 호텔을 볼 수 있는 자기를 생성한다. 종이 할머니의 몸체가 메이의 우주 그림과의 관계 맺기를 통하여 특개성을 포착하는 방식은 독자가 텍스트를 읽고 특개성을 포착하는 방식과 일치한다고 할 수 있다. 종이 할머니는 스케치북을 읽는 독자이다. 독자는 읽기 몸체로 글의 내용에 감응하고 특개성을 포착한다. 이를 통하여 자기를 새롭게 생성한다.

독자의 읽기 몸체는 읽기 실행 능력과 감응 실행 강도로 읽기 사건에서 특개성을 포착한다. 특개성을 포착하는 독자의 읽기 몸체의 좌표는 고정되지 않는다. 좌표를 결정하는 경도와 위도는 위의 글 【가】-【라】에서 본 것과 같이 변화를 거듭한다. 읽기 몸체가 텍스트의 무엇과 접속하는가에 따라 배치가 달라지고, 읽기 몸체가 어떤 좌표를 갖는가에 따라 읽기 사건이 달라진다. 경도와 위도로 읽기 몸체의 좌표를 결정하는 일에는 제한도, 한계도, 원칙도, 규칙도 없다. 필요한 때, 필요한 것, 필요한 곳에 따라 좌표가 결정된다. 읽기 몸체의 좌표와 텍스트 내용과의 배치로 생긴 읽기 사건에서 독자가 포착하는 특개성은 부족하거나 남음이 없는 알맞고 완전한 것이다. 읽기 몸체가 사건의 본질에 집중하고 붙잡고, 파고들고, 명료화하고, 체계화하고, 논리화하고, 언어화한다. 이 특개성의 포착으로 독자는 새로운 자기를 생성한다.

라. 자기 생성하기

읽기 주체는 자기를 생성하지 않는다. 읽기 주체의 활동은 고착되어 있기 때문이다. 읽기 주체에게는 경도와 위도가 정해져 있고 변하지 않는 좌표가 있다. 읽기 주체는 하나의 좌표로 읽기를 수행해야 한다. 읽기 주체의 읽기 좌표가 바뀔 수도 있다. 좌표가 바뀐 읽기 주체는 동일한 주체가 아니다. 다른 방식으로 다르게 텍스트를 이해하는 읽기 주체가 된다. 읽기 주체는 텍스트와의 관계에서 동일성을 유지할 수 있어야 한다. 동일성을 갖지 않은 읽기 주체는 다른 읽기 주체이다. 그러기에 읽기 주체는 이미 자기 생성을 마친 상태에 있다. 이는 읽기 주체가 일상의 이해, 보편적인 이해만을 할 수 있음을 의미한다. 이는 텍스트를 읽어도 특개성을 포착할 수 없음을 뜻한다. 즉 예전과 같게, 다른 독자와 같게 텍스트를 이해한다.

독자가 텍스트를 읽고 특개성을 포착하여 자기 생성을 할 수 있게 하는 것은 독자의 읽기 몸체이다. 읽기 몸체는 고착될 수 없다. 읽기 몸체의 경도와 위도에 의한 좌표가 텍스트에 따라, 텍스트의 내용에 따라, 텍스트의 특정 요소에 따라 변화하기 때문이다. 읽기 몸체의 좌표 변화는 텍스트 이해에 관여하는 배치를 달라지게 한다. 배치의 달라짐은 읽기 사건을 다르게 생성한다. 다른 읽기 사건은 텍스트 이해의 일상성이나 보편성을 따르지 않는다. 텍스트 이해의 특개성을 포착할 수 있게 한다. 독자가 읽기 몸체를 가지게 될 때 특개성을 포착할 수 있는 것이다. 독자가 읽기 몸체의 작용으로 텍스트에서 특개성을 포착하게 되면 이는 자기 생성으로 이어진다.

【마】여러 계절이 왔다가 가고, 다시 왔다가 갔단다. 종이 할머니는 여전히 폐지를 모으고 있었어. 그렇지만 이제는 혼자가 아니야. 눈에 혹이 난 할머니와 같이 주웠어. 그리고 저녁이 되면 따뜻한 밥도 같이 먹고 생강차도 나누어 마셨지. 종이 할머니는 벽에 붙여 놓은 우주 그림을 보며 잠깐잠깐 이런 생각에 빠졌단다.
'여기가 우주 호텔이 아닌가? 여행을 하다가 잠시 이렇게 쉬어가는 곳이니……, 여기가 바로 우주의 한 가운데지.' (유순희, <우주 호텔>의 일부)

글【마】는 인용문은, 앞서 읽은 우주 호텔에 대한 특개성을 포착한 종이 할머니의 뒷이야기이다. 종이 할머니는 그 일 후, 자신의 생활을 우주여행으로 규정한다. 그리고 지금 사는 집을 우주 호텔로 여긴다. 종이 할머니는 아이(메이)의 그림에서 우주 호텔에 대한 자신만의 특개성을 포착한 결과, 예전과는 다른 삶을 살고 있다. 눈에 혹이 난 할머니와 함께하는 생활을 하고 있다. 우주여행은 함께하는 사람이 있을 때 더 즐거울 수 있기 때문이다. 이는 종이 할머니의 자기 생성의 결과이다. 아이의 그림에서 우주 호텔에 대한 몸체의 감응으로 삶에 대한 특개성을 포착한다. 이 특개성은 삶이 우주

여행이고, 집은 여행자가 쉬어가는 우주 호텔이라는 깨침이다. 이 깨침은 종이 할머니가 자기 생성으로 삶을 바꾸도록 이끌었다. 텍스트를 읽고 특개성을 포착한 독자도 종이 할머니와 같이 자기 생성을 한다.

> 스승의 회화를 통해 제자가 학시습하면서 고유한 존재로 성장하며 학숙된다. 이 점에서 제자는 스승의 회화가 원인이 되어 생겨난 과업이라 할 수 있다. 그러나 학시습이 무르익어 학숙되면서 나타나는 제자의 고유한 길은 스승의 길로부터 나온 것이면서 스승이 걷고 있는 길과는 다를 수가 있다. 이것이 우리가 말하고자 하는 이숙이다. (엄태동, 2016: 198)

윗글은 하이데거의 존재 공속의 개념을 토대로 저자가 특개성을 포착한 내용이다. 하이데거의 텍스트를 읽고, 교육학자로서의 교수와 학습의 속성을 밝히고 있다. 스승의 교수 행위로서의 회화(誨化)는 제자의 학습인 학시습(學時習)이 일어나게 한다. 스승의 회화로 학시습한 제자는 고유한 존재로 학숙한다. 하이데거는 현존재의 존자자와의 존재 공속은 현존재마다 고유하다고 말한다. 이에서 저자는 교육자의 관점에서 특개성을 포착하고 있다. 그래서 제자의 학문이 무르익어 가는 학숙은 스승의 회화에서 비롯되었지만 스승과 다른 길로 학문이 무르익는 이숙이 일어난다고 말한다. 저자는 교육학자로서 하이데거의 텍스트에서 존재 공속의 고유성에서 회화-학시습이 학숙과 이숙으로 이루어져야 한다는 특개성을 포착하고 있다. 이로써 저자는 교육학자로서의 새로운 자기 생성을 이루고 있다. 독자는 누구나 텍스트 읽기에서 저자와 같은 특개성의 포착으로 자기 생성을 한다.

이 논의의 필자는 『천 개의 고원』을 읽는다. 읽기 주체로 읽기보다는 읽기 몸체로 읽는다. 그래서 특개성을 포착하는 경우가 있다. 이 논의도 그 결과이다. 이 논의는 '어느 <이것임>의 회상'을 읽고, 특개성을 포착한 결과이다.

'어느 <이것임>의 회상'의 내용을 텍스트 이해라는 항을 추가함으로써 배치를 바꾸어 읽기 사건으로 새롭게 만들었다. 그 결과 텍스트 이해는 특개성을 포착하는 일이라는 읽기 현상에 대한 인식의 개체성을 얻었다. 필자는 텍스트 이해에 대한 기존의 견해와는 다른 생각을 가지게 되었다. 필자는 내부에서 자기 생성을 이룬 것이다. 『천 개의 고원』 읽기에서 특개성을 포착하기 위해 읽기 몸체를 활용한 결과이다.

4. 특개성 포착의 실행

읽기는 독자가 텍스트에서 특개성을 포착하는 일이다. 독자의 특개성 포착은 텍스트의 낱말들, 개념들, 대상들, 인식들, 사유들, 논리들 등의 국지적 요소와 읽기 몸체가 접속한 배치에 의해 생성된 사건 속에서 이루어진다. 좀 더 본질적으로 말하면, 텍스트를 구성하고 있는 특정 요소들에 독자의 읽기 몸체의 특정 좌표가 접속하여 감응한 결과이다. 특개성은 독자에게 고유하고 특수하고 본질적이다. '나름대로 완전하고 무엇 하나 결핍이 없는 개체성이 있는'(김재인 역, 2003: 494) 지각체이다. 독자는 이 지각체를 텍스트의 이해를 통하여 포착한다. 실제로 텍스트를 구성하고 있는 특정 기호를 통하여 포착한다. 이를 설명하는 들뢰즈와 과타리의 말을 보면 다음과 같다.

그것은 동일한 언어가 아니며, 적어도 언어의 동일한 용법이 아니다. 왜냐하면 고른판은 <이것임>들만의 내용을 갖고 있으며, 동시에 그것에 표현의 역할을 해주는 특별한 기호계를 갖고 있기 때문이다. 내용의 판과 표현의 판. 이 기호계는 특히 고유명사, 부정법(不定法) 동사, 그리고 부정관사나 부정대명사에 의해 조성된다. 실제로 형식적 의미 생성과 인칭적 주체화에서 해방된 기호의 관점에서 보면 <부정관사+고유명사+부정법 동사>는 기초적인 표현의 사슬을 구성하며, 가장 덜 형식화된 내용들과 상관관계를 맺는다. 우선 부정법(不定法) 동사는 시간(=시제)면에서 결코 비결정적이지 않다. (중략) 둘째로 고유명사는 주체의 표지가 아니다. (중략) 고유명사는 시간의 주체가 아니라 부정법 인자(agent)이다. 고유명사는 경도와 위도를 명시한다. (중략) 셋째로 부정관사와 부정대명사 또한 부정법 동사와 마찬가지로 결코 비결정된 것이 아니다. 또는 차라리 결정되지 않은 형식 그 자체나 결정할 수 있는 주체에 적용되는 한에서만 그것들은 결정을 결여하고 있다. 반대로 <이것임>들, 즉 개체화되더라도 하나의 형식을 지나가거나 하나의 주체를 만들지 않는 사건들을 도입할 때, 부정관사와 부정대명사는 아무것도 결여하지 않고 있다. 부정어(不定語)는 결정의 극대치와 결합한다. (김재인 역, 2003: 449-501)

텍스트에는 내용의 지시가 모호하거나 분명하게 알 수 없는 표현이 있다. 그 대표적인 것이 부정법(不定法) 동사, 고유명사, 부정관사, 부정대명사 등이다. 이들은 그 자체로서나 텍스트 내에서 그 내용을 제대로 전달하지 못한다. 그렇지만 독자의 읽기 몸체와 접속하게 되면 이들은 구체성을 갖는다. 그 결과 독자에게 분명한 의미로 다가온다. 텍스트를 통하여 특개성으로 포착하는 일은 분명하게 알 수 없는 표현이 분명하고 명료하게 인식되는 것과 같다.

도가 말해질 수 있으면 진정한 도가 아니고 이름이 개념화될 수 있으면 진정한 이름이 아니다. 무는 이 세계의 시작이고, 유는 모든 만물을 통칭하여 가리킨다. 언제나 무를 가지고는 세계의 오묘한 영역을 나타내려 하고, 언제나 유를 가지고는 구체적으로 보이는 영역을 나타내려 한다. 이 둘은 같이 나와 있지만 이름을 달리하는데, 같이 있다고 하는 것을 현묘하다고 한다. 현묘하고도 현묘하구나. 이것이 바로 온갖 것들이 들락거리는 문이로다.(道可道, 非常道, 名可名,

非常名. 無名天地之始, 有名萬物之母, 故常無, 欲以觀其妙, 常有, 欲以觀其徼, 此兩者, 同出而異名, 同謂之玄, 玄之又玄, 衆妙之門.) (『도덕경(道德經)』1장, 최진석, 2002: 20-21)

위의 『도덕경(道德經)』 1장 구절을 보면, 각 낱말과 구절 전체의 의미가 알쏭달쏭하다. '도(道)', '명(名)', '무(無)', '유(有)', '욕(欲)', '묘(妙)', '요(徼)', '현(玄)' 등은 명사나 동사, 형용사, 명사형이지만 지시 대상이 불분명하기에 부정대명사나 부정법 동사와 다를 바 없다. 그러나 『도덕경(道德經)』을 공부한 사람은 이 구절의 각 글자가 지시하는 의미는 물론 그 내용을 분명하게 이해한다. '나름대로 완전하고 무엇 하나 결핍이 없는 개체성이 있는 것'으로 포착한다. 실제로 텍스트를 구성하고 있는 어휘나 구절은 독자에게 '도(道)' 나 '명(名)'과 같이 의미가 분명하지 않은 표현(부정법 동사, 고유명사, 부정관사, 부정대명사)이 많다. 독자는 이들 어휘나 구절에 읽기 몸체를 접속시켜 『도덕경』을 공부한 이들과 같이 개체성이 내재된 특개성을 포착해야 한다. 이런 읽기를 할 때, 독자는 고유성을 지닌 자기를 생성할 수 있게 된다. 독자는 텍스트 읽기를 통하여 새로운 자기를 얻고, 가지게 된다. 그렇지 않고 독자가 읽기 주체를 내세워 텍스트를 객체화하여 특정한 방식으로만 관계를 맺게 되면 자기 생성은 할 수 없다. 독자는 텍스트를 읽어 자기 생성을 해야 한다. 그러기 위해서는 텍스트의 국지적 요소들과 읽기 몸체의 좌표가 접속하게 해야 한다.

특개성을 포착하지 못한 읽기는 노면의 생각에 동감만 하는 관객과 같다. <흐르는 강물처럼>에서 노년의 노면은 인생의 본질을 특개성으로 포착한다. 관객은 노면이 특개성을 포착한 것을 알아보고, 그의 특개성에 공감하고, 동의하고, 동감한다. 그렇지만 노면과 같은 개체성이 내재한 인생의 본질을 특개성으로 포착하지는 못한다. 텍스트를 읽는 독자는 이들 관객과 같을 때가 많다. 노먼이 포착한 특개성에 동감하는 것을 자기가 특개성을 포착한 것으로 여기는 것이다. 노먼의 특개성은 관객에게 지각 불가능한 것이다. 그것은 노먼만의 것이다. 관객은 자기만의 개체성이 깃든 특개성을 스스로 영화 속에서 포착해야 한다. 독자가 마찬가지이다. 텍스트의 내용에 동감했다고 개체성이 내재한 고유의 특개성을 포착한 것이 아니다. 텍스트 내용에 대한 독자의 개체성이 내재한 특개성을 포착해 내야 한다. 텍스트 읽기에서 특개성을 포착한 독자만이 진정으로 텍스트를 이해한 독자일 수 있다.

1. 구도자의 개념

어느 판을 짜는 자의 회상―아마도 두 가지 판 또는 판을 착상하는 두 가지 방법이 있을 것이다. 판은 숨겨진 원리일 수 있다. 즉 그것은 보이는 것을 보여 주고 들리는 것을 듣게 해 주는 등 매 순간 주어진 것을 특정한 상태와 특정한 계기에서 주어지게 해주는 원리일 수 있는 것이다. 그러나 판 자체는 주어지지 않는다. 판은 본성상 숨겨져 있다. (김재인 역, 2003: 503)

들뢰즈와 과타리는 되기(devenir)와 관련하여 판(plan, 면, 구도(構圖))[1]을 두

---

1   '판'은 plan(프)의 우리말 번역어이다. 영어도 plan(e)이다. plan의 의미는 '계획, 도안(설계도), 모형, 초안, 윤곽, (어떤) 투, 방식' 등 다양하다. 이 plan을 김재인(2003)은 '판', 이진경(2003: 203)은 '구도', 이정우(2016: 47)는 '면'으로 번역한다. 여기서는 '구도'라는 용어를 사용한다. 구도(構圖)는 미술에서 주로 사용하는 용어로, 그림에서 여러 구성 요소(모양, 색깔, 위치 등)들이 전체적으로 조화를 이룰 수 있게 배치하여 하나의 그림이 되게 하는 내재적 틀(짜임)의 의미로, '판'이나 '면'이면서 원리의 의미를 내포한다. 그래서 이 논의에서는 plan을 '구도'로 표현한다. 관련하여 'plan de consistance'를 이진경(2003b)의 용어를 따라 '일관성의 구도'로 한다. 참고로 'plan de consistance'를 김재인(2003)은 '고른판', 이정우(2016)은 '혼효면'이라 한다. 그리고 'plan de transcendance'도 이진경(2003b)의 용어

가지로 구분하여 논의한다. 판(이하 구도)에는 두 가지가 있고, 그것을 각기 다른 방식으로 인식할 수 있다는 것이다. 구도(構圖)는 되기가 이루어지게 하는 숨겨진 원리이다. 보이는 대상을 보게 하고, 들리는 대상을 들을 수 있게 해주는 것이다. 우리가 매 순간 특정한 계기로 특정한 상태로 무엇을 지각하고 인식하는 것을 가능하게 하는 원리이다. 그렇기에 구도는 지각(인식)체가 특정한 상태로 있거나 드러나게 하는 숨겨져 있는 원리이다. 이들 원리가 두 개 있는데, 그것이 초월성의 구도와 일관성의 구도이다.

> 心地含情種(심지함정종) 마음 밭은 정과 종자 품고 있어서
>
> 法雨卽花生(법우즉화생) 법의 비가 내리면 꽃이 피어나리.
>
> 自悟花情種(자오화정종) 스스로 꽃의 정과 종자 가진 것을 알면
>
> 菩提果自成(보제과자성) 지혜(智慧)의 과실(果實)은 저절로 익어가리.[2]
>
> (慧能大師(혜능대사) 傳法偈(전법게))

위의 시는 혜능선사(638~713)의 전법게(傳法偈)이다.[3] 위의 전법게는 혜능선사가 '선대(先代) 다섯 조사(祖師)[4]의 가르침 받아 깨친 불법(佛法)을 부촉(附

를 따라 '초월성의 구도'로 한다.

2 이 해석은 'https://blog.naver.com/PostView.nhn?blogId=khdoy&logNo=221495885665'을 참조한 것이다. 다음과 같은 해석도 있다.
마음에 모든 종자 머금으니/ 단비에 모두 싹이 피네/ 꽃의 마음 단번에 깨친다면/ 보리 열매 저절로 맺히네(김제성, 2016: 214)

3 다음과 같은 오도송으로 유명하다.
보리는 본래 (보리수) 나무가 아니요/거울 또한 거울이 아니라네/ 본래 한 물건도 없는데/어디에서 티끌이 일어나라(菩提本無樹/明鏡亦非帶/本來無一物/何處惹塵埃, 혜능선사(慧能禪師), <오도송(悟道頌)>, 이승하, 2016: 121)

4 달마대사(達磨大師), 혜가대사(慧可大師), 승찬대사(僧璨大師), 도신대사(道信大師), 홍인대사(弘忍大師)

囑, 부탁하여 맡김)하는 게송(偈頌)'⁵이다. 혜능은 달마선사에게서 비롯된 선종 종파의 6대 선사(禪師)이다. 혜능선사는 종파의 계승자로서 자신의 깨침을 위의 전법게로 남겼다. 전법게의 내용은 다음과 같다. '혜능 자신은 마음속에 불법을 깨달을 수 있는 정기(精氣)와 종자(種子)를 품고 있었는데, 선대 선사들의 가르침을 받아 마음속의 정기와 종자가 자라나 꽃(불법의 깨침)을 피웠다. 누구나 자신의 마음 밭에 지혜의 꽃을 피울 수 있는 정기와 종자가 있다는 것을 알고, (다른 사람의 가르침을 받아) 정진하면, 그 지혜의 열매가 충실하게 익게 된다.' 우리가 무언가를 알고 할 수 있는 지혜와 능력은 마음 밭에 있던 정기와 종자가 발현한 것이다. 그래서 우리 마음 밭에 지혜와 능력의 정기와 종자가 내재해 있다는 것을 깨쳐 알고, 도움을 받아 노력할 때 이들이 실체화된다.

이 혜능선사의 전법게에는 들뢰즈와 과타리의 '초월성의 구도'와 '일관성의 구도'의 개념을 이해할 수 있는 단서가 있다. '마음 밭'은 자기의 요인이고, '정기와 종자'는 여건에 따라 실체를 이룰 수 있는 내재적 요인이다. '법의 비'는 정기와 종자가 실체를 이룰 수 있게 하는 외재적 요인이다. 불법을 깨치기 위해서는 마음 밭에 정기와 종자가 있음을 아는 선승 '자신'이 참선(일, 사건)을 해야 한다. 참선을 통해 불법을 깨쳐 특개성(<이것임>)을 밝혀 가져야 한다. 이 선승 자신이 참선하는 사건에서 불법의 본질을 특개성으로 가지는 일에는, 지혜의 정기와 종자가 법의 비와 결연을 해야 한다. 이 결연으로 선승이 생성한 특개성이 '불법(佛法)의 깨침'의 내용이 되도록 한다. 특개성의 내용이 불법으로 되게 하는 원리가 '일관성의 구도'이다. 그리고 선승의 특개성은 불법으로서의 형식과 깨침의 방향과 지향을 반영하고 있다. 특개성이 이런 지향성을 갖도록 하는 원리가 '초월성의 구도'이다. 혜능이 생성한

---

5 http://www.kbulgyonews.com/news/articleView.html?idxno=40722

불법의 특개성과 같이, 우리 각자가 마음 밭의 정기와 종자를 발현시켜 대상과의 만남(사건)에서 개체성을 지닌 특개성을 가지게 되는 것은 초월성의 구도와 일관성의 구도가 작용하기 때문이다.

개인은 자신이 참여하는 일이나 사건 속에서 그 본질을 포착한다. 그 본질은 '나름대로 완전한, 무엇 하나 결핍된 것이 없는 개체성을 갖고 있는 것'(김재인 역, 2003: 494)으로 '이것임' 또는 '특개성'으로 명명된다. 개인의 '직접' 참여로 이루어지는 사건에서 각자는 고유성과 개체성을 가진 본질을 특개성으로 포착한다. 일관성의 구도는 자기가 참여한 일이나 사건 속에서 고유한 특개성을 생성하게 한다. 즉 지혜와 능력의 정기와 종자가 꽃을 피우게 해준다. 초월성의 구도는 생성된 특개성에 내재된 특정한 형식과 목적하는 바가 있어 그것을 지향하게 한다. 일관성의 구도가 사건 속에서 특개성을 포착하여 생성할 때, 초월성의 구도는 그 특개성이 일정한 지향점을 갖게 한다. 그 결과 우리는 각자 지향하는 바에 따라 고유한 특개성을 가진다. 초월성의 구도는 특개성의 포착이 무엇을 지향해야 하는지와 관련된다. 위의 전법게를 보면, 불법의 깨침을 당부하면서 그 방법을 알려 전법게를 읽는 자가 선승이 되는 것을 예비한다. 일관성의 구도가 '되기'의 내용적 또는 생성적 속성이라면, 초월성의 구도는 '되기'의 형식적 또는 지향적 속성이라 할 수 있다. 되기의 측면에서 일관성의 구도와 초월성의 구도는 동전의 양면과 같은 면이 있지만 그 역할이 고정되어 있지 않다는 점에서 차이가 있다.

독자의 텍스트 이해에도 초월성의 구도와 일관성의 구도가 작용한다. 독자는 몸체로 텍스트와 접속하는 사건 속에서 특개성을 포착한다. 이에 초월성의 구도와 일관성의 구도가 관여한다. 이로 특개성의 포착은 독자의 자기 생성과도 관련된다. 이는 초월성의 구도와 일관성의 구도가 함께 작용한 결과이다. 위의 전법게를 읽는 독자가 승려인 경우도 있지만 읽기 교육 연구자인 경우도 있다. 또 다른 독자인 경우도 있다. 각 독자는 위의 전법게를 읽으면서 고유성이 내재된 특개성을 포착한다. 각 독자가 포착한 특개성은 동일하지 않다. 승려가 포착한 특개성과 읽기 교육 연구자가 포착한 특개성은 '전혀' 다른 특성을 갖는다. 그렇기에 승려는 공(空)의 본질을 깨쳐 특개성을 포착하고, 읽기 연구자는 독자의 텍스트 이해(理解)의 본질을 밝힌 특개성을 포착한다. 위의 전법게로 포착하는 특개성의 차이에는 초월성의 구도와 일관성의 구도가 내재한다. 초월성의 구도는 승려와 읽기 연구자의 지향과 관련되고, 일관성의 구도는 공의 본질과 이해의 본질 특성과 관련된다. 그래서 각 독자는 전법게를 읽는 사건에서 고유한 특개성을 포착하고 자기 생성을 이루어야 한다.

이 장에서는 독자의 텍스트 이해에 관여하는 초월성의 구도와 일관성의 구도를 탐구한다. 이는 들뢰즈와 과타리의 『천 개의 고원』 10장 중 '어느 판을 짜는 자의 회상'의 내용에 근거한다. '어느 판을 짜는 자의 회상'에서는 되기(devenir)와 관련하여 초월성의 구도와 일관성의 구도에 대하여 논의한다. 판을 짜는 자는 불어 'planificateur'를 번역할 말이다. 영어로는 plan maker(Massumi, 1987)로 번역된다. 판을 짠다는 것은 여러 요소가 특정 공간 안에서 하나의 무엇인가로 될 수 있게 하는 것이다. 이 판을 짜게 하는 것을 '구도자(構圖者, plan maker)'라 할 수 있다. 독자의 텍스트 읽기는 독자, 텍스트, 맥락, 관습, 이론, 사회, 문화 등과 관련된 여러 요소가 관여한다. 이들 요소는 독자가 개체성 있는 의미인 특개성을 생성하게 한다. 독자의 이 특개성 생성에 초월성의 구도와 일관성의 구도가 구도자로 작용한다. 이 장에서는 들뢰즈와 과타리의 초월성의 구도, 일관성의 구도의 개념을 검토하고, 이 구도자가 독자의 텍스트 이해에 어떻게 관여하는지 살펴본다.

2. 구도자의 유형

들뢰즈와 과타리는 특개성의 생성과 관련하여 구도자를 논의한다. 구도자는 구도들의 통칭으로 그 작용 특성을 지시하는 말이다. 이 구도자를 이루는 구도는 초월성의 구도와 일관성의 구도이다. 구도자는 특개성을 생성하는 되기(devenir)와 관련하여 작용한다. 구도자는 되기의 개념을 이해하고, 이를 구체화하는 데 중요하게 작용한다. 우리는 다양한 되기를 실현한다. 이 되기의 실현에 일관성의 구도와 초월성의 구도가 구도자로 관여한다. 독자의 텍스트 이해도 되기의 실현이기에 초월성의 구도와 일관성의 구도가 구도자로 내재한다. 이 구도자의 개념은 단일하게 정의하기 어려운 점이 있다. 그렇기에 여기서는 독자의 텍스트 이해를 통한 되기를 전제하고, 구도자를 살펴본다.

가. 초월성의 구도

초월성의 구도는 'plan of transcendence(plan de transcendance(프))'를 번역한 말이다. transcendence(초월성)는 인식(의식)이나 경험의 범위를 넘거나 속하지 않음을 지시하는 말이다. 그렇다고 인식이나 경험의 범위와 관계가 없음을 뜻하지는 않는다. 현재의 인식이나 경험의 범위를 '벗어남'의 의미로, 이는 현재의 인식이나 경험의 범위를 내적 본질로 지니고 있음을 전제한다. 또는 인식이나 경험과의 관계가 내재적이기보다는 외부적임을 함의한다. 그렇기에 초월성은 인식이나 경험과의 내적 관계를 전제하면서 외적 지향을 지니게 하는 속성이다. 인식이나 경험이 내적인 완결성에 머물지 않고, 외적으로 특정 목적의 성취를 향하게 한다. 따라서 초월성은 내부에 갇히지 않고 외적 지향을 갖게 하는 작용 특성이다. 초월성의 구도에는 이 초월성의 작용 특성이 내재한다.

사실 이러한 판은 조직의 판일 뿐만 아니라 전개의 판이기도 하다. 그것은
구조적이거나 발생적이며, 동시에 그 둘, 구조와 발생, 즉 전개를 지닌 형식화된
조직들이라는 구조적 판, 조직을 지닌 진화적 전개들이라는 발생적 판이다.
이것들은 판에 대한 첫 번째 착상 안에 들어 있는 뉘앙스들이다. 그리고 이
뉘앙스들을 과대평가한다면 이보다 훨씬 중요한 문제를 파악하지 못하게 될
것이다. (김재인 역, 2003: 503-504)

위의 인용문은 들뢰즈와 과타리가 초월성의 구도를 설명하는 내용이다.
초월성의 구도는 조직의 구도(plan of organization)일 뿐만 아니라 전개의 구도
(plan of development)이다. 조직의 구도는 여러 요소를 모아 체계가 있는 하나
(집합체)가 되게 하는 원리이고, 전개의 구도는 무엇을 실행하거나 성장·성숙
해 변화·발전하게 하는 원리이다. 이는 구조적 구도(the structural plan)이면서
발생적 구도(the genetic plan)이다. 구조적 구도는 개체 발생과 같은 변화가
일어나게 하는 형식화된 조직으로, 비율관계(비례)에 기반한 유비로 기준이
되는 것의 기관과 기능이 닮도록 하는 원리이다. 발생적 구도는 진화와 같은
변화가 일어나게 하는 계열적인 조직으로, 비율에 기반한 유비로 탁월한
항(원형)과 비율적으로 닮게 하는 원리이다. 초월성의 구도는 그 뉘앙스로 보
면, 조직을 이루는 전개, 구조적이면서 계열적인 변화의 원리와 관련되어 있
다. 실제로는 이들 뉘앙스보다 더 중요한 속성이 초월성의 구도에 내재한다.

이런 식으로 착상되거나 이런 식으로 만들어진 판은 형식의 발전과 주체의
형성과 여러모로 관련되어 있다는 점을 말이다. 형식에는 숨겨진 구조가 필수적
이며, 주체에는 비밀스런 기표가 필수적인 것이다. 그렇기 때문에 필시 판 자체

는 주어지지 않는다. 결국 판은 그것이 제공하는 것의 보충적인 차원(n+1)에서만 존재할 수 있다. 따라서 이 판은 목적론적 판이자 하나의 구상(dessein), 정신적 원리이다. 그것은 초월성의 판이다. 그것은 유비의 판이다. 왜냐하면 그것은 때로는 전개에 있어 탁월한 항을 지정하며, 때로는 구조라는 비율적 관계들을 설립하기 때문이다. 그것은 신의 정신 속에 있을 수도 있으며 생명, 영혼, 언어 등의 무의식 속에 있을 수도 있다. 그것은 항상 자신의 고유한 결과들로부터만 귀결된다. 그것은 항상 추론에 의해 이끌어내진다. 설사 내재적이라고 얘기된다 하더라도 그것은 그저 부재에 의해서만, 유비적으로(은유적으로, 환유적으로)만 내재할 뿐이다. 나무는 씨앗 속에 주어져 있다. 하지만 주어지지 않은 판과 관련해서만 그렇다. (김재인 역, 2003: 504)

위의 인용문은 초월성의 구도가 무엇인지를 구체적으로 밝힌다. 초월성의 구도가 내포하고 있는 개념역을 살펴볼 수 있다. 먼저 초월성의 구도는 형식의 발전과 주체의 형성과 관련된다. 형식은 관념이 표현 수단에 의해 구상화된 형상, 또는 일정한 절차나 정해진 방식의 양식이다.[6] 형식은 그 자체가 대상(개체)의 밖에 존재하면서 대상을 만들어 내는 원리가 된다. 형식은 본체(본질)는 아니지만 특정한 형상으로 존재할 수 있게 하는 외재적인 원칙이나 이치, 규범과 같다. 그렇기에 형식은 외부로 바로 드러나지 않은 숨겨진 원리로 작용한다. 이러한 형식의 발전은 형태나 형상을 갖추게 함을 가리킨다.

주체는 주어진 또는 정해진 역할을 수행한다. 이 주체의 형성은 초월성의 구도의 작용과 관련된다. 들뢰즈와 과타리는 주체가 비밀스런 기표와 관련된다고 말한다. 하나의 기표는 다른 기표와의 관계 속에서 기표로서 존재하기

---

6 신이나 이데아, 형상(형식), 구조 등과 같이 수많은 개체를 만들어 내는 원리지만, 결코 그 자신은 그렇게 만들어지지 않는, 따라서 그 개체 속에는 없고 그것의 '저편'이나 '피안'에 존재하는 원리나 형식이 그것입니다.(이진경, 2003b: 203)

때문이다. '학생'이라는 기표는 '교사, 교장, 학교, 학년, 학습, 교과서, 동창, 선배, 후배' 등의 기표들과의 관계에 의하여 기표로서 존재한다. 주체도 기표처럼 다른 주체와의 관계 속에서 주체이다. 그렇기에 관계 속에서 주체는 자기에게 주어진, 해야만 하는 역할이나 할 수 있는 일이 있다. 주체의 형성은 정해진 또는 규정된 질서 속에서 자기를 인식하는 것이다. 초월성의 구도는 형식의 발전과 주체의 형성을 하게 하지만 그 자체는 숨겨져 있다.

그렇기에 초월성의 구도는 보충적인 차원(n+1)에서 존재한다. 보충적 차원이라는 것은 본체인 것이 있고, 그에 덧붙여진다는 의미이다. 초월성의 구도는, 본체나 핵심·중심·고갱이에 해당하는 것에 덧붙여지거나 보조하는 것을 뜻한다. 여기서 초월성의 구도와 대비하여 본체와 관련된 것이 일관성의 구도이다. 초월성의 구도가 덧붙여진 것이고 보충적인 것이라고 하여 잉여적이거나 부수적이어서 본체와 아무 관계도 없는 것이 첨가된 것을 의미하는 것은 아니다. 보충적인 것이기는 하지만 초월성의 구도가 내재하지 않게 되면 그 존재 자체가 성립되지 않을 수 있다.[7] 그렇기에 초월성의 구도에 부여된 '보충적(+1)'이라는 것은 본체가 존재할 수 있게 하는 외부적인 원리이다.

이 초월성의 구도는 목적론적 구도이면서 정신적 구상(dessein)이고[8] 원리이다. 여기서 '목적론적'은 변화나 발전의 완성, 도달점, 성공, 달성과 같이 꼭 이루어야 하는 목표와 관련됨을 함의한다.[9] 또한 이 말은 의도(의지), 방향,

---

[7] 융이나 프로이트처럼 무의식이란 저변에 자리잡고 있는, 보이지 않고 드러나지 않는 원형이나 원리, 그래서 모든 것을 결국은 하나의 의미, 하나의 귀착점을 향해 움직이게 만드는 구도가 그것입니다. 초월성의 구도는 그 자체로는 들리지 않는 초월적인 작곡(구성) 원리, 그 자체로는 보이지 않지만 어디에나 존재하고 어떤 것이든 잡아당기는 그런 원리입니다. (이진경, 2003b: 204)

[8] 일관성의 구도와 관련하여 다음과 같은 표현이 있다. '그것을 정신적인 구상(dessein)이 아니라 추상적인 소묘(dessin)와 관련된 기하학적인 도면이다.'(김재인 역, 2003: 506)

지향, 추구와 같은 정신적인 요인을 포함한다. 목적론적 구도는 의지를 갖추고 달성해야 하는 목표가 내재되어 있는 원리이다.[10] 그리고 정신적 구상은 본체가 존재할 수 있게 치밀하게 마련되어 있는 심중의 설계도나 도면과 같은 것이다. 그렇기에 초월성의 구도는 정신적으로 구상되어 있는 변화나 발전의 목적을 지향하는 원리이다. 우리가 의식 안에서 본체를 생성하거나 가지게 될 때, 이로 인한 변화나 발전이 무엇을 지향해야 할지를 정해주는 원리이다. 일관성의 구도로 생성한 특개성(<이것임>)이 무엇을 위한 것인지를 규정해 주는 내속된 원리인 것이다.

이 초월성의 구도가 작동하는 방식은 유비적이다. 유비에는 계열성과 구조성이 있다. 계열성은 탁월한 항(원형, 우월항)을 상정하고 그 항과의 닮음의 비율로 본체가 이루어지게 하는 것이다. 구조성은 기준이 되는 것과 형태와 기능을 비율적 관계로 본체가 이루어지게 하는 것이다. 이 유비의 작동에서 탁월한 항이나 기준이 되는 것은 신의 정신(우연, 문득, 영감 등) 속에 있을 수도 있고, 생명, 영혼, 언어 등의 무의식 속에 있을 수도 있다. 초월성의 구도는 본체가 존재하게 하는데 내적으로 관여하는 것이 아니라 외적(덧붙여짐, +1)으로 관여한다. 그렇기에 탁월한 항과 기준이 되는 것을 만들어 내거나 그것을 포함하고 있어야 한다. 초월성의 구도에 계열성과 구조성이 내재해 특개성이 구성되고 생성이 일어난다.

초월성의 구도가 작용함은 그 결과물에서 확인할 수 있다. 초월성의 구도

---

9   그것은 또 헤겔 철학에서의 '발전'이란 개념처럼, 초월적인 어떤 것(절대정신, 신, 이데아 등)이 스스로 '자기 아닌 것'으로 외화하여, 구체적인 사물들의 세계, 활동의 세계 속으로 들어가 그것들을 만들어내고, '발전'시켜 그 궁극의 끄트머리(목적, 종말)까지 밀고나가는 원리 내지 구도를 의미합니다.(이진경, 2003b: 204)

10   이 경우 각각의 사건이나 사물, 사태는 모두 이 '발전'의 구도를 위해서, 이 정신, 이 원리의 실현을 위해서 자신도 모르게 봉사하는 것으로 간주됩니다. '이성의 책략'이라는 말이 이를 잘 보여주지요.(이진경, 2003b: 204)

는 본체를 이루는 전체 과정에 관여하지만, 그 작용의 과정에서는 확인할 수 없다. 초월성의 구도가 작용하여 생성한 결과물을 확인하였을 때, 그 결과물에서 추론적으로 확인할 수 있는 것이다. 씨앗 속에 나무가 내재해 있지만 확인할 수 없다. 씨앗이 싹을 틔우고 큰 나무로 자라났을 때 초월성의 구도를 추론적으로 확인할 수 있다. 씨앗 속에 나무가 내재해 있다고 하더라도 부재에 의해서만, 유비적으로 내재한다. 초월성의 구도가 독립되어 있는 외재적인 것이 아니라 씨앗 속의 나무와 그 성장·변화의 과정에 들어있는 '내재적 발전의 구도'(이진경, 2003: 204)의 형태로 작용하면서, 그 결과에서 존재가 확인된다.

나. 일관성의 구도

일관성의 구도는 'plan de consistance'의 번역어이다. 'plan de consistance'를 번역한 우리말은 '고른판'(김재인, 2003)과 '혼효면'(이정우, 2016), '일관성의 구도'(이진경, 2003) 등이다. 이들 용어는 개념을 담아내기 위하여 신중하게 선택된 말이다. 고른판의 '고른'은 '(땅을) 고르다', '평평하게 만들다', '모두가 동등하게 하다' 등의 의미이다. '판'은 평면, 지면, 공간 등의 의미이다. 따라서 고른판은 이질적인 요소들이 특정 범위 내에서 하나가 되도록 조절하는 원리이다. 구성 요소들이 본래의 속성을 감추고 무엇인가 하나가 되게 하는 힘이다. 혼효면은 '혼효'에 '면'이 덧붙여진 것이다. '혼효'는 여러 가지가 뒤섞여 있는 것을 의미한다. '면'은 여러 가지가 뒤섞여 있지만 무엇인가 하나를 이루고 있음을 지시한다. 혼효면은 고른판의 의미 속성을 공유한다. '일관성의 구도'에서 '일관성'은 '서로 다른 요소들이 조화를 이루도록 배치하여 무엇인가 하나가 되게 하는 성질'을 의미하고, '구도'는 '어떤 일의 내적 구조나 건물의 설계 도면과 같이 겉으로 드러나지는 않았지만 일이 이루어지도록 하는 원리'이다. 일관성의 구도는 이질적 요소들이 어울려 무엇인가 하나가 되도록 하는 내적 원리이다. 이들 용어에서 보면, 이질적 여러 요소가 무엇인가 하나가 되도록 만드는 내적 원리가 'plan de consistance'이다. 이 일관성의 구도로 인하여 여러 요소가 하나의 집합체를 이루고 있을 때, 겉으로 드러나 보이는 것이 '사건(일, 사물, 대상)'이고, 사건에 내재해 있는 본질을 포착한 것이 특개성(<이것임>)이다.

이와 전혀 다른 판이, 또는 판에 관한 완전히 다른 착상이 있다. 거기에는 형식이나 형식의 전개는 없으며, 주체와 주체 형성도 없다. 발생은 물론이거니와 구조도 없다. 형식을 부여받지 않았거나 최소한 상대적으로 형식을 부여받지 않은 요소들 간에, 온갖 종류의 분자들과 입자들 간에 운동과 정지, 빠름과 느림의 관계가 있을 뿐이다. 존재하는 것은 <이것임>들, 변용태들, 주체 없는 개체화들 뿐이며, 이것들은 집합적 배치물들을 구성한다. 아무것도 자신을 전개하지 않는다. 사물들은 늦거나 빨리 오며, 이들을 속도의 합성에 따라 특정한 배치물을 형성한다. 아무것도 자신을 주체화하지 않는다. 주체화되지 않은 역량들이나 변용태들의 합성에 따라 <이것임>들이 형성되는 것이다. (김재인 역, 2003: 505)

위의 인용문에서 보면, 일관성의 구도는 초월성의 구도와는 다른 것이다. 그래서 형식의 전개나 주체의 형성은 물론 발생도, 구도도 없다. 몰(mole)적인 통일된 형식이 부여되지 않은 개별적 분자나 입자의 작용만 있다. 각 요소는 형식이나 규정, 규칙, 원칙 등에 속박되지 않는다. 배치와 접속에 의하여 사건을 일으키고 계열의 선을 만든다. 이 과정에서 분자나 입자는 배치에 따라 운동과 정지, 빠름과 느림 활동을 갖는다. 그렇기에 무엇과도 연결될 수 있고, 연결을 통하여 무엇으로도 될 수 있다. 일관성의 구도는 이들 활동성만 있는 분자나 원자가 질서를 이루게 하는 원리이다. 일관성의 구도가 작용하면 분자나 입자는 계열의 선을 이루어 무엇인가가 된다.

김홍도의 <황묘농접도(黃猫弄蝶圖)>를 보면, 그림 속에 여러 대상이 있다. 고양이, 나비, 패랭이꽃, 제비꽃, 바위, 흙, 풀, 햇빛, 바람 등이 있다. 이들 대상은 각기 서로 관계가 없는 것들이고, 각기 자기 방식대로 존재한다. 그런데 이들 대상이 <황묘농접도> 속에 배치됨으로써 하나의 그림을 구성하고 있다. 이질적인 대상들이 화폭 속에 배치되어 서로 관계를 맺음으로써 하나의 그림이 되었다. 일관성의 구도는 <황묘농접도>에서와 같이, 서로 다른 대상들이 하나의 그림이 되도록 관계지어지는 원리이다. 각 대상은 본래의 특성과 모양, 행동, 위치 등이 있을 수 있지만, 그림 속에서의 각 대상은 그 특성을 드러내지 않는다. 각 대상의 운동과 정지, 빠름과 느림의 관계들만 존재한다. 그래서 <황묘농접도>를 구성하고 있다.

<황묘농접도>에서와 같이 대상들은 개별성을 드러내지 않는다. 일관성의 구도가 작용하여 각 대상이 하나를 이룰 수 있게 배치를 이룬다. 이렇게 배치를 이룬 대상들은 노란 고양이가 나비와 노는 그림의 장면을 구성해 낸다. 내적으로는 고양이와 나비는 '80세 노인 부부', 패랭이꽃은 '젊은 건강', 제비꽃은 '마음먹은 대로 이루다', 바위는 '장수' 등을 상징한다. 이로써 <황묘농접도>는 '노부부의 건강과 소원 성취, 장수함을 기원'하는 뜻을 담고 있다.[11] 이 그림의 감상

[그림 1] 김홍도의 <황묘농접도(黃猫弄蝶圖)>

---

11   [동양화] 한국, 김홍도 – 황묘농접도, 황묘농접도 뜻, 의미. https://blog.naver.com/hsone93/
      222198476771

자들은 각자 그림을 감상하면서 '봄날의 역동적 정취'나 '주변 사물들의 아름다움' 등을 느낄 수도 있다.

그림을 구성하고 있는 각 대상은 화가의 심적인 반응인 감응(변용태), 그 감응의 내용을 개체화된 생각으로 구체화한 특개성(<이것임>)들이다. 또한 감응이나 특개성(<이것임>)은 원칙이나 규칙 또는 정해진 방식이 없는, 즉 주체가 아닌 몸체의 작용에 의한 것들이다. 그러면서 각 대상에 대한 감응이나 특개성은 집합적 배치물(황묘농접도)을 구성한다. <황묘농접도>를 이루고 있는 대상들은 대상 자신의 특성을 드러내지 않는다. 그림의 필요에 따라 느리거나 빠르며 각 대상의 특성으로 합성되어 <황묘농접도>를 이루고 있다. 그림을 구성하는 대상 그 어느 것도 개별적 특성을 드러내어 주체화하지 않는다. 그 결과 <황묘농접도>만이 갖는 고유한 개체성이 있는 본질적 특개성(<이것임>)을 만들어 낸다.

> 경도와 위도, 속도와 <이것임>만을 알고 있는 이러한 판은 (조직의 판과 전개의 판에 대립되는) 고른판 또는 조성의 판이라 불린다. 이것은 필연적으로 내재성의 판이고, 일의성의 판이다. 따라서 우리는 자연과 아무런 관계는 없지만 이것을 <자연>의 판이라고 부르기로 한다. 왜냐하면 이 판은 자연적인 것과 인공적인 것 사이에 어떤 구별도 하지 않기 때문이다. 차원들이 아무리 증가하더라도 이 판은 그 위에서 일어나는 것에 대해 아무런 보조적 차원도 갖지 않는다. 바로 그렇기 때문에 이 판은 자연적이며 내재적이다. (김재인 역, 2003: 505)

일관성의 구도(고른판)는 초월성의 구도와 대립적이다. 초월성의 구도가 '주체의 형성'에 관여한다면, 일관성의 구도는 '몸체 작용'에 관여한다. 몸체는 경도와 위도로 이루어져 있다. 경도는 몸의 각 부분(신체적, 정신적)의 활동가능력이고, 위도는 경도가 작용할 때의 감응의 강도이다. 몸체는 경도와 위도의 교차에 의한 좌표를 가지고 있고, 이 좌표가 대상과 접속하여 감응함으로써 본질을 포착하게 한다. 몸체의 좌표가 접속할 대상(또는 대상의 특정 부분)을 정할 수도 있지만, 대상에 의하여 몸체가 접속할 좌표가 결정되기도 한다. 몸체의 좌표와 대상의 부분이 접속하여 배치가 이루어지고 사건이 일어나고, 그 사건의 본질을 밝힌 것이 속도(고유성, 개체성)가 있는 특개성 (<이것임>)이다. 특개성이 드러날 수 있게 하는 것이 일관성의 구도이면서 조성(composition, 구성)[12]의 구도(구성의 판)이다. 이 조성의 구도는 특개성을 포착할 수 있게 안에서 작용하는 내재성의 구도이고, 특별하고 독특한 한 가지(<이것임>)만이 되게 하는 일의성의 구도이다. 들뢰즈와 과타리는 이것을 '<자연>의 구도(판)'라고 부르고, 이는 보조적인(+1)인 것을 갖지 않는다. 일관성의 구도는 자연적이며 내재적이라는 것이다.

고른판(plan de consistance)은 안-고른판(de non-consistance)으로도 불릴 수 있다. 그것은 정신적인 구상(dessein)이 아니라 추상적인 소묘(dessin)와 관련된 기하학적인 판(도면)이다. 그것은 거기서 일어나는 것과 더불어 끊임없이 차원이 증가하지만, 결코 판으로서의 특성(planitude)을 잃어버리지 않는 판이다. 따라서 그것은 번식, 서식, 전염의 판이다. 그러나 재료의 이러한 번식은 진화나 형식의 전개 또는 형태들의 계통 관계와는 아무런 관계도 없다. 나아가 그것은 하나의 원리로서 소급될 수 있는 퇴행도 아니다. 반대로 그것은 역행으로 거기에서 형태는 끊임없이 용해되어 시간과 속도를 해방시켜 준다. 그것은 고정판, 즉 음(音)적인, 시각적인, 글쓰기적인……고정판이다. 여기서 <고정>은 <부동>

12 '조성'은 'composition'을 김재인(2003: 505)이 번역한 말이다. 이진경(2003b: 156)은 '구성'으로 번역한다. 국어과의 쓰기 교육 논의에서도 '구성'으로 주로 번역하므로, 이 논의에서는 '구성'으로 표현한다.

을 의미하는 것이 아니다. 고정이란 정지뿐 아니라 운동의 절대적 상태로, 이 위에서는 상대적인 온갖 빠름과 느림만이 모습을 드러낼 뿐 다른 것들은 모습을 드러내지 않는다. (김재인 역, 2003: 506)

일관성의 구도는 반-일관성의 구도가 될 수도 있다. 정신적인 일목요연한 구상이 아니라 단색으로 형태와 명암만으로 표현한 기하학적 도면과 같은 소묘일 수 있기 때문이다. 도면은 여러 차원이 추가될 수 있지만 그 도면의 내적 특성은 없어지지 않는다. 그렇기에 일관성의 구도는 한 무리의 특성을 전염의 방식으로 생성해 가지는 것으로 계열성이나 구조성과는 관련이 없다. 또한 일관성의 구도는 계열성과 같이 하나로 수렴되지 않고 개체별로 새롭고 고유하게 생성해 가게 한다. 그렇기에 일관성의 구도는 적군을 기다리면서 매복한 군대나 먹이를 잡기 위해 하늘에서 정지 비행을 하는 솔개의 속도를 가진 정중동(靜中動)의 구도이다. 즉 일관성의 구도는 고유성을 가진 정지나 운동의 절대적인 상태로, 구성 대상들의 빠름과 느림을 그 모습으로 드러낸다. 이것은 고정된 형태를 벗어나 일상적인 시간과 보편성의 성향을 배제한다. 즉 <황묘농접도>에서 그림 속 대상들은 일관성의 도구 안에서 각기 자기만의 빠름과 느림의 특성으로 그림에 기여한다.

몇몇 현대 음악가들은 서양 고전 음악 전체를 지배했다고 여겨지는 초월적인 조직의 판에 내재적인 음악의 판을 대립시킨다. 이러한 내재적인 음의 판은 그 판이 제공하는 것과 함께 언제나 주어지며, 지각 불가능한 것을 지각하게 해주고, 단지 미분적 빠름과 느림만을 일종의 분자적인 찰랑거림 소리 속으로 데려간다. **예술작품은 몇 초, 십분의 일 초, 백분의 일 초를 표시해야만 한다.** 또는 문제는 불레즈가 말하는 유동하는 음악, 즉 형식들이 순수한 속도 변화에 따라 자리를 양보하는 전자 음악에 있는 시간 해방, 아이온, 박동하는 않는

시간이다. 구조와 발생에 맞서 과정을 긍정하고, 박동하는 시간 또는 템포에

맞서 유동하는 시간을 긍정한 모든 해석에 맞서 실험을 긍정하는 이 고정판−여

기서 음은 정지로서의 침묵이 운동의 절대 상태를 나타낸다−을 가장 완전하게

펼쳐준 최초의 인물은 분명 존 게이지(John Cage)이다. (김재인 역, 203: 506-

507)

일관성의 구도는 초월적인 구도와 대립하기도 한다. 현대 음악을 예로

들 수 있다. 음악에서 일관성의 구도는 음들이 개별성을 버리고 분자적으로

미분적인 빠름과 느림을 갖게 하여 지각 불가능한 것을 지각하게 해 준다.

그래서 음을 몇 백분의 일 초까지 표시하는 일이 있다. 페리 불레즈(pierre

Boulez)의 유동하는 음악들이 그 예라는 것이다. 더 나아가 존 케이지(John

Cage)의 음악은 음의 정지로 침묵의 절대 운동 상태를 알려준다. 피아노곡이

지만 피아노 연주가 없는 곡인 <4분 33초>가 그 대표적이다. 이들에서 보면,

일관성의 구도가 초월성의 구도와 대립하면서 초월성의 구도를 넘어선다. 들

뢰즈와 과타리는 장뤽 고다르(Jean-Luc Godard)의 영화, 나탈리 사로트(Nathalie

Sarraute)의 글쓰기 등을 예로 든다. 또한 횔더린(Friedrich Hölderlin),[13] 클라이스

트(Bernd Heinrich Wilhelm von Kleist),[14] 니체(Friedrich Wilhelm Nietzsche)[15] 등의

---

13 이 작품(휘페리온)에서는 시로 두 가지 방식으로 '이야기의 틀'(판)과 거기서 일어나는 일
    의 세부 사항(배치들 및 상호-배치들)을 동시에 구성하는 계절 유형의 <이것임>들이 중요
    하다. 하지만 계절이 지나면서, 그리고 다른 해의 같은 계절이 중첩되면서 형태들과 인물들
    이 용해되고 운동들, 빠름들, 자연들, 변용태들이 배출된다.(김재인 역, 2003: 508)

14 클라이스트는 '생의 판들'을 증가시키지만, 그러나 그의 공백, 실패, 도약, 지진, 페스트
    등을 포함하는 것은 항상 하나의 동일한 판이다. 그리고 그 판은 조직의 원리가 아니라
    운송 수단이다. 어떠한 형식도 전개되지 않으며, 어떠한 주체도 형성되지 않는다. 오히려
    변용태들이 이동하며, 생성들이 번쩍 솟아올라 아킬레우스의 여성-되기나 펜테실레이아의
    개-되기처럼 블록을 만든다. 클라이스트는 어떻게 형식들과 인칭들이 외관에 지나지 않는
    가, 추상적인 선 위에서의 중력 중심의 이동과 내재성의 판 위에서의 이 선들의 접합접속에

글들이 초월성의 구도를 넘어서는 일관성의 구도를 보여준다고 말한다.

다. 구도 간 상보

초월성의 구도와 일관성의 구도는 하나의 특개성을 이룬다. 일관성의 구도가 특개성의 내재성의 원리라면 초월성의 구도는 외재성의 원리이다. 일관성의 구도가 특개성의 내부를 이루어 준다면 초월성의 구도는 외부에서 형식과 방향으로 조응한다. 특개성은 일관성의 구도로 완결성을 갖게 되고, 초월성의 구도로 지향성을 지녀 '되기'의 실현에 기여한다. 예로, 『천 개의 고원』의 독자가 읽기 현상을 해명할 특별하고 고유한 개념의 특개성을 포착할 때, 그 특개성이 텍스트 이해의 어떤 점을 해명할지를 정해주는 것이 초월성의 구도이다. 일관성의 구도가 특개성 자체를 이루는 원리라면, 초월성의 구도는 그 특개성이 기여할 바를 정해주는 원리이다. 각 개인이 사건 속에서 특개성을 포착하여 되기를 실현하는 것은 초월성의 구도와 일관성의 구도의 상보작용 결과이다.

그렇다면 두 종류의 판 간의 대립은 여전히 추상적인 하나의 가설과 결부되는 것일까? 사람들은 감지할 수 없는 정도로 조금씩, 알지 못하는 채로 아니면 사후에 알게 되면서 하나의 판에서 다른 판으로 끊임없이 이행한다. 또한 사람

의해 생산된 외관에 지나지 않는가를 아주 놀랍게 설명했다.(김재인 역, 2003: 508-509)

15 우리가 보기에 니체에게서 문제는 단편 형식의 글쓰기가 아니었다. 오히려 빠름과 느림이 문제였던 것이다. 빠르게 또는 느리게 쓰는 것이 아니라, 글쓰기와 그 밖의 다른 모든 것이 입자들 간의 빠름과 느림의 생산이 되는 것. 어떠한 형식도 여기서 저항하지 못하고, 어떠한 성격이나 주체도 여기서 살아남지 못한다. 차라투스트라는 빠름과 느림만을 가지고 있으며, 영원회귀와 영원회귀의 삶은 박동하지 않는 시간의 최초의 구체적인 커다란 해방이다.(김재인 역, 2003: 510)

들은 하나의 판 위에 다른 판을 끊임없이 재구축하거나 하나의 판에서 다른 판을 끊임없이 추출해 낸다. (김재인 역, 2003: 511)

들뢰즈와 과타리의 설명에 따르면, 초월성의 구도와 일관성을 구도는 대립적인 속성을 가지고 있어 구분된다. 그렇지만 그 구분은 실질적인 차원에서의 구분이 아니라 추상적인 가설로써의 구분이다. 그렇기에 두 구도는 서로의 판(구도)으로 끊임없이 이행한다. 개인이 특개성을 포착하는데 두 개의 구도가 상보적으로 작용해야 한다. 일관성의 구도는 초월성의 구도가 필요하고, 초월성의 구도는 일관성의 구도의 작용을 위해 존재한다. 이들의 작용은 감지하지 못할 정도로 조금씩, 또는 알지 못하거나 사후에 확인된다. 그러면서 개인은 특개성을 포착하면서 하나의 판 위에서 다른 판을 재구축하거나 끊임없이 추출한다. 이 말은 개인이 사건 속에서 특개성을 포착할 때, 초월성의 구도와 일관성의 구도는 서로가 긴밀한 상보관계를 이루고 있음을 가리킨다.

풀이 눕는다/ 비를 몰아오는 동풍에 나부껴/ 풀은 눕고/ 드디어 울었다/ 날이 흐려서 더 울다가/ 다시 누웠다// 풀이 눕는다/ 바람보다도 더 빨리 눕는다/ 바람보다도 더 빨리 울고/ 바람보다 먼저 일어난다// 날이 흐리고 풀이 눕는다/ 발목까지/ 발밑까지 눕는다/ 바람보다 늦게 누워도/ 바람보다 먼저 일어나고/ 바람보다 늦게 울어도/ 바람보다 먼저 웃는다/ 날이 흐리고 풀뿌리가 눕는다 (김수영, <풀> 전문)

<풀>은 60년대의 시대적 상황의 본질을 포착하여 표현한 시이다. 60년대 당시의 시인은 자신이 마주한 정치 현실에서 민중의 본질을 특개성으로 포착하여 <풀>로 표현하고 있다. 위의 시에서 보면, 초월성의 구도와 일관성의 구도의 상보 작용을 이해할 수 있다. 시의 내용은 풀의 속성을 표현하기

위한 것이 아니다. 폭압적 정치 현실에서의 민중의 특성을 밝히기 위한 것이다. 위의 시는 시적 형식과 주체(민중)의 형성을 지향점으로 지닌다. 그러면서 민중을 풀에 비유하는 구조적(은유) 구도는 물론 풀의 본성과 계열을 이루는 발생적 구도를 갖는다. 시로서의 현실 참여라는 목적론적인 의도가 드러난다. 즉 시의 초월성의 구도가 작용하고 있다. 그렇지만 풀로 표현되어 바람에 눕고, 일어나고, 먼저 울고, 먼저 웃는 민중의 특성은 그 자체로 완결성을 이루고 있다. 풀, 동풍, 바람, 눕다, 일어나다, 울다, 웃다 등의 여러 요소가 일관성의 구도로 하나의 대상(민중의 특성)을 특개성으로 포착하게 하고 있다. 시에는 시적 형식, 주체 형성, 시적 목적이나 지향이 작용하고 있다. 초월성의 구도가 작용하여 시의 내용이 지향을 갖게 된다. 이를 토대로 풀로 표현되는 민중의 특성이 특개성으로 포착되고 있다. 초월성의 구도가 작용하는 가운데 일관성의 구도가 그 위에서 작용한다. 반대로 일관성의 구도가 작용할 때, 그 위에서 초월성의 구도가 작용한다. 이들 두 구도의 상보 작용이 <풀>이 시로서 의미를 지닐 수 있게 한다.

조직과 전개의 판은 우리들이 성층 작용이라 부른 것을 효과적으로 덮고 있기 때문이다. 즉 형식들과 주체들, 기관들과 기능들은 '지층' 또는 지층 간의 관계인 것이다. 이와 반대로 고른판, 내재성의 판, 또는 조성의 판은 모든 <자연>의 탈지층화를 내포하며, 여기에는 가장 인공적인 수단에 의한 탈지층화마저도 포함되어 있다. 고른판은 기관 없는 몸체이다. 순수한 변용태들이 탈주체화의 사업을 내포하는 것처럼 고른판 위에서 나타나는 것과 같은 관계들, 즉 입자들 간의 빠름과 느림이라는 순수한 관계들은 탈영토화의 운동을 내포한다. (김재인 역, 2003: 511-512)

초월성의 구도와 일관성의 구도가 상보적이라는 말은 이들이 구분되는 역할로 협응함을 뜻한다. 초월성의 구도에 속하는 조직의 구도(판)와 전개의 구도(판)는 성층 작용을 한다. 성층 작용은 지층의 층과 같이 서로 구분되고 나누어지는 여러 겹의 층을 만드는 것이다. 초월성의 구도는 형식을 구분하고, 주체들이 서로 분리되게 함은 물론, 각 지층의 기관과 기능의 구별에 의하여 '지층'을 형성하여 지층화를 실현할 수 있게 한다. 이에 비해 일관성의 구도는 내재성의 구도 또는 구성(조성)의 구도로 탈지층화를 실현하려고한다. 탈지층화는 현재의 지층을 벗어나기보다는 자기만의 특성을 생성하는 것이다. 그렇기에 일관성의 구도는 탈지층화로 기관없는 몸체에 내재한다. 틀에 얽매이지 않은 순순한 감응(변용태)들이 탈주체화를 내포하는 것과 같이 일관성의 구도 위에서 항들은 탈영토화를 실행한다.

> 조직의 판은 고른판 위에서 끊임없이 활동하면서 항상 도주선들을 봉쇄하려 하고 탈영토화의 운동들을 저지하고 차단하려 하며, 그 운동들을 무겁게 하고, 재지층화하고, 깊이에서 형식들과 주체들을 재건하려 한다. 그리고 역으로, 고른판은 끊임없이 조직의 판을 빠져나가고, 입자들을 지층 밖으로 풀려나가게 하고, 빠름과 느림을 이용해 기능들을 부순다. 그러나 여기서도 역시 고른판이 순수한 소멸의 판 또는 죽음의 판이 되지 않기 위해서는, 그리고 역행이 미분화 상태로 퇴행되지 않기 위해서는 신중함이 필요하다. (김재인 역, 2003: 511-512)

초월성의 구도와 일관성의 구도의 서로 다른 작용 원리가 상보성을 만든다. 초월성의 구도는 형식적이고 조직적이어서 방향성, 지향성을 유지하게한다. 한편 일관성의 구도는 탈형식적이고 탈조직적이어서 탈주성, 탈영토성을 고수한다. 그렇기에 이 두 구도의 작용 방식은 상반된다. 그래서 초월성의 구도는 일관성의 구도 위에 작용하면서 탈주선들을 봉쇄하려 하고, 탈영토화를 저지하고 차단하려고 한다. 그래서 일관성의 구도의 작용에 방향성과 지향성을 부과한다. 반면 일관성의 구도는 그 내적 속성에 의하여 초월성의 구도의 제한을 벗어나려 한다. 조직의 판에서 탈주하고, 탈지층화하고, 탈주체화한다. 이로써 일관성의 구도에 의한 특개성의 포착 작용이 초월성의 구도를 완전히 벗어날 수 있다. 그렇게 되면 일관성의 구도에 의하여 포착된 특개성은 순수한 소멸이나 무의미한 것이 될 수 있다. 이를 방지하기 위해 초월성의 구도의 작용이 상보적으로 이루어져야 한다.

3. 이해와 구도자

독자가 텍스트를 읽는 일은 읽기 사건이다. 읽기 사건은 독자의 참여로 발생한다. 읽기 사건은 텍스트 요소, 독자 요소, 사회문화적 요소, 읽기 상황 요소 등의 배치로 구성된다. 독자는 그 읽기 사건 속에서 특개성을 생성한다. 독자의 특개성의 생성에는 읽기 구도자가 관여한다. 이 읽기 구도자는 '읽기 초월성의 구도'와 '의미 일관성의 구도'로 세분된다. 읽기 초월성의 구도는 독자가 텍스트를 읽는 목적이나 지향과 관련된 특개성 생성의 원리이다. 의미 일관성의 구도는 독자만의 개체성을 지닌 특개성 생성의 원리이다. 읽기 초월성의 구도와 의미 일관성의 구도는 상보적으로 작용하여 독자가 생성한 특개성에 개체성이 내재하게 한다. 읽기 사건에서 독자가 특개성 포착하는 데 작용하는 읽기 구도자에 대하여 살펴본다.

가. 읽기 구도자

독자의 텍스트 이해에는 독자의 각성된 의식 외에 다른 의식이 함께 활동한다. 이 다른 의식은 독자가 의식하지 않지만, 독자의 의식 활동에 내속되어 있다. 독자가 텍스트를 읽고 의미를 생성하는 활동에 이 의식이 관여한다. 이 의식은 독자의 무의식과는 다른 것이다. 독자 자신뿐만 아니라 다른 사람도 관심을 가지고 확인이 가능하다. 예를 들어, 한 국어교육학자가 특정한 텍스트를 읽을 때, 국어교육의 과제를 해결하기 위한 것임을 전제한다. 다른 사람들도 그 학자의 읽기를 그렇게 본다. 그 학자가 쓴 논문을 보면 텍스트를 읽는 의도나 목적, 내용 인식이나 해석의 방향을 확인할 수 있다. 이와 같이 독자가 텍스트를 읽을 때는 표면에 드러나지 않고 이면에서 활동하는 의식이 있다. 이 활동 의식을 '구도자'(a plane maker, 構圖者)라 할 수 있고, 독자의 텍스트 읽기 활동에 국한하여 '읽기 구도자'라 할 수 있다.

구도자는 사람의 의식 활동이나 행위가 이루어질 수 있게 한다. 구도자는 초월성의 구도로 의식 활동이나 행위에 특정한 형태와 방향, 지향이 내재하게 한다. 그래서 사람의 의식 활동이나 행위가 조직적이고 발전(development)적이며, 구조적이고 계열적으로 이루어질 수 있게 한다. 그러면서 일관성의 구도로 의식 활동이나 행위의 내용이 특정한 속성을 가질 수 있게 한다. 즉 구도자는 의식 활동이나 행위에 내재하는 '방법'이나 '원리'의 특성을 지닌다.[16] 구도자의 작용으로 우리는 참여한 사건에서 보아야 할 것을 보고, 들어야 할 것을 들을 수 있다. 구도자의 작용으로 인식해야 할 것을 인식하고, 이해해야 할 것을 이해하게 된다. 구도자는 우리의 지각 내용이나 사고의 내용이 특정한 형태가 되도록 한다. 예를 들어, 한 송이 꽃이 있다면, 어떤 사람은 꽃의 형태를, 어떤 사람은 꽃의 색깔을, 또 어떤 사람은 꽃의 향기를

---

16 Memories of a Plan(e) Maker. Perhaps there are two planes, or two ways of conceptualizing the plane. The plane can be a hidden principle, which makes visible what is seen and audible what is heard, etc., which at every instant causes the given to be given, in this or that state, at this or that moment. But the plane itself is not given. It is by nature hidden.(Massumi, 1987: 265)

지각하여 꽃의 속성을 규정한다. 꽃을 규정한 내용은 사람마다 다르다. 꽃을 각자가 특정하게 지각하여 규정하게 하는 것이 구도자이다.

독자의 텍스트 이해에는 읽기 구도자가 관여한다. 읽기 구도자의 활동이나 작용도 독자의 텍스트 읽기 행위에 내재한다. 읽기 구도자의 작용은 독자의 읽기 행위의 표면으로는 드러나지 않는다. 그러면서 독자의 텍스트 읽기 활동이 조직적이고 발전적이며, 구도적이고 계열적으로 이루어지게 한다. 그러면서 생성한 의미가 일관성이 내재된 특개성을 드러낼 수 있게 한다. 읽기 구도자는 독자가 텍스트를 읽고 생성할 의미가 특개성을 지닐 뿐만 아니라 특정한 형태나 방향, 지향을 가질 수 있게 한다. 독자가 텍스트를 읽을 때는 '읽기 구도자'가 의식 활동의 이면에서 의미 생성 활동에 관여한다. 읽기 구도자는 독자가 텍스트를 읽을 때, 텍스트의 특정 요소에 의식을 집중하게 하고, 특정하게 인식하고 특정한 이해 내용(특개성, 이것임)을 갖게 한다.

읽기 구도자는 읽기 활동의 이면(裏面)에서 작용한다. 들뢰즈와 과타리는 '구도자는 본성상(본질적으로) 숨겨져 있다(It is by nature hidden)'고 말한다. 읽기 구도자는 텍스트 읽기 활동의 이면에서 드러나지 않고 작용한다. 읽기 구도자가 작용하여 독자의 텍스트 이해에 특개성이 내재하게 된다.『천 개의 고원』을 읽는 독자마다 다른 개체성이 있는 이해 내용을 갖는다. 읽기 구도자가 작용하고 있기 때문이다. 철학자로서『천 개의 고원』을 읽는 독자라도 독자마다 의식을 집중하는 요소가 다르고, 이해 내용이 다르다. 독자마다 이해 내용이 달라지는 것은 읽기 활동의 이면에서 작용하고 있는 읽기 구도자 때문이다. 읽기 구도자는 읽기 활동의 이면에서 작용하기에 의식되지 않는다. 즉 주목받지 못하고 그 역할에 의식의 초점이 맞추어지지 않는다. 그렇지만 읽기 구도자는 독자가 텍스트를 읽을 때마다 작용한다.

읽기 구도자는 텍스트 이해 과정에 내재한다. 내재한다는 말은 읽기 구도자를 텍스트 이해 활동에서 곧바로 인식할 수는 없음을 의미한다. 독자의 텍스트 이해에 작용하는 읽기 구도자의 활동은 이해 결과에서 추론으로 파악할 수 있다. 독자의 텍스트에 대한 이해의 결과를 보면, 어떤 읽기 구도자가 작용했는지를 알 수 있는 것이다. 달리 말하면, 소나무 씨앗에 소나무 구도자가 작용하여 소나무가 되도록 한 것과 같이, 독자와 텍스트의 요소(입자)에 읽기 구도자가 작용하여 독자의 텍스트 이해가 특정 형태(특개성)로 되게 한다. 텍스트를 읽는 독자마다 개체성이 있는 이해 내용 생성(특개성)은 읽기 구도자의 작용에 의한 것이다. 즉 읽기 구도자는 독자의 텍스트 이해가 특정 형태의 내용이 되도록 한다.

그렇다면 외현적인 기호가 감싸고 있는 진리란 대상의 모든 변이 수준과 특이성, 모든 가능한 변화를 포괄하는 '이념'이라 할 수 있다. 들뢰즈에 따르면 "기호는 어떤 내적인 [이념 안의] 차이를 함축"한다(Deleuze, 1968a; 김상환 역, 2004: 66). 기호가 감싸고 있는 진리는 바로 모든 변이의 수준을 포괄하면서 다양한 의미 생성을 가능하게 하는 이념이다. 기호는 그 속에 다양체로서의 이념을 함축하고 있기에, 이 기호와 마주친 학습자는 대상에 대해 고정된 의미만을 파악하는 것을 넘어설 수 있다. 즉 이념을 함축하고 있는 기호는 학습자로 하여금 대상에 대한 분명한 의미를 파악하게 하기보다 오히려 대상에 대해 알 듯 말 듯 한 모호한 감응을 일으키고, 학습자가 느껴보지 못한 새로운 문제 사태를 제공함으로써 학습자를 문제와 물음의 세계로 인도한다. 이로 인해 그는 대상을 판에 박힌 방식으로 재인식하지 않고, 대상을 낯설게 느끼는 새로운 감각들을 생성하면서 대상에 감응하고 이것을 이해하는 새로운 의미를 창조하게 된다. (김재춘·배지현, 2016: 122-123)

윗글을 보면, 저자들은 들뢰즈의 『차이와 반복』(김상환 역, 2004)에서 '기호는 어떤 내적인 [이념 안의] 차이를 함축'한다는 구절에 주의를 집중한다. 그러고는 이 구절의 의미를 학습자의 학습 활동과 관련지어 의미를 파악하고 있다. 기호가 감싸고 있는 진리가 이념이며, 이념은 다양체이기에 기호와 마주친 학습자는 모호한 감응으로 새로운 문제 사태에 직면해 새로운 감각들을 생성하고 새로운 의미를 창조한다는 것이다. 들뢰즈의 기호에 대한 설명에서 저자들은 교육자로서 개체성이 있는 학습의 본질을 특개성으로 포착하고 있다. 저자들이『차이와 반복』에서 들뢰즈의 기호에 대한 표현을 이렇게 읽는 것은 읽기 구도자가 작용하고 있기 때문이다. 다른 독자는 다른 읽기 구도자로『차이와 반복』에서 다른 말에 집중하고 다른 의미를 생성한다.

읽기 구도자는 '읽기 구도(構圖, Plane, 원리)'로 독자의 텍스트 이해에 관여한다. 읽기 구도는 텍스트 이해가 특정한 속성을 가지게 하는 내적 원리이다. 독자의 텍스트 이해에는 이 원리가 작용하여 특정한 의미 생성하게 한다. 위의 인용문에서 알 수 있듯이, 독자는 텍스트의 특정 요소를 특정한 의미로 규정하여 이해 내용을 갖는다. '대상의 기호를 마주친 학습자는 기호 안에 있는 다양체로서의 이념으로 인해, 대상은 낯설게 느끼는 감각의 생성으로 감응하여 대상에 대한 새로운 의미를 창조한다'라는 내용이다. 읽기 구도가 윗글의 저자들이『차이와 반복』의 특정 구절에서 '학습자의 새로운 의미 창조'라는 이해 내용을 포착하게 한다. 읽기 구도는『차이와 반복』에서 다른 구절의 해석도 교육학적 의미를 생성하게 이끈다. 그러므로 읽기 구도는 독자의 텍스트 이해가 특정한 내용(특개성)을 갖게 하는 원리이다.

독자의 텍스트 이해에 관여하는 읽기 구도는 '읽기 초월성의 구도'와 '의미 일관성의 구도'로 구분할 수 있다. 읽기 초월성의 구도는 텍스트 이해의 외적 지향을 따르게 하는 원리이고, 의미 일관성의 구도는 텍스트 이해의 내적 특성을 갖게 하는 원리이다. 독자는 읽기 구도가 제공하는 외적 지향과 내적 특성을 갖게 하는 원리로 텍스트 이해 내용을 갖게 된다. 이는 독자의 텍스트 이해 내용이 읽기 구도에 의해 관리됨을 뜻한다. 보이지 않는 읽기 구도가 독자의 텍스트 이해 내용이 외적 지향성과 내적 개체성을 가질 수 있게 한다. 독자는 읽기 사건에서 읽기 구도의 관여로 특개성을 포착할 수 있는 것이다. 이는 읽기 구도가 특정한 형식과 주체가 개체성이 내재한 의미를 생성하도록 작용하기에 가능하다.

독자가 읽기 구도자의 작용을 자각할 때, 독자는 자기의 텍스트 이해 내용의 특성을 파악할 수 있다. 이는 독자가 읽기 구도자를 자각함으로써 자기가 이루어야 할 이해 내용을 가질 수 있게 됨을 뜻한다. 독자의 읽기 구도자는 텍스트 이해 내용(이해 결과물)에서 추론할 수 있다. 이 말은 독자가 텍스트를 읽기 전부터 생성할 의미(이해 내용)의 특성이 존재하고, 텍스트 이해가 그 특성에 따라 이루어짐을 의미한다. 각 독자가 『천 개의 고원』을 읽기 전부터 생성할 의미의 특성이 전제된다. 또한 『천 개의 고원』을 읽으면서 생성할 특성에 맞는 의미를 생성한다. 이로써 독자는 개체성이 내재한 특개성을 포착할 수 있게 된다. 읽기 구도자에 대한 자각이 없다면, 독자는 동일한 방식으로 읽고, 동일한 의미를 구성하게 될 것이다. 이는 방법적 동일성에 의한 내용적 동일성을 이루는 텍스트 이해로 마법의 현혹에 의한 것이다. 이 텍스트 이해는 강요에 의한 강제와 폭력에서 비롯된 것이다. 그렇지만 독자의 텍스트 읽기는 본디 동일성을 반복하는 의미 구성을 바라지 않는다. 마법에서 벗어나는 독자의 텍스트 읽기는 읽기 구도자를 자각하는 일에서 시작된다.

나. 읽기 초월성의 구도

독자는 읽기 사건 속에서 특개성을 찾아낸다. 이 특개성은 독자만의 개체성이 있는 생성 의미이다. 독자가 텍스트를 읽고 특개성을 생성하는 데는 이면에서 작용하는 읽기 구도자가 있다. 읽기 구도자의 작용으로 독자가 생성하는 특개성은 특정한 가치를 지닌다. 독자가 생성하는 특개성은 독자에게 필요하고, 독자를 위한 것이고, 독자만의 것이 된다. 이는 특개성이 독자에게 특화된 형태와 형식뿐만 아니라 내용과 특질을 지님을 뜻한다. 그래서 생성된 특개성은 독자만의 개체성을 드러내게 된다. 독자는 텍스트를 읽을 때 특개성을 생성한다. 이 특개성의 생성에는 일정한 양식으로서의 형식뿐만 아니라 조직과 전개, 발생과 구조 등이 관여한다. 이와 관련된 구도자의 작용이 '읽기 초월성의 구도'이다. 그리고 특개성의 생성이 일의적이고 완결성을 지니도록 하는 구성의 구도가 관여한다. 이와 관련된 구도자의 작용이 '의미 일관성의 구도'이다. 이 항목에서는 읽기 초월성의 구도를 살피고, 다음 항목에서 의미 일관성의 구도를 정리한다.

읽기 초월성의 구도는 독자가 텍스트와 맺는 관계의 의도(意圖)와 관련된다. 독자의 텍스트 읽기 사건에서 본질을 찾아내는 일에는 필연적으로 읽기 의도가 관여한다. 이 읽기 의도는 독자가 의식할 수도 있고, 그렇지 않을 수도 있다. 특히 읽기 사건에서 독자가 생성하는 특개성에는 이 읽기 의도가 내재한다. 독자가 아무렇게나 특개성을 생성하는 것이 아니기 때문이다. 특개성은 독자가 의식적으로 집중하든 하지 않든 읽기 의도가 관여한다. 이 읽기 의도의 작용을 이끄는 것이 읽기 초월성의 구도이다. 읽기 의도는 독자 마음속에 있는 계획과 설계의 요인이다. 이 읽기 의도의 작용으로 계획된 대로, 설계된 대로 독자는 특개성을 생성한다. 독자의 읽기 의도가 관여하지 않는다면 특개성은 개체성을 지닐 수 없다. 나름대로 완전할 수 있는 것도 읽기 의도가 관여하기 때문이다. 읽기 초월성의 구도는 독자의 특개성이 특정한 형태를 가질 수 있게 하는 의도를 구체화하는 원리로 작용한다.

하이데거는 현존재가 다른 존재자들을 자신의 의지와 의욕에 맞게 드러내는 그러한 주체가 아니라, 각기 다른 존재자들의 고유함과 각별함을 존중하면서 이를 드러내는 존재의 목자임을 강조한다. 스승-현존재가 제자-현존재를 심려하면서 그에게 회화(誨化)를 행할 때, 그는 분명 제자를 거기로 인도하고자 하는 방향과 목적지를 지니고 있다. 그러나 이는 강제할 수 있는 것이 아니라, 제자의 학시습을 돕는 회화를 통해 자연스럽게 유도해야 하는 것이다. 제자는 스승이 자신의 의지와 의욕에 맞게 다룰 수 있는 존재자가 아니라, 한 사람의 고유한 존재자로 스승 앞에 있으면서 학시습하는 자이다. 그렇기 때문에 제자는 스승이 인도하고자 하는 길이 아닌 다른 길을 걸으면서 학시습할 수 있다. (엄태동, 2016: 198-199)

윗글은 하이데거의 텍스트를 읽고 저자가 생성한 교수-학습에 관한 생각으로 특개성이 내재한다. 스승-현존재와 제자-현존재의 교육적 관계 맺음에 대한 특개성이다. 스승과 제자는 서로 현존재로서 존재하기에 스승의 회화(誨化)는 제자의 고유함과 각별함을 존중해야 한다. 또한 인도하고자 하는 방향과 목적지가 있지만 스승은 이를 강제해서는 안 된다. 제자는 학시습자로서 자신을 길을 가는 학시습을 해야 하고, 이를 가능하게 하는 것이 스승의 길이라는 것이다. 저자의 이 생각(특개성)은 하이데거의 텍스트를 읽는 사건에서 '현존재'에 대한 설명을 접하고, 교육의 관점에서 스승과 제자를 현존재로 규정함으로써 얻게 된 생각이다. '현존재'에 대한 설명에 교육적으로 감응함으로써 생성한 내용이다. 저자가 하이데거의 텍스트를 읽으면서, 이런 특개성을 포착하는 것은 읽기 의도와 관련된 읽기 초월성의 구도가 관여하고 있기 때문이다. 이에서 보면, 읽기 초월성의 구도가 독자의 특개성 생성에 작용하는 특성을 몇 가지 정리하면 다음과 같다.

첫째, 과업성이다. 과업성은 과업이 지닌 특성이나 관련성이다. 윗글의 내용을 보면, 저자의 특개성은 삶(직업)의 과업과 관련되어 있다. 저자는 교육학자로서 텍스트를 선택하여 읽고, 텍스트의 특정 요소(입자)에 감응한다. 이 감응을 바탕으로 교육과 관련된 생각을 구체화한 내용으로 특개성을 생성한다. 윗글의 저자는 자기가 생성한 특개성의 이러한 교육학적 성격을 의식할 수도 있고 그렇지 않을 수도 있다. 물론 저자를 아는 사람들은 저자의 이런 특개성 생성을 예상한다. 이는 독자의 특개성 생성에 독자의 과업을 주관하는 주체가 관여함을 함의한다. 주체는 하나의 기표와 같이 자기의 이름값에 해당하는 역할과 기능을 갖는다. 주체는 과업을 지니고 있고, 이루어야 할 목표를 가지고 있다. 독자 주체는 과업과 연계된 목표의 성취를 지향한다. 그렇기에 독자 주체의 활동으로 생성되는 특개성은 독자의 과업 특성을 반영한다. 윗글에서 읽기 초월성의 구도로 작용하는 독자의 과업 특성을 확인할 수 있다.

둘째, 생성성이다. 저자는 특개성 생성을 통해 교육학자로서 자기를 생성하고 있다. 저자가 텍스트와의 관계 맺음 속에서 찾아내고 구체화하는 것은 자기이다. 교육학자로서 현존재를 교육의 관점에서 인식하고, 스승-현존재와 제자-현존재를 떠올린다. 이를 통해 스승도 현존재여야 하고, 제자도 현존재여야 함을 인식한다. 그렇다면 스승-현존재와 제자-현존재가 어떤 관계여야 하는지를 따질 수밖에 없다. 저자는 스승과 제자는 모두 현존재이기에 각기 다른 길을 갈 수밖에 없는 존재자임을 인식한다. 현존재의 속성을 바탕으로 교육학자로서 스승-현존재와 제자-현존재의 속성을 밝히고, 교육 또는 교수-학습이 어떻게 이루어져야 하는지를 깨치게 된다. 이 깨침은 교육학자로서 기존과는 다른 교수-학습에 대한 인식을 가진 자기를 생성한다. 이러한 자기 생성도 읽기 초월성의 구도가 작용하고 있기에 일어난다.

셋째, 방향성이다. 윗글은 교육을 설명하고 규정하기 위한 방향과 목적을 지닌다. 윗글의 저자는 철학서로 알려진 텍스트를 읽고, 교육학적 아이디어로 스승과 제자의 관계 설정을 탐구하고 있다. 철학적 개념을 교육학적 개념으로 재해석하고 구체화하고 있는 것이다. 이는 읽기 초월성의 구도의 작용에 의한 것이다. 텍스트 읽기의 방향과 도달해야 할 목적이 독자의 특개성 생성에 관여하고 있는 것이다. 이는 윗글의 저자가 다른 텍스트를 읽을 때에도 작용하게 된다. 그렇기에 읽기 초월성의 구도는 독자의 특개성 생성 과정의 이면에서 관여한다. 독자가 생성하는 특개성이 지녀야 할 성격이 특정한 형태가 되도록 한다. 그래서 독자의 특개성이 개체성을 지닐 수 있게 한다. 즉 독자의 고유성을 드러내는 특개성이 되는 것이다.

넷째, 조직성이다. 스승-현존재와 제자-현존재는 각기 현존재이다. 현존재는 존재자와 존재를 공속한다. 현존재의 존재자와 존재의 공속은 고유하다. 즉 현존재가 존재자와 존재를 공속하는 것은 다른 누구와도 동일할 수 없다. 그렇기에 스승과 제자의 존재자에 대한 존재의 공속은 서로 다를 수밖에 없다. 이 논리를 스승-현존재와 제자-현존재에게 적용하여 스승-현존재와 제자-현존재는 각기 다른 길을 가는 존재임을 밝히고 있다. 특개성의 내용이 일정한 조직을 이루고 있다. 현존재의 존재자와의 존재 공속의 구조를 활용하여 스승-현존재와 제자-현존재의 가는 길이 다름을 설명해 낸다. 이를 가능하게 하는 것이 읽기 초월성의 구도이다. 윗글의 내용 조직은 현존재의 존재 공속 논리를 활용하여 스승-현존재의 존재 공속과 학생 현존재의 존재 공속 논리로 이루어져 있다. 읽기 초월성의 구도는 특개성의 내용이 어떤 형태여야 하는지를 결정하는 원리이다.

다섯째, 계열성이다. 윗글은 내적으로 교육학과 계열 관계를 이루고 있다. 철학적 논의가 교육학적 논의로 계열 관계의 전환을 이루고 있다. 실제 텍스트 이해는 이런 계열 관계에 의하여 특개성을 생성한다. 이 논의도 마찬가지이다. 『천 개의 고원』은 철학적 논의이지만 이 논의는 텍스트 이해와 관련된다. 읽기 초월성의 구도는 특개성이 독자의 기존의 텍스트 이해와 계열적 관계를 이루도록 한다. 독자가 특개성을 생성할 때, 읽기 초월성의 구도는 독자가 기존에 생성한 특개성과의 계열적 관계 맺음을 갖게 한다. 이로 인해, 독자의 텍스트 이해는 일정한 경향성을 지닌다.

다. 의미 일관성의 구도

독자가 텍스트와 관계를 맺는 일은 하나의 사건이다. 사건은 여러 가지 요소들이 특정한 시공간에 배치되어 계열 관계를 형성할 때 발생한다. 독자가 텍스트를 읽는 일은 텍스트의 요소와 독자의 요소가 계열 관계 맺음으로 읽기 사건이 된다. 이 읽기 사건 속에서 독자는 사건의 본질에 감응하여 특개성을 생성한다. 그렇기에 독자가 생성하는 특개성은 텍스트 요소와 독자 요소, 상황 요소 등의 관계 맺음으로 이루어진다. 특개성은 서로 다른 여러 요소가 결합되어 있다. 독자의 텍스트 해석 활동은 이 특개성을 생성하는 활동이라 할 수 있다. 독자가 생성하는 특개성은 읽기 사건에서 그 본질에 감응한다고 바로 완결되는 것이 아니다. 감응한 내용을 여러 요소와 결합하여 특정한 형태가 되도록 조직하고, 그 내용을 충실하게 완결하는 과정을 거쳐야 한다. 독자가 생성한 특개성이 완결성을 갖도록 하는 것에 관여하는 원리가 의미 일관성의 구도이다.

의미 일관성의 구도는 독자가 생성하는 특개성의 구성과 관련된다. 독자가 텍스트를 읽고 생성하는 특개성은 여러 이질적인 요소들이 특정한 관계를 맺어 이루어진다. 여러 다른 요소들이 관계를 맺어 특정한 것이 되는 것을 교육에서는 '구성'이라 한다. 독자가 생성하는 특개성을 구성하는 요소는 텍스트, 독자, 교육, 사회, 문화, 상황 등 다양하다. 이 특개성을 구성하는 요소들은 서로 이질적이고, 개별적인 속성을 지니고 있다. 그렇지만 독자가 생성하는 특개성의 내용 요소가 되면서 개별적인 속성을 잃는다. 그러면서 특개성을 이루는 요소들로 거듭나게 된다. 특개성을 구성하기 위해 이질적인 요소들이 관계를 맺는 데 관여하는 요소가 의미 일관성의 구도이다. 구성은 요소들이 조합되어 무엇이 되게 하는 요인이다. 이 구성 작용으로 독자는 일의성을 지닌 특개성을 생성한다. 구성의 원리가 작용하지 않는다면 결핍이 없는 특개성의 생성은 일어날 수 없다. 이 특개성이 결핍이 없는 것은 필요한 것을 모두 갖추고 있기 때문이다. 의미 일관성의 구도는 독자의 특개성이 일의적이고 고유한 내용을 지닐 수 있게 하는 완결의 원리로 작용한다.

발언이 제시하고 있는 존재자를 눈앞의 대상처럼 바라보는 것이 아니라, 어떠한 존재자로 직접 드러내면서 친숙하게 관계를 맺을 수 있는 현존재로 변모하지 않고는 발언이 전해 주는 참된 것을 자기 것으로 습득할 수 없다. 이 말은 눈앞의 대상으로 변질되어 버린 발언만을 가지고는 진리를 함께 나눌 수가 없다는 뜻이다. 발언이 향하고 있는 존재자를 어떠한 존재자로 드러낼 수 있는 지평인 세계 안에 자기가 머무르면서 그 세계 자체를 열어 밝히면서 존재할 수 있는 현존재로 거듭나야만 발언을 통한 참된 소통이 이루어진다. 여기서 주목할 필요가 있는 것은 존재자를 어떠한 존재자로 드러낼 수 있는 의미의 지평 안에서 거주하는 현존재로 도약하는 것은 교육에 의하여 가능하다는 점이다. 발언을 듣는 자가 학시습을 통해 '존재자의 드러남으로써 진리' 안에 거주하게 될 때, 다시 말해 현존재가 진리 안에 존재하게 될 때, 밖으로 표현된 발언이나 언어는 비로소 참된 것이 된다. 회화자(誨化者)는 발언의 형태로 말을 전해 주는 데에 그치는 것이 아니라, 그 발언의 근원인 존재의 진리를 향해 학시습자를 안내해야 된다. 그리고 학시습자는 이러한 회화에 힘입어 발언이 가리키고 있는 근원적 사태에 직접 뛰어들어 진리 안에 존재해야만 한다. 회화와 학시습이 이렇게 전개될 때, 스승-현존재와 제자-현존재는 발언을 통해 진리를 함께 나눌 수 있다. (엄태동, 2016: 218-219)

윗글은 저자가 하이데거의 텍스트를 읽고, '발언'에 대한 설명에서 교사의 '발언'과 학생의 '들음'에 대해 생성한 특개성의 내용이다. 학생은 교사의 발언이 제시하고 있는 존재자를 눈앞의 대상처럼 여기는 것이 아니라, 그 존재자와 직접 관계를 맺는 현존재가 되어 발언이 전하는 참된 것을 자기 것으로 습득해야 한다. 이를 위해서 학생은 교사의 발언이 향하는 존재자가 특정한 존재자로 드러나게 할 수 있는 지평의 세계를 가진 현존재가 되어야 한다. 학생이 현존재가 되었을 때, 교사의 발언이 제시하는 존재자가 어떤 존재자로 드러나게 하는 참된 소통을 할 수 있다. 그런데 학생이 현존재로 도약해 교사의 발언으로 참된 소통을 가능하게 하기 위해서는 교육이 있어야 한다. 즉 교사는 존재자를 제시하는 발언자의 역할을 넘어 학생이 교사 발언의 근원인 진리를 공속할 수 있도록 이끌어야 한다. 이때 학생은 교사의 발언이 가진 진리를 깨치게 된다. 저자의 이 생각(특개성)은 하이데거의 '발언'의 의미를 탐구하는 사건에서 학생이 해야 할 일과 이 학생을 위해 교사가 해야 할 일을 규정하고 있다. 이는 윗글의 저자가 '발언'에 대한 하이데거의 설명을, 교육학자로서 '교수-학습의 상황'을 접속시켜 연결함으로써 생성한 내용이다. 저자가 하이데거의 '발언'의 개념과 저자의 교육학자로서의 교수-학습의 상황을 연결하여 특개성을 생성한 것이다. 이것은 특개성의 구성과 관련된 의미 일관성의 구도가 관여하고 있기 때문이다. 이에서 보면, 의미 일관성의 구도가 독자의 특개성의 생성에 작용하는 특성을 몇 가지로 정리할 수 있다.

첫째, 자각성이다. '자각'은 자기에 맞는 특개성을 생성하는 것이다. 자각(自覺)은 자기에 대하여 스스로 깨쳐 알거나 자기를 의식하는 것을 뜻한다. 독자의 텍스트 읽기에서의 자각은 자기 스스로 자기만의 특개성 생성하는 것이다. 독자가 텍스트를 읽는 사건은 독자가 일으키는 사건이다. 독자의 문제의식과 과제가 있어서 텍스트를 읽는다. 이 읽기 사건에서 독자는 자기의 문제의식과 과제 해결에 필요한 요소에 의식의 초점을 맞추어 감응한다. 그렇기에 독자가 텍스트를 읽으면서 감각하고, 지각하고, 판단하고, 생성하는 모든 것은 독자 자신에 의해 일어난다. 그 결과로 생성되는 특개성은 독자가 스스로 깨쳐 안 것이고, 생성한 것이다. 이는 자기를 아는 것이기도 하다.

둘째, 결연성이다. 결연은 이질적인 요소들의 관계 맺음이다. 독자의 특개성은 텍스트 요소만으로, 또는 독자의 요소만으로는 생성할 수 없다. 그렇기에 특개성은 여러 요소의 관계 맺음으로 이루어진다. 이질적인 요소들은 각자의 특성이 있을 수 있지만 그 특성을 드러내지 않는다. 각 요소는 빠름과 느림만을 가진 것이 되어, 하나의 특개성을 구성할 수 있는 특성만을 드러낸다. 그 결과 이질적인 요소들의 구성으로 이루어진 특개성은 하나의 특성만을 갖는다. 윗글에서 보는 바와 같이, 하이데거의 '발언'은 교육적 요소와 결연을 맺으면 학생에게 진리를 전달하는 것이면서, 학생이 진리를 받아들일 수 있게 하는 토대가 된다. 하이데거의 철학적 개념의 발언이 교육학적 발언과 결연을 이루면서 독자에게 특개성으로 드러나게 된다.

셋째, 완결성이다. 독자가 구성하는 특개성은 내용적으로 완결되어야 한다. 독자가 텍스트의 특정 요소에 감응을 하게 될 때, 그 감응은 관련된 인지적 활동을 불러온다. 감응에 호출된 인지적 활동은 감응한 것을 토대로, 감응의 내용을 구체화하고 정밀화하고, 체계화한다. 그래서 감응의 내용이 특개성으로 생성하게 한다. 감성적인 감응이 인지적인 지각 활동 과정을 거치면서 완결된 일의성의 특개성이 된다. 독자의 텍스트 요소에 대한 감응에는 감응 내용의 논리화 과정이 필요하다. 윗글에서 보면, '발언'에 대한 저자의 감응은 구체화와 논리화의 과정을 거쳐 완결된다. 그래서 교사의 발언은 학생에게 진리를 전달하는 것이면서, 진리를 깨칠 수 있는 토대를 만들어 주는 것으로 규정된다.

넷째, 충실성이다. 충실성은 특개성의 내용이 부족하거나 모자람이 없는 특성이다. 들뢰즈와 과타리도 언급한 것이지만 특개성은 결핍이 없는 것이라 할 수 있다. 결핍이 없다고 하여 절대적인 완전함의 특성을 갖는다는 의미는 아니다. 독자의 텍스트 읽기 사건에서 포착할 수 있는 본질적인 것으로서 부족함이 없다는 뜻이다. 이는 특개성의 생성에 관여하는 이질적인 요소들의 결연이 꼭 맞게 이루어졌음을 가리킨다. 이는 특개성이 독자에게 맞춤의 형태로 생성됨을 뜻하기도 한다. 의미 일관성의 구도의 작용은 독자의 참여로 이루어지기에 생성된 특개성은 독자에게 맞춤의 충실 형태가 되는 것이다. 윗글에서 보면, 교사의 '발언'과 학생의 '들음'에 대한 교육적 의식(특개성)이 내용적으로 또는 논리적으로 충실성을 드러내고 있다. 모자라거나 넘치는 것도 아니라 그 자체로 충실성을 갖는다.

다섯째, 개체성이다. 독자의 특개성은 다른 누구의 것도 될 수 없는 독자만의 것이다. 독자가 참여한 읽기 사건에서 독자가 생성한 것이기 때문이다. 독자가 생성한 특개성에는 독자의 요소가 직접 결연을 이루고 있다. 그렇기에 다른 누구의 것과도 같을 수 없는 독자 고유의 것이다. 실제적으로 독자와 텍스트 본질의 공속으로 생성된 것이 특개성이다. 독자 일방적인 것도, 텍스트 일방적인 것도 아니다. 독자와 텍스트의 요소들이 결속되어 새로운 생각의 내용을 이루어 낸 것이다. 윗글에서 '발언'과 '들음'에 대한 저자의 규정은 하이데거만의 것도 아니고, 저자만의 것도 아니다. 텍스트와 독자의 요소들이 결속되어 윗글에서 제시하는 발언과 들음의 속성을 특개성으로 생성하고 있다. 이를 이루어 내게 하는 것이 의미 일관성의 구도이다.

4. 구도자의 활용

독자의 텍스트 이해에는 드러나지 않은 힘이 관여한다. 독자는 그 힘의 작용을 알 수도 있지만 의식을 집중하지 않으면 인지되지 않는다. 그동안 읽기 연구에서도 주목하지 않았기에 그 힘의 존재는 드러나지 않았다. 그렇지만 텍스트 이해에 그 힘이 작용함으로써 독자의 개체성을 지닌 의미(특개성)를 생성할 수 있다. 이 힘을 의식하지 않았기에 독자만의 개체성이 내재된 텍스트 이해에 주목하지 못했다고 할 수 있다. 텍스트를 읽는 독자는 독자만의 의미를 생성한다. 모든 독자가 그렇게 하고 있지만 독자만의 개체성이 있는 의미는 외면당했다. 그 생성된 의미의 존재를 설명할 수 없었기 때문이다. 텍스트 읽기에서 독자의 특개성 생성이 실제로 이루어지고 있고, 이로 인해 독자는 새로운 독자로 자기를 생성한다.

독자의 텍스트 이해에 드러나지 않게 작용하는 힘은 읽기의 구도자이다. 읽기 구도자는 독자가 의도하는 의미를 구성하게 한다. 읽기 구도자는 숨겨진 의도이고 구성이기 때문에 이는 독자가 의미를 생성하는 과정에서는 지각되지 않는다. 그렇지만 독자가 개체성이 내재된 특개성인 의미를 인식할 때 읽기 구도자가 관여함을 확인할 수 있다. 앞에서 인용된 스승-현존재의 회화와 제자-현존재의 학시습에 대한 저자만의 교육적 의미 생성과 스승의 '발언'과 제자의 '들음'에 대한 교육적 의미 생성을 볼 때, 읽기 구도자의 작용을 확인할 수 있다. 이 독자가 텍스트를 읽고 생성한 특개성은 다른 독자는 할 수 없다. 오직 독자만이 할 수 있는 일인 것이다. 이는 독자가 텍스트를 읽고 의미를 생성하는 활동 과정에 읽기 구도자가 관여하기 때문이다.

독자가 텍스트를 읽고 생성한 의미가 특개성인 것은 읽기 구도자 때문이다. 읽기 구도자는 특개성에 독자가 텍스트를 읽는 목적, 지향, 계열 또는 형식 등이 내속하게 하는 읽기 의도를 반영하고, 그 구성 내용에 독자만의 고유한 요소가 포함될 수 있게 만든다. 읽기 의도가 반영되게 하는 것이 읽기 초월성의 구도이고, 독자의 요소가 포함되어 나름대로 완결된 내용을 갖게 하는 것이 일관성의 구도이다. 스승-현존재의 회화와 제자-현존재의 학시습에 대한 특개성이 독자의 목적과 지향을 반영한 의도와 관련된 읽기 초월성의 구도이고, 독자의 교육에 대한 관점과 논리가 포함되어 완결된 구성을 이루게 하는 것이 의미 일관성의 구도이다. 독자가 고유성과 개체성을 지닌 특개성을 생성할 수 있는 것은 이 읽기 초월성의 구도와 의미 일관성의 구도가 구도자로 관여하고 있기 때문이다.

독자의 텍스트 이해는 자기 생성이 되어야 한다. 독자의 자기 생성은 텍스트 읽기 사건에서 특개성을 포착해 내는 일이다. 독자의 텍스트 이해가 특개성을 생성하는 것일 때 독자의 자기 생성이 이루어진다. 독자의 의식의 이면에서 작용하는 읽기 구도자가 있음을 자각하고, 이의 관여를 활용하는 것이다. 이는 독자가 텍스트를 읽는 자기만의 의도를 분명하게 하는 일이며, 생성해야 할 특개성이 어떤 것이어야 하는지를 규정하는 일이다. 그러면서 자기에게 필요한 텍스트의 요소에 감응하고, 이 요소와 결연할 자기만의 요소를 선택하여 결속하는 일이다. 독자의 읽기 의도가 반영되고 독자의 요소가 결연되어 생성되는 의미는 특개성일 수밖에 없다. 즉 독자가 텍스트 읽고 생성한 의미는 '나름대로 완전한, 무엇 하나 결핍된 것이 없는 개체성을 갖고 있는 것'(김재인 역, 2003: 494)이 되는 것이다. 이 의미 생성을 통하여 독자는 자기 생성을 이룬다.

제10장 텍스트-되기

1. 텍스트-되기의 성격

透出十方昇(투출시방승) 시방세계를 벗어나니

無無無亦無(무무무역무) 무도 없고 없다는 것 또한 없다.

個個只此兩(개개지차량) 낱낱이 모두 이러한 것이니

覓本亦無無(멱본역무무) 근본을 찾아봐도 없다는 것마저 없어라.

(금오선사(金烏禪師), <오도송(悟道頌)> 전문, 최현각, 2006: 7)

오도송(悟道頌)은 스님들이 정진(精進)으로 불법(佛法)을 깨치고 나서 지은 시이다. 위의 시는 금오선사(金烏禪師, 1896~1968)의 오도송이다. 불법의 이치를 깨치고 보니 모든 것이 공(空)하다는 것이다. 즉 이 세상 모든 것은 자성(自性)이 없고[無自性], 연기(緣起)에 의하여 존재한다는 것이다. 그래서 없음과 없음의 없음 또한 없고(無無無亦無), 찾는 근본 이치 또한 없고 없을 뿐(覓本亦無無)이라는 것이다. 이것이 금오선사가 부처님 가르침의 본질을 찾아 참선(參禪)으로 정진하여 깨친 결과이다.

불법의 법리를 깨치기 전 금오선사는 불법이 무엇인지는 알고 있었다.

다만 법리의 깨침이 없었기에 정진을 거듭하였다. 정진의 결과, 법리를 깨치게 된 것이다. 금오선사는 불법의 법리를 깨침으로 진정한 선사가 되었다. 선사가 되는 일에는 상대적인 등급이 없다. 스님이 불법에 정진하여 그 이치를 깨쳤을 때 선사가 된다. 선종 불교의 역사에서 보면 많은 선사가 있었다. 이들 선사는 각자 법리를 깨쳐서 불교의 진정한 승려가 되었다. 그 선사들의 오도송을 보면, 불법의 이치이지만 깨침의 형태가 동일한 것은 아니다. 선사들은 각자 내용으로 불법의 이치에 통달했다.

선승들은 불법이 존재함을 알고 있었고, 그 불법을 깨치는 참선의 방법도 알고 있었다. 선승들은 그 방법대로 불법을 깨치기 위하여 정진하였다. 이 정진의 과정에서 모든 승려가 법리를 깨쳐 선사가 된 것은 아니다. 법리를 깨치지 못한 스님은 평생 참선을 한다. 참선을 통하여 법리를 깨친 선사는 불법의 세계와 합치된 자기의식을 생성한 스님이다. 그렇다면 법리를 깨치려고 정진하는 선승은 불법의 세계와 합치된 자기를 생성하기 위하여 노력하는 과정에 있는 스님이다. 독자도 선승과 같이 텍스트에 있는 대상 세계와 합치된 자기를 생성하기 위하여 노력한다. 독자와 스님의 일이 일치하는 것은 아니지만 관련이 있다.

어떤 대상과 합치되는 자기를 생성하는 것을 들뢰즈와 과타리의 말을 빌리면 '되기(devenir)'이다.[1] 되기라는 것은 외적 형태나 모습이 바뀌는 것을 의미하지 않는다.[2] 스님이 불교의 법리를 깨쳐 선사가 되었다고 하여 외형이 달라

---

1   들뢰즈와 과타리의 '되기'에 대한 논의는 『천 개의 고원』(김재인 역, 2003) 10장(1730년 –
     강렬하게-되기, 동물-되기, 지각 불가능하게-되기)에서 주로 이루어진다. 이 논의는 10장의
     여러 '회상'의 항목 중 '어느 분자의 회상'을 참조한다.
2   모든 생성은 이미 분자적이다. 생성은 무엇인가를 또는 누군가를 모방하거나 그것들과 동
     일해 지는 것이 아니다. 생성은 형식적 관계들의 비율을 맞추는 것도 아니다. 주체의 모방
     이나 형식의 비율관계라는 유비의 두 가지 형태 모두 생성에는 어울리지 않는다.(김재인
     역, 2003: 517)

지는 것은 아니다. 선사의 경우에는 의식 작용만 변화한 것이다. 선사는 자신의 의식 작용을 불법의 세계와 합치하도록 생성한 것이다. 그렇게 함으로써 불법에 따른 의식 작용을 능숙하게 할 수 있게 된 것이다. 선승이 선사가 되는 일은 불법이라는 대상 세계가 주어져 있고, 이 대상 세계에 능통한(일치한) 자기를 생성하는 일이다. 독자가 책을 읽을 때도 텍스트의 내용으로 다루어지고 있는 대상 세계에 능통한 자기를 생성하기 위한 읽기를 하는 경우가 있다. 이런 텍스트 이해를 지향하거나 이루어 내는 읽기를 독자의 '텍스트-되기'라 할 수 있다.

독자의 텍스트 이해 상태는 여러 가지로 구분할 수 있다.[3] 선사와 같이 이해한 상태와 이해 중에 있는 상태로 구분할 수 있다. 다른 독자와 공통의 의미를 이해한 상태와 독자만의 의미를 생성한 상태로도 구분할 수 있다. 또 텍스트에서 추구하는 것을 이해한 상태와 독자가 추구하는 것을 이룬 상태로도 구분할 수 있다. 이들 예의 두 극 사이에 있는 여러 텍스트 이해의 상태도 존재한다. 이 논의에서는 이들 중 불법을 깨친 선사와 같이 독자가 텍스트의 대상 세계와 함께하는 자기의식을 생성하는 이해에 초점을 둔다. 이 이해의 속성이 독자의 텍스트-되기이다. 독자의 텍스트-되기는 텍스트 내용이 담고 있는 대상 세계를 공유하는 자기 생성을 요구한다. 이 텍스트-되기는 독자 지향의 중요 부분이다. 텍스트-되기의 지향의 실례(實例)는 다양하게 존재한다. 수능 만점(고득점) 학생, 구조주의 학자, 판소리의 전수자, 독실한 신앙인 등이다. 이들은 자기의식 밖에 존재하는 텍스트의 대상 세계나 규범에 충실한 자기를 생성한다. 즉 독자의 텍스트-되기는 텍스트의 대상 세계를 공유하는 데 충실한 자기의식의 생성으로 이루어진다.

---

3   독자의 텍스트 이해를 들뢰즈와 과타리의 유목론(전쟁기계)을 토대로 한 논의는 『유목적 읽기 교육론』(김도남, 2023)을 참조할 수 있다.

독자의 텍스트-되기는 텍스트 이해의 한 방향인 것은 분명하다. 독자가 텍스트를 읽는 본질적인 이유 중의 하나는 텍스트의 대상 세계와 함께하는 자기의식의 생성이다. 이로써 텍스트의 대상 세계를 자기의식의 세계로 삼거나, 대상 세계와 함께할 수 있는 의식 세계를 생성하는 것이다. 즉 독자는 텍스트의 대상 세계를 자기의식 내에서 생성하려고 한다. 이는 독자가 텍스트를 이해하려는 주요 지향 중 하나이다. 이 텍스트-되기는 기존의 텍스트 의미의 내면화와 유사한 면이 있지만 차이가 있다. 내면화는 텍스트 의미를 그대로 자기화하는 것이지만, 텍스트-되기는 추구하는 대상에 능숙한 자기를 생성한다는 점에서 제한점이 없다.

이 장에서는 독자의 텍스트-되기를 탐구한다. 구조주의 문법학자가 국어의 형태론에 능숙한 자기를 생성하는 것처럼, 독자도 텍스트의 대상 세계와 함께하는 의식 작용에 능숙한 자기를 생성할 수 있다. 독자의 텍스트 읽기에는 이를 지향하는 속성이 있다. 이 지향이 독자의 '텍스트-되기'를 가능하게 한다. 독자의 텍스트-되기가 어떻게 이루어질 수 있는지를 들뢰즈와 과타리의 『천 개의 고원』 10장 '어느 분자의 회상'의 내용을 중심으로 검토한다. '어느 분자의 회상'에서는 분자-되기를 논의하는데, 독자의 텍스트-되기는 분자-되기의 속성을 토대로 한다.[4] 이 논의는 독자의 텍스트 이해의 논리를 해명하고, 텍스트 이해에 대한 교육적 접근을 새롭게 할 시사점을 얻기 위한 것이다.

---

4   그렇다. 모든 생성은 분자적이다. 우리가 생성하는 동물이나 꽃이나 돌은 분자적 집합체이며 <이것임>이지, 우리가 우리들의 바깥에서 인식하며, 경험이나 과학이나 습관 덕분에 재인식하는 그램분자적인 형태, 대상, 또는 주체들이 아니다. 그리고 그것이 사실이라면 인간적인 것들에 대해서도 똑같은 말을 해야 할 것이다.(김재인 역, 2003: 522)

2. 텍스트-되기 구조

텍스트는 불교의 불법과 같은 대상 세계를 그 내용으로 담고 있다. 독자는 이 대상 세계를 얻기 위해 텍스트를 읽는다. 독자가 텍스트의 대상 세계를 얻는 것은 자기 생성을 통해서만 가능하다. 텍스트의 대상 세계를 얻는 것은 물질적인 것을 주고받는 것과 달리 독자가 자기의식의 작용으로 깨치는 것이기 때문이다. 이 깨침은 독자가 텍스트의 대상 세계와 함께하는 자기의 의식 방식이나 의식 내용을 생성하는 것이다. 이 의식 작용이 일어났을 때 텍스트 이해가 이루어졌다고 한다. 즉 이해라는 말은 독자가 텍스트의 대상 세계를 알았다는 것이기보다 그 대상 세계를 구성할 수 있는 능력을 생성했음을 뜻한다. 이는 독자의 대상에 대한 의식 세계가 변화했음을 함의한다. 또 의식 세계의 생성이나 변화는 독자의 근원적 인식 세계가 달라졌음을 의미한다. 독자가 이 텍스트의 대상 세계와 함께하는 의식 세계를 생성하는 것이 텍스트-되기이다. 독자는 텍스트-되기로 텍스트의 대상 세계에 속하는 자기의식을 생성(자기 생성)한다. 독자의 텍스트-되기를 이루고 있는 구조를 살펴본다.

가. 대상역

구조주의는 소쉬르의 『일반언어학 강의』에 내재한 탐구 대상(언어)에 대한 인식 구조를 공유한다. 언어학자뿐만 아니라 문화인류학자(레비 스트로스), 종교학자(엘리아데), 정신분석학자(라캉) 등이 인식 구조를 공유한다. 구조주의 학자들은 소쉬르가 언어를 탐구하고 규정하는 인식 구조를 자기가 탐구하는 대상의 인식 구조로 활용한다. 이들 학자는 소쉬르의 『일반언어학 강의』를 읽으면서 자신들의 탐구 대상에 대한 인식 구조를 소쉬르의 언어 인식 구조에 맞추었다. 그렇게 함으로써 구조주의의 인식 구조를 확장시키는 역할을 했다. 이 구조주의의 인식 구조를 보면, 언어학과 문화인류학, 언어학과 종교학, 언어학과 정신분석학 등 두 이질적인 학문이 연결된다. 이들 이질적인 학문을 하나의 인식 구조로 묶어내는 것을 '대상역'이라 할 수 있다.

> 루이스 올프손은 이상한 사업에 투신한다. 정신분열자로서, 그는 모국어의 각 문장을 가능한 한 빠르게 음과 의미가 비슷한 외국어 단어로 번역한다. 거식증 환자로서, 그는 냉장고로 뛰어가, 깡통을 열고, 내용물을 낚아채서는 가능한 한 빠르게 그것을 입에 쑤셔 넣는다. 올프손이 외국어에서 그에게 필요한 '변장된' 단어들을 빌려온다고 믿는 것은 잘못일 것이다. 오히려 그는 모국어에서 더 이상 모국어의 형식에 속할 수 없는 언어의 입자들을 떼어낸다. 마치 음식에서 이제는 더 이상 형식화된 음식의 실체들에 속하지 않는 영양적 입자를 떼어내듯이 말이다. 이 두 종류의 입자들은 근방에 들어간다. 다음과 같이 말할 수도 있다. 이러한 입자들이 특정한 근방역에 들어가기 때문에 특정한 운동과 정지의 관계들을 취하는 입자들을 방출한다고. 또는 입자들이 이런 관계들을 취하기 때문에 이런 지대로 들어가는 입자들을 방출한다고. <이것임>은 분자지대나 소립자 공간에 의존하는 짙고 옅은 안개와 분리될 수 없다. 근방은 위상수학과 양자론의 개념으로, 해당 주체들 및 규정된 형식들과 무관하게 하나의 동일한 분자에 속함을 나타낸다. (김재인 역, 2003: 517-518)

들뢰즈와 과타리는 대상역에 대하여 올프손의 예를 들어 설명한다. 올프손은 정신분열증과 거식증이 있는 사람이다. 이 올프슨은 외국어 번역에 탁월한 재능이 있는데, 이는 거식증 환자로서 음식물의 영양을 섭취하는 것과의 관계 속에 있다. 모국어의 형식에 속하지 않는 언어의 입자를 떼어내는 것과 형식화된 음식의 실체에 속하지 않는 영양의 입자를 떼어내는 것은 같은 특성을 띤다. 언어의 입자와 영양의 입자는 '근방(近方, neighborhood)'의 관계를 이루고, 서로에게 근방역(zone of proximity)이 된다. 즉 근방역 안의 입자들은 같은 운동과 정지의 관계를 취하는 입자들을 방출하고, 같은 입자들을 방출하기에 근방역으로 들어간다. 그래서 분자 지대나 소립자 공간인 근방역에서 특개성(<이것임>)[5]의 성질을 드러낸다. 근방역 속에서는 속성이 다른 입자들이라도 동질의 분자적 속성을 띠게 된다. 이 근방역을 이 논의에서는 '대상역'으로 대체한다. 텍스트 이해에서는 독자가 자기 내에서 생성으로 들어가야 할 근방이 텍스트에 이미 대상 세계로 존재하고 있기 때문이다. 독자는 텍스트와 함께 존재하는 대상역의 입자를 자기 안에서 생성함으로써 텍스트 이해를 이루게 된다.

독자는 텍스트를 읽고, 텍스트 내용에 존재하는 대상역을 지각한다. 텍스트의 내용에서 지각되는 대상역은 지식, 관념, 기술, 정서, 힘(기능), 감각 등 다양할 수 있다. 독자는 텍스트의 대상역으로 들어가려고 한다. 이 텍스트 대상역으로 들어가는 일은 대상역을 이루는 입자를 자기 내에서 생성하는 일이다. 구조주의를 이해하기 위해서 독자는 구조주의의 구성 입자와 인식 방식을 자기의식 내에서 생성해 내야 한다. 그렇게 함으로써 독자는 구조주의의 대상역을 공유하게 된다. 이로써 독자는 구조주의 인식 구조를 실현하는 구조주의자가 된다. 즉 독자가 텍스트에 들어 있는 대상역을 공유한 자기를 생성한다. 이 작용이 일어났을 때, 독자는 텍스트 이해를 이룬 상태, 즉

---

5   <이것임>은 heccéité를 번역한 일이다. 영어로는 haecceity로 번역된다.(Massumi, 1987: 260) 이진경(2003b: 55)에서는 '특개성'(어떤 구체적 조건 속에서의 어떤 개체에게만 특정한 것)으로 번역한다. heccéité는 개별자들이 지닌 개체성을 의미한다. "인칭, 주체, 사물 또는 실체의 양태와는 전혀 상이한 개체화의 양태가 있다. 우리는 그것에 <이것임>이라는 이름을 마련해 놓았다. 어느 계절, 어느 겨울, 어느 여름, 어느 시각, 어느 날짜 등은 사물이나 주체가 갖는 개체성과 다르지만 나름대로 완전한, 무엇 하나 결핍된 것이 없는 개체성을 갖고 있다. 이것들이 <이것임>들이다."(김재인 역, 2003: 494) <이것임>은 이 논의에서의 관심 대상이 아니므로 구체적으로 살피지 않고 용어만 제시한다.

텍스트-되기를 실현한 것이다. 대상역은 독자가 자기 생성으로 얻게 되는 대상 세계이다. 독자가 텍스트를 이해했다는 것을 텍스트-되기의 측면에서 보면, 대상역의 입자를 방출하는 자기 생성을 이루었음을 가리킨다. 독자의 의식 활동이 대상역의 한 부분이 되어 작용할 때, 즉 대상역의 입자를 방출할 때 텍스트-되기를 실현한 것이다.

【가】 태극(太極)은 다만 천지만물의 리(理)일 뿐이다. 천지로 말하면 천지 가운데 태극이 있고, 만물로 말하면 만물 가운데 태극이 있다. 천지가 생기기 전에 틀림없이 리가 먼저 있었다. 움직여서 양(陽)의 기를 낳는 것도 리일 뿐이며, 고요하여 음(陰)의 기를 낳는 것도 리일 뿐이다.(太極只是天地萬物之理. 在天地言, 則天地中有太極. 在萬物言, 則萬物中各有太極. 未有天地之先, 畢竟是先有此理. 動而生陽, 亦只是理, 靜而生陰, 亦只是理.) (『주자어류(朱子語類)』일부, 이주행 외 역, 2001: 42)

【나】 무극(無極)이면서 태극(太極)이다. 태극이 동(動)하여 양(陽)을 낳고, 동이 극(極)하면 정(精)하여 지는 것이니, 정하여 음(陰)을 낳게 한다. 정이 극하면 다시 동한다. 이와 같이 한번 동하고, 한번 정하는 것이 서로 근본이 되어 음과 양으로 나누어져 양의(兩儀)가 성립하는 것이다. 양이 변하고 음이 화합하여 수·화·목·금·토(水·火·木·金·土)를 낳아서 오기(五氣)가 차례대로 베풀어지고, 사시(四時)가 운행된다. 오행(五行)은 하나의 음양(陰陽)이며, 음양은 하나의 태극(太極)이고, 태극은 본래 무극이다. 오행이 나오는 데 있어서는 각각 그 성을 하나씩 가지게 된다. 무극이 진(眞) 이오(二五) 정기(精氣)가 오묘하게 화합하여 응결된다. 건도(乾道)는 남성을 이루고 곤도(坤道)는 여성을 이루는 것이다. 이기(二氣)가 교감하여 만물을 화생(化生)하게 되며, 만물은 나오고 또 나와 변화가 무궁하다.(無極而太極. 太極動而生陽. 動極而靜, 靜而生陰, 靜極復動. 一動一靜, 互爲其根, 分陰分陽, 兩儀立焉. 陽變陰合, 而生水火木金土, 五氣順布, 四時行焉.

五行一陰陽也. 陰陽一太極也. 太極本無極也. 五行之生也各一其性, 無極之眞. 二五
之精, 妙合而凝. 乾道成男, 坤道成女. 二氣交感, 化生萬物, 萬物生生, 而變化無窮
焉.) (이황의 『성학십도(聖學十圖)』 <태극도설(太極圖說)> 일부, 조남국 역,
2000: 35-38)

글【가】는 『주자어류(朱子語類)』의 시작 부분의 내용이다. 주희(朱熹, 1130~
1200)가 집대성한 성리학의 대상 세계를 보여주는 내용이다. 글【나】는 이황
(李滉, 1501~1570)이 성리학의 주요 내용을 10개의 그림으로 그려 나타낸 것
중 첫 번째 그림을 설명한 내용 일부이다. 글【나】의 내용을 보면, 글【가】의
내용을 구체화한 것이다. 글【나】는 글【가】의 세계 인식 구조를 바탕으로
하고 있다. 즉 글【나】의 세계 인식 구조는 글【가】의 세계 인식 구조와
같은 것이다. 글【가】의 세계 인식 구조가 글【나】의 대상역의 역할을 하고
있다. 글【나】는 글【가】의 인식 구조 속에서 오행(五行)과 사람, 만물로 확장
하여 구체화하고 있음을 알 수 있다. 들뢰즈와 과타리 식으로 말하면, 글
【나】는 글【가】의 근방을 이루는 입자를 방출한 것으로 이 입자들은 글【가】
의 근방역 속의 입자들과 같은 운동과 정지의 관계를 이루고 있다. 이는
글【나】의 저자가 글【가】에 내재하는 대상역으로서의 세계 인식 구조를
자기 내에서 생성한 결과이다. 이로써 글【나】의 저자는 글【가】의 대상역을
이루는 입자를 방출하고, 입자들이 같은 운동과 정지의 관계를 이루게 하고
있다. 글【나】의 저자는 글【가】와 대상역을 공유한 텍스트-되기를 실현한
것이다.

대상역은 독자가 텍스트를 충실하게 이해하는 데 필요하다. 텍스트를 충실
하게 이해하기 위해서는 글【나】의 저자와 같이 글【가】에 내재된 대상역을
이루는 입자들과 동질의 운동과 정지 관계를 갖는 입자를 방출하는 자기
생성을 해야 한다. 독자가 대상역을 이루고 있는 입자와 동질의 입자를 방출

할 수 있는 자기 생성은 텍스트에 충실한 이해를 가능하게 한다. 이는 독자의 인식 작용이 대상역의 인식 구조의 한 부분이 되었기 때문이다. 이 관점에서 독자의 텍스트 이해에 대한 기준은 대상역을 이루는 입자와 동질의 입자를 방출하는 자기 생성이다. 텍스트 대상역의 입자와 동질의 입자를 방출하는 독자의 자기 생성은 텍스트 대상역과 똑같이 되는 것을 의미하지는 않는다. 독자가 방출하는 대상역의 입자들은 텍스트 대상역 입자들과 같은 운동과 정지의 관계 속에 놓이는 것이지, 동일한 것이 아니다. 구조주의를 이루는 학자들은 소쉬르의 언어 인식 구조를 대상역으로 갖지만, 각 학자가 방출하는 입자들은 서로 다르다. 각 학자가 방출하는 입자들은 구조주의와 동질의 운동과 정지 관계에 있는 대상역의 입자를 방출하는 것이다. 따라서 독자는 대상역의 입자들과 동질의 운동과 정지 관계에 있는 입자들을 방출하는 자기 생성을 이루어야 한다.

텍스트 이해의 특성상 독자는 텍스트 대상역에서 자기 삶의 과제를 인식하는 것이 필요하다. 이는 독자의 텍스트 이해가 독자 삶의 과제와 관련이 있기 때문이다. 독자가 삶의 과제를 텍스트 대상역에서 발견하거나 구체화할 수 있어야 한다. 독자의 텍스트 대상역 지각에는 삶의 과제가 전제되어 있다. 독자가 텍스트를 읽는 의도나 목적에 이 과제가 하나의 지향으로 내재한다. 독자가 자기 삶의 과제를 전제하지 않게 되면, 텍스트 이해는 텍스트 대상역과 동일한 자기 생성을 하게 된다. 텍스트 대상역과 일치성을 지향하는 경우, 독자는 텍스트 대상역 속으로 사라진다. 즉 독자의 존재가 사라지게 되는 것이다. 그렇지만 어떤 독자도 자기 삶의 과제가 있기에 텍스트 대상역과 함께하는 자기 생성이 가능하다. 독자는 자기 생성으로 대상역과 함께할 수 있다.

나. 문턱

텍스트-되기를 위한 독자의 텍스트 대상역의 공유는 일련의 심리 활동으로 일어난다. 독자는 대상역 구성 입자들과 같은 운동과 정지 관계에 있는 입자 방출을 위한 자기 생성의 과정을 거쳐야 한다. 독자가 글【가】와 글【나】를 읽는다고 곧바로 성리학을 구성하는 입자들의 운동과 정지를 함께하는 입자를 방출하는 자기 생성을 할 수 없다. 성리학의 세계를 대상역으로 하는 독자의 자기 생성은 성리학의 주요 용어, 기본 개념, 세계 인식 논리, 인간 존재 규정, 대상 인식 구조, 신념 체계 등을 의식 내용으로 만들어 내는 것이다. 이 의식 내용을 독자가 마음속에 가지게 됨으로써 의식 활동이 이루어지게 된다. 그러면서 독자가 관심을 가지는 모든 일과 사물이 이 의식 활동 내에서 인식되고 규명된다. 즉 독자의 의식 활동이 성리학을 이루고 있는 입자들과 운동과 정지의 관계를 함께하는 입자를 방출한다.

텍스트-되기를 지향하는 읽기는 텍스트 대상역의 인식 구조를 생성하는 것과 관련되어 있다. 학교에서의 텍스트 이해 교육도 성리학의 이해와 같은 텍스트-되기를 지향하는 면이 있다. 텍스트 대상역을 공유하는 방식의 이해를 지향하는 것이다. 독자 중심의 텍스트 이해 관점을 강조하는 읽기 교육 전공자들은 『국어교육론』(노명완, 1994)이나 『국어과교육론』(노명완 외, 1991) 등의 텍스트 대상역을 공유한다. 읽기를 인지적 문제해결을 통한 의미 구성 활동으로 규정하는 것이다. 이들 읽기 교육 전공자는 이 텍스트 대상역을 공유하기 위한 자기 생성의 과정을 거쳤다. 이 과정을 거치면서 관련 대상역의 입자들과 운동과 정지를 함께하는 입자를 생성할 수 있는 자기 생성을 이루었다. 마찬가지로, 텍스트 이해를 자기 이해로 규정하는 해석학의 관점을 가지기 위해서는 하이데거나 가다머, 리쾨르 등의 해석학 텍스트에 내재한 대상역을 이루는 인식 구조를 이루는 입자와 동질의 입자를 생성해야 한다. 들뢰즈와 과타리에 따르면, 이를 위한 자기 생성을 하려면 이에 필요한 여러 문턱을 넘어야 한다. 독자에게 문턱은 쉽게 넘을 수 있는 것도 있지만 높은 벽과 같은 경우도 있다.

> 모든 생성은 분자적이다. 우리가 생성하는 동물이나 꽃이나 돌은 분자적 집합체이며 <이것임>이지, 우리가 우리들의 바깥에서 인식하며, 경험이나 과학이나 습관 덕분에 재인식하는 그램분자적인 형태, 대상 또는 주체들이 아니다. 그리고 이것이 사실이라면 인간적인 것들에 대해서도 똑같이 말해야 할 것이다. 가령, 명확하게 구별되는 그램분자적 존재물로서의 여성이나 아이와는 전혀 유사하지 않은 여성-되기, 아이-되기가 존재하는 것이다. (생략) 우리가 여기서 그램분자적인 존재물이라고 부르는 것은 예컨대 여성과 남성을 대립시키는 이원적 기계 속에서 포착되고, 형태에 의해 한정되고, 기관과 기능을 갖추고, 주체로 규정되는 여성이다. 그런데 여성-되기는 이러한 존재물을 모방하지도 않으며 나아가 그러한 존재물로 변형되지도 않는다. (김재인 역, 2003: 522)

들뢰즈와 과타리는 생성은 분자적이라고 말한다. 우리가 생성하는 것이 분자적 집합체이며 특개성(<이것임>)이라는 것이다. 그래서 생성은 우리들 바깥에 주어져 있는 대로 몰(mole, 그램분자)적으로 재인식하는 형태나 대상도 아니고, 그런 인식을 하는 주체에 의하여 이루어지는 것도 아니다. 분자는 각자의 개별성을 지니고 있어, 전체성과 동일성으로 수렴되는 몰(mole)과 대립하는 용어이다. 분자는 몰에서 탈주하는 개별 주체와 관련된다. 독자와 관련해서 보면, 텍스트 대상역을 공유하는 자기 생성은 분자적이다. 기존의 전체성과 동일성에 고착된 몰적 자기에서 벗어나 분자성을 갖는 것이다. 이 분자성은 바깥 것을 따르는 재인식에서는 이루어지지 않는다. 자기 내에서 특개성(<이것임>)이 되도록 자기 생성을 해야 하는 것이다.

들뢰즈와 과타리는 여성-되기와 아이-되기를 되기의 대표적인 예로 든다. 남성이 여성-되기를 하고, 아이-되기를 한다. 여성도 여성-되기와 아이-되기를 한다. 아이도 여성-되기와 아이-되기를 한다. 모든 사람은 되기를 통하여 자기 생성을 이루게 된다. 여기서 남성-되기가 없는 것은 '남성'은 표준, 대표, 다수의 특성을 지닌 몰성을 대표하기에, 남성-되기는 몰성에 갇혀 분자적 자기 생성을 할 수 없기 때문이다.[6] 여성-되기나 아이-되기도 몰적 여성이나 몰적 아이가 되는 것을 의미하지 않는다. 몰적인 것을 벗어난 여성의 개별성, 아이의 개별성인 특개성(<이것임>)을 생성하는 것이 여성-되기이고, 아이-되기이다. 결국 되기는 대상역의 개별적 독특성인 특개성(<이것임>)을 이룰 수 있는 자기 생성을 하는 것이다. 이 되기는 몰적인 것을 벗어나는 일이고, 이들 되기에는 '지나야 할 문턱'이 있고, '들어가야 할 문턱'이 있다. 독자의 텍스트-되기도 마찬가지이다. 몰적인 자기에서 벗어나 분자적인 자기 생성을 해야 한다. 이 생성의 과정에 여러 문턱이 존재한다.

텍스트 이해에서 보면, 텍스트 대상역은 분명 독자 바깥에 존재한다. 텍스트 안에 존재한다고 할 수 있다. 독자의 텍스트 대상역 공유는 독자가 마음속으로 대상역을 가져오는 것이 아니다. 즉 독자가 텍스트 대상역을 자기 마음속에서 생성할 때 공유가 이루어진다. 독자의 텍스트 대상역 공유는 자기 생성의 일인 것이다. 피아제나 비고츠키의 인지심리학을 이해하는 일도, 소

---

6   남성의 생성들은 그토록 많은데 왜 남성-되기는 없는 것일까? 그것은 우선 남성이 유달리 다수적인 반면, 생성들은 소수적이며, 모든 생성은 소수자-되기이기 때문이다. 우리가 이해하기에 다수성은 상대적으로 더 큰 양이 아니라 어떤 상태나 표준, 즉 그와 관련해서 더 작은 양뿐만 아니라 더 큰 양도 소수라고 말할 수 있는 상태나 표준의 규정, 가령 남성-어른-백인-인간 등을 의미한다. 다수성이 지배 상태를 전제하는 것이지, 그 역은 아니다. 인간보다 모기나 파리가 더 많은지를 아는 것이 문제가 아니라, '남성'이 어떻게 우주 속에서 하나의 기준을, 그와 관련하여 남성들이 필연적으로(분석적으로) 다수성을 형성하는 기준을 구성했는지를 아는 것이 문제이다.(김재인 역, 2003: 550)

쉬르나 촘스키의 언어학을 이해하는 일도, 하이데거나 가다머의 해석학을 이해하는 일도, 독자가 텍스트 대상역 입자들과 동질의 운동과 정지 관계에 있는 입자들을 자기 내적으로 생성하는 일이다. 텍스트 대상역의 입자들과 동질의 관계에 있는 입자를 의식 속에 생성하지 못한 독자는 텍스트를 이해한 것이 아니다.

> 운동은 지각할 수 없는 것과 본질적인 관계를 맺고 있다. 운동은 본성상 지각할 수 없다. 지각은 운동을 운동체의 이동이나 형태의 발전으로만 파악할 수 있기 때문이다. 운동, 생성, 다시 말해 빠름과 느림의 순수한 관계, 순수한 변용태는 모두 지각의 문턱 아래나 위에 있다. 확실히 지각의 문턱들은 상대적이며, 따라서 하나의 문턱은 다른 문턱을 벗어나는 것을 포함할 능력이 있다. 독수리의 눈 ……. 그러나 적합한 문턱은 이번에는 지각할 수 있는 형태 및 지각되고 파악된 주체와 관련해서만 진행할 수 있을 것이다. 그래서 이 운동은 그 자체로는 연속해서 다르게 일어난다. 만일 지각을 계열로 구성하면 운동은 언제나 최대의 문턱 너머와 최소의 문턱 이쪽에서 팽창하거나 수축하는 틈들(미세한 틈들)에서 일어난다. (김재인 역, 2003: 532)

들뢰즈와 과타리는 생성을 운동의 일종으로 보기도 한다. 독자가 자기를 생성하는 활동은 분명 의식의 활동이기에 운동이다. 그런데 이 운동은 지각할 수 없다. 들뢰즈와 과타리가 지각할 수 없다고 하는 것은 몰적 형식으로는 지각할 수 없다[7]는 의미이다. 독자의 자기 생성 활동은 텍스트 대상역의 입자

---

7 제니스 조플린의 노래를 들으면서 때론 흑인의 목소리를 때론 동물의 목소리를 듣기도 하지만, 사실 그것은 끊임없이 발화하는 '하나의' 목소리를 '흑인'이나 '동물'이라는 아주 거칠고 거대한 몰적인 개념으로 절단하여 포착하는 것입니다. 그 몰적인 개념은 남자/여자, 백인/흑인, 인간/동물 등과 같이 아주 간단한 것만을 포착하고 표현할 뿐이며, 그것으로

들과 같은 운동과 정지 관계에 있는 입자들을 생성하고 방출하는 활동이고, 운동이다. 이 운동은 몰적으로는 지각할 수 없는 것이다. 운동, 생성은 자기만의 속도를 갖는 빠름과 느림의 관계, 감응(변용태) 속에서 이루어진다. 들뢰즈와 과타리의 속도라는 말도 개별자의 고유한 존재 방식을 의미한다. 즉 생성은 개별자의 고유한 감성 작용(감응)과 의식 작용으로 이루어진다. 이 감성과 의식의 작용은 지각의 '아래 문턱'이나 '위의 문턱'에서 이루어진다. 이들 문턱은 상대적이어서 하나를 넘어 지나가야 다른 문턱을 넘어 들어갈 수 있다. 하나의 문턱을 지나지 못하면 다른 문턱으로 들어갈 수 없다.

한 문턱을 지나 다른 문턱으로 들어가는 일은 지각할 수 있는 일이다. 지각할 수 있다는 것은 자기를 생성하는 자의 지각이다. 지나갈 수 있고 들어갈 수 있는 문턱은 인식할 수 있고, 어떻게 넘는 것인지, 왜 넘어야 하는지를 알기에 '적합한 문턱'이 된다. 이 적합한 문턱을 지나가거나 문턱으로 들어가는 것은 지각 가능한 형태 및 지각 가능한 주체에 의하여 이루어질 수 있다. 그래서 이 생성과 관련된 한 문턱을 넘어 지나가고, 다른 문턱을 넘어 들어가는 운동은 연속해서 일어나고, 다르게 일어난다. 지각과 관련해서 보면, 생성의 운동은 들어가야 하는 '최대의 문턱' 너머와 지나야 하는 '최소의 문턱' 이쪽에서 팽창과 수축을 하는 틈들을 통하여 이루어진다. 적합한 문턱을 의식한 지각자가 의지적으로 생성의 운동을 실행함으로써 최소의 문턱을 지나, 최대의 문턱으로 들어갈 수 있다.

독자가 텍스트 대상역을 인식할 때 적합한 문턱이 드러난다고 할 수 있다. 텍스트 대상역을 인식한 독자는 자신이 어떤 최소의 문턱을 넘어 지나가야 하고, 어떤 최대의 문턱을 넘어 들어가야 하는지를 알게 된다. 독자가 해야

포착되지 않는 것은 "이건 동물의 소리야"라는 말을 하는 순간 놓쳐버리고 마는 거지요. 그처럼 몰적인 구성체로 포착할 수 없는 것들은 '지각될 수 없는 것'이 됩니다.(이진경, 2003b: 111-112)

할 일이 지각 가능한 형태가 되고, 지각 가능한 주체를 가지는 것이다. 그래서 문턱을 넘어 지나가는 자기 생성을 하는 운동을 할 수 있게 된다. 독자가 넘어 지나야 할 최소의 문턱과 넘어 들어가야 할 최대의 문턱은 분명하게 구별된다. 텍스트 대상역과 관련된 현재의 몰적 자기의식은 넘어 지나가야 할 최소의 문턱이고, 텍스트 대상역과 관계된 분자적 자기의식은 넘어 들어가야 할 최대의 문턱이다. 독자가 이 두 문턱을 넘어 자기 생성을 하는 운동을 함으로써 텍스트-되기를 실행할 수 있다.

독자가 텍스트 대상역과 함께하는 자기 생성의 과정은 텍스트를 읽는다고 바로 일어나지 않는다. 독자의 의식이 백지상태로 있다가 지각되는 것을 받아들이는 것이 아니기 때문이다. 독자는 경험에서 비롯된 스키마와 같은 인식의 토대가 되는 것을 가지고 있다. 그렇기에 독자가 텍스트 대상역과 함께하는 자기를 생성하는 것은 일차적으로 인식의 토대를 바꾸는 것과 관련된다. 독자가 텍스트 대상역과 함께하는 자기를 생성하는 일의 최소의 문턱은 이와 관련된다. 최소의 문턱을 넘는 것은 무엇인가를 떼어내 내려놓음을 의미한다. 최소의 문턱을 넘는 것은 기존의 것을 뒤쪽에 남기는 것이다. 그리고 최대의 문턱을 넘는 것은 무언가 새로운 것을 얻는 것을 함의한다. 독자가 텍스트 대상역의 입자와 같은 입자를 생성하고 방출하는 것은 이 과정을 반복하는 것이다.

독자가 대상역을 위해 텍스트를 읽으면서 최소의 문턱을 넘어 지나가는 것은 자기의식(주체)과 관련된다. 독자의 텍스트 대상역 공유를 위한 최소의 문턱 넘기는 기존의 몰적 의식을 떼어내는 것이다. 떼어낸 자기의식을 문턱 뒤에 남겨놓고, 대상역을 향해 문턱을 넘어서는 것이다. 독자가 텍스트 대상역에 다가가기 위해서는 먼저 몰적 자기의식을 내려놓아야 한다. 텍스트 대상역의 인식이 이를 가능하게 한다. 독자가 자기의식을 내려놓지 않으면 텍스트 대상역에 다가가기는 어렵다. 텍스트 대상역을 인지할 수 있으나 대상역의 속성을 자기 내에서 생성할 수 없기 때문이다. 구조주의 인식 관점에서 대상을 탐구하는 이들은 대상 탐구에 주체의 관여 배제를 철칙으로 한다. 구조주의에서 벗어나려면 이 철칙을 내려놓아야 한다. 독자 중심의 텍스트 이해에 대한 신념이 있는 독자는 해석학에서 텍스트 이해를 자기 이해로 규정하는 것을 인식해도 이를 쉽게 받아들이지 못한다. 읽기는 의미 구성이라는 의식을 내려놓는 문턱을 넘는 일이 어려운 것이다. 어쨌든, 독자의 텍스트-되기를 위한 일차 문턱은 몰적인 요인과 관련된 자기의식의 요소를 내려놓음으로써 대상역에 다가가는 것이다.

독자가 텍스트 대상역을 공유하기 위한 최대의 문턱은 대상역 관련 입자를 생성하여 방출하고, 운동을 할 수 있는 자기를 생성하는 것이다. 텍스트 대상역과 함께하는 자기를 생성하기 위해서는 최대의 문턱을 먼저 찾아야 한다. 최대의 문턱을 찾는 일은 대상역을 구성한 본질 속성을 인식하는 것과 관련된다. 사실 독자는 텍스트를 읽는 과정에서 이들 본질 속성을 지각한다. 텍스트 대상역의 문턱이 되는 이들 본질 속성이 단일할 때는 쉽게 찾고 쉽게 넘을 수 있다. 반면 여러 가지 본질 속성이 존재할 때는 이들 최대의 문턱을 넘는 것에 어려움을 겪을 수 있다. 또한 어떤 본질 속성을 선택하여 넘었느냐에 따라 생성·방출·운동하는 입자가 달라진다. 즉, 독자의 자기 생성의 속성이 달라진다. 더하여 텍스트 대상역의 본질 속성을 새롭게 밝힘으로써 다른 최대의 문턱으로 다른 인식 세계를 열 수도 있고, 그에 따른 자기 생성을 할 수 있다.

다. 입자

독자의 텍스트-되기 실행은 생성하고 방출하는 입자와 관련된다. 독자가 텍스트 대상역과 관련된 입자를 생성하여 방출해야 텍스트-되기를 이룬 것이다. 텍스트 대상역의 입자들과 동질의 운동과 정지 관계에 있는 입자의 생성과 방출이 있을 때, 독자의 텍스트-되기가 실현된다. 독자가 자기 생성을 이루었다는 것은, 이 입자들의 생성 및 방출과 관련된다. 앞쪽(가. 대상역)에 제시된 글【나】를 읽어보면, 글【가】의 대상역 입자들과 동질의 운동을 하는 입자들을 지각할 수 있다. 용어와 개념과 인식 구조의 요소들이 같은 운동과 정지 관계에 있음이 지각된다. 이로써 글【나】의 저자가 글【가】의 대상역 입자들과 같은 운동과 정지 관계에 있는 입자들을 생성했음을 알 수 있다. 물론 글【가】와 글【나】는 대상역의 일치도가 높은 특성이 있다. 관계의 일치도가 낮은 경우의 예를 다시 구조주의로 들어보면, 소쉬르와 레비 스트로스, 소쉬르와 엘리아데, 소쉬르와 라캉 등을 떠올릴 수 있다. 이들은 구조주의자라는 측면에서 대상 인식 구조는 같지만 인식 대상은 각기 다른 특성을 갖는다.

텍스트-되기를 위한 읽기에서는 텍스트 대상역의 구성 입자들과 동질의 운동과 정지 관계에 있는 입자를 생성해야 한다. 일차적으로는 글【나】와 같이 대상역의 구성 입자와 동질의 것을 생성하는 것이 필요하다. 이 경우의 독자는 텍스트 대상역과 동질의 자기 생성을 이루게 된다. 텍스트 이해를 했다고 할 때는 이를 지시하는 경우가 대부분이다. 그렇기에 독자도 이에 충실한 자기 생성을 지향하는 경우가 많다. 이차적으로는 레비 스트로스나 엘리아데와 같이 구조주의를 이루는 대상역의 구성 입자는 이질적이지만 운동과 정지의 관계가 같은 입자를 생성한다. 이 경우에는 토대가 되는 인식 구조나 관점, 신념과 같은 입자들은 동질의 것이 될 수도 있다. 그렇지만 표면적으로 생성되어 방출되는 입자들은 이질적이면서 운동과 정지의 관계만 같을 수 있다.

어떠한 수단과 요소를 사용하건 동물 입자들의 운동과 정지의 관계로 들어가는 소립자들을 방출하는 경우에만, 또는 결국 같은 이야기이지만 동물 분자의 근방역으로 들어가는 소립자들을 방출하는 경우에만 사람들은 동물이 된다. 사람들은 분자적인 동물이 될 뿐이다. 사람들은 짖어대는 그램분자적 개가 되는 것이 아니라 짖으면서 분자적인 개를 방출하는 것이다. 충분한 열의와 필요와 합성을 가지고 짖기만 하면 말이다. 인간은 그램분자적인 종을 바꾸듯이 늑대나 흡혈귀가 되는 것이 아니다. 하지만 흡혈귀와 늑대-인간은 인간의 생성들이다. 말하자면 그것들은 합성된 분자들 간의 근방역들이며, 방출된 입자들 간의 운동과 정지, 빠름과 느림의 관계들이다. 물론 늑대 인간과 흡혈귀는 있다. 우리는 진심으로 그렇게 말하는 것이다. (김재인 역, 2003: 521)

들뢰즈와 과타리의 동물-되기에 대한 설명을 보면, 이를 구체화할 수 있다. 사람이 동물-되기를 실행하기 위해서는 동물의 입자들과 동질의 운동과 정지 관계에 있는 입자를 생성하고 방출해야 한다. 사람이 동물 분자의 근방역(대상역)에 속하는 소립자를 방출해야만 동물-되기로 동물이 될 수 있는 것이다. 예로, 사람이 짖어대는 개-되기를 실현하기 위해서는 개가 짖는 것과 관계된 소리 입자를 방출해야 한다. 몰적인 개가 되는 것이 아니라 짖는 것과 관련된 분자적인 개를 방출하는 것이다. 낯선 존재에게 경고하기 위해 짖는 개의 소리 입자, 상대방을 위협하기 위해 짖는 개의 소리 입자, 자기 존재를 알리기 위해 짖는 개의 소리 입자 등을 방출할 때 개-되기가 실현된다.

이런 개-되기의 실현에는 '열의'와 '필요'와 '합성' 등과 같은 요인이 필요하다. 이들 요인은 대상역에 문턱을 넘어 들어가는 것에 일정한 조건이 있음을 뜻한다. 사람이 개-되기를 실현하는 입자를 방출하기 위해서 필요한 요소가 열의, 필요, 합성과 같은 것이다. 개의 소리 입자와 같은 주파수를 갖는 소리 입자를 생성하고 방출하겠다는 열의, 개의 소리 입자를 방출해야 하는 필요(경고, 위협, 알림 등), 소리를 내기 위한 목구멍, 성대, 혀, 입, 소리의 합성 등이 필요하다. 이를 통해 개-되기를 위한 반복적인 자기 생성의 노력이 있어야 함을 알 수 있다. 이것도 몰적인 개를 생성하는 것이 아니라, 분자적인 개를 자기 안에서 생성하는 것이다. 이로써 이렇게 생성된 소리 입자들은 근방역(대상역)을 이루는 소리 입자들과 운동과 정지, 느림과 빠름을 함께하는 관계로 들어간다. 이렇게 하면 어떤 동물-되기라도 가능하다. 이는 독자의 텍스트-되기도 마찬가지이다. 텍스트-되기를 이루기 위해서는 대상역에 따라 입자를 생성하고 방출하기 위한 생성의 요건이 필요하고, 이를 갖추어야 한다.

> 우리는 여성-되기와 불가분의 관계에 있는 이러한 양상들을 먼저 다른 것과 관련해서 이해해야 한다는 점을 말하고 싶을 뿐이다. 즉, 여성이 모습을 모방하거나 띠는 것이 아니라 운동과 정지의 관계로 또는 미시-여성성의 근방역으로 들어가는 입자를 방출하는 것, 말하자면 우리 자신 안에서 분자적인 여성을 생성하고 분자적인 여성을 창조하는 것의 문제인 것이다. 하지만 그러한 창조가 남성의 전유물이라는 말은 아니다. 그와는 반대로, 남성이 여성이 되거나 또는 여성이 될 수 있으려면 그램분자적인 존재물로서의 여성은 여성-되기이어야 한다는 말이다. (김재인 역, 2003: 522-523)

들뢰즈와 과타리의 설명에서 보면, 되기의 문제는 대상역에 머무는 문제가 아니다. 여성-되기는 단지 분자적 여성의 근방역으로 들어가는 또는 근방역 안에서 운동과 정지 관계에 있는 입자를 방출하는 것만을 목표로 하지 않는다. 되기를 실행하는 것은 우리 자신 안에서 분자적인 여성을 생성하고, 분자적인 여성을 창조하는 것의 문제이다. 여성의 근방역 안에서 여성의 입자를 생성하고 방출하는 일은 분자적인 여성을 새롭게 창조하는 일인 것이다. 이런 창조의 문제는 되기를 실현하는 모든 이의 문제이다. 여성-되기를 실행하는 남성도, 여성도, 아이도 마찬가지이다.

독자의 텍스트-되기도 마찬가지이다. 독자의 텍스트-되기를 위하여 대상역을 공유하기 위한 분자적인 자기 생성은 대상역에 머물기 위한 것이 아니다. 여성-되기가 여성을 창조하기 위한 것이듯 독자의 텍스트-되기도 대상역과 관계된 자기를 새롭게 창조하기 위한 것이다. 이는 독자가 자기를 생성하는 일이기에 그렇다. 대상역에 충실한 자기의 생성은 운동과 정지, 빠름과 느림의 관계에 있는 이질적 입자를 생성하는 자기를 만드는 일이다. 독자는 대상역과 관련된 자기만의 문제나 과제를 가지기에 자기의 생성도 창조적일 수 있다. 독자가 자신을 모두 버리고 대상역에만 충실하려 해도, 그럴 수 없다. 독자는 끊임없이 변화하는 시간과 공간 속에 존재하기에 언제나 이에서 비롯된 자기 존재를 의식한다. 대상역과 관계된 입자의 방출은 이 자기 존재 의식과 관련된다.

3. 텍스트-되기의 요건

독자의 텍스트-되기는 텍스트 대상역 입자의 운동을 닮은 입자를 방출하는 자기 생성이다. 텍스트 대상역이 존재하기에 독자는 이를 위한 자기 생성을 이룬다. 이는 텍스트 대상역과 공존하거나 창조하는 자기 생성이다. 이를 통하여 독자는 새로운 의식과 인식 세계는 물론 삶의 세계를 이룬다. 이를 위한 독자의 텍스트-되기가 어떻게 이루어지는지를 검토한다.

가. 공현존

"용아, 네가 하늘로 날아오르면 십 초 안에 세상을 한 바퀴 돌아올 수 있다던

데. 그것도 정말이니?"

"아 참, 정말이라니까."

용은 훌쩍 날아올라 꼭 십 초 만에 세상을 한 바퀴 돌았어요. 용은 몹시 지쳐서 돌아왔지요. 공주가 말했습니다.

"너, 참 멋지구나. 한 번 더 해 봐!"

용은 훌쩍 날아올라 세상을 또 한 바퀴 돌고 돌아왔습니다. 이번에는 이십 초가 걸렸어요. 용은 이제 너무 지쳐서 말도 못 하고 픽 쓰러지더니 곯아떨어졌습니다. 공주는 작은 목소리로 "용아!" 하고 불렀어요. 용은 꼼짝도 하지 않았습니다. (김태희 역, <종이 봉지 공주> 일부)

<종이 봉지 공주>는 유아 그림 동화이다. 이 동화의 주요 독자는 유치원과 초등학교 저학년 학생들이다. 이 동화를 읽는 독자도 대상역을 인식한다. 이들 독자는 주인공인 공주의 행동에서 대상역을 인식한다. 공주는 자기에게 생긴 문제를 주도적이고 창의적으로 해결한다. 독자는 공주의 문제 해결 과정에서 이를 지각함으로써 자기가 공유할 대상역을 알아챈다. 그래서 자기 일에 소극적이어서 스스로 할 일을 잘하지 않는 자기를 버리고, 공주와 같이 주도적으로 문제해결을 하는 자기를 생각한다. 그러면서 공주와 같이 자기의 일을 적극적으로 해결하는 자기를 떠올려 본다. 이때 이들 어린 독자 주변에서 이들에게 용기를 조금 북돋워 주면 이들은 자기 일을 적극적으로 해결하는 자기 생성을 하게 된다.

이에서 보면, 독자는 텍스트 대상역과 자기 삶의 영역을 함께 연결한다. 독자가 텍스트를 읽는 본질 속에 자기 삶의 생성이 내재해 있는 것이다. 독자가 텍스트를 읽는 본질은 자기 생성으로 자기 삶을 새롭게 하기 위함에 있다. 그래서 누구나 텍스트를 읽어야 한다고 생각한다. 독자가 텍스트를 읽는 일은 근원적으로 텍스트 대상역과 자기의 삶을 연결 짓는 문제이다.

그렇지만 텍스트 대상역과 독자의 삶이 일치를 이룰 수는 없다. 그러하기에 독자는 텍스트 대상역의 입자들과 동질의 운동을 하는 입자를 생성해야 한다. <종이 봉지 공주>의 독자는 공주가 해야 할 일을 알고, 그 일을 행하는 결기와 일을 해결하는 과정에 드러난 공주의 기질을 이루는 입자의 생성이 필요하다. 독자가 이들 입자를 생성하고 방출하게 되면 대상역을 공유할 수 있다. 그런데 독자가 대상역을 공유하는 일은 의식 속에서 일어나는 일이고, 독자의 삶의 세계와 연결하지 않는 경우가 있다.[8] 텍스트 대상역을 의식의 차원을 넘어 삶의 차원으로 연결해야 한다. 이를 이루게 되면 독자는 자기에 대한 인식을 토대로 텍스트 대상역을 공유하게 되고, 함께 공존할 수 있게 된다. 이를 '공현존'이라 할 수 있다.

공현존은 텍스트 대상역과 독자의 삶이 함께 현존하는 것이다. 공현존은 독자가 대상역을 공유한 자기 삶을 생성하여 지금의 현실에서 드러내는 것이다. 텍스트 대상역은 텍스트 속에 비현실적이고 객체로서 존재하지만, 공현존은 이 대상역이 독자의 생활 속에서 이루어지고 있는 상태를 지시한다. 예를 들면, 소쉬르의 언어 인식 구조를 레비 스트로스는 자기의 탐구 대상인 문화인류학 속에서 실현한다. 레비 스트로스에게 구조주의 인식 구조는 인류의 문화를 이해하게 하는 인식 구조가 되었다. 대상 인식 구조의 측면에서 구조주의 인식 구조는 함께 공존하고 있다. '공현존'한 것이다. 텍스트-되기에서의 텍스트 대상역은 독자 삶의 문제와 함께 공현존한다.

생성은 누군가가 가진 형식들, 누군가가 속해 있는 주체, 누군가가 소유하고

---

8 이는 읽기 학습과 관련되어 있다. 읽기 학습에서 텍스트 이해를 특정한 관점에서 할 것을 학생에게 요구하는 것이다. 즉 텍스트 이해에서 텍스트에 충실한 이해(텍스트 중심 읽기)를 강조하거나, 특정한 의미 구성을 위한 읽기(독자 중심 읽기)를 강조하는 것이다. 이로써 학생들은 텍스트 이해에서 자기 삶을 생성을 배제하게 된다.

있는 기관들, 또 누군가가 수행하고 있는 기능들에서 시작해서 입자들을 추출하는 일이다. 그리고 우리는 이 입자들 사이에 운동과 정지, 빠름과 느림의 관계들을, 누군가가 지금 되려고 하는 것에 가장 가까우며 그것들을 통해 누군가가 생성하는 그런 관계들을 새로이 만들어 낸다. 바로 이런 의미에서 생성은 욕망의 과정이다. 이 근접성(proximité) 또는 근사성(approximation)의 원리는 아주 특별한 것으로, 이것은 그 어떤 유비도 다시 끌어들이지 않는다. 이 원리는 가능한 한 가장 엄밀하게 어떤 입자의 근방역(近傍域) 또는 공동-현존의 지대를 가리키며, 어떤 입자든지 이 지대에 들어올 때 취하게 되는 운동을 가리킨다. (김재인 역, 2003: 517)

위의 인용문에서 들뢰즈와 과타리가 말하는 생성은 우리가 가지고 있는 형식, 주체, 기관, 기능들에서 입자를 추출하고, 이 입자들이 '되려는 것'(대상역)과 가깝게 운동과 정지, 빠름과 느림의 관계를 갖도록 만드는 것이다. 입자들의 운동과 정지, 빠름과 느림의 관계를 만드는 생성은, 생성자가 피할 수 없이 해야만 하는 욕망 작용에서 비롯된다. 그래서 생성에는 되려는 것과의 관계성인 근접성이나 근사성의 원리가 작동한다. 이 근접성 또는 근접성의 원리는 관계성 있는 입자들이 동일한 것이 아님을 뜻한다. 이로 인해 입자들의 관계는 근방역이나 공동-현존 지대에 있게 된다는 것이다. 독자 삶의 세계 입자와 텍스트 대상역의 입자는 공동-현존 지대(zone of copresence)를 이루게 된다. 이 공동-현존 지대의 입자들의 존재 양식이 '공현존'을 이룬다.

공현존은 텍스트-되기의 실행으로 독자가 생성한 입자와 텍스트 대상역 입자들의 존재 양식이다. 입자들의 공현존은 텍스트 대상역과 독자의 자기 생성이 동질적 동일함이 아님을 가리킨다. 공현존은 텍스트 대상역과 독자의 자기 생성이 이질적 동일함을 지녔음을 의미한다. 달리 말하면, 독자의 자기 생성으로 방출하는 입자와 텍스트 대상역이 방출하는 입자들은 서로 다른 것이다. 그렇지만 운동과 정지, 빠름과 느림의 관계가 동일한 것이다. 이로써 독자는 텍스트의 대상역을 공유할 수 있게 된다. 즉 텍스트 이해를 이룰 수 있게 된다. 독자의 텍스트 이해는 텍스트의 내용을 그대로 내면화하는 것이 아니라, 의식 속에서 공현존하는 입자를 생성, 방출하는 것이다.

독자가 <종이 봉지 공주>를 텍스트-되기로 이해하는 것은, 공주의 문제해결의 방식을 대상역으로 하여 자기 생성을 하는 일이다. 공주는 용의 침범으로 모든 것을 잃자, 종이 봉지를 입고, 용을 뒤쫓아가고, 용을 찾아내고, 용과 대결해 이기고, 왕자를 찾고, 자기 길을 떠난다. 독자는 공주가 각 문제를 해결하는 과정에서 방출하는 입자들의 운동과 정지, 빠름과 느림의 관계에 있는 입자를 생성하고 방출한다. 독자는 공주의 문제해결 행동들을 지각하면서 대상역을 이루는 입자들과 그 운동을 인식한다. 공주의 문제해결 행동에서 지각되는 입자를 보면, 문제가 발생하자 이를 해결하려는 태도에서 결기와 문제해결의 과정에서 그 기질을 감지할 수 있다. 그리고 문제를 해결하는 각 활동을 하는 데 내재된 용기와 문제해결 행위에 내재된 지혜를 알아챌 수 있다. 이를 통해 독자는 문제를 해결하려는 공주의 의지와 함께 각 문제를 해결하는 데 사용되는 방법을 확인할 수 있다. 이로써 각 장면(사건)을 이루는 공주의 말과 행동들이 이해된다. 독자는 공주가 방출하는 입자들의 관계에서 비롯되는 운동 속성도 인식하게 된다. 즉 공주가 방출하는 이들 입자는 적극성을 띠고, 창의성을 내포하고, 실행성을 가지고, 운동과 정지, 빠름과 느림의 관계를 이루고 있음을 감지한다.

독자는 <종이 봉지 공주>를 읽으며 이 입자들과 그 관계들을 의식적으로 또는 무의식적으로 지각한다. 즉 대상역을 지각한다. 대상역을 지각한 독자는 지각에만 머물지 않는다. 자기 삶의 일이나 과제를 떠올리고, 대상역과의 관계 맺기를 시도한다. 자기가 해야 할 일을 떠올리고, 그 일을 어떻게 해결할지를 생각하면서, 공주에게서 비롯된 대상역과 관계있는 동질의 입자를 방출할 수 있는 자기 생성을 시작한다. 자기 과제 해결과 관련된 결기와 기질을 발현하고, 과제 해결에 필요한 용기와 지혜를 본받으며, 과제 해결을 위한 의지와 방법을 찾아낸다. 그리고 어떻게 말하고 행동해야 할지를 결정한다. 이들 활동에서 대상역과 관계 맺는 입자를 생성·방출할 자기 생성을 한다. 그리고 나서 자기가 생성한 입자들이 어떻게 운동할지는 대상역 입자들의 운동에서 찾아낸다. 이를 토대로 자기 과제를 해결한다. 이렇게 하면 <종이 봉지 공주>의 독자는 텍스트 대상역과 공현존하게 된다.

이는 공주의 결기와 기질의 입자들과 동질의 운동과 정지, 빠름과 느림의 관계에 있는 입자를 독자가 생성하고 방출하게 되었음을 뜻한다. 동화에서 공주는 자기에게 발생한 문제를 인식하고, 그 문제를 해결하기 위한 굳은 의지로, 주도적으로 문제 해결을 실행하여 해결한다. 독자는 이를 인식한다. 그렇지만 독자는 공주가 해결한 것과 같은 문제를 해결하려는 것은 아니다. 독자는 공주가 문제를 해결한 것과 같이 자신의 문제를 해결하는 것을 생각한다. 즉 독자는 자기 생활에서 발생하는 문제를 떠올린다. 독자는 이들 문제를 해결하기 위하여 텍스트 대상역과 공현존 관계에 있는 입자들을 생성하여 동질의 운동과 정지, 빠름과 느림의 관계에 들게 한다.

나. 운동

생성은 운동을 통하여 실현된다. 독자의 운동은 의식 활동과 관련되어 있다. 의식 활동의 운동은 변화가 있을 때 존재한다. 동일한 의식 활동의 반복 속에는 운동이 없다. 생성이 운동이 될 수 있는 것은 의식 구조와 의식 활동에 변화가 있기 때문이다. 독자의 텍스트-되기는 자기 생성에 의식의 초점이 있기 때문에 운동이 수반된다. 되기는 한 상태에서 다른 상태로 변화하는 것이기 때문에 본질적으로 운동이 내재한다. 독자의 텍스트-되기는 대상역과 관계된 입자를 생성하고 방출하는 자기 생성과 관련된다. 독자가 대상역과 관계된, 공현존하는 입자를 생성하고 방출해 내는 것이 운동이다. 이 운동은 입자들이 특개성(<이것임>)으로서 공현존하게 하는 것과도 깊이 관련된다.

독자의 텍스트-되기는 운동을 통하여 이루어진다. 독자의 의식이 기존의 의식 작용을 반복하는 것이 아니라 다른 형태의 의식 작용을 할 수 있게 변화를 이루는 것이다. 텍스트-되기와 관련된 의식의 변화는 지향과 목표가 대상역을 향해 있다. 이는 생성 운동에 방향과 내용이 존재함을 의미한다. 그렇다고 생성의 운동이 단순하거나 정해진 틀에 의하여 이루어지는 것은 아니다. 텍스트 대상역이 어떤 것인가에 따라, 또는 독자의 의식 구조와 대상역의 관계에 따라, 독자의 삶의 과제 등에 따라 운동의 형태가 달라진다. 독자는 텍스트 대상역과 자기 과제에 맞추어 자기 생성 운동을 실행하는 것이 필요하다. 들뢰즈와 과타리가 말하는 자기 생성 운동과 관련된 용어와 개념을 바탕으로 운동의 속성을 몇 가지 살펴보면 다음과 같다.

> 개를 모방하는 것이 아니라 다른 어떤 것을 가지고 자신의 유기체를 조성하기. 그렇게 조성된 조합으로부터, 운동과 정지의 관계나 입자들이 이루는 분자적 근방과 관련해서, 개가 될 입자들을 내보내는 방식으로. 물론 이때 이 다른 어떤 것은 다양하게 변할 수 있으며 문제가 되는 동물과 얼마간은 직접 관련될 수도 있다. (김재인 역, 2003: 519-520)

위의 인용문에서 동물(개)-되기와 관련하여 운동과 관련된 용어는 '자신의 유기체 조성하기'이다. 개-되기를 실행하기 위해서 사람이 해야 할 운동은 개의 입자를 생성할 수 있게 자신의 유기체를 조성하는 것이다. 소리의 입자를 생성하기 위해서는 소리 내는 기관을 개의 소리 입자를 낼 수 있게 조성하고, 싸우는 입자를 생성하기 위해서는 입과 눈, 다리, 몸통이 공격의 입자를 낼 수 있게 조성해야 한다. 독자도 대상역의 문턱을 넘어 공유하고, 대상역 입자들과 동질의 입자를 생성하기 위해서는 자신의 의식 조성하기를 실행하여야 한다. 또한 대상역과 관련된 입자들을 방출하여 공현존을 이루기 위해서도 의식이나 활동을 할 수 있는 유기체로의 조성이 필요하다.

> 롤리토가 쇠를 먹을 때는 사정이 완전히 다르다. 롤리토는 그 자신이 분자적인-개의 턱이 되는 방식으로 자신의 턱을 철근과 합성하고 있기 때문이다. 영화배우 로버트 드 니로는 영화의 한 시퀀스에서 게'처럼' 걷는다. 그러나 그가 말하길 게를 모방하는 것은 중요하지 않다고 한다. 게와 관계가 있는 어떤 것을 이미지와, 이미지의 속도와 합성하는 것이 중요하다는 것이다. (김재인 역, 2003: 521)

위의 인용문에서 쇠를 먹는 롤리토의 턱의 예와 게를 연기하는 배우 로버트 드 니로의 예에 '합성(composition)'이라는 용어를 사용하고 있다. 여기서 합성의 개념은 서로 동일하지 않다. 롤리토에서의 합성은 이와 턱이 쇠를 물고 자를 수 있는 도구로 변화하는 것을 지시한다. 그리고 로버트 드 니로의 합성은 배우의 연기에서 이미지의 속도를 만들어 내는 신체적 표현을 지시한다. 합성은 어떤 것과 관계를 맺어 필요로 하는 것을 할 수 있게 되는 신체 기능적 변화를 가리킨다. 텍스트-되기에서 독자의 자기 생성도 합성의 개념을 포함한다. 텍스트 대상역과의 관계 속에서 의식(사고) 구조, 인식(지각) 구조, 관념 구조, 표현 구조 등을 합성해야 한다. 합성을 통하여 필요한 입자를 생성할 수 있는 심리 조건을 마련할 수 있다.

가령 로렌스, 밀러 등 가장 남성적이고 가장 우월적이라고 통하는 작가들도 여성들과의 근방역 또는 식별 불가능성의 지대에 들어가는 입자들을 끊임없이 포획하고 방출하고 있다. 그들은 글을 쓰면서 여성이 된다. (김재인 역, 2003: 524)

위의 인용문에서 '포획'이라는 용어가 특징적이다. 생성 운동의 한 특성이 대상역(근방역)의 입자들을 포획한다. 그리고 이 포획한 입자들을 다시 방출한다. 포획은 적병을 사로잡는다는 뜻으로, 나의 것이 아니지만 강제로 내게 데려온 것을 의미한다. 포획은 포획 대상을 있는 그 상태 그대로 강제로 데려온 것으로, 내 것이 아니지만 내 것처럼 부릴 수 있다. 독자의 텍스트-되기에서 독자는 텍스트 대상역에서 필요한 것을 포획할 수 있다. 독자 의식 내부에서 생성한 것이 아니지만 대상역에서 데려다 독자가 생성한 것처럼 부릴 수 있는 것이 있다. 포획된 입자는 공유된 대상역의 입자이므로 독자는 생성한 입자처럼 방출하는 것도 가능하다.

독자의 텍스트-되기 생성의 운동에서 모든 것을 자기 안에서 생성하는 것은 아니다. 그렇지만 독자의 의식 내적 입자가 된 것은 생성한 입자와 동일한 역할을 한다. 독자의 텍스트-되기를 위한 독자의 생성 운동 방법이나 형태는 다양할 수 있다. 텍스트에 따라, 대상역에 따라, 독자에 따라, 접속 상황에 따라, 읽는 배치에 따라 달라질 수 있다. 독자는 텍스트 대상역에 따라 자기 생성의 운동을 선택하고, 실행할 수 있다. 이 운동을 통하여 독자는 텍스트 대상역을 공유하고, 공현존하는 입자들을 생성하게 된다. 이로써 독자의 텍스트-되기가 실현된다.

다. 세계 만들기

금오선사와 구조주의자, <종이 봉지 공주> 이해자는 대상역과 관련된 자기를 생성한 자들이다. 금오선사는 석가모니 부처가 아니고, 레비 스트로스나 엘레아데는 소쉬르가 아니다. <종이 봉지 공주>를 이해한 독자도 공주(엘리자베스)가 아니다. 금오선사, 구조주의자, <종이 봉지 공주> 이해자는 대상역을 가지고 있고, 대상역을 공유하고, 공현존하는 입자를 생성하고 방출하고 있다. 이들은 각자의 삶의 과제로 대상역을 공유하는 자기 생성을 이루고 있다. 이들의 자기 생성은 대상역과 관계 속에 있지만 자신만의 고유함을 갖는다. 독자가 텍스트를 이해했다고 할 때는, 텍스트 대상역과 일치된 입자를 생성하는 것이 아니라 운동과 정지, 빠름과 느림이 동질인 입자를 생성하는 것이다. 이는 독자가 텍스트-되기의 실행으로 이루게 되는 자기 생성에는 고유성이 있음을 의미한다. 즉 독자의 자기 생성은 특개성(<이것임>)을 의미한다.

독자의 텍스트-되기에서의 자기 생성은 들뢰즈와 과타리의 표현(김재인 역, 2003: 250)으로 하면, '지각 불가능하게-되기(지각할 수 없는 것-되기)'이면서 '세계 만들기'이다. 지각 불가능하게-되기는 다른 사람들은 지각할 수 없지만(기각 불가능성) 자신은 지각 가능하게 되는 것을 의미한다. 따라서 모든 되기는 지각 불가능하게-되기를 지향한다.[9] 텍스트 대상역과 관계있는 자기 생성은 몰적 상태에 있는 다른 사람들은 지각하지 못할 수 있다. 단, 다른 사람들은 자신의 지각 내용을 구체적으로 알 수는 없지만, 자신이 지각하고 있다는 것은 안다. 이것이 지각 불가능하게-되기이다. 자신만의 지각 가능 세계를 갖는 것이다. 즉, 독자가 텍스트 대상역을 공유하고, 공현존하는 입자를 생성하고 방출하는 자기 생성은 지각 불가능하게-되기인 것이다.

---

9   모든 생성들은 도대체 무엇을 향해 돌진하고 있는 것일까? 의문의 여지없이 지각할 수 없는 것-되기이다.(김재인 역, 2003: 529)

여성-되기에서 시작해서 모든 분자-되기의 끝에 있는 지각할 수 없는 것-되기는 과연 무엇을 의미할까? 지각할 수 없는 것-되기는 많은 것을 의미할 수 있다. 지각할 수 없는 것(탈기관적인 것), 식별 불가능한 것(탈의미적인 것), 그리고 비인칭적인 것(탈주체적인 것)은 어떤 관계에 있을까? 우선 <세상 모든 사람처럼 있기>를 말할 수 있을 것이다. (김재인 역, 2003: 529)

들뢰즈와 과타리는 지각 불가능하게-되기가 무엇을 의미하는지에 대해서도 언급한다. 지각 불가능하게-되기는 단일한 의미를 갖는 것은 아니다. 지각 불가능하게-되기는 유기체의 신체적 각 기관이 탈기관화하는 것, 기표와 기의의 관계에서 탈의미화하는 것, 인칭에 의한 인격적인 관계에서 탈주체화하는 것 등과 관계를 맺고 있다. 이들과의 관계에서 볼 때, 지각 불가능하게-되기는 '세상 모든 사람처럼 있기'를 의미한다는 것이다. 세상 모든 사람은 각자가 자기만의 '되기'를 실행한 존재라고 할 수 있다. 그래서 세상 모든 사람은 각자의 삶에 각자의 방식으로 충실한 사람들이다. 독자가 텍스트-되기를 통하여 지각 불가능하게-되기를 이루는 것도 텍스트 대상역을 공유하지만 자기만의 생성을 이룬 것을 의미한다.

세상 모든 사람 '처럼' 있는 것이 그토록 곤란한 까닭은 이것이 생성의 문제이기 때문이다. 세상 모든 사람처럼 되고, 세상 모든 사람으로부터 생성을 만드는 것은 결코 세상 모든 사람이 아니다. 많은 금욕, 절제, 창조적 역행이 필요하기 때문이다. 가령 영국식 우아함, 영국식 직물, 벽과 잘 어울리기, 너무 잘 지각되는 것과 누구나 쉽게 간파할 수 있는 것을 없애버리기. '소진되고 죽고 남아도는 모든 것을 없애 버리기.' 불평과 불만, 충족되지 않은 욕망, 방어나 변호, 각자(세상 모든 사람)를 자기 자신 속에, 자신의 그램분자성 속에 뿌리박게 하는 모든 것을 없애 버리기. 왜냐하면 모든 세상 사람이 그램분자적 집합인 반면, 모든 세상 사람 되기는 이와는 전혀 다른 문제, 즉 분자적 성분들을 가지고 우주와 놀이하는 것이기 때문이다. 세상 모든 사람 되는 세계 만들기이며(faire monde), 하나의 세계 만들기(faire un monde)이다. (김재인 역, 2003: 530)

그래서 세상 모든 사람 '처럼' 있는 것은 자기 생성과 관련되기 때문에 쉽지 않다. 세상 모든 사람처럼 되기를 위해 세상 모든 사람(everybody)으로부터 생성을 만드는 것은 몰적인 것을 없애는 것이다. 지각 불가능하게-되기는 이미 형식화되어 있는 것, 항상 변함없이 존재하는 것, 모든 몰적인 것이 되게 하는 것을 없애버림으로써 이루어지는 것이다. 형식화되고, 항상 그렇게 존재하고, 몰적인 것은 자기 생성을 가로막는다. 세상 모든 사람 되기(becoming-everybody)는 형식화되고 항상 그러한 몰적인 것에서 벗어나 분자적인 성분(입자)들을 생성함으로써 우주 속에 특개성(<이것임>)인 존재로 즐기는 것이다. 그래서 분자적인 세상 모든 사람 되기는 세계를 만드는 것이면서 특개성(<이것임>)인 하나의 세계 만들기가 되는 것이다. 요컨대, 독자가 텍스트-되기로 지각 불가능한 존재가 되는 것은 남들에게는 지각 불가능성인 것이지만 자신에게는 분명하게 지각되는 자기 생성을 이루는 것이다. 이 자기 생성으로 독자는 세상 모든 사람처럼 되어 하나의 세계 만들기로 지각 불가능하게-되기를 실현하게 된다.

4. 텍스트-되기의 실행

독자는 텍스트와의 관계 속에서 새로운 자기 생성을 이룬다. 텍스트를 읽고 자기 생성을 이룬 독자는 하나의 세계를 만든 자이다. 독자의 세계는 독자만의 것이면서 세상 모든 사람처럼 있게 하는 것이다. 세상 모든 사람처럼 있기는 자기 삶의 과제를 가지고 자기의 삶을 살아가는 것이다. 자기만의 삶이 없는 몰적인 삶을 사는 사람은 세상 모든 사람처럼 있는 것이 아니다. 남을 따라 살기에 자기만의 삶이 없다. 즉 이들은 세상 사람으로 존재할 수 없는 것이다. 독자가 텍스트를 읽고, 텍스트 대상역을 공유하고, 공현존하는 입자를 생성 방출하는 것은 세상 모든 사람처럼 있기 위한 것이다. 자기 생성으로 자기 삶을 살아가기 위한 것이다. 독자의 텍스트 이해와 텍스트 이해 교육은 이를 지향할 필요가 있다.

독자의 텍스트-되기는 텍스트 대상역의 지각에서 시작된다. 텍스트 대상역의 공유는 독자가 텍스트를 읽는 본질적인 이유 중의 하나이다. 텍스트 내용에 들어 있는 대상 세계가 독자가 얻어야 하는 중요한 것이기 때문이다. 텍스트 내용에 들어 있는 대상 세계는 독자가 암기하거나 내면화를 한다고 얻을 수 있는 것이 아니다. 이는 텍스트의 대상 세계를 그 자체로 지각하여 대상역으로 두고, 독자 의식 내부에서 그 대상역과 함께하는 자기 생성을 이루어야만 얻을 수 있는 것이다. 독자가 텍스트 대상역과 함께하는 자기 생성을 이루기 위해서는 두 가지의 중요한 문턱을 넘어야 한다. 최소의 문턱은 현재 독자의 의식을 이루고 있는 몰성을 내려놓는 문턱이다. 최대의 문턱은 텍스트 대상역과 함께 할 수 있는 자기 생성의 문턱이다. 이들 문턱은 긴밀하게 연결되어 작용한다. 대상역의 문턱을 넘은 독자는 대상역을 이루고 있는 입자들과 함께 운동과 정지, 빠름과 느림의 관계를 이루는 입자를 생성하고 방출해야 한다. 이들 입자를 생성·방출함으로써 텍스트-되기를 실행할 수 있다.

독자는 이 텍스트-되기를 통하여 독자의 세계를 만들어야 한다. 독자는 텍스트 대상역과 동일한 존재가 될 수 없기에 대상역을 공유하고 있는 자기만의 세계를 이루어야 한다. 이는 텍스트 대상역의 입자와 독자가 자기 생성을 통해 생성한 입자들이 공현존하게 함으로써 가능해진다. 공현존하는 입자

들은 동일하거나 동질의 것이 아니다. 서로 다르고 이질적이다. 이들이 공현
존하게 되는 것은 운동과 정지, 빠름과 느림의 관계를 함께하기 때문이다.
물론 동일하고 동질적인 것이 있을 수 있다. 그렇지만 텍스트 이해에서 텍스
트의 대상역과 독자 삶의 과업은 다르고 이질적이다. 독자는 이 이질성을
토대로 하나의 세계를 만들어 공현존해야 한다. 독자가 텍스트 대상역 입자
와 공현존하는 입자를 생성하는 운동은 여러 형태가 있다. 이 운동은 텍스트-
되기를 실행하는 상황이나 조건에 따라 달라질 수 있다. 신체적, 기관적,
감각적, 감성적, 지각적, 인식적, 의식적, 활동적, 기능적 등이 운동에 관여한
다. 독자는 이들 입자와 운동과 정지, 빠름과 느림의 관계로 텍스트 대상역과
관계된 하나의 세계 만들기를 실행해야 한다. 이로써 독자는 텍스트-되기로
자기 생성을 통한 지각 불가능하게-되기를 이루게 된다.

1. 자기-되기의 성격

> 매운 계절의 채찍에 갈겨/ 마침내 북방으로 휩쓸려 오다.// 하늘도 그만 지쳐
> 끝난 고원/ 서릿발 칼날진 그 위에 서다.// 어디다 무릎을 꿇어야 하나/ 한 발
> 재겨 디딜 곳조차 없다.// 이러매 눈 감아 생각해 볼밖에/ 겨울은 강철로 된
> 무지갠가 보다. (이육사, <절정> 전문)

위의 시에는 화자의 조국 독립투사로서의 결기가 있다. 화자는 절실한
삶의 과업을 품고 있다. 그의 현재 상황은 한 발 옮겨 디딜 곳조차 없이
냉혹하다. 그렇지만 그에겐 이 상황을 돌파하고픈 간절함이 있다. 위의 시에
는 화자가 자기 내부에서 생성한 자기가 있다. 화자를 감싸고 있는 몰적
현실에서 분자적으로 탈주한 자기이다. 이 자기 생성이 독립투사-되기, 곧
자기-되기를 이루고 있다. 이에서 보면, 자기를 생성하는 자기-되기는 몰성에
서 탈주해야 하는 '무언가'를 지니고 있다. 윗 시의 화자는 조국 독립을 그
무언가로 가지고 있다. 자기-되기의 탈주는 무언가를 위한 자기 생성인 것이
다. 위의 시에서 이 무엇인가는 화자가 이루어야 할 '과업'이다. 우리는 이

과업이 있을 때, 그 과업을 이루기 위한 자기 생성을 한다. 시에서 화자의 과업은 화자에게 모든 것이다. 이 과업을 위하여 화자의 삶이 이루어진다. 화자는 이 삶의 과업이 어떤 것인지, 그 과업을 왜 이루어야 하는지, 그 과업의 가치가 무엇인지, 화자의 삶과 어떻게 관계되어 있는지를 알고 있다. 그렇기에 화자는 이 삶의 과업을 성취하기 위하여 자신의 모든 역량을 집중한다.

들뢰즈와 과타리의 '되기' 개념을 <절정>과 관련지어 보면, 자기 삶의 과업을 실현하는 자기를 생성하는 것이다. 이 자기-되기는 자기 과업을 갖고, 그 과업을 이루어 가는 자기를 생성하는 일이다. 들뢰즈와 과타리의 되기는 삶의 과업을 세분한 과제를 실행할 자기 생성에 초점이 맞추어져 있다. 우리의 삶에는 나의 존재를 드러내게 하는 여러 과제가 존재한다. 이들 과제를 실행하는 주체는 자기뿐이다. 이 자기 과제를 실행하는 주체가 되도록 하는 자기 생성이 '자기-되기'이다. 자기 삶의 과업을 밝히는 것도 자기 생성이고, 이 삶의 과업을 실현하는 자기를 만드는 것도 자기 생성이다. 그래서 우리는 삶의 과업을 실행하기 위해 온갖 종류의 자기-되기가 필요하다. 과제를 실행하는 되기의 범주를 몇 가지 예를 들면 여성-되기, 동물-되기, 분자-되기 등이다.[1] 되기는 삶의 과업과 그 실현을 위한 자기 생성과 관련되어 있기에, 과업 실현을 위한 과제만큼이나 다양하다.[2]

---

[1] 동물-되기는 수많은 되기의 한 가지 사례에 지나지 않는다. 우리는 되기의 여러 절편들 안에 자리하고 있으니, 이 절편들 사이에 일종의 순서나 외관상의 진보 같은 것을 설정할 수 있을 것이다. 우선 여자-되기와 아이-되기, 그다음 동물-되기, 식물-되기, 광물-되기, 끝으로 온갖 종류의 분자-되기, 입자-되기, 섬유들은 문턱들과 문턱들을 가로지르면서 이것들은 서로 데려가고 서로 변형시킨다.(김재인 역, 2003: 516)

[2] 가령 여장 남자가 일으키는 생성들의 묶기, 풀기, 소통. 그로부터 나오는 동물-되기의 역량, 그리고 특히 이들 되기가 특정 전쟁 기계에 속한다는 점 등. 성의 경우도 마찬가지이다. 즉 이것은 양성의 이항 조직을 통해서 더 잘 설명되지도 않는다. 성은 n개의 성과도 같은 아주 다양하게 결합된 생성들을 노닐게 한다. 사랑이 지나가는 전쟁 기계 전체. 이것은 사랑과 전쟁, 유혹과 정복, 양성 간의 다툼과 부부싸움, 심지어는 스트린드베리-전쟁 등

그렇다. 모든 생성은 분자적이다. 우리가 생성하는 동물이나 꽃이나 돌은 분자적 집합체이며 <이것임>이지, 우리가 우리들의 바깥에서 인식하며, 경험이나 과학이나 습관 덕분에 재인식하는 그램분자적인 형태, 대상 또는 주체들이 아니다. 그리고 이것이 사실이라면 인간적인 것들에 대해서도 똑같은 말을 해야 할 것이다. 가령, 명확하게 구별되는 그램분자적 존재물로서의 여성이나 아이와는 전혀 유사하지 않은 여성-되기, 아이-되기가 존재하는 것이다. (김재인 역, 2003: 522)

'되기(devenir)'는 들뢰즈와 과타리의 『천 개의 고원』 10장[3]의 논의 주제이다. 위의 인용문에서 보면, 모든 '되기' 또는 '생성'은 '분자적'이다. 들뢰즈와 과타리의 논의에서 분자는 몰(mole, 그램분자)과 대립한다. '분자적'은 몰에서 탈주(도주)하는 성향이다. 그렇기에 되기 또는 생성은 몰성에서 탈주하는 분자적인 것과 관련된다. 우리가 생성하는 것은 무엇이든 분자적 집합체이면서 그 자체의 고유성을 가지는 특개성[4](<이것임>)의 특성을 드러낸다. 그렇기에 분자적인 생성은 몰성에서 탈주하는 것으로 우리 내부에서 일어나는 것이다. 그러기에 우리가 이루어야 할 여성-되기, 아이-되기도 몰적 여성이나 아이가 아니라 분자적 여성이고 분자적 아이이다. 되기는 경험, 과학(학습), 습관에서 이루어지는 재인식의 몰적 형태나 대상, 주체에서 탈주하는 우리의 내적인

끔찍한 은유로 귀착되지 않는다. 일이 이런 식으로 나타나는 것은 사랑이 끝나고 성이 메말랐을 때뿐이다. 그러나 중요한 것은 사랑 자체가 기이하면서도 거의 가공할 만한 권력을 지닌 전쟁기계라는 점이다. 성은 천 개의 성을 생산하며, 이것들은 모두 통제할 수 없는 성이다. **성은 남성의 여성-되기와 인간의 동물-되기를 지나간다.** 즉, 입자의 방출이 이루어지는 것이다.(김재인 역, 2003: 528)

3 『천 개의 고원』(김재인 역, 2003) 10장의 제목은 '1730년-강렬하게-되기, 동물-되기, 지각 불가능하게-되기'이다. 영어로는 '1730: Becoming-Intense, Becoming-Animal, Becoming-Imperceptible'(Massumi, 1987)이다.

4 어떤 구체적 조건 속의 어떤 개체에게만 특정한 것.(이진경, 2003b: 55)

생성이다. 현재 내가 젖어있는 몰성에서 탈주하는 분자적 나를 생성하는 것이다. 되기는 어떤 되기이든 그 근원에서 자기의 생성이 내재한다. 여성-되기, 동물-되기, 분자-되기의 본질 속성은 자기 안에서 생성이다. 즉 '자기-되기'이다.

독자도 자기-되기가 필요하다. 독자는 자기-되기를 해야 한다. 독자는 자기 삶의 과제와 텍스트가 제시하는 과제로 자기 과업을 생성한다. 이 과업을 가짐으로써 독자는 자기-되기를 실현한다. 텍스트는 독자가 몰적 현실 세계를 인식하게 한다. 그러면서 그 몰적 세계에서 탈주해야 함을 일깨운다. 물론 텍스트 이해를 몰적으로만 함으로써 자기-되기를 못하는 경우도 있다. 그렇지만 본질적으로 텍스트는 독자의 몰적 세계를 드러내어 독자가 과업을 자각하게 한다. 또한 과업을 이루기 위한 자기 생성의 필요함을 알게 한다. 자기 생성의 방향이나 방법도 알려준다. 그렇지만 현실을 인식하고, 과업을 자각하고, 과업을 결정하고, 과업을 실행하는 판단은 독자가 한다. 또한 과업을 실행하기 위한 자기의 생성도 독자에게 달려있다. 독자는 자기 내에서 과업을 실행하는 자기를 생성함으로써 자기-되기를 실현한다.

이 장에서는 독자의 텍스트 이해의 한 가닥인 자기-되기를 탐구한다. 독자의 자기-되기는 다양한 형태를 띨 수 있다. 대표적인 되기의 형태는 여성-되기, 아이-되기, 소수자-되기, 분자-되기, 원자-되기 등이다. 실제 텍스트를 읽는 독자는 텍스트에 따라, 또는 주제나 관점, 주체나 의지에 따라 다양한 자기-되기를 실현한다. 이들 자기-되기로 독자는 새로운 삶을 생성하고, 삶의 과업(과제)을 갖게 된다. 이로써 지속적으로 텍스트를 읽는 자기를 생성한다. 텍스트를 읽고 자기-되기를 지속적으로 실현하는 독자는 들뢰즈와 과타리(김재인 역, 2003: 525)의 말로 '사이에-존재하기(être-entre)', 즉 '사이-존재'이다. 독자는 자기 삶을 지속적으로 새롭게 생성하는 과정 그 중간 어디쯤 있는 존재인 것이다. '과업'은 독자가 자각으로 갖게 되는 의식적인 것이고, 사이-

존재는 과업을 실행하는 과정의 상태를 나타낸다. 이 과업과 사이-존재의 실현을 위해 내부적으로 실체적인 생성의 요소가 필요하다. 이 자기 과업을 지각하여 이를 위한 삶을 생성하는 사이-존재인 독자의 자기-되기의 논리를 알아본다. 이로써 독자의 텍스트 이해를 설명하고, 텍스트 이해 교육의 변화를 위한 토대를 마련하고자 한다.

2. 자기-되기의 구조

독자는 텍스트와의 관계에서 자기-되기를 이룬다. 독자의 자기-되기는 텍스트를 통하여 자기 생성을 이루는 것이다. 독자의 자기-생성은 몰적 자기 현실 세계에서의 탈주로 이루어진다. 몰적 자기 세계는 자기를 잊고 다른 사람들의 지향을 따르는 것이다. 몰적 자기 상태에는 자기의식이 없다. 하지만 자기는 남의 의식으로 이루어진 존재가 아니다. 독자가 텍스트를 읽는 이유는 자기로 존재하기 위함이다. 자기를 찾고, 자기를 지키고, 자기를 세우는 생성으로 자기-되기를 이루기 위해서이다. 독자의 자기-되기 실행을 위한 자기-되기 구조를 먼저 살펴본다.

가. 과업

독자는 필요에 따라 텍스트를 읽는다. 필요를 찾기 위해 읽을 수도 있다. 독자에게 텍스트의 본질적인 필요는 탈주다. 현재 자기 세계에서의 탈주이다. 탈주는 새로운 자기 생성을 필요로 한다. 현재와는 다른 자기가 되려는 것이다. 누구든 텍스트를 읽을 때는 이에 대한 기대가 있다. 어떤 텍스트를 읽더라도 이를 기대한다. 문학 텍스트를 읽든, 신문 텍스트를 읽든, 철학 텍스트를 읽든 마찬가지이다. 텍스트는 이를 가능하게 해준다. 독자는 텍스트의 이해로 자기를 생성하여 탈주한다. 독자는 텍스트가 자기의 필요를 충족시키기에 읽는다. 그렇지 않으면 독자가 텍스트를 읽으려고 애쓰지 않는다. 몇몇 텍스트가 필요를 충족시켜주지 않더라도 독자는 이 기대를 저버리지 않는다. 다른 텍스트는 자기 생성을 이루어 주기 때문이다.

들뢰즈와 과타리가 말하는 되기는 몰[5]성에서의 탈주이다. 여성-되기, 아이-되기, 소수자-되기, 분자-되기, 원자-되기 등은 몰성에서의 탈주를 분류하는 범주이다. 여성·아이·소수자·분자·원자 등의 속성을 생성하는 것은 현재와 다른 자기가 되기 위해서이다. 새로운 자기-되기는 현재 자기를 이루고 있는 몰성에서 벗어날 때 일어난다. 몰성에서 벗어나지 않는 되기 또는 생성은 제자리에서 맴돌기이다. 그 되기에는 탈주가 없다. 탈주는 맴돌기에서 일어나지 않는다. 그리고 우연히 일어나지도 않는다. 자기 몰성을 지각하고, 벗어나려는 의지가 있어야 한다. 이 내적 요건이 마련되어야 한다. 이 내적 요건은 텍스트의 외적 도움이 있어야 한다. 외적 도움이 있어도 내적 요건이 갖추어지지 않거나, 내적 요건이 갖추어져 있어도 외적 도움이 충실하지 않으면 몰성에서의 탈주는 일어나지 않는다. 독자의 자기-되기에서 텍스트는 몰성에서의 탈주를 일깨우는 도움의 요인이다. 독자의 내적 요건은 과업에 대한 자각에서 비롯된다. 이 도움과 자각은 상보적이다.

독자의 자기 생성은 과업 성취를 위한 탈주이다. 과업은 몰적 현실에서

---

5   1몰의 기체 속에는 6×10^{23}개의 분자가 들어 있습니다. 이들은 각자 다르게 움직이지만, 이 각각을 포착하는 것은 불가능합니다. 그 많은 수의 분자들의 움직임을 그저 통계적 평균을 통해 포착하고 서술할 수 있을 뿐이지요. 통계역학적으로 서술되는 '몰'의 단위 운동은 그 많은 분자들의 상이한 움직임을 평균한 것일 뿐이기 때문에, 그것으로는 각각의 분자들의 고유한 움직임을 포착하지 못합니다. 몰 단위로 운동을 포착하고 서술한다는 것은 각각의 분자적 운동을 몰적 움직임과 동일한 것으로 간주하는 것입니다.(이진경, 2003a: 611-612)

탈주하게 하는 근거이다. 독자의 자기 과업의 자각은 자기 삶의 자각에서 비롯되는 것이지만 텍스트의 도움이 있을 때 이루어진다. 이는 독자가 텍스트를 읽어야 할 이유가 된다. 텍스트의 도움이 있을 때 독자는 자기의 몰적 현실을 자각하고, 자기 삶의 과업을 분명히 깨칠 수 있다. 이는 독자가 텍스트에서 자기를 지각하고, 자기에게 집중하고, 자기를 지킬 때 일어난다. 즉 독자가 텍스트에서 자기 찾기에 열중할 때 몰적 현실을 탈주할 자기 과업을 갖게 된다. 이때 텍스트는 독자가 자기 삶의 과업을 분명하게 가질 수 있도록 일깨운다. 텍스트는 독자가 과업을 가질 것을 요청한다. 독자가 몰적 인식 세계에서 탈주할 과업의 깨침은 자기-되기의 토대를 이룬다. 독자의 과업이 텍스트에서 요구한 것이든, 자기가 찾은 것이든 독자의 자각으로 생성된다. 독자의 자기 과업에 대한 자각은 자기 생성이다. 자기 과업을 자각한 독자는 과업 실행에 필요한 자기를 생성하게 된다. 독자의 자기-되기는 독자 내부에서의 자기 생성으로 이루어진다.

여성의 고유한 글쓰기에 관해 질문을 받은 버지니아 울프는 '여성으로서' 쓴다는 생각만으로도 소름이 끼친다고 대답했다. 오히려 글쓰기는 여성-되기를, 즉 사회적 장 전체를 관통하고 침투하며, 남성들에게 전염시키고, 남성들도 여성-되기에 휘말려 들도록 만들 수 있는 여성성의 원자들을 생성해야만 한다. 매우 부드럽지만 또한 견고하고 끈질기고 환원 불가능하고 길들일 수 없는 입자들을. 영어 소설 쓰기에 여성들이 등장함으로써 어떠한 남자들도 가만히 있을 수 없게 되었다. 가령 로렌스, 밀러 등이 가장 남성적이고 가장 남성 우월적이라고 통하는 작가들도 여성들과의 근방역 또는 지각 불가능성의 지대에 들어가는 입자들을 끊임없이 포획하고 방출하고 있다. 그들은 글을 쓰면서 여성이 된다. (김재인 역, 2003: 523-524)

윗글에서 보면, 버지니아 울프의 여성-되기의 과업은 글쓰기이다. 여성-되기의 글쓰기 과업은 여성성의 생성이다. 여성성은 몰적 여성다움이 아니다. 사회적 장 전체를 일깨우고, 남성들도 받아들이고, 존중하며 따를 수밖에 없는 여성성의 원자들을 생성하는 것이다. 이는 여성의 고유성으로 견고하고, 끈질기며, 되돌릴 수 없고, 길들일 수 없는 여성성이다. 인용문에 제시된 버지니아 울프는 이러한 여성-되기로 여성성을 생성하는 과업으로서 글쓰기를 실행했다.[6] 여성성을 생성하는 버지니아 울프의 과업은 남성 작가들도 여성성을 생성하는 근방역[7]으로 하는 글쓰기를 하도록 만들었다. 로렌스와 밀러 등의 작가가 그들이다. 로렌스와 밀러는 울프의 여성성을 근방역으로 여성-되기를 통한 글쓰기 과업을 실행하는 자기를 생성했다. 이로 이들은 지각 불가능한 자기만의 여성성을 뿜어내는 글을 썼다. 자기-되기는 버지니아 울프, 로렌스, 밀러 등과 같이 과업을 실행하기 위한 자기 생성으로 이루어진다.

여성-되기는 다른 모든 되기의 열쇠이다. 전사가 여성으로 변장하는 것, 전사가 소녀로 변장한 채 도주하는 것, 전사가 소녀의 모습을 빌어 몸을 숨기는 것 등은 그의 경력에서 순간적으로 치욕적인 우발적 사건이 아니다. 몸을 숨기고 위장하는 것은 전사의 기능인 것이다. 도주선은 적을 유인하고, 무언가를 가로지르며, 적이 가로지른 것을 도주시킨다. 전사가 등장하는 것은 도주선의 무한에서이다. (김재인 역, 2003: 526)

---

6 여성-되기는 여성의 입장에서 다수의 기준을 해체한다는 점에서 전복의 가능성을 보여준다. 여기서 나아가 탈주적 에너지를 지닌 분자적 여성-되기는 남성지배/여성피지배의 틀에 의해서만 규정되는 것이 아니라 개체성을 획득하는 것이다. 이항적 대립 구조를 완전히 벗어난 새로운 개체로서의 여성을 상상하는 여성-되기는 개별자로서의 여성일 뿐 아니라 해방적 에너지를 지닌 여성이 되는 것이다.(조애리·김진옥, 2016: 273)
7 텍스트 이해와 관련된 근방역의 개념에 대해서는 앞 10장을 참조할 수 있다.

여성-되기는 다른 모든 되기를 이해하게 한다. 아마존 밀림의 전사(戰士)는 전투를 위해 여성-되기를 실현한다. 전사는 여성으로, 소녀로 변장하고, 도주하고, 몸을 숨기는 것은 전투 과업을 실행하기 위한 여성-되기, 소녀-되기이다. 밀림에서 전사의 여성-되기, 소녀-되기는 전투를 효과적으로 치르기 위해 필수적이다. 전사들은 아마존 밀림에서 몸을 숨겨 전투를 수행할 수 있는 여성을 생성해야 하고, 소녀의 기민함을 생성해 내야만 한다. 밀림에서의 전투를 위한 전사로서의 여성-되기와 소녀-되기는 적과 전투할 수 있는 자기를 생성하는 일이고, 과업인 전투를 실행하게 한다. 전사가 되는 일은 전투 상황에 따라 자기를 생성해야 하는 무한적인 자기-되기를 실현하는 일이다.

> 우리는 전사가 분노(furor)의 신속함에 의해 어떻게 어쩔 수 없는 동물-되기에 휘말려 들어갔는지를 보았다. 바로 이 동물-되기는 전사의 여성-되기, 전사와 소녀의 결연, 전사와 소녀와의 감염 속에서 자신의 조건을 찾는 것이다. 전사는 아마존들과 뗄 수 없다. 소녀와 전사의 결합은 동물을 생성하는 것이 아니라, 전사가 소녀에게 감염되어 동물이 될 뿐만 아니라 그와 동시에 소녀도 감염되어 여전사가 되는 하나의 동일한 '블록' 속에서 전사의 여성-되기와 소녀의 동물-되기를 동시 생산한다. 비대칭적 블록 속에서, 순간적인 지그재그 운동 속에서 모든 것이 결합되는 것이다. (김재인 역, 2003: 527)

윗글에서 보면, 아마존 밀림에 사는 전사(戰士)는 전투를 위해 분노의 신속함을 지닌 동물-되기를 해야 한다. 이때 전사의 동물-되기는 여성-되기와 소녀와의 결연과 감염 등의 조건 속에서 자기 생성을 한다. 이들 전사의 동물-되기는 현재적 삶에서의 과업을 실행하기 위한 것이다. 아마존 밀림 속에서 여성 전사는 소녀의 감성을 성분으로 생성하여 동물-되기를 실행하고, 이로 여성 전사는 전사로서의 성분을 생성하여 전사-되기를 실현한다.

전사는 전투 과업을 실행하는 자기 생성을 위한 되기를 이중으로 실현한다. 전사의 여성-되기와 소녀의 동물-되기이다. 이는 과업의 실행을 위한 자기-되기는 단일한 형태이기보다는 다중적 형태가 될 수 있음도 의미한다.

독자는 전사와 같이 텍스트 읽기에서 자기 과업을 갖고 있다. 이 과업이 독자의 자기-되기의 토대를 이루고, 이 과업의 실행을 위한 자기 생성으로 자기-되기를 실현한다. 독자는 자기 과업 생성으로 자기-되기를 찾게 되고, 과업 실행을 위한 자기 생성으로 자기-되기를 이루게 된다. 독자의 과업은 텍스트를 읽어 얻게 되고, 텍스트를 읽어 변화한다. 독자의 텍스트 읽기는 자기 과업을 위한 것이기에, 과업은 텍스트 이해로 구체화·정교화되기도 하고, 축소·확대되기도 하고, 교체·생성되기도 한다. 독자는 텍스트 이해로 과업을 얻게 되고, 과업을 이루는 자기를 생성하여 가지게 된다. 또한 텍스트 이해로 과업을 실행하고, 과업을 성취한다.

나. 성분

독자의 자기-되기는 과업 실행을 위한 실제적인 자기 생성을 필요로 한다. 과업이 독자 삶의 상황에 따라 구체화된 형태인 과제를 실행하기 위해서는 신체적, 심리적, 정신적 등의 자기 생성이 있어야 한다. 독자의 자기-되기는 무엇으로든 될 수 있는 가능성을 내포하고 있지만, 과업에 의하여 초점화된다. 과업을 자각한 독자는 과업 실행에 필요한 자기의 특정한 요인을 생성한다. 과업에 따라 신체적 생성은 물론 인지적 생성, 정의적 생성, 심동적 자기 생성을 한다. 과업에 따라 생성해야 할 자기 요인이 달라진다. 독자는 자기 과업을 실행하기에 적합한 무언가를 자기 내에서 생성해야 한다. 그 무언가가 '성분'이다. 성분은 자기-되기의 구성소로 과업 실행의 실제적 요인이다.

성분은 통일체를 이루는 것의 한 부분이다. 하나로 여겨지는 대상을 이루고 있는 구성소 각각을 일컫는다. 우리의 몸은 여러 가지의 기관으로 이루어져 있다. 팔, 다리, 머리, 몸통 등의 부분으로 구분된다. 이런 기관들을 성분이라고 하지는 않는다. 성분은 이들 기관보다 더 작은 부분들을 지시한다. 손을 움직이는 근육, 근육을 움직이는 근섬유, 근섬유를 조절하는 신경, 근육의 작용으로 생기는 힘 등이 성분이 된다. 기관을 이루는 성분은 구체적으로 지적하여 밝힐 수도 있지만 그렇지 않은 것도 있다. 과업 실행과 관련되는 성분은 과업에 따라 다르다.

> 그렇지만 원소-되기, 분자-되기, 파동-되기 등은 결코 그렇지 않습니다. 이 경우에는 차라리 하이픈의 용법을 '되기로서의 원소', '되기로서의 분자', '되기로서의 파동'이라고 이해하는 것이 더 적절할 듯합니다. 그것은 '분자적인 성분으로 정의되는 되기', '파동적 성분으로 정의되는 되기'를 뜻하는 것이기도 합니다.// 반갑게도 이런 방식은 '동물-되기', '여성-되기' 등에 대해서도 마찬가지로 적용할 수 있습니다. 현실적 동물이 아니며, 현실적 동물이 등장하지도 않는 '되기로서의 동물'이 있을 수 있으며, 그래서 동물-되기는 동물이 현실적이지 않은 경우에도 충분히 현실적일 수 있다고 할 수 있습니다. '되기로서의 여성', '여성적 성분으로 정의되는 되기', '되기로서의 아이' 내지 '아이적인 성분으로 정의되기' 등도 마찬가지로 성립됩니다. (이진경, 2003b: 89)

되기는 되기의 블록을 이루는 대상의 속성을 이루고 있는 성분과 관련된다. 원소, 분자, 파동 등은 당연히 그 구성 성분으로 규정될 수 있고, 동물-되기, 여성-되기, 아이-되기도 성분으로 정의되는 것과 관련이 있다. 동물-되기나 여성-되기, 아이-되기를 볼 때, 사람이 동물로 변신하는 것이 아니고, 남성이 여성으로 변신하는 것도 아니며, 성인이 아이로 변신하는 것도 아니다. 동물-되기는 사람이 동물의 특정 행동을, 여성-되기는 남성이 여성의 특정

성향을, 아이-되기는 어른이 아이의 특정 속성을 생성해 드러내는 것이다. 성분은 원소, 분자, 파동, 행동, 성향, 속성 등을 포함한다. 되기는 블록을 이루는 대상의 성분을 생성하고 방출하는 것과 관련된다. 즉 독자의 자기-되기의 성분은 과업이 무엇인가에 따라 결정된다.

> 노래하기, 작곡하기, 그리기, 글쓰기는 아마도 이 생성들을 풀어놓은 것 이외의 다른 목적을 갖고 있지 않을 것이다. 특히 음악이 그러하다. 목소리의 층위(영국식 발성법, 이탈리아식 발성법, 카운트테너, 카스트라토)뿐만 아니라 주제나 모티프의 층위(작은 리토르넬로, 론도, 유년기의 장면, 아이들의 놀이)에서도 철저한 여성-되기, 아이-되기가 온통 음악을 가로지르고 있는 것이다. 악기 편성과 교향악 편성에는 동물-되기가, 무엇보다 새-되기가 관통하고 있지만 그밖에 다른 수많은 되기를 관통하고 있다. 찰랑거리는 물결 소리, 갓난아이의 가냘픈 울음소리, 분자적인 날카로운 소리 등이 처음부터 거기에 있었다. (김재인 역, 2003: 516)

위의 인용문에서 보면, 음악과 관련하여 성악가 목소리의 층위나 곡의 주제나 모티프의 층위도 성분이다. 성악가가 음악적 소리를 내려면 되기가 필요하다. 영국식 소리내기, 이탈리아식 소리내기, 카운터테너식 소리내기, 카스트라토식 소리내기는 소리 성분을 위한 되기를 포함한다. 그렇기에 성악가는 필요로 하는 소리 성분을 내는 되기를 실행해야 한다. 노래를 부르는 성악가의 목소리는 음악을 이루는 성분이다. 음악의 내용이 되는 주제나 모티프도 하나의 성분으로 존재한다. 음악은 주제나 모티프를 표현하기 위한 악기 소리, 악곡 편성도 성분으로 갖는다. 성분은 단일 구성소이기보다는 관련된 여러 구성소로 이루어져 있다. 음악을 이루는 악기들의 소리나 성악가(성부)의 소리는 여러 구성소를 갖고 있고, 이들의 결합으로 이루어지는 곡조인 악곡의 편성은 여러 구성소의 배치 결과이다.

　　필립 가비는 병, 도기, 자기, 쇠, 심지어는 자전거까지 먹는 롤리토라는 이의 행동을 인용한다. 롤리토는 이렇게 말했다. "나는 내가 반은 짐승이고 반은 인간이라고 생각한다. 인간보다는 짐승에 가까울 것이다. 나는 짐승들, 특히 개들을 무척 좋아한다. 나는 개들과 연결되어 있다고 느낀다. 내 치아 상태는 적응되었다. 실제로, 유리나 쇠를 먹지 않을 때는 뼈를 깨물고 싶어 하는 어린 개처럼 턱이 근질거린다." '처럼'이라는 말을 은유적으로 해석하거나 관계들의 구조적 유비(인간-철=개-뼈)를 제안하는 것은 생성에 대해 아무것도 이해하지 못하는 것이다. 이 '처럼'이라는 말은 의미와 기능이 특이하게 바뀌는 말들 중 하나이다. 이런 말들은 <이것임>과 연관시키는 순간부터 그것들을 기의의 상태나 기표의 관계가 아닌 생성의 표현으로 만드는 순간부터, 이런 말들의 의미와 기능은 특이하게 바뀌는 것이다. 개가 철근을 물고 턱을 연마하는 일은 얼마든지 있을 수 있다. 그러나 이 경우 개는 턱을 그램분자적 기관처럼 연마하는 것이다. 롤리토가 쇠를 먹을 때는 사정이 완전히 다르다. 롤리토는 그 자신이 분자적인-개의 턱이 되는 방식으로 자신의 턱을 철근과 합성하고 있기 때문이다. (김재인 역, 2003: 520-521)

　윗글에서 보면, 롤리토는 유기, 도기, 쇠, 자전거 등을 씹어 먹는다. 이로 인해 롤리토는 자신이 개와 연결되어 있다고 느끼고, 치아는 쇠 등에 적응되어 있다고 믿는다. 그래서 유리나 쇠를 깨물어 먹지 않을 때는 뼈를 깨물고 싶어 하는 어린 개처럼 턱이 근질거린다고 말한다. '개'처럼 턱이 근질거린다'라는 은유(직유)적 표현이 아니라 롤리토의 턱이 유리나 쇠를 깨물어야 하는 되기 또는 생성을 이룸의 뜻한다. 이때 실제 강아지의 턱이 뼈를 깨물지 않아 근질거리는 것은 모든 개가 겪는 몰(일반)적인 현상이지만 롤리토의 턱이 그러는 것은 분자적인 개-되기인 것이다. 여기서 롤리토의 개-되기는 턱이나 치아가 그 성분을 이루고 있다. 유리나 쇠를 먹을 수 있는 롤리토의 자기 생성의 성분은 치아와 턱이 그 기능을 할 수 있게 하는 것이다.

> 당신이 아니더면 포시럽고 매끄럽던 얼굴에 왜 주름살이 접혀요./ 당신이 기룹지만 않다면 언제까지라도 나는 늙지 아니할 테여요./ 맨 처음에 당신에게 안기던 그때대로 있을 테여요.// 그러나 늙고 병들고 죽기까지라도 당신 때문이라면 나는 싫지 않아요./ 나에게 생명을 주든지 죽음을 주든지 당신의 뜻대로만 하셔요./ 나는 곧 당신이어요. (한용운, <당신이 아니더면> 전문)

윗 시의 화자는 임에 대한 사랑을 품은 전통적 여성의 정감을 표현하고 있다. 그러면서 자기가 사랑하는 대상(과업)을 자각한다. 위의 시의 여성성을 내포한 정감은 시적 화자의 마음에서 비롯된다. 그렇지만 위의 시의 저자는 남성이다. 시인은 위의 시를 쓸 때, 마음속에 여성의 감성을 성분으로 생성했다. 그리고 시의 내용이 될 심상의 성분을 생성하고, 시적 어휘 성분들이 이 감성 성분을 담아내도록 표현했다. 그렇게 하여 위의 시가 임을 그리는 여성성의 정감을 뿜어내게 하고 있다. 시인은 자기 내부에서 사랑하는 임을 품은 여성의 감성 성분과 그리운 임을 그리는 여성의 애틋한 심정의 성분을 생성하였다. 이 감성 성분과 심정 성분, 심상 성분과 시어 성분이 어우러져 시적 화자가 임을 사모하는 마음을 전달한다. 윗 시와 같은 여성성의 감성과 심정의 표현은 들뢰즈와 과타리의 말로 하면 '여성-되기'에서 비롯된 것이다. 시인이 여성이어서가 아니라 여성의 감성 성분과 심정 성분의 입자를 생성하고, 이를 시를 통해 방출한 것이다. 윗 시의 저자는 그 행적을 볼 때, 강한 남성성을 지녔다. 그렇지만 시를 쓸 때만은 여성성의 성분을 생성하여 뿜어낸다.

윗 시를 읽는 독자는 독자-되기, 즉 자기-되기를 실행해야 한다. 독자가 위의 시를 감상하기 위한 과업(과제)을 자각했다면, 과업 실행을 위한 시 감상 성분을 내적으로 생성해야 한다. 그냥 위의 시를 반복해 읽는다고 이 시를 감상할 수는 없다. 위의 시를 읽는 데 필요한 일반적인 지식과 함께 시인에 대한 지식 성분이 필요하다. 또한 시어를 읽어 시의 이미지를 마음속에 표상할 수 있는 심상의 성분, 심상을 통해 시적 화자의 감성과 심정을 느낄 수 있는 감수성의 성분을 생성해야 한다. 이들 성분을 독자가 자기 내부에서 생성해 냈을 때, 위의 시를 감상할 수 있다. 독자가 자기 과업의 실행을 위하여 생성할 성분은 신체나 근육 요소일 수도 있고, 감각이나 의식의 요소일 수도 있으며, 개념이나 관념일 수도 있고, 기능이나 사고방식일 수도 있다. 일반적으로 동물-되기, 여성-되기, 분자-되기, 입자-되기, 지각 불가능하게-되기 등의 말에서 보면, 되기를 이루기 위해서 생성해야 할 성분은 특정한 것으로 한정되지 않는다. 여성-되기만 해도, 여성을 이루는 성분은 한정할 수 없다. n개의 성, n개의 성분을 포함한다.[8] 그렇지만 자기-되기에서 과업과 관련지어 보면, 성분은 구체성을 갖는다. 이육사의 <절정>에서 보면, 시적 화자의 독립투사-되기의 과업 실현을 위한 성분은 조국애, 투쟁, 신념, 의지, 기다림, 희망과 같은 성분들로 한정할 수 있다. 독자의 자기-되기를 위한 과업 실행은 과업을 실행하는 데 필요한 성분의 생성으로 이루어진다. 과업의 실행은 생성된 성분의 작용으로 이루어진다.

---

8   소녀는 각 성의 여성-되기이며, 이는 아이가 각 나이의 청춘-되기인 것과 마찬가지이다. 나이를 먹을줄 안다는 것은 청춘으로 머문다는 것이 아니다. 그것은 자신의 나이로부터 이 나이의 젊음을 구성하는 입자들, 빠름과 느림, 흐름들을 추출하는 것이다. 사랑할 줄 안다는 것은 남자나 여자로 머문다는 것이 아니다. 그것은 자신의 성으로부터 이 성의 소녀를 구성하는 입자들, 빠름과 느림, 흐름들, n개의 성들을 추출하는 것이다. 아이-되기는 바로 <나이 자체>이며, 이는 여성-되기, 즉 소녀가 바로 <성>(그것이 어떤 성이건 간에)인 것과 마찬가지이다.(김재인 역, 2003: 526)

다. 선

선은 성분을 구성하고, 생성하는 요인이다. 성분이 과업 실행을 가능하게 하는 것이라면, 선은 성분이 존재할 수 있게 하는 것이다. 선이 성분의 생성과 존재를 이루는 것이기에 선은 자기-되기의 본질적 요소이다. 선은 성분을 생성하는 것이기에 성분에 따라 달라진다. 독자는 자기 생성에서 성분에 맞는 선을 생성해야 한다. 이 생성한 선으로 성분을 생성해 내고, 성분으로 과업 실행을 이루어 내는 것이다. 선은 독자의 자기-되기에 필요한 요소로서, 독자 내에 또는 텍스트 내에, 또는 텍스트를 읽는 상황에 내재한다. 독자는 과업 실행을 위한 성분에 따라 필요한 선들을 생성하거나 선택한다. 이 선의 생성으로 과업 실행에 필요한 위한 성분을 가질 수 있다.

선은 길이를 가진 것으로 구성 물질이 있을 수도 있고 없을 수도 있다. 시간만 있는 선(사유)도 있고, 물질로 된 선(근섬유)도 있으며, 공간에 순간만 존재하는 선도 있다. '무희의 춤추는 동작의 선이 곱다'라고 할 때의 '선'은 순간적으로 포착되는 동작의 연결로 생기는 공간의 선이다. '되기'와 관련지어 볼 때, 성분이 있게 하거나 생성되게 하는 것이 선이다. 되기의 성분은 그 자체로 존재하는 것이 아니라 길이를 가진 선에 의하여 생성된다. 길이는 과정과 관련된다. 그래서 '임'이 아닌 '되기'는 생성하는 과정을 갖는다. 여성-되기든 분자-되기든 어떤 되기라도 과정이 있어야 실현된다. 이 과정에는 길이를 가지는 무엇인가가 존재한다. 그것은 한 가닥일 수도 있고, 여러 가닥일 수도 있으며, 꼬여 있을 수도, 끊어졌다 연결될 수도 있다. 성분은 선들의 작용에 의하여 생성되고 존재한다.

> 우선 여자-되기와 아이-되기, 그 다음 동물-되기, 식물-되기, 광물-되기, 끝으로 온갖 종류의 분자-되기, 입자-되기. 섬유들은 문들과 문턱들을 가로지르면서

이것들을 서로 데려가고, 서로 변형시킨다. (김재인 역, 2003: 516)

신비한 작가 트로스트는 소녀의 초상을 그리면서 이러한 초상에 혁명의 운명을 연결시켰다. 즉 소녀가 지닌 속도, 자유로운 기계적 몸체, 강렬함, 추상적인 선 또는 도주선, 분자적 생산, 기억에 대한 무관심, 비구상적인 성격-한마디로 말해 '욕망의 비구상성(non-figuratif)'을. (김재인 역, 2003: 525)

우리는 어떠한 현상에 관해 그 외연적인 고유한 인과성을 포착할 능력이 없을수록 그만큼 더 그 현상을 잘 이해하는 척한다. 확실히 어떤 배치물은 창조적 인과성 또는 특수한 인과성의 추상적인 선을, 자신의 도주선 또는 탈영토화의 선을, 그것도 가장 높은 지점에서 포함하고 있다. 이 선은 일반적인 인과성 또는 전혀 다른 본성을 가진 인과성과 관련해서만 현실화될 수 있지만 그러한 인과성에 의해서는 결코 설명되지 않는다. (김재인 역, 2003: 537)

위의 인용문들에서 보면, 되기와 관련하여 들뢰즈와 과타리가 언급하는 선의 종류는 다양하다.[9] 섬유, 추상적인 선, 탈주(도주)선, 탈영토화의 선 등이

---

9 따라서 무리들, 다양체들은 끊임없이 상대방 속으로 변형되어 들어가며, 서로 상대방 속으로 이행한다. 한 번 죽은 늑대 인간은 흡혈귀로 변형된다. 이것은 전혀 놀랄 일이 아니다. 되기와 다양체는 하나이고 동일한 것이기 때문이다. 다양체는 그 요소들에 의해 규정되지 않으며, 통일이나 이해의 중심에 의해 규정되지도 않는다. 다양체는 그것의 차원수에 의해 규정되는 것이다. 다양체는 **본성이 변화하기 않고서는** 나누어지지도 않고, 차원을 잃거나 얻지도 않는다. 그리고 다양체의 차원들의 변화는 다양체에 내재하기 때문에, 이것은 결국 각각의 다양체는 이미 공생하고 있는 다질적인 항들로 조성되어 있으며, 또는 각각의 다양체는 그것의 문턱들과 문들을 따라 일렬로 늘어선 다른 다양체들로 끊임없이 변형된다는 이야기와 마찬가지이다. 따라서 가령 <늑대 인간>의 경우 늑대 무리는 벌떼가 되는가 하면, 항문의 들판, 작은 구멍들과 미세한 궤양들의 집합이 되기도 하는 것이다(전염이라는 주체). 또한 이 모든 다질적인 요소들이 공생과 생성의 '그' 다양체('la' multiplicité)를 조성하는 것이다. 우리들이 매혹된 <자아>의 위치를 상상했다면, 이는 그 자아가 파괴에 이를

그 예이다. 섬유는 여러 가닥의 가는 실들이 꼬여 하나의 선을 이루고 있는 것이다. '섬유'를 그 사용의 맥락에서 보면, 모든 '되기'들은 섬유의 속성을 지니고 있는데, 이 섬유는 문들과 문턱들을 가로지르면서 '되기'들을 데려가고 변형시키는 것이다. 과업, 성분, 되기와 관련하여 볼 때, 섬유는 성분을 생성하고, 과업을 이루게 하는 근원적인 것이다. 섬유의 속성은 하나의 선이 아니라 다양한 여러 가닥의 선들이 꼬여 이루어진다는 것이다. 성분을 이루기 위해서는 다양한 여러 가닥의 선들이 꼬이고 연결되어야 한다.

성악가의 음악이 되는 소리 성분은 하나의 선으로 이루어지지 않는다. '카스트라토[10]식 소리내기'에서의 성악가의 소리 성분은 성대만으로는 만들어지지 않는다. 거세, 성대, 호흡, 목소리, 소프라노의 고음 등의 선들이 결합되어 엮이고 꼬여서 이루어진다. 국악의 판소리를 하는 명인들을 떠올려 보면, 판소리를 하려면 '득음'을 해야 한다. 판소리 명인의 득음은 목소리가 판소리 음에 맞게 트이고, 소리할 때의 표정이나 몸짓, 내용 전달이 관중을 사로잡는 경지에 이른 노래 솜씨를 생성한 상태를 가리킨다. 이에는 심폐·성대(목청)·구강(입안)·목소리 등 신체 성분의 선과 가사·박자·리듬·가락·음

정도로까지 마음을 쏟는 그 다양체 내부에서 그 자아를 작동시키고 팽창시키는 다른 다양체의 연속이기 때문이다. 그러므로 자아란 두 다양체 사이에 있는 문턱, 문, 생성일 따름이다. 각각의 다양체는 '특이자'로 기능하는 가장자리에 의해 규정된다. 일렬로 늘어선 가장자리들이, 다양체를 변하게 하는 가장자리들의 연속된 선(섬유[fibre])이 존재한다. 각각의 문턱과 문에서 새로운 계약이 있는가? 섬유는 인간에서 동물로, 인간이나 동물에서 분자들로, 분자들에서 입자들로, 끝내는 지각 불가능한 것으로 나아간다. 모든 섬유는 <우주>의 섬유이다. 일렬로 늘어선 가장자리들의 섬유는 도주선 또는 탈영토화의 선을 구성한다.(김재인 역, 2003: 747)

10 카스트라토(이탈리아어: castrato, 복수형 castrati) 또는 거세가수(去勢歌手)는 변성기 이후 음역이 내려가는 것을 막고 여성의 음역을 내기 위해 거세한 가수를 말한다. 여성의 소프라노의 음을 낼 수 있다. 최후의 카스트라토는 20세기 초반까지 있었다. 그리고 그 최후의 카스트라토는 알레산드로 모레스키(Alessandro Moreschi, 1858~1922)이다.(https://ko. wikipedia.org/wiki/카스트라토)

색·북장단 등의 음악 성분의 선, 자세·표정·추임새·동작 등의 연기(演技) 성분의 선, 무대·관중·고수(鼓手)·분위기·상황 등의 공연 성분의 선이 관여한다. 성분은 단일의 선으로 이루어질 수도 있지만 대개는 여러 선이 결합되어 있는 섬유의 형태를 지닌다.

성분을 이루는 섬유의 특성들에 따라 추상적인 선, 탈주(도주)선, 탈영토화의 선 등으로 나뉜다. 추상적인 선은 직접 경험하거나 감각적으로 지각할 수 있는 형태와 성질의 것이 아닌 선을 의미한다. 신체적이거나 물질적인 것의 되기는 직접 경험이나 감각으로 지각할 수 있지만 관념이나 특정 능력을 갖추는 되기는 직접 경험이나 감각으로 지각할 수 없는 성질의 선의 특성을 갖는다. <절정>의 독립투사-되기의 성분을 이루는 섬유의 선들 중 신념이나 기다림과 같은 선들은, 있다는 것을 알지만 직접 경험이나 감각되지 않는 추상적인 선들이다. 탈주(도주)선은 현재적 몰적 상태에서 지향하는 분자적 상태로 생성하는 것과 관련된 선이다. 되기에는 탈주의 선이 본질적으로 내재한다고 할 수 있다. 탈영토화의 선도 현재 권리를 주장하는 영토에서 벗어나게 하는 선이다. 우리는 다양한 공간에 대한 영토화를 이루고 있다. 물리적 공간, 의식 공간, 활동 공간, 관심 공간 등 권리를 주장할 수 있는 영토적 공간은 다양하게 존재한다. 이들 공간에서 벗어나려면 공간의 성분을 바꾸어야 하는데, 이를 가능하게 하는 선이 탈영토화의 선이다.

독자가 <당신이 아니더면>을 감상하기 위해서는, 지식 성분, 심상 성분, 감수성 성분 등을 이루는 선의 생성이 필요하다. 지식 성분의 선은 시에 대한 일반적인 지식과 <당신이 아니더면>에 대한 구체적인 지식 요소가 관련된다. 시에 대한 일반적인 지식으로 전문적이고 분명한 지식이 필요한 것은 아니지만 시의 형식, 내용 특성, 표현 방식, 읽는 방법 등이 관계된다. 그리고 구체적인 지식은 시인의 삶의 지향, 추구하는 사상, 종교(직업)적 신념 등이 관계된다. 이들 지식은 여러 가지의 사실(일), 정보, 개념 등이 서로 이어지고, 뭉쳐지고, 단위 조직으로 짜여 생성된다. 지식을 이루는 사실, 개념, 정보들은 섬유를 생성하여 '되기'를 실현할 수 있게 한다. 이 지식을 이루는 선의 요소들은 독자 내부에서 생성하는 것이기보다는 외부에서 습득한 것이다. 독자는 이 습득된 것들을 조합하여 지식 성분 관련 섬유를 생성하게 된다. 심상 성분의 선이나 감수성 성분의 선은 지식 성분의 선과는 달리 시를 읽을 때 직접 관여하는 것으로 독자가 시에 맞게 내부적으로 생성해야 하는 선이다. 심상의 선은 시어들이 지시하는 대상(일)들을 지각하고 그 대상에 대한 감성을 감각하여 종합적으로 표상하는 활동적 선이다. 감수성의 선은 심상의 각 부분이 지닌 본질이나 정감을 지각하는 성질의 선이다. <당신이 아니더면>의 독자는 이들 선을 생성해 냄으로써 시를 읽고 이해할 수 있게 된다.

독자의 과업 실현을 위한 성분은 선의 작용으로 이루어진다. 선은 길이를 갖고 있어 과정적이고, 각기 다른 구성소를 지니고 있으며, 가닥으로 되어 있어 여러 가닥이 꼬여 섬유가 된다. 과업의 실행은 성분을 요구하고, 성분은 선을 필요로 한다. 성분은 필요한 선을 결정하고, 선은 성분을 생성한다. 성분에 따라 선의 선택이 결정되고, 선에 의하여 생성되는 성분이 결정된다. 선들이 어떻게 결합되고 꼬이는가에 따라 성분의 속성이 바뀌고, 이는 과업의 실현을 결정짓게 된다. 독자가 텍스트를 읽으면서 어떤 성분을 결정하고, 그 성분에 필요한 선을 선택하는가가 텍스트 이해를 결정짓는 요인이 된다.

3. 자기-되기의 요건

독자의 자기-되기는 자각에서 비롯된다. 텍스트는 독자가 자각을 할 수 있는 단서를 제공한다. 텍스트에서 관념, 타자, 관점, 지식, 논리 등을 지각한 독자는 자기를 일깨운다. 독자의 자기 깨침은 관련 선을 선택하거나 생성하고, 그 선으로 성분을 생성하고, 그 성분으로 과업을 실행하게 한다. 독자의 과업은 읽은 텍스트 수만큼 존재할 수 있지만, 선택되어 결합·융합되고 조직·체계화를 이루어 추상된 형태의 몇 가지 범주로 존재한다. 독자는 텍스트를 읽을 때 특정 과업의 성취에 필요한 성분 생성에 집중하고, 성분 생성에 필요한 선을 선택하여 섬유를 생성한다. 독자의 자각은 자기-되기의 일련의 과정을 이루어지게 하여 자기 생성을 이끌고, 특개성(heccéité)이 내재된 자기 삶을 이루게 한다. 독자의 자기-되기는 텍스트에서 자기 과업을 자각하고, 과업 실현을 위한 자기 생성으로 자기의 고유한 삶을 생성하는 것이다. 자기-되기는 자기 찾기이며, 자기 일깨우기, 자기 가꾸기, 자기 삶 살기의 통칭이다. 이 자기-되기는 준비나 결과의 문제가 아니다. 자기 과업의 실행은 생성의 과정이고, 지속이다. 그래서 자기 과업 실행으로 자기-되기를 실현하는 독자는 자기 생성을 하는 '중'에 있는 존재이고, 생성의 시작과 끝의 '사이'에 있는 존재이다. 자기-되기의 실현은 자기 삶을 사는 과정이지 결과가 아니다. 독자의 자기-되기 요건을 살펴본다.

가. 사이-존재

되기는 사이에 존재한다. 들뢰즈와 과타리는 '이기(être)'와 '되기(devenir)'를 구분한다.[11] 되기는 커지거나 작아지는 것과 같은 변화이다. 커지는 것은 작은 상태에서 큰 상태로 변화이고, 작아지는 것은 큰 상태에서 작은 상태로 변화이다. 커지든 작아지든 상태의 변화에는 일정한 사이가 존재한다. 되기

---

11 곰이 된다는 것은 곰이 아닌 것이 곰이 되는 것이지요. 곰이 곰이 될 순 없는 일이니까 말입니다. 따라서 '이기(être)'는 어떤 것의 현재 상태가 갖는 동일성/정체성(identitié)을 명시하지만. '되기'는 명시하고 확정할 동일성이 없습니다.(이진경, 2003b: 34)

는 변화하는 것의 사이에 존재한다.[12] 사이에 존재한다는 것은 일의 진행 과정 중의 한 위치를 지나가고 있음을 뜻한다. 이는 언제나 변화하는 과정 중에 있고, 끝이나 멈춤의 배제를 함의한다. 독자가 텍스트 읽기로 자기-되기를 실현하는 것은 변화하는 과정을 내포하고, 끝이나 멈춤을 배제한 생성을 함의한다. 독자의 자기-되기는 텍스트의 읽기 전과 읽기 끝, 또는 텍스트를 이해하기 전과 이해하기 마침, 자기 생성 전과 자기 생성함의 사이에 존재한다. 즉 독자의 자기-되기는 텍스트 이해 전의 자기와 텍스트 이해 후의 자기 사이에 존재한다.

몸체를 <기관 없는 몸체>로 재구성하는 일, 몸체의 비유기체성(anorganisme)을 재구성하는 일은 여성-되기 또는 분자적 여성의 생산과 뗄 수 없다. 물론 소녀도 유기체, 그램분자적 의미에서 여성이 된다. 그러나 역으로 여성-되기 또는 분자적 여성은 소녀 그 자체이다. 소녀는 분명 처녀성에 의해 규정될 수 없다. 소녀는 운동과 정지의 관계, 빠름과 느림의 관계에 따라, 또 원자들의 조합과 입자의 방출에 의해, 즉 <이것임>에 의해 규정된다. 소녀는 기관 없는 몸체 위에서 끊임없이 질주한다. 소녀는 추상적인 선, 또는 도주선이다. 또 소녀들은 특정한 연령, 성, 질서, 권역에 속하지 않는다. 오히려 소녀들은 질서들, 행위들, 연령들, 성들 사이에서 미끄러진다. 또 소녀들은 막 관통해서 가로질러 온 이원적 기계들과 관련해서 도주선 위에서 n개의 분자적인 성을 생성한다. 이원론을 빠져나가는 유일한 방법은 사이에 존재하기(être-entre), 사이 지나가기, 간주곡이다. (김재인 역, 2003: 524-525)

---

12 더 중요한 것은 '커진다'는 크지 않은 상태에서 큰 상태로 되는 것이고, '작아진다'는 작지 않은 상태에서 작은 상태로 되는 것이란 점입니다. 즉 커진다는 것은 작은 것(상태)과 큰 것 사이에 있으며, 작아진다는 것 또한 큰 것과 작은 것 사이에 있습니다.(이진경, 2003b: 34)

위의 인용문을 보면, 여성-되기는 몸체를 재구성하는 일, 몸체를 기존의 유기체적 속성과 다른 속성을 갖도록 재구성하는 일이다. 여성-되기를 예를 들면, 여성-되기는 특정 여성성인 분자적 여성의 성분을 생성하는 일이다. 여성-되기는 무엇으로든 새롭게 규정될 수 있는 속성을 지닌 소녀가 그 구체적 예이다. 소녀는 그 자체이다. 소녀는 무엇으로든 생성될 수 있다. 어떤 운동과 정지의 관계 속에 놓이느냐, 얼마의 빠름과 느림의 관계에서 움직이느냐, 어떤 원자들 조합하고, 어떤 입자들을 방출하게 하는 내적 생성을 갖게 하느냐에 따라 소녀는 소녀만의 개체적 특성을 지닌 특개성(<이것임>)의 존재로 규정된다. 여성-되기의 한 가지 예인 소녀는 기관 없는 몸체(신체)로서 무엇으로도 될 수 있는 선을 가진다. 또한 연령, 성, 질서, 권역에 제한되지 않는다. 이들 사이를 미끄러지고, 관통하고, 가로지른다. 그러면서 한정할 수 없는 n개의 분자적인 성을 생성한다. 그렇기에 여성-되기는 사이에 존재하기, 사이 지나가기, 곡의 중간에 연주되는 간주곡과 같다. 즉 되기를 하는 이는 사이-존재이다.

독자의 자기-되기도 여성-되기의 소녀와 같은 사이-존재이다. 독자는 텍스트 내용과의 접속으로 자기-되기를 실현한다. 텍스트의 무엇과 어떤 운동과 정지 관계를 이루는가에 따라, 텍스트의 어떤 요소와 얼마의 빠름 또는 느림의 관계로 만나느냐에 따라, 텍스트의 어떤 개념이나 정보에 집중하느냐에 따라, 텍스트의 어떤 내용에 감응하여 사고를 확장하느냐에 따라 특개성을 갖는 자기-되기를 실현한다. 독자의 자기의식도 소녀와 같은 기관 없는 몸체이다. 어떤 텍스트를 읽는가에 따라 무엇으로도 될 수 있는 선을 얻는다. 독자가 될 수 있는 대상은 제한되지 않는다. 다만 과업이 자기-되기를 조절한다. 독자는 텍스트를 통하여 생성한 섬유의 선을 따라 문턱을 넘고 문을 통과하여 과업을 이루어 낸다. 독자의 자기-되기는 과업 실현을 위한 n개의 분자적 성분을 생성한다. 그러면서 끝이나 멈춤을 전제하지 않는 사이-존재로 존재한다.

> 남들이 자유를 사랑한다지마는 나는 복종을 좋아하여요/ 자유를 모르는 것은
> 아니지만 당신에게는 복종만 하고 싶어요/ 복종하고 싶은데 복종하는 것은 아름
> 다운 자유보다도 달콤합니다./ 그것이 나의 행복입니다.// 그러나 당신이 나더러
> 다른 사람을 복종하라면 그것만은 복종할 수가 없습니다./ 다른 사람을 복종하
> 려면 당신에게 복종할 수 없는 까닭입니다. (한용운, <복종> 전문)

윗 시의 화자는 진정으로 하고 싶은 것이 있다. 독자는 위의 시를 읽으면서
화자와 같이 자기가 진정으로 이루고 싶은 것을 떠올린다. 그러면서 이루고
싶은 것을 위해 어떤 마음과 의지를 가지고 실행할지를 다짐한다. 독자는
자기가 진정으로 복종해야 할 것을 가지는 자기를 생성한다. 위의 시를 읽고
단지 시적 화자만 복종해야 할 것이 있다고 생각하는 독자는 없다. 독자는
자기를 의식하고 자기가 복종할 대상이나 존재에 대하여 생각한다. 복종할
대상이나 존재가 있다면 그것을 더욱 소중하게 떠올릴 것이고, 없다면 찾거
나 만들고 싶어 할 것이다. 물론 기존의 시 읽기 교육이 복종할 것을 만들거나
찾게 하는 생각을 못 하도록 한 점이 있지만, 독자 의식의 한 편에는 복종할
수 있는 것을 만들거나 찾아야 한다는 자각이 존재한다. 배운 대로 이를
외면했을 뿐이다. 위의 시를 읽는 독자의 자기-되기는 여기서부터 시작한다.
무엇에 복종할지를 확인하고, 복종 거리를 갖는 것은 독자의 자기-되기이다.
독자는 자기-되기로 자기를 생성하는 변화의 과정에 있는 사이-존재로 들어
선다.

독자의 자기-되기는 사이-존재의 실행이다. 위의 시를 읽은 독자가 복종할
것에 복종하는 자기 생성은 복종하지 않음에서 복종 끝의 사이에서 이루어진
다. 위의 시에서 화자가 실행하는 복종의 끝은 존재할 수 없다. 복종은 복종하

지 않음과 복종 끝의 사이에 존재하는 것이다. 복종하고 있지 않음과 복종의 끝은 복종하지 않고 있는 상태이다. 그렇기에 복종은 하지 않음과 복종 끝 사이에만 존재할 수 있다. <복종>에서 복종하기 전과 복종 끝에서 화자의 복종은 아무런 의미를 갖지 않는다. 복종의 의미조차 존재하지 않기 때문이다. 복종하는 것은 사이에 존재하는 것이고, 사이-존재는 자기를 생성하여 자기-되기를 실현하는 것이다. 독자의 자기 과업에 대한 복종도 시적 화자의 복종과 마찬가지이다.

이 사이-존재는 다양한 속성을 내포한다. 몇 가지를 들면 다음과 같다. 첫째, 자기성 또는 주체성이다. 사이-존재인 독자는 언제나 독자 자신이고, 주체로서의 자기이다. 둘째, 생동성 또는 역동성이다. 사이-존재는 자기 과업을 실행하는 중이기에 생동적이고 역동적이다. 활동으로 자기-되기를 하고 있지 않더라도 의식하고만 있어도 생동성을 갖는다. 셋째, 변화성 또는 초월(바꿈)성이다. 사이-존재는 자기 과업의 실행을 위한 성분을 생성하여 자기 변화를 이루고 있고, 그 변화는 현재 자기를 벗어나(초월)는 것이다. 넷째, 기대성 또는 미래성이다. 사이-존재 자체는 과업 성취에 대한 기대를 품고 있고, 이는 언제나 미래를 향해 있다. 다섯째, 실천성 또는 적극성이다. 사이-존재는 언제나 과업의 실행을 실천하는 중에 있고, 그 자기 과업을 실행하기에 적극적일 수밖에 없다. 여섯째, 항상성 또는 현재성이다. 사이-존재는 자기를 의식하는 현재에 과업 실행을 멈추지 않고 언제나 하고 있다. 사이-존재는 늘 활동 중에 있다. 독자의 자기-되기는 멈추지 않는다.

나. 욕망과 의지

사이-존재가 되는 자기-되기는 되기의 무한성을 전제한다. 독자의 자기-되기도 무엇으로든 생성할 수 있다. 물론 자기 생성에 질적인 차등이 있을 수 있다. 독자의 자기-되기는 무한성의 전제에서 텍스트로 인하여 구체성과 실제성을 갖는다. 구체성은 과업, 성분, 선이 일정한 형태와 내용과 성질을 가지는 것이다. 실제성은 과업의 실행, 성분의 생성, 선의 결정이 이루어지는 상황이나 형편을 특정할 수 있음을 뜻한다. 이는 독자의 자기-되기가 텍스트와의 관계에 의존함을 함의한다. 물론 텍스트가 독자의 자기-되기를 모두 결정한다는 것은 아니다. 같은 텍스트라도 독자가 어떤 요인과 관계를 맺는가에 따라 자기-되기의 실행은 달라진다.

이(되기)에 대해 우리는 두 가지 차원에서 접근할 수 있습니다. 하나는 그것의 질을 규정하는 '의지' 내지 '욕망'의 차원이고, 다른 하나는 그것을 가능하게 해주는 '힘' 내지 강밀도의 차원입니다. 첫째, 어떤 사물이 무엇'인가'는 그것을 둘러싼 다른 것들에 의해, 그것과 연관된 다른 것들과의 관계에 의해 결정된다는 것입니다. 그 관계란 상이한 사물들을 하나로 계열화하려는 '의지' 내지 '욕망'과 결부되어 있습니다. 양잿물은 빨래를 삶는 데 사용될 수도 있고, 사람을 죽이는 데 사용될 수도 있습니다. (중략) 스피노자는 이처럼 이웃한 것이 무엇인가에 따라 달라지는 사물을 '양태(mode)'라고 불렀습니다. 이는 무엇'인가'조차 이웃한 것들과의 관계에 따라, 어떤 이웃과 접속하는지에 따라 다른 게 '되는' 것으로 파악합니다. 그 각각의 계열을 만드는 것은 옷을 깨끗이 빨고 싶다는 욕망, 혹은 죽고 싶다거나 죽이고 싶다거나 하는 욕망이지요. (이진경, 2003b: 35-36) ( )는 필자.

'되기'와 관련하여 위의 인용문을 보면, 어떤 되기이든 두 차원이 관여한다. '의지'와 '욕망'의 차원[13]과 '힘'과 '강도'의 차원이다. 욕망과 의지가 되기

---

13 욕망은 '하고자 함'이다. 이 욕망은 두 가지로 구분할 수 있다. 무의지(무의식)적으로 '하고

를 실현하는 형식적 속성이라면, 힘과 강도는 내용적 속성이라 할 수 있다. 이 항목에서는 독자의 자기-되기와 관련하여 형식적 속성을 논의하고, 내용적 속성은 다음 항목에서 논의한다. 되기의 형식적 속성인 욕망과 의지는 무엇'인가'와 관련되어 있다. 독자의 자기-되기에서 무엇'인가'는 과업 또는 과제와의 관련성의 문제이다. 위의 인용문의 용어로는 '계열' 또는 '계열화'와 관련된다. 계열화는 텍스트의 무엇을 독자가 자기와 이웃하게 하느냐, 또는 어떤 이웃과 접속하여 관계를 맺게 하느냐이다. 이 계열화 속에서 독자는 과업 실현의 욕망과 의지를 갖추게 된다.

독자의 자기-되기는 과업 실현을 위한 욕망이 있어야 한다. 욕망은 내재적이고 잠재적이어서 의식하지 못하는 간절한 원함이다. 이 욕망은 무심결에 작용한다. 독자가 텍스트를 읽을 때, 의식하지 못하는 상황에서도 발현한다. 텍스트 내용에서 비롯된 것일 수도 있고, 독자 내부, 텍스트와 독자 사이나 외부에서 비롯될 수도 있다. 이 욕망은 의식 내면에서 잠재적이고, 내재적이며, 가능한 것으로 존재하기에 지속성이 있다. 그렇지만 의식에서 지각하는 일은 산발적이다. 독자가 자기 욕망을 자각하는 일은 텍스트를 읽을 때이다. <절정>이나 <복종>을 읽는 독자는 자신의 과업과 관련하여 산발적으로 욕망의 작용을 느낀다. 자기의 과업 실현을 욕망하는 것이다. 텍스트의 내용에서 자극이 있을 때 욕망이 작용한다.

독자의 자기-되기를 위한 과업 실현은 의지가 있어야 한다. 의지는 욕망의 작용과 비교했을 때, 표면적이고 현재(顯在)적인 심리로, 원하는 것을 이루려는 마음이고 신념이다. 이 의지는 의도적이고 자각적으로 작용한다. 이는 독자가 텍스트를 읽으면서 의식적으로 과업 실현에 집중하고, 이루려는 집념

자 함'과 의지(의식)적으로 '하고자 함'이다. 무의지적으로 '하고자 함'을 '욕망', 의지적으로 '하고자 함'을 '의지'라고 할 수 있다.

이 구체적일 때 갖게 되는 마음에서 일어난다. 의지는 텍스트에서 비롯된 것이기는 하지만 독자의 선택과 판단으로 존재하게 된다. 이 의지는 의식의 표면에서 작용하고, 실제적이고, 구체적이며 계획적이기에 현재(現在)성이 있다. 그렇기에 의지는 과업의 실현과 관련해서는 지속적이다. 독자의 의지는 욕망을 자각하는 일과 같이 텍스트를 읽을 때 실체화된다. <절정>이나 <복종>을 읽는 독자는 자신의 과업 실현의 의지를 갖는다. 자기의 과업 실현을 위해 자신이 무엇을 해야 하는지 떠올리고, 방법을 찾고, 자신을 만든다.

> 생성은 누군가가 가진 형식, 누군가가 속해 있는 주체, 누군가가 소유하고 있는 기관들, 또 누군가가 수행하고 있는 기능들에서 시작해서 입자들을 추출하는 일이다. 그리고 우리는 이 입자들 사이에서 운동과 정지, 빠름과 느림의 관계들을, 누군가가 지금 되려고 하는 것에 가장 가까우며, 그것들을 통해 누군가 생성하는 그건 관계들을 새로이 만들어 낸다. 바로 이런 의미에서, 생성은 욕망의 과정이다. (김재인 역, 2003: 517)

독자의 자기-되기는 자기를 생성하는 것이다. 자기의 생성은 욕망의 과정이다. 텍스트(의 화자)에 내재된 형식들, 텍스트 화자에 속해 있는 주체들, 텍스트(의 화자)가 소유한 기관들, 텍스트(의 화자)가 수행하는 기능들에서 시작해 독자가 자기-되기 입자를 추출하는 일이다. 또한 입자들 사이에서의 운동과 정지, 빠름과 느림의 관계들을 만들고, 화자가 되려고 하는 것과 가장 가깝고, 화자의 말을 통해 누군가 생성하려는 관계들을 새로이 만들어 내는 것이다. 그렇기에 생성은 욕망의 과정이다. 그리고 의지에 의한 자기 삶의 실행 과정이고, 진정한 자기를 실현하는 과정이다.

<절정>이나 <복종>을 읽고 이해하는 독자는 자기 과업과 관련하여 자기 생성을 한다. 자기-생성은 욕망의 과정이다. 각 텍스트의 화자에 내재된 삶의

형식, 주체, 기관, 기능들에서 시작해서 자기-되기의 입자(성분, 선)를 추출하는 일이다. <절정>이나 <복종>을 읽고 이해한 독자는, 자기의 과업 실현을 위하여 화자의 삶의 형식들, 화자에 속해 있는 주체들, 화자가 소유하고 있는 기관들, 화자가 수행하고 있는 기능들에서 자기-되기의 입자를 추출하고, 이 입자들의 운동과 정지, 빠름과 느림의 관계들을 '화자가 되려고 하는 것'에 가장 가깝게 생성하는 일이다. 또한 화자들의 말을 통해 누군가 생성하려는 관계를 새로이 만드는 일이다.

다. 강도와 속도

독자의 자기-되기는 자기 생성이다. 자기 생성으로 자기-되기를 할 때 중요한 것이 '자기'이다. 자기-되기의 '자기'나 자기 생성의 '자기'는 블록이 되는 객체인 자기, 대상으로서의 자기이다. 독자는 텍스트를 읽을 때, 이 객체인 자기를 지각한다. 독자가 지각하여 인식한 '자기'는 의식의 주체 또는 행동의 주체와 구분되는 '자기'이다. 독자가 자기를 지각하여 마음속에 표상된 자기에 대한 의식은 자신에 관한 규정이다. 이 자기는 타자와는 엄격히 구분된다. 타자는 주체와 의식의 내용을 공유하지 않는다. 그렇기에 타자는 언제나 낯선 존재이다. 이에 반해 자기는 주체와 의식의 내용을 공유하고 있고, 의식의 내용과 함께한다. 그렇기에 자기를 언제나 주체가 대표한다. 독자에게서 자기는 독자 주체와 대응적 관계에 있다. 독자는 이 '자기'를 가짐으로써 진정한 자기가 될 수 있다. 즉 독자는 자기-되기(생성)를 해야 자기를 밝히고, 자기를 갖고, 자기를 보고, 자기를 알고, 자기를 지키고, 자기를 키울 수 있다. 다시 말해, 고유한 '자기로' 존재할 수 있다.

자기-되기는 자기의 과업과 과업을 위한 성분, 성분을 위한 선을 생성하는 일이다. 독자의 자기-되기는 이 되기의 중요한 부분이다. 독자가 자기-되기를 이룬다는 것은 자기만의 고유성이 있는 자기를 생성해서 '갖고', '지킴'을 내포한다. 독자의 자기-되기가 자기만의 고유성을 가지기 위해서는 자기만의 과업이 필요하다. 독자의 자기-되기는 이 자기만의 과업 실현을 위해 자기 생성을 하는 일이다. 자기만의 고유함을 들뢰즈와 과타리의 말에 따르면 강도[14]와 속도이다. 들뢰즈와 과타리는 『천 개의 고원』여러 곳에서 강도와 속도를 이야기한다. 강도는 힘이고, 속도는 특질이다. 독자가 텍스트를 읽을 때, 특정 요소에 집중하여 얼마나 자세히 깊이 인식하는가가 강도이고, 그 인식이 어떤 개별적 특질을 갖는가가 속도이다.

프랑슈아 쳉이 밝힌 바에 따르면, 문인화가는 유사성을 추구하지 않으며 '기하학적 비례'도 계산하지도 않는다. 문인화가는 자연의 본질을 이루는 선과 운동만 가지고 있다가 뽑아낸다. 이어지거나 겹쳐진 '선(traits)'만 가지고 진행하는 것이다. 바로 이런 의미에서 세상 모든 사람 되기, 세계를 생성으로 만들기란 곧 세계 만들기이며, 하나의 세계 또는 여러 세계를 만들기이며, 다시 말해 자신의 근방역과 식별 불가능성의 지대 찾기이다. 추상적인 기계인 <우주>, 그리고 이를 실행하는 구체적인 배치물인 각각의 세계. 다른 선들과 연속되고 결합되는 하나나 여러 개의 추상적인 선으로 환원되고, 그리하여 마침내 무매개적으로, 직접 하나의 세계를 생산하기. 이 세계에서는 세계 그 자체가 생성되고, 우리는 세상 모든 사람이 된다. (김재인 역, 2003: 530-531)

윗글에서 보면, 문인화가는 그림을 과업으로 자기-되기를 한다. 문인화가

---

14 강(밀)도는 intensité를 번역어로 김재인 역(2003)에서는 '강도'로, 이진경(2003b)은 '강밀도'를 사용한다. 영어로는 'intensity'로 '강렬', '집중', '열렬', '농도', '명암도' 등의 뜻을 지닌다. 감각, 지각, 인식(파악), 이해, 깨침 등이 이루어지는 세기, 크기, 깊이, 충실, 세밀 등의 정도와 관련된 뜻을 내포한다.

의 자기-되기는 선과 운동만으로 대상을 그림으로 표현하는 것이다. 문인화가의 문인화는 화가만의 지각 강도를 반영함으로써, 표현의 고유함이 있다. 이는 세상 모든 사람 되기이고, 세계를 생성하는 세계 만들기이며, 하나의 세계가 아닌 여러 세계 만들기이다. [그림 1]의 홍선대원군의 난 그림을 보면, 난초를 자기만의 식견과 안목의 강도로 지각하고, 자기만의 필세와 고유함의 표현력이 있다. 이 지각과 표현은 자기-되기를 이루어, 자기의 삶을 살아가는 세상 모든 사람 되기를 가능하게 한다. 자기-되기를 이루지 못한 사람은 자기를 가지지 못한 채 남을 모방하고 흉내 내기에 세상 사람이 될 수 없다. 자기를 갖지 못했기에 세상 사람이 아닌 것이다. 세상 모든 사람 되기를 하려면 자기-되기로 고유함을 지녀야 한다. 자기의 고유함을 생성하는 것은 자기 세계를 만드는 것이며(세계 만들기), 세상 사람들과 여러 세계를 만드는 것이다. 이 세계 만들기는 이루어야 할 근방역(과업) 속에서 남들은 지각할 수 없는 지각 불가능성의 지대지만 자기는 분명하게 지각하는 지각 가능성의 지대인 세계를 만드는 것이다. 이 세계는 특개성(<이것임>)을 갖는 구성으로 이루어진 <우주>이고, 다른 세계이다. 문인화는 화가를 추상적인 선만으로 하나의 고유한 세계를 만들 수 있게 함으로써,

세상 모든 사람 되기를 이루게 한다. 이런 그림은 이 그림을 보고 이해하는 사람도 세상 모든 사람 되기를 이루게 한다. 문인화의 이런 속성은 화가의 강도와 속도 때문이다.

문인화가는 먼저 문인이기 때문에 학문을 과업으로 하지만, 그림도 주요 관심 대상(과업)으로 지니고 있다. 문인화가는 그림을 그리는 것도 과업으로 하기에 화가-되기를 실현해야 한다. 문인화가의 화가-되기에 강도의 요소가 작용한

[그림 1] 홍선대원군 난의 일부

다. 문인화가는 매화, 난초, 국화, 대나무 등을 주로 그린다는 점을 상기할 때, 문인화에서의 강도는 선과 운동감이다. 사물이 가진 선을 얼마만큼 깊은 감성으로 감각하고, 그 선이 얼마만큼의 굵기와 늘어짐, 움직임으로 지각하느냐와 관련된다. 홍선대원군은 문인화가로 가늘고 굳센 기운을 드러내는 난초를 잘 그리는 화가로 알려져 있다. [그림 1]의 난초 그림을 보면, 홍선대원군이 난초를 표현하고 있는 강도를 느낄 수 있다. 그림을 보면, 난초의 꽃은 정갈하고, 난초의 잎은 가늘고 예리하다. 또한 그 기세가 철사와 같이 굳고 날렵하고 강하다. 그림으로 표현된 난초의 잎은 가늘지만 강함이 느껴지고, 날렵하면서 굳세고 예리함이 감지된다. [그림 1]의 난에는, 난초꽃의 정갈한 풍취와 난초 잎의 날렵함과 억셈을 포착해 내고 있다. 난초의 속성을 감지하여 느끼고 지각함에 화가의 세밀하고 정밀한 강도가 내재한다.

[그림 1]을 들뢰즈와 과타리의 속도의 개념에서 보면, 홍선대원군만의 고유함이 있다. 속도는 빠르기를 의미하는 말로, 각자의 고유성을 의미한다.

[그림 2] 민영익 난의 일부

계곡에서 흘러내리는 냇물 속의 물고기는 물살을 거스르는 자기 속도를 지니며, 먹이를 찾기 위해 공중에 떠 있는 매도 한자리에 머물고 있지만 바람을 거스르는 자기만 속도를 갖고 있다. 속도는 빠름과 느림, 운동과 정지(멈춤) 속에서 자기의 고유성을 지키는 것과 관련된다. 문인화가의 문인화도 이 속도의 개념을 내포하고 있다. [그림 1]의 난의 잎은 가늘고, 꼿꼿하고, 뾰족하다. 몇 개의 난초 잎이 경쾌하게 뻗어 나가고 각 잎은 균형을 이루면서 화폭을 가득 채우고 있다. 문인화의 난초 그림이 다 그런 것은 아니다. 홍선대원군과 쌍벽을 이루었다는 민영익의 난 그림은 다른 고유성을 갖는다. [그림 2]의 난초는 [그림 1]의 난초와 차이가 있다. 난초꽃과 난초 잎의 특성이 다르다. 난초꽃은 퍼지고 늘어져 여유롭고, 잎은 짧은 것이 많고 긴 것이 적다. 그러면서 일정하게 굵고 부드러운 곡선을 이루면서 뭉툭하다. 여유롭고 다복다복하다. 각 그림에는 화가만의 개별적 특질인 속도가 존재한다.

독자가 텍스트 이해로 자기-되기를 이루기 위한 자기 생성도 강도와 속도를 요구한다. 독자의 텍스트 이해는 본질적으로 강도와 속도가 내재한다. 독자의 자기-되기는 자기 과업에 근거하기에 텍스트의 각 내용에 대한 이해의 강도가 다르다. <절정>이나 <당신이 아니더면>, <복종>은 짧은 시이지만 이를 읽을 때도 독자마다 강도와 속도가 존재한다. 강도 면에서 <복종>을 보면, 어떤 독자는 복종할 대상에 집중하지만 어떤 독자는 복종하지 않은 대상에 집중한다. 또한 복종할 때 맹목적인 복종을 떠올리는 독자도 있지만 비판적·조건적·분별적인 복종을 떠올리기도 한다. 또는 복종의 방법을 구체적으로 생각하는 독자도 있지만 방법을 고려하지 않고 무조건 따르려는 복종도 있다. 속도 면에서 보면, 각 독자는 자기 과업을 무엇으로 지각하고 있는가에 따라 복종의 개념, 태도, 방법 등을 달리하게 된다. 각 독자가 자기 과업을 이루기 위해 자기만의 고유한 복종을 하는 것이 속도이다.

4. 자기-되기의 실행

<절정>에서 시적 화자는 자신이 이루어야 할 삶의 과업을 갖고 있다. 이 삶의 과업은 화자에게 다른 무엇으로 대체할 수 없는 절대적인 것이다. 그렇기에 화자는 이 과업을 성취하기 위하여 자신의 모든 것을 동원한다. 과업은 화자를 존재하게 하는 이유이고, 화자 삶의 궁극적 목표이다. 그렇기에 이에

화자의 모든 것을 집중할 수 있다. 사실 사람들은 누구나 이런 과업을 가질 수 있다. 이 과업은 누구나 추구하는 몰적인 과업과는 다른 자신만의 분자적 또는 원자적인 것이다. 이 과업이 자기 삶의 본질적 가치를 실현하게 해주는 것이다. 그렇기에 과업은 반드시 이루어야 할 것이다. 그 과업의 성취 속에 자기 존재의 의미가 내재한다. 이 과업은 어느 날 갑자기 주어지는 것이 아니다. 또 이 과업 실행도 일상적이거나 임의적으로 할 수 있는 것이 아니다. 과업은 자신의 현재적 삶의 과제를 깨쳐 지각함으로써 생기고, 자신이 처한 삶의 환경 속에서 적합한 방법을 찾아야만 실행할 수 있다. 과업을 지각하고, 실행 방법(성분, 선)을 생성하고, 방법을 적용하여 과업을 이루는 것이다. 이것이 자기 생성, 즉 자기-되기이다. 자기 과업을 갖고, 그 과업을 실행하는 것은 자기-되기의 과정에 있는 사이-존재가 되는 것이다.

독자가 텍스트를 읽는 본질은 자기를 생성하여 갖는 것이다. 자기를 밝히고 자기를 지켜내기 위한 것이다. 자기가 누구이고 무엇을 해야 하는지를 자각하는 것이 과업 생성이다. 과업은 독자가 자기가 어떤 존재이고, 삶에서 무엇을 이루어야 하는지에 대한 깨침의 결과이다. 독자가 텍스트 이해에서 이루어야 하는 근원적인 것이 과업이다. 사실 과업은 텍스트가 일방적으로 건네주는 것도 아니고, 독자가 일방적으로 정하는 것도 아니다. 독자가 텍스트와의 소통으로 공속해야 하는 것이다. <절정>도 <복종>도 독자에게 화자의 과업을 강요하지 않는다. <절정>의 독자가, <복종>의 독자가 시적 화자와의 소통으로 자기만의 과업을 자각해야 한다. 과업의 자각은 과업의 실행을 요구한다. 자기-되기의 본질은 과업을 성취하기 위한 실행에 있다. 이 과업 실행을 위해서 독자는 과업을 잘 실행할 수 있고, 실행에 잘 맞는 자기의 성분을 생성해야 한다. 과업 실행을 위한 성분의 생성과 성분의 작용은 성분을 구성하는 선들에 달려 있다. 독자는 텍스트를 읽으면서 성분을 구성하는 선들을 생성해야 한다. 이 선의 생성은 자기-되기의 토대가 된다.

독자의 자기-되기 실현은 자기 과업을 실행하는 자기 생성으로 이루어진다. 자기 과업을 실행하는 자기 생성은 독자의 자기가 사이-존재이게 한다. 사이-존재는 자기의 과업을 실행하는 존재적 속성이다. 사이-존재는 자기 생성 중인 존재이다. 이는 자기 과업을 실행하기 위해 몸과 마음뿐만 아니라 자신의 모든 것을 집중하고 있는 상태를 가리킨다. 사이-존재는 과업을 실행 중인 존재이다. 사이-존재는 과업을 실행하기 위한 욕망과 의지가 있어야 한다. 독자는 텍스트의 내용을 과업과 계열성을 이루게 하고, 이로써 실행해야 할 간절한 원함인 욕망을 가져야 하고, 과업의 실행에 의식적 의지를 가져야 한다. 물론 욕망과 의지도 독자가 텍스트와의 소통으로 생성한다. 사이-존재가 과업의 실행으로 실질적인 자기-되기를 하게 하는 것은 강도와 속도이다. 강도는 사이-존재로서의 과업 실행에 필요한 성분과 선의 생성이 독자만의 크기와 깊이를 갖는 것이다. 같은 과업을 위한 성분과 선이라도 개인마다 다른 것은 성분과 선의 크기와 깊이가 다르기 때문이다. 속도는 성분과 선이 독자만의 독특함과 고유함을 갖는 것이다. 독자가 텍스트를 통하여 과업을 위한 성분과 선을 생성하지만 자기만의 삶과 자기만의 과업을 자각할 때 속도가 생겨난다.

독자는 자기-되기에 충실해야 한다. 자기를 생성하고, 자기를 가져야 한다. 그래서 자기 삶을 생성해야 한다. 들뢰즈와 과타리의 말을 빌리면, '세계 만들기'를 하고, '세상 모든 사람 되기'를 하며, 자기의 '우주'를 만들고, '지각 불가능하게-되기'를 이루어야 한다. 이들은 자기 과업의 실행을 통한 자기-되기로 도달할 수 있다. 독자의 자기-되기는 자기를 잃지 않는 읽기를 하는 것이다. 자기를 찾고, 지키며, 고유하고, 특개성(heccéité) 있는 삶을 가꾸는 읽기를 하는 것이다. 이것은 독자가 읽기를 하면서 텍스트를 바라보는 것이 아니라 자기를 바라볼 때 이루어진다.

제12장 읽기의 비밀

1. 비밀의 성격

비밀은 지각 및 지각할 수 없는 것과 특권적이면서도 매우 가변적인 관계를 맺고 있다. 비밀은 우선 특정한 내용들에 관련되어 있다. 내용은 그것의 형식에 비해 너무 크다……. 아니면, 내용들은 그 자체로 하나의 형식을 갖추고 있지만 이 형식은 형식적 관계들을 인멸하는 역할을 포장이나 상자 같은 단순한 그릇에 의해 덮이거나 중첩되거나 대체된다. 이것은 다종다양한 이유로 이렇게 격리하거나 위장하는 것이 좋다고 판단되는 내용들이다. (김재인 역, 2003: 542)

독자의 텍스트 이해는 비밀의 요소를 포함한다. 이 논의의 필자의 『천 개의 고원』 읽기에도 비밀의 속성이 내재한다. 이 논의의 필자만의 방식으로 『천 개의 고원』을 읽기 때문이다. 다른 독자가 이 텍스트를 읽을 때도 비밀의 요소가 관여한다. 독자들은 각자의 비밀의 내용과 형식으로 텍스트를 이해한다. 위의 인용문에서 보면, 비밀은 지각 및 지각할 수 없는 것과 특권적이며 가변적인 관계에 있다. 비밀은 특정 내용과 관계있고, 형식을 갖추고 있으며, 형식과 관계있는 그릇(포장, 상자)에 담겨 있다. 비밀의 내용은 지각될 수 있어야 비밀일 수 있고, 아무나 지각할 수 있으면 비밀이 아니다. 그러므로 비밀을 비밀답게 지각하는 것은 남들이 지각할 수 없는 것을 지각하는 것'이다. 비밀의 형식은 비밀의 내용을 담는 것인데 그릇과 대체될 수 있다. 비밀의 내용이 그렇게 형식화될 수 있는 속성을 가지고 있기 때문이다. 들뢰즈와 과타리의 『천 개의 고원』 10장의 '어느 비밀의 회상'에서 이 비밀에 대하여 논의한다.

> 당신들의 지각보다 훨씬 섬세한 지각이, 당신들이 지각할 수 없는 것, 당신들의 상자에 있는 것을 지각하는 지각이 있어왔다. 비밀을 지각하는 입장에 있는 자들에게는 직업적인 비밀이 있음을 짐작할 수 있다. 그리고 비밀을 수호하는 자가 반드시 잘 알고 있는 것은 아니지만, 그 역시 하나의 지각과 연관되어 있다. 왜냐하면 그는 비밀을 간파해내려는 자들을 지각하고 탐지해 내야 하기 때문이다.(반-스파이 활동) 따라서 첫 번째 방향이 있게 되는데, 여기서 비밀은 그에 못지않게 비밀스러운 지각을 향해 가지만, 이번에는 이 지각이 지각할 수 없는 것이 되려 한다. 아주 상이한 온갖 종류의 형상들이 이 첫 번째 점 주변을 맴돌 수 있다. 그다음, 두 번째 점이 있는데, 이것 또한 내용으로서의 비밀과 더 이상 분리할 수 없다. 비밀이 인정되고 유포되는 방식이 그것이다. 여기서도 역시, 합목적성이나 결과물이 어떠하든 비밀은 유포되는 방식이 있으며, 다시 이 방법 자체가 비밀에 붙여진다. (김재인 역, 2003: 543)

---

1   남들이 지각할 수 없는 것을 지각하는 것을 들뢰즈와 과타리는 '지각 불가능하게-되기'라 한다. 남들이 모두 지각할 수 있고, 남들과 같이 지각하는 것은 '몰(mole)적 지각'이다. 김재인 역(2003)의 용어로는 그램분자적 지각이다. 이 몰적 지각에서 벗어난 개인적 특성을 갖는 지각이 '분자적 지각'이다. 이 분자적 지각은 몰적 지각의 토대 위에서 개체적 특성(특개성)을 갖는 지각이다. 이 몰적 지각에서 벗어나 그 토대가 없이 개인적 특성에 기초한 지각을 '지각 불가능한 지각(특개성)'이라 하고, 이 '지각 불가능한 지각'을 할 수 있게 되는 것을 '지각 불가능하게-되기'라 한다. 따라서 비밀을 지각하는 것은 특개성을 포착함으로써 지각 불가능하게-되기를 이루는 것과 관련되어 있다.

누군가 비밀을 지각하기 위해서는 섬세하고, 다른 사람이 지각할 수 없는 것을 지각할 수 있어야 한다. 비밀은 지각할 수 없는 것을 지각하는 것이기 때문에 존재하는 것이기도 하다. 그래서 비밀을 지각하는 자들은 그들만이 직업적인 비밀을 가지고 있다. 또한 비밀은 그것을 수호하려는 자도 비밀을 간파하려는 자들을 탐지하기 위한 지각이 있어야 한다. 이는 비밀의 지각에 두 가지 방향이 있음을 전제한다. 첫째는 비밀의 지각은 비밀스러운 지각을 필요로 하지만 이는 지각할 수 없는 것이 되려고 한다. 지각의 온갖 종류의 형상들이 이 첫 번째 방향과 관련된다. 둘째는 내용과 관련된 것으로 비밀로 인정되고 유포되는 방식이 있다. 이 방법 자체도 비밀의 속성을 지닌다. 비밀은 지각되어야 하지만 비밀의 지각은 지각할 수 없는 것이 되려고 하고, 지각의 방식도 지각 불가능한 것이기를 바란다. 중국 무술 영화에서 무공의 비밀을 전달하는 비책[2]을 보면, 비밀을 아는 이가 있지만 누구나 그 비밀의 내용을 지각할 수는 없다. 그 비밀의 내용도 전달 방식은 있지만 특별한 방식으로 이루어진다.

어떤 독자는 보통의 독자와는 다르게 비밀의 방식으로 텍스트를 이해한다. 예로, 이 논의의 필자는 『천 개의 고원』을 철학 텍스트가 아닌, 텍스트 이해를 설명하기 위한 텍스트로 읽는다. 이는 『천 개의 고원』의 내용을 비밀스럽게 지각하는 읽기이면서 지각 불가능하게 읽는 방식이다. 지각 불가능하게 읽는 방식은 이 책을 철학 텍스트로 읽는 보통의 독자들이 지각하지 못하는 방식으로 읽는 것을 뜻한다. 이 『천 개의 고원』 읽기는 비밀의 내용을 비밀스럽게 읽는 것이다. 실제로 독자들은 텍스트를 자기만의 방식으로 읽는다. 이들 독자의 텍스트 읽기는 일반적인 독자가 지각할 수 없는 방식으로 읽는 것이다. 극적 예로, 소쉬르의 『일반언어학 강의』를 레비-스트로스는 문화인류학

---

2   영화 <소오강호>(1990)의 '규화보전'이나 '벽사검법' 등을 그 예로 들 수 있다.

의 관점에서 읽고, 엘리아데는 종교학의 관점에서 읽었다. 이를 통하여 이들은 구조주의의 비밀을 특개성으로 포착하여 지각 불가능하게 읽기를 하였다. 개별 독자도 텍스트 읽기를 비밀의 방식으로 특개성을 포착하며 지각 불가능하게 읽는다. 이런 읽기는 유목적 읽기, 또는 생성적 읽기, 되기의 읽기라고 할 수 있다.

이 장에서는 텍스트 이해를 들뢰즈와 과타리의 비밀에 대한 논의를 토대로 검토한다. 비밀은 내용과 형식이 있고, 특정 그릇에 담겨 있다. 텍스트는 비밀과 같은 내용과 형식을 담고 있는 그릇이다. 독자가 텍스트를 읽고 이해하기 위해서는 내용과 형식의 지각 방식이 필요하다. 또한 텍스트 내용은 각기 그 나름대로 인정되고 소통되는 방식이 있는데 이를 따라야 한다. 독자는 텍스트를 자신만의 방식으로, 즉 지각 불가능한 방식으로 읽을 때 특개성을 포착한다. 독자가 비밀의 관점에서 텍스트를 이해하는 논리를 살펴본다. 이는 텍스트 이해에 대한 인식의 확장과 텍스트 이해 교육의 접근 시점 확대를 위한 토대를 마련하기 위한 것이다.

2. 비밀의 형식

비밀은 비밀로서 존재한다. 비밀로 존재하기 위해서는 그것은 비밀이어야 한다. 또한 비밀이 비밀인 것은 비밀스럽게 지각되고 유포되기 때문이다. 비밀스럽게 지각되지 않는 비밀은 비밀일 수 없다. 비밀이 비밀인 것은 비밀스럽게 지각되어야 하는 형식과 내용이 있기 때문이다. 비밀은 존재 형태나 지각 방식이 따로 있다. 비밀의 존재 형태나 지각 방식은 비밀의 유형을 이루고, 비밀의 내용 지각은 지각 불가능성을 낳는다. 독자의 텍스트 읽기에도 비밀이 존재한다. 비밀에 내재된 방식에 따른 유형과 비밀 지각이 지각 불가능성을 갖는 이유를 알아본다. 이를 통하여 독자의 텍스트 이해에 작용하는 비밀을 살펴본다.

가. 비밀의 속성

우리는 여러 가지 비밀을 가지고 있다. 비밀의 존재는 다른 사람과의 관계에서 비롯된다. 나 혼자 있다면 비밀은 있을 수 없다. 나와 상대방 둘만 있으면 비밀은 있을 수 있지만 비밀이라고 하기 어렵다. 내가 그 비밀을 기억하지 못하면 사라져 비밀로 존재할 수 없다. 그렇기에 비밀은 사회적인 관계 속에서 존재한다. 알려질 수 없는 비밀은 비밀이 아니기 때문이다. 비밀은 알려질 가능성과 실제로 알려져 드러나야 비밀일 수 있다. 표준국어대사전[3]에서 비밀은 '숨기어 남에게 드러내거나 알리지 말아야 할 일', '밝혀지지 않았거나 알려지지 않은 내용'으로 정의된다. 이 정의 속에 전제된 것이 '남에게 알리어 드러나게 하는 행동'과 '밝히거나 알려야 하는 내용'이다. 이 행동을 하지 말거나 이 내용을 드러내 밝히거나 알리지 않는 것이 비밀이다. 이런 행동이 없거나 내용이 존재하지 않는다면 비밀은 없다. 다른 말로 하면 행동이 있고, 내용이 존재하기에 비밀일 수 있는 것이다.

비밀은 단순한 그릇을 위해 형식을 은폐한 내용이라고 정의할 수 있으며, 우발적으로는 그 흐름을 끊거나 배반할 수 있지만 본질적으로는 비밀의 일부를 이루는 두 가지 운동과 분리할 수 없다. 즉 무엇인가가 상자에서 스며 나와야 하며, 상자를 매개로 또는 반쯤 열린 상자 안에서 무엇인가 지각될 것이다. 비밀은 사회에 의해 발명되었다. 비밀은 사회적인 또는 사회학적인 관념이다.

---

[3] https://stdict.korean.go.kr/search/searchView.do

모든 비밀은 집단적 배치물이다. 비밀은 결코 정적이거나 움직이지 않는 관념이 아니다. 단지 비밀스러운 것인 생성들이 있을 뿐이며, 비밀은 하나의 생성을 갖는다. 비밀의 기원은 전쟁기계에 있다. 여성-되기, 아이-되기, 동물-되기 등과 더불어 비밀을 만들어내는 것은 바로 전쟁기계이다. (김재인 역, 2003: 543-544)

위의 인용문에서 보면, 비밀은 그 존재 위치에 해당하는 그릇이나 상자 속에 담겨 있다. 이 비밀은 형식이 은폐(숨겨진)되어 있지만 내재적으로 형식이 있는 내용이다. 그리고 무엇이라고 정의할 수도 있다. 이 비밀은 흐름을 이루고 있는데 우발적으로 그 흐름을 끊거나 발설하여 비밀이 되지 않게 할 수도 있다. 그렇지만 비밀은 본질적으로 그 내부에 두 가지 운동의 요소가 있다. 첫째는 비밀을 담고 있는 상자가 반쯤 열려 있어 비밀과 관련 있는 특정 요소가 스며 나와 사회적으로 소통되어야 한다. 둘째는 반쯤 열린 상자로 인하여 비밀의 요소가 사람들에게 지각되어야 한다. 이 내용으로 보면, 비밀은 유무형의 틈이 있는 상자(그릇) 속에 들어 있다. 상자의 틈으로 비밀과 관련된 요소들이 스며 나오기도 하지만 안의 내용을 알아볼 수도 있다. 읽기에서 텍스트는 틈이 있는 상자이고, 형식과 내용이 있는 비밀을 그 안에 담고 있다. 텍스트의 틈 사이로 비밀의 요소들이 스며나오기도 하고, 틈 사이로 비밀을 알아볼 수도 있다.

이러한 비밀은 사회적이다. 사회적으로 생성되었고, 사회적으로 상자에 담겨졌으며, 그 내용은 사회적인 관념이다. 비밀은 사회 속에 존재하고, 사회와 함께하고, 사회를 위해서 존재하기에 사회가 발명한 것이다. 비밀은 사회가 필요로 해서 발명한 것이기도 하지만 우연히 발명된 것이기도 하다. 특정 관념을 특정 사람에게 전달하기 위하여 비밀을 만든 경우는 의도적으로 발명한 것이다. 그렇지만 특정 사람들이 인식하기 어렵거나 특정하게 인식해야 하는 관념의 경우에는 우연히 발명된 것이다. 우연은 의도하지는 않았지만 비밀이 된 것을 뜻한다. 무술 영화의 소재인 규화보전이나 벽사검법, 유명한 식당의 음식 요리 비법, 각 기업의 혁신적인 기술, 각 연구 분야의 특수 지식 등은 전문적인 내용으로 의도적으로 비밀을 발명한 것이다. 이와 달리, 『도덕경(道德經)』, 『주역(周易)』, 『반야심경(般若心經)』, 『순수이성비판』, 『천 개의 고원』 등의 텍스트 내용은 의도적으로 비밀로 발명되지 않았지만 비밀의 속성을 지닌 것이다.

이렇게 보면, 비밀은 사회의 집단적 배치에 따른 결과물이다. 의도적으로 비밀을 만들든, 의도하지는 않았지만 비밀이 된 것이든, 비밀은 비밀 자체에서 비롯된 것이 아니다. 사회적으로, 집단적으로 특정 관념을 비밀이 되게 만든 것이다. 사회 집단에서 특정 관념을 어떻게 규정하느냐에 따라 비밀이 되는 것이다. 사회 집단의 필요에 의해, 사회 집단의 상황에 의해 비밀이 발명된다. 이로 볼 때, 사람들이 집단적 배치로 비밀을 발명하는 것은 필연일 수밖에 없다. 특정 관념은 집단적 배치 속에서 비밀이 되어야 하는 것이다. 이는 비밀의 지각이 집단적 배치와 관계를 맺을 때 비밀이 됨을 의미한다. 이는 비밀의 지각자(수호자)와 소외자의 배치가 있음을 전제한다. 이는 비밀의 지각이 특정한 자에게만 가능하고, 그 밖의 자들에게는 지각되지 않는 것이 되는 것과 관련된다. 이를 좀 더 일반화하면 비밀은 언제나 지각 불가능성과 관련되어 있다.

이 비밀은 동적 속성이 있다. 이는 비밀이 생성적임을 뜻한다. 비밀의 내용이 비밀스럽기만 하다면 가치가 없다. 가치가 없는 비밀은 비밀일 수 없다. 비밀의 가치는 생성이고, 그 속성이 동적인 것이다. 비밀의 생성은 비밀을 지각한 자에게서 비롯된다. 비밀의 지각은 지각자를 다르게 생성한다. 무술 영화 속의 주인공이 비술(祕術)을 전수받으면 새로운 무공을 지닌 존재가 되고, 요리의 비법을 익히면 새로운 요리사가 된다. 기술자가 비밀의 기술을 얻거나 연구자가 비밀의 지식을 밝히면 그 분야의 전문가가 된다. 독자도 텍스트의 비밀을 깨우치게 되면 자기를 새롭게 생성한 존재가 된다. 그래서 비밀은 그 지각자에게 하나의 생성을 이루게 한다.

그렇기에 비밀의 기원은 전쟁기계에 있다. 전쟁기계는 전체성이나 동일성을 지향하는 국가장치의 외부성을 지닌 의식의 흐름이다.[4] 비밀은 전쟁기계의 속성을 지니기에 그 기원이 전쟁기계에 있다. 누구나 알고 있고, 동일한 방식으로 대상을 인식하는 국가장치는 비밀의 속성을 제외하려 한다. 남과 다르거나, 예전보다 새롭거나, 자기만의 고유성을 지향하는 의식은 비밀을 지각하고 싶어 한다. 변화와 생성을 필요로 하기 때문이다. 몰적인 인식에서 벗어나고, 분자적인 인식에서도 벗어나 지각 불가능하게-되기 위해서이다. 비밀의 근원인 전쟁기계는 국가장치와 대립적으로 생성과 변화를 추구한다.

들뢰즈와 과타리는 비밀의 상태에 관하여 관심을 기울인다. 비밀이 비밀일 수 있는 이유가 비밀로서의 상태와 그것의 생성 작용 때문이다. 비밀은 비밀 자체에 있는 것이 아니라 어떤 상태에서 어떻게 지각되는가에 의해 비밀이 된다. 또한 비밀이 지각되어도 생성을 이루지 못하면 비밀일 수 없다. 비밀이 어떤 상태로 있으며, 어떻게 지각되고, 어떤 생성을 일으키는가는 비밀에 따라 다르다. 비밀의 상태와 지각 방식과 그 생성을 종합한 작용의 형태를 유형이라 할 수 있다. 들뢰즈와 과타리는 비밀의 유형을 세 가지로 구분한다.

비밀에서 중요한 것은 아이의 내용, 남성적인 무한한 형식, 순수한 여성적인 선 등 비밀의 세 가지 상태가 아니라 거기에 붙어 있는 생성들, 즉 비밀의 아이-되기, 비밀의 여성-되기, 분자-되기이다. – 비밀이 내용도 형식도 갖지 않고, 지각할 수 없는 것이 마침내 지각되고, 잠행자가 더 이상 감출 것조차 없는

---

4 전쟁기계와 국가장치에 대한 논의는 들뢰즈와 과타리의 『천 개의 고원』(김재인 역, 2003) 12장에서 구체적으로 논의된다. 텍스트 이해와 관련해서는 『유목적 읽기 교육론』(김도남, 2023)을 참조할 수 있다.

바로 그곳에서. 막후 조정자(éminence grise)에서 막후 내재성(immanence grise)으로. 오이디푸스는 세 가지 비밀을 통과한다. 우선 스핑크스의 말이 있는데, 오이디푸스는 그 상자를 꿰뚫어 본다. 다음으로 오이디푸스는 자신의 유죄의 무한한 형식으로서 그를 무겁게 짓누르고 있는 비밀이 있다. 끝으로 콜로누스의 비밀이 있는데, 그것은 오이디푸스를 누구든 범접할 수 없게 하고, 그의 순수한 도주선과 추방되는 선과 뒤섞이며, 오이디푸스는 감출 것이 전혀 없게 되고, 또 노(能: 일본의 전통 연극 형식)의 늙은 배우처럼 얼굴의 부재를 가리기 위한 소녀의 가면만을 갖는다. 어떤 사람들은 아무것도 숨기지 않고, 거짓말도 하지 않고 말할 수 있다. 그들은 투명함에 의한 비밀이며, 물처럼 침투할 수 없고, 실로 이해할 수 없는 자들이다. 반면 다른 사람들은 비밀을 두꺼운 벽으로 둘러싸거나 무한한 형식으로 높이기도 하지만 항상 그것을 간파당하고 마는 것이다. (김재인 역, 2003: 549-550)

위의 인용문에서 보면, 비밀 유형의 세 가지 속성을 알 수 있다.[5] 비밀은 '아이의 내용', '남성적인 무한한 형식', '순수한 여성적인 선' 상태가 있다. 이 비밀의 상태들은 지각되면서 비밀의 아이-되기, 비밀의 여성-되기, 비밀의 분자-되기를 생성한다.[6] 이 생성의 도달점은 바로 '지각 불가능하게-되기'이다. 이 지각 불가능하게-되기는 비밀의 내용도 형식도 없어진 곳이다. 비밀을 지각했기 때문이다. 지각 불가능하게-되기는 잠행자가 있는 곳이 다른 사람들처럼 자신의 일상적 삶을 사는 곳이 되게 한다. 그래서 이면에서 강한

---

5   비밀의 세 가지 유형에 대한 구체적인 설명은 이진경(2003b: 124-136)의 설명을 참조할 수 있다.

6   '되기'는 들뢰즈와 과타리의 사용하는 특정한 개념을 담고 있는 용어이다. 『천 개의 고원』(김재인 역, 2003) 10장에서 중요하게 다루어지며, 관련하여 김재인(2015)의 논의를 참조할 수 있다.

힘으로 작용하던 것이 표면의 평범한 일상적인 것으로 생성된다. 이의 과정을 들뢰즈와 과타리는 오이디푸스의 이야기로 예를 든다. 오이디푸스는 아이의 지각으로 스핑크스의 수수께끼 비밀의 내용을 알아채고, 남성의 무한한 형식으로 자기 죄의 비밀을 알게 된다. 그 후 오이디푸스는 자신의 모든 것을 내려놓은 순수함으로 여성의 선을 탄다. 아이의 비밀은 아무것도 숨기지 않고 거짓말을 하지 않고 말하는 것이다. 여성의 비밀은 투명해서 모두 보이지만 침투가 되지 않고 이해할 수 없기에 의문의 선을 만든다. 남성의 비밀은 두껍고 무한한 형식을 갖지만 항상 쉽게 간파당한다.

나. 텍스트와 아이의 내용

'아이의 내용' 비밀은 비밀스러운 내용을 알아채는 데 있다. 이는 오이디푸스가 스핑크스의 질문에 답을 할 수 있는 것과 같다. 스핑크스가 내는 수수께끼는 다른 사람들에게는 어려운 비밀이었지만 오이디푸스에게는 답의 내용이 다 드러나 보이는 것이었다. 아이의 내용 비밀은 비밀의 내용을 안다는 것이다. 아이는 있는 것을 그대로 보기 때문에 다른 사람들이 지각할(볼) 수 없는 것을 지각할(볼) 수 있는 것이다. 아이의 내용 비밀은 비밀의 내용이 존재하고, 그 내용을 지각할 수 있다는 것의 비유적인 표현이다. 아이가 비밀의 내용을 본다는 것을 보여주는 영화가 있다. <식스 센스(The Sixth Sense)> (1999)이다.[7]

영화 <식스 센스>는 9세의 콜 시어(콜)가 남과 다른 감각이 있어 유령을 만난다는 내용이다. 콜은 생활 속에서 유령들을 만나고, 유령에 대한 두려움을 갖고 있다. 그리고 주변 사람들이 자신을 이상하게 볼까 봐 유령 만남에

---

7   <식스 센스>에 대한 분석은 이진경(2003b: 126)을 일부 참조한다.

대한 말을 할 수도 없다. 어머니에게는 물론 친구들에게도 마찬가지이다. 그래서 유령 때문에 늘 두렵고, 말할 수 없어 외롭다. 그러던 중 상담사인 말콤 크로우(말콤)가 나타나 콜을 도와주게 된다. 물론 말콤도 유령이다. 이 영화에서 보면, 콜은 다른 사람들이 보지 못하는 것을 보고, 소통할 수 있다. 콜이 유령을 보는 것은 생활 주변 곳곳이다.

[그림 1] <식스 센스>(1999)의 한 장면

유령들은 죽을 때의 모습으로 콜 앞에 등장한다. 콜은 이 유령들을 두려워하고 외면한다. 그러다 친절한 모습의 유령인 말콤을 만나고, 그와 대화를 하게 된다. 콜이 말콤을 만나면서 유령과 소통하는 방법을 알고 난 후엔, 유령들과 함께하게 된다. 콜의 이러한 변화는 '분자-되기'의 한 예이다. 몰(mole)적인 지각[8]에서 벗어난 분자적 지각을 하게 되기 때문이다.

이 영화에서 보면, 콜의 유령 만남에는 두 가지 두려움이 있다. 첫째는 유령 자체에 대한 두려움이다. 사회적으로 유령에 대한 의식을 반영한 것이다. 둘째는 다른 사람이 유령 만남을 아는 것이다. 사회적으로 사람들은 자신과 특별히 다른 점이 있는 사람을 소외시키는 현상이 있다. 이는 비밀의 지각에 대한 사회적인 현상과 관련되어 있다. 그래서 콜은 유령 만남의 비밀을 다른 사람들에게 드러내 놓지 못한다. 사람들이 믿어주지 않고 소외시키기 때문이다. 어머니도, 선생님, 친구들도 콜의 말을 믿지 않는다. 말콤도 처음엔 이들과 마찬가지였지만, 나중에 콜의 말을 믿어준다. 이는 비밀의 유통 방식과 관련된다. 콜의 어머니도 나중엔 자신만 아는 외할머니와의 일에 대한 콜의 말을 듣고 콜을 믿게 된다.

---

8   유령은 사람에게 나쁜 짓을 하는 무서운 존재라고 생각하는 사회적인 통념이 있다.

아이의 내용 비밀은 이 영화에서의 콜과 같이 자기만의 지각 세계가 있는 것이다. 콜은 자신만의 특별 감각 능력으로 유령을 지각한다. 이것이 콜의 비밀이다. 들뢰즈와 과타리의 '아이의 내용' 비밀인 것이다. 그렇지만 그 비밀을 드러내 사람들에게 이야기하면 모두 믿지 않는다. 콜의 유령 지각과 같은 아이의 내용은 다른 사람들은 지각할 수 없는 것이다. 다른 사람들은 지각할 수 없고(지각 불가능성), 콜만 지각할 수 있기에 이는 '지각 불가능하게 -되기'가 된다. 지각 불가능하게-되기는 다른 사람이 되는 것이 아니라 유령 만남을 일상으로 하는 콜이 되는 것이다. 콜의 유령 만남은 결국 어머니에게 또는 다른 사람에게 받아들여지고, 그들과 일상을 함께하는 사람이 되는 것이다. 지각 불가능하게-되기는 이로써 '세상 사람 되기'를 실현한다.

> 한편으로는 비밀 결사와 그 지도자가 주위의 정치가들이나 공인들에게 미치는 영향의 양태가 있고, 다른 한편으로는 비밀 결사가 배후-결사 안에 중첩되는 양태가 있는데, 이 배후-결사가 살인 청부업자나 경호원 같은 특수 부문으로 만들어질 수도 있다. 영향과 중첩, 분비(sécrétion)와 응고(concrétion). 이 모든 비밀은 이처럼 두 가지 '비밀 지키기(discrets)' 사이로 나아가는데, 이것들은 어떤 경우에는 서로 결합하거나 혼동될 수도 있다. 아이의 비밀은 이 요소들을 아주 훌륭하게 조합시켜 낸다. 즉 상자에 들어 있는 내용으로서의 비밀, 비밀의 비밀스런 영향력, 또는 선동, 비밀의 비밀스런 지각 등을(아이의 비밀은 어른의 비밀의 축소판으로 만들어지는 것이 아니라, 필히 어른의 비밀에 대한 비밀스런 지각을 동반한다). 아이는 비밀을 간파한다……. (김재인 역, 2003: 545)

들뢰즈와 과타리는 비밀 결사들이 정치가나 공인들에게 영향을 미치고, 비밀 결사가 배후-결사에 중첩되는 양태는 물론, 배후-결사에서 특수 부문을 만들어 내고, 이들이 사회 속에 고착되는 것들이 모두 비밀이라고 한다. 아이의 비밀은 이들이 만들어 내는 요소들을 조합시킨다. 이는 그 내용의 비밀과 비밀스러운 영향력, 비밀의 비밀스러운 지각을 알아차리는 것이다. 그래서 비밀을 간파하게 된다. 그런데 이런 아이의 비밀은 어른들의 것과는 다른 것이면서 어른의 비밀을 알아차리는 특성이 있다. 아이의 비밀은 있는 그대로 봄으로써 내적 요인들의 작용과 관계들을 그대로 알 수 있게 한다. 그렇게 비밀의 내용을 알게 된다.

아이의 내용 비밀은 비밀의 내용을 그 자체로 알 수 있는 것이다. 그렇지만 아이가 비밀의 내용을 알았다고 하여 모든 사람이 비밀의 내용을 알게 되는 것은 아니다. 특정한 사람만이 비밀의 내용을 아는 것이고, 다른 사람들이 이를 받아들일 때 아이의 비밀은 비밀이 된다. 영화 <식스 센스>에서 콜은 유령과 만나는 비밀을 갖고 있다. 주변 사람들은 이런 콜을 인정하지 않는다. 콜의 유령 만남의 비밀이 존재하지만, 다른 사람들은 이것을 인정하지 않는다. 그렇기에 콜은 유령 만남을 두려워하고, 사람들이 그 사실을 아는 것도 두려워한다. 사람들에게 비밀의 내용을 말하면 배척당하기에 말할 수도 없다. 그러다 콜은 유령인 말콤 박사를 만난 이후, 비밀을 온전히 자기 것으로 가지게 되면서 자신을 새롭게 생성한다. 이는 어머니가 콜의 비밀을 인정하는 것에서 분명하게 드러난다. 콜은 유령과 소통하는 지각 불가능하게-되기를 이루고 있고, 어머니는 그런 콜을 진심을 받아들이고 인정한다. 콜은 비밀을 가진 잠행자이면서 어머니(다른 사람들 포함)와 함께한다.

아이의 내용 비밀은 읽기에서도 존재한다. 텍스트를 읽을 때, 독자만이 지각하거나 이해하는 것이 있다. 독자는 텍스트를 읽으면서 자기만의 감성과 감각으로 텍스트의 내용을 지각한다. 오이디푸스가 스핑크스 질문의 답을 아는 것이나 콜의 유령 만남처럼, 독자는 텍스트에서 자기만의 내용을 지각한다. 이 내용의 지각은 오이디푸스의 대답과 같이 다른 사람에게 알려지기도 하고, <식스 센스>의 콜의 경우와 같이 선생님과 친구들에게는 알려지지 않고, 말콤이나 어머니 등 일부에게만 알려지기도 한다. 텍스트 읽기에서 '아이의 내용' 비밀은 오이디푸스의 대답이나 콜의 유령 만남과 같이 개별적으로 지각되고 이해되는 내용이 있음을 가리킨다.

다. 독자와 남성의 형식

'남성의 형식' 비밀은 특정 내용에 대한 지각을 형식화하는 데 있다. 오이디푸스는 젊은 시절 한 노인을 죽이고, 스핑크스의 수수께끼를 풀어 테베의 영웅이 된다. 그 후 테베의 죽은 왕의 왕비와 결혼하여 왕이 되고, 자식을 낳게 된다. 이렇게 생활하던 오이디푸스는 자신이 죽인 사람이 테베의 왕인 아버지였고, 자신과 결혼한 왕비가 어머니였음을 알게 된다. 그리고 이것이 모두 신탁의 비밀이었음을 알게 된다. 오이디푸스가 아버지를 죽이고, 어머니와 결혼하고, 왕이 되고, 자식을 낳은 것은 이미 정해진 신탁의 비밀을 따른 것이다. 남성의 형식 비밀은 정해진 형식이 있고, 형식을 따른다는 것이다. 오이디푸스가 자기의 모든 것을 바쳐 실행한 일이 신탁의 내용대로 정해진 형식에 의해 이루어졌다. 오이디푸스는 정해진 형식의 틀에 의해 이루어진 자신이 한 일들에 대해 그 일이 벌어지는 과정에서는 알지 못했다. 남성의 형식 비밀은 정해진 형식에 의존하고, 형식에 의하여 지각하고, 결과적으로 보았을 특정 형식을 따랐음을 가리키는 것의 비유적인 표현이다. 남성의 형식에 의한 내용 지각의 비밀도 영화 <식스 센스>(1999)에서 찾아볼 수 있다.

<식스 센스>에서 남성의 대표적인 모습을 한 인물은 말콤이다. 말콤은 아동 정신분석 상담사로 자신이 죽은 줄

[그림 2] <식스 센스>(1999)의 한 장면

모르는 유령이다. 말콤은 예전에 아동 상담을 실패한 일이 있는데, 그 상담에서 실패한 아이를 닮은 콜을 만나서 상담을 한다. 상담 과정에서 말콤은 콜의 유령 만남 이야길 듣지만 믿지 않는다. 그래서 콜이 아동 정신분열증을 앓고 있다는 진단을 내리고, 약을 처방하겠다는 생각을 한다. 말콤은 자신이 알고 있는 지식을 통해서만 내용을 지각하는 것이다. 콜의 유령 만남의 비밀을 들은 말콤은 상담사로서 정해진 형식으로 지각하고 판단한다. <식스 센스>의 말콤과 같이 콜의 비밀을 지각하는 이들이 여럿 등장한다. 콜의 어머니도, 콜의 선생님도 말콤과 같이 콜의 유령 만남의 이야기를 믿지 않는다. 자신이 알고 있는 것, 즉 고착된 지각의 형식을 활용하여 콜의 이야기를 듣고 판단한다. 그렇기에 콜의 비밀은 문제적인 일이 된다.

말콤과 어머니가 콜의 유령 만남을 지각하는 일이 일어난다. 말콤은 학교로 콜을 찾아와 만난다. 말콤과 콜은 학교를 둘러보다 유령을 만난다. 말콤은 유령을 볼 수는 없었지만 유령이 나타나면 서늘한 기운이 느껴진다는 콜의 말을 경험하게 된다. 그 후에 말콤은 예전에 콜을 닮은 아이의 상담에 실패했던 때의 상담 녹음 내용을 듣다가 콜의 말이 사실임을 알게 된다. 그 후 말콤은 콜에게 유령이 무슨 말을 하려 하는지 들어보라고 한다. 말콤이 콜의 말을 인정하게 된 것이다. 콜의 어머니는 콜과 차로 이동 중 교통사고로 길이 막혔을 때, 콜은 사고자가 유령이 되어 차 밖에 와 있다고 어머니에게 말한다. 어머니는 콜의 말을 거짓말이라고 여겨 믿지 않는다. 그러자 콜은 외할머니 유령에게서 들은, 어머니만 알고 있는 외할머니와의 일 이야기를 하자, 어머니는 콜의 말을 믿게 되고 콜의 마음을 이해한다. 이에서 보면, 성인들은 자기만의 지각 형식(남성의 형식)을 통해 콜의 비밀을 지각하다가(정신열증, 거짓말), 특정 계기로 콜의 비밀을 인정하게 된다. 하지만 콜이 지각하는 유령을 지각하지 못한다는 것(지각 불가능성)을 알 수 있다.

당신은 모든 것을 말한다. 하지만 당신은 모든 것을 말하면서 아무것도 말하지 않는다. 순수한 형식으로 당신의 내용을 측정하기 위해서는 정신분석가의 모든 '기술'이 있어야만 하기 때문이다. 그러나 비밀이 이처럼 형식으로 높아질 때, 바로 이 지점에서 불가피하게 뜻밖의 일이 일어난다. '무슨 일이 일어난 것일까?'라는 물음이 이처럼 무한한 남성적 형식을 얻었을 때, 당연히 그 답은 아무 일도 일어나지 않았다는 것이 되며, 형식도 내용도 파괴되고 만다. 인간들의 비밀이 아무것도 아니었다는, 실로 아무것도 아니었다는 소식(nouvelle)이 급속하게 퍼진다. 오이디푸스, 남근, 거세, '살에 박힌 가시'―이것이 비밀이었던가? 여성, 아이, 광인, 분자는 웃을 수밖에 없다. (김재인 역, 2003: 547)

들뢰즈와 과타리는 남성의 형식 비밀을 이렇게 말한다. '모든 것을 말하지만 아무것도 말하지 않는다.' 콜의 유령 만남을 이해하기 전의, 말콤과 콜의 어머니는 콜에게 모든 것을 말하고 있지만 콜의 비밀에 대해서는 아무것도 말하지 않는다. 말콤과 어머니는 자기의 형식에 갇힌 말만 하기 때문이다. 이들이 행하는 콜의 유령 만남에 대한 말의 인식을 정신분석적으로 보면, 형식만 있고 내용이 없다. 그래서 남성의 형식에 의한 지각으로 하는 말은 아무 일도 아닌 것이 된다. 남성의 형식으로 지각한 콜의 유령 만남에 대한 말은 정신분열증에서 비롯된 것이거나 거짓말로 여겨져, 사실이 아닌 소문이 된다. 남성의 형식에 의한 지각은 아무런 생성을 만들지 못한다. 그래서 여성, 아이, 광인, 분자는 남성의 말을 듣고 비웃게 된다.

비밀의 형식이 조직화하고, 구조화하는 형태가 되면 될수록, 비밀은 더 얄팍한 것이 되어 모든 곳으로 유포되며, 비밀의 형식이 해산되는 것과 동시에 비밀의 내용은 더 분자적인 것이 된다. 요카스테의 말대로, 그건 정말 사소한 것이었다. 그렇다고 해서 비밀이 사라지는 것은 아니다. 비밀은 오히려 좀 더 여성적인

지위를 차지하게 된다. (김재인 역, 2003: 547)

　남성의 형식이 조직화·구조화될수록, 지각의 내용은 별스러운 것이 못되어 세상에 유포된다. 이는 많은 사람에게 드러나게 되어 비밀의 형식이 해산되면서 비밀의 내용은 남성의 몰적 지각에서 벗어나 분자적인 것이 된다. 비밀의 내용은 전체적인 것이 아니라 개별적인 것이 되고, 사소한 것이 된다. <식스 센스>에서 콜의 말(비밀)을 이해하기 전의 말콤과 어머니에게는 콜의 유령 만남 비밀은 별스러운 것이 못 된다. 또한 비밀의 형식도 해산되고, 콜의 유령 만남은 콜만의 일로 분자화 된다. 그렇다고 콜의 유령 만남의 비밀이 사라지는 것은 아니다. 분자적인 것이 된 비밀은 새로운 지위를 차지하는 것으로 나아간다.

　독자의 텍스트 이해도 남성의 형식 비밀의 특성을 가진다. 실제 독자의 텍스트 이해에는 남성의 형식이 작용한다. 오이디푸스의 삶은 신탁에서 정한 형식을 따르는 비밀을 지녔지만, 결국에는 모든 것이 밝혀져(비밀의 형식 해산) 유포된다. 영웅의 삶은 나약한 한 개인의 삶으로, 별스러운 것이 못되고 사소한 삶으로 분자화 된다. <식스 센스>의 말콤도 콜의 유령 만남을 아동 정신분석 상담사로서의 진단 형식을 따라 소아 정신분열증으로 진단한다. 콜의 유령 만남은 별스러운 것이 못 되고, 사소한 것으로 분자화 된다. 그렇지만 나중엔 콜의 말을 인정하게 된다. 콜의 어머니도 콜의 유령 만남을 거짓말로 여김으로써 사소하게 만들지만, 나중엔 사실로 인정하게 된다. 독자는 텍스트의 내용을 자기의 지각 형식으로 지각하지만, 이는 모두에게 알려지게 된다. 텍스트 이해는 남성의 형식으로 이루어지고, 그 형식이 밝혀지면 비밀 형식은 해산되고, 텍스트의 내용은 분자적인 의미를 갖게 된다. 텍스트 이해의 남성의 형식은 아이의 내용이나 여성의 선을 담아내지 못한다. 그렇기에 아이의 내용이나 여성의 선은 남성의 형식에서는 지각 불가능성으로 남는다.

라. 이해와 여성의 선

'여성의 선' 비밀은 대상을 지각하여 이해한 이후에 또 다른 지각의 선을 따라가는 데 있다. 신탁의 비밀이 사실로 드러나자 오이디푸스는 모든 걸 다 내려놓고 궁을 떠난다. 신탁이 지닌 비밀의 의미가 무엇인지를 알기 위해서이다. 오이디푸스는 자신의 운명이 왜 그러한지에 대한 답을 알고 싶었던 것이다. 오이디푸스는 세상을 헤매고 다니지만 자신의 운명이 왜 그러한지 잘 알 수가 없었다. 즉 오이디푸스는 모든 것을 다 내려놓고 순수하게 자신의 운명에 대한 답을 찾기 위한 의문의 선을 좇아간다. 들뢰즈와 과타리는 이 선을 여성의 비밀이라고 한다. 여성의 선 비밀은 대상의 모든 것을 이해한 후에 남겨진 무엇인가를 지각하기 위한 선을 따르는 것이다. 여성의 선은 궁을 떠난 오이디푸스처럼 모든 것을 다 드러내 놓고, 순수하고 솔직한 마음으로 아직 지각되지 않은 비밀스러운 그 무엇을 찾아 헤매거나 헤매게 하는 것이다. 오이디푸스가 모든 것을 다 드러내놓고 물어도, 신탁이 왜 그렇게 되어 있는지, 자신의 운명이 왜 그런지 답을 찾기는 어렵다. 여성의 선 비밀은 아직 지각되지 않은 그 무엇을 찾아 나서지만, 그 무엇이 잘 드러나지 않음에 대한 비유적인 표현이다. <식스 센스>에도 여성의 선 비밀을 보여주는 장면이 있다.

안나는 말콤의 부인이다. 영화에서 안나는 남편이 죽은 지 1년이 지났는데, 말콤과의 결혼식 비디오를 틀어놓고 소파에서 잠을 잔다. 유령인 말콤이 집에 들어오면 잠을 자던 안나는 한기를 느끼며 이불을 덮는다. 안나는 죽은 남편이 자기를 왜 떠났는지를 끊임없이 묻고 있다. 남편이 어떻게, 왜 죽었는지는 알지만, 자기 남편이 죽었어야만 하는지에 대한 비밀을 풀지 못하고 있기 때문이다. 남편이 죽었다는 사실을 모르거나 인정하지 않아서 그러는 것이 아니다. 남편의 죽음에 대한 자기만의 분자-되기를 실현하기, 더 나아가 지각 불가능하게-되기를 이루기 위한 연속된 질문이 일어나기 때문이다.

[그림 3] <식스 센스>(1999)의 한 장면

여성의 선 비밀은 비밀스러운 문제의 답을 찾기 위한 방향이 있는 의식의 흐름이다. 안나는 왜 꼭 자신의 남편이 죽어야만 했는지에 대한 답을 찾기 위한 선을 탄다. 오이디푸스는 자기 운명이 왜 그런 것인지에 대한 답을 찾기 위한 선을 탄다. 이 비밀의 선에는 답이 존재할 수도 있지만 그 답이 비밀의 모든 것을 풀어주는 것은 아니다. 답은 언제나 부족함이 있기에 이 여성의 선 비밀은 풀리기 어렵다. 그렇기에 답을 찾아도 늘 제자리에 있는 것과 같다. 오직 선을 타는 비밀이 있다는 것, 분자-되기를 이루고 있다는 것, 지각 불가능하게-되기를 지향한다는 것이 여성의 선 비밀이다. 독자의 텍스트 이해도 여성의 선 비밀을 탈 때가 있다. 텍스트 내용을 충실히 이해했지만 답을 찾아야 할 문제가 존재한다. 예로 노자의 『도덕경』을 이해했지만 새롭게 의미를 밝혀야 할 것이 언제나 남아 있다. 다른 텍스트도 이런 점에서 보면, 언제나 마찬가지이다. 동화 <강아지똥>, <종이 봉지 공주>, <바위나리와 아기별> 등은 내용이 쉽게 이해되지만, 동화를 이해한 후 답을 찾아야 할 질문의 선이 끝없이 떠오른다.

여성들이 비밀을 다루는 방식은 완전히 다른 것이다.(여성들이 남성적 비밀의 전도된 이미지, 즉 일종의 규방의 비밀을 재구성할 때만 빼고) 남성들은 여성들이 어떤 때는 신중하지 못하고 수다쟁이라고, 또 어떤 때는 연대감이 없고 배반을 일삼는다고 비난한다. 그렇지만 한 여성이 아무것도 숨기지 않으면서도 투명함, 결백함, 속도 덕분에 비밀스러울 수 있다는 것은 흥미로운 일이다. 궁정풍의 연애에서 비밀의 복합적 배치는 정말 말 그대로 여성적이며, 최고의 투명한 속에 작동한다. 재빠름 대 무거움, 전쟁 기계의 재빠름 대 국가장치의 무거움. 남성들은 중후한 태도를 취하고, 비밀의 기사가 된다. '내가 얼마나 무거운 짐을 지고 있는지를 보아라. 나의 중후함과 진지함을 보아라.' 하지만 결국 남성들은 모든 것을 말하고 만다. 그리고 그건 아무것도 아니었다. 이와는 반대로 모든 것을, 심지어는 무시무시할 정도의 기교로 모든 것을 말하지만, 끝에 가서도 시작할 때보다 더 알 수 없게 만드는 여성들이 있다. 이네들은 재빠름과 명료함에 의해 모든 것을 숨긴 것이다. 여성들은 비밀이 없다. 이들 자신이 하나의 비밀이 되기 때문이다. 이네들이 우리들보다 정치적인 것일까? 이피게니아. **선험적으로 결백하다.**—소녀는 '선험적으로 유죄'라는 등 남성들이 외치는 판단에 대해 스스로 이렇게 주장한다. 바로 여기서 비밀은 마지막 상태에 이른다. 비밀의 내용을 분자화되고, 분자적인 것이 되며, 이와 동시에 비밀의 형식이 해체되어 움직이는 순순한 선이 된다. (김재인 역, 2003: 547-548)

　여성의 비밀은 남성의 비밀에 비하여 투명함, 결백함, 속도[9]를 갖는다. 여성의 비밀은 전쟁기계의 재빠름의 속성을 지니고, 남성의 비밀은 국가장치의 무거운 속성을 지닌다. 남성들은 중후함의 태도로 비밀을 깨뜨리는 기사가 된다. 남성은 자신의 비밀을 태도로 보여줌으로써 비밀의 모든 것을 알려준다. 그래서 남성의 비밀은 누구나 알게 됨으로써 아무것도 아닌 것이 된다. 반면 여성의 비밀은 모든 것을 숨김 없이 말하지만, 그 말의 의미를 더 알 수 없게 되는 것이다. 그렇기에 여성에게 비밀이 있는 것이기보다는 여성 그 자신이 비밀이 된다. 그리스 신화의 이피게니아와 같이 여성들은 선험적

9　들뢰즈와 과타리가 『천 개의 고원』(김재인 역, 2003)에서 말하는 '속도'는 그것만의 고유성이 있는 힘의 작용으로 개체의 속성을 의미한다.

으로 결백하지만 남성들이 소녀는 '선험적으로 유죄'라고 보는 데서 여성의 비밀은 남성의 몰적 상태에서 탈주하는 분자가 된다. 분자가 되는 동시에 비밀의 형식이 해체되어 움직이는 순수한 선이 된다.

독자의 텍스트 이해는 언제나 여성의 선을 남긴다. 어떤 텍스트도 완전한 이해에 이르는 것은 불가능하다. 독자가 텍스트에 대하여 이해한 만큼의 이해할 것이 남는다. 이는 텍스트와 독자의 간극에서 비롯된다. 텍스트는 독자가 아니다. 독자는 텍스트가 아니다. 그렇기에 독자의 텍스트 이해는 이해한 만큼의 이해할 거리가 남아 있게 된다. 독자는 이에서 벗어날 수 없다. 자기 삶에 대해 모든 것을 이해한 오이디푸스도 그렇고, <식스 센스>에서 남편의 죽음에 대해 모든 것을 알고 있는 안나도 그렇다. 여성의 선은 이해에 뒤따르는 본질적인 것이다. 그래서 독자는 텍스트를 계속하여 읽거나 읽어야 한다는 의식에 갇혀 있다.

3. 독자의 비밀

독자의 텍스트 이해에는 비밀의 속성이 내재한다. 독자는 텍스트의 내용을 그대로 읽기도 하고, 형식에 의하여 읽기도 하며, 선을 따라 답을 찾는 읽기를 하기도 한다. 이들 세 가지 비밀의 속성은 독자 누구에게든 어떤 책을 읽더라도 존재한다. 그렇기에 독자의 텍스트 이해는 비밀의 세 유형의 지각 방식을 모두 활용하기도 하지만 특정 유형만 활용할 수도 있다. 아이의 내용, 남성의 형식, 여성의 선 비밀이 내재한 독자의 텍스트 이해 특성을 동화 <강아지똥>을 예를 들어 살펴본다.

강아지똥은 화들짝 놀랐습니다.

"내가 거름이 되다니……."

"너의 몸뚱이를 고스란히 녹여 내 몸속으로 들어와야 해. 그래서 예쁜 꽃을 피게 하는 것은 바로 네가 하는 거야."

강아지똥은 가슴이 울렁거려 끝까지 들을 수가 없었습니다.

'아, 과연 나는 별이 될 수 있구나!'

그러고는 벅차오르는 기쁨에 그만 민들레 싹을 꼬옥 껴안아 버렸습니다.

"내가 거름이 되어 별처럼 고운 꽃이 피어난다면, 온몸을 녹여 네 살이 될게."

(권정생, <강아지똥> 일부)

가. 내용의 비밀

학교에서는 학생들이 텍스트를 특정한 방식으로 읽도록 지도한다. 필자의 의도를 생각하며 내용을 이해하게 하기도 하고, 텍스트 내용이 전달하는 주제를 찾아 이해하게 하기도 한다. 또는 독자의 배경지식을 활용하여 텍스트 내용에서 의미를 구성하게 하기도 하고, 해석 방법을 이용하여 텍스트의 내용에 내재되어 있는 본질을 찾아내게 하기도 한다. 이들 방식에 기초해 독자는 텍스트를 읽고 이해를 실행하게 된다. 그렇다고 독자가 텍스트를 읽을 때, 학교에서 배운대로만 하는 것은 아니다. 학교에서 배운 방법이 기초가 되지만 독자 자신, 텍스트, 읽는 상황, 읽는 집단, 사회 등에 따라 각기 다른 읽기를 실행한다. 읽기 교육도 이를 알고 있기에 배운대로 읽는 것을 강요하지는 않는다.

<강아지똥>을 읽는 독자는 학교에서 읽는 방법을 배우기 전에도 읽었고, 배울 때도 읽었고, 배우고 난 후에도 읽는다. 읽기 방법을 배우기 전에는 그때의 방식대로 읽었고, 배울 때는 배운 방식대로 읽었으며, 배운 후에는 필요에 따라, 상황에 따라 읽는다. 독자는 <강아지똥>을 읽을 때마다 같은

내용, 같은 의미, 같은 감정, 같은 생각, 같은 감응 등을 반복하지 않는다. 이들이 반복된다면 텍스트를 다시 읽는 일은 일어나지 않을 것이다. <강아지똥>에서 강아지의 똥도 읽을 때마다 다르게 인식되고, 관심을 가지는 대상도, 사건도, 요소도, 성분도, 분자도 마찬가지이다. <강아지똥>을 읽을 때마다 독자는 다른 독자가 된다. 텍스트가 달라지는 것은 아니기 때문에 변화가 생성되는 쪽은 독자가 분명하다. 독자는 <강아지똥>을 읽을 때마다 자기를 다르게 생성하는 것이다. 그렇기에 독자는 <강아지똥>을 읽을 때마다 다른 자기-되기를 실행한다.

이는 들뢰즈와 과타리의 '어느 비밀의 회상'에서는 말하는 '비밀의 유형'과 관련된다. 들뢰즈와 과타리는 아이의 내용, 남성의 형식, 여성의 선을 비밀의 유형으로 제시한다. 독자의 텍스트 이해가 이들 세 가지 비밀의 유형으로 딱 잘려 형태 지어지는 것은 아니다. 독자의 되기는 넓은 스펙트럼을 이루고 있지만 이들의 그 극점에는 이들 세 유형이 있다고 할 수 있다. 이들 세 가지 비밀 유형의 관점에서 독자의 텍스트 읽기를 살펴보면, 기존의 읽기에 대한 인식을 포함하는 점도 있고, 새롭게 인식할 수 있게 하는 점도 있다. 먼저 아이의 내용 비밀로 독자의 텍스트 이해 특성을 살펴본다.

'아이의 내용' 비밀에 따른 텍스트 이해는 텍스트의 내용이 포함하고 있는 것을 독자가 지각 불가능한 방식으로 지각하는 것이다. 텍스트는 기호로 특정 내용을 표현하고 있다. 독자는 기호가 지시하는 내용을 인식하여 텍스트의 내용을 마음속에 표상하게 된다. 이 독자의 내용 표상에서 텍스트의 기호가 지시하는 대상은 단일하지 않다. 앞의 <강아지똥> 장면을 독자가 표상하는 경우를 떠올려 볼 수 있다. 우리 자신도 어떻게 표상하는지도 떠올려 볼 수 있다. 독자가 표상한 내용은 독자가 무엇에 관심을 두고 보는가에 따라 달라진다. 그 표상의 형태나 구체성을 제한하거나 한정하는 것은 있을 수 없다.

독자는 이 표상된 것으로부터 텍스트 내용의 요소를 보게 된다. <식스
센스>의 콜이 유령을 보는 것에 비유해 볼 수 있다. 콜은 같은 장소와 공간에
서 다른 사람은 못 보는 유령을 본다. 콜은 유령을 볼 수 있을 뿐만 아니라
소통도 할 수 있다. 텍스트의 내용을 표상한 독자도 콜과 마찬가지로 다른
감각으로 다른 것을 인식할 수 있다. 앞의 <강아지똥>에서 보면, 각자가
어떤 감각에 민감성을 갖느냐에 따라 지각할 수 있는 것이 달라진다. 하찮은
강아지의 똥도 민들레에게는 꼭 필요한 존재라는 인식을 넘어, 식물과 거름
의 관계를 지각하는 것은 물론, 식물의 영양 흡수 체계, 또는 식물 영양 성분
의 작용이나 그 종류 등을 지각할 수도 있다. 들뢰즈의 용어로 지각의 '강도'
가 다른 것이다.[10] 이는 독자의 분자-되기, 자기-되기, 지각 불가능하게-되기
등과 관련된다.

독자의 분자-되기는 텍스트 내용에 대한 지각이 독자의 성향에 의해 이루
어지는 것이다. 독자는 자신이 지각할 수 있는 것, 지각하고 싶은 것, 지각이
집중되는 것을 지각한다. 그렇게 하여 몰적인 지각에서 벗어나게 된다. 그것
이 다른 독자들에게 인정될 때는 더 강화된다. 독자의 자기-되기는 자기만이
지각할 수 있는 것을 적극적으로 지각하는 것이다. 지각이 잘 일어나고, 지각
해야 하고, 지각할 수밖에 없는 것을 지각하는 것이다. 콜의 유령 만남은
이런 지각에서 비롯된 것이고, 그 유령들과 소통은 자기-되기를 이루게 한다.
이는 지각 불가능하게-되기의 실행이다. 어머니도, 말콤도, 선생님도, 친구들
도 지각하지 못하는 것을 콜만이 지각할 수 있는 것이 지각 불가능하게-되기
이다. 독자가 텍스트의 내용을 콜과 같이 자신만이 지각할 수 있는 것으로
지각하게 될 때, 지각 불가능하게-되기를 실행할 수 있다.

---

10 '강도'에 대해서는 김재춘·배지현(2016)의 논의를 참조할 수 있다.

'학이시습지불역열호(學而時習之不亦說乎)'라는 문장은 우리말로 '배우고 때때로 익히면 이 또한 기쁘니 아니한가'로 흔히 번역되고 있다. 그러나 공자 같은 위대한 분이 이러한 말을 했을 리는 없다. '학은 하되 때때로(가끔, 시간이 날 때) 그것을 나의 것으로 익히면 된다'는 식의 말은 공자 같은 성인이 할 수 있는 말이 아니다. 이 문장은 '무엇인가를 접하면 마땅히 시간을 내서, 만사를 제쳐두고, 없는 시간을 만들어서라도, 그것을 나의 것으로 익혀야 하며 이는 인간으로서 추구할만한 가치가 무궁무진한 삶이다'라고 읽어야 한다. 그렇게 해석해야만 학과 습은 서로 구분되면서도 따로 떨어져 있지 않고 하나로 결합되어 자기 초월의 근원적인 교육 활동을 형성할 수 있다. 시를 '때때로', '가끔' 등이 아니라 '적합한 때를 놓치지 말고', '없는 시간을 만들어서', '만사를 제쳐놓고서' 등으로 읽어야 '학시습'이 인간사 가운데 가장 소중하고 각별한 일이라는 공자의 말이 갖는 원래 의미가 살아난다. (엄태동, 2016: 89)

위의 인용문에서는 저자가 독자로서 실행하는 아이의 비밀을 엿볼 수 있다. 저자는 '학이시습지불역열호(學而時習之不亦說乎)'를 읽고, 다른 사람은 지각하지 못하는 글자에 주목하고, 그 내용을 지각한다. 즉 다른 사람들은 지각하지 못하는 것을 지각함으로써, 즉 특개성을 포착하여 지각 불가능하게-되기를 실행한다. 저자는 '시(時)'를 자신만의 눈으로 지각하고 있다. 다른 사람들은 시를 '때때로'라고 지각하지만 저자는 '없는 시간을 만들어서' 등의 의미로 지각한다. 이로써 '학이시습지불역열호'에서 '학습(學習)'이 아닌 '학시습(學時習)'의 개념을 지각하여 드러내 보여준다. 독자로서의 아이의 내용 비밀을 보여주는 예시이다. 실제 독자들은 텍스트를 읽으면서 이와 같이 자기만의 성향, 자기만의 감각, 자기만의 감성, 자기만의 방식으로 텍스트의 내용을 지각한다.

나. 형식의 비밀

남성의 형식 비밀은 정해진 지각 형식으로 텍스트 내용을 지각하는 것이다. 남성의 지각 형식은 패턴이고, 익숙함이며, 자기중심적인 속성을 갖는다. 그리고 자신이 그 형식을 사용하고 있다는 것을 의식하지 못하는 경우가 많다. 오이디푸스도 신탁(정해진 형식)대로 자신이 살아가고 있다는 것을 몰랐다. <식스 센스>의 말콤이 콜의 유령 만남 이야기를 듣고 콜의 증상을 판단할 때도 그렇다. 정해진 지각의 형식이 드러나 있지만 그 형식이 지각되지는 않는다. 익숙함도 지각의 활동이나 형식을 의식하지 못하게 한다. 형식에 따른 각자의 지각은 점검되지 않고 습관화된 형태로 반복된다. 남성의 형식 비밀이 여기에 있다. 이 남성의 형식 비밀은 자신은 모르지만 남은 알고 있거나 쉽게 알 수 있는 것이다. 독자의 텍스트 이해도 남성의 형식 속성을 반영하여 이루어진다. 텍스트 내용이 익숙하게 인식될 때는 남성의 형식 비밀이 작용할 때이다.

남성의 형식 비밀은 쉽게 지각된다. 남성은 자신의 비밀을 직접적으로 표현하거나 보여주어서 알게 되기보다는 행동이나 태도에서 드러나게 된다. 일부러 드러내려고 하지 않지만 드러나 보이는 형식이 있는 것이다. 그래서 남성의 형식 비밀은 알려지게 되고 누구나 알게 된다. 그렇기에 남성의 비밀은 형식이 파괴되고, 내용이 드러나게 되면서 비밀이 아닌 게 된다. 이렇게 남성의 형식 비밀에는 인식되어 드러나는 특성이 있다. 그렇기에 남성의 비밀은 아이의 내용이나 여성의 선과 같은 지각의 형태를 가질 수 없다. 그렇다고 남성의 형식 비밀이 지각에 있어서 지각 불가능하게-되기가 안 되는 것은 아니다. 남성 비밀의 본질적 속성은 지각-되기이지만, 개별적 남성의 형식이 내재된 방식으로 지각하면 지각 불가능하게-되기가 실행된다. <식스 센스> 후반의 말콤과 같이 열린 마음으로 콜의 말을 들었을 때, 지각 불가능하게-되기가 실행된다. 그렇지 않으면 남성의 형식 비밀은 내용이 드러나서 확산되어 물적 상태에 놓이게 된다.

남성의 형식 비밀에 따른 텍스트 이해는 고착된 지각 형식에 의하여 이루어진다. 이는 두 가지 형태로 구분할 수 있다. 하나는 다른 독자와 같은 지각의 형식을 사용하는 것이다. 가정, 학교, 사회 등에서 배운 지각의 형식을 그대로 활용하는 것이다. 이는 비밀의 형식을 해산하고, 지각의 내용을 사소하게 만든다. 다른 하나는 독자만의 지각 형식을 마련해 가지는 것이다. 학교에서 배운 지각 형식을 토대로 자신만의 텍스트 지각 형식을 만드는 것이다. <식스 센스>에서 콜의 어머니와 선생님, 친구들은 콜의 유령 만남의 이야기에 대해 학교(사회)에서 배운 대로 반응한다. 말콤도 익숙한 상담의 방식을 사용한다. 그러다 말콤은 콜의 유령에 대한 말을 이해하기 위해 노력하게 된다. 기존의 상담 방식에서 벗어나 자기만의 상담 방식을 찾는 것이다. 지각 불가능하게-되기의 지각 방식은 이 두 번째의 형태이다. 독자가 지각 불가능하게-되기를 위해서는 말콤과 같이 새로운 지각 형식을 사용해야 한다. 자신만의 지각 형식을 사용하면, 다른 독자들이 지각할 수 없는 것을 지각할 수 있게 되어, 지각 불가능하게-되기를 실행할 수 있다.

실제로 독자가 표상한 텍스트 내용을 지각할 때에는 특정한 형식을 사용한다. 각 독자는 표상한 텍스트 내용을 각자의 형식으로 지각한다. 학교에서 배운대로 한다고 할 수도 있지만 대개 독자마다의 형식이 있다. 경험이나 배움에서 비롯된 것일 수도 있고, 개인적 성향이나 감성의 작용에서 비롯된 것일 수 있다. 또는 직업이나 생활 방식, 지역, 문화에 따라 다를 수 있다. 어떤 독자도 텍스트 내용에 대한 지각이 같게 일어나는 일은 없다. 앞의 <강아지똥>의 내용을 독자가 지각하는 경우도 떠올려 볼 수 있다. 우리 자신도 어떻게 지각하는지 떠올려 볼 수 있다. 독자가 표상한 내용에서 지각하는 것은 독자의 지각 형식에 따라 다를 수 있다. 인간의 상호작용을 떠올릴 수도 있고, 자연의 섭리를 떠올릴 수도 있다. 또는 식물의 성장이나 개화의 조건을 떠올릴 수도 있다. 이러한 내용에 대한 지각은 독자의 지각 형식에 따라 달라진다. 이 남성의 형식에 의한 지각도 그 지각 내용의 형태나 속성을 제한하거나 한정할 수 없다.

> 교육에서 감각은 '재인식'에 구속되어 있다. 교육은 바르게 감각함으로써 바른 인식에 도달하는 것을 강조하며, 여기서 '바른' 인식이란 사물을 바로 그 사물로 분명하게 다시 알아보는 재인식을 의미한다. 빨간색, 동그란 모양, 주먹만 한 크기, 매끄러움 등을 바르게 감각했다면 이로써 이 사물을 사과라는 사실을 알아차려야 한다. 학교 교육에서 감각은 사과를 보고 사과임을 알아차리는 것과 같은 공통감의 재인식으로 활용되는 경향이 있다. 그러나 들뢰즈의 배움에서 감각은 공통감이나 재인식에 순수히 봉사하는 소극적인 역할을 수행하는 것으로 기대되지 않는다. 배움을 촉발하는 기호는 이념적 차이들을 역동적으로 생성해 내는, 동일화된 척도가 담지하기에는 너무나도 벅차고 강력한 강도적 흐름이다. 따라서 공통감이나 재인식과 같은 안온한 감각 방식은 강도적인 흐름인 기호가 학습자의 신체에 유동하는 것을 구속할 수 없다. (김재춘·배지현, 2016: 213-214)

위 인용문에서 저자들은 독자로서의 남성의 형식 비밀로 텍스트 내용을 지각하는 예를 보여준다. 저자들은 대상에 대한 '감각'의 문제를 들뢰즈의 관점과 교육의 형식으로 지각한다. 즉 '감각'을 공통감에 기초한 재인식으로 보아서는 안 된다는 것이다. 재인식은 들뢰즈의 『차이와 반복』(김상환 역, 2004: 289-368)에서 논의하는 제한된 사유를 이끄는 사유 이미지의 한 형태이다.[11] 이 '재인식'의 관점에서 '감각'을 교육적으로 받아들이는 것은 소극적이라는 것이다. 감각은 대상이 뿜어내는 기호들에 강도적으로 관여함으로써 학습자의 신체를 유동하게 하여 배움을 촉발할 수 있게 하는 적극적인 것이 되어야 한다는 것이다. 윗글의 저자는 '감각'을 들뢰즈의 차이 생성적 관점을 빌려 교육의 형식으로 지각하고 있다. 저자들은 '감각'을 학습을 통하여 알게 된 들뢰즈의 관점과 교육자로서 교육의 형식으로 지각하고 있다. 윗글에서 저자들은 독자로서의 남성의 형식 비밀과 남성의 형식이 적용된 지각 불가능하게-되기를 보여준다. 실제 독자도 텍스트를 읽을 때 자기만이 지각 형식에 의존하여 텍스트 내용을 지각한다.

다. 선의 비밀

여성의 선 비밀에 따른 텍스트 이해는 근원적인 의미를 찾아 선을 그리는 것으로 지각 불가능한 생성을 하는 것이다. 독자는 텍스트 내용에 있는 모든 것을 지각하고 이해했지만 근원적으로 해결되지 않는 물음을 갖는다. 독자는 텍스트 내용에서 지각할 것을 모두 지각하여 이해했지만, 그 모든 것 이외에 또 다시 지각해야 할 무엇인가를 느낀다. 이 지각 거리는 다른 독자의 관심일 수도 있지만 근원적으로 개별 독자의 것이다. 지각해야 하는 것이 독자마다 다르기 때문이다. 위의 <강아지똥>의 내용에서 독자는 모든 것을 세밀하게 인식하고, 그 의미나 가치를 밝힐 수 있다. 우리 자신도 세밀한 인식으로 의미나 가치를 밝힐 수 있다. 그렇다 하더라도 '강아지똥'과 '민들레'는 왜 그런 관계여야 하는지, 강아지똥이 민들레에게 진정으로 그래야 하는 것인지, 그게 왜 강아지의 똥의 운명인지 등의 근원적인 답을 찾는 물음을 가지게 된다.

독자는 텍스트 내용에 대한 이해를 이뤘어도 더 찾아 이해할 것이 언제나

---

11   텍스트 이해와 관련된 사유 이미지에 대한 논의는 여수현·김도남(2022)을 참조할 수 있다.

남는다. 장님이 된 오이디푸스가 세상을 방랑하거나 <식스 센스>에서 안나가 늘 결혼식 비디오를 틀어놓고 잠을 자는 것은 이 때문이다. 오이디푸스는 자신이 한 일을 모두 알고 있고, 안나는 남편의 죽음에 대해 모든 것을 알고 있다. 오이디푸스는 자신이 한 일들이 운명이었음을 알고 있고, 안나는 남편의 죽음을 인정하고 남편의 죽음을 받아들인 상태이다. 그렇지만 오이디푸스는 자신의 운명에 대해, 안나는 남편의 죽음에 대해 풀리지 않는 의문을 품고 있다. 그래서 세상을 방황하며 떠돌고, 남편을 그리워하며 밤마다 결혼식 비디오를 틀어놓고 잠이 든다. 텍스트의 내용을 이해한 독자도 이들과 닮은 점이 있다. 텍스트가 의미하는 바를 이해하여 받아들였지만 그래도 끝나지 않은 허전함에 답을 찾는 선을 탄다. 앞의 <강아지똥>의 내용에서 독자는 강아지똥이 민들레에게 한 일을 이해하고, 그 의미를 인정한다. 그렇지만 그것으로 독자의 텍스트 이해가 마무리되지 않는다. 강아지똥과 민들레가 왜 그래야 하는지, 꼭 그렇게 해야 하는지, 그것인 진정 좋은 것인지, 등에 관한 생각을 멈출 수 없다. 독자가 현재 수준에서는 답을 찾을 수 없는 문제들이 떠오른다. 이는 독자만의 세계, 분자의 세계, 자기 생성의 세계, 지각 불가능의 세계로 들어가는 문이다.

독자는 텍스트를 이해하고도 미지의 의문들이 떠오르고, 그 답을 찾는 선을 타게 된다. 독자가 읽고 이해한 텍스트는 감추는 것 없이 모든 것을 밝혀 놓고 있다. 독자도 그것을 알고 있다. 그런데 독자는 그것으로 텍스트 이해를 완결하지 못한다. 텍스트의 내용이 답을 찾아야 할 거리를 남겨두기보다는 독자 내부에서 답을 찾아야 할 질문을 제기한다. 노자의 『도덕경』을 이해한 독자도, 김소월의 <진달래꽃>을 이해한 독자도, 들뢰즈와 과타리의 『천 개의 고원』을 이해한 독자도 마찬가지이다. 텍스트를 이해했지만 의식의 근원에서부터 풀어내야 할 것이 있는 선이 생겨난다. 『도덕경』을 무위(無爲)에 충실한 의미가 드러나도록 이해는 했지만 그래도 의문의 선을 그리는 질문이 존재한다. <진달래꽃>에 함축된 의미를 이해했음에도 독자에게 채워지지 않은 허전함이 있다. 『천 개의 고원』이 지시하는 다양한 사물의 속성을 밝혀 이해했어도 더 밝힐 게 있다.

여성의 선 비밀은 독자가 텍스트를 읽게 하고, 근본적으로 밝혀야 할 것을 제공하고, 자기-되기를 이루게 한다. 독자에게 텍스트에서 비롯된 비밀의 선은 근원적으로 독자의 과제이기 때문이다. 이 과제는 독자의 삶 속에서 비롯되는 것이다. 독자가 쫓는 의문의 선은 누가 요구하거나 남이 하고 있는 것을 하는 것이 아니다. 독자 자신에게서 비롯된 고유한 것이고, 독자가 풀어야 할 과제인 것이다. 텍스트에서 비롯된 것이지만 텍스트는 과제 해결에 필요한 아무런 단서도 방법도 제시하지 않는다. 독자 스스로가 해결해야 할 과제이다. 자기만의 과제를 가진 독자가 자기-되기를 한 독자이다.

이 장은 『천 개의 고원』 10장의 '어느 비밀의 회상'에 대한 논의를 토대로 하고 있다. 이 논의를 하면서 필자는 아이의 비밀의 방식으로 다른 독자들과는 다른 내용을 지각했다. 아이의 내용, 남성의 형식, 여성의 선 비밀에서 독자의 텍스트 읽기의 속성을 지각한 것이다. 또한 남성의 형식 비밀 지각 방식으로 '어느 비밀의 회상'의 내용을, '텍스트를 읽는 독자의 지각 방식에 대한 것'으로 이해하였다. 그런 점에서 이 논의의 필자는 '어느 비밀의 회상'의 내용에 대한 이해가 이루어진 셈이다. 그렇다고 필자는 이 '어느 비밀의 회상'의 내용에 대하여 더 생각할 게 없는 것이 아니다. 오히려 비밀에 대한 근원적인 물음뿐만 아니라 읽기, 독자, 텍스트, 이해, 읽기 방법, 텍스트 이해 교육 등에 내재된 비밀에 대해 생각할 거리를 더 많이 가지게 되었다. 여성의 선을 쫓는 비밀이 생긴 것이다. 필자는 이 선을 따라 비밀을 탐구하는 과정에서 분자-되기 뿐만 아니라 지각 불가능하게-되기를 실행함으로써 읽기 연구자로서의 자기-되기도 실행할 것이다.

4. 비밀의 실행

읽기 교육에서는 현재 선택된 읽기 관점에 집중한다. 교육과정은 국가장치로서 마법적인 강력한 힘을 발휘하기 때문이다. 또한 국가장치가 강력한 힘을 발휘할 수 있는 것은 이를 옹호하고 강조하는 사제들이 존재하기 때문이다. 읽기 교육의 관점에서 보면, 읽기는 국가장치에서 강조하는 것만으로 완성될 수 없다. 끊임없이 읽기의 전쟁기계와의 접속이 필요하다. 사실 전쟁기계가 없으면 국가장치도 유지되기 어렵다. 옹호하고 강조해야 할 것이 없기 때문이다. 읽기 교육의 사제들은 읽기 전쟁기계에 적극적인 관심을 두어야 한다. 읽기 교육과정은 고정될 수 없기 때문이다. 독자의 비밀에 대한 논의는 읽기 전쟁기계의 한 종류이다. 읽기 현상을 새롭게 볼 수 있게 하고, 읽기를 설명할 때 초점을 맞추지 못했던 점을 알게 한다.

독자의 비밀은 다양할 수 있다. 이 논의에서는 들뢰즈와 과타리가 『천 개의 고원』 10장에서 논의한 '어느 비밀의 회상'에 근거했다. 그래서 독자의 비밀을 내용의 측면에서 아이의 비밀, 지각 형식의 측면에서 남성의 비밀, 말끔히 해소되지 않고 남아 있는 의문의 선의 측면에서 여성의 비밀로 구분하여 살펴보았다. 독자는 텍스트의 내용을 지각할 때 아이의 비밀과 같이, 자신만의 감각으로 특정 내용을 지각할 수 있다. 또한 남성의 비밀과 같이 자기만의 지각 형식으로 텍스트의 내용을 지각할 수 있다. 그리고 텍스트 내용에 들어 있는 모든 내용을 이해했어도 여전히 풀리지 않고 남아 있는 의문이 존재한다. 이 의문의 선이 여성의 비밀이다.

독자는 텍스트 이해에서 지각 불가능하게-되기를 지향할 필요가 있다. 지각 불가능하게-되기는 독자의 자기-되기이면서, 세상 사람 되기의 실행이다. 자기-되기는 자기만의 지각, 인식, 이해로 자기 삶을 생성하는 것이다. 자기 삶의 생성은 다른 사람들을 배척하고 멀리하는 것이 아니라 세상 사람들에게 자기 존재를 인정받고, 자기의 고유성을 존중받는 것이다. <식스 센스>의 콜이 유령 만남의 비밀을 말콤이나 어머니에게 인정받음으로써 진정한 사회의 구성원이 되는 것과 같다. 다름을 드러내고, 인정하고, 존중하고, 그러면서 함께할 수 있는 것이 지각 불가능하게-되기이다. 이 지각 불가능하게-되기로 독자는, 더 나아가 우리는, 세상 사람이 된다.

제13장 **생성적 읽기 교육**

1. 읽기와 생성

읽기는 생성의 활동이다. 독자는 텍스트 읽기로 자기를 생성한다. 독자의 자기 생성은 개체성을 가진 소수자인 자기를 생성하는 것이다. 소수자는 수가 적음을 의미하는 것이 아니라 표준성을 벗어난 개체성을 지시한다. 개체성을 지닌 소수자는 표준성을 지닌 다수자와 대척점에 있다. '남성-성인-인간'이 표준성의 다수자라면 '여성-아이-동물(식물 등)'은 개체성의 소수자이다. 그렇기에 독자의 텍스트 이해는 '소수자-되기'이다. 독자의 텍스트 이해는 표준성을 지닌 다수자(다수성)에게서 벗어나 개체성을 지닌 소수자(소수성)로서의 자기를 생성하는 일이다. 이는 독자가 고유성 지닌 자기를 찾고 지키는 일이다. 그러므로 독자의 자기 생성은 소수자-되기이고, 독자의 소수자되기는 자기의 고유성을 찾는 일이다. 독자의 텍스트 이해는 자기다움을 생성하는 일이다.

들뢰즈와 과타리는『천 개의 고원』(김재인 역, 2003: 550)에서 다수성에서 벗어나 소수성을 지니는 것을 '되기'라고 말한다. '되기'라는 말에는 다수자에게서 벗어나 소수자가 되는 것이 전제되어 있다. 이는 되기가 탈주를 내포하고 있음도 의미한다. 탈주는 벗어남뿐만 아니라 달아남을 함의한다. 달아남은 거리가 멀어지는 것이다. 또한 되기는 달라짐을 의미한다. 탈주의 달아남의 거리는 두 가지의 거리가 멀어짐을 뜻한다. 하나는 벗어남의 토대가 된 것과 거리가 멀어짐이고, 다른 하나는 달아난 주체가 달아나기 전과 거리가 멀어짐이다. 되기는 다수성과 거리가 멀어짐이고, 주체의 현재 상태와도 거리가 멀어짐이다. 거리가 멀면 먼 만큼 달라짐이 커짐을 뜻한다. 독자의 텍스트 이해를 통한 되기의 실행은 표준의 다수성에서 탈주하여 개체의 소수성을 생성하는 일이다.

개체의 소수성을 생성하는 독자의 텍스트 읽기가 '생성적 읽기'이다. 생성적 읽기는 들뢰즈와 과타리의 '되기'의 개념에 기초한다. 독자의 텍스트 읽기는 표준의 다수성을 생성하는 읽기이기도 하다. 학교에서 이루어지는 읽기는 표준의 다수성을 위한 읽기인 경우가 많다. 이 텍스트 읽기에서는 기본적, 평균적, 보편적, 일반적인 것을 강조한다. 학교에서의 읽기는 한마디로 표준적인 텍스트 이해를 강조한다. 표준적인 이해를 강조하는 읽기에서는 독자의 개체성, 독자성, 고유성, 특수성 등을 소독하는 이해[1]를 하게 한다. 독자가 소수성을 내세우지 못하게 하거나 잃게 만든다. 이 읽기에서는 독자만의 고유성이나 특수성, 독특성이 필요하지 않기 때문이다. 그래서 독자의 개체성을 소독해 없애는 읽기를 하게 한다. 이 읽기를 '소멸적 읽기'라 할 수 있다. 이는 독자가 자기를 생성하는 '생성적 읽기'와 대비되는 읽기이다. 소멸적 읽기는 표면적으로는 생성적 읽기와 대립적이다. 그러나 소멸적 읽기는 본질적으로 생성적 읽기의 토대가 된다.

독자의 자기 소멸적 읽기가 학업적 접근이라면 자기 생성적 읽기는 과업적

---

1   김혜련 역(1996: 195)에서는 정서와 관련하여 '<소독하는> 습관'이라는 표현을 사용하고 있다.

접근이다. '학업'이 학교에서의 공부를 의미한다면, '과업'은 독자가 마땅히 실천해야 할 임무를 의미한다. 학업은 독자가 텍스트를 읽고 이해하기 위하여 필요한 기본적이고 토대적인 읽기 능력을 익히는 읽기이다. 이는 생성적 읽기를 위한 토대가 된다. 이 학업적 접근은 다수성을 위한 읽기를 강조한다. 다수성은 '남성-성인-인간'과 같이 관습적으로 '이미 주어져 있는 것이고 전제되어 있는 것'(김재인 역, 2003: 551)이다. 소멸적 읽기는 이미 주어져 있고, 전제되어 있는 것을 갖추는 학업적 읽기이다. 이 소멸적 읽기에도 독자가 기본적 읽기 능력을 갖추는 생성적 속성이 내재하지만, 이는 소수성의 생성이 아니기에 '되기'는 아니다.

생성적 읽기는 독자의 과업을 실행하는 읽기이다. 독자의 과업은 개체적이고 고유한 것이다. 독자가 자기 자신을 위해 해야 하는 의무적인 일이다. 이는 직업과 관련된 것일 수도 있지만 자기 삶을 위한 실제적인 것이다. 독자 과업의 본질은 자기 고유성을 찾고 갖추어 자기성을 생성하고 실현하는 것이다. 생성적 읽기는 독자의 과업 실현을 위한 읽기이다. 다른 무엇을 위한 것일 수 있지만 그 본질은 독자의 근원적이고 본래적인 자기의 고유함, 특별함을 내포한 과업을 위한 것이다. 텍스트는 이를 가능하게 해준다. 독자의 텍스트 읽기는 과업 실현을 위한 읽기여야 한다.

읽기 교육은 학업적 읽기를 토대로 과업적 읽기를 할 수 있게 해야 한다. 학업을 위한 소멸적 읽기가 필요한 측면이 있지만 소멸적 읽기만 강조해서도 안 된다. 실제 읽기 교육에서는 그것을 알고 있다. 읽기 교육은 생성적 읽기를 내재적으로 지향하고 있다고 할 수 있다. 그렇지만 생성적 읽기가 어떻게 이루어져야 하는지가 밝혀지지 않았기 때문에 소멸적 읽기를 생성적 읽기로 오해한 면이 있다. 소멸적 읽기가 생성적 읽기라고 믿고 강조하는 것이다. 읽기 교육에서 텍스트 중심의 접근이나 독자 중심의 접근을 하면서, 이들 접근을 생성적 읽기라고 여겼었다고 할 수 있다. 실제적으로는 소멸적 읽기 교육을 하면서, 생성적 읽기 교육을 한다고 여겼던 것이다. 이제 생성적 읽기의 특성을 일부 밝힐 수 있게 되었으므로, 앞으로의 읽기 교육에서는 생성적 읽기를 강조할 필요가 있겠다.

이 장에서는 생성적 읽기를 들뢰즈와 과타리의 『천 개의 고원』 10장의 '회상들과 생성들, 점들과 블록들' 항목에 토대를 두고 논의한다. 이 장의 논의는 되기에 대한 정리의 성격을 갖는다. 되기에 대한 논의를 정리하면서 생성적 읽기의 특성과 교육적 접근 방식을 검토한다. 생성적 읽기는 무엇에 초점을 두고 보는가에 따라 그 특성은 다양할 수 있다. 또한 생성적 읽기 교육의 방향도 어떤 접근 관점을 취하는가에 따라 방식이 달라질 수 있다. 이 논의에서는 독자의 회상과 생성의 관계와 점·선·블록의 관계를 중심으로 텍스트 이해의 특성을 살핀다.

2. 생성적 읽기 교육의 토대

되기는 주체의 자기 문제다. 들뢰즈와 과타리는 『천 개의 고원』 10장에서 되기를 '회상'의 형식으로 논의를 전개한다. 회상은 기억하고 있는 것을 의식에 떠올리는 활동이다. 기억을 의식에 떠올리는 회상은 재인으로 재영토화의 활동이다. 회상을 통한 재영토화는 몰적 체계로 통합이다. 되기는 이 회상에 머무르는 것이 아니다. 되기는 몰적 체계에서 벗어나는 반-기억이고, 생성이며, 탈영토화이다. 되기는 분자적 체계로의 탈주이다. 되기는 반-기억으로 회상의 몰적 체계에서 탈주하는 생성이다. 이 생성의 논의 토대를 살펴보자.

가. 표준의 다수성

되기는 주체의 생성 활동이다. 주체가 자기를 무엇인가로 만드는 일이다. 되기는 주체가 접속한 대상과의 사이에서 일어난다. 주체가 접속한 대상의 특성을 자기 내에서 생성함으로써 새로운 자기를 만드는 활동이다. 주체는 되기를 함으로써 대상의 특성을 자기 내에 갖추게 된다. 대상의 특성을 자기 내에 갖춘 주체는 그 대상이 지닌 역량을 지니게 된다. 대상의 특성을 역량으로 지닌 주체는 그 대상과 공명할 수 있게 된다. 공명은 같은 소리를 내는 것이다. 같은 소리는 같은 주파수에서 난다. 주체의 공명은 생성한 대상의 특성과 동일의 주파수로 진동해 소리를 내는 것이다. 주체가 공명함은 동일 주파수의 감정, 행동, 감성, 인식, 사고, 능력 등을 가지게 됨을 뜻한다. 여성-되기는 주체가 여성의 감성을 생성해 가짐을 가리킨다.

되기에서 생성을 실행하는 것은 주체이다. 주체는 대상과 결연하면 대상의 특성을 생성한다. 아이와 결연하면 아이-되기를 실행할 수 있다. 주체는 아이의 특성을 자기 내에서 생성할 수 있다.[2] 동물과 결연하면 동물-되기를 실행할 수 있다. 주체는 동물의 특성을 자기 내에서 생성해 가질 수 있다. 식물, 광물, 분자, 원자, 무(無), 강렬함, 지각 불가능 등과 결연하면, 주체는 결연할 것(대상)의 특성을 자기 내에서 생성할 수 있다. 그런데 주체의 '남성-되기'는 존재하지 않는다. 주체가 남성이 되려면 남성의 특성을 생성해야 하는 것은 당연한 일이다. 그런데 들뢰즈와 과타리는 주체의 '남성-되기'는 없다고 말한다. 주체가 무엇으로도 될 수 있는데 남성-되기가 없다는 것은 무슨 이유일까?

---

2   아이-되기의 대표적인 예로 아동문학 작가를 들 수 있다. 부모나 교사도 아이-되기를 실행하고, 아동과 관련된 일이나 사업을 하는 사람들도 아이-되기를 한다.

남성의 생성들은 그토록 많은데 왜 남성-되기는 없는 것일까? 그것은 우선 남성이 유달리 다수적인 반면, 생성들은 소수적이며, 모든 생성은 소수자-되기이기 때문이다. 우리가 이해하기에 다수성은 상대적으로 더 큰 양이 아니라 어떤 상태나 표준, 즉 그와 관련해서 더 작은 양뿐만 아니라 더 큰 양도 소수라고 말할 수 있는 상태나 표준의 규정, 가령 남성-어른-백인-인간 등을 의미한다. 다수성은 지배 상태를 전제하는 것이지 그 역은 아니다. 인간보다 모기나 파리가 더 많은지를 아는 것이 문제가 아니라, '남성'이 어떻게 우주 속에서 하나의 기준을, 그와 관련하여 남성들이 필연적으로(분석적으로) 다수성을 형성하는 기준을 구성했는지를 아는 것이 문제이다. 도시에서의 다수성은 투표권을 전제하며, 투표권을 소유한 자들 ―그 수가 얼마가 되었건― 사이에서 수립되는 것이 아니라 투표권을 갖지 않은 사람에게도 행사된다. 이와 마찬가지로 다수성은 남성의 권리나 권력을 이미 주어진 것으로 전제한다. (김재인 역, 2003: 550-551)

무한의 되기 중, 남성-되기는 없다. 들뢰즈와 과타리는 '남성'은 다수성을 대표하기 때문에 되기가 없다고 말한다. 그러면서 모든 되기는 '소수자-되기'라고 말한다. 그렇다면 남성은 무엇을 말하는가? 여성이나 소수자와는 어떤 다른 점을 갖는가? 들뢰즈와 과타리는 남성이 다수성인 근거를 두 가지 제시한다. 그것은 '상태'와 '표준'이다. '상태'와 관련해서 보면, 양적으로 많고 적음의 문제라기보다는 관계의 문제이다. 즉 지배 관계와 관련된다. 모기나 파리는 인간보다 많아도 피지배적인 상태에 있다. 지배 관계는 지배적인 상태와 피지배적인 상태가 있는데 '남성'은 지배적인 상태, 즉 '지배 상태'에 있다. 남성이 다수성인 첫 번째 근거는 '지배 상태'를 나타내기 때문이다. 이 말은 지배적인 상태에 있는 경우에는 되기를 실행할 필요가 없음을 뜻한다. 남성이 다수성인 두 번째 근거는 '표준'으로, 기준이 되는 것과 관련된다.

표준은 일반, 평균, 보통, 전반, 보편, 공통, 평범, 일상 등의 의미로 기본적인 것을 지시한다. 그렇기에 표준은 모든 것에 두루 통용되는 기본이 되는 '기준'이다. 들뢰즈와 과타리는 이를 '우주 속에서 하나의 기준'이라는 말로 표현한다. 그러면서 남성은 필연적으로 다수성을 형성하는 기준이라고 말한다. 다수성은 도시에서 성인 누구에게나 주어져 있다고 여기는 투표권과 같은 것이라 말한다. 남성이 다수성인 것은 권리나 권력이 이미 주어져 있는 것과 같은 것으로 전제되어 있기 때문이다. 남성의 다수성은 되기를 하기 전에 주체에게 주어져 있는 것으로 생성을 필요로 하지 않는다. 생성하지 않아도 이미 가지고 있는 것이다. 즉 주체가 가지고 있다고 전제된 것이 남성의 다수성이다.

들뢰즈와 과타리는 다수성의 상태와 표준의 예를 남성-어른-백인-인간으로 제시한다. 이 예는 인간·성인·백인·남성은 주체에게 이미 내재되어 있는 것, 전제되어 있는 것이라는 의미를 갖는다. 이들은 지배 상태를 형성하고 있고, 두루 통용되는 기준으로 이미 주체에게 주어져 있는 것이다. 주체가 되기를 실행하기 위한 조건으로 주어져 있는 것이다. 그렇기에 이들 특성은 다수성이면서 몰성이다. 주체가 되기를 실행하기 위해서는 다수성인 몰성을 지님을 조건으로 한다. 다른 말로 주체가 다수성·몰성을 가지고 있지 않다면, 다수성·몰성을 조건으로 하지 않는다면 되기의 실행은 일어나지 않는다. 그렇기에 주체는 이미 조건으로 주어져 있는 다수성·몰성을 굳이 생성할 필요가 없는 것이다.

다수성은 표준적인 것이고 일반적인 것으로 주체들에게 공통적, 전체적, 동일적인 특성이다. 그렇기에 다수성에는 개체성이 없다. 개체성은 소수자에게만 있다. 그래서 남성인 다수성을 지닌 주체는 소수성을 필요로 한다. 소수성이 주체를 주체일 수 있게 하는 특성이기 때문이다. 주체를 소수성을 가진 고유한 주체로 만들어 주는 것이 되기이다. 주체는 자기를 고유한 주체로 만들어 주는 무엇과도 결연할 수 있다. 주체는 고유한 주체이기를 언제나 원한다. '나'는 언제나 '고유한 나'이기를 갈망한다. 그렇기에 주체는 되기를 실행하게 된다. 이 주체의 되기 실행에는 제한도, 한계도 없다.

나. 생성의 소수성

되기는 소수성의 생성이다. 주체가 자기를 소수자로 만드는 일이다. 되기는 주체가 소수자의 특성을 생성할 때 일어난다. 주체가 소수자의 특성을 내적으로 생성하는 일이다. 주체가 소수자의 특성을 자기 내에서 생성함으로써 되기를 실행하게 된다. 소수자의 특성을 생성하는 것은 소수자로서의 역량을 갖추는 것이 된다. 소수자의 특성을 역량으로 지닌 주체는 소수자로 탈영토화된다. 탈영토화는 영토를 벗어나거나 영토를 바꿈을 뜻한다. 탈영토화는 주체가 고유한 주체가 됨을 지시한다. 탈영토화는 공통적이고 전체적인 특성을 가진 주체가 개체성을 갖게 되는 것이다. 다수성에서 탈주해 소수성을 지니게 된 것이다. 자기성을 찾아 가지게 된 것이다.

주체가 되기를 실행하는 일에는 소수자가 필요하다. 주체가 홀로 또는 스스로 되기를 실행하는 일은 일어나지 않는다. 주체의 되기는 소수성을 지닌 대상이 있어야 한다. 주체의 되기의 대상은 남성-어른-백인-인간만 아니면 된다. 즉 소수성을 지닌 대상은 무엇이든 된다. 다수성에서는 남성-어른-백인-인간이 필요충분조건이지만, 소수성에서는 필요조건이나 충분조건이 아닌 것이면 모두 성립한다. 남성이 아닌 것, 어른이 아닌 것, 백인이 아닌 것, 인간이 아닌 것은 모두 소수성의 대상이 된다. 그렇기에 소수성을 지닌 대상은 제한되지 않는다. 소수자는 남자, 여성, 아이, 동물, 식물, 광물, 미생물, 바이러스, 강렬함, 지각 불가능함 등 그 한계가 없다. 주체는 이들 소수자와 결연하여 되기를 실행한다. 주체의 되기 실행은 소수자에 따라 달라진다.

되기의 실행에는 한계가 없고, 경계가 없다. 주체는 무엇으로든 소수자에 따라 되기를 실행하여 자기를 생성해 가질 수 있다.

> 바로 이런 의미에서 여성, 아이 그리고 동물, 식물, 분자는 소수파이다. 아마도 남성-기준과 관련한 여성의 특별한 위치가 소수파 그 자체인 모든 생성이 여성-되기를 통과하도록 만드는 것 같다. 그렇지만 생성이나 과정으로서의 '소수'와 집합이나 상태로서의 '소수성'을 혼동해서는 안 된다. 가령 유대인, 집시 등은 특정한 조건에서는 소수자를 형성할 수도 있다. 하지만 그것은 아직 소수자를 생성하게 하기에 충분하지 않다. 상태로서의 소수성 위에서 우리는 재영토화되거나 재영토화되게 하기 때문이다. 하지만 생성 속에서는 탈영토화된다. 블랙 팬더 활동가들이 말했듯이, 흑인들조차 흑인이 되어야 한다. 여성들조차 여성이 되어야 한다. 유대인들조차 유대인이 되어야 한다(상태로는 충분치 않다는 건 틀림없다). 하지만 그렇게 하면 유대인-되기는 필연적으로 유대인뿐만 아니라 비유대인들도 변용시킨다.…… 여성-되기는 필연적으로 여성뿐만 아니라 남성도 변용시킨다. 어떤 의미에서 생성의 주체는 언제나 '남성'이다. 하지만 그를 다수자의 동일성에서 떼어내는 소수자-되기 속으로 들어가는 경우에만 그는 그런 [생성의] 주체이다. (김재인 역, 2003: 551)

주체의 되기는 소수성을 대상으로 한다. 주체의 되기 실행은 소수파와 함께한다. 들뢰즈와 과타리는 '남성-기준'과 관련하여 여성의 특별한 위치가 소수파를 이루게 한다고 말한다. 그러면서 모든 생성은 소수파 그 자체로서 여성-되기의 조건을 가진다고 말한다. 그렇다면 여성은 무엇을 말하는가? 여성과 소수자는 어떤 공통점을 갖는가? 들뢰즈와 과타리는 여성이 소수성을 지닌 근거로 '생성이나 과정'을 제시한다. 그러면서 '집합이나 상태'로서의 소수성도 언급한다. '생성이나 과정'과 관련해서 보면, 흑인도 흑인-되기를 해야 하고, 유대인도 유대인-되기를 해야 한다. 물론 여성도 여성-되기를 해야 한다. 이는 흑인-되기, 유대인-되기, 여성-되기가 흑인, 유대인, 여성에게 한정되는 것이 아니라 모든 주체와 관련된 것이다. 어떤 인종의 주체이든 흑인-되기를, 어떤 민족의 주체이든 유대인-되기를, 어떤 남성의 주체이든 여성-되기를 해야 한다는 것이다.

여성이 소수성인 근거는 '집합이나 상태'도 있다. 집합이나 상태에 있는 소수성은 특정 조건에서는 소수자일 수 있다. 수적으로 적은 집합의 구성원을 지닌 소수성, 특정 지역이나 특정 활동을 하는 소수성, 특정 의식 상태에 있는 소수성은 특정 조건에 따른 소수성일 따름이다. 이들 집합이나 상태에 따른 소수성도 되기를 실행할 수 있게 한다. 그렇지만 이들 집합이나 상태에 따른 되기의 실행은 주체에게 탈영토화를 제공하지 못한다. 주체가 몰적 자기를 벗어나 분자적 자기가 되게 하는데 또는 끊임없이 반복되는 자기를 생성하는 데 기여하지 못한다. 유대인 집합의 수를 늘리는 것, 특정 지역에서 특정 활동을 하는 사람의 수, 특정 의식 상태에 있는 소수자의 수를 늘리는 것에 기여할 뿐이다. 이는 탈영토화가 없는 재영토화이다. 이 재영토화는 주체를 생성으로 이끌지 못한다.

들뢰즈와 과타리는 생성의 주체가 언제나 '남성'이라고 말한다. 물론 조건이 있다. 남성이 동일성에서 떨어져 나와서 소수자-되기로 들어가는 경우이다. 여기서 남성은 '남자'가 아니다. 다수성 또는 몰성을 가진 주체를 의미한다. 이 남성 주체에는 여자, 남자, 흑인, 유대인 등이 모두 포함된다. 다수성이나 몰성에 기초를 둔 주체는 공통성, 전체성, 동일성에 얽매여 있기에 개체성이 없다. 이 남성 주체는 자기를 찾고 갖기 위한 자기 생성이 필요하다. 자기를 찾고 가져야 하는 주체는 그 누구이든 모두가 남성이다. 이 남성의 주체는 탈영토화로 자기를 생성해야 한다. 그래서 자기를 가져야 한다. 그렇기에 되기를 필요로 하는 주체는 모두가 남성이다. 남성인 주체는 되기의 실행을 언제나 원한다.

소수성은 개체적인 것이고 독특한 것으로 주체에게 고유하고 특별한 특성이다. 그렇기에 주체가 고유한 주체일 수 있게 한다. 주체의 소수자-되기는 주체의 개체성과 특별성을 생성하게 한다. 주체가 고유한 주체로서 존재할 수 있게 한다. 주체에게는 소수성의 생성이 절대적으로 필요하다. 주체가 소수자와의 결연을 통한 소수자-되기로 주체만의 독특성을 가질 수 있게 하기 때문이다. 주체가 고유한 주체가 될 수 있기 위해서는 소수성을 생성해 가져야만 한다. 주체가 생성할 수 있는 소수성은 제한되거나 한정되지 않는다. 그렇기에 주체만의 고유성을 지닌 자기 생성을 가능하게 한다. 주체는 소수자-되기로 갈망하는 '진정(고유)한 나'를 생성하고 가질 수 있다. 주체의 '진정한 나'는 결연하는 소수자에 따라, 결연할 때마다 생성할 수 있다. 주체의 '진정한 나'는 나를 드러냄으로써 남과 공존할 수 있게 된다.

다. 결연의 블록

되기에는 결연의 블록이 내재한다. 결연은 이질적인 두 항이 접속하여 관계를 맺는 것이다. 서로 다른 주체와 대상이 연결접속하여 블록을 형성하는 것이다. 블록은 접속한 두 항(주체와 대상)이 결합하여 이전과는 다른 새로운 하나를 생성하는 것이다. 주체의 특정 요소와 대상의 특정 특성이 결합하여 하나의 특정 속성을 생성하는 것이다. 되기는 두 항이 결연의 블록으로 하나를 생성하는 것이다. 여성-되기는 주체와 여성의 접속으로 주체의 요소와 여성성이 블록을 형성하여 여성성을 생성하는 것이다. 한용운의 시[3]를

3　당신이 아니더면 포시럽고 매끄럽던 얼굴이 왜 주름살이 접혀요./ 당신이 기룹지만 않다면 언제까지라도 나는 늙지 아니할 테여요./ 맨 첨에 당신에게 안기던 그때대로 있을 테여요.// 그러나 늙고 병들고 죽기까지라도/ 당신 때문이라면 나는 싫지 않아요./ 나에게 생명을 주

보면, 시인의 여성-되기를 이해할 수 있다. 한용운은 여성의 감성을 생성하여 여성의 감성으로 시를 썼다. 한용운의 시작(詩作) 요소가 여성의 감성과 블록을 형성한 것이다. 주체 한용운이 여성과 결연하여 여성-되기를 실행한 것이다. 이처럼 되기는 결연의 블록으로 이루어진다.

결연의 블록은 저절로 이루어지는 것이 아니다. 주체와 대상이 접속하여 주체 요소와 대상의 특성이 결합하여 블록을 이루기 위해서는 조건이 있어야 한다. 주체와 대상의 접속은 조건에 맞아야 되기를 실행할 수 있다. 그렇지 않다면 되기의 실행은 여성-되기와 같은 특정한 양상으로 드러나지 않을 것이다. 접속하는 모든 대상과 되기를 실행하게 되면 특별히 주목해야 할 가치가 존재하지 않게 된다. 그런데 되기는 특별한 주목을 받는다. 주목해야 할 만큼의 가치를 지니고 있기 때문이다. 즉 결연의 블록은 특정 조건에 맞아야만 하고, 그 결과인 생성은 가치를 지닌 것이어야 한다.

유대인 자신이 유대인이 되고, 여성은 여성으로, 아이는 아이로, 흑인은 흑인으로 되는 것은 단지 소수성만이 생성의 능동적인 매체로 기능할 수 있게 되는 한에서, 그리고 소수성이 다수성과 관련해서 정의될 수 있는 집합이기를 그치는 한에서일 뿐이다. 따라서 유대인-되기, 여성-되기 등은 이중의 운동이 동시에 일어나는 것을 내포하는데, 그중 한 운동을 통해 하나의 항(주체)이 다수성에서 벗어나며, 다른 운동을 통해 하나의 항(매개 또는 인자[agent])이 소수성에서 빠져나온다. 분리 불가능하며 비대칭적인 생성의 블록, 즉 결연의 블록이 존재한다. (김재인 역, 2003: 551-552)

든지 죽음을 주든지 당신의 뜻대로만 하셔요./ 나는 곧 당신이어요.(한용운, <당신이 아니더면> 전문)

결연의 블록은 되기를 실행하게 한다. 되기는 결연의 블록으로 이루어진다. 결연의 블록에서 중요한 것은 '블록'이다. 주체와 대상이 접속하여 결연 관계를 이루었다고 해도, 블록 형성이 이루어지지 않으면 되기가 성립하지 않는다. 되기의 실행에 블록 형성이 중요성을 갖는다. 되기의 조건은 블록 형성과 관계된 것이다. 블록 형성의 조건이 맞아야 되기가 실행된다. 들뢰즈와 과타리는 블록 형성의 조건도 두 가지로 구분하고 있다. 첫째는 소수성이 생성의 '능동적 매개(매체) 기능'을 해야 한다는 것이다. 이것은 소수성이 다수성과의 관계에서 집합체로 규정되지 않는 경우이다. 소수성은 다수성의 보편적, 전체적, 동일적인 특성과 대비되는 개체성, 독특성, 특별성을 드러내는 것이다. 이 소수성은 주체의 요소와 상이함으로써 블록 형성의 조건이 된다.

둘째는 '이중의 운동'이다. 블록은 어느 한쪽만의 작용으로 형성되지 않는다. 주체와 대상이 서로 운동해야 블록을 형성할 수 있다. 주체와 대상이 서로 운동한다는 것은 각기 활동하는 작용이 있어야 함을 가리킨다. 이중의 운동은 주체 쪽에서는 다수성에서 벗어나는 것이고, 대상 쪽에서는 소수성의 인자(agent)를 방출해야 한다는 것이다. 주체가 다수성에서 벗어나는 것은 자기의 고유성을 발현하는 작용이고, 대상이 소수성의 인자를 방출함은 그 특성을 드러내는 것이다. 주체와 대상의 접속에서 발현된 주체의 요소가 방출된 대상의 특성과 결연하면 블록이 형성된다. 이 블록의 형성으로 독자는 되기를 실행할 수 있게 된다.

들뢰즈와 과타리는 결연의 블록은 분리 불가능하고, 비대칭적인 생성의 블록이라고 말한다. 이는 되기로 생성을 이루고 있는 블록은 하나의 속성을 가지게 됨을 뜻한다. 분리 불가능은 주체의 요소와 대상의 특성이 블록을 이루어 생성한 하나의 속성에서는 각자의 특성을 구분할 수 없음을 뜻한다. 블록 안에서는 주체의 요소와 대상의 특성이 개별성을 잃고 하나가 될 뿐이다. 여성-되기, 아이-되기, 유대인-되기, 흑인-되기가 실행되었을 때, 여성·아이·유대인·흑인-되기를 한 주체는 여성·아이·유대인·흑인의 속성과 분리되지 않는다. 대상의 속성이 주체 안에 생성되어 내재한다. 그리고 비대칭적인 생성은 주체가 일방적으로 되기를 실행하여 생성을 이룸을 의미한다. 주체의 요소와 대상의 속성이 블록을 형성하지만, 주체 주도로 생성이 이루어진다.

결연의 블록은 주체가 소수성을 지닌 대상의 특성을 생성하는 수단이다. 주체의 요소와 대상의 특성이 주체 내에서 연결접속하는 일이다. 그래서 주체가 대상의 소수성을 생성해 가지는 것이다. 블록의 형성은 주체 내에 대상의 소수성이 생성되어, 주체가 소수자가 되도록 만든다. 주체는 소수성의 블록으로 소수자가 된다. 자기만의 고유성을 생성해 지닌 존재가 된다. 블록은 주체를 소수성을 지닌 소수자로 만든다. 결연의 블록은 몰적 주체가 분자적 주체로, 다수성의 주체가 소수성의 주체로 생성되게 한다.

라. 탈영토화의 매개

되기는 주체의 탈영토화이다. 주체가 자기를 생성하는 일은 탈영토화의 일이다. 되기는 주체가 현재의 영토에서 탈주하는 일이고, 탈영토화를 하게 한다. 주체는 다수성에서 탈주하여 소수성으로 탈영토화한다. 다수자의 보편성에서 벗어나 소수자의 고유성을 생성하는 것이다. 탈영토화는 주체가 고유성, 독특성을 획득함으로써 이루어진다. 주체는 자기를 자각하고, 자기를 밝혀 가지게 됨으로써 탈영토화를 이룰 수 있다. 이는 자기를 벗어나는 일이다. 자기를 벗어남은 소수성을 자각하기 이전의 몰적 자기를 벗어나는 것이다. 다수성에 갇혀 있는 자기를 소수성의 자기로 탈주하는 일이다. 주체는 소수성을 자각하기 전에는 이미 주어져 있는 다수성에 갇혀 있다. 이에서 벗어나는 일이 주체의 탈영토화이다.

주체의 탈영토화를 가능하게 하는 것은 소수성이다. 소수성을 인식하거나 자각하지 못한 주체는 탈영토화할 수 없다. 주체의 탈영토화 조건이 소수성의 자각인 것이다. 소수성은 소수자에게서 비롯된다. 소수성은 소수자의 상태가 아니라 소수자의 특성이다. 소수성은 다수성의 일반성, 공통성, 동일성, 평범성, 보편성 등과 대립하는 독특성, 개체성, 차이성, 독특성, 고유성이다. 이 소수성을 소수자에게서 인식하거나 스스로 자각했을 때 탈영토화가 이루어질 수 있다. 소수성은 주체가 다수성을 빠져나와 자각할 수 있게 한다. 소수자의 소수성을 자각한 주체만이 탈주한다. 주체가 탈영토화를 하기 위해서는 소수자의 소수성을 자각하기 위한 노력이 필요하다. 여성-되기, 아이-되기, 동물-되기, 분자-되기, 지각 불가능하게-되기 등은 모두 주체의 의지적 노력을 통해 실현된다.

> 여성은 여성-되기를 해야만 한다. 하지만 전 남성의 여성-되기 속에서 그래야 한다. 유대인은 유대인이 되지만, 비유대인의 유대인-되기 속에서 그래야 한다. 소수자-되기는 자신의 요소들인 탈영토화된 매체와 주체를 통해서만 존재한다. 생성의 주체는 다수성의 탈영토화된 변수로서만 존재하며, 생성의 매체는 소수성의 탈영토화하는 변수로서만 존재한다. 우리를 하나의 생성으로 몰아가는 것은 그 어떤 것일 수도 있다. 전혀 예기치 못한 것일 수도 있고, 전혀 중요하지 않은 것일 수도 있다. 점점 커져서 당신들을 사로잡아버리는 작은 디테일 없이는 당신들은 다수성에서 이탈하지 못한다. (김재인 역, 2003: 552)

소수자의 소수성은 고유성이다. '고유'는 '본래부터 가지고 있는 특유한 것'이고, '특유'는 '일정한 사물만이 특별히 갖추고 있음'(표준국어대사전)이다. '고유성'은 '일정한 사물이 본래부터 가지고 있는 특유한 속성'이라고 할 수 있다.[4] 소수성은 '소수자가 본래부터 가지고 있는 특유한 속성'이다.

여성의 여성-되기가 모든 남성의 여성-되기 속에서 그래야 한다는 것, 유대인의 유대인-되기가 비유대인의 유대인-되기에서 그래야 한다는 것은 이 소수성과 관련된다. 소수성이 예외적이고 비정상적이고, 기괴한 것을 지시하는 것이 아니다. 본래부터 가지고 있는 것이지만 다수성에 의하여 억압되고, 소외되고, 제외되어, 방치되어 있던 것이다. 그러면서 특별하고 소중하고 가치 있는 것이다. 소수성은 소수자의 고유성이다.

주체의 소수자-되기는 주체의 요소와 소수자의 특성이 지닌 탈영토화 변수를 통해서만 가능하다. 들뢰즈와 과타리는 소수자-되기에서 되기의 주체는 다수성의 탈영토화된 변수로 존재한다고 말한다. 되기의 주체는 변수로서 탈영토화를 하는데, 그 탈영토화는 다수성에서 일어난다. 주체의 자기 생성은 다수성에서 벗어나 소수성으로 탈영토화해야 가능하다는 것이다. 공통적이고 보편적인 다수성 속에서 주체는 변수로서의 자기를 잊고 있다. 그러던 주체가 소수자-되기를 실행하여 개체적이고 고유한 소수성을 생성하기 위해서는 탈영토화된 변수인 자기를 찾아야 한다. 탈영토화된 변수는 다수성에 속한 자기를 자각하고, 자기의 고유성을 밝혀 인식함으로써 자기를 찾았음을 함의한다. 소수자-되기의 주체는 자기의 고유성의 자각에서 시작된다.

주체의 소수자-되기에 호응하는 것이 소수자가 지닌 생성의 매개체이다. 주체는 소수자의 특성을 매개로 소수자-되기를 실행할 수 있다. 들뢰즈와 과타리는 생성의 매개체는 소수성의 탈영토화하는 변수로서만 존재한다고 말한다. 주체의 소수성 생성은 소수자의 변수인 소수자 특성이 매개체로 존재해야 한다는 것이다. 주체의 소수자-되기는 소수자의 특성이 매개로 작용하여 일어난다는 것이다. 주체의 소수자-되기는 소수자의 특성을 주체 내

---

4   소수자의 본래성과 다수자의 보편성은 그 기원이 다르다. 소수자의 본래성은 주체 자신에게서 비롯된 것, 생성된 것이지만 다수자의 보편성은 외부에서 주어진 것, 사회적, 역사적인 것이다. 그래서 다수자의 보편성은 이미 주어져 있는 것, 기존의 것이다.

부에서 생성하는 것이다. 소수자의 특성이 주체에게 전달되거나 전이되는 것이 아니라 주체가 생성하는 것이다. 이 생성이 일어나도록 돕는 것이 소수자의 특성이다. 결국 주체의 소수자-되기는 소수자의 특성을 매개로 하여 주체가 소수성을 생성하는 것이다.

주체는 이 소수성을 생성함으로써 다수성에서 이탈할 수 있다. 주체가 소수성을 지각했다고 하여 바로 소수자-되기가 실현되는 것은 아니다. 주체가 소수자의 특성을 매개로 자기 생성을 이루어야 소수자-되기가 실현된다. 들뢰즈와 괴타리는 이 주체의 소수자-되기는 그 어떤 것일 수 있다고 말한다. 예기치 않은 것일 수도 있고, 중요하지 않은 것일 수도 있다는 것이다. 그렇지만 예기치 않은 것, 작은 것들이 점점 커져서 주체를 사로잡는 디테일이 있을 때 주체는 다수성에서 이탈하여 소수성을 생성해 가질 수 있다. 주체의 소수성의 생성이 어느 순간 갑자기 일어나는 것이 아니라 부분적이고, 점진적으로 세밀한 실행을 통해 이루어지는 것이다. 주체가 소수성의 특성을 자기 내에서 생성하는 소수자-되기는 점진적으로 정교한 실행을 필요로 한다.

마. 능동의 미시정치

되기는 미시정치의 일이다. 거시정치가 다수성과 관련된다면 미시정치는 소수성과 관련된다.[5] 정치는 집단이나 개인, 전체와 부분(절편), 다수와 소수,

---

5 이러한 개념(미시정치 관련)들은 『천 개의 고원』에 이르면 더 구체화되어 사회 속의 국가와 개인의 관계를 설명하는 데 쓰인다. 특히 이 가운데에서 들뢰즈와 과타리는 '절편성'과 고유한 영토에 대한 영토화, 탈영토화의 선으로 연결되는 '도주선'의 개념을 설명한다. 미시정치의 관점에서 볼 때 사회는 도주선들에 의해 규정되는데, 이 도주선들은 분자적인 것이다. 항상 무엇인가가 흐르거나 도주하고 있다.(MP, 412) 이들이 민속학자들에게서 발굴한 원시적 절편성 개념은 현대적으로는 좀 더 다르게 적용된다. 즉 원래의 절편성은 유연한 특성을 갖는데 현대에 와서는 좀 더 견고한 절편성(MP, 400)으로 바뀐다. 우리가 흔히

지배와 독립 등 권력의 획득, 유지, 행사와 관련된다. 미시정치는 분자적이며, 소수적이고, 개체적인 것과 관련된다. 전체에서 분리된 절편, 몰에서 탈주한 분자, 다수성과 대립하는 소수성, 언표행위 주체의 대상인 언표 주체, 지배하는 기표와 지배되는 기의의 관계 등에 미시정치가 관여한다. 전체와 절편, 몰과 분자, 다수성과 소수성에는 개별성의 힘이 관여하지만, 음성언어와 문자언어, 언표행위 주체와 언표 주체, 기표와 기의에는 언어 권력성이 관여한다. 특히 소수자-되기에는 능동적인 미시정치가 관여한다.

주체의 소수자-되기는 정치적인 일이다. 다수성의 지배적인 정치권력과 맞서는 일이다. 권력에 순응하는 일은 수동적으로 부지불식간에 이루어진다. 그렇지만 권력에 맞서는 일은 자발적이고 의지적인 일이다. 권력에 맞서는 일은 주체의 모든 것을 동원해야 하는 일이고, 적극적인 일이다. 그렇다고 소수자-되기가 사회를 변혁시키고 세상을 바꾸기 위한 것은 아니다. 주체의 소수자-되기는 자기를 변혁하는 일에 국한된다. 미시정치 중의 미시정치이다. 거시정치에 대립은 하지만 거시정치를 부정하거나 거부하기 위함이 아니다. 거시정치와는 다른, 자기를 찾는 것, 자기의 고유성을 발현하는 것, 자기 과업에 충실할 수 있는 권력을 위한 정치이다. 그렇기에 주체의 소수자-되기에는 자기 생성을 위한 미시정치의 힘이 관여한다.

미국의 중산층인 『초점』의 주인공은 코를 대강 유대인의 풍으로 보이게 하는 안경을 필요로 해서, 즉 '안경 때문에' 비유대인의 유대인-되기라는 이 이상한 모험에 내몰리게 된다. 그 무엇이든 이 일을 할 수 있지만, 이 일은 정치적인

절편성과 중앙 집중을 대립적으로 파악할 수도 있지만, 오히려 들뢰즈, 과타리는 절편성의 유연함과 견고성을 갖고서 사회(국가) 속에서의 개인의 위치를 설명한다. 이러한 측면을 들뢰즈, 과타리는 그램분자적 절편성, 분자적 절편성과 연결시켜, 사회에서 작동되고 있는 거시정치, 미시정치의 양상을 그린다.(연효숙, 2020: 145)

일로 밝혀진다. 소수자-되기는 정치적인 일이며, 역량의 작업 전체에, 능동적인 미시정치학에 호소한다. 이것은 거시-정치학, 그리고 심지어 <역사>의 반대이다. 사실 거기서 문제가 되는 것은 어떻게 다수성을 정복하고 수중에 넣을지를 아는 것이다. 포그너의 말대로 파시스트가 되지 않으려면 흑인 되기 외에 다른 선택은 없었다. (김재인 역, 2003: 552)

되기의 실행은 정치적일 수 있다. 예로, 미국의 아서 밀러(Arthur Miller, 1915~2005)의 소설 <초점(Focus)>(1945)에 나오는 주인공(Newman)은 대기업의 인사 담당자이다. 그는 몇 명의 완고한 주위 사람들에게 외형적으로 유대인처럼 보이기를 원한다. 그는 유대인처럼 보이게 하는 안경을 얻게 되면서 유대인-되기를 실현하게 된다. 뉴만(Newman)은 유대인-되기로 주변 사람들에게 유대인으로 받아들여진다. 뉴만의 유대인-되기는 직장 내에서는 원하는 부서로 가지 못해 일을 그만두게 되지만, 유대인과 관련된 새 직장을 얻게 된다. 이러한 뉴만의 유대인-되기는 사회적 권력이 작용한 정치적인 일이다. 이 뉴만의 유대인-되기는 거시적인 정치이기보다는 개인의 자기 생성과 관련된 미시정치의 일이다.

소수자-되기는 미시정치의 일이다. 뉴만과 같이 비유대인의 유대인-되기는 주체가 다수성에서 벗어나 소수성을 생성해야 하는 일이다. 주체가 자신을 생성해야 하는 것이다. 자기 내에서 다수성과 소수성의 권력 경쟁이 있고, 소수성을 선택해 자기를 생성하는 것이 미시정치의 일이다. 다수성을 옹호해 그 자리에 머물면 자기를 잃게 되어, 자기를 지켜낼 수 없게 된다. 그렇기에 주체는 자기를 선택하고, 지지하는 소수자-되기를 실현해야 한다. 이때 주체는 무엇이든 할 수 있게 되고, 정치적인 일이다. 그래서 모든 역량을 동원하여 능동적으로 소수자-되기를 실행하게 된다.

주체의 수소자-되기에는 다른 선택이 없다. 소수자-되기를 하지 않으면 다수성에 머물러야 하기 때문이다. 소수성을 자각했는데 다수성에 머물 수는 없다. 다수성에 머물던 주체가 자기의 고유성에 대한 자각을 한 경우, 다수성의 상태에 머물 수 없다. 주체는 자신의 고유성을 생성해 갖추어야만 한다. 들뢰즈와 과타리를 이를 포크너의 말로 언급한다. 미국의 남북전쟁 후에 남부의 백인들은, 독일의 나치 시대의 나치냐 유대인이냐를 선택하는 것과 같은 처지라는 것이다. 소수자-되기는 필연적이고 비껴갈 수 없음을 뜻한다.

바. 공존의 블록

주체의 소수자-되기는 공존을 지향한다. 공존은 두 가지 이상의 서로 다른 사물이나 현상이 서로 도우며 함께 존재하는 것이다. 소수자-되기는 모두가 서로 다른 주체가 되는 것이다. 모든 주체는 자기만의 고유성을 드러내는 개체성을 갖는다. 즉 소수자-되기는 각 주체가 특개성을 포착하는 지각 불가능하게-되기를 실현하는 것이다. 그렇기에 모든 주체는 각자의 개체성을 드러낸다. 다수성을 지닌 주체는 개체성을 드러내지 못한다. 모든 주체가 동일성과 보편성을 지향하기 때문이다. 다수성 속에 갇힌 주체는 고유성을 내세울 수 없기에 개체성을 갖지 못한다. 다른 말로 자기를 생성하지 못한다. 동일성을 지향하기에 자기를 생성할 수 없다. 다수성에는 공존에 필요한 서로의 다름이 존재하지 않는다. 공존을 위해서는 주체에게 개체성이 있어야 한다.

공존과 관련하여 들뢰즈와 과타리는 <역사>를 이야기한다. 역사는 과거와 미래를 연결하는 것으로서 다수성을 유지하게 하는 도구가 된다. 역사는 과거에서 뿌리를 찾게 하고, 그 뿌리를 지닌 주체가 되어 미래를 계획하게 한다. 그렇기에 역사에 얽매인 주체는 역사 속에서 자기를 잃어버린다. 역사는 다수성의 보편성을 강조하기에 주체는 개체성을 드러낼 수 없게 되는 것이다. 주체의 소수자-되기는 다수성의 보편성을 탈주하는 일이다. 주체에게 역사는 탈주해야 할 대상이고, 주체는 역사를 바탕으로 자기 생성을 이루어야 한다.

역사와 달리 생성은 과거와 미래라는 관점에서 사고되지 않는다. 혁명적인 것-되기는 혁명의 미래와 과거 문제에는 관심이 없다. 혁명적인 것은 미래와 과거의 틈 사이를 통과한다. 모든 되기는 공존의 블록이다. 이른바 역사 없는 사회는 역사의 밖에 위치한다. 불변의 모델을 재생산하거나 고정된 구조에 의해 지배되는 것에 만족하기 때문이 아니라 역사 없는 사회 자체가 생성의 사회(전쟁 결사, 비밀 결사 등)이기 때문이다. 역사에는 다수성의 역사나 다수성과의 관계에 따라 규정되는 소수성의 역사밖에 없다. 그러나 '어떻게 하면 다수성을 획득할 수 있을까?'하는 문제는 지각할 수 없는 것의 진행과 비교한다면 완전히 이차적인 문제에 지나지 않는다. (김재인 역, 2003: 552-553)

주체의 소수자-되기는 그래서 혁명적인 것-되기이다. 역사에 얽매이지 않고, 과거와 미래에 종속되지 않기 때문이다. 소수자-되기는 어디에도 얽매이지 않고 탈주를 실행하는 것이기에 혁명적인 것-되기이다. 들뢰즈와 과타리는 혁명적인 것은 미래와 과거의 틈 사이를 통과하는 것이라 말한다. 미래와 과거를 떨쳐버리고 주체의 고유성을 생성해야 함을 강조하는 말이다. 과거와 미래에 얽매인 주체는 소수성보다는 다수성을 찾게 된다. 다른 말로 하면, 자기의 고유성을 버리고 보편성을 추구하게 되는 것이다. 혁명적인 것-되기는 다수성의 보편성 속에 있는 틈을 통해 소수성의 개체성을 생성하는 일이다.

주체의 혁명적인 것-되기는 공존의 토대이다. 들뢰즈와 과타리는 '모든 되기는 공존의 블록이다'라고 말한다. 주체가 되기를 실현하는 일은 모든 주체가 공존할 수 있게 한다. 또한 들뢰즈와 과타리는 '역사 없는 사회는 역사의 밖에 위치한다'고 말한다. 다수성에서 벗어난 주체는 소수성을 지닌다. 역사의 동일성이나 보편성을 벗어나 있다. 주체가 이루는 사회는 역사 없는 사회이고, 역사의 밖에 위치한다. 역사가 없는 사회는 주체들이 자기 생성으로 고유성을 간직하게 한다. 주체들이 공존의 블록을 이루어 존재하는 사회이다.

역사는 다수성의 특성이다. 주체는 다수성에서 소수성을 갖는 지각 불가능 하게-되기를 실현한다. 지각 불가능하게-되기를 실현함으로써 세상 모든 사람 되기인 공존이 가능해진다. 이 가능성의 토대는 언제나 다수성이다. 이 다수성은 역사를 가지고 있고, 주체를 포획하고 가두려 한다. 들뢰즈와 과타리는 이에 대해 다음과 같이 말한다. '역사에는 다수성의 역사나 다수성과의 관계에 따라 규정되는 소수성의 역사밖에 없다.' 주체가 지각 불가능하게-되기로 다른 주체와 공존을 실현해야 하지만 이의 토대는 다수성의 역사이다. 그렇다고 다수성의 역사에만 얽매이는 것은 소중한 자기를 잃고 공존할 수 없게 한다. 주체는 다수성의 역사에 갇힌 자기를 자각하고 소수성을 생성해야 한다.

3. 생성적 읽기 교육의 구조

주체의 다수성과 소수성의 생성은 구조적이다. 생성에는 요소들과 요소 간의 유기적 관계가 작용한다. 생성에 관여하는 요소들이 어떤 관계를 이루는가가 다수성과 소수성을 결정한다. 주체가 다수자가 되느냐 소수자가 되느냐는 생성에 관여하는 요소와 그 관계가 결정한다. 들뢰즈와 과타리는 생성에 관여하는 요소를 '중심점' 또는 '제3의 눈'과 '선'으로 규정한다. 이 중심점 또는 제3의 눈과 선의 관계가 다수성과 소수성을 생성한다고 본다. 주체가 되기로 자기를 생성하는 구조를 살펴보자.

가. 점과 선

천만리 머나먼 길에 고운 임 여의옵고

내 마음 둘 데 없어 냇가에 앉아이다

저 물도 내 안 같도다 울어 밤길 예놋다[6]

(왕방연, <천만리 머나먼 길에> 전문)

위의 시조는 먼 곳으로 임을 떠나보낸 시적 화자의 애틋한 심정을 담고 있다. 위의 시조를 읽는 독자는 그 마음에 공감한다. 그러면서 역사적 배경을 알게 되면, 화자의 마음에 더욱 공명한다. 위의 시조는 조선시대, 세조 집권 초기(1457년)의 금부도사인 왕방연이 단종을 유배지인 영월 청령포에 모셔놓고, 귀경하면서 그 마음을 표현한 것이다. 역사적 배경에서 보면, 윗 시조의 의미는 분명하게 드러난다. 시조의 배경을 안 독자는 누구나 같은 의미로 이해한다.

독자가 위의 시조를 위와 같이 이해하는 이유는 무엇일까? 시조의 배경에 존재하는 인물들과 사건이 있기 때문이다. 인물과 사건은 위의 시조 바깥에 존재하면서 독자가 시조를 이해하는 데 절대적인 영향력을 행사한다. 역사적 인물과 사건은 회자되는 이야기를 통해, 학교 학습을 통해 독자에게 전달된 것이다. 독자는 시조의 내용을 역사적 사건과 연결하여 이해한다. 들뢰즈와 과타리는 윗 시조의 역사적 사건과 같이 독자의 텍스트 이해에 중요하게 영향을 주는 것을 '얼굴성'이라고 한다.[7] 특히 위의 시조와 같이 독자들이 동일하게 이해하게 하는 얼굴성은 '정면성'이다. 이런 얼굴은 독자의 텍스트

---

6   이 시조의 표기는 박인과(2018: 151)를 참조했다. 이 시조에 대한 박재민(2023)의 연구에 따르면 왕방연의 작품이 아닐 수 있다.

7   텍스트 이해와 관련된 '얼굴성'에 대한 논의는 김도남(2023)을 참조할 수 있다.

이해가 다수성을 생성하게 한다. 윗 시조에 대한 이해 다수성은 모든 독자에게 표준으로 작용한다. 이 표준을 따르는 독자는 자기를 소멸하는 이해를 하게 된다. 자기 소멸적 이해는 '되기'가 아니다.

이를 다른 방식으로 말해보자. 남성-되기는 존재하지 않는다. 남성은 그램분자적 존재물인 반면, 생성들은 분자적이기 때문이다. 얼굴성의 기능은, 남성이 어떤 형식으로 다수성 또는 다수성을 구성하는 표준(즉, 백인, 남성, 어른, '이성적임' 등 요컨대 평균적인 유럽인, 언표행위의 주체)을 구성하는지를 우리에게 보여주었다. 나무형의 법칙에 따르면, 바로 이 <중심점>이 전 공간 또는 전 스크린에서 이동하며, 어떤 얼굴성의 특질을 띠느냐에 따라 매번 변별적 대립을 키워간다. 가령 남성-(여성), 어른-(아이), 백인-(흑인, 황인 또는 홍인), 이성적-(동물적) 등이 그것이다. 따라서 중심점 또는 제3의 눈은 이원적 기계들 속에서 이항적 분배들을 조직하고 주요한 대립 항에서 재생산된다는 특성을 가지며, 동시에 이 대립 전체가 그 중심점 또는 제3의 눈 안에서 공명한다. '다수성'은 잉여로서 성립되는 것이다. (김재인 역, 2003: 553)

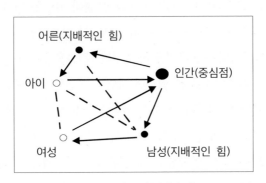

[그림 1] 다수성의 나무형 도식(김재인 역, 2003: 554)

자기 소멸적 이해는 표준의 다수성에서 비롯된다. 윗글에서 보면, 다수성을 따르는 것은 남성-되기와 같이 되기로서 존재하지 않는다. 남성-되기는 몰(그램분자)적 존재물이기에 자기 소멸적 이해를 하게 하기 때문이다. 생성은 자기를 찾고 밝히는 되기로 분자적인 것이다. <천만리 머나먼 길에>의 시대적 배경과 같이 '얼굴의 정면성'은 다수성을 만드는 기능을 한다. 다수성은 텍스트 이해의 표준으로 작용하여 남성-어른-사람과 같이 기준점이 된다. 이 기준점인 표준이 되는 대상은 남성, 어른, 사람, 백인, 유럽인, 이성적임, 언표행위의 주체 등이다. 이 표준이 되는 존재물은 인식 또는 이해의 <중심점>으로 작용한다. 윗 시조의 배경인 역사적 사건이 <중심점>의 예이다. 세부적으로 역사적 사건에는 '단종의 유배 안치', '왕방연'과 '단종'이 지배적인 점으로 존재한다. 이들 점을 관계 짓는 '선'으로 연결하면 표준의 다수성을 내포한 의미가 드러난다. 각 점이 <중심점>과 관계를 맺게 하는 선으로 연결된 체계를 '나무형(수목형)'이라 하고, <중심점>이 정면의 얼굴성과 같이 지배적인 이분법으로 작용하는 내적 원리를 '나무형의 법칙'이라 한다.

나무형의 법칙에서 보면, <중심점>은 얼굴의 정면성으로 작용하여 전체를 결정한다. <중심점>은 전체의 공간 또는 전체의 스크린을 차지한다. '단종 유배의 사건'은 <천만리 머나먼 길에>의 전체 공간과 전체 장면(스크린)에 작용한다. 그래서 독자는 윗 시조를 특정한 의미로 이해한다. <중심점>이 어떤 특질의 얼굴성을 띠느냐에 따라 변별적 대립이 달라진다. 위의 시조와 관련하여 <중심점>의 얼굴성 특질은 왕, 대장, 주인 등이 된다. 이와 변별적 대립이 되는 얼굴성의 특질은 백성, 부하, 손님(종) 등으로 할 수 있다. 이런 <중심점>의 얼굴성의 대표적 특질이 충성, 연군, 애국 등이고, 변별적 대립을 이루는 것이 사랑, 욕망, 꿈 등이다. 대상이나 텍스트에 대한 인식은 얼굴의 정면성이 가진 <중심점>에 의하여 이루어진다.

이런 <중심점>에 해당하는 것은 '제3의 눈'과 관련된다. 주체가 직접 인식하는 것이 제1의 눈이고, 상대방을 통해 간접 인식하는 것이 제2의 눈이다.

제3의 눈은 주체나 상대방과 관련이 없는 외부자의 눈이다. 그래서 제3의 눈이 된다. <천만리 머나먼 길에>를 역사적 사건으로 읽고 이해하는 것은 제3의 눈이다. 시조를 읽는 독자 주체에게는 시조의 내용에 역사적 사건의 배경은 주어져 있지 않다. 그런데 독자 주체는 역사적 배경에 의존해 시조를 이해한다. 시조의 역사적 배경은 제3의 눈으로 작용하여 독자 주체가 시조를 이해하게 한다. <중심점>이나 제3의 눈은 '맞음·틀림', '옳음·그름', '참·거짓' 등의 이원성 갖는다. 이원성은 절단적 속성을 갖기에 이원적 기계라 할 수 있다. 이 중심점 또는 제3의 눈은 이항적 기계들에 의하여 이항적 배분의 조직을 이루고, 주요한 대립 항에서 재생산된다. 그래서 이항적 대립을 이루는 조직 전체가 이 <중심점> 또는 '제3의 눈'에 공명하게 된다.

다수성은 외부적인 것으로 잉여(剩餘)라 할 수 있다. <천만리 머나먼 길에>에서 보면, 역사적 사건은 시조의 기표체계가 지시하는 내용과는 직접 관계가 없는 잉여의 것이다. 표준의 다수성을 이루는 것이 시조의 역사적 사건과 같은 잉여이다. 다수성의 남성과 같은 <중심점>은 모든 독자에게 작용하는 '거대한 기억'이 된다. 윗 시조의 역사적 배경은 시조를 읽는 모든 독자가 알고 기억하는 '거대한 기억'이 된다. 그래서 이 <중심점>이 독자에 의해 거대한 기억의 지배적인 점에서 재생산될 때 '기억의 주파수'를 가지며, 독자에 의해 재생산된 지배적인 점들의 집합이 <중심점>과 연결될 때 '공명'한다. 다수성의 몰적 체계의 점들 집합 속에서 한 점은 다른 점과 관계를 맺게 된다. 이때 점을 연결 짓는 주파수가 작용하여 점이 동일한 주파수의 소리를 내며 공명하게 한다. 이들 주파수와 공명 작용을 일으키는 점들의 관계를 규정하게 하는 모든 선은 점들 사이에 한정된다. 점 사이에 한정된 선을 가진 체계는 나무형 그물망을 이룬다.

선이 떨어진 두 점과 관련되거나 인접한 점들로 합성되는 한 나무성의 도식과 단절될 수 없으며, 생성이나 분자적인 것도 도달할 수 없다. 생성의 선은 이 선이 연결하는 점들에 의해서도, 이 선을 합성하는 점들에 의해서도 규정되지 않는다. 이와 반대로 생성의 선은 점들 사이를 지나가며, 중간을 통해서만 돌출하며, 우리가 먼저 구분한 점들 쪽으로 곧장 흘러가며, 인접해 있거나 떨어진 점들 사이를 결정 가능한 비율로 가로지르는 방향으로 흘러간다. 하나의 점은 언제나 기원적이다. 하지만 생성의 선은 시작도 끝도 없으며, 출발점도 도착점도 없고, 기원도 목적지도 없다. 따라서 기원의 부재에 대해 말하는 것, 기원의 부재를 기원으로 만드는 것은 형편없는 말장난에 불과하다. 생성의 선은 중간만 갖는다. 중간은 평균치가 아니다. 그것은 가속 운동이며 운동의 절대 속도이다. (김재인 역, 2003: 555)

선이 떨어져 있는 두 점을 연결하거나 인접한 점들을 연결해 주는 역할만 하게 되면 나무(수목)형 도식과 단절할 수 없다. 이는 분자적 탈주나 생성을 이룰 수 없다. 생성의 선 또는 되기의 선은, 선이 연결해 주는 점이나 선이 있을 수 있게 하는 점에 의해서 규정되지 않는다. 생성의 선은 점에 갇히지 않는다. 점을 지나가고. 점들 중간에서 뻗어나간다. 그러면서 이미 인식한 점들 사이를 수직으로 내달리고, 인접해 있거나 떨어져 있는 점들 사이를 횡단하여 흘러간다. 하나의 점은 언제나 그 기원이 있다. 반면 생성의 선은 시작도 없고 끝도 없다. 또한 출발점이나 도착점도 없고, 기원이나 목적지도 없이 뻗어나간다. 기원의 부재나 기원의 부재를 기원으로 삼는 것은 말장난에 지나지 않는다. 생성의 선은 중간만 있다. 생성의 선은 가속 운동이고 제한받지 않는 절대 속도를 갖는다.

생성은 언제나 중간에 있다. 우리는 중간에서만 생성을 얻을 수 있다. 생성은 하나도 둘도, 또 둘 사이의 관계도 아니다. 생성은 둘-사이이며, 경계선 또는 도주선, 추락선, 이 둘의 수직선이다. 생성이 하나의 블록(선-블록)이라면 그것은 생성이 근방역과 식별 불가능성의 지대를, 아무도 아닌 자의 땅(no-man's land)을 구성하며, 떨어져 있거나 인접한 두 점을 탈취하며 한 점을 다른 점의 근방으로 데려가는 위치를 정할 수 없는 관계를 구성하기 때문이다. 그리고 경계선-근방은 인접해 있건 떨어져 있건 상관없다. (김재인 역, 2003: 555)

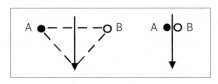

[그림 2] 생성의 선(김재인 역, 2003: 555)

생성의 선은 <중심점>이나 점에 갇히지 않는다. 생성이 언제나 중간에 있고, 중간에서만 생성을 얻을 수 있듯이 생성의 선도 시작이나 끝이 없는 중간만 있다. 그렇기에 생성은 하나이거나 둘 또는 둘 사이의 '관계'가 아니다. 점이 하나이거나 둘 또는 둘의 관계는 나무형으로 제한된다. 생성은 둘-사이로, 둘을 거쳐 지나가거나 둘 사이의 경계를 지나간다. 이와 관련된 생성의 선은 점들의 사이를 지나가기에 경계선, 도주선, 추락선 등이 되고, 둘 사이를 지나는 수직선이 된다. 생성이 블록의 형성으로 이루어지기에 생성의 선도 선-블록을 이룬다. 이 생성의 선의 블록은 중심점인 점을 벗어나기에 근방역(이웃항)으로 식별하는 것이 불가능한 아무도 아닌 자의 영역을 구성하게 된다. <천만리 머나먼 길에>를 읽는 독자가 이별한 자기의 연인을 떠올리거나, 열망하던 사업의 실패를 떠올리는 경우도 있다. 이 경우 선의 블록은 중심점을 벗어나 기존의 이웃항과 식별 불가능한 아무도 아닌 자의 영역을 구성하게 된다. 이 독자는 인접한 점(단종)을 탈취하여, 그 점을 다른 점(연인, 사업)의 근방으로 데려가 위치를 정할 수 없는 관계를 구성한다. 그래서 경계선-근방은 인접해 있건 떨어져 있건 상관이 없게 된다.

생성의 선은 점에 갇히지 않는다. 생성을 위해서는 점이 있어야 하지만 점들의 관계를 위한 것이 아니다. 점들을 통과해 지나가는 직선이 되거나, 점 사이를 가로지르는 수직선이 될 수도 있다. <천만리 머나먼 길에>를 읽는 독자는 역사학자일 수도 있고, 국문학자일 수도 있다. 역사학자는 역사적 사건과 인물들을 관계지어 역사적 사실을 규명하기 위하여 시조를 읽을 수 있다. 국문학자는 윗 시조의 시적 화자의 심리를 시적 표현으로 완성하는 과정에서 이 시조의 문학사적 가치를 따질 수도 있다. 또는 이 시조를 읽는 독자마다 연인, 사업, 명예, 재산, 지위, 희망, 성공 등을 근방역으로 정할 수 있다. 이들 근방역은 식별 불가능한 것으로 각 독자만의 고유한 것이 된다. 생성의 선은 연인에 대한 그리움, 사업 성공의 욕망과 같은 것으로 감각, 감정, 감성, 의지, 인식, 사고, 논리, 비판 등 몸체의 모든 작용을 포함한다.

나. 점의 체계

주체의 생성이 다수성을 지향하는 경우 점의 체계를 이룬다. 다수성은 공통성, 보편성, 표준성, 동일성, 전체성을 지향하기에 회상에 의한 재인의 형식인 점의 체계를 갖는다. 이 다수성에는 표준이 내재하기에 남성의 특성이 작용한다. 그렇기에 표준의 남성을 전제하는 다수성은 주체의 소수성에 내재된 고유성을 소독하고 소멸하게 한다. 표준의 다수성은 주체가 자기의 고유성을 소멸하게 하는 생성을 지향하기에 자기 생성을 위한 '되기'의 실행은 할 수 없다. 그렇지만 주체가 표준의 다수성을 생성하는 것은 기준적인 것을 생성하는 것이기에 마법적인 필연의 것이다. 이 표준의 다수성은 주체가 점의 체계로 생성을 이루게 한다.

점의 체계는 <중심점>과 여러 개의 지배적인 점이 관계를 형성함으로써 이루어진다. 점들이 관계를 형성하여 하나의 체계를 구성할 수 있게 하는 것은 선이다. 점들의 관계 맺기는 선에 의해 이루어진다. 선은 점 사이에 내재하면서 점들이 특정한 관계를 맺도록 한다. <천만리 머나먼 길에>에서 보면, <중심점>인 유배사건은 왕방연, 단종, 냇가, 밤 등의 점을 갖는다. 이들 점 사이에는 관계를 맺게 하는 선이 존재한다. 유배사건과 왕방연 사이에는 호송의 선이, 유배사건과 단종 사이에는 유배자의 선이, 왕방연과 단종 사이에는 군주와 신하의 선이 존재한다. 냇가와 밤 등도 다른 점들과 선으로 연결되어 있다. 점들은 선들로 인하여 그 관계가 정립되어 '유배지에 군주를 안치하고 귀경하는 신하의 비통한 마음'이 드러난다. 윗 시조의 주요 점들의 관계는 선에 의하여 이루어진다. 점 사이에 연결하는 선이 없다면 위의 시조는 아무런 의미도 드러낼 수 없다. 선은 점에 사이에 내재하면서 점들을 연결하는 역할을 한다. 이때의 선은 점들 사이에 갇혀, 점에 종속된 선이 된다.

점의 체계는 어떻든 선들을 이용하며, 블록 자체는 점에 새로운 기능들을 할당한다. 실제로 점 체계 안에서 하나의 점은 우선 선의 좌표를 가리킨다. 그리고 우리는 수평선과 수직선을 표상한다. 나아가 수직선은 자신과 평행하게 이동하며, 수평선은 다른 수평선들에 중첩된다. 그래서 모든 점은 두 개의 기본 좌표와 관련해서 지정될 뿐만 아니라, 중첩되는 수평선과 이동하는 수직선 또는 수직의 면 위에 표시된다. 끝으로 두 점은 한 점에서 다른 점으로 어떤 선이 그려질 때 연결된다. (김재인 역, 2003: 557)

점의 체계는 선을 이용하여 점이 특정한 기능을 할 수 있게 한다. 점의 체계에서 하나의 점은 선들에 의하여 기능의 좌표를 갖는다. <천만리 머나먼 길에>에서 왕방연과 단종은 관계를 나타내는 선들에 의하여 좌표가 정해진다. 점의 좌표를 결정하는 선은 두 가지를 고려할 수 있는데 수평선과 수직선이다. 수평선은 다른 수평선과 중첩되고, 수직선은 점 자신과 평행하게 이동한다. 왕방연의 수평선은 단종을 호송하고, 유배지에 안치하고, 한양으로 귀향하다 시조를 읊는다. 단종의 수평선은 한양을 떠나고, 왕방연의 호송을 받아 유배길을 가고, 청룡포에 안치된다. 이 두 점의 수평선은 중첩된다. 왕방연의 수직선과 단종의 수직선은 유배사건의 모든 일에 왕방연 자신과 단종 자신이 평행으로 이동하게 만든다. 그래서 모든 점은 두 개 선에 의하여 좌표가 정해지고, 중첩되는 수평선과 이동하게 하는 수직선 또는 수직의 면 위에 표시된다. 이때 점의 체계에서 두 점은 점 사이에 특정 선이 주어질 때 연결된다.

이처럼 어떤 체계 안에서 선들이 좌표로 여겨지거나 위치를 정할 수 있는 연결로 여겨지는 경우 **이 체계를 점의 체계라고 부를 수 있을 것이다.** 가령 나무형 체계, 그램분자적 체계 또는 기억의 체계는 점의 체계이다. <기억>이 점적인 조직을 갖는 것은 다음과 같은 이유에서이다. 즉 거기에서 모든 현재는 옛 현재로부터 지금의 현재로 가는 시간의 **흐름**이라는 수평선(운동학적 선)과 현재에서 과거 또는 옛 현재의 표상으로 가는 시간의 **질서**라는 수직선(지층학적 선)을 동시에 지칭하기 때문이다. 물론 이것은 기본적 도식으로, 실제로 이 도식을 전개해나갈 때는 온갖 복잡화가 동반될 수밖에 없다. 하지만 교육학, 즉 기억을 형성하는 기술을 표상할 때면 항상 이 기본 도식이 발견된다. (김재인 역, 2003: 557)

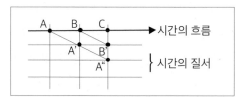

[그림 3] 시간의 흐름과 질서(김재인 역, 2003: 558)

점의 체계에서는 체계 안에서 점의 좌표나 위치를 선들이 정할 수 있다. 점의 체계에서는 선이 점에 종속되어 있기에 선에 의하여 점의 좌표나 위치가 정해진다. 이 점의 체계는 중심점에 의하여 점의 좌표와 위치가 정해지는 '나무형 체계', 점의 좌표나 위치가 미리 정해져 있는 '그램분자(몰)적 체계' 등이 있다. 그리고 '기억의 체계'가 있다. 기억의 체계는 '과거의 현재에서 지금의 현재로 이어지는 시간의 흐름에 따라 운동학적인 수평선'과 '현재에서 과거로 옛 현재의 표상으로 가는 시간의 질서에 의한 지층학적인 수직선'이 관여한다. <천만리 머나먼 길에>에는 왕방연이 단종을 호종하여 한양의 궁궐을 떠나 유배지 청령포에 도착하여 단종을 안치한 후, 다시 한양으로 돌아오는 시간의 흐름에 따른 운동학적인 수평선이 존재한다. 또한 왕방연의 시를 읊는 현재에서 지난 과거에 단종의 유배지 안치나 그 전 단종 폐위, 그 이전의 단종 즉위와 관련된 시간의 질서를 이루는 사건들이 층을 이루는 지층학적 수직선 또한 존재한다. '기억의 체계'도 시간의 흐름에 따른 수평선과 시간의 질서에 따른 수직선이 점의 좌표를 결정한다. 그렇기에 기억의 체계도 점의 체계이다. 이 점의 체계는 주체가 대상에 대한 표준의 다수성을 생성하게 하는 '기본적인 도식'이다. 실제로는 이 기본적인 도식을 전개할 때 온갖 복잡화가 있을 수 있다. 그렇더라도 기억을 형성하는 교육 활동에는 이 기본 도식이 내재한다.

점의 체계에는 교육학적 특성이 내재한다. 교육은 보편의 다수성을 강조한다. 보편의 다수성은 점의 체계를 기초로 삼는다. 교육의 주체는 학습의 주체가 보편의 다수성을 기억하게 해야 한다. 즉 교육은 점의 체계를 전달하고 전수하는 것이 주요 과제가 된다. 교육은 학습의 주체가 기억을 형성하게 하는 일이다. 기억은 학습 주체가 공통적이고 보편의 다수성 의식을 생성해 갖추는 것이다. 보편의 다수성은 이미 주어져 있고 전제되어 있는 남성의 속성이다. 학습 주체가 보편의 다수성을 생성하는 일은 개체적 고유성을 소거하고, 소멸하게 하는 활동이 된다. 결국 교육은 기억을 형성하게 하는 일로, 교육의 주체가 학습 주체에게 점의 체계를 생성해 갖추게 하는 일이다. 이는 학습 주체의 소수성을 소멸하게 하는 것이기에 되기로 실현되지 못한다.

다. 선의 체계

주체가 소수성을 지향하는 자기 생성의 경우에는 선의 체계를 이룬다. 소수성은 개별성, 개체성, 독특성, 고유성 등을 생성하는 되기의 형식인 선의 체계를 포함한다. 이 소수성에는 고유성이 내재하기에 주체의 개체적 특성이 관여한다. 이런 개체적 특성은 점에서 해방된 선의 작용이 있어야 가능하다. 이는 점을 벗어난 선 또는 점이 선에 종속되게 하는 선의 작용을 내포한다. 점에서 해방된 선은 주체의 고유성이 내재된 개체성을 발현하고 생성하게 한다. 이는 주체가 소수성을 생성하여 자기 생성인 '되기'를 실행하게 한다. 주체가 자기의 고유한 개체성을 생성하는 것은 특개성을 포착함으로써 지각 불가능하게-되기를 이루는 것이다. 이 주체의 고유한 개체성인 소수성의 생성은 선의 체계를 구성하여 이루어진다.

선의 체계는 점들 사이에서 벗어난 선이나 점을 종속시킨 선들로 구성된다. 선이 점 사이에 갇히는 것이 아니라, 점을 통과하거나 점들 사이를 수직으로 가르며 구성된다. 선들이 점들 사이에서 해방되어 하나의 체계를 구성할 때 선의 체계가 존재한다. 선은 점을 통과하거나 점 사이를 지나갈 수 있다. 주체가 기억의 회상으로 의식에 표상된 점들을 가로지를 수 있는 몸체의 선은 다양하다. 몸체에서 비롯된 선은 점을 전제로 하지만 시작하는 지점이나 끝나는 지점이 없다. 아무 곳에서나 단절되었다가 또 이어지기도 하고, 평행선이나 수직선만으로 이루어지는 것도 아니다. 점들을 사선으로 지나가기도 하고, 다른 방향을 바꾸어 진행되기도 한다. <천만리 머나먼 길에>를 읽는 독자 주체가 구성하는 선의 체계를 생각해 볼 수 있다. 역사가가 윗 시조를 읽으면서 점을 통과하는 평행선이나 점 사이를 지나는 수직선은 다양 하고, 그 선의 시작 지점과 끝 지점은 한정하기 어렵다. 문학자가 위의 시조를 연구하기 위하여 만드는 선도 마찬가지로 한정하기 어렵다. 평행선들은 점을 통과해 벗어나면서 생성을 이끌고, 수직선들은 점들 사이를 지나가면서 생성 을 이룬다.

점의 체계에 대립하는 것이 바로 선의 체계, 아니 차라리 다선적 체계이다. 선을 해방시켜라. 이런 의도를 갖고 있지 않은 음악가와 화가는 없다. 선의 체계에서 점의 체계나 교육학의 표상을 만들어내더라도, 그것을 무너뜨리고 지진동(地震動)을 일으키기 위해서인 것이다. 점의 체계는 음악가, 화가, 작가, 철학자가 이 체계와 대립할수록, 그리고 심지어 이 체계와 대립하기 위해 이 체계를 도약의 발판으로 만들어낼수록 더 흥미로울 것이다. 역사는(역사에 자신 을 삽입하는 자들, 또는 심지어 역사를 개정하는 자들에 의해서가 아니라) 역사 에 대립하는 자들에 의해서만 만들어지는 것이다. 하지만 무슨 도발에 의해서가 아니다. 오히려 그들이 맞닥뜨린 완전히 만들어진 점의 체계, 또는 그들이 발명 한 점의 체계는 다음과 같은 조작을 허용해야 하기 때문이었다. 즉 선과 사선을 해방시키고, 점을 만드는 대신 선을 긋고, 까다로운 또는 개량된 수직선과 수평 선에 달라붙는 대신 지각할 수 없는 사선을 만들어 내는 것이다. 그것은 항상 <역사>에 회수될 테지만, 그것이 역사에서 유래하는 일은 없다. (김재인 역, 2003: 559)

점의 체계가 보편성, 동일성, 표준성, 공통성, 전체성의 생성을 위한 것이라 면, 선의 체계는 이와는 대립적인 생성을 한다. 선의 체계는 개체성, 특별성, 독특성, 차이성, 개별성, 고유성 등을 생성한다. 이 선의 체계는 하나의 선으로 이루어진 체계이기보다는 여러 선에 의한 다선적 체계이다. 선의 체계는 점의 체계에서 점 사이에 갇힌 선들을 해방시킨다. 일반적으로 음악가와 화가들은 늘 선을 해방시킬 의도를 가지고 있다. 음악가나 화가와 같은 이들이 선의 체계에서 점의 체계나 교육적인 표상의 체계를 만들 때, 이는 그 체계를 무너뜨려 큰 변화가 있는 선의 체계를 구성하기 위한 것이다. 주로 선의 체계를 구성하는 이들인 음악가, 화가, 작가, 철학자 등이 점의 체계와 대립하거나, 점의 체계를 선의 체계로 도약할 발판으로 이용하여 큰 성과를 낸다. 역사는 점의 체계인데 새로운 역사를 만드는 이들은 선의 체계로 역사와 대립하는 자들이다. 새로운 역사를 만드는 것이 가능한 것은 점의 체계가 이를 가능하게 하는 조건을 갖추고 있기 때문이다.

선의 체계는 점의 체계를 토대로 구성된다. 선은 시작 지점과 끝 지점이 없지만 아무것도 없는 무에서 일어나지는 않는다. 점을 통과하든 점들 사이를 지나가든 점이 있어야 선이 존재할 수 있다. 마찬가지로 선의 체계가 있기 전에 점의 체계가 있어야 한다. 그러면서 점의 체계는 선과 사선을 해방시키고, 점을 만드는 대신 선을 긋게 한다. 그러면서 점의 체계는 복잡하고 까다롭게 체계를 확장하게 하는 수평선과 수직선을 덧붙이기보다는 지각할 수 없는 사선을 만들 수 있게 한다. <천만리 머나먼 길에>를 해석하는 데 도움을 주는 역사적 사실이나 시조를 해석하는 특정한 방법은 점의 체계에 덧붙여질 수 있다. 이들은 점의 체계의 확장으로 작용한다. 그렇지만 읽기 주체의 몸체에서 비롯된 선을 연결하면 다양한 수평선과 수직선이 형성된다. 이 선들이 하나의 체계를 형성하면 주체의 소수성 생성에 기여하는 선의 체계가 된다.

선의 체계도 교육학적 특성이 내재한다. 선의 체계의 교육은 개체의 소수성을 강조한다. 선의 체계는 주체의 고유성 생성의 필요조건이다. 이에 선의 체계가 존재할 필요성이 있다. 교육의 주체는 학습의 주체에게 개체의 소수성을 발현하거나 생성하게 해야 한다. 교육은 점의 체계에서 해방된 선의 체계를 구성할 수 있게 하는 것이 주요 과제가 된다. 교육에서 학습의 주체가 소수성을 생성하게 하는 일도 무엇보다 중요하다. 소수성의 생성은 학습 주체가 개체적이고 고유한 소수성 의식을 생성해 지니는 것이다. 고유의 소수성은 주체가 의지를 갖추고 생성해야 얻을 수 있는 개체의 속성이다. 학습 주체가 고유의 소수성을 생성하는 일은 개체 고유성을 찾아내고 생성하게 하는 활동이다. 교육은 주체가 자기를 고유한 개체로 생성하게 하는 일로, 교육의 주체가 학습 주체에게 선의 체계를 구성해 갖추게 하는 일이다. 이는 학습 주체의 소수성을 생성하고 갖추게 하는 일이다.

4. 생성적 읽기 교육의 실행

읽기 교육은 여러 가지 형태로 이루어진다. 보편성을 강조하여 독자가 자기를 소멸시키는 교육도 필요하고, 자기를 생성하는 교육도 필요하다. 소멸적 교육은 학습 독자 주체가 표준의 다수성을 기억하도록 한다. 표준의 다수성은 학습 독자 주체가 점의 체계를 형성함으로써 기억을 하게 만드는 나무(수목)형 교육이다. 생성적 교육은 학습 독자 주체가 개체의 소수성을 생성하도록 한다. 개체의 소수성은 학습 독자 주체가 선의 체계를 구성함으로써 고유성을 갖게 하는 리좀형 교육이다. 나무형 교육은 리좀형 교육을 위한 토대가 된다. 리좀형 교육은 나무형 교육을 토대로 학습 독자 주체가 지각 불가능하게-되기로 특개성을 포착하여 자기를 생성하게 한다. 리좀형 교육은 학습 독자 주체가 자기를 생성하여 가지게 한다. 학습 독자 주체는 자기를 생성하여 가지게 됨으로써 세계 만들기를 실천할 수 있다. 세계 만들기는 다른 독자 주체와 공존형 교육을 요구한다. 이들 나무형, 리좀형, 공존형 읽기 교육을 개괄적으로 살펴본다.

가. 나무형: 기억 형성하기

나무형 읽기 교육은 점의 체계로 기억을 형성하게 한다. 점의 체계는 <중심점>을 강조한다. 모든 점은 <중심점>과의 관계 속에 존재한다. 점들의 관계는 선에 의하여 이루어지고, 선들은 점 사이에서 점의 좌표를 결정한다. 점 사이의 선은 하나만 존재한다. 그렇기에 점의 체계에서 각 점은 하나의 좌표만 갖는다. 점 사이에 다른 선이 있지만 이들 선은 배제되거나 소거된다. 점 사이에 선이 하나만 인정되기에 기억이 수월하다. 선이 하나만 있기에 점은 누구나 동일한 좌표로 기억하게 된다. 이때 <중심점>이 대표 좌표가 되고, 이 <중심점>이 기억을 형성한다. <중심점>으로 수렴되는 점의 체계는 나무형의 기억을 형성한다. 즉 <중심점>으로 수렴되는 기억을 형성한다.

이처럼 남성은 중심점의 위치에 따라 거대한 기억으로 구성된다. 그래서 이 중심점이 각각의 지배적인 점에 의해 필연적으로 재생산되는 경우를 그 기억의 주파수라 할 수 있고, 점들의 집합이 중심점과 관련되는 경우를 그 기억의 공명이라 할 수 있다. 그램분자적 체계의 집합 속에서 한 점에서 다른 점으로 향하고, 따라서 주파수와 공명이라는 기억의 두 조건에 응답하는 점들에 의해 규정되는 모든 선은 나무형 그물망의 일부를 이루는 것이다. (김재인 역, 2003: 553-554)

남성은 표준의 다수성을 구성하는 역할을 한다. 남성의 이 역할은 얼굴성과 관련이 있다. 정면의 얼굴성은 지배적인 속성을 지니고 있고, <중심점>이나 '제3의 눈' 기능을 한다. 그렇기에 점의 체계에서 <중심점>은 남성의 특성을 드러낸다. 점의 체계에서 <중심점>은 학습 주체가 기억해야만 하도록 만든다. 중심점은 매번 이원적 대립 항으로 변별력을 키워 재생산(회상)을 하도록 하기 때문이다. 그 재생산에는 모든 주체가 참여한다. 그래서 모든 주체의 기억으로 작용하기에 '거대한 기억'이 된다. 그리고 <중심점>은 점의 체계에서 지배적인 점들에서 재생산되는데, 이것은 '기억의 주파수'가 작용하기 때문이다. <중심점>이 가진 기억의 주파수가 지배적인 점들에서 반복되게 되는데, 이는 <중심점>과 지배적인 점들이 같은 진동수의 소리(의미)를 내게 만든다. 기억의 주파수는 <중심점>과 지배적인 점이 같은 진동수의 주파수를 가지게 한다. 그러다 보니 점의 체계에서는 <중심점>의 기억의 주파수를 모든 지배적인 점이 공유하게 된다. 그래서 동일한 진동수를 가진 소리를 냄으로써 공명하게 된다. 이에 따라 점의 체계에 속하는 '몰적 체계'나 '나무형 체계', '기억의 체계'는 '주파수'와 '공명'이라는 두 가지 조건에 의하여 존재한다.

이 나무형은 읽기 교육의 주체가 읽기 학습 주체에게 기억의 체계를 생성하게 하는 것이다. 이 교육은 읽기 학습 주체가 점의 체계의 <중심점>과 지배적인 점 사이에 내재하는 '기억의 주파수'와 '공명'을 기억하고 회상하게 하는 일이다. <천만리 머나먼 길에>를 예로 들면, 교육은 단종 유배사건을 <중심점>으로 하여 지배적인 점인 왕방연이나 단종 사이에 존재하는 기억의 주파수와 공명을 읽기 학습 주체가 기억하고 회상하게 하면 된다. 이를 기억한 독자는 <천만리 머나먼 길에>를 읽을 때는 언제나 동일하고 보편적인 의미를 재생산할 수 있게 된다. 이를 위한 교육이 '나무형: 기억 형성하기'이다.

나. 리좀형: 자기 생성하기

리좀형 읽기 교육은 선의 체계로 자기 생성을 강조한다. 점의 체계에서 보면, 선은 점 사이에 갇혀 있다. 이 갇혀 있는 선이 자유롭게 늘어나고,

새로 시작되고, 멈출 수 있게 하는 것이다. 점을 통과해 가로지를 수도 있고, 두 점 사이를 수직으로 지나갈 수 있도록 한다. 이들 점은 시작 지점과 끝나는 지점이 분명하지 않다. 이들 생성의 선은 어디에서든 중간만 갖는다. 선들이 어디에서든 시작되어 어디로든 갈 수 있기에 리좀형이다. 리좀형 읽기 교육에서는 읽기 학습 주체에게 선의 해방으로 선의 체계의 구성을 요구해야 한다. 점의 체계에서 읽기 학습 주체가 선을 해방하게 되면, 그 선은 자기 생성을 이끄는 생성의 선이 된다. 읽기 학습 주체의 자기 생성을 이끄는 생성의 선은 여러 가닥이 모여 다선의 선 체계를 구성한다. 이에서 보면, 생성의 선들로 이루어지는 선의 체계는 점의 체계를 토대로 이루어진다. 점의 체계가 기억으로 존재하지 않으면 선의 체계는 구성되지 않는다. 점의 체계를 벗어나 어디든 어디로든 지나가는 선들이 선의 체계를 구성한다. 선의 체계의 구성은 갇혀 있지 않고 선으로 계속 생성하도록 하기에 리좀형 교육이다.

> 다선적 체계에서 모든 것은 동시에 시행된다. 선은 기원으로서의 점에서 해방된다. 사선은 좌표로서의 수직선과 수평선에서 해방된다. 또한 횡단선은 점과 점을 잇는 위치를 정할 수 있는 연결로서의 사선에서 해방된다. 요컨대 하나의 블록-선은 음의 중간(milieu)을 지나, 위치를 정할 수 없는 제 나름의 환경 (milieu) 속으로 돋아나는 것이다. 음의 블록은 간주곡이다. 즉 음악적 조직화를 가로질러 가지만 여전히 음인 기관 없는 몸체, 반-기억인 것이다. (김재인 역, 2003: 563)

해방된 선에 의한 다선적 체계는 '창조적이고 본질적으로 새로운 기능'(김 재인 역, 2003: 562)으로 하는 모든 것을 동시에 실행한다. 선의 기능은 선의 증식, 선의 돌연한 우회, 선의 가속과 감속, 선의 분노와 고통, 선에 점을 종속시키기 등이다. 읽기 학습 주체는 이들 기능을 지닌 선을 점에서 해방시켜야 한다. 그 예로, 사선은 점의 좌표를 정해주는 수직선과 수평선에서 해방시킨다. 또한 횡단선은 점과 점을 연결하여 위치를 정할 수 있게 이어주는 사선에서 해방된 선이 된다. 음악을 예로 들면, 새로운 곡의 작곡은 이들 해방된 음의 선과 선이 만나 블록을 이룬 음의 블록-선은 음들의 중간을 지나서 위치를 정할 수 없는 음의 환경 속에서 새로운 음을 만들어 낸다. 새로운 음의 선으로 형성된 음의 블록은 무엇으로 규정할 수 없고 무엇으로도 될 수 있는 기관 없는 몸체가 된다. 이는 재생산(회상)을 위한 기억이 아니라 기억에서 벗어나 창조의 반-기억이다. 읽기 학습 주체는 작곡가가 새로운 곡을 위해 해방된 선들로 된 블록-선으로 곡을 창조하듯, 텍스트 이해를 위한 블록-선으로 특개성을 포착해야 한다.

이 리좀형은 읽기 교육의 주체가 읽기 학습 주체에게 선을 해방시키고, 블록-선을 만들어 특개성을 포착하는 지각 불가능하게-되기를 실행할 수 있게 하는 것이다. 이 교육은 읽기 학습 주체가 점의 체계에서 점을 통과하며 가로지르거나 점들 사이를 지나가는 생성의 선을 가지게 하는 것이다. 이로써 텍스트의 내용을 창조적이고 본질적으로 이해할 수 있게 해야 한다. 다시 <천만리 머나먼 길에>를 예로 들면, 교육은 단종 유배 사건을 소중한 사람과 헤어진 마음을 위로하는 내용으로 볼 수도 있고, 소중한 것을 상실한 마음, 성취하고 싶었던 꿈을 포기한 사람의 심정을 이해하는 내용으로 볼 수도 있다. 『천 개의 고원』을 생성의 철학적 내용으로만 보는 것이 아니라 생성의 읽기 현상을 이해하게 하는 내용으로 보는 것이다. 이 리좀형 읽기 교육은 읽기 학습 주체가 특개성을 포착할 수 있는 지각 불가능하게-독자 되기를 실현하게 한다.

다. 공존형: 세계 만들기

공존형 읽기 교육은 리좀형 읽기 교육으로 지각 불가능하게-독자 되기를 한 독자를 위한 교육이다. 지각 불가능하게-독자 되기를 이룬 독자는 텍스트를 읽을 때마다 특개성을 포착해 낸다. 지각 불가능하게-독자 되기를 실현한 독자는 세 가지 조건을 갖추어야 한다. 첫째는 텍스트를 읽을 때마다 특개성을 포착할 수 있는 자기 생성을 해야 한다. 텍스트를 읽을 때마다 지각 불가능하게-되기를 반복해야 한다는 것이다. 생성의 선이 시작 지점도 끝 지점도 없는 중간이기 때문이다. 둘째는 텍스트를 읽을 때마다 나무형 읽기-리좀형 읽기의 순서를 반복해야 한다는 것이다. 리좀형 읽기는 독자적으로 존재하지 않는다. 나무형 읽기가 토대로 존재해야 이루어질 수 있다. 기억의 체계가 없이는 생성의 선이 존재할 수 없고, 선의 체계를 구성할 수 없다. 셋째는 텍스트를 읽을 때마다 세계 만들기를 실현해야 한다는 것이다. 세계 만들기는 읽기 주체가 완결성의 조건과 지각 불가능하게-독자 되기의 조건을 충족하는 것이다. 완결성은 고유하고 개체적인 것이면서 결핍이 없는 것이어야 하는 조건이다. 지각 불가능하게-독자 되기는 다른 읽기 주체들이 읽기 주체가 지각 불가능한 것을 실행한다는 것을 인정하고 존중하는 조건이다.

세상 모든 사람'처럼' 있는 것이 그토록 곤란한 까닭은 이것이 생성의 문제이기 때문이다. 세상 모든 사람처럼 되고, 세상 모든 사람으로부터 생성을 만드는 것은 결코 세상 모든 사람이 아니다. (중략) 왜냐하면 세상 모든 사람이 그램분자적 집합인 반면 **세상 모든 사람 되기**는 이와 전혀 다른 문제, 즉 분자적 성분들을 가지고 우주와 놀이를 하는 것이기 때문이다. 세상 모든 사람 되기는 세계 만들기(faire monde)이며, 하나의 세계 만들기(faire un monde)이다. (김재인 역, 2003: 530)

공존형 읽기 교육은 세계 만들기를 지향한다. 세계 만들기는 텍스트를 읽는 독자가 '세상 모든 사람 되기(becoming-everybody)'를 실현하는 것이다. 점의 체계로 보편의 다수성을 지향하는 독자는 몰적 집합을 이룬 '세상 모든 사람(everyday)'이다. 위의 인용문에서 보면, 세상 모든 사람은 자기를 소멸한 사람이다. 세상 모든 사람인 독자는 텍스트 읽기에서 표준의 다수성을 생성함으로써 자기를 소멸한 독자이다. 반면 '세상 모든 사람 되기'를 이룬 사람은 분자적 성분을 생성한 사람으로 지각 불가능하게-되기를 실행함으로써 자기를 생성해 우주 속에 고유한 존재자가 되어 놀이를 하는 사람이다. 세상 모든 사람 되기는 자기만의 세계 만들기를 실행하여 우주 속에 존재하게 된다.

> 바로 이런 의미에서 세상 모든 사람 되기, 세계를 생성으로 만들기란 곧 세계 만들기, 하나의 세계 또는 여러 세계를 만들기이며, 다시 말해 자신의 근방역과 식별 불가능의 지대를 찾기이다. 추상적인 기계인 <우주>, 그리고 이를 실행하는 구체적인 배치물인 각각의 세계. 다른 선들과 연속되고 결합되는 하나나 여러 개의 추상적인 선으로 환원되고, 그리하여 마침내 무매개적으로, 직접 하나의 세계를 생산하기. 이 세계에서는 세계 **그 자체**가 생성되고, 우리는 세상 모든 사람이 된다. (중략) 우리는 세계를, 세상 모든 사람을 하나의 생성으로 만드는 것이다. 왜냐하면 우리는 필연적으로 소통하는 세계를 만들었기 때문이며, 우리가 사물들 사이로 미끄러져 들어가 사물들 한가운데서 자라나지 못하도록 방해하는 모든 것을 우리 자신으로부터 하나도 남김없이 제거했기 때문이다. (김재인 역, 2003: 530-532)

공존형 읽기 교육은 독자가 세상 모든 사람 되기를 실현할 수 있게 한다. 독자는 텍스트 이해로 자기만의 세계를 생성함으로써 세계 만들기를 실현한다. 독자가 만든 하나의 세계 만들기는 텍스트를 읽고 이해할 때마다 세계 만들기를 실행하게 한다. 이 세계 만들기는 자기의 근방역을 찾는 것이며 자기만의 세계인 식별 불가능의 세계를 찾아내는 것이다. 그래서 무엇으로도 될 수 있는 추상기계인 <우주>와 하나 되어, 새로운 세계 만들기를 실행한다. 이 세계 만들기는 세상 모든 사람 되기를 실현하는 것이다. 세상 모든 사람이 되는 것은 세상 모든 사람을 하나의 생성으로 만드는 것이다. 세상 모든 사람을 하나의 생성으로 만드는 것은 서로 소통하는 세계를 만드는 것이다. 소통하는 세계를 만드는 것은 점의 체계에 갇히지 않는 독자 주체의 자기 생성이다.

이 공존형 읽기 교육은 교육의 주체가 학습 주체로 하여금 점의 체계에서 갇히지 않고, 선의 체계를 구성하여 자기 세계 만들기를 실행할 수 있게 하는 것이다. 세계 만들기는 세상 모든 사람 되기를 실현하는 것으로 몰성이나 다수성에서 탈주해 분자성나 소수성을 생성하는 것이다. 이는 세상 모든 사람을 하나의 생성으로 만드는 것과 연결된다. 세상 모든 사람을 하나의 생성으로 만든다는 것은 독자 주체가 특개성을 포착하는 지각 불가능하게-독자 되기를 실현하게 하는 것이다. 이 지각 불가능하게-독자 되기는 서로 지각할 수 없는 존재가 되는 것이 아니라 독자 주체가 고유한 개체성을 생성해 지님을 가리킨다. 자기를 소멸하는 읽기로 세상 모든 사람처럼 보편성이나 동일성에 갇혀 있는 것이 아니라 자기를 생성해 고유한 개체성을 가진 독자가 되는 것이다. 또한 기억의 체계로 <중심점>과 공명하는 것이 아니라, 개별 독자 주체들과 소통하는 독자가 되는 것이다. 공존형 읽기 교육은 독자가 텍스트 이해로, 세계 만들기로, 세상 모든 사람 되기를 실현할 수 있게 한다.

5. 떫이

독자가 텍스트를 읽는 것은 자기 생성을 위해서이다. 텍스트는 독자가 자기 생성을 할 수 있게 하는 내용을 담고 있다. 독자가 텍스트 내용과의 접속으로 결연하여, 독자의 요소와 텍스트의 특성이 블록을 이루면 독자는 자기 생성을 이룬다. 물론 독자와 텍스트의 결연이 독자의 자기 생성이 아닌 보편의 다수성을 생성해 자기 소멸을 이루게 하기도 한다. 이 자기 소멸도 거시적으로 보면, 자기 생성의 과정이라 할 수 있다. 독자의 자기 소멸적 텍스트 읽기는 학업적 읽기이다. 학업적 읽기는 독자가 자기 생성을 할 수 있게 하는 과업적 읽기로 연결되어야 한다. 독자는 과업적 읽기를 통하여 고유한 개체성이 내재한 소수성을 생성한다. 이로 독자는 특개성을 포착할 수 있는 지각 불가능하게─독자 되기를 실현하게 한다. 이 과업적 읽기는 학업적 읽기를 토대로 이루어진다.

독자의 자기 생성적 읽기는 읽기 교육에 기초한다. 독자가 보편의 다수성이 내재된 기억을 형성하든, 개체적 소수성이 내속된 자기 생성을 하든, 모든 읽기는 읽기 교육에 기초한다. 읽기 교육은 독자가 학업적 읽기도 실행하게 하고 과업적 읽기도 실행하게 한다. 또한 읽기 교육은 독자가 학업적 읽기만을 실행하게도 하고, 학업적 읽기와 과업적 읽기를 모두 실행하게도 한다. 이는 읽기 교육이 어느 쪽에 중점을 두느냐에 달려 있다. 학업적 읽기만을 강조할 수도 있고, 학업적 읽기를 토대로 과업적 읽기의 실행을 강조할 수도 있다. 학업적 읽기만 강조하게 되면, 독자는 보편의 다수성에 충실한 거대한 기억을 재생산하는 읽기만을 실행하게 된다. 독자가 이에서 벗어나 자기 생성을 할 수 있게 하기 위해서는 과업적 읽기도 강조하는 교육을 해야 한다. 독자가 읽기를 배우고, 텍스트를 읽는 진정한 목적이 자기 생성에 있기 때문이다.

읽기 교육은 독자가 과업적 읽기를 실행할 수 있도록 해야 한다. 이를 위해서는 학업적 읽기에 대한 이해와 과업적 읽기의 방법을 익히도록 해야 한다. 학업적 읽기가 점의 체계에 의한 보편의 다수성이 내속한 거대한 기억을 형성하는 것임을 알게 하는 것이 필요하다. 이 학업적 읽기는 자기를 소멸하고 표준적인 것을 재생산(하는) 읽기임을 이해하도록 해야 한다. 그리고 과업적 읽기를 위해서는 선의 체계를 구성해 개체의 소수성이 내속한 특개성 포착할 수 있는 지각 불가능하게-독자 되기를 할 수 있게 해야 한다. 이로써 독자가 자기의 고유성을 지키고 자기다움을 드러내는 자기 생성을 할 수 있게 된다. 읽기 교육에서 학업적 읽기도 필요하지만 그 궁극적 지향은 과업적 읽기여야 한다.

읽기 교육은 과업적 읽기를 통하여 독자의 세계 만들기를 지원해야 한다. 독자가 과업적 읽기를 실행하는 것은 유아독존(唯我獨尊)을 위해서가 아니다. 공존하는 자기를 이루기 위한 것이다. 공존하는 자기는 타자와 온전한 소통을 하는 자기이다. 온전한 소통은 타자와 동이불화(同而不和)하는 것이 아니라 화이부동(和而不同)하는 것이다. 독자의 텍스트 이해가 특개성을 포착하여 지각 불가능하게-독자 되기를 실행함으로써 세상 모든 사람 되기를 이루어 각자의 세계 만들기를 실행하는 것이다. 세계 만들기를 실행한 독자는 <우주> 속에서 하나의 기준이 되어 모든 이들과 온전한 소통을 한다. 읽기 교육은 독자가 이를 실행할 수 있도록 이끌어야 한다.

참고문헌

교육부(2015), 국어과 교육과정, http://ncic.re.kr.

권정생(2014), 강아지똥, 길벗어린이.

김도남(2011), 독자의 온삶을 위한 읽기 교육 방향 탐색: 노자 「도덕경」의 인식 논리 구조를 중심으로, 국어교육학연구 42, 281-311.

김도남(2019), 차이생성 읽기 방법 고찰, 청람어문교육 72, 161-195.

김도남(2021), 독자 현존재의 텍스트 이해 특성 고찰, 새국어교육 126, 145-180.

김도남(2022), 독자의 장면적 텍스트 이해 방법 고찰, 한국초등국교육 74, 7-35.

김도남(2014), 상호텍스트성과 텍스트 이해 교육, 박이정.

김도남(2022), 읽기 교육의 프리즘, 박이정.

김도남(2023), 읽기 교육의 프라임, 역락.

김도남(2023), 유목적 읽기 교육론, 역락

김도남(2023), 독자의 텍스트-되기 고찰: 들뢰즈와 과타리의 <천 개의 고원> 10장 '어느 분자의 회상'을 토대로, 새국어교육 134, 97-131.

김도남(2023), 얼굴성과 독자의 텍스트 이해: 들뢰즈와 과타리의 <천 개의 고원> 7장 '0년-얼굴성을 토대로, 한국어교육학회 학술발표자료집, 99-124.

김도남(2023), 특개성(heccéité)과 독자의 텍스트 이해: 들뢰즈와 과타리의 <천 개의 고원> 10장 '어느 <이것임>의 회상'을 토대로, 한국초등국어교육학회 제40회 학술대회 자료집, 7-20.

김도남(2023), 독자의 텍스트-되기 고찰: 들뢰즈와 과타리의 <천 개의 고원> 10장 '어느 분자의 회상'을 토대로, 새국어교육 134, 97-131.

김도남(2023), 독자의 한패-되기 고찰: 들뢰즈와 과타리의 <천 개의 고원> 10장 중 '어느 마법사의 회상 1'을 토대로, 한국초등국어교육 77, 237-276.

김상환 역(2004), 차이와 반복, 민음사.

김석희 역(2010), 모비 딕, 작가정신.

김예진·김도남(2022), 수적 조직과 독자의 텍스트 이해 방식: 들뢰즈와 과타리의 <천 개의 고원> 12장의 조직 방식 논의를 기초로, 새국어교육 132, 149-181.

김은주(2014), 들뢰즈의 행동학(éthologie): 되기(devenir) 개념과 실천적 의미, 시대와 철학 25(2), 71-110.

김재인 역(2003), 천 개의 고원, 새물결.

김재인(2015), 여성-생성, n개의 성 또는 생성의 정치학: 들뢰즈와 과타리의 경우, 철학 사상 56, 215-237.

김재춘·배지현(2016), 들뢰즈와 교육, 학이시습.

김재혁·권세훈 역(1998), 꼬마 한스와 도라, 열린책들.

김제성(2016), 六祖大師法寶壇經要解「부촉유통품」의 게송 고찰, 동아시아불교문화 27, 197-226.

김해생 역(2019), 가수 요제피네 혹은 쥐의 족속, 스피리투스.

김형효(2014), 구조주의 사유체계와 사상, 인간사랑.

김혜련 역(1996), 상상과 표현, 고려원.

노명완(1994), 국어교육론, 한샘.

노명완·박영목·권경안(1991), 국어과교육론, 갑을출판사.

류시화 역(2022), 바쇼 하이쿠 선집, 열림원.

박인과(2018), 선행하는 행(行)에 의해 긴장되는 시조: 왕방연의 작품들을 중심으로, 국제문화기술진흥원, The Journal of the Convergence on Culture Technology(JCCT), 4(2), 149-153.

박재민(2023), 여말선초 시조의 역사적 진위에 대하여, 한국어와문화 34, 5-43.

박찬국(2014), 하이데거의 「존재와 시간」 강독, 그린비.

박창숙(2021), 러브크래프트의 괴물들: 미국 고딕 전통 속에서 H. P. 러브크래프트의 자연 읽기, 문학과 환경 20(4), 33-57.

박희진 역(2022), 파도, 솔.

백희나(2017), 알사탕, 책읽는곰.

복도훈(2021), 감염과 변이: H. P. 러브크래프트의 소설과 <Project LC. RC>에 대하여, 대중서사연구 27(2), 13-44.

서동욱·이충민 역(2004), 프루스트와 기호들, 민음사.

성백효 역(2004), 대학·중용 집주, 전통문화연구회.

성백효 역(2011), 논어집주, 전통문화연구회.

엄태동(2016), 하이데거와 교육, 교육과학사.

여수현·김도남(2022a), 사유의 형식과 독자의 텍스트 이해 특성 고찰: 들뢰즈와 과타리의 사유의 형식에 대한 논의를 토대로, 한국초등국어교육 73, 127-155.

여수현·김도남(2022b), 독자의 텍스트 이해 공간 생성 고찰: 들뢰즈와 과타리의 유목적 전쟁기계 논의를 중심으로, 새국어교육 133, 247-280.

여수현·김도남(2021), 텍스트 이해와 추상기계의 유목성: 텍스트 이해에 대한 거시적 접근 관점 고찰, 새국어교육 129, 217-245.

연효숙(2020), 들뢰즈, 가타리에서 표편적 화용론과 미시정치 윤리학, 시대와철학 31(3), 139-179.

원조각성 역(2002), 대학강목결의, 현음사.

이국진 편(2004), 한영해설성경, 아가페.

이삼형 외(2007), 국어교육과 사고, 역락.

이승하(2017), 깨달음의 큰 경지에 다다른 이들의 노래, 오도송 연구, 문학과종교 22(4), 115-137.

이정우(2016), 천하나의 고원, 돌베개.

이종찬(1983), 조선고승한시선, 동국대학교 부설역경원.

이주행 외(2001), 주자어류, 소나무.

이진경(2003a), 노마디즘1, 휴머니스트.

이진경(2003b), 노마디즘2, 휴머니스트.

이진경·권해원 외 역(2000), 천의 고원: 자본주의와 정신분열증 2, 연구공간'너머'자료실(미간행).

이채영 역(2021), 세상에 맞서 삶에 맞서, 필로소픽.

이한우 역(2014), 해석학이란 무엇인가, 문예출판사.

이화형(2016), 황진이와 薛濤의 漢詩에 나타난 세계 인식의 변별성, 우리문학연구 52, 7-32.

임채우 역(2008), 왕필의 노자주, 한길사.

정동화·이현복·최현섭(1987), 국어과 교육론, 선일문화사.

조남국 역(2000), 성학십도, 교육과학사.

조애리·김진옥(2016), 들뢰즈와 가따리의 여성-되기와 전복성, 페미니즘 연구 16(1), 265-284

주재형(2021), 러브크래프트와 철학: 반우주로서 생명, 현상학과현대철학 89, 73-118.

최진석 역(2002), 노자의 목소리로 듣는 도덕경, 소나무.

최현각(2006), 금오선사의 선사상, 한국선학 14, 7-45.

최현섭 외(2002), 국어교육학개론, 삼지원.

Deleuze, G. & Guattari. F.(2007), Mille Plateaux: Capitalisme et Schizophrénie. Les Éditions de Minui.

Massumi, B. Tran.(1987), A Thousand Plateaus: Capitalism and Schizophrenia, University of Minnesota Press.

https://www.youtube.com/watch?v=-9nIG4UxD0o&t=736

https://blog.naver.com/PostView.nhn?blogId=khdoy&logNo=221495885665

http://www.kbulgyonews.com/news/articleView.html?idxno=40722

찾아보기

김도남

춘천교육대학교 졸업
한국교원대학교 대학원 졸업
서울교육대학교 교수

저서
상호텍스트성과 텍스트 이해 교육(2014)
읽기 교육의 프리즘(공저, 2022)
읽기 교육의 프라임(2023)
유목적 읽기 교육론(2023) 외 다수

논문
언어의 잉여성과 독자의 텍스트 이해(2024) 외 다수

읽기 교육의 고원들 ❷

생성적 읽기 교육론

초판 1쇄 인쇄 2024년 7월 22일
초판 1쇄 발행 2024년 7월 30일

지은이 김도남
펴낸이 이대현

편집 이태곤 권분옥 임애정 강윤경
디자인 안혜진 최선주 강보민 | 마케팅 박태훈 한주영
펴낸곳 도서출판 역락 | 등록 1999년 4월 19일 제303-2002-000014호
주소 서울시 서초구 동광로46길 6-6 문창빌딩 2층(우06589)
전화 02-3409-2060(편집부), 2058(영업부) | 팩스 02-3409-2059
전자우편 youkrack@hanmail.net | 홈페이지 www.youkrackbooks.com

ISBN 979-11-6742-845-5 93370